Roland Müller

Der Verwaltungsrat als Arbeitnehmer

Der Verwaltungsrat als Arbeitnehmer

Roland Müller
PD Dr. iur., Rechtsanwalt

Schulthess § 2005

Bibliografische Information ‹Der Deutschen Bibliothek›
Die Deutsche Bibliothek verzeichnet diese Publikation in der Deutschen Nationalbibliografie; detaillierte bibliografische Daten sind im Internet über ‹http://dnb.ddb.de› abrufbar.

Alle Rechte, auch die des Nachdrucks von Auszügen, vorbehalten. Jede Verwertung ist ohne Zustimmung des Verlages unzulässig. Dies gilt insbesondere für Vervielfältigungen, Übersetzungen, Mikroverfilmungen und die Einspeicherung und Verarbeitung in elektronische Systeme.

© Schulthess Juristische Medien AG, Zürich · Basel · Genf 2005
 ISBN 3 7255 4930 3

www.schulthess.com

Vorwort

Das Grundverhältnis zwischen einem Verwaltungsratsmitglied und der Aktiengesellschaft ist weder ein einfacher Auftrag noch ein Arbeitsvertrag oder Innominatkontrakt, sondern ein organschaftliches Verhältnis mit gesellschaftsrechtlicher und schuldrechtlicher Komponente. Doch der herrschende Druck zur Professionalisierung der Gesellschaftsleitung führt zu einer derartigen Intensivierung der Verwaltungsratstätigkeit, dass insbesondere bei Verwaltungsräten mit Zusatzfunktionen häufig eine dem Arbeitsverhältnis ähnliche Situation entsteht. Speziell bei den über 9'000 VR-Delegierten, die ihre Funktion mehrheitlich hauptberuflich ausüben, stellt sich die Frage nach der Zulässigkeit, den Voraussetzungen und den Konsequenzen eines zusätzlichen arbeitsvertraglichen Verhältnisses zur Gesellschaft.

Mit einer Rechtstatsachenforschung zur formellen und materiellen Gestaltung der Delegiertenfunktion in den schweizerischen Aktiengesellschaften wurde die Grundlage für eine Analyse der Doppelstellung als Mitglied des Verwaltungsrats einerseits und als Arbeitnehmer der Gesellschaft andererseits geschaffen. Die resultierenden Konsequenzen einer derartigen Doppelstellung sind überraschend vielfältig und für die Betroffenen unter Umständen sehr gravierend. Mit konkreten Klauseln für Statuten, Organisationsreglemente und Verträge werden deshalb Lösungen zur Verkleinerung dieses Konfliktpotentials aufgezeigt. Dass ein Lösungsbedarf besteht, haben aktuelle Probleme mit angestellten Verwaltungsratsmitgliedern in bekannten schweizerischen Aktiengesellschaften gezeigt. Regelungen und Empfehlungen zur Corporate Governance können diese Probleme nur teilweise lösen.

Unsere Wirtschaft ist auf qualifizierte und engagierte Verwaltungsräte angewiesen. Die Übernahme von arbeitsintensiven Verwaltungsratsmandaten und Zusatzfunktionen darf durch normative Rahmenbedingungen nicht unnötig erschwert werden. Eine arbeitsvertragliche Beziehung zwischen einem Verwaltungsratsmitglied und der Gesellschaft sollte ohne negative Auswirkungen für die Betroffenen möglich sein. Durch individuelle vertragliche Regelungen und Ergänzungen des Organisationsreglements lassen sich die rechtlichen Fragen im Zusammenhang mit einem solchen Arbeitsverhältnis klären. Gleichzeitig kann mit derartigen Massnahmen die Corporate Governance verbessert werden, ohne dass zusätzliche gesetzliche Vorschriften erlassen werden müssen. «Der Verwaltungsrat als Arbeitnehmer» ist deshalb nicht nur ein rechtlich interessantes Phänomen, sondern auch eine wirtschaftlich sinnvolle Thematik.

Staad, im Januar 2005   Roland Müller

Inhaltsübersicht

Vorwort	V
Inhaltsübersicht	VII
Inhaltsverzeichnis	IX
Literaturverzeichnis	XXIII
Materialienverzeichnis	XLI
Abkürzungsverzeichnis	XLIII
Tabellenverzeichnis	IL
Abbildungsverzeichnis	LI

TEIL 1	**Einleitung und Grundlagen**	1
§ 1	Problematik einer Doppelstellung	3
§ 2	Entstehung einer Doppelstellung	19
§ 3	Rechtsverhältnis zwischen Verwaltungsrat und Gesellschaft	40
TEIL 2	**Rechtstatsachen**	83
§ 4	Basisdaten	85
§ 5	Umfrage bei den VR-Delegierten	110
TEIL 3	**Voraussetzungen und Zulässigkeit einer Doppelstellung**	161
§ 6	Voraussetzungen einer Doppelstellung	163
§ 7	Zulässigkeit einer Doppelstellung	203
TEIL 4	**Konsequenzen einer Doppelstellung**	257
§ 8	Allgemeine obligationenrechtliche Konsequenzen	259
§ 9	Arbeitsrechtliche Konsequenzen	268
§ 10	Gesellschaftsrechtliche Konsequenzen	320
§ 11	Versicherungsrechtliche Konsequenzen	365
§ 12	Steuerrechtliche Konsequenzen	409
§ 13	Betreibungs- und Konkursrechtliche Konsequenzen	428
§ 14	Strafrechtliche Konsequenzen	455
§ 15	Prozessrechtliche Konsequenzen	463

TEIL 5	Zusammenfassung und Empfehlungen	471
§ 16	Zusammenfassung der Ergebnisse	473
§ 17	Empfehlungen zur Konfliktvermeidung	487

Anhang 1:	Fragebogen zur Delegiertenbefragung	506
Anhang 2:	Rohdaten der Umfrage	509
Anhang 3:	Muster für Bestimmungen in den Statuten	512
Anhang 4:	Muster für Bestimmungen im Organisationsreglement	515
Anhang 5:	Muster für Bestimmungen in Verträgen	518

Judikaturregister	523
Sachregister	527

Inhaltsverzeichnis

TEIL 1 Einleitung und Grundlagen   1

§ 1 Problematik einer Doppelstellung   3
I.   Umstrittene Zulässigkeit trotz Praxisrelevanz   3
II.   Argumente für und gegen eine Doppelstellung   9
III.   Latentes Konfliktpotential   13

§ 2 Entstehung einer Doppelstellung   19
I.   Überblick über die Entstehungsmöglichkeiten   19
    1. Personen mit einer Doppelstellung   19
    2. Bewusste und unbewusste Entstehung   20
II.   Entstehung einer Doppelstellung aus einer Organfunktion   23
    1. Abgrenzungen   23
    2. Beispiele   25
III.   Entstehung einer Doppelstellung aus einer Arbeitnehmerfunktion   26
    1. Abgrenzungen   26
    2. Beispiele   28
    3. Spezialfall des ausgeliehenen Arbeitnehmers   29
    4. Spezialfall des gewählten Arbeitnehmervertreters   30
IV.   Entstehung einer Doppelstellung ohne vorbestandene Funktion   33
    1. Abgrenzungen   33
    2. Anstellung mit der Pflicht zur Übernahme eines VR-Mandates   34
    3. Wahl mit der Pflicht zum Abschluss eines Arbeitsvertrages   37

§ 3 Rechtsverhältnis zwischen Verwaltungsrat und Gesellschaft   40
I.   Überblick über die möglichen Rechtstheorien   40
II.   Lehre und Rechtsprechung zur Qualifikation des VR-Mandates   44
    1. Unterschiedliche Beurteilungen in der Literatur   44
    2. Unterschiedliche Beurteilungen in der Judikatur   50
III.   Besonderheiten eines gesellschaftsrechtlichen Verhältnisses   53
    1. Entstehung eines Rechtsverhältnisses ohne Mitwirkung der Gesellschaft   53
      a) Überblick   53
      b) Die Einsetzung der obersten Organe einer Gesellschaft   53
      c) Entstehung eines Rechtsverhältnisses durch faktische Organschaft   55
      d) Entstehung eines Rechtsverhältnisses durch Abordnung einer Körperschaft   57
    2. Vertretung der Gesellschaft beim Zustandekommen des Rechtsgeschäfts   57

		3. Beendigung des Rechtsverhältnisses zur Gesellschaft	60
		4. Gesellschaftsrechtliches Verhältnis ohne vertragliche Grundlage	61
IV.		Beurteilung der möglichen Rechtstheorien	62
	1.	Theorie eines eigenständigen Vertragsverhältnisses	62
		a) Reines Auftragsverhältnis	62
		b) Reiner Arbeitsvertrag	64
		c) Reiner Innominatvertrag	65
	2.	Theorie eines organschaftlichen Rechtsverhältnisses	66
	3.	Sonderstellung des VR-Delegierten und des VR-Präsidenten	70
		a) Bedeutung für die Beurteilung der Theorien über das Rechtsverhältnis	70
		b) Begriff des VR-Delegierten	70
		c) Sonderstellung des VR-Delegierten	73
		d) Sonderstellung des VR-Präsidenten	77
		e) Zwischenergebnis für die Rechtstatsachenforschung	78
	4.	Sonderstellung der Vertreter einer Körperschaft des öffentlichen Rechts	79
	5.	Zusammenfassung und Ergebnis	80

Teil 2   Rechtstatsachen 83

§ 4   Basisdaten 85

I.	Datenquellen	85
	1. Verzeichnis der Verwaltungsräte	85
	2. Daten des Bundesamtes für Statistik	85
	3. Umfrage der BDO Visura	86
	4. Selektierte Daten des Orell Füssli Verlages	87
II.	Verwaltungsräte, Beschäftigte und Unternehmen	88
	1. Aktiengesellschaften und Verwaltungsräte	88
	2. Verwaltungsräte und Beschäftigte	90
III.	Entschädigung der Verwaltungsräte	93
	1. Problematik der Angaben	93
	2. Ergebnisse der Studie durch die BDO Visura	95
	3. Angaben in der HandelsZeitung	96
IV.	Verwaltungsräte mit Zusatzfunktionen	99
	1. Eintragungsfähige Zusatzfunktionen	99
	2. Anzahl Verwaltungsräte mit Zusatzfunktionen	101
	a) Datenermittlung und Übersicht	101
	b) Zusatzfunktion VR-Präsident	103
	c) Funktion als VR-Delegierter	103
	d) Zusatzfunktionen mit vermuteter Arbeitnehmerstellung	107

§ 5   Umfrage bei den VR-Delegierten 110

I.	Zielsetzung und Vorgehensweise	110

		1. Thesen und resultierende Fragen	110
		2. Datenselektion	112
		3. Pretest	113
		4. Durchführung der Umfrage	114
II.		Ergebnisse früherer Umfragen	115
III.		Ergebnisse der eigenen Umfrage	119
	1.	Allgemeine Auswertung	119
		a) Rücklauf und Qualität der Antworten	119
		b) Bemerkungen auf den retournierten Fragebogen	120
		c) Interesse an der Auswertung	122
	2.	Auswertung der von den Antworten betroffenen Gesellschaften	122
		a) Beschäftigungsgrösse der Gesellschaften nach Sprachregionen	122
		b) Stellung der Gesellschaften nach Sprachregionen	124
		c) Gleichzeitige Auswertung nach Beschäftigungsgrösse und Stellung	125
	3.	Auswertung in Bezug auf das Rechtsverhältnis zur Gesellschaft	126
		a) Rechtsverhältnis der VR-Delegierten zur Gesellschaft nach Sprachregionen	126
		b) Verhältnis der VR-Delegierten zur Gesellschaft nach Beschäftigungsgrösse	128
		c) Rechtsverhältnis der VR-Delegierten zur Gesellschaft nach ihrer Stellung	130
		d) Rechtsverhältnis der VR-Delegierten zur Gesellschaft nach Zusatzfunktionen	131
		e) Formelle Gestaltung eines allfälligen Arbeitsvertrages	133
	4.	Auswertung in Bezug auf Weisungen und Aufwand	135
		a) Weisungen für die Funktionsausübung	135
		b) Zeitaufwand für die Funktionsausübung	139
	5.	Auswertung nach den Regelungen für VR-Delegierte	142
		a) Regelungsort	142
		b) Spezielle Regelungen	147
		c) Entschädigungen oder Vorsorgeleistungen	150
		d) Rücktrittsmöglichkeit	153
	6.	Zusammenfassung der Auswertung	155

Teil 3 Voraussetzungen und Zulässigkeit einer Doppelstellung 161

§ 6 Voraussetzungen einer Doppelstellung 163

I. Stellung als Verwaltungsrat 163
    1. Voraussetzungen beim ordnungsgemäss bestellten Verwaltungsrat 163

			a)	Wahl durch die Generalversammlung	163
			b)	Abordnung durch eine Körperschaft des öffentlichen Rechts	164
			c)	Mandatsannahme	165
			d)	Aktionärseigenschaft	166
				aa) Voraussetzung der Aktionärseigenschaft nach geltendem Recht	166
				bb) Keine Voraussetzung der Aktionärseigenschaft nach zukünftigem Recht	170
			e)	Eintragung im Handelsregister	171
		2.		Voraussetzungen beim faktischen Verwaltungsrat	171
		3.		Voraussetzungen beim Suppleanten	174
II.				Stellung als Arbeitnehmer	175
		1.		Voraussetzungen beim ordentlichen Arbeitsverhältnis	175
			a)	Gesetzliche Regelung	175
			b)	Arbeitsleistung	177
			c)	Unterordnung und Weisungsgebundenheit	178
				aa) Typisches Element des Arbeitsvertrages	178
				bb) Weisungsgebundenheit	180
				cc) Delegation des Weisungsrechts	182
				dd) Weisungsgebundenheit im Verhältnis zur Art der Tätigkeit	184
				ee) Umfang der Weisungsgebundenheit	189
			d)	Dauerschuldverhältnis	190
			e)	Entgeltlichkeit	191
		2.		Voraussetzungen beim faktischen Arbeitsverhältnis	191
III.				Doppelstellung bei der gleichen Gesellschaft	194
		1.		Kumulative Erfüllung der Voraussetzungen	194
		2.		Unmöglichkeit der Doppelstellung bei einer Einmann-Aktiengesellschaft	195
			a)	Klare Unmöglichkeit bei einer organabhängigen Tätigkeit	195
			b)	Ausnahmefall bei einer Doppelstellung mit organunabhängiger Tätigkeit	197
		3.		Doppelstellung bei einer Gesellschaft mit nur einem einzigen Verwaltungsrat	198
			a)	Differenzierung von Einmann-Aktiengesellschaft und Einzelverwaltungsrat	198
			b)	Grundsätzliche Unmöglichkeit bei organabhängiger Tätigkeit	199
			c)	Ausnahmsweise Möglichkeit bei organunabhängiger Tätigkeit	199
			d)	Sonderfall der Doppelstellung bei reduzierter Verwaltungsratsanzahl	200

§ 7	**Zulässigkeit einer Doppelstellung**	203
I.	Literaturübersicht	203
	1. Verneinung der Zulässigkeit einer Doppelstellung	203
	2. Befürwortung der Zulässigkeit einer Doppelstellung	205
II.	Judikaturübersicht	211
	1. Verneinung der Zulässigkeit einer Doppelstellung	211
	2. Befürwortung der Zulässigkeit einer Doppelstellung	212
	3. Aktueller Stand der Judikatur	219
III.	Gesetzliche Regelung in der Schweiz	221
	1. Die Vorschriften im Obligationenrecht	221
	a) Kein Verbot eines Arbeitsvertrages für Mitglieder des Verwaltungsrats	221
	b) Arbeitsvertrag beim Präsidenten des Verwaltungsrats	221
	c) Arbeitsvertrag beim Delegierten des Verwaltungsrats	223
	d) Arbeitsvertrag beim Sekretär des Verwaltungsrats	224
	2. Die Vorschriften in Spezialgesetzen	225
	a) Überblick	225
	b) Bankengesetz und Bankenverordnung	225
IV.	Verwaltungsrat und Aufsichtsrat nach deutschem Recht	227
V.	Regelung in der Societas Europaea	228
	1. Die Bedeutung der Societas Europaea	228
	2. Die Organisationsstruktur der Societas Europaea	229
	a) Wahlmöglichkeit zwischen dualistischem und monistischem System	229
	b) Das dualistische System der Societas Europaea	230
	c) Das monistische System der Societas Europaea	231
	3. Die Richtlinie zur Beteiligung der Arbeitnehmer	232
	a) Zielsetzungen der Richtlinie	232
	b) Beteiligung der Arbeitnehmer bei der Gesellschaftsgründung	233
	c) Beteiligung der Arbeitnehmer bei der Gesellschaftsleitung	234
	4. Erkenntnisse aus den Regelungen zur Societas Europaea	235
	5. Vorschriften der Europäischen Union	236
VI.	Zulässigkeit unter dem Aspekt der Corporate Governance	236
	1. Begriff und Bedeutung der Corporate Governance	236
	a) Begriff der Corporate Governance	236
	b) Internationale Entwicklung der Corporate Governance	238
	c) Bedeutung der Corporate Governance	239
	2. Relevante Regelungen zur Corporate Governance	240
	a) Swiss Code of Best Practice	240
	b) Grundsätze der OECD zur Corporate Governance	243
	c) Combined Code	245

		3.	Personalunion von Verwaltungsratspräsident und Geschäftführer	247
			a) Gewaltentrennung als Forderung der Corporate Governance	247
			b) Verbreitung in der Praxis trotz Medienkritik	250
			c) Aspekt des «nexus of contracts»	253
			d) Aspekt der faktisch unkontrollierbaren Machtfülle	254
			e) Empfehlungen im Swiss Code of Best Practice for Corporate Governance	255

TEIL 4 Konsequenzen einer Doppelstellung 257

§ 8 Allgemeine Obligationenrechtliche Konsequenzen 259

I. Vertretungsbefugnis im Allgemeinen 259
   1. Gesetzliche Regelung 259
   2. Probleme bei Doppelstellung mit beschränkter Vertretungsbefugnis 260

II. Zeichnungsberechtigung im Besonderen 262
   1. Gesetzliche Regelung 262
   2. Handelsregistereintrag bei Doppelstellung 262
      a) Beschränkte Eintragungsmöglichkeit 262
      b) Entwicklung der bundesgerichtlichen Rechtsprechung 264
      c) Aktuelle Eintragungspraxis der Handelsregisterämter 265

§ 9 Arbeitsrechtliche Konsequenzen 268

I. Entlöhnung 268
   1. Kumulation von Lohn- und Honoraranspruch 268
      a) Grundsätzlicher Anspruch auf Lohn und Verwaltungsratshonorar 268
      b) Lohnanspruch bei organunabhängiger Tätigkeit 270
      c) Lohnanspruch bei organabhängiger Tätigkeit 271
      d) Selbständige oder unselbständige Tätigkeit 274
   2. Erfolgsbeteiligung statt Tantiemen 275
   3. Verwaltungsrathonorar als Lohnbestandteil 276
      a) Zulässigkeit 276
      b) Problematik 276
      c) Lohnfortzahlung bei Annahmeverzug des Arbeitgebers 277

II. Treue- und Fürsorgepflichten 279
   1. Sorgfalts- und Treuepflicht des Arbeitnehmers 279
   2. Arbeitszeugnis 280

III. Konkurrenzverbot 281
   1. Unterschiedliche Konkurrenzverbote im Gesellschaftsrecht und im Arbeitsrecht 281

		2.	Konkurrenzverbot im Gesellschaftsrecht	281

        2. Konkurrenzverbot im Gesellschaftsrecht   281
           a) Gesetzliche Grundlage des gesellschaftsrechtlichen Konkurrenzverbots   281
           b) Umfang und Durchsetzung des gesellschaftsrechtlichen Konkurrenzverbots   282
        3. Konkurrenzverbot im Arbeitsrecht   285
           a) Gesetzliche Grundlage des arbeitsrechtlichen Konkurrenverbots   285
           b) Umfang und Durchsetzung des arbeitsrechtlichen Konkurrenzverbots   287
           c) Wegfall des arbeitsrechtlichen Konkurrenzverbots   288
        4. Kumulation von gesellschafts- und arbeitsrechtlichen Konkurrenzverboten   289
           a) Grundsatz der Trennung nach dem anwendbarem Rechtsverhältnis   289
           b) Übergreifende Konsequenzen eines Konkurrenzverbots bei Doppelstellung   290

IV. Streikrecht   291
        1. Rechtsgrundlagen des Streikrechts   291
           a) Verfassungsrechtliche Grundlage   291
           b) Gesetzliche Grundlage   291
        2. Die Treuepflicht als Grenze des Streikrechts   292

V. Vertragsbeendigung   294
        1. Einfluss einer Organstellung auf die freie Kündigungsmöglichkeit   294
        2. Verfahrensfragen bei der Vertragsbeendigung   296
        3. Varianten der Vertragsbeendigung   296
           a) Kündigung des Arbeitsvertrages ohne Abwahl als Verwaltungsrat   296
           b) Beendigung der Verwaltungsratsfunktion ohne Kündigung des Arbeitsvertrages   297
               aa) Abwahl durch die Generalversammlung   297
               bb) Rücktritt des Verwaltungsrats   299
               cc) Spezialfall der Enthebung von Zusatzfunktionen   300
        4. Kündigungsschutz für den gewählten Arbeitnehmer-Verwaltungsrat   301
        5. Abgangsentschädigung   303
           a) Begriffsproblematik und Bedeutung   303
           b) Gesetzliche Regelung   304
           c) Statutarische und organisatorische Regelung   306
           d) Vertragliche Regelung   308

VI. Haftung aus arbeitsrechtlicher Sicht   310
        1. Überblick   310
        2. Haftung gegenüber der Gesellschaft als Arbeitgeberin   311

		3.	Haftung gegenüber Dritten	313
			a) Haftung für Schäden aus Vertrag	313
			b) Haftung für Schäden aus unerlaubter Handlung	314
			aa) Haftung der Gesellschaft für ihren Verwaltungsrat	314
			bb) Persönliche Haftung des Arbeitnehmers	314

VII. Arbeitsrechtliche Bewilligungen — 314
1. Aufenthaltsbewilligung für die Arbeitstätigkeit — 314
2. Notwendigkeit der Arbeitsbewilligung für eine Erwerbstätigkeit — 316
3. Erleichterung durch das Abkommen über die Freizügigkeit — 316
4. Bewilligung zur privaten Arbeitsvermittlung — 317

§ 10 Gesellschaftsrechtliche Konsequenzen — 320

I. Organisation des Verwaltungsrats — 320
1. Organisationsreglement — 320
   a) Bedeutung des Organisationsreglements im Haftpflichtfall — 320
   b) Zulässigkeit von vertragsrechtlichen Bestimmungen — 321
   c) Beispiele von vertragsrechtlichen Bestimmungen — 322
2. Gleichbehandlungsanspruch — 323
   a) Funktionell-organisatorischer Anspruch in Teilbereichen — 323
   b) Eintragung bzw. Löschung im Handelsregister — 324
   c) Sitzungsteilnahme und Stimmrecht — 324
   d) Informationsrecht — 325
   e) Recht auf Entlastungsabstimmung — 326
   f) Rücktrittsrecht — 327
      aa) Rücktritt von der Grundfunktion als Verwaltungsrat — 327
      bb) Rücktritt von der Zusatzfunktion als VR-Delegierter — 328
   g) Entschädigungsanspruch — 330

II. Verantwortlichkeit — 331
1. Haftungsreduktion durch Delegation — 331
   a) Gesetzliche Grundlage — 331
   b) Haftung des VR-Delegierten — 333
   c) Haftungsverschärfung durch Doppelstellung — 334
2. Haftung für Hilfspersonen — 335
   a) Gesetzliche Grundlage — 335
   b) Einsetzung von Hilfspersonen für organabhängige Tätigkeiten — 336
   c) Einsetzung von Hilfspersonen für organunabhängige Tätigkeiten — 338
3. Verantwortlichkeitsklagen — 339
   a) Gesetzliche Grundlage für Verantwortlichkeitsklagen — 339
   b) Gerichtsstand bei Verantwortlichkeitsklagen — 339

			c)	Beweislast bei Verantwortlichkeitsklagen	341
			d)	Schaden als Voraussetzung einer Verantwortlichkeitsklage	343
			e)	Pflichtverletzung als Voraussetzung einer Verantwortlichkeitsklage	344
			f)	Adäquater Kausalzusammenhang zwischen Schaden und Pflichtverletzung	346
			g)	Verschulden als Voraussetzung einer Verantwortlichkeitsklage	347
		4.		Entlastungsbeschluss	349
			a)	Unklare Wirkungen des Entlastungsbeschlusses	349
			b)	Personelle Wirkungen des Entlastungsbeschlusses	350
			c)	Sachliche Wirkungen des Entlastungsbeschlusses	353
			d)	Zeitliche Wirkungen des Entlastungsbeschlusses	355
			e)	Auslegung nach dem Vertauensprinzip	355
			f)	Konsequenzen einer Verweigerung des Entlastungsbeschlusses	356
		5.		Spezialfall der Abordnung durch eine Körperschaft des öffentlichen Rechts	357
III.		Frist- und Formerfordernisse			358
	1.	Keine direkten Konsequenzen bezüglich Frist- und Formerfordernissen			358
		2.		Frist- und Formvorschriften im Zusammenhang mit Generalversammlungen	358
IV.		Gesellschaftsrechtliche Konsequenzen bei Fusionen und Spaltungen			361
		1.		Konsequenzen der Doppelstellung bei einer Fusion	361
			a)	Regelung im Fusionsgesetz	361
			b)	Verwaltungsrat der übernehmenden und Arbeitnehmer der übernommenen AG	362
				aa) Entstehung einer Doppelstellung	362
				bb) Alleiniger Verwaltungsrat der übernehmenden Gesellschaft	363
		2.		Konsequenzen der Doppelstellung bei einer Spaltung	364
§ 11		**Versicherungsrechtliche Konsequenzen**			365
I.		Haftpflichtversicherung			365
		1.		Versicherungsmöglichkeiten	365
			a)	Überblick	365
			b)	Versicherungen für Verwaltungsräte	366
			c)	Versicherungen für Arbeitnehmer	368
			d)	Versicherungen für Verwaltungsräte als Arbeitnehmer	369
		2.		Versicherungsregress	370

II.		Sozialversicherung		374
	1.	Konsequenzen einer selbständigen und einer unselbständigen Erwerbstätigkeit		374
		a)	Unterschiedlicher Versicherungsschutz	374
		b)	Beurteilung und Bindungswirkung	375
		c)	Qualifikation der Verwaltungsratstätigkeit	375
	2.	Alters- und Hinterlassenenversicherung		377
		a)	Personeller Geltungsbereich	377
		b)	Materieller Geltungsbereich	377
		c)	Umfang der Verantwortlichkeit	377
		d)	Dauer der Verantwortlichkeit	380
	3.	Berufliche Vorsorge		382
	4.	Unfallversicherung		385
		a)	Gesetzliche Regelung	385
		b)	Problematische Abgrenzungen in der Praxis	386
		c)	Verantwortlichkeit	387
	5.	Arbeitslosenversicherung und Insolvenzentschädigung		388
		a)	Entstehung und Überblick	388
		b)	Arbeitslosenentschädigung	389
			aa) Kein gesetzlicher Ausschluss bei einer Doppelstellung	389
			bb) Einfluss einer massgebenden Aktionärsstellung	393
		c)	Kurzarbeitsentschädigung	397
		d)	Schlechtwetterentschädigung	400
		e)	Insolvenzentschädigung	401
			aa) Gesetzliche Regelung der Insolvenzentschädigung	401
			bb) Allgemeine Voraussetzungen für einen Insolvenzentschädigungsanspruch	402
			cc) Entwicklung der Rechtsprechung zur Insolvenzentschädigung	403
			dd) Verhältnis der Insolvenzentschädigung zum Konkursprivileg	405
			ee) Begrenzung der Insolvenzentschädigung	406
		f)	Zusammenfassung	406
§ 12		**Steuerrechtliche Konsequenzen**		**409**
I.		Überblick		409
	1.	Vielfache Konsequenzen bezüglich Besteuerung und Haftungsrisiken für Steuern		409
	2.	Spezielle steuerrechtliche Betrachtungsweise		409
II.		Besteuerung der Einkommensquellen		410
	1.	Örtliche Zuständigkeit für die Besteuerung		410
	2.	Einkommensbesteuerung durch den Bund		412
	3.	Ertragsbesteuerung durch den Bund		413
	4.	Steuerrechtliche Behandlung von D&O-Versicherungen		416
	5.	Mehrwertsteuer		416

III.	Haftung für Steuerschulden der Gesellschaft	418
	1. Übersicht	418
	2. Solidarität und Rückgriff	418
	3. Verrechnungssteuergesetz	420
	4. Direkte Bundessteuer	423
	5. Mehrwertsteuer	424
	6. Übrige Steuern	426
IV.	Zusammenfassung der steuerrechtlichen Konsequenzen	427
	1. Besteuerung der Einkommensquellen	427
	2. Haftung für Steuerschulden der Gesellschaft	427

§ 13 Betreibungs- und Konkursrechtliche Konsequenzen 428

I. Betreibungsrechtliche Konsequenzen 428
    1. Örtliche und sachliche Zuständigkeit im Betreibungsrecht 428
        a) Sachliche Zuständigkeit 428
        b) Örtliche Zuständigkeit 428
    2. Legitimation zur Erhebung des Rechtsvorschlags 430
II. Konkursprivileg für Lohnforderungen eines Verwaltungsrats 430
    1. Gesetzliche Regelung 430
    2. Ablehnung des Konkursprivilegs für Führungskräfte durch die Lehre 432
    3. Rechtsprechung zum Konkursprivileg für leitende Arbeitnehmer 434
        a) Rechtsprechung des Kantons Zürich 434
        b) Rechtsprechung des Kantons Bern 435
        c) Rechtsprechung des Kantons Freiburg 435
        d) Rechtsprechung des Kantons Waadt 436
        e) Rechtsprechung des Bundesgerichtes 437
        f) Zusammenfassung der Rechtsprechung 439
    4. Auslegung des Gesetzes bezüglich Anwendbarkeit des Konkursprivilegs 439
        a) Gesetzestext 439
        b) Systematik 441
            aa) Systematik innerhalb des SchKG 441
            bb) Systematik ausserhalb des SchKG 443
        c) Historisches Element 444
        d) Teleologisches Element 446
            aa) Massgebende Materialien 446
            bb) Vernehmlassung zum Vorentwurf 447
            cc) Botschaft des Bundesrates 448
            dd) Debatte im National- und Ständerat 449
            ee) Spätere Feststellungen des Gesetzgebers 450
        e) Ergebnis der Gesetzesauslegung 451
    5. Zusammenfassung und Vorschlag für Gesetzesrevision 452

§ 14		**Strafrechtliche Konsequenzen**	455
I.		Überblick	455
	1.	Strafbarkeit und Strafzumessung	455
	2.	Strafbarkeit der Aktiengesellschaft	455
	3.	Strafbarkeit des Verwaltungsrats	456
	4.	Strafbarkeit des Arbeitnehmers	458
II.		Strafzumessung	459
	1.	Qualitative Betrachtung	459
	2.	Quantitative Betrachtung	461
§ 15		**Prozessrechtliche Konsequenzen**	463
I.		Prozessuale Zuständigkeit	463
	1.	Örtliche Zuständigkeit	463
	2.	Sachliche Zuständigkeit	465
	3.	Schiedsgericht	467
II.		Anwendbares Recht	468

TEIL 5 Zusammenfassung und Empfehlungen 471

§ 16		**Zusammenfassung der Ergebnisse**	473
I.		Druck zur Professionalisierung und grosses Konfliktpotential	473
II.		Vielseitige Entstehungsmöglichkeiten einer Doppelstellung	474
III.		Rechtsverhältnis zwischen Verwaltungsrat und Gesellschaft	475
IV.		Rechtstatsachenforschung zur Doppelstellung	476
V.		Voraussetzungen und Zulässigkeit einer Doppelstellung	478
VI.		Konsequenzen einer Doppelstellung	480
	1.	Arbeitsrechtliche Konsequenzen	480
	2.	Gesellschaftsrechtliche Konsequenzen	481
	3.	Versicherungsrechtliche Konsequenzen	482
	4.	Steuerrechtliche Konsequenzen	484
	5.	Konkursrechtliche Konsequenzen	484
	6.	Strafrechtliche Konsequenzen	485
	7.	Prozessrechtliche Konsequenzen	485
§ 17		**Empfehlungen zur Konfliktvermeidung**	487
I.		Allgemeine Empfehlungen	487
	1.	Bestehende gesetzliche Möglichkeiten ausnützen	487
	2.	Differenzierung nach Art der Kapitalbeschaffung	488
	3.	Klare Regelungen treffen	489
II.		Regelung in den Statuten	491
	1.	Bestimmungen zur Organisation	491
	2.	Bestimmungen zur Entschädigung	495
	3.	Bestimmungen zur Vermeidung von Insichgeschäften	497

III.	Regelung im Organisationsreglement	498
	1. Bestimmungen zur Festlegung der Rechtsverhältnisse zum Verwaltungsrat	498
	2. Bestimmungen zur Ausgestaltung von vertraglichen Regelungen	499
IV.	Regelung in Verträgen	500
	1. Bestimmungen im Arbeitsvertrag	500
	2. Bestimmungen im Mandatsvertrag	502
	3. Bestimmungen im Aktionärbindungsvertrag	503
Anhang 1	**Fragebogen zur Delegiertenbefragung**	**506**
Anhang 2	**Rohdaten der Delegiertenbefragung**	**509**
Anhang 3	**Muster für Bestimmungen in den Statuten**	**512**
A.3.1	Klausel für die Durchsetzung der Unabhängigkeit von Verwaltungsräten	565
A.3.2	Klausel für die Annäherung an das dualistische System	512
A.3.3	Klausel für die Wahl des VR-Präsidenten mit GF-Funktion durch die GV	512
A.3.4	Klausel für die Durchsetzung der Weisungsfreiheit	513
A.3.5	Klausel für die Einsetzung eines paritätischen Verwaltungsrats	513
A.3.6	Klausel für die Begrenzung von VR-Bezügen durch die Generalversammlung	513
A.3.7	Klausel für einen Aktionärsausschuss zur Festlegung der VR-Bezüge	514
A.3.8	Klausel für Aktionärszustimmung zu Arbeitsverträgen über drei Jahren	514
A.3.9	Klausel für den Vorsitz in der Generalversammlung	514
Anhang 4	**Muster für Bestimmungen im Organisationsreglement**	**515**
A.4.1	Klausel für die Änderung und Offenlegung des Organisationsreglements	515
A.4.2	Klausel für die Regelung von VR-Honorar und Lohn	515
A.4.3	Klausel für die Einsetzung eines Delegierten im Anstellungsverhältnis	515
A.4.4	Klausel für die Regelung von Arbeitsverhältnissen mit Mitgliedern des VR	516
A.4.5	Klausel für die Regelung von Rücktritt und Kündigung bei VR-Mitgliedern	516
A.4.6	Klausel für ein Konkurrenzverbot mit Konventionalstrafe	516
A.4.7	Klausel für Verträge zwischen der Gesellschaft und ihren Vertretern	517

Anhang 5	**Muster für Bestimmungen in Verträgen**		518
A.5.1	Klauseln in Arbeitsverträgen		518
	a)	Annahme einer Wahl als Verwaltungsrat	518
	b)	Konsequenzen eines Rücktritts als Verwaltungsrat	518
	c)	Schadenersatzansprüche bei einem vorzeitigen Rücktritt als Verwaltungsrat	518
	d)	Konsequenzen einer Abwahl des Arbeitnehmers als Verwaltungsrat	519
	e)	Konsequenzen einer Kündigung des Arbeitsvertrages durch den Arbeitnehmer.	519
	f)	Konsequenzen einer Kündigung des Arbeitsvertrages durch die Arbeitgeberin	519
	g)	Versicherungsschutz	520
A.5.2	Klauseln in Mandatsverträgen		520
	a)	Treuhänderische Aktie als Verwaltungsrat	520
	b)	Enthaftungserklärung für die Funktion als Verwaltungsrat und Arbeitnehmer	520
A.5.3	Klauseln in Aktionärbindungsverträgen		521
	a)	Anrecht auf Einsitz im Verwaltungsrat und in der Geschäftsleitung	521
	b)	Vorgaben für Arbeitsverträge von VR-Mitgliedern	521

Judikaturregister 523

Sachregister 527

Literaturverzeichnis

ACOCELLA DOMENICO, in: Staehelin/Bauer/Stachelin (Hrsg.), Kommentar zum Bundesgesetz über Schuldbetreibung und Konkurs, SchKG I, Art. 1–87, Basel/Genf/München, 1998 (zit. Acocella, SchKG-Kommentar).

AEPLI VICTOR, Zur Entschädigung des Verwaltungsrates, in: SZW 5 (2002) 269 ff.

AMMONN KURT, in: Dallèves/Kleiner/Krauskopf et al., Festschrift 100 Jahre SchKG, Vom Wildwuchs der Konkursprivilegien, Zürich 1989.

AMONN KURT/GASSER DOMINIK, Grundriss des Schuldbetreibungs- und Konkursrechts, 7. Aufl., Bern 2003.

ANGST PAUL, in: Staehelin/Bauer/Staehelin (Hrsg.), Kommentar zum Bundesgesetz über Schuldbetreibung und Konkurs, SchKG I, Art. 1–87, Basel/Genf/München, 1998 (zit. Angst, SchKG-Kommentar).

BADDELEY MARGARETA, Le privilège du salarié dans l'exécution forcée de l'employeur, in: Foëx Bénédict/Thévenoz Luc (Hrsg.), Insolvence, désendettement et redressement, Basel/Genf/München 2000.

BALSIGER CHRISTOPH K., Die Abgangsentschädigung (Art. 339b–d OR), Diss. Zürich, Zürich 1995.

BANDLE DANIEL, L'Assurance D&O, Analyse de l'assurance responsabilité civile des dirigeants de sociétés en droit suisse, comparée aux solutions en droits français et anglais, Diss. Lausanne, Lausanne 1999.

BARBEY ANDRÉ, La décharge en droit Suisse, Diss. Genf, Genf 1949.

BÄRTSCHI HARALD, Verantwortlichkeit im Aktienrecht, SSHW Bd. 210, Diss. Zürich, Zürich 2001.

BDO VISURA, Wieviel verdienen Verwaltungsräte? Zürich, Ausgaben 1999 und 2002.

BERTSCHINGER URS, Arbeitsteilung im aktienrechtlichen Verantwortlichkeitsrecht, in: AJP 7/98 (1998) 1286 ff. (zit. Bertschinger, Verantwortlichkeitsrecht).

– Arbeitsteilung und aktienrechtliche Verantwortlichkeit, Zürich 1999 (zit. Bertschinger, Arbeitsteilung).

– Ausgewählte Fragen zur Einberufung, Traktandierung und Zuständigkeit der Generalversammlung, in: AJP 8/01 (2001) 901 ff. (zit. Bertschinger, Ausgewählte Fragen).

– Zuständigkeit der Generalversammlung der Aktiengesellschaft – ein unterschätzter Aspekt der Corporate Governance, in: Schweizer R.J./Burkert H./Gasser U. (Hrsg.), Festschrift für Jean Nicolas Druey, Zürich 2002 (zit. Bertschinger, Zuständigkeit der GV).

BENZ ULRICH, Aktienbuch und Aktionärswechsel, Diss. Zürich, Zürich 1981.

BERSET MARIE-FRANCE, L'administrateur non directeur de la société anonyme en droit suisse et américain, Diss. Neuenburg. Neuenburg 1988.

BESSENICH BALTHASAR, Zum Erfordernis der Aktionärseigenschaft der Vertreter einer juristischen Person im Verwaltungsrat (Art. 707 Abs. 3 OR), in: AJP 4/95 (1995) 455 ff. (zit. Bessenich, Aktionärseigenschaft).

- in: Staehelin/Bauer/Staehelin (Hrsg.), Kommentar zum Bundesgesetz über Schuldbetreibung und Konkurs, SchKG I, Art. 1–87, Basel/Genf/München, 1998 (zit. Bessenich, SchKG-Kommentar).

BEYELER KARIN, Konzernleitung im schweizerischen Privatrecht, Diss. Zürich, SSHW Bd. 234, Zürich 2004

BILAND THOMAS A., Die Rolle des Verwaltungsrats im Prozess der strategischen Unternehmensführung, Diss. St. Gallen, Baden 1989.

BÖCKLI PETER, CORPORATE GOVERNANCE: The Cadbury Report and the Swiss Board Concept of 1991, in: SZW 68 (1996) 149 ff. (zit. Böckli, Cadbury Report).

- Corporate Governance: Der Stand der Dinge nach den Berichten «Hampel», «Viénot» und «OECD» sowie dem deutschen «KonTraG», in: SZW 71 (1999) 1 ff. (zit. Böckli, Corporate Governance).
- Corporate Governance auf Schnellstrassen und Holzwegen, in: ST 74 (2000) 133 ff. (zit. Böckli, Schnellstrassen und Holzwege).
- Die unentziehbaren Kernkompetenzen des Verwaltungsrates, SZA Bd. 7, Zürich 1994 (zit. Böckli, Kernkompetenzen).
- Haftung des Verwaltungsrates für Steuern, in: Die Haftung des Verwaltungsrates, SSHWR Bd. 87, Zürich 1986, 87 ff. (zit. Böckli, Haftung).
- Neuerungen im Verantwortlichkeitsrecht für den Verwaltungsrat, in: SZW 65 (1993) 262 ff. (zit. Böckli, Neuerungen).
- Revisionsfelder im Aktienrecht und Corporate Governance, in: ZBJV 138 (2002) 709 ff. (zit. Böckli, Revisionsfelder).
- Schweizer Aktienrecht, 3. Aufl., Zürich 2004 (zit. Böckli, Aktienrecht).
- Zum Börsengesetz von 1995: neue Rechtsinstitute und neue Probleme, in: BJM 1998, 225 ff. (zit. Böckli, Börsengesetz).

BÖCKLI PETER/HUGUENIN CLAIRE/DESSEMONTET FRANÇOIS, Expertenbericht der Arbeitsgruppe «Corporate Governance» zur Teilrevision des Aktienrechts, SZA Bd. 21, Zürich 2004.

BODMER DANIEL/KLEINER BEAT/LUTZ BENNO, Kommentar zum Bundesgesetz über die Banken und Sparkassen, Zürich 1976–2000.

BÖHI RETO, Der unterschiedliche Einkommensbegriff im Steuerrecht und im Sozialversicherungsrecht und seine Auswirkungen auf die Beitragserhebung, Diss. Bern, Bern 2001.

BLEICHER KNUT, Organisation: Strategien – Strukturen – Kulturen, 2. Aufl., Wiesbaden 1991.

BLEICHER KNUT/LEBERL DIETHARD/PAUL HERBERT, Unternehmungsverfassung und Spitzenorganisation – Führung und Überwachung von Aktiengesellschaften im internationalen Vergleich, Wiesbaden 1989.

BLUMENSTEIN ERNST, Handbuch des Schweizerischen Schuldbetreibungsrechtes, Bern 1911.

BOHNY PETER, Das arbeitsvertragliche Konkurrenzverbot, SSHW Bd. 123, Diss. Basel, Zürich 1989.

BOLLIER GERTRUD E., Leitfaden schweizerische Sozialversicherung, 8. Aufl., Wädenswil 2003.

BÖSIGER MARKUS, Bedeutung und Grenzen des Aktionärbindungsvertrages bei personenbezogenen Aktiengesellschaften, in: REPRAX 1/03 (2003) 1 ff.

BRAND JÜRG/BÜHLMANN JÖRG, MWST und Verwaltungsratshonorare, in: Anwaltsrevue 9/99 (1999) 37, Basel 1999.
BRAND DANIEL/DÜRR LUCIUS/GUTKNECHT BRUNO et al., Der Einzelarbeitsvertrag im Obligationenrecht, Hrsg.; Schweizerischer Gewerbeverband, Muri/Bern 1991.
BRECHBÜHL BEAT, Goldene Fallschirme oder silberne Brücken?, in: SJZ 100 (2004) 32 ff.
BRENDER THOMAS, Rechtsprobleme des befristeten Arbeitsvertrages, Diss. Zürich, Zurich 1976.
BRÖNNIMANN FRANZ K., Der Arbeitgeber im Konkurs, Diss. Basel 1982.
BRÜHWILER JÜRG, Kommentar zum Einzelarbeitsvertrag, hrsg. vom Zentralverband schweizerischer Arbeitgeber-Organisationen, 2. Aufl., Bern/Stuttgart/Wien 1996.
BRUNI GUGLIELMO, Die Stellung des Arbeitnehmers im Konkurs des Arbeitgebers, in: BJM 1982, 281 ff.
BRUNNER ALEXANDER, in: Spühler/Tenchio/Infanger (Hrsg.), Kommentar zum schweizerischen Zivilprozessrecht, Bundesgesetz über den Gerichtstand in Zivilsachen (GestG), Basel 2001 (zit. Brunner, GestG-Kommentar).
BUCHER EUGEN, in: Honsell/Vogt/Wiegand (Hrsg.), Basler Kommentar zum schweizerischen Privatrecht, Obligationenrecht I, Art. 1–10 OR, 3. Aufl., Basel/Genf/München 2003 *(zit. Bucher, Basler Kommentar)*.
– Kommentar zum schweizerischen Zivilgesetzbuch, Bd. I Personenrecht, 2. Abt. Die natürlichen Personen, 1. Teilbd. Art. 11–26 ZGB, Bern 1976 (zit. Bucher, Berner Kommentar).
– Schweizerisches Obligationenrecht – Allgemeiner Teil ohne Deliktsrecht, 2. Aufl., Zürich 1988 (zit. Bucher, Schweizerisches Obligationenrecht).
BUCHMANN PETER, Organisation der Verwaltungsräte in 20 der grössten Aktiengesellschaften in der Schweiz, SIBWF Bd. 17, Diss. Zürich, Bern 1976.
BÜHLER PETER/SCHWEIZER MARKUS, Was bedeutet der Sarbanes-Oxley Act für die Swiss Corporate Governance), in: ST 76 (2002) 997 ff.
BÜRGI ALEXANDER C./VON DER CRONE HANS CASPAR, Haftung für AHV-Beiträge, in: SZW 6 (2002) 348 ff.
BÜRGI WOLFHART F., Kommentar zum Schweizerischen Zivilgesetzbuch, Obligationenrecht, Teilbd. V 5, Die Aktiengesellschaft, Art. 698–738 OR, Zürich 1969 (zit. Bürgi, Zürcher Kommentar).
BUSCH IRENE, Die Übertragung der Geschäftsführung auf den Delegierten des Verwaltungsrats; in: Schluep Walter R./Isler Peter R. (Hrsg.), Neues zum Gesellschafts- und Wirtschaftsrecht, FS Forstmoser, Zürich 1993, 69 ff.
CADBURY ADRIAN (Chairman of the committee), Report of the committee on the Financial Aspects of Corporate Governance, London 1992 (zit. Cadbury Report).
CLAVADETSCHER DIEGO/GLAUSER PIERRE-MARIE/SCHAFROTH GERHARD, Kommentar zum Bundesgesetz über die Mehrwertsteuer, Basel/Genf/München 2000.
COMETTA FLAVIO, Note sulla responsabilità ex art. 52 LAVS dell'amministrazione di una società anonima, in: Rivista di diritto amministrativo Ticinese, Agno 1987, 231 ff.
COTTI LUKAS, Das vertragliche Konkurrenzverbot, AJSUF Bd. 207, Diss. Freiburg, Freiburg 2001.

COUCHEPIN RENÉ, Eintragung von Titeln und Funktionsbezeichnungen in das Handelsregister, in: SAG 41 (1969) 36 f. (zit. Couchepin, Eintragung).
- Les pouvoirs de l'administrateur/directeur, in: SAG 39 (1967) 21 ff. (zit. Couchepin, Les pouvoirs).

CURTI ARTHUR, Aktiengesellschaft und Holdinggesellschaft in der Schweiz, Berlin 1930.

DASSER FELIX, in: Müller Thomas/Wirth Markus, Kommentar zum Schweizerischen Gerichtstandsgesetz, Zürich 2001 (zit. Dasser, GestG-Kommentar).

DIEKMANN ANDREAS, Empirische Sozialforschung, 9. Aufl., Hamburg 2002.

DIEZI ALFRED, Versicherbarkeit der aktienrechtlichen Verantwortlichkeit, SSHW Bd. 62, Zürich 1982.

DILLER MARTIN, Gesellschafter und Gesellschaftsorgane als Arbeitnehmer, Rechtsfragen der Wirtschaft Heft 5, Köln 1994.

DITESHEIM ROLF, La représentation de la société anonyme par ses organes ordinaires, fondés de procuration et mandataires commerciaux, ASR Bd. 647, Bern 2001.

DREIFUSS ERIC L./LEBRECHT ANDRÉ E., in: Honsell/Vogt/Watter (Hrsg.), Kommentar zum schweizerischen Privatrecht, Obligationenrecht II, Art. 698–706b, 1. Aufl., Basel und Frankfurt am Main 1994 (zit. Dreifuss/Lebrecht, alte Aufl. Basler Kommentar).

DUBS DIETER/TRUFFER ROLAND, in: Honsell/Vogt/Watter (Hrsg.), Basler Kommentar zum schweizerischen Privatrecht, Obligationenrecht II, Art. 698–706b und 808–810 OR, 2. Aufl., Basel/Genf/München 2002 (zit. Dubs/Truffer, Basler Kommentar).

DRUEY JEAN NICOLAS, Die Information des Outsiders in der Aktiengesellschaft, in: von Büren Roland/Hausheer Heinz/Wiegand Wolfgang (Hrsg.), Grundfragen des neuen Aktienrechts, Bern 1993, 69 ff. (zit. Druey, Outsider).
- Organ und Organisation – Zur Verantwortlichkeit aus aktienrechtlicher Organschaft, in: SAG 53 (1981) 77 ff. (zit. Druey, Organ und Organisation).
- Stimmbindung in der Generalversammlung und im Verwaltungsrat, in: Rechtsfragen um die Aktionärbindungsverträge, SZA Bd. 13, Zürich 1998 (zit. Druey, Stimmbindung).

DUC JEAN-LOUIS/SUBILIA OLIVIER, Commentaire du contrat individuel de travail, Lausanne 1998.

DÜGGELIN HANS, Die Sonderprüfung als Rechtsbehelf des Aktionärs zur Kontrolle der Verwaltung einer AG, STRK Bd. 19, Zürich 1977.

ECKERT MARTIN, in: Honsell/Vogt/Watter (Hrsg.), Basler Kommentar zum schweizerischen Privatrecht, Obligationenrecht II, Art. 927–943 OR, 2. Aufl., Basel/Genf/München 2002 (zit. Eckert, Basler Kommentar).

EHRAT FELIX R., Mehr Klarheit für den Verwaltungsrat, in: AJP 6/92 (1992) 789 ff.

EIGENMANN ERNST J., Das Reglement der Aktiengesellschaft, Zürich 1952.

EMMEL FRANK, Verwaltungsrat mit Arbeitsvertrag?, in: NZZ vom 9.5.2001, Nr. 106 (2001) 85, Zürich 2001.

EPPER MARTIN, in: Baker & McKenzie (Hrsg.), Fusionsgesetz – Bundesgesetz über Fusion, Spaltung, Umwandlung und Vermögensübertragung sowie die einschlägigen Bestimmungen des IPRG und des Steuerrechts, Bern 2003.

ERNY DOMINIK, Oberleitung und Oberaufsicht, Führung und Überwachung mittlerer Aktiengesellschaften aus der Sicht des Verwaltungsrats, Diss. Zürich, Zürich 2000.

FAVRE CHRISTIAN/MUNOZ CHARLES/TOBLER ROLF A., Le contrat de travail, Lausanne 2001.

FELBER MARKUS, Bundesgerichtsentscheide – Die vollständigen NZZ-Berichte zu publizierten und unpublizierten Urteilen 1995/1996/1997, Zürich 1996/1997/1998 (zit. Felber, Bundesgerichtsentscheide).

FELBER RICHARD, Die Direktion der Aktiengesellschaft, Zürich 1949 (zit. Felber, Direktion).

FELDER SILVAN, Verwaltungsrat und Corporate Governance, in: ST 76 (2002) 1007 ff.

FELLMANN WALTER, Abgrenzung der Dienstleistungsverträge zum Arbeitsvertrag und zur Erbringung von Leistungen als Organ einer Gesellschaft, in: AJP 2/97 (1997) 172 ff.

FORNITO ROBERTO, Beweisverbote im Schweizerischen Strafprozess, Diss. St. Gallen, St. Gallen 2000.

FORSTMOSER PETER, Die aktienrechtliche Verantwortlichkeit, 2. Aufl., Zürich 1987 (zit. Forstmoser, aktienrechtliche Verantwortlichkeit).

– Die Verantwortlichkeit der Organe, in: ST 65 (1991) 536 ff. (zit. Forstmoser, Verantwortlichkeit der Organe).

– Ethik und Integrität sind Teil des Geschäftsvermögens, in: Schweizer Arbeitgeber vom 21.6.2001, Nr. 13/01, 576 ff. (zit. Forstmoser, Round-table).

– Informations- und Meinungsäusserungsrechte des Aktionärs, in: Druey Jean Nicolas/ Forstmoser Peter (Hrsg.), Rechtsfragen um die Generalversammlung, SZA 11, Zürich 1997, 85 ff. (zit. Forstmoser, Meinungsäusserungsrechte).

– Organisation und Organisationsreglement nach neuem Aktienrecht, SZA 2, Zürich 1992 (zit. Forstmoser, Organisationsreglement).

– Solidarität, Kausalzusammenhang und Verschulden im aktienrechtlichen Verantwortlichkeitsrecht, in: SJZ 78 (1982) 369 ff. (zit. Forstmoser, Solidarität).

FORSTMOSER PETER/FORRER FIONA, Entwicklungen im Gesellschaftsrecht – Handelsgesellschaften und Genossenschaften – und im Wertpapierrecht, in: SJZ 97 (2001) Nr. 21, 488 ff.

FORSTMOSER PETER/JAAG TOBIAS, Der Staat als Aktionär, SZA Heft 15, Zürich 2000.

FORSTMOSER PETER/HÉRITIER LACHAT ANNE, Die privatrechtliche Verantwortlichkeit im Aktienrecht, SJK Ersatzkarte, Genf 1993.

FORSTMOSER PETER/MEIER-HAYOZ ARTHUR/NOBEL PETER, Schweizerisches Aktienrecht, Bern 1996.

FORSTMOSER PETER/UNTERSANDER OLIVER, Entwicklungen im Gesellschaftsrecht, in: SJZ 95 (1999) 470 ff.

FREI WALTER, Die Verantwortung des Verwaltungsrates im Steuerrecht, in: ZStP 4/98 (1998) 263 ff.

FRITZSCHE HANS/WALDER-BOHNER HANS-ULRICH, Schuldbetreibung und Konkurs, 3. Aufl., Zürich 1993.

FUNK FRITZ, Kommentar des Obligationenrechts, Zweiter Band, Das Recht der Gesellschaften, Aarau 1984.

GEHRER CAROLE, Abwehrmassnahmen bei unfreundlichen Übernahmeversuchen, in: ST 5/02 (2002) 479 ff.

GEISER THOMAS, Die Treuepflicht des Arbeitnehmers und ihre Schranken, ASR Heft 481, Diss. Basel, Bern 1983 (zit. Geiser, Treuepflicht).
– Entwicklungen im Arbeitsrecht, in: SJZ 95 (1999) 324 ff. (zit. Geiser, Entwicklungen im Arbeitsrecht).
GEISER THOMAS/HÄFLIGER BENEDICT, Entwicklungen im Arbeitsrecht, in: SJZ 99 (2003) 349 ff.
GEISER THOMAS/UHLIG KAI-PETER, Arbeitsverhältnisse im Konzern, in ZBJV 139 (2003) 757 ff.
GERHARDS GERHARD, Kommentar zum Arbeitslosenversicherungsgesetz, Bd. III, Bern 1992.
GERMANIER MARC, Die vermögensrechtliche Stellung der Verwaltungsratsmitglieder und Direktoren in den schweizerischen Aktiengesellschaften, Diss. St. Gallen 1954.
GILLIÉRON PIERRE-ROBERT, Commentaire de la loi fédérale sur la poursuite pour dettes et faillite, Lausanne 2001.
GLANZMANN-TARNUTZER LUCREZIA, Die Zweckentfremdung von Arbeitnehmerbeiträgen in der Sozialversicherung, in: AJP 8/03 (2003) 909 ff.
GLAUS BRUNO U., Unternehmungsüberwachung durch schweizerische Verwaltungsräte, Diss. St. Gallen 1980.
GOMEZ PETER, Corporate Governance und glaubwürdige Führung, in: SBR, 2002, 6 ff.
GRAF STEFAN/HENNEBERGER FRED/SCHMID HANS, Flexibilisierung der Arbeit, Bern/Stuttgart/Wien 2000.
GROB-ANDERMACHER BÉATRICE, Die Rechtslage des Arbeitnehmers bei Zahlungsunfähigkeit und Konkurs des Arbeitgebers, Diss. Zürich, Zürich 1982.
GROSS CHRISTOPHE, Die Haftpflichtversicherung, Zürich 1993.
GROSSEN DIETER W./DE PALÉZIEUX CLAIRE, Abkommen über die Freizügigkeit, in: Thurer Daniel/Weber Rolf H./Zäch Roger (Hrsg.), Bilaterale Verträge Schweiz – EG, Zürich 2002.
GRÜNINGER HAROLD, Steuerrechtlicher Entwicklungen, in: SZW 73 (2001) 37 ff.
GUHL THEO/DRUEY JEAN NICOLAS, Das Schweizerische Obligationenrecht, §§ 59–89, 9. Aufl., Zürich 2000.
GUHL THEO/KOLLER ALFRED, Das Schweizerische Obligationenrecht, §§ 1–47, 9. Aufl., Zürich 2000.
HARTMANN JÜRG E., Der herausgeforderte Verwaltungsrat, in: NZZ vom 30.5.1995, Nr. 123, S. 30 (zit. Hartmann, Verwaltungsrat).
HARTMANN RUDOLF, Der Organbegriff bei der Aktiengesellschaft, Diss. Bern, Lachen 1944 (zit. Hartmann, Organbegriff).
HÄUSERMANN HANS, Wachsende Bedeutung von Management auf Zeit, in: NZZ vom 9.6.1998, Nr. 130, S. 81.
HAUSHEER HEINZ/AEBI-MÜLLER REGINA, Das Personenrecht des Schweizerischen Zivilgesetzbuches, Bern 1999.
HELBLING CARL, Personalvorsorge und BVG, 7. Aufl., Bern/Stuttgart/Wien 2000.
HEINI ANTON, Das Schweizerische Vereinsrecht, Basel/Frankfurt a.M. 1988.
HENN GÜNTER, Handbuch des Aktienrechts, 6. Aufl., Heidelberg 1998.

HERFS-RÖTTGEN EBBA, Arbeitnehmerbeteiligung in der Europäischen Aktiengesellschaft, in: NZA Heft8/2001 424 ff. (zit. Herfs-Roettgen, Arbeitnehmerbeteilung)
- Probleme der Arbeitnehmerbeteiligung in der Europäischen Aktiengesellschaft, in: NZA Heft 7/2002358 ff. (zit. Herfs-Roettgen, Probleme)

HILB MARTIN, Einwände gegen die Amerikanisierung der Gehälter, in: Personalwirtschaft, Sonderheft 9/2000 24 ff. (zit. Hilb, Einwände).
- Integriertes Management des Verwaltungsrats, in: Jean-Paul Thommen (Hrsg.), Management-Kompetenz, Zürich 1995 (zit. Hilb, Integriertes Management).
- Transnationales Management der Human-Ressourcen, 2. Aufl., Neuwied 2002 (zit. Hilb, Transnationales Management).

HILB MARTIN/MÜLLER ROLAND/WEHRLI HANS PETER, Verwaltungsratspraxis [Medienpaket], Zürich 2003.

HOFER HERMANN, Die Geschäftsführung der Aktiengesellschaft nach schweizerischem und deutschem Recht, unter Mitberücksichtigung des Aufsichtsrates, Diss. Bern, Zürich 1944.

HOFFMANN DIETRICH/PREU PETER, Der Aufsichtsrat, 5. Aufl., München 2003.

HOFSTETTER KARL, Corporate Governance in der Schweiz – Bericht im Zusammenhang mit den Arbeiten der Expertengruppe, Zürich 2002 (zit. Hofstetter, Corporate Governance Bericht).
- Erkenntnisse aus der Corporate Governance-Diskussion in der Schweiz, in: ST 76 (2002) 975 ff. (zit. Hofstetter, Erkenntnisse).
- Neue Schweizer Corporate Governance bietet Gestaltungsspielraum, in: Ernst & Young (Hrsg.), Praxis Special – Corporate Governance, Zürich 2002 (zit. Hofstetter, Neue Schweizer Corporate Governance).

HÖHN ERNST/MÄUSLI PETER, Interkantonales Steuerrecht, 4. Aufl., Bern 2000.

HÖHN ERNST/WALDBURGER ROBERT, Steuerrecht, Band I, 9. Aufl., Bern/Stuttgart/Wien 2001.

HOMBURGER ERIC, Kommentar zum Schweizerischen Zivilgesetzbuch, Bd. VI Das Obligationenrecht, Teilbd. V 5b Der Verwaltungsrat, Art. 707–726 OR, Zürich 1997 (zit. Homburger, Zürcher Kommentar).

HOMMELHOFF PETER, Einige Bemerkungen zur Organisationsverfassung der Europäischen Aktiengesellschaft, in: Die Aktiengesellschaft 46 (2001) 279 ff.

HOMMELHOFF PETER/TEICHMANN CHRISTOPH, Die Europäische Aktiengesellschaft – das Flaggschiff läuft vom Stapel, in: SZW 74 (2002) 1 ff.

HONSELL HEINRICH, in: Honsell/Vogt/Geiser (Hrsg.), Kommentar zum schweizerischen Privatrecht, Zivilgesetzbuch I, Art. 1–456 ZGB, 2. Aufl., Basel 2002 (zit. Honsell, Basler Kommentar).
- Schweizerisches Obligationenrecht – Besonderer Teil, 7. Aufl., Bern 2003 (zit. Honsell, Obligationenrecht).

HÜFFER UWE, Aktiengesetz, 5. Aufl., München 2002.

HUG WALTHER, Die Einwirkung von Schuldbetreibung und Konkurs auf das Dienstverhältnis, in: Beiträge zum Wirtschaftsrecht, Festgabe für den Schweizerischen Juristentag 1944, St. Gallen 1944.

HUMBERT DENIS, Der neue Kündigungsschutz im Arbeitsrecht, Diss. Zürich, Winterthur 1991.
HUNGERBÜHLER IVO W., Der Verwaltungsratspräsident, SSHW Bd. 219, Diss. Zürich 2003.
HÜTTE KLAUS, Fragen rund um die Versicherbarkeit aktienrechtlicher Verantwortlichkeitsansprüche, in: AJP 11/98 (1998) 1294 ff.
HUTTERLI CLAUS, Der leitende Angestellte im Arbeitsrecht, SSR Heft 17, 3. Aufl., Diss. Zürich, Bern 1984.
JAEGER CARL, Das Bundesgesetz betreffend Schuldbetreibung und Konkurs, 3. Aufl., Zürich 1911.
JAEGER CARL/WALDER HANS ULRICH/KULL THOMAS M./KOTTMANN MARTIN, Bundesgesetz über Schuldbetreibung und Konkurs, Band I, Art. 1–158, 4. Aufl., Zürich 1997.
– Bundesgesetz über Schuldbetreibung und Konkurs, Band II, Art. 159–292, 4. Aufl., Zürich 1999.
JERMINI DAVIDE, in: Baker & McKenzie (Hrsg.), Fusionsgesetz – Bundesgesetz über Fusion, Spaltung, Umwandlung und Vermögensübertragung sowie die einschlägigen Bestimmungen des IPRG und des Steuerrechts, Bern 2003.
JOHANSSON BJORN, Neue Impulse durch branchenfremde Manager, in: NZZ vom 8.3.1994, Nr. 56, S. 36.
JÖSLER MAJA DOMENICA, Rechtsstreit zwischen Organen und Organmitgliedern, Bamberg 1998.
KAHIL-WOLFF BETTINA, Remarques sur l'abrogation du privilège de responsabilité de l'employeur, in: HAVE 4/03 (2003) 301 ff.
KAISER JOB NOËLLE, in: Spühler/Tenchio/Infanger (Hrsg.), Kommentar zum schweizerischen Zivilprozessrecht, Bundesgesetz über den Gerichtsstand in Zivilsachen (GestG), Basel 2001 (zit. Kaiser Job, GestG-Kommentar).
KAMMERER ADRIAN, Die unübertragbaren und unentziehbaren Kompetenzen des Verwaltungsrats, SSHW Bd. 180, Zürich 1997.
KIESER UELI, ATSG-Kommentar, Zürich 2003.
KILLIAS LAURENT, in: Institut für Rechtswissenschaft und Rechtspraxis, Universität St. Gallen, Aktuelle Fragen des Arbeitsrechts, Schiedsgerichtsvereinbarungen im nationalen und internationalen Arbeitsverhältnis, Tagesdokumentation vom 14. November 2003, St. Gallen 2003.
KOCH JÖRG, Marktforschung – Begriffe und Methoden; München/Wien 1996.
KOFMEL EHRENZELLER SABINE, in: Staehelin/Bauer/Staehelin (Hrsg.), Kommentar zum Bundesgesetz über Schuldbetreibung und Konkurs, SchKG I, Art. 1–87, Basel/Genf/München, 1998 (zit. Kofmel Ehrenzeller, SchKG-Kommentar).
KOLB ALFRED, Die rechtliche Stellung der Mitglieder der Verwaltung nach schweizerischem Aktienrecht, Diss. Zürich, Andelfingen 1935.
KOLLER ALFRED, Empfangstheorie und «Ferien-Kündigung», in: ZBJV 135 (1999) 136 ff. (zit. Koller, Empfangstheorie).
KOLLER THOMAS, Das Von-Roll-Urteil und die Organisationshaftung, in: SJZ 92 (1996) 409 ff. (zit. Koller, Organisationshaftung).
– Die Besteuerung der geldwerten Leistungen einer AG an die Aktionäre im Lichte der neuen bundesgerichtlichen Rechtsprechung, in: Recht 2 (1984) 22 ff. (zit. Koller, Besteuerung).

KRAMER ERNST A., Kommentar zum schweizerischen Privatrecht, Bd. VI Allgemeine Einführung in das schweizerische Obligationenrecht und Kommentar zu Art. 1 und 2 OR, Bern 1980 (zit. Kramer, Berner Kommentar).

KRAMPF MICHAEL, Lohnprivileg des Arbeitnehmers im Konkurs, in: NZZ vom 9.12.2003, Nr. 286, S. 27.

KRNETA GEORG, Praxiskommentar Verwaltungsrat: Art. 707–727, 754 OR und Spezialgesetze, Bern 2001 (zit. Krneta, Praxiskommentar).

– Der Rechtsanwalt als Verwaltungsrat, in: SJZ 97 (2001) 289 ff. (zit. Krneta, Rechtsanwalt).

KREUSCH REINHARD, Die arbeitsrechtliche Stellung der Verwaltungsorganmitglieder juristischer Personen in Deutschland und der Schweiz, Diss. Basel, Basel 1976.

KÜNG JOSEPH, Unlösbare Konflikte für den Verwaltungsrat einer Konzerntochter? in: Anwaltsrevue 10/2004, 384 f.

KÜHN RICHARD/FANKHAUSER KATHRIN, Marktforschung, Bern/Stuttgart/Wien 1996.

KUHN RENÉ/KOLLER GERHARD L. (Hrsg.), Aktuelles Arbeitsrecht für die betriebliche Praxis, inkl. 117. Aktualisierung, Zürich 2000.

KUNZ PETER V., Das Informationsrecht des Aktionärs in der Generalversammlung, in: AJP 8/01 (2001) 883 ff. (zit. Kunz, Informationsrecht).

– Die Klagen im Schweizer Aktienrecht, SZA Bd. 12, Zürich 1997 (zit. Kunz, Klagen).

KUZMIC KRISTINA, Haftung aus Konzernvertrauen, SSHW Bd. 187, Diss. Zürich, Zürich 1998.

LAMBERT CLAUDE, Das Gesellschaftsinteresse als Verhaltensmaxime des Verwaltungsrats der Aktiengesellschaft, ASR 535, Diss. Zürich, Bern 1992.

LATTMANN MASSIMO S., Ein Markt für Verwaltungsräte? in: NZZ vom 22.2.1993, Nr. 43, S. 21.

LAUTERBACHER THIERRY, Verantwortlichkeit und Versicherung, in: Baer Charlotte M. (Hrsg.), Aktuelle Fragen zur aktienrechtlichen Verantwortlichkeit, Bern 2003.

LOCHER PETER, Die Praxis der Bundessteuern, III. Teil : Das interkantonale Doppelbesteuerungsrecht, Loseblattwerk, Basel, Stand 1999 (zit. Locher, Doppelbesteuerungspraxis).

– Einführung in das interkantonale Steuerrecht, 2. Aufl., Bern 2003 (zit. Locher, Einführung in das interkantonale Steuerrecht).

– Kommentar zum DBG, Bundesgesetz über die direkte Bundessteuer, Band 9, I. Teil, Therwil/Basel 2001 (zit. Locher, Kommentar zum DBG).

LORANDI FRANCO, Arbeitsverträge im Konkurs des Arbeitgebers, in: SJZ 96 (2000) 150 ff. (zit. Lorandi, Arbeitsverträge)

– Konkursprivilegien und Sozialversicherungsrecht, in: AJP 3/02 (2002) 263 ff. (zit. Lorandi, Konkursprivilegien)

MAURER GUSTAV, Die Strafzumessung im schweizerischen Strafgesetzbuch, Diss. Zürich, Zürich 1945.

MEIER ISAAK, Schiedsgerichtsbarkeit in arbeitsrechtlichen Streitigkeiten, Festschrift 125 Jahre Kassationsgericht des Kantons Zürich, Zürich 2000, 271 ff. (zit. Meier, Schiedsgerichtsbarkeit).

MEIER KURT, Lohnforderungen im Arbeitgeber-Konkurs, in: Plädoyer 2/98 39ff. (zit. Meier, Lohnforderungen).

MEIER ROBERT, Die Aktiengesellschaft, 2. Aufl., Zürich 1994 (zit. Meier, Aktiengesellschaft).

MEIER-HAYOZ/FORSTMOSER PETER, Schweizerisches Gesellschaftsrecht, 9. Aufl., Bern 2004.

MEIER-SCHATZ CHRISTIAN J., Einführung in das neue Fusionsgesetz, in: AJP 5/02 (2002) 514 ff. (zit. Meier- Schatz, Einführung FusG).

– Meldepflichten und Übernahmeangebote: Gedanken zu den neuen Ausführungsverordnungen, in: AJP 1/98 (1998) 48 ff. (zit. Meier-Schatz, Meldepflichten)

– Über die Zusammenarbeit des Verwaltungsrats mit der Generalversammlung, ST 10/1995 823 ff. (zit. Meier-Schatz, Zusammenarbeit).

MERZ HANS, Kommentar zum schweizerischen Zivilgesetzbuch, Bd. I Einleitung und Personenrecht, Art. 2 ZGB, Bern 1962 (zit. Merz, Berner Kommentar).

MEYER KURT, Die rechtliche Stellung des Delegierten des Verwaltungsrats nach schweizerischem Recht, Diss. Zürich 1946.

METZLER LUKAS/SCHMUKI MARKUS, Die Aktionärseigenschaft des VR-Mitglieds – zur Bedeutung von Qualifikationsaktien in der Praxis, in: AJP 2/04 (2004) 169 ff.

MONTAVON PASCAL, Droit Suisse de la SA, Band II, Lausanne 1997.

MÜLLER JÖRG PAUL, Die Grundrechte in der Schweiz, Bern 1999 (zit. Müller J.P., Grundrechte).

MÜLLER OTTO HEINRICH, Haftpflichtversicherung, 2. Aufl., Zürich 1988 (zit. Müller O., Haftpflichtversicherung).

MÜLLER ROLAND, Betriebliches Disziplinarwesen, SSA Heft 21, Diss. Zürich, Bern 1983 (zit. Müller, Disziplinarwesen).

– Der Aktionärbindungsvertrag, in: Der Treuhandexperte 1/98 (1998) 4 ff. (zit. Müller, Aktionärbindungsvertrag).

– Der Verwaltungsrat im Arbeitsrecht, in: ArbR 1997 67 ff., Bern 1997 (zit. Müller, Arbeitsrecht).

– Die arbeitsrechtliche Situation der VR-Delegierten in der Schweiz, in: AJP 12/01 (2001) 1367 ff. (zit. Müller, arbeitsrechtliche Stellung).

– Konkursprivileg für leitende Arbeitnehmer, in: SJZ 100 (2004) 553 ff. (zit. Müller, Konkursprivileg)

– Rechte und Pflichten des Verwaltungsrates, in: ST 69 (1995) S. 807 ff. (zit. Müller, Rechte und Pflichten).

– Unsorgfältige Führung eines Verwaltungsratsmandates, in: Schaden-Haftung-Versicherung, hrsg. von Peter Münch/Thomas Geiser, Basel/Genf/München 1999, § 17 S. 825 ff. (zit. Müller, unsorgfältige Führung).

MÜLLER ROLAND A., Arbeitsgesetz, 6. Aufl., Zürich 2001 (zit. Müller R. A., Arbeitsgesetz).

– Die Arbeitnehmervertretung, SSA Heft 43, Bern 1999 (zit. Müller R. A., Arbeitnehmervertretung).

MÜLLER ROLAND/LIPP LORENZ/PLÜSS ADRIAN, Der Verwaltungsrat, 2. Aufl., Zürich 1999.

MÜLLER THOMAS, Die solidarische Mithaftung im Bundessteuerrecht, Diss. Bern, Bern 1999 (zit. Müller T., solidarische Mithaftung).

MÜNCH PETER, Von der Kündigung und ihren Wirkungen, in: Stellenwechsel und Entlassung, Band II der Handbücher für die Anwaltspraxis, § 1 S. 1 ff., Basel und Frankfurt a.M. 1997.

NIENSTEDT THOMAS, Haftungsrechtliche Sanktionen bei der Annahme und Zahlung von Schmiergeldern, Diss. Freiburg im Breisgau, Berlin 1996.

NIGGLI ADRIAN, Die Aufsicht über die Verwaltung der Aktiengesellschaft im schweizerischen Recht, Diss. Bern 1981.

NOBEL PETER, Aktienrechtliche Entscheide, 2. Aufl., Bern 1991 (zit. Nobel, Aktienrechtliche Entscheide).

– Corporate Governance – Der Brückenschlag vom Aktionariat zum Verwaltungsrat zum Management, in: INDEX 3/98 (1998), 8 ff. (zit. Nobel, Brückenschlag).

– Corporate Governance – Möglichkeiten und Schranken gesellschaftsrechtlicher Gestaltung, in: ST 69 (1995) 1057 ff. (zit. Nobel, Corporate Governance).

– Der Eintrag im Aktienbuch als Legitimationsmittel gegenüber der Gesellschaft, in: SZW 65 (1993) 123 ff. (zit. Nobel, Eintrag im Aktienbuch).

– Europäisierung des Aktienrechtes, Diss. Zürich, Diessenhofen 1974 (zit. Nobel, Europäisierung).

– Grundsätze der OECD zu Corporate Governance, in: SZW 71 (1999) 244 ff. (zit. Nobel, Grundsätze der OECD).

– Klare Aufgaben für den Verwaltungsrat, in: ST 65 (1991) 531 ff. (zit. Nobel, Klare Aufgaben).

– Le rôle du président du conseil, in: SZW 76 (2004) 19 ff. (zit. Nobel, Rolle des VR-Präsidenten).

– Schweizerisches Finanzmarktrecht, 2. Aufl., Bern 2004 (zit. Nobel, Finanzmarktrecht).

NORDMANN PHILIPPE, Die missbräuchliche Kündigung im schweizerischen Arbeitsrecht unter besonderer Berücksichtigung des Gleichstellungsgesetzes, Diss. Basel, Basel und Frankfurt am Main 1998.

NUSSBAUMER THOMAS, Die Haftung des Verwaltungsrats nach Art. 52 AHVG, in: AJP 9/96 (1996) 1071 ff.

OERTLE MARKUS, Die Geschäftsherrenhaftung im Strafrecht unter besonderer Berücksichtigung von Art. 6 Abs. 2 des Bundesgesetzes über das Verwaltungsstrafrecht, Diss. Zürich, Richterswil 1996

OERTLE MATTHIAS/DU PASQUIER SHELBY, in: Honsell/Vogt/Watter (Hrsg.), Basler Kommentar zum schweizerischen Privatrecht, Obligationenrecht II, Art. 683–688 und 789–792 OR, 2. Aufl., Basel 2002 (zit. Oertle/du Pasquier, Basler Kommentar).

PAULSEN TERJE/MEIERHOFER PETER, Vom Sklaven zum Aufseher der eigenen Risiken, in: ST 78 (2004) 1066 ff.

PEDRAZZINI MARIO M./PEDRAZZINI FEDERICO A., Unlauterer Wettbewerb UWG, 2. Aufl., Bern 2002.

PETER HANSJÖRG, in: Staehelin Adrian/Bauer Thomas/Staehelin Daniel (Hrsg.), Kommentar zum Bundesgesetz über Schuldbetreibung und Konkurs, SchKG II, Art. 88–220, Basel/Genf/München 1998 (zit. Peter, SchKG-Kommentar).

PIC JEAN-JACQUES, A glance at Corporate Governance around the world, Paris 1997.

PICENONI RENO, Der Entlastungsbeschluss (Décharge), Diss. Zürich, Aarau 1945.

PLÜSS ADRIAN, Die Rechtsstellung des Verwaltungsratsmitgliedes, Diss. Zürich, SSHW Bd. 130, Zürich 1990 (zit. Plüss, Rechtsstellung).
– Zur Rechtsstellung des «Konzernführers», in: Neues zum Gesellschafts- und Wirtschaftsrecht, Zum 50. Geburtstag von Peter Forstmoser, hrsg. von W. R. Schluep und P. R. Isler, Zürich 1993 (zit. Plüss, Konzernführer).
PORTMANN WOLFGANG, Individualarbeitsrecht, Zürich 2000.
PORTMANN WOLFGANG/STÖCKLI JEAN-FRITZ, Kollektives Arbeitsrecht, Zürich/Basel/Genf 2004.
POTTHOFF ERICH/TRESCHLER KARL, Das Aufsichtsratsmitglied, 6. Aufl., Stuttgart 2003.
PROCACCIA URIEL, The Corporate Code as a Standard Form Contract: General Theoretical Remarks and Implications for German Law, in: ZUG 19 (1990) 169 ff.
PULVER MARTIN J., Fussangeln für Verwaltungsräte – Das eigene Unternehmen als Selbstbedienungsladen, in: NZZ vom 15.7.2000, Nr. 163, S. 21.
REBSAMEN KARL, Die Aktiengesellschaft nach neuem Recht in der Handelsregisterpraxis, Basel 1992.
REETZ PETER, in: SPÜHLER/TENCHIO/INFANGER (Hrsg.), Kommentar zum schweizerischen Zivilprozessrecht, Bundesgesetz über den Gerichtsstand in Zivilsachen (GestG), Basel 2001 (zit. Reetz, GestG-Kommentar).
REHBINDER MANFRED, Kommentar zum schweizerischen Zivilgesetzbuch, Bd. VI: Das Obligationenrecht, 2. Abteilung: Die einzelnen Vertragsverhältnisse, 2. Teilband: Der Arbeitsvertrag, Art. 319–362 OR, Bern 1985 und 1992 (zit. Rehbinder, Berner Kommentar).
– Schweizerisches Arbeitsrecht, 15. Aufl., Bern 2002 (zit. Rehbinder, Arbeitsrecht).
REHBINDER MANFRED/PORTMANN WOLFGANG, in: Honsell/Vogt/Wiegand (Hrsg.), Basler Kommentar zum schweizerischen Privatrecht, Obligationenrecht I, Art. 319 362 OR, 3. Aufl., Basel/Genf/München 2003 (zit. Rehbinder/Portmann, Basler Kommentar).
REICHEL ALEXANDER, Das Bundesgesetz über Schuldbetreibung und Konkurs, 2. Aufl., Zürich 1901.
REINERT PETER, in: Baker & McKenzie (Hrsg.), Fusionsgesetz – Bundesgesetz über Fusion, Spaltung, Umwandlung und Vermögensübertragung sowie die einschlägigen Bestimmungen des IPRG und des Steuerrechts, Bern 2003.
RHINOW RENÉ/SCHMID GERHARD/BIAGGINI GIOVANNI, Öffentliches Wirtschaftsrecht, Basel 1998.
RHOADS CHRISTOPHER, OECD pushes Global Guidelines for Governance of Corporations, in: The Wall Street Journal Europe vom 12. Januar 2004, Nr. 239, A2.
RICHNER FELIX/FREI WALTER/KAUFMANN STEFAN, Handkommentar zum DBG, Zürich 2003 (zit. Richner/Frei/Kaufmann, Handkommentar zum DBG).
– Kommentar zum harmonisierten Zürcher Steuergesetz, Zürich 1999 (zit. Richner/Frei/ Kaufmann, Kommentar zum Zürcher Steuergesetz).
RICKENBACH MATTHIAS W., Die Nachwirkungen des Arbeitsverhältnisses, Diss. Zürich, Bern 2000.
ROBERTO VITO, Gedanken zur Haftung des Arbeitnehmers, in: Becker/Hilty/Stöckli/Würtenberger (Hrsg.), Festschrift für Manfred Rehbinder, Recht im Wandel seines sozialen und technologischen Umfeldes, Bern 2002 (zit. Roberto, Haftung).
– Schweizerisches Haftpflichtrecht, Zürich 2002 (zit. Roberto, Haftpflichtrecht).

RUFFNER MARKUS, Die ökonomischen Grundlagen eines Rechts der Publikumsgesellschaft, Zürich 2000.

RUIGROK WINFRIED, Corporate Governance in Switzerland: The case for further reforms, in: SBR 2002, 22 ff.

RUMO-JUNGO ALEXANDRA/USINGER-EGGER PATRICIA, Bundesgesetz über die Unfallversicherung, in: Murer/Stauffer (Hrsg.), Rechtsprechung des Bundesgerichts zum Sozialversicherungsrecht, 3. Aufl., Zürich 2003.

SANWALD RETO, Aktuelle parlamentarische Vorstösse im Bereich des Gesellschaftsrechts, in REPRAX 3/01 (2001) 26 ff.

SCHÄRER HEINZ, Die Vertretung der Aktiengesellschaft durch ihre Organe, Diss. Freiburg, Freiburg 1981.

SCHILTKNECHT RETO, Arbeitnehmer als Verwaltungsräte abhängiger Konzerngesellschaften, ASR Heft 592, Bern 1997.

SCHMID ERNST F., in: Staehelin/Bauer/Staehelin (Hrsg.), Kommentar zum Bundesgesetz über Schuldbetreibung und Konkurs, SchKG I, Art. 1–87, Basel/Genf/München, 1998 (zit. Schmid, SchKG-Kommentar).

SCHÖNENBERGER WILHELM, Kommentar zum Obligationenrecht, Zürich 1945.

SCHÖNENBERGER WILHELM/JÄGGI PETER, Kommentar zum Schweizerischen Zivilgesetzbuch, Obligationenrecht, Teilband V 1a, Art. 1–17 OR, 3. Aufl., Zürich 1973 (zit. Schönenberger/Jäggi, Zürcher Kommentar).

SCHOTT ANSGAR, Insichgeschäft und Interessenkonflikt, ZSP Bd. 178, Diss. Zürich, Zürich 2002.

SCHULTHESS BERNHARD, Funktionen der Verwaltung einer Aktiengesellschaft, Diss. Zürich 1967.

SCHUCANY EMIL, Kommentar zum schweizerischen Aktienrecht, 2. Aufl., Zürich 1960.

SCHWARZ GERHARD, Filz, Kontrolle und Verantwortung, in: NZZ vom 24.3.2001, Nr. 70, S. 21 (zit. Schwarz, Filz).

– Wo bleibt der Aufstand der Aktionäre, in: NZZ vom 2.3.2002, Nr. 52, S. 21 (zit. Schwarz, Aufstand).

SCHWEINGRUBER EDWIN, Kommentar zum Arbeitsvertrag, 2. Aufl., Bern 1976 (zit. Schweingruber, Arbeitsvertrag).

SCHWEINGRUBER PASCAL, Die Versicherung der aktienrechtlichen Verantwortlichkeit in der Schweiz, Zürich 1997 (zit. Schweingruber, Versicherung).

SCHWENZER INGEBORG, Schweizerisches Obligationenrecht: Allgemeiner Teil, Bern 2003.

SIEGMUND LUDWIG, Handbuch für die Schweizerischen Handelsregisterführer, Basel 1892.

SIEGWART ALFRED, Kommentar zum Schweizerischen Zivilgesetzbuch, Das Obligationenrecht, 5. Teil: Die Aktiengesellschaft, a: Allgemeine Bestimmungen (Art. 620–659), Zürich 1945 (zit. Siegwart, Zürcher Kommentar).

SOMMER UELI, Die rechtliche Qualifikation von Verwaltungsrats- und anderen Organverträgen, in: AJP 9/04 (2004) 1059 ff.

SPENCER STUART MANAGEMENT CONSULTANTS, Verwaltungsräte in der Schweiz – Aufgaben und Anforderungen, Zürich/Genf 1983.

STAEHELIN ADRIAN/VISCHER FRANK, Kommentar zum Schweizerischen Zivilgesetzbuch, Band V: Das Obligationenrecht, Teilband V 2c, Der Einzelarbeitsvertrag, Art. 319–362 OR, Zürich 1996 (zit. Staehelin/Vischer, Zürcher Kommentar).

STAEHELIN DANIEL, in: Honsell/Vogt/Geiser (Hrsg.), Kommentar zum schweizerischen Privatrecht, Zivilgesetzbuch I, Art. 1–456 ZGB, 2. Aufl., Basel 2002 (zit. Staehelin, Basler Kommentar).

STÄHELIN SALOME, Das Streikrecht in unerlässlichen Diensten, BSR Bd. 58, Diss. Basel, Basel 2001 (zit. Stähelin, Streikrecht).

STAMM MARIE-LOUISE, Das Weisungsrecht des Arbeitgebers und seine Schranken, BSR Heft 109, Diss. Basel, Basel und Stuttgart 1977.

STÄMPFLI MICHAEL, Die gemischtwirtschaftliche Aktiengesellschaft, ASR Heft 533, Diss. Bern, Bern 1991.

STAUFFER HANS-ULRICH, Bundesgesetz über die obligatorische Arbeitslosenversicherung und Insolvenzentschädigung, in: Murer Erwin/Stauffer Hans-Ulrich (Hrsg.), Rechtsprechung des Bundesgerichtes zum Sozialversicherungsrecht, 2. Aufl., Zürich 1998 (zit. Stauffer, Rechtsprechung).

– Die Arbeitslosenversicherung, Zürich 1984 (zit. Stauffer, Arbeitslosenversicherung).

STEINER ERNST, Die Vertretung des Gemeinderates im Verwaltungsrat einer AG, in: SAG 20, 143 ff.

STOCKAR CONRAD, Die Solidarhaftung des Verwaltungsrates bei der Verrechnungssteuer, in: ST 1990, 325 ff.

STÖCKLI JEAN-FRITZ, Das Streikrecht in der Schweiz, in: BJM 1997, 169 ff. (zit. Stöckli, Streikrecht).

– Der Inhalt des Gesamtarbeitsvertrages, SSA Heft 32, Bern 1990 (zit. Stöckli, Gesamtarbeitsvertrag).

– Ein verfassungsmässiges Rechte auf Streik?, in: NZZ vom 4.2.1998, Nr. 30, 15 (zit. Stöckli, verfassungsmässiges Recht).

– Kommentar zum schweizerischen Zivilgesetzbuch, Bd. VI Das Obligationenrecht, 2. Abt. Die einzelnen Vertragsverhältnisse, 2. Teilbd./3. Abschn. Gesamtarbeitsvertrag und Normalarbeitsvertrag, Art. 356–360 OR, Bern 1999 (zit. Stöckli, Berner Kommentar).

– Rechtsfragen der Mehrfachbeschäftigung des Arbeitnehmers, in: SJZ 87 (1991) 254 ff. (zit. Stöckli, Mehrfachbeschäftigung).

STÖCKLI KURT, Die Lohnforderung des Arbeitnehmers im Konkurs des Arbeitgebers, in: ST 68 (1994) 604 f. (zit. Stöckli K., Lohnforderung).

STRATENWERTH GÜNTHER, Strafrecht, Allgemeiner Teil, 2. Aufl., Bern 1996.

STREIFF ULLIN, Besondere Fälle der Haftung des Arbeitnehmers, in: AJP 7/97 (1997) 796 ff.

STREIFF ULLIN/VON KAENEL ADRIAN, Leitfaden zum Arbeitsvertragsrecht, 5. Aufl., Zürich 1992.

STREIFF ULLIN/PELLEGRINI BRUNO/VON KAENEL ADRIAN, Vertragsvorlagen, 3. Aufl., Zürich 1999.

STUDER CHRISTOPH, Die Einberufung der Generalversammlung der Aktiengesellschaft, Diss. Zürich, Bern 1995.

Syz Carole, Faktisches Vertragsverhältnis, ZSP Heft 84, Zürich 1991.
Theisen Manuel R./Wenz M., Die Europäische Aktiengesellschaft, Stuttgart 2002.
Thoma Georg F./Leuering Dieter, Die Europäische Aktiengesellschaft – Societas Europaea, in: NJW 20 (2002) 1449 ff.
Trechsel Stefan, Schweizerisches Strafgesetzbuch, Kurzkommentar, 2. Aufl., Zürich 1997.
Trigo Trindade Rita, Le conseil d'administration de la société anonyme, Diss. Genf, Basel 1996.
Trottmann Markus, Können die Statuten einer Aktiengesellschaft vorsehen, dass sich ein Verwaltungsrat bei der Beschlussfassung des Rates durch ein anderes Ratsmitglied vertreten lassen kann? In: Jahrbuch des Handelsregisters 1993, Zürich 1993, S. 51 ff.
Troxler Dieter M., Der sachliche Kündigungsschutz nach Schweizer Arbeitsvertragsrecht, Arbeitsrecht in der Praxis Band 5, Diss. Basel, Zürich 1993.
Vallender Klaus A., in: Ehrenzeller/Mastronardi/Schweizer/Vallender (Hrsg.), Die schweizerische Bundesverfassung, Zürich 2002.
Vischer Frank, Der Arbeitsvertrag, in: Wiegand Wolfgang (Hrsg.), Schweizerisches Privatrecht, Obligationenrecht – Besondere Vertragsverhältnisse, 2. Aufl., Basel und Frankfurt am Main 1994 (zit. Vischer, Arbeitsvertrag).
Vischer Markus, Schadloshaltungsklauseln in Mandatsverträgen fiduziarischer Verwaltungsräte, in: AJP 5/03 (2003) 491 ff. (zit. Vischer, Schadloshaltungsklauseln).
Vock Dominik, in: Spühler/Tenchio/Infanger (Hrsg.), Kommentar zum schweizerischen Zivilprozessrecht, Bundesgesetz über den Gerichtsstand in Zivilsachen (GestG), Basel 2001 (zit. Vock, GestG-Kommentar).
Vogel Hans-Albrecht, Die Familienkapitalgesellschaften – Typologische Grundlegung und Probleme in der Rechtspraxis, Diss. Zürich, Zürich 1974.
Vogel Oscar/Spühler Karl, Grundriss des Zivilprozessrechts und des internationalen Zivilprozessrechts der Schweiz, 7. Aufl., Bern 2001.
Vollmar Jürg, Grenzen der Übertragung von gesetzlichen Befugnissen des Verwaltungsrats an Ausschüsse, Delegierte und Direktoren, Diss. Bern, Lenzburg 1986.
von Büren Roland, Erfahrungen schweizerischer Publikumsgesellschaften mit dem neuen Aktienrecht, in: ZBJV 131 (1995) 57 ff. (zit. von Büren, Erfahrungen).
– Schweizerisches Privatrecht, Bd. VIII/6, Der Konzern, Basel 1997 (zit. von Büren, Schweizerisches Privatrecht).
von Büren Roland/Bähler Thomas, Gründe für die gesteigerte Attraktivität der GmbH, in: Recht 1996 17 ff.
von der Crone Caspar/Kessler Franz J., Die Leitung der Generalversammlung, SZW 76 (2004) 2 ff.
von der Crone Caspar/Roth Katja, Der Sarbanes-Oxley Act und seine extraterritoriale Bedeutung, in: AJP 2/03 (2003) 131 ff.
von Moos-Busch Irene, Das Organisationsreglement des Verwaltungsrats, Diss. Zürich 1995 (zit. von Moos-Busch, Organisationsreglement).
– Die Übertragung der Geschäftsführung auf den Delegierten des Verwaltungsrats, in: Schluep W.R./Isler P.R. (Hrsg.), Neues zum Gesellschafts- und Wirtschaftsrecht – Zum 50. Geburtstag von Peter Forstmoser, Zürich 1993 (zit. von Moos-Busch Irene, Übertragung der Geschäftsführung).

VON SALIS ULYSSES, Die Gestaltung des Stimm- und des Vertretungsrechts im schweizerischen Aktienrecht, SSHWR Bd. 174, Zürich 1996.

VON STEIGER FRITZ, Das Recht der Aktiengesellschaft in der Schweiz, 4. Aufl., Zürich 1970.

WALDBURGER MARTIN, Die Gleichbehandlung von Mitgliedern des Verwaltungsrats, SSPHW Bd. 66, Diss. St. Gallen, Bern/Stuttgart/Wien 2002.

WALSH MARK/THESING THOMAS, Die exterritoriale Anwendung der US-Standards zu Corporate Governance in Europa, in: SWZ 75 (2003) 84 ff.

WANDER JEAN, Die Organe der Aktiengesellschaft und ihr gegenseitiges Verhältnis nach deutschem, französischem und schweizerischem Recht, Diss. Bern, Bern 1958

WATTER ROLF, in: Honsell/Vogt/Watter (Hrsg.), Kommentar zum schweizerischen Privatrecht, Obligationenrecht II, Art. 716–724 und 726–731a OR, 2. Aufl., Basel/Genf/München 2002 (zit. Watter, Basler Kommentar).

– Unternehmensübernahmen, Zürich 1990 (zit. Watter, Unternehmensübernahmen).

WATTER ROLF/DUBS DIETER, Der Déchargebeschluss, in: AJP 8/01 (2001) 908 ff.

WEBER MARTIN, Vertretung im Verwaltungsrat, Qualifikation – Zulässigkeit – Schranken, Diss. Zürich 1994 (zit. Weber, Vertretung).

WEBER ULRICH, Der Anstellungsvertrag des Managers, Wien 1991 (zit. Weber, Anstellungsvertrag).

WEIDMANN HEINZ/GROSSMANN BENNO/ZIGERLIG RAINER, Wegweiser durch das st. gallische Steuerrecht, 6. Aufl., Muri-Bern 1999.

WEISS GOTTFRIED, Zum Schweizerischen Aktienrecht, ASR Heft 385, Bern 1968.

WERNLI MARTIN, in: Honsell/Vogt/Watter (Hrsg.), Basler Kommentar zum schweizerischen Privatrecht, Obligationenrecht II, Art. 707–715a und 762–763 OR, 2. Aufl., Basel/Genf/München 2002 (zit. Wernli, Basler Kommentar).

WIDMER DIETER, Die Sozialversicherung in der Schweiz, 3. Aufl., Zürich 2001.

WIDMER PETER/BANZ OLIVER, in: Honsell/Vogt/Watter (Hrsg.), Basler Kommentar zum schweizerischen Privatrecht, Obligationenrecht II, Art. 754–760, 2. Aufl., Basel/Genf/München 2002 (zit. Widmer/Banz, Basler Kommentar).

WILLIAMSON OLIVER E., Die ökonomischen Institutionen des Kapitalismus, Unternehmen, Märkte, Kooperationen, (aus dem Amerikanischen übersetzt von Monika Streissler), Tübingen 1990.

WINTERTHUR/ELVIA/VAUDOISE, Die Berufshaftpflicht des Rechtsanwalts, SAV Bd. 10, Zürich 1992.

WOLFERS ARNOLD, Die Verwaltungsorgane der Aktiengesellschaft, ZBR Bd. 66, Zürich 1917.

WÜRSCH DANIEL, Der Aktionär als Konkurrent der Gesellschaft, Diss. Zürich, Zürich 1989.

WYLER RÉMY, Droit du travail, Bern 2002.

WUNDERER FELIX ROLF, Der Verwaltungsrats-Präsident, SSHW Bd. 163, Zürich 1995 (zit. Wunderer, VR-Präsident).

WUNDERER ROLF, Führung und Zusammenarbeit, 5. Aufl., Neuwied 2003 (zit. Wunderer, Führung).

ZEHNDER EGON P., «Corporate Governance» darf kein Papiertiger sein, in: NZZ vom 7./8.6.1997, Nr. 129, S. 29 (zit. Zehnder, Papiertiger).

– Corporate Governance in den USA, in: NZZ vom 23./24.10.1999, Nr.247, S. 29 (zit. Zehnder, Corporate Governance in den USA).

ZIMMERMANN HARRY, Grundfragen der Stellung der Verwaltungsratsmitglieder, Direktoren und Prokuristen der AG, Zürich 1946.

ZINDEL GAUDENZ G./ISLER PETER R./HONEGGER PETER C./BENZ ULRICH, Statuten nach neuem Aktienrecht, SZA Bd. 1, Zürich 1992.

ZOSS MARIE-GISÈLE, La résiliation abusive du contrat de travail, Diss. Lausanne, Lausanne 1997.

Materialienverzeichnis

Bericht über die Revision der Titel 24 bis 33 des schweizerischen Obligationenrechts, Beilage zum Entwurf vom Dezember 1919, Bern 1920 (zit. Bericht I).

Bericht II über die Revision der Titel 24 bis 33 des schweizerischen Obligationenrechts, Beilage zum zweiten Entwurf vom Dezember 1923, Bern 1920 (zit. Bericht II).

Botschaft des Bundesrates zu einem Gesetzesentwurf über die Revision der Titel 24 bis 33 des schweizerischen Obligationenrechts vom 21. Februar 1928, BBl. 1928 I 205 ff. (zit. Botschaft zur Revision OR, Seitenangaben nach dem Sonderdruck 28.2284).

Botschaft des Bundesrates zum Entwurf eines Bundesgesetzes über die Arbeitslosenversicherung vom 16. August 1950, BBl. 1950 II 525 ff. (zit. Botschaft zur Änderung des SchKG, Seitenangaben nach dem Sonderdruck 91.034).

Botschaft des Bundesrates zum Entwurf eines Bundesgesetzes über die Arbeit in Industrie, Gewerbe und Handel vom 30. September 1960, BBl. 1960 II 909 ff. (zit. Botschaft zum Arbeitsgesetz, Seitenangaben nach dem Sonderdruck 60.8113).

Botschaft des Bundesrates über die Revision des Zehnten Titels und des Zehnten Titel[bis] des Obligationenrechts vom 25. August 1967, BBl. 1967 II 241 ff. (zit. Botschaft zum Arbeitsvertrag, Seitenangaben nach dem Sonderdruck 67.9765).

Botschaft des Bundesrates zum Entwurf eines Bundesbeschlusses betreffend das Volksbegehren über die Mitbestimmung und einen Gegenvorschlag vom 22. August 1973, BBl. 1973 II 237 ff. (zit. Botschaft zur Mitbestimmungsinitiative, Seitenangaben nach dem Bundesblatt).

Botschaft des Bundesrates betreffend Änderung der Bundesverfassung für eine Neukonzeption der Arbeitslosenversicherung vom 3. September 1975, BBl. 1975 IIa 1557 ff. (zit. Botschaft zur Neukonzeption der Arbeitslosenversicherung, Seitenangaben nach dem Bundesblatt).

Botschaft des Bundesrates zu einem neuen Bundesgesetz über die obligatorische Arbeitslosenversicherung und die Insolvenzentschädigung vom 2. Juli 1980, BBl. 1980 III 489 ff. (zit. Botschaft zum Arbeitslosenversicherungsgesetz, Seitenangaben nach dem Bundesblatt).

Botschaft des Bundesrates über die Revision des Aktienrechts vom 23. Februar 1983, BBl. 1983 II 745 ff. (zit. Botschaft zum Aktienrecht, Seitenangaben nach dem Sonderdruck 83.015).

Botschaft des Bundesrates zur Volksinitiative «betreffend Kündigungsschutz im Arbeitsvertragsrecht» und zur Revision der Bestimmungen über die Auflösung des Arbeitsverhältnisses im Obligationenrecht vom 9. Mai 1984, BBl. 1984 II 551 ff. (zit. Botschaft zur Kündigungsschutz-Initiative, Seitenangaben nach dem Bundesblatt).

Botschaft des Bundesrates über die Änderung des Bundesgesetzes über Schuldbetreibung und Konkurs vom 8. Mai 1991, BBl. 1991 III 1 ff. (zit. Botschaft zur Änderung des SchKG, Seitenangaben nach dem Sonderdruck 91.034).

Botschaft des Bundesrates zur zweiten Teilrevision des Arbeitslosenversicherungsgesetzes (AVIG) vom 29. November 1993, BBl. 1994 I 340 ff. (zit. Botschaft zur Revision des AVIG, Seitenangaben nach dem Bundesblatt).

Botschaft des Bundesrates über eine neue Bundesverfassung vom 20. November 1996, BBl. 1997 I 7 ff. (zit. Botschaft zur Bundesverfassung, Seitenangaben nach dem Bundesblatt).

Botschaft des Bundesrates zur Genehmigung der sektoriellen Abkommen zwischen der Schweiz und der EG vom 23. Juni 1999, BBl. 1999 6128 ff. (zit. Botschaft zu sektoriellen Abkommen, Seitenangaben nach dem Bundesblatt).

Botschaft des Bundesrates zur Revision des Obligationenrechts (GmbH-Recht sowie Anpassungen im Aktien-, Genossenschafts-, Handelsregister- und Firmenrecht) vom 29. Dezember 2001, BBl. 2002 3148 ff. (zit. Botschaft zur Revision des GmbH-Rechts, Seitenangaben nach dem Bundesblatt).

Botschaft des Bundesrates betreffend die Internationalen Übereinkommen zur Bekämpfung der Finanzierung des Terrorismus und zur Bekämpfung terroristischer Bombenanschläge sowie die Änderung des Strafgesetzbuches und die Anpassung weiterer Bundesgesetze vom 26. Juni 2003, BBl. 2003 5390 ff. (zit. Botschaft zur Bekämpfung des Terrorismus, Seitenangaben nach dem Bundesblatt).

Entwurf eines Bundesgesetzes betreffend Revision der Titel 24 bis 33 des schweizerischen Obligationenrechts, Vorlage an das Schweizerische Justiz- und Polizeidepartement, Bern 1919 (zit. Entwurf I).

Entwurf II eines Bundesgesetzes betreffend Revision der Titel 24 bis 33 des schweizerischen Obligationenrechts, Vorlage an das Schweizerische Justiz- und Polizeidepartement, Bern 1923 (zit. Entwurf II).

Entwurf eines Bundesgesetzes betreffend Revision des Titel 28 des schweizerischen Obligationenrechts mit Anpassungen im Aktien-, Genossenschafts-, Handelsregister- und Firmenrechts, Vorlage an das Schweizerische Justiz- und Polizeidepartement, BBl. 2002 3265 ff. (zit. Entwurf GmbH-Revision, Seitenangaben nach dem Bundesblatt).

Ergebnisse des Vernehmlassungsverfahrens über den Vorentwurf zu einer Teilrevision des Bundesgesetzes über Schuldbetreibung und Konkurs (SchKG), Bern 1984 (zit. Ergebnisse des Vernehmlassungsverfahrens SchKG).

Abkürzungsverzeichnis

a.	alt / frühere Fassung eines Gesetzes oder einer Verordnung
a.a.O.	am angeführten Ort
a.M.	anderer Meinung
Abl.	Amtsblatt der Europäischen Gemeinschaften (Brüssel)
Abs.	Absatz
Abschn.	Abschnitt
Abt.	Abteilung
AFV-EBK	VO der EBK zur Verordnung über die Anlagefonds (SR 951.311.1)
AG	Aktiengesellschaft
AHV	Alters- und Hinterlassenenversicherung
AHVG	BG über die Alters- und Hinterlassenenversicherung (SR 831.10)
AHVV	VO über die Alters – und Hinterlassenenversicherung (SR 831.101)
AJP	Aktuelle Juristische Praxis (Lachen)
AJSUV	Arbeiten aus dem juristischen Seminar der Universität Freiburg (Feiburg)
AlVG	BG über die Arbeitslosenversicherung (SR 837.1; aufgehoben durch AVIG)
Amtl.	Amtlich(es)
ANAG	BG über Aufenthalt und Niederlassung der Ausländer (SR 142.20)
Anm.	Anmerkung
aOR	BG betreffend die Ergänzung des Zivilgesetzbuches, 5.Teil: Obligationenrecht, vom 7. Juli 1911
AppGer.	Appellationsgericht
ArbR	Mitteilungen des Instituts für Schweizerisches Arbeitsrecht (Zürich)
ArG	BG über die Arbeit in Industrie, Gewerbe und Handel (SR 822.11)
ArGV 1	VO 1 zum Arbeitsgesetz (SR 822.111)
Art.	Artikel
ARV	Zeitschrift für Arbeitsrecht und Arbeitslosenversicherung (Zürich; bis Ende 2000: Mitteilungsblatt des Bundesamtes für Industrie, Gewerbe und Arbeit, Bern)
AS	Amtliche Sammlung des Bundesrechts
ASR	Abhandlungen zum schweizerischen Recht (Bern)
aStGB	Schweizerisches Strafgesetzbuch in der früher geltenden Fassung
ATSG	BG über den Allgemeinen Teil des Sozialversicherungsrechts (SR 830.1)
Aufl.	Auflage
AVB	Allgemeine Versicherungs-Bedingungen
AVG	BG über die Arbeitsvermittlung und den Personalverleih (SR 823.11)
AVIG	BG über die obligatorische Arbeitslosenversicherung und die Insolvenzentschädigung (SR 837.0)

AVIV	VO über die obligatorische Arbeitslosenversicherung und die Insolvenzentschädigung (SR 837.2)
AVV	VO über die Arbeitsvermittlung und den Personalverleih (SR 823.111)
BankG	BG über die Banken und Sparkassen (SR 952.0)
BankV	VO über die Banken und Sparkassen (SR 952.02)
BAWI	Bundesamt für Aussenwirtschaft (seit 1.7.1999 seco)
BAZL	Bundesamt für Zivilluftfahrt
BBl.	Bundesblatt der Schweizerischen Eidgenossenschaft (Bern)
Bd.	Band
betr.	betreffend
BEHG	Bundesgesetz über die Börsen und den Effektenhandel (SR 954.1)
BG	Bundesgesetz
BGE	Entscheidungen des Schweizerischen Bundesgerichtes (Lausanne)
BGer.	Bundesgericht
BIGA	Bundesamt für Industrie, Gewerbe und Arbeit (ab 1.1.1998 BWA und seit 1.7.1999 seco)
BJM	Basler juristische Mitteilungen (Basel)
BSR	Basler Studien zur Rechtswissenschaft (Basel und Stuttgart)
Bull.	Bulletin
BVG	BG über die berufliche Alters-, Hinterlassenen- und Invalidenvorsorge (SR 831.40)
BVV2	Verordnung über die berufliche Alters-, Hinterlassenen- und Invalidenvorsorge (SR 831.441.1)
BWA	Bundesamt für Wirtschaft und Arbeit (seit 1.7.1999 seco)
bzgl.	bezüglich
bzw.	beziehungsweise
c.	contra / gegen
CEO	Chief Executive Officer
CFO	Chief Financial Officer
CHF	Schweizer Franken
d.h.	das heisst
D&O	Director's & Officer's [Liability Insurance]
DBG	BG über die direkte Bundessteuer (SR 642.11)
ders.	derselbe
dies.	dieselbe/dieselben
Diss.	Dissertation
EBK	Eidg. Bankenkommission
EFTA	Europäische Freihandelsassoziation
EG	Europäische Gemeinschaft
EHRA	Eidg. Amt für das Handelsregister
Eidg.	Eidgenössisch

Erw.	Erwägung
et al.	et alii/und weitere
EU	Europäische Union
ev.	eventuell
EVED	Eidgenössisches Verkehrs- und Energiewirtschaftsdepartement
EVG	Eidgenössisches Versicherungsgericht
Extr.	Extraits des principaux arrêts du Tribunal cantonal et de décisions du Conseil d'Etat du Canton de Fribourg (Fribourg)
f.	und folgende
ff.	und fortfolgende
Fn.	Fussnote
FS	Festschrift
FusG	BG über Fusion, Spaltung, Umwandlung und Vermögensübertragung (SR 221.301)
GAV	Gesamtarbeitsvertrag
Ges.	Gesellschaft
GestG	BG über den Gerichtsstand in Zivilsachen (SR 272)
GF	Geschäftsführer
GL	Geschäftsleitung
gl.M.	gleicher Meinung
GmbH	Gesellschaft mit beschränkter Haftung
GV	Generalversammlung
GVP-AR	Ausserrhodische Gerichts- und Verwaltungspraxis (Herisau)
GVP-SG	St. Gallische Gerichts- und Verwaltungspraxis (St. Gallen)
GVP-ZG	Gerichts- und Verwaltungspraxis des Kt. Zug (Zug)
HAVE	Haftung und Versicherung (Zürich)
HfdA	Handbücher für die Anwaltspraxis (Basel/Genf/München)
HR	Handelsregister
HRegV	Handelsregisterverordnung (SR 221.411)
hrsg.	herausgegeben
HTL	Höhere Technische Lehranstalt (Ingenieurschule)
HWP	Schweizer Handbuch der Wirtschaftsprüfer
i.d.R.	in der Regel
i.S.	in Sachen
i.S.v.	im Sinne von
i.V.m.	in Verbindung mit
IPR	Internationales Privatrecht
IPRG	BG über das Internationale Privatrecht (SR 291)
JAR	Jahrbuch des Schweizerischen Arbeitsrechts (Bern)
JdT	Journal des Tribunaux (Lausanne)
Jg.	Jahrgang

INDEX	Fachmagazin Betriebswirtschaft (Basel)
Kap.	Kapitel
KMU	Klein- und Mittelunternehmen
KonTraG	[Deutsches] Bundesgesetz zur Kontrolle und Transparenz im Unternehmensbereich (Bundesgesetzblatt I/1998, 786 ff.)
KR	Kotierungsreglement der Schweizer Börse
KSG	Konkordat über die Schiedsgerichtsbarkeit (SR 279)
Kt.	Kanton
LAVS	LF sull'assicurazione per la vecchiaia e per i superstiti (SR 831.10)
LF	Legge federale
LGVE	Luzerner Gerichts- und Verwaltungsentscheide (Luzern)
LSJ	La Semaine Juridique (Paris)
m.E.	meines Erachtens
m.w.H.	mit weiteren Hinweisen
mdl.	mündlich
Mte.	Monate
MWST	Mehrwertsteuer
MWSTG	BG über die Mehrwertsteuer (SR 641.20)
MWSTV	VO über die Mehrwertsteuer (SR 641.201)
N	Note
NJW	Neue Juristische Wochenschrift (München/Frankfurt)
nom.	nominal
NR	Nationalrat
Nr.	Nummer
NZA	Neue Zeitschrift für Arbeitsrecht (München)
NZZ	Neue Zürcher Zeitung (Zürich)
od.	oder
OECD	Organisation for Economic Co-operation and Development
OG	BG über die Organisation der Bundesrechtspflege (SR 173.110)
OGH	Obergerichtshof
OR	Obligationenrecht (SR 220)
Org.	Organisation(en)
PDG	Président-Directeur Général
Pra.	Die Praxis des Bundesgerichts (Basel)
RDAT	Rivista di diritto amministrativo e tributario Ticinese (Agno)
RdW	Recht der Wirtschaft (Wien)
Regl.	Reglement
REPRAX	Zeitschrift zur Rechtsetzung und Praxis im Gesellschafts- und Handelsregisterrecht (Zürich)
RJJ	Revue jurassienne de jurisprudence (Porrentruy)
RLCG	Richtlinie betreffend Informationen zur Corporate Governance

Rz.	Randziffer
S.	Seite
SA	Société anonyme
SAG	Die schweizerische Aktiengesellschaft – Zeitschrift für Rechts-, Steuer- und Wirtschaftsfragen der Aktiengesellschaften und Gesellschaften mit beschränkter Haftung (Zürich, ab 1990: SZW)
SAKE	Schweizerische Arbeitskräfteerhebung durch das Bundesamt für Statistik
SAV	Schweizerischer Anwaltsverband
SBB	Schweizerische Bundesbahnen
SBR	Student Business Review (St. Gallen)
SCBP	Swiss Code of Best Practice for Corporate Governance
SchKG	BG über Schuldbetreibung und Konkurs (SR 281.1)
schr.	schriftlich
SE	Societas Europaea (Europäische Gesellschaft)
SEC	Securities Exchange Commission
seco	Staatssekretariat für Wirtschaft (seit 1.7.1999 aus Zusammenlegung von BWA und BAWI)
SEGA	Schweizerische Effektengiro-Zentrale
Semjud	La Semaine Judiciaire (Genf)
SE-VO	EG-Verordnung Nr. 2157/2001 des Rates vom 8. Oktober 2001 über das Statut der Europäischen Gesellschaft (Abl. Nr. L 294 vom 10.11.2001 S. 1 ff.)
SHAB	Schweizerisches Handelsamtsblatt (Bern)
SIBWF	Schriftenreihe des Instituts für betriebswirtschaftliche Forschung an der Universität Zürich (Zürich)
SJK	Schweizerische Juristische Kartothek (Genf)
SJZ	Schweizerische Juristen-Zeitung (Zürich)
sog.	so genannt
SP	Sozialistische Partei der Schweiz
SR	Systematische Rechtssammlung
SSHW	Schweizer Schriften zum Handels- und Wirtschaftsrecht (Zürich)
SSPHW	St. Galler Studien zum Privat-, Handels- und Wirtschaftsrecht (Bern/Stuttgart/Wien)
SSR	Schriften zum schweizerischen Arbeitsrecht (Bern)
ST	Der Schweizer Treuhänder (Zürich)
StE	Der Steuerentscheid (Basel)
StG	BG über die Stempelabgaben (SR 641.10)
StGB	Schweizerisches Strafgesetzbuch (SR 311.0)
StR	Ständerat
StHG	BG über die Harmonisierung der direkten Steuern der Kantone und Gemeinden (SR 642.14)

STRK	Schweizerische Treuhand- und Revisionskammer
SUVA	Schweizerische Unfallversicherungsanstalt in Luzern
SVP	Schweizerische Volkspartei
SWX	Swiss Exchange/Schweizer Börse
SZA	Schriften zum neuen Aktienrecht bzw. Schriften zum Aktienrecht (Zürich)
SZW	Schweizerische Zeitschrift für Wirtschaftsrecht (Zürich, vor 1990: SAG)
TCA TI	Tribunale cantonale delle assicurazioni del Cantone Ticino
TUG	BG über die Organisation der Telekommunikationsunternehmung des Bundes (SR 784.11)
u.a.	unter anderem
UEK	Übernahmekommission
UEV-UEK	Verordnung der Übernahmekommission über öffentliche Kaufangebote (SR 954.195.1)
u.U.	unter Umständen
UV	Unfallversicherung
UVG	BG über die Unfallversicherung (SR 832.20)
UVV	VO über die Unfallversicherung (SR 832.202)
UWG	BG gegen den unlauteren Wettbewerb (SR 241)
VEA	Verordnung über Einreise und Anmeldung von Ausländerinnen und Ausländern (SR 142.211)
vgl.	vergleiche
VO	Verordnung
VOSE	Verordnung des Rates über das Statut der Europäischen Gesellschaft (Nr. 14886/00)
VR	Verwaltungsrat
VStG	BG über die Verrechnungssteuer (SR 642.21)
VVG	BG über den Versicherungsvertrag (SR 221.229.1)
VZAS	Verordnung über die Zusicherung der Aufenthaltsbewilligung zum Stellenantritt (SR 142.261)
ZBJV	Zeitschrift des Bernischen Juristenvereins (Bern)
ZBR	Zürcher Beiträge zur Rechtswissenschaft (Zürich)
ZGB	Schweizerisches Zivilgesetzbuch (SR 210)
zit.	zitiert
ZUG	Zeitschrift für Unternehmens- und Gesellschaftsrecht (Berlin)
ZSP	Zürcher Studien zum Privatrecht (Zürich)
ZStP	Zürcher Steuerpraxis (Zürich)

Tabellenverzeichnis

Tabelle 1:	Anzahl AG und VR 1989 bis 2003	88
Tabelle 2:	Anzahl Beschäftigte, Arbeitsstätten und Unternehmen 1991, 1995 und 1998	90
Tabelle 3:	Verhältnis Anzahl AG zu Unternehmen und VR zu Beschäftigten 1991–1998	91
Tabelle 4:	Durchschnittliches VR-Honorar per 1999 und 2002 nach Funktion	95
Tabelle 5:	Zeichnungsberechtigung der VR-Delegierten in allen AG per 2000	99
Tabelle 6:	Im Handelsregister per 2000 eingetragene VR-Zusatzfunktionen	100
Tabelle 7:	Anzahl AG und Funktionsträger 1998–2000	101
Tabelle 8:	VR-Delegierte im Jahre 2000 nach Sprachregionen	104
Tabelle 9:	Anzahl VR-Delegierte pro Gesellschaft im Jahre 2000	105
Tabelle 10:	Anzahl Mandate pro VR-Delegiertem im Jahre 2000	106
Tabelle 11:	Verteilung der VR-Delegierten im Jahre 2000 nach Geschlecht	106
Tabelle 12:	Arbeitnehmerähnliche Zusatzfunktionen bei VR-Delegierten gemäss HR-Eintrag	107
Tabelle 13:	Anteil der VR-Delegierten mit Arbeitnehmerfunktion gemäss HR-Eintrag	108
Tabelle 14:	Umfragerücklauf nach Sprachregionen	120
Tabelle 15:	Grösse der Gesellschaften mit VR-Delegierten nach Sprachregionen	123
Tabelle 16:	Stellung der Gesellschaften mit VR-Delegierten nach Sprachregionen	124
Tabelle 17:	Verteilung der VR-Delegierten nach Grösse und Stellung der Unternehmen	125
Tabelle 18:	Rechtsverhältnis der VR-Delegierten zur Gesellschaft nach Sprachregionen	127
Tabelle 19:	Rechtsverhältnis der VR-Delegierten zur Gesellschaft nach Beschäftigungsgrösse	129
Tabelle 20:	Rechtsverhältnis der VR-Delegierten nach Stellung der Gesellschaft	130
Tabelle 21:	Rechtsverhältnis der VR-Delegierten zur Gesellschaft nach Zusatzfunktionen	132
Tabelle 22:	Formelle Gestaltung des Arbeitsvertrages mit den VR-Delegierten	134

Tabelle 23:	Weisungen an die VR-Delegierten nach Sprachregionen	135
Tabelle 24:	Weisungen an die VR-Delegierten nach Verhältnis zur Gesellschaft	137
Tabelle 25:	Zeitaufwand für die Funktionsausübung nach Rechtsverhältnis	140
Tabelle 26:	Zeitaufwand für die Funktionsausübung nach Gesellschaftsgrösse	141
Tabelle 27:	Regelungsort der Delegiertenfunktion nach Sprachregionen	143
Tabelle 28:	Regelungsort der Delegiertenfunktion nach Stellung der Gesellschaft	145
Tabelle 29:	Regelungsort der Delegiertenfunktion nach Beschäftigungsgrösse	146
Tabelle 30:	Spezialregelungen nach Beschäftigungsgrösse	148
Tabelle 31:	Spezialregelungen nach Verhältnis zur Gesellschaft	149
Tabelle 32:	Entschädigungen oder Vorsorgeleistungen zu Gunsten der VR-Delegierten	151
Tabelle 33:	Rücktrittsmöglichkeiten nach dem Verhältnis zur Gesellschaft	153
Tabelle 34:	Personelle Trennung VR-Präsident/CEO im internationalen Vergleich	252
Tabelle 35:	VR-Delegierte mit geschäftsführender Zusatzfunktion 1984–2000	266
Tabelle 36:	Unterstellung einer VR-Tätigkeit unter das BVG-Obligatorium	385
Tabelle 37:	Konsequenzen bezüglich Arbeitslosen- und Insolvenzentschädigung	407
Tabelle 38:	Zulässigkeit einer Doppelstellung als VR und Arbeitnehmer	479

Abbildungsverzeichnis

Abbildung 1:	Varianten zur Anstellung leitender Arbeitnehmer als VR im Konzern	12
Abbildung 2:	Theorien zum Rechtsverhältnis zwischen angestelltem VR und AG	43
Abbildung 3:	Bundesgerichtliche Auffassung der Rechtsverhältnisse VR zu AG	69
Abbildung 4:	Rechtsverhältnisse beim VR-Delegierten mit eigener Beratungsgesellschaft	74
Abbildung 5:	Entwicklung der Anzahl AG und VR 1989 bis 2003	89
Abbildung 6:	Verhältnis Anzahl AG zu Unternehmen und VR zu Beschäftigten 1991–1998	92
Abbildung 7:	Zusammensetzung der Verwaltungsräte im Jahre 2000 nach Funktion	103
Abbildung 8:	Verteilung der VR-Delegierten im Jahre 2000 nach Sprachregionen	105
Abbildung 9:	Häufigkeit von VR-Delegierten nach Sprachregionen und Grösse	123
Abbildung 10:	Stellung der Gesellschaften mit VR-Delegierten	125
Abbildung 11:	VR-Delegierte nach Beschäftigungsgrösse und Stellung der Unternehmen	126
Abbildung 12:	Rechtsverhältnis der VR-Delegierten zur Gesellschaft nach Sprachregionen	128
Abbildung 13:	Rechtsverhältnis der VR-Delegierten zur Gesellschaft nach Grösse	129
Abbildung 14:	Rechtsverhältnis der VR-Delegierten nach Stellung der Gesellschaft	131
Abbildung 15:	Rechtsverhältnis der VR-Delegierten zur Gesellschaft nach Zusatzfunktion	133
Abbildung 16:	Ausgestaltung des Arbeitsvertrages nach Beschäftigungsgrösse	134
Abbildung 17:	Weisungen an die VR-Delegierten nach Sprachregionen	136
Abbildung 18:	Weisungen an die VR-Delegierten nach Verhältnis zur Gesellschaft	137
Abbildung 19:	Zeitaufwand für Funktionsausübung nach Rechtsverhältnis	140
Abbildung 20:	Zeitaufwand für Funktionsausübung nach Beschäftigungsgrösse	142

Abbildung 21:	Regelungsort der Delegiertenfunktion nach Sprachregionen	144
Abbildung 22:	Regelungsort nach Beschäftigungsgrösse in Prozenten	147
Abbildung 23:	Spezialregelungen nach Beschäftigungsgrösse in Prozenten	149
Abbildung 24:	Spezialregelungen nach Verhältnis zur Gesellschaft in Prozenten	150
Abbildung 25:	Entschädigungsformen nach Verhältnis zur Gesellschaft in Prozenten	152
Abbildung 26:	Rücktrittsmöglichkeiten nach Verhältnis zur Gesellschaft in Prozenten	154
Abbildung 27:	Versicherungsregress bei einer Doppelstellung des Arbeitnehmers	373
Abbildung 28:	Verpflichtungswirkung eines Aktionärbindungsvertrages	504

TEIL 1
Einleitung und Grundlagen

§ 1 Problematik einer Doppelstellung

I. Umstrittene Zulässigkeit trotz Praxisrelevanz

Der Verwaltungsrat[1] einer schweizerischen Aktiengesellschaft ist als oberstes Exekutivorgan ausgestaltet, welches unübertragbare und unentziehbare Aufgaben zu erfüllen hat. Dem Verwaltungsrat obliegen nach Art. 716a Abs. 1 Ziff. 1 OR insbesondere die Oberleitung der Gesellschaft und die Erteilung der nötigen Weisungen. Diese Direktionsgewalt wird in der Lehre als ein Merkmal für die Arbeitgeberstellung aufgefasst.[2] Eine Doppelstellung[3] als Verwaltungsrat und Arbeitneh-

---

[1] Sowohl in der Botschaft zum Aktienrecht von 1983 (z.B. Ziff. 215.3 auf S. 98) als auch im geltenden Aktienrecht von 1991 (z.B. Art. 715a Abs. 6 OR) wird der Begriff «Verwaltungsrat» bzw. «Verwaltungsräte» vereinzelt nicht nur für die Gesamtheit dieses Gesellschaftsorgans sondern auch für das einzelne Mitglied bzw. die einzelnen Mitglieder verwendet. In der französischen Terminologie des «conseil d'administration» besteht kein Zweifel an der doppelten Bedeutung (vgl. TRIGO TRINDADE, 11). Auch in Gesetzeserlassen zu anderen Rechtsbereichen wird von einer doppelten Bedeutung ausgegangen (z.B. Art. 67 Abs. 1 lit. r. AFV-EBK). In der herrschenden Lehre wird der Begriff «Verwaltungsrat» ebenfalls gelegentlich im doppelten Sinne gebraucht (vgl. BÖCKLI, Aktienrecht, insbesondere Rz. 1 und 32 zu § 13; explizit FORSTMOSER/MEIER-HAYOZ/NOBEL, § 19 N 6 Fn. 1). Das Bundesgericht hat diesen Begriff stets im doppelten Sinne aufgefasst (so z.B. bereits in BGE 28 II 106 oder im neueren BGE 128 III 129). Bei der Kommentierung von besonderen Sachverhalten wie z.B. stiller Verwaltungsrat, verdeckter oder faktischer Verwaltungsrat, abhängiger und fiduziarischer Verwaltungsrat ist eine einseitige Begriffsauffassung unmöglich (vgl. HOMBURGER, Zürcher Kommentar, Rz. 129 ff. zu Art. 707 OR; WERNLI, Basler Kommentar, im Titel vor Rz. 26 zu Art. 707 OR; KRNETA, Praxiskommentar, Rz. 307 ff.). Um bei den Zitaten von Literatur- und Judikaturstellen eine Verwirrung zu vermeiden, wird auch in diesem Werk beim Begriff «Verwaltungsrat» von der zweifachen Bedeutung ausgegangen und nur wo nötig eine Präzisierung vorgenommen. Dies entspricht dem allgemeinen Sprachgebrauch in der Schweiz, wonach die doppelsinnige Verwendung des Wortes «Rat» auch in anderem Zusammenhang vorkommt (ebenso schon KOLB, 1). Schliesslich umfasst der Begriff «Verwaltungsrat» sowohl männliche als auch weibliche Personen.

[2] Vgl. REHBINDER, Berner Kommentar, N 14 zu Art. 319 OR und ders. Arbeitsrecht, Rz. 21; dieser funktionelle Arbeitgeberbegriff wird vom Bundesgericht als dogmatisch fremd bzw. entbehrlich abgelehnt (Urteil 4C.158/2002 vom 20.8.2002, Erw. 2.3) und konsequenterweise eine Delegation des Weisungsrechts als zulässig erachtet (dazu hinten TEIL 3 § 6 II. 1. c) auf S. 178 ff.). Wie der Entscheid des AppGer. Basel-Stadt vom 21.10.1977 (BJM 1978 S. 285; JAR 1980 S. 115 zeigt, kann ein Arbeitnehmer u.U. gegenüber Dritten gleichzeitig Arbeitgeber sein. Zusammenfassend stellt REHBINDER, Berner Kommentar, N 15 zu Art. 319 OR, fest: «Leitende Angestellte, Filialleiter und dergleichen sind also keine Arbeitgeber, wohl dagegen geschäftsführende Organe juristischer Personen.» Damit gilt der Verwaltungsrat nicht als vertraglicher, sondern als organschaftlicher Vertreter der Arbeitgeberin mit entsprechenden Kompetenzen vor Arbeitsgericht (MÜLLER, Arbeitsrecht, 72).

[3] Eine «Doppelstellung» als Verwaltungsrat und Arbeitnehmer wird nachstehend nur dann als gegeben erachtet, wenn das organschaftliche und das arbeitsrechtliche Verhältnis rechtsgültig

mer[4] in der gleichen Gesellschaft scheint deshalb zum vornherein rechtlich fragwürdig.[5] Von verschiedenen Seiten wurde die Zulässigkeit einer solchen Konstellation sogar abgelehnt.[6] Trotzdem besteht in der Praxis ein spürbarer Druck zur Professionalisierung der Verwaltungsratstätigkeit[7], was eine Doppelstellung als Verwaltungsrat und Arbeitnehmer geradezu herausfordert. Aus einer solchen Konstellation ergeben sich für den Betroffenen und die Gesellschaft zahlreiche und zum Teil gravierende Konsequenzen in verschiedenen Rechtsgebieten. Diese Konsequenzen theoretisch zu untersuchen und parallel dazu die praktische Bedeutung einer Doppelstellung als Verwaltungsrat und Arbeitnehmer zu erforschen, sind primäre Zielsetzungen der vorliegenden Arbeit. Mit den gewonnenen Erkenntnissen soll anschliessend versucht werden, direkt umsetzbare Lösungsvorschläge zur Reduzierung des Konfliktpotentials aufzuzeigen. Im Hinblick auf die Praxisrelevanz wurde dabei auf einen eigenständigen Teil Rechtsvergleichung verzichtet; statt dessen wurden die relevanten Regelungen der Societas Europaea[8] sowie

---

zur selben Zeit und zur gleichen Gesellschaft bestehen. In diesem Sinne wird der Begriff Doppelstellung erstmals verwendet von HOFER, 37. Unter dem Begriff «Arbeitnehmer-Verwaltungsrat» ist dagegen nach SCHILTKNECHT, 3, ein bei einer Konzerngesellschaft oder Konzernobergesellschaft angestellter Arbeitnehmer zu verstehen, der dem Verwaltungsrat einer oder mehrerer Konzerngesellschaften angehört.

[4] Zum Begriff Arbeitnehmer vgl. hinten TEIL 3 § 6 II. 1. a) auf S. 175.
[5] Deshalb auch ein Fragezeichen hinter dem Titel «Verwaltungsrat mit Arbeitsvertrag?», Artikel von EMMEL in NZZ vom 9.5.2001, Nr. 106, S. 85.
[6] So z.B. noch 1982 BRÖNNIMANN, 79 ff., bezüglich der Funktion eines VR-Delegierten, was der aktuellen Praxis völlig widerspricht (73,2% aller VR-Delegierten haben einen mündlichen oder schriftlichen Arbeitsvertrag, vgl. Tabelle 18 auf S. 127). Eine Literaturübersicht zur Zulässigkeit der Doppelstellung findet sich hinten unter TEIL 3 § 7 I. auf S. 203 ff. Auch die Rechtsprechung des Bundesgerichtes ist schwankend; in BGE 121 I 259 Erw. 3. a) wurde die generelle Möglichkeit eines Arbeitsvertrages zwischen der Gesellschaft und einem Verwaltungsratsmitglied mangels Subordination sogar ausdrücklich abgelehnt (vgl. dazu die Judikaturübersicht hinten unter TEIL 1 § 3 II. 2. auf S. 211 ff.).
[7] Ebenso BILAND, 41; ZEHNDER, Papiertiger, 29, fordert u.a. mehr zeitliches Engagement (20 bis 30 Tage für VR-Mitglieder und 40 bis 60 Tage für VR-Präsidenten); LATTMANN, 21, ist überzeugt, dass hauptberufliche Verwaltungsräte auch bei kleinen und mittleren Firmen eine wichtige Rolle übernehmen könnten; für SCHWARZ, Filz, 21, zeigt der Fall Swissair, dass sich VR-Mandate nicht «mit links» wahrnehmen lassen, vielmehr verlangen sie «Engagement, Professionalität und Sorgfalt»; zum selben Beispiel GOMEZ, 9, mit der These, dass neben Leadership und Verantwortungsbewusstsein auch die Professionalität zu einer glaubwürdigen Führung gehört; nach RUFFNER, 190, dient der Einsitz von unabhängigen professionellen Verwaltungsratsmitgliedern als «Kontroll- und Informationsintermediäre» in der Regel den Interessen aller Aktionäre. Nicht nur der Verwaltungsrat selbst, sondern auch seine Kontrolle soll professionalisiert werden, so z.B. BÖCKLI, Cadbury Report, 158: «The pressure of institutional shareholders for a more professional Corporate Governance will continue to be felt»; ebenso BLEICHER, 19: «Der Verwaltungs- und der Aufsichtsrat bleibt hinter der professionellen Entwicklung der Führung zurück.» Ganz allgemein stellt WUNDERER, VR-Präsident, 2 f., fest, dass eine wesentliche Forderung aus der Corporate Governance Diskussion «ein intensiveres und professionelleres Engagement des Verwaltungsrats» ist.
[8] Vgl. hinten TEIL 3 § 7 V. auf S. 228 ff.

die Empfehlungen der für die Schweiz massgebenden Codes for Corporate Governance[9] berücksichtigt. Schliesslich sind bei der Beurteilung möglicher Konsequenzen jene Rechtsgebiete weggelassen worden, welche in der Praxis keine Bedeutung haben.

Nachfolgend werden zur Verdeutlichung der Problematik drei gerichtlich beurteilte Fälle vorgestellt, in denen eine Doppelstellung entscheidende Konsequenzen hatte.

– Ein erstes Beispiel für die Praxisrelevanz und das Konfliktpotential einer Doppelstellung von Verwaltungsratsmitglied und Arbeitnehmer liefert BGE 102 V 223. In diesem Entscheid standen drei Brüder im Mittelpunkt, die gemeinsam eine Aktiengesellschaft gegründet hatten. Jeder der Brüder war zugleich Verwaltungsratsmitglied und Arbeitnehmer der Gesellschaft, doch gehörten sie unterschiedlichen Arbeitslosenversicherungskassen an. Nachdem ursprünglich alle drei Brüder problemlos von den Kassen aufgenommen worden waren, wurden zwei von ihnen rückwirkend wieder aus der Mitgliedschaft entlassen mit der Begründung, sie könnten als Verwaltungsräte einer Familien-Aktiengesellschaft nicht gleichzeitig Arbeitnehmer sein. Das Bundesgericht schützte diesen Ausschluss. Es sei wohl möglich, dass der einzelne der drei Verwaltungsräte von den beiden andern überstimmt werde; das mache ihn aber noch nicht zu einem Unterstellten. De lege ferenda sei zu prüfen, ob nicht auch Selbständigerwerbende als versicherungsfähig anzuerkennen seien.

– Ein weiteres, geradezu klassisches Beispiel für die Praxisrelevanz findet sich im unveröffentlichten Entscheid des Bundesgerichtes 4C.376/2002 vom 20. März 2003. Hier waren die beiden Aktionäre A. und B. ursprünglich Eigentümer von je 50% des Aktienkapitals der Y. AG.[10] Der Aktionär A. war nicht nur einzelzeichnungsberechtigter Verwaltungsratspräsident sondern auch Geschäftsführer der Y. AG mit einem unbefristeten Arbeitsvertrag. Im Gegensatz zum vorstehend erwähnten Entscheid wurde hier der Arbeitsvertrag bzw. das Subordinationsverhältnis des A. weder vom Kantonsgericht St.Gallen als Vorinstanz noch vom Bundesgericht als Berufungsinstanz in Frage gestellt. Im September 1997 veräusserte A. 26% und B. 50% des Aktienkapitals der Y. AG an die X. AG, welche damit die Stellung der Hauptaktionärin einnahm. Es wurde ein neuer Verwaltungsratspräsident bestimmt, doch blieb A. weiterhin einzelzeichnungsberechtigtes Mitglied des Verwaltungsrates und Geschäftsführer mit einem unbefristeten Arbeitsvertrag. Nachdem das Arbeitsverhältnis

---

[9] Vgl. hinten TEIL 3 § 7 VI. 2. auf S. 240 ff.
[10] Eine graphische Darstellung der Ausgangslage dieses Falles findet sich hinten in Abbildung 28 auf S. 504.

durch die Y. AG zu Unrecht fristlos aufgelöst worden war, schloss A. mit der Y. AG einen Vergleich über CHF 47'500.– per saldo aller Ansprüche. Auch bezüglich dieses Vergleiches hatte weder das Kantonsgericht St.Gallen noch das Bundesgericht irgendwelche Einwendungen. Doch damit war der Fall noch nicht erledigt! Im Aktienkaufvertrag zwischen A. und der X. AG war unter dem Titel «Vertragsgrundlagen» vereinbart worden, dass der Verkäufer und Verwaltungsrat A. einen Anstellungsvertrag für fünf Jahre von der Y. AG erhalte, welcher seinen früheren Anstellungsbedingungen mindestens entspräche. Gestützt auf diese Vertragsklausel klagte A. nun gegen die X. AG als Käuferin auf Bezahlung einer Summe von CHF 500'000.– nebst Zins wegen nicht erfüllter Vertragsverpflichtung. Das Bundesgericht schützte diese Klage vollumfänglich. Zur Begründung wurde angeführt, nicht die Y. AG sondern die X. AG sei Vertragspartnerin des Aktienverkaufes gewesen, weshalb sich letztere selbst verpflichtet habe und zwar im Sinne einer Garantie gemäss Art. 111 OR. Dieses Bundesgerichtsurteil zeigt, dass rechtswirksam vereinbart werden kann, einem Verwaltungsratsmitglied einen Arbeitsvertrag einzuräumen, auch wenn dieser einzelzeichnungsberechtigt ist und 26% des Aktienkapitals der Gesellschaft hält.

– Als letztes Beispiel für die Problematik einer Doppelstellung als Verwaltungsrat und Arbeitnehmer sei auf den Bundesgerichtsentscheid 4C.258/2003 vom 9. Januar 2004[11] veröffentlicht unter BGE 130 III 213 verwiesen.[12] Der Verwaltungsrat und Geschäftsführer A. der Konzerngesellschaft B. AG veranlasste die Ausstellung einer Gutschrift zu Gunsten einer Schwestergesellschaft und zu Lasten der B. AG. Hintergrund der Gutschrift war ein Holzgeschäft, welches über die Gesellschaft der Ehefrau von A. abgewickelt worden war. Wegen der verbuchten Gutschrift wurde A. von der B. AG fristlos entlassen und zudem auf Schadenersatz verklagt. Das Bundesgericht stellte unter Hinweis auf BGE 128 III 129 Erw. 1.a) einleitend fest, dass im Einzelfall zu prüfen sei, ob überhaupt ein Arbeitsverhältnis zu einem Verwaltungsrat bestehen könne. Entscheidend dafür sei das Abhängigkeitsverhältnis bzw. die Weisungsgebundenheit. Dies wurde im vorliegenden Fall vorausgesetzt, weshalb A. sowohl die Treuepflicht als Arbeitnehmer nach Art. 321a OR wie auch jene als Verwaltungsrat bzw. Direktionsmitglied nach Art. 717 OR zu beachten hatte. In einem obiter dictum stellte das Bundesgericht dazu fest, dass die gesellschaftsrechtliche Treuepflicht in der Regel weiter gehe als jene des Arbeitnehmers. In Erw.

---

[11] Vgl. die Kommentierungen durch MARKUS FELBER in SJZ 100 (2004) 215, durch PETER FORSTMOSER/PATRIK R. PEYER in SJZ 100 (2004) 518 und durch JOSEPH KÜNG in der Anwalts Revue 10/2004 384 f. sowie die ausführliche Entgegnung von SOMMER, 1059 ff.

[12] Ausführlich kommentiert durch KARIN EUGSTER und HANS CASPAR von der Crone in SZW 6/2004, 434 ff, sowie durch URS BERTSCHINGER in AJP 11/2004, 1426 ff.; eine Entgegnung auf die bundesgerichtliche Absage an das Konzerninteresse erfolgte durch SOMMER, 1059 ff.

2.2.1. des angeführten Entscheides wurde weiter ausgeführt, dass die arbeitsvertragliche Treuepflicht den Arbeitnehmer zur Wahrung der Interessen des gesamten Konzerns verpflichte; umgekehrt müssten die Auswirkungen einer Handlung jedoch ebenfalls aus Sicht des Konzerns beurteilt werden. A. hatte mit der beanstandeten Gutschrift zwar seine Arbeitgeberin, die B. AG, geschädigt, jedoch zu Gunsten einer anderen Konzerngesellschaft, so dass konsolidiert kein Schaden entstanden sei. Als Zwischenergebnis hielt das Bundesgericht fest, dass wohl keine Verletzung der arbeitsrechtlichen Treuepflicht vorliege, doch könne diese Frage offen bleiben. Die Klage der B. AG gegen A. wurde aus einem anderen Grund geschützt. Nach Ansicht des Bundesgerichtes hatte A. durch das Ausstellen der Gutschrift seine gesellschaftsrechtliche Treuepflicht gegenüber der B. AG verletzt. Ob diese Gesellschaft einen Rückvergütungsanspruch gegenüber ihrer Schwestergesellschaft habe, sei zweifelhaft. A. treffe deshalb ein Verschulden und er hafte nach Art. 754 OR für den entstandenen Schaden. In salomonischer Weise erklärte das Bundesgericht abschliessend die fristlose Kündigung als ungerechtfertigt und schützte in der Folge die Widerklage von A. gegen die B. AG. Wäre A. nur Arbeitnehmer gewesen, dann wäre er nicht zu Schadenersatz verurteilt worden. Wäre A. nur Mitglied des Verwaltungsrates ohne zusätzliche Stellung als Arbeitnehmer gewesen, dann hätte er keinen Entschädigungsanspruch wegen ungerechtfertigter fristloser Kündigung gehabt. Erst die Doppelstellung als Verwaltungsrat und Arbeitnehmer führte zur Gutheissung der Klage und der Widerklage!

Diese drei Beispiele belegen bereits eindrücklich die Problematik einer Doppelstellung als Verwaltungsrat und Arbeitnehmer. Erschwerend kommt hinzu, dass eine Doppelstellung in der Praxis nicht nur bewusst, sondern auch unbewusst entstehen kann.[13] Der betroffene Verwaltungsrat weiss zwar, welche Tätigkeit bzw. Funktion er bei der Gesellschaft ausüben soll und was von Seiten der AG von ihm verlangt wird, doch ist er sich nicht bewusst, dass die Rechtsbeziehung zur Gesellschaft damit letztlich als Arbeitsvertrag qualifiziert werden kann. Das unbewusste Entstehen einer Doppelstellung soll deshalb genauso untersucht werden wie die häufigeren Fälle der bewussten Doppelstellung, bei denen ein Verwaltungsrat ausdrücklich[14] einen Arbeitsvertrag mit der Gesellschaft abschliesst.[15]

---

[13] Selbst in den vorhandenen Mustern von Organisationsreglementen (vgl. FORSTMOSER, Organisationsreglement, 58, und MÜLLER/LIPP/PLÜSS, 508 f.) fehlt eine Regelung der vertraglichen Ausgestaltung des rechtlichen Verhältnisses zum VR-Delegierten bei vollständiger Delegation der Geschäftsführung; es verwundert daher nicht, dass es in der Praxis zu unbewussten Doppelstellungen kommt.

[14] Darunter ist entweder ein separater schriftlicher Arbeitsvertrag oder mindestens das Festhalten der genauen Eckdaten des Arbeitsvertrages im Protokoll einer VR-Sitzung zu verstehen.

[15] Beispiele zur Entstehung einer bewussten oder unbewussten Doppelstellung werden hinten unter TEIL 1 § 2 I. 2. auf S. 20 ff. präsentiert.

§ 1   Problematik einer Doppelstellung

Die Feststellung einer rechtlich relevanten Doppelfunktion ist oftmals schwierig, selbst bei einer Personalunion von VR-Präsident, VR-Delegiertem und CEO. Dies verunsichert gelegentlich sogar erfahrene Journalisten, weshalb sie Schwierigkeiten in der korrekten Bezeichnung von solchen Funktionsträgern haben. Vielfach wird dann nicht mehr vom obersten Management oder Verwaltungsrat, sondern nur noch von der obersten Führungsspitze des Unternehmens gesprochen.[16]

Die feste Entschädigung eines Verwaltungsrates wird nach Art. 7 lit. h. AHVV[17] als unselbständiges Erwerbseinkommen qualifiziert,[18] doch kann ein Verwaltungsratsmandat deswegen nicht einfach einem Arbeitsvertrag gleichgesetzt werden.[19] Die meisten Verwaltungsräte üben ihre organschaftliche Funktion nur im Nebenamt aus[20] und gehen daneben einer anderen, hauptberuflichen Tätigkeit nach.[21] Solange die Arbeitstätigkeit nicht bei der gleichen Gesellschaft ausgeübt wird, mit der ein organschaftliches Verhältnis besteht, kann nicht von einer Doppelstellung im eigentlichen Rechtssinne gesprochen werden.[22] Von besonderem Interesse sind hier nur jene Konstellationen, in denen sowohl das organschaftliche wie auch das arbeitsvertragliche Verhältnis zur gleichen Gesellschaft besteht. Dabei ist zu prüfen, ob diese Doppelstellung als einheitliches Vertragsverhältnis oder als klar trennbares, doppeltes Vertragsverhältnis zu qualifizieren ist und welche Konsequenzen sich daraus ergeben.

---

[16] Ein Beispiel dafür ist die Berichterstattung über die ehemalige Führungsstruktur bei Kuoni in der NZZ vom 27.4.1999, Nr. 96, S. 27, nachdem Daniel Affolter in Personalunion das Amt des VR-Präsidenten, des VR-Delegierten (anstelle von Richard Gullotti) und des CEO der Unternehmensgruppe übernahm.

[17] Nach dieser Bestimmung gelten Tantiemen, feste Entschädigungen und Sitzungsgelder an Verwaltungsräte als Einkünfte aus unselbständiger Tätigkeit. Indirekt wird damit der Verwaltungsrat, zumindest was die Sozialabgabepflicht betrifft, von Gesetzes wegen als Arbeitnehmer behandelt.

[18] Zu den sozialversicherungsrechtlichen Konsequenzen einer Doppelstellung als Verwaltungsrat und Arbeitnehmer ausführlich hinten TEIL 4 § 11 II. auf S. 374 ff.

[19] Dazu ausführlich hinten TEIL 1 § 3 auf S. 40 ff.

[20] Vgl. Studie BUCHMANN, 38 f. Anders die VR-Delegierten von Unternehmen mit über 9 Beschäftigten (vgl. Tabelle 26 auf S. 141. Nach der Studie von BDO VISURA, Ausgabe 2002, S. 19, werden bei mittelständischen Unternehmen durchschnittlich nur 4,5 VR-Sitzungen pro Jahr abgehalten.

[21] Eine Nebenbeschäftigung auf arbeitsvertraglicher Basis ist auch dann zulässig, wenn die Haupttätigkeit im Rahmen eines Vollzeit-Arbeitsvertrages ausgeübt wird, sofern die Leistungsfähigkeit des Arbeitnehmers dadurch nicht beeinträchtigt wird; anstrengende Freizeitbeschäftigungen und nichtberufliche Nebenbeschäftigungen z.B. wegen familieninterner Rollenverteilung können u.U. viel eher an den Kräften des Arbeitnehmers nagen (vgl. STÖCKLI, Mehrfachbeschäftigung, 259).

[22] Sonst hätte jede Person mit verschiedenen Rechtsbeziehungen zu zwei Gesellschaften eine «Doppelstellung» inne. SCHILTKNECHT, 1, bezeichnet im Gegensatz dazu bereits jedes kumulative organschaftliche und arbeitsrechtliche Verhältnis eines Arbeitnehmers im Konzern als «Doppelstellung», unabhängig davon, ob diese Rechtsverhältnisse zur gleichen Konzerngesellschaft bestehen oder nicht.

Eine Doppelstellung im hier verstandenen Sinne liegt dann nicht vor, wenn der Arbeitnehmer eines privatwirtschaftlichen Unternehmens oder einer staatlichen Institution[23] als Verwaltungsrat bei einer anderen Gesellschaft tätig ist. In solchen Fällen spricht man entweder vom abhängigen bzw. fiduziarischen Verwaltungsrat oder aber vom entsandten Verwaltungsrat.[24] In Konzernverhältnissen sind häufig Arbeitnehmer-Verwaltungsräte anzutreffen, welche i.d.R. von der Muttergesellschaft an die Tochtergesellschaft entsandt werden; doch auch bei diesen liegt keine echte Doppelstellung vor, da die Rechtsverhältnisse zu verschiedenen Gesellschaften bestehen.[25]

II. Argumente für und gegen eine Doppelstellung

Gemäss Art. 716 Abs. 2 OR führt der Verwaltungsrat die Geschäfte der Gesellschaft, soweit er die Geschäftsführung nicht übertragen hat. Dieser geschäftsführende Verwaltungsrat findet sich in der Praxis jedoch nur (und auch dort nicht ausnahmslos) bei kleineren Gesellschaften.[26] Die Mehrheit der Verwaltungsräte versteht sich als blosses Aufsichtsorgan.[27] Um dennoch die zwingenden gesetzlichen Aufgaben nach Art. 716a OR erfüllen zu können, werden häufig VR-Delegierte[28] oder VR-Ausschüsse eingesetzt. Diese erbringen ein grosses zeitliches Engagement bis hin zum Vollamt, so dass für sie eine soziale Absicherung in Form

---

[23] Gemäss Art. 707 Abs. 3 OR können juristische Personen keinen Einsitz in einen Verwaltungsrat nehmen, statt dessen müssen sie natürliche Personen als Vertreter entsenden; bei gemischtwirtschaftlichen Aktiengesellschaften entsendet deshalb das Gemeinwesen die entsprechenden Verwaltungsräte nach Art. 762 OR (vgl. STÄMPFLI, 21 und 89 f.).

[24] In Grosskonzernen ist das Entsenden von leitenden Arbeitnehmern in den Verwaltungsrat von Tochtergesellschaften ein echtes Bedürfnis, um eine einheitliche Leitung im Konzern sicherzustellen (vgl. SCHILTKNECHT, 20).

[25] Die besondere Situation von Arbeitnehmer-Verwaltungsräten wird ausführlich von SCHILTKNECHT erörtert, der nicht nur die vertikale Entsendung (Muttergesellschaft an Tochtergesellschaft) sondern auch die horizontale Entsendung (Schwestergesellschaft an Schwestergesellschaft) untersucht. SCHILTKNECHT, 3 und 18, spricht auch in solchen Fällen von einer Doppelstellung; die hier interessierende besondere Situation eines Verwaltungsrats, der ausserhalb jeder Konzernstruktur einen Arbeitsvertrag mit der eigenen Gesellschaft hat, wird von Schiltknecht nicht analysiert.

[26] HARTMANN, Verwaltungsrat, 30.

[27] Vgl. BILAND, 278: «Die strategische Ausrichtung des Verwaltungsrats ist in der Mehrzahl der Unternehmen ungenügend.»

[28] Genaue Angaben zur Anzahl der in der Schweiz eingesetzten VR-Delegierten finden sich hinten im TEIL 2 § 4 IV. 2. c) auf S. 103 ff.

eines Arbeitsvertrages wünschbar oder sogar notwendig wird.[29] Auch Turnaround-Manager können ihre anspruchsvolle Aufgabe in bestimmten Situationen nur dann effizient erfüllen, wenn sie nicht nur als CEO umfangreiche Entscheidungskompetenzen, sondern darüber hinaus auch noch einen Sitz im Verwaltungsrat erhalten.[30]

Am 21. März 1976 lehnten Volk und Stände sowohl die Initiative «über die Mitbestimmung der Arbeitnehmer und ihrer Organisationen in Betrieb, Unternehmen und Verwaltung»[31] als auch den Gegenvorschlag des Parlamentes[32] mit grossem Mehr ab. Hinter dieser Initiative stand das Postulat, die Verwaltungsräte aller grösseren Aktiengesellschaften (ab 500 Arbeitnehmer) paritätisch aus Vertretern der Aktionäre und der Mitarbeiter zusammenzusetzen.[33] Der Wunsch aus Gewerkschaftskreisen nach einer Doppelstellung für Mitarbeiter als Verwaltungsräte und Arbeitnehmer war offensichtlich.[34] Aber auch aus Sicht der Aktionäre und Gesellschaftsgläubiger kann eine Doppelstellung durchaus wünschbar sein, wenn mehr Engagement vom Verwaltungsrat gefordert wird. Mit der Anstellung von vollamtlichen Verwaltungsräten kann zumindest die zeitliche Präsenz gewährleistet werden.[35] Allenfalls kann sogar die fachliche Kompetenz durch eine arbeitsvertragliche Pflicht zur Weiterbildung verbessert werden.

Gegen eine Doppelstellung als Verwaltungsrat und Arbeitnehmer spricht die gesetzliche Forderung nach einer normativen und betriebswirtschaftlichen Beaufsichtigung der Geschäftsführung.[36] Verschiedentlich wurde schon gefordert, eine

---

[29] HOFER, 36 f., stellt bereits 1944 fest: «Die wichtige Stellung des Delegierten beansprucht gewöhnlich seine ganze Arbeitskraft für den Dienst des Unternehmens und nötigt ihn, einen Anstellungsvertrag mit fixer Besoldung einzugehen.»
[30] Diese These vertritt JOHANSSON, 36.
[31] Der genaue Wortlaut des Volksbegehrens findet sich in der Botschaft zur Mitbestimmungsinitiative, 238.
[32] Bundesbeschluss betreffend das Volksbegehren über die Mitbestimmung und einen Gegenvorschlag vom 4. Oktober 1974 in BBl. 1974 II 886 f.
[33] FORSTMOSER/MEIER-HAYOZ/NOBEL, § 3 N 73.
[34] NOBEL, Europäisierung, 191, bezeichnet es als «Kunstfehler der Gewerkschaften», die nach der damaligen Verfassung bereits bestehende Möglichkeit zum Erlass einer Mitbestimmungsordnung übersehen zu haben.
[35] Ob die VR-Tätigkeit dadurch auch qualitativ verbessert wird, ist fraglich. Umgekehrt lässt sich nämlich eine wachsende Bedeutung von Management auf Zeit feststellen; konkret sind Topmanager nicht mehr im Arbeitsverhältnis, sondern im Auftragsverhältnis tätig und können damit auch kurzfristig ersetzt werden (vgl. HÄUSERMANN, 81, der davon ausgeht, dass die Einsatzdauer eines Managers auf Zeit im Durchschnitt lediglich rund zwei Jahre betrage).
[36] Gemäss Art. 716a Ziff. 5 OR; vgl. BÖCKLI, Aktienrecht, Rz. 374 zu § 13; SCHWARZ, Filz, 21, stellt dazu fest: «Sich selbst zu beaufsichtigen, ist nicht nur unsinnig, es ist unmöglich.» Dem ist jedoch entgegenzuhalten, dass ein Kollegium grundsätzlich durchaus seine eigenen Mitglieder beaufsichtigen kann (ebenso WOLFERS, 103).

Doppelfunktion als Verwaltungsrat und Geschäftsführer zu verbieten.[37] Wird der Verwaltungsrat von der Geschäftsführung personell getrennt, so sind die Voraussetzungen für eine wirksame Überwachung im Sinne einer effizienten Corporate Governance grundsätzlich gegeben.[38] Es ist deshalb verständlich, dass bei Banken und Sparkassen dieses angenäherte dualistische System gesetzlich eingeführt wurde.[39] Doch bei den übrigen Aktiengesellschaften wurde eine entsprechende Gesetzesbestimmung schon während den Vorarbeiten abgelehnt.[40] Die positiven und negativen Aspekte einer Doppelstellung des Verwaltungsrates als Arbeitnehmer können nicht generell beurteilt werden, vielmehr ist auf den individuellen Fall, die Grösse der Gesellschaft und ihre interne Organisation abzustellen. In diesem Sinne wird auch bei der Europäischen Aktiengesellschaft freigestellt, ob in den Statuten ein Aufsichtsorgan und ein Leitungsorgan (dualistisches System) oder nur ein Verwaltungsorgan (monistisches System) festgelegt wird.[41]

In Konzernen bedient sich die Konzernführung gerne und häufig leitender Arbeitnehmer[42], um Verwaltungsratspositionen bei Konzerngesellschaften zu besetzen.[43] Damit erscheint eine Doppelstellung des Verwaltungsrates in solchen Fällen auf den ersten Blick sogar als notwendig. Tatsächlich können die als Verwaltungsräte eingesetzten Arbeitnehmer jedoch in einem Arbeitsverhältnis zur Management-

---

[37] So u.a. von MANFRED TIMMERMANN in einem Interview zur Frage, was er von der Doppelfunktion von Lukas Mühlemann und Rolf Hüppi als Verwaltungsratspräsident und Geschäftsführer halte (in: Der Beobachter 25/2001, 35).

[38] Allerdings genügt dies allein noch nicht. Dazu eingehend hinten unter TEIL 3 § 7 VI. auf S. 236 f.

[39] Nach Art. 8 Abs. 2 BankV darf kein Mitglied des für die Oberleitung, Aufsicht und Kontrolle verantwortlichen Organs einer Bank der Geschäftsführung angehören.

[40] Konkret war dies die Arbeitsgruppe von Greyerz, welche ein derartiges strenges Trennsystem ablehnte (vgl. BÖCKLI, Aktienrecht, Rz. 9 zu § 13), obwohl HARTMANN, Organbegriff, 38, bereits 1944 geltend machte, die Ausgestaltung des Verwaltungsrats als rein beratende und beaufsichtigende Instanz entspreche einem «Erfordernis der Praxis».

[41] Art. 38 lit. b) VOSE; vgl. dazu die Kommentierung bei HOMMELHOFF, 282 f.; zur Organisationsstruktur der Societas Europaea ausführlich hinten TEIL 3 § 7 V. 2. auf S. 229 ff.

[42] In der Botschaft zum Arbeitsvertrag, 31, wurde festgestellt, dass die Unterscheidung nach Angestellten und anderen Arbeitnehmern nicht aufrechterhalten werden kann. Seit 1972 gibt es deshalb im Arbeitsvertragsrecht keine Angestellten mehr (zum gesetzgeberischen Versehen in den Art. 862 und 863 OR vgl. hinten TEIL 4 § 13 II. 4. a) auf S. 440. Im Folgenden wird konsequenterweise nicht von «leitenden Angestellten», sondern von «leitenden Arbeitnehmern» gesprochen, obwohl sich in der Praxis die frühere Bezeichnung noch weitgehend erhalten hat (vgl. STREIFF/VON KAENEL, N 6 zu Art. 321c OR; REHBINDER, Arbeitsrecht, Rz. 137 und 174; JAR 2001, S. 156 und 174). Was unter einer «höheren leitenden Tätigkeit» zu verstehen ist, wird in Art. 9 ArGV 1 bestimmt. Gemäss Art. 3 lit. d ArG i.V.m. Art. 9 ArGV 1 übt derjenige Arbeitnehmer eine leitende Tätigkeit aus, welcher aufgrund seiner Stellung und Verantwortung über weitreichende Entscheidungsbefugnisse verfügt und damit den Geschäftsgang einer Unternehmung massgeblich beeinflussen kann.

[43] PLÜSS, Konzernführer, 147; SCHILTKNECHT, 19.

gesellschaft oder zur Konzernobergesellschaft stehen, ohne dass noch zusätzlich ein Arbeitsvertrag mit jener Tochtergesellschaft notwendig wäre, bei welcher sie das Verwaltungsratsmandat ausüben. Das Bundesgericht hatte im Jahre 2002 Gelegenheit, im Rahmen eines arbeitsrechtlichen Entscheides[44] zu den in der Praxis vorkommenden Anstellungsvarianten in einem Konzern Stellung zu nehmen. Dabei wurden drei Möglichkeiten als zulässig erachtet:

– ein einziger Arbeitsvertrag mit der Muttergesellschaft
– ein Arbeitsvertrag mit der Tochtergesellschaft und gleichzeitig ein Rahmenvertrag mit der Muttergesellschaft
– je einen Arbeitsvertrag mit der Muttergesellschaft und der Tochtergesellschaft

Nicht berücksichtigt wurde vom Bundesgericht die Möglichkeit einer zwischengeschalteten Managementgesellschaft, durch welche die Verwaltungsräte von Tochtergesellschaften bezüglich ihrer Tätigkeit als Arbeitnehmer ebenfalls angestellt werden können. Graphisch lassen sich die vom Bundesgericht als zulässig erachteten drei Anstellungsvarianten wie folgt darstellen:

Abbildung 1: Varianten zur Anstellung leitender Arbeitnehmer als VR im Konzern

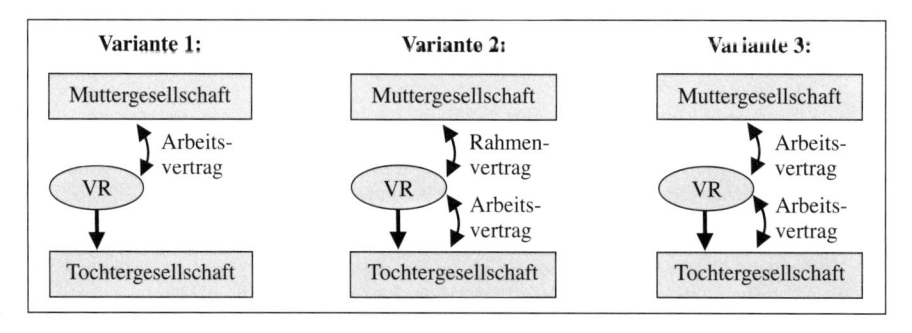

Quelle: Eigene Darstellung der möglichen Vertragsbeziehungen im Konzern

Eine personelle Trennung gemäss Variante 1 in Abbildung 1 ist in Konzernen möglich, ohne dass dadurch eine faktische Organschaft bei der Muttergesellschaft entsteht. Dies hat das Bundesgericht in BGE 117 II 570 ff.[45] ausdrücklich anerkannt. In jenem Fall war die Verantwortlichkeit von drei leitenden Arbeitnehmern einer Holdinggesellschaft zu beurteilen. Diese waren zwar nicht als Verwaltungs-

---

[44] Urteil 4C.158/2002 vom 20.8.2002, Erw. 3.1.2.
[45] Urteil der I. Zivilabteilung vom 12. Dezember 1991 i.S. Christoph N. gegen W., G. und K.

räte der Holdinggesellschaft eingetragen, doch machten die Kläger geltend, es sei eine faktische Organschaft bei der Muttergesellschaft gegeben.[46] Zur Begründung wurde u.a. darauf hingewiesen, die drei Beklagten seien offiziell Verwaltungsräte von Tochtergesellschaften, so dass eine Organschaft in der Holding zu vermuten sei.[47] Geltend gemacht wurde somit eine Doppelstellung der Beklagten als Arbeitnehmer der Konzernobergesellschaft und als faktische Verwaltungsräte derselben. Doch das Bundesgericht liess sich von dieser angeblichen Doppelstellung nicht beirren und hat die Frage der faktischen Organschaft in der Holding völlig unabhängig beurteilt und letztlich auch verneint. Eine Notwendigkeit zur Doppelstellung von Verwaltungsratsmitgliedern als Arbeitnehmer ist deshalb auch bei Konzerngesellschaften nicht gegeben.[48]

III. Latentes Konfliktpotential

Die Doppelstellung als Verwaltungsrat und Arbeitnehmer birgt sowohl aus rechtlicher als auch aus unternehmenspolitischer Sicht ein erhebliches Konfliktpotential. In rechtlicher Hinsicht ist vorab festzustellen, dass die Abgrenzung von organschaftlicher zu arbeitsvertraglicher Gesellschaftsbeziehung in den meisten Fällen schwierig ist,[49] weshalb stets eine individuelle Prüfung des einzelnen Falles erfolgen muss.[50] Doch sind auch dann die rechtlichen Konsequenzen noch kompliziert,

---

[46] Die Geltendmachung der faktischen Organschaft in einem Verantwortlichkeitsprozess kann u.U. Erfolg haben, wie BGE 128 III 92 zeigt.
[47] Bei einem entsprechenden Mandatsvertrag mit Weisungsgebundenheit wäre eine faktische Organschaft allenfalls vorhanden gewesen (vgl. VON BÜREN, Erfahrungen, 87).
[48] Bei Einmann-AG ist die Notwendigkeit gar nicht zu prüfen, da hier mangels Unterordnungsverhältnis und fehlender Weisungsgebundenheit grundsätzlich gar kein Arbeitsvertrag des Verwaltungsrats zur Gesellschaft bestehen kann (vgl. dazu hinten TEIL 3 § 6 III. 2. auf S. 195 ff.).
[49] HOFER, 37, spricht deshalb von einer «eigenartigen Doppelstellung» bei einem VR-Delegierten mit gleichzeitigem Arbeitsvertrag. Der gleiche Sachverhalt kann in verschiedenen Rechtsgebieten sogar unterschiedlich qualifiziert werden, so insbesondere im Steuerrecht und im Sozialversicherungsrecht (vgl. dazu BGE 95 I 21 Erw. 5.b); in Bezug auf den Konzernführer stellt PLÜSS, Konzernführer, 148, im gleichen Sinne fest, dass die verbundenen Funktionen (Verwaltungsratsmandate und Topmanagement-Positionen) in einem Grenzbereich liegen, in welchem sich die vertraglichen Beziehungen zwischen Gesellschaft und Funktionär zu organschaftlichen wandeln. Nur wenn der Verwaltungsrat in der gleichen Gesellschaft eine völlig untergeordnete Arbeitnehmerfunktion ausübt, ist eine klare Abgrenzung einfach, doch sind solche Fälle in der Praxis selten.
[50] Insbesondere sind die Statuten, das Organisationsreglement und die individuellen Vereinbarungen zu prüfen; fehlt es an klaren Regelungen, so können u.U. die Protokolle der VR-Sitzungen Klarheit schaffen.

§ 1 Problematik einer Doppelstellung

da ein Ereignis unterschiedliche Auswirkungen haben kann. Dies zeigt sich vor allem bei der Auflösung eines bestehenden Rechtsverhältnisses. Die Abwahl eines VR-Delegierten durch die Generalversammlung beendet sein allfälliges Arbeitsverhältnis mit der Gesellschaft nicht automatisch. Und umgekehrt kann die Funktionskündigung des VR-Delegierten gegenüber dem Gesamtverwaltungsrat nicht einfach als Rücktritt vom Verwaltungsratsmandat verstanden werden.[51]

Sowohl juristisch als auch ethisch problematisch sind Versuche von Verwaltungsräten, ihre mögliche Abwahl mit einem Arbeitsvertrag zu verhindern oder zumindest finanziell zu versüssen.[52] Tatsächlich kann jedes Mitglied des Verwaltungsrates jederzeit von der Generalversammlung abberufen werden.[53] Dieses Recht kann auch nicht durch eine Konventionalstrafe eingeschränkt werden.[54]

Aus unternehmenspolitischer Sicht besteht die Gefahr einer mangelhaften Oberaufsicht über die Geschäftsführung, wenn diese im Verwaltungsrat Einsitz hat und sich damit selbst kontrollieren sollte.[55] Dieses Konfliktpotential ist besonders akut bei börsenkotierten Aktiengesellschaften, in denen Grossaktionäre fehlen.[56] Richtlinien zur Corporate Governance, wie der Swiss Code of Best Practice for Corporate Governance oder die SWX-Richtlinie betreffend Informationen zur Corporate Governance vom 1. Juli 2002,[57] sind in solchen Gesellschaften zweckmässig; doch auch sie vermögen das Konfliktpotential letztlich nicht zu beseitigen.

---

[51] Unter Bezugnahme auf BGE 128 III 129 (vgl. dazu hinten TEIL 4 § 9 V. 1. auf S. 294 f.) wurde deshalb vom Centre Patronal, Bern, in der Mitteilung Nr. 43 vom Juli 2002 darauf aufmerksam gemacht, dass ein Auseinanderhalten von Organstellung einerseits und Arbeitsverhältnis andererseits insofern von Bedeutung sei, «als beispielsweise hinsichtlich der Anstellung und der Kündigung für das gesellschafts- und das arbeitsrechtliche Verhältnis unterschiedliche Regeln gelten»; vgl. hinten TEIL 4 § 10 I. 2. f.) auf S. 327 ff.
[52] Zur Problematik von Abgangsentschädigungen insbesondere bei börsenkotierten Gesellschaften vgl. hinten TEIL 4 § 9 V. 5. auf S. 302 ff.
[53] Vgl. hinten TEIL 1 § 3 III. 3. auf S. 60 f.
[54] Das höchstpersönliche Recht zur Annahme oder Ablehnung der Wahl würde dadurch rechtswidrig eingeschränkt; dazu ausführlich hinten TEIL 1 § 2 IV. 2. auf S. 34.
[55] Damit ist latent Konfliktpotential auch unter dem Blickwinkel der Corporate Governance zu beurteilen; vgl. dazu die allgemeinen Ausführungen bei ERNY, 94 ff.
[56] Pointiert schreibt CHRISTOPH BLOCHER in seiner Albisgüetli-Rede 2002, Zürich 2002, auf S. 13 dazu: «Der Einfluss der Eigentümer solcher Gebilde ist so verzettelt, dass der Schutz ihres Eigentums, die Überwachung der Führungselite, die als Treuhänder dieses Eigentum vermehren und verwalten sollte, unmöglich geworden ist. Diese Tendenz wird verstärkt durch raffinierte Regeln über die Zusammensetzung von Verwaltungsräten, mit denen sich diese faktisch selber überwachen, selber entschädigen, privilegieren und belohnen.» Die Aussage wird relativiert durch die Tatsache, dass der am 10.12.2003 zum Bundesrat gewählte Christoph Blocher bis im Jahre 1998 als nebenamtlicher VR-Präsident der Pharma Vision ein VR-Honorar in Höhe von CHF 3,2 Mio. pro Jahr bezog (vgl. WERNER VONTOBEL im Cash vom 23.3.2001, Nr. 12, S. 1).
[57] Dazu ausführlich hinten TEIL 3 § 7 VI. 2. a) auf S. 240 ff.

§ 1 Problematik einer Doppelstellung

Bei der Festsetzung von VR-Honoraren und Management-Entschädigungen werden die für Aktionäre und Dritte noch akzeptablen Grenzen leider immer wieder durchbrochen.[58] Bei einigen grösseren Gesellschaften wurde deshalb ein spezielles «Remuneration Committee» oder ein «Compensation Committee» gebildet, um die heikle Aufgabe der Entschädigungsfestsetzung zu übernehmen.[59] Damit ist wohl sichergestellt, dass die VR-Bezüge legal sind, doch heisst dies nicht, dass sie aus ethischer Sicht auch legitim sind.

Es ist eine Tatsache, dass Entschädigungen von Topmanagern in den letzten Jahren teilweise übermässig angestiegen sind und wohl noch weiter ansteigen werden.[60] Damit stellt sich die Frage nach der Gerechtigkeit des Lohnes[61] und der ethischen Verantwortung derjenigen, welche den Lohn festlegen. Soll der Verwaltungsrat nicht in eigener Kompetenz über die Höhe seiner Honorare entscheiden können, so sind entsprechende statutarische Schranken zu errichten.[62] Die wesentlichen Faktoren zur Festlegung des VR-Honorars sind heute wissenschaftlich exakt

---

[58] Vgl. dazu den krassen Fall in BGE 105 II 114 ff. i.S. Togal AG gegen Schmidt, was letztlich zur Auflösung der Gesellschaft führte (eingehende Erörterung hinten unter TEIL 3 § 7 II. 2. auf S. 212).

[59] So z.B. bei der Swisscom AG im Jahre 2001 zur Festlegung von Grundlohn und Bonus des GL-Vorsitzenden Jens Alder (je CHF 600'000.– gemäss SonntagsBlick vom 3.2.2002, S. 18 und SonntagsZeitung vom 3.6.2001, S. 6); dieser CEO präsidiert gleichzeitig die Verwaltungsräte der Tochtergesellschaften Swisscom Mobile AG und Swisscom Network Services Rechte AG. Auch bei der ehemaligen Swissair legte im Falle des VR-Präsidenten und CEO Mario Corti das Remuneration Committee die Salärvorauszahlung von brutto CHF 13,2 Mio. fest (Finanz und Wirtschaft vom 16.2.2002, Nr. 13, S. 31).

[60] So HILB, Einwände, 24, mit Bezug auf transatlantische Grossfusionen: «Da die honorierungsmässig problemloseste Variante, alle (auch die europäischen) Vorstände steuer- und wohnsitzmässig in der USA anzusiedeln, selten gewählt wird, und die Variante, Konzern-Vorstände nach amerikanischen Massstäben zu honorieren, bevorzugt wird, ergibt sich die Gefahr, dass die Gesamthonorierungspakete der CEO's in vielen internationalen Unternehmen in Europa (durch die Executive Search Consultants gefördert) in den nächsten Jahren überdurchschnittlich steigen werden.» Gleichzeitig verweist HILB, a.a.O., darauf, dass bereits 1998 Charles B. Wong von Computer Associates ein Jahreseinkommen von USD 670 Mio. bezog und Walt Disney ein solches von USD 575 Mio.

[61] WUNDERER, Führung, 411, definiert sieben Gerechtigkeitsdimensionen der Vergütung:
1. Anforderungs-/Qualifikationsgerechtigkeit
2. Verhaltens-/Motivationsgerechtigkeit
3. Leistungs-/Ergebnisgerechtigkeit
4. Erfolgsgerechtigkeit der Unternehmung
5. Marktgerechtigkeit
6. Sozialgerechtigkeit
7. demographische/kulturelle Gerechtigkeit.
HILB, Integriertes Management, 250 f., entwickelt ein «Magisches Dreieck der Honorargerechtigkeit für Verwaltungsräte» bestehend aus VR-interne Honorargerechtigkeit, VR-externe Honorargerechtigkeit und Unternehmenserfolgsgerechtigkeit des VR-Honorars.

[62] Vgl. dazu ausführlich hinten TEIL 5 § 17 II. 2. auf S. 495 und die Musterklauseln im Anhang A.3.6 und A.3.7 auf S. 514.

definiert;[63] auch die administrativen Hilfsmittel zur Bestimmung einer angemessenen Entlöhnung für die leitenden Arbeitnehmer sind ausführlich publiziert.[64] In der Praxis ist aber dennoch festzustellen, dass viele Verwaltungsratsgremien überfordert sind, wenn es um die Honorierung eines Delegierten oder CEO aus dem eigenen Kreis geht.[65]

Werden Vertreter der zweiten Führungsebene in den Verwaltungsrat gewählt, ohne dass die oberste Geschäftsleitung in diesem Gremium vertreten ist, so besteht sogar die Gefahr einer Führungsunfähigkeit, indem Geschäftsleitungsentscheide von der zweiten Führungsebene über den Verwaltungsrat widerrufen werden.[66]

Im Zusammenhang mit der Doppelstellung eines Verwaltungsrates entstehen gemäss den publizierten Gerichtsentscheiden hauptsächlich in folgenden Bereichen direkte gerichtliche Auseinandersetzungen:

– Forderungsstreitigkeiten im Zusammenhang mit der Entschädigung[67]

---

[63] Vgl. die Zusammenfassung bei HILB, Integriertes Management, 250 ff., und BÖCKLI, Aktienrecht, Rz. 240 zu § 13, welcher gestützt auf den Greenbury Report (Directors' Remuneration, London 1995, 13 ff.) folgende vier Elemente als bestimmend vorgibt:
1 die persönliche Leistung wie Zeitaufwand und geistiger Input
2. die Stellung innerhalb des Verwaltungsrates in Form von Zusatzfunktionen oder Sonderaufgaben
3. die Tragung einer summenmässig unbeschränkten persönlichen und solidarischen Haftung sowie die Verknüpfung des eigenen Rufs mit dem der Gesellschaft
4. die Opportunitätskosten wie Erfüllung der Treuepflicht und Verzicht auf konkurrenzierende Tätigkeit.
[64] Besonders hilfreich und verständlich HILB, Transnationales Management, 225 ff.
[65] Ein besonders eindrückliches Beispiel dafür ist der 5-Jahres-Vertrag von Mario Corti als VR-Präsident und CEO der SAir Group: noch vor seinem Amtsantritt im März 2001 liess er sich fünf Jahresgehälter in Höhe von brutto CHF 13,2 Mio. auszahlen (SonntagsZeitung vom 27.1.2002, S. 69; Präzisierung in der Finanz und Wirtschaft vom 16.2.2002, Nr. 13, S. 31). Mario Corti habe die Bedingungen seiner Anstellung offenbar gleich selbst diktiert; selbst den damaligen VR-Mitgliedern bleibe nach eigenen Angaben schleierhaft, wie und worüber genau verhandelt wurde (SonntagsBlick vom 3.2.2002, S. 16). Die Salärsumme bezeichnet Headhunter Sandro Gianella als «marktüblich», die Vorauszahlung als nicht «normal», aber ein «Himmelfahrtskommando» als verständlich (Tages-Anzeiger vom 29.1.2002, S. 27). Im Vergleich zu den CHF 5–7 Mio., die Rolf Hüppi als Konzernchef und Verwaltungsratspräsident der Zürich Versicherungsgruppe verdient (SonntagsZeitung vom 3.2.2002, S. 62), kann die Entlöhnung von Mario Corti durchaus als marktkonform bezeichnet werden.
[66] Mit dieser Begründung und aus eigener Erfahrung rät KRNETA, Praxiskommentar, Rz. 89, dringend von einer Doppelstellung als Verwaltungsratsmitglied und Angestelltem des Unternehmens ab.
[67] Solche finanziellen Streitigkeiten sind bei den über 200'000 Verwaltungsräten wohl kaum vermeidbar; als illustratives Beispiel sei auf den Entscheid des Bundesgerichtes vom 17.5.1949 i.S. Girod c. Barberot (BGE 75 II 149 ff.) verwiesen.

- Rekurse gegen Verfügungen von Sozialversicherungsbehörden[68]
- Beschwerden gegen Verfügungen des Handelsregisters[69]
- Konkursstreitigkeiten im Zusammenhang mit privilegierten Forderungen[70]
- Verantwortlichkeitsprozesse im Zusammenhang mit Pflichtverletzungen[71]

Die Konflikte sind auch für Rechtstheoretiker oftmals nur schwer vorhersehbar. So musste sich das Bundesgericht bereits 1941[72] damit auseinandersetzen, ob die Unterschriftsberechtigung eines Prokuristen weiterhin im Handelsregister eingetragen bleiben darf, wenn dieser Arbeitnehmer noch zusätzlich als Verwaltungsrat der gleichen Gesellschaft gewählt wird, in der neuen Funktion aber keine Unterschriftsberechtigung erhält.[73] Und im bereits erwähnten Bundesgerichtsentscheid vom 12. Dezember 1991[74] war die Frage zu entscheiden, ob nicht schon ein Arbeitsvertrag mit der Konzernobergesellschaft und ein gleichzeitiges VR-Mandat mit einer Tochtergesellschaft zu einer faktischen Organschaft bei der Holdinggesellschaft führen.

Ein besonders problematischer Konfliktpunkt ist die Verantwortlichkeitsklage. Gerät eine Gesellschaft ernsthaft in die Verlustzone, so werden die Handlungen ihres Verwaltungsrates und Managements verständlicherweise sehr genau überprüft. War ein Mitglied des Verwaltungsrates gleichzeitig auch noch Mitglied der Geschäftsleitung, so ist er allfälligen Vorwürfen der Aktionäre verstärkt ausgesetzt. Dies hat der Untergang der SAir-Group bzw. der Swissair im Jahre 2001 schonungslos offen gelegt. Als Konsequenz schrieb der Wirtschaftsredaktor der NZZ: «Auch in den grösseren Schweizer Unternehmen sollte die um sich greifende, aus Ländern wie den USA oder Frankreich importierte Unsitte einer Personalunion zwischen CEO und Verwaltungsratspräsident – abgesehen von Krisen – schleunigst wieder aufgegeben werden.»[75]

Um möglichst viele Konfliktfälle zu berücksichtigen, werden die rechtlichen Konsequenzen aus einer Doppelstellung als Verwaltungsrat und Arbeitnehmer hinten

---

[68] Insbesondere im Zusammenhang mit der Haftung für ausstehende AHV-Beiträge (vgl. dazu TEIL 4 § 11 II. 2.auf S. 377 ff.), aber auch bezüglich Arbeitslosen- und Insolvenzentschädigung (vgl. dazu TEIL 4 § 11 II.5. auf S. 388 ff. und in der Übersicht von Tabelle 37 auf S. 407).
[69] Zur Entwicklung der bundesgerichtlichen Rechtsprechung bzgl. Handelsregistereintragung s. hinten TEIL 4 § 8 II. 2. b) auf S. 263 ff.
[70] Insbesondere wegen Ablehnung des Lohnprivilegs für Verwaltungsräte; vgl. dazu ausführlich die Rechtsprechung hinten im TEIL 4 § 13 II. 3. auf S. 434 ff.
[71] Auf die Verantwortlichkeit wird im TEIL 4 § 10 II. auf S. 331 ff. detailliert eingegangen.
[72] BGE 67 I 342 ff.
[73] Zu dieser Problematik ausführlich hinten TEIL 4 § 8 II. 2. auf S. 262 ff.
[74] BGE 117 II 570.
[75] SCHWARZ, Filz, 21; auf die Problematik einer Personalunion wird hinten im TEIL 3 § 7 VI. 3. auf S. 247 ff. ausführlich eingegangen.

im TEIL 4 separat nach Rechtsgebieten analysiert. Die Grundlage dafür bilden die Erkenntnisse aus der Rechtstatsachenforschung und die zugänglichen Gerichtsentscheide.

§ 2 Entstehung einer Doppelstellung

I. Überblick über die Entstehungsmöglichkeiten

1. Personen mit einer Doppelstellung

Ausgehend von der Person, welche in eine Doppelstellung als Verwaltungsrat und Arbeitnehmer gelangt, können folgende vier Varianten unterschieden werden, aus denen heraus eine Doppelstellung entstehen kann. Dabei wird immer vorausgesetzt, dass die angesprochenen Rechtsbeziehungen zur gleichen Gesellschaft bestehen.

1. Verwaltungsrat

Ein ordnungsgemäss gewählter und als solcher tätiger Verwaltungsrat erhält einen Arbeitsvertrag oder zumindest eine arbeitnehmerähnliche Stellung.[1]

2. Arbeitnehmer

Ein ordnungsgemäss vertraglich verpflichteter Arbeitnehmer wird als Verwaltungsrat gewählt oder nimmt die Funktion eines faktischen Verwaltungsrates[2] wahr.

3. Aktionär

Ein Aktionär wird zum offiziellen oder zum faktischen Verwaltungsrat und übernimmt gleichzeitig eine Arbeitnehmerfunktion.

4. Dritter

Ein unbeteiligter Dritter wird gleichzeitig Verwaltungsrat und Arbeitnehmer; eine Untervariante dieser Konstellation ist gegeben, wenn die Übernahme des Verwaltungsratsmandates bereits im Arbeitsvertrag vorgesehen wird.[3]

---

[1] Dieser Fall ist von demjenigen eines Aktionärs zu unterscheiden, da in Konzernen die Ordnungsvorschrift der Aktionärseigenschaft nach Art. 707 Abs. 1 OR oftmals missachtet wird und im Zusammenhang mit der Revision des GmbH-Rechts diese Voraussetzung voraussichtlich ohnehin aufgehoben wird (vgl. hinten TEIL 3 § 6 I. 1. d) auf S. 166 ff.).

[2] Zum Begriff und zu den Voraussetzungen eines faktischen Verwaltungsrats s. hinten TEIL 3 § 6 I. 2. auf S. 171 ff.

[3] Diese Variante ist von den Übrigen zu unterscheiden, da nach dem Entwurf des Bundesrates vom 19.12.2001 zur Revision des GmbH-Rechts und der damit verbundenen Anpassung des

2. Bewusste und unbewusste Entstehung

Es mag auf den ersten Blick erstaunen, doch es kann nicht nur bewusst, sondern auch unbewusst zu einer Doppelstellung als Verwaltungsrat und Arbeitnehmer kommen. Eine bewusste Doppelstellung ist in folgenden vier Fällen gegeben:

- Ein Arbeitnehmer, der bereits in einem klaren Arbeitsverhältnis zu seiner Gesellschaft als Arbeitgeberin steht, wird neu in den Verwaltungsrat dieser Gesellschaft gewählt[4] und nimmt diese Wahl bewusst an.
- Ein Verwaltungsrat schliesst unabhängig von seinem bereits bestehenden Verwaltungsratsmandat bewusst mit der gleichen Gesellschaft einen Arbeitsvertrag ab.[5]
- Im Arbeitsvertrag wird bewusst vereinbart, dass der Arbeitnehmer gleichzeitig die Stellung eines Verwaltungsrates bei der Gesellschaft einnehmen bzw. eine entsprechende Wahl annehmen wird.[6]
- Bei der Wahl oder bei der anschliessenden Konstituierung des Verwaltungsrates wird bestimmt, dass der betroffene Verwaltungsrat gleichzeitig in einem Arbeitsverhältnis zur Gesellschaft steht.[7]

Zu einer unbewussten Doppelstellung kann es dagegen beispielsweise in folgenden Fällen kommen:

- Ein leitender Arbeitnehmer in einer Familienaktiengesellschaft wird stets beratend zu den Verwaltungsratssitzungen beigezogen. Nach dem Tode des Firmengründers nehmen dessen Nachkommen Einsitz im Verwaltungsrat, ohne sich jedoch operativ um das Unternehmen zu kümmern. Der leitende Arbeit-

---

Aktienrechts (BBl. 2001 3265 ff.) vorgesehen ist, die Aktionärsvoraussetzung für den Verwaltungsrat in Art. 707 OR aufzuheben (vgl. hinten TEIL 3 § 6 I. 1. d) bb) auf S. 170 f.).

[4] Dabei spielt es keine Rolle, auf welcher Hierarchiestufe im Unternehmen der Arbeitnehmer steht. Im nicht amtlich publizierten Entscheid des Bundesgerichtes C 278/99 vom 6.7.2002 war der Fall eines Bauingeniurs zu beurteilen, welcher nach 8 Jahren Arbeitstätigkeit zusätzlich in den Verwaltungsrat gewählt wurde. Bei paritätisch ausgestalteten Verwaltungsräten werden i.d.R. Arbeitnehmervertreter ohne besondere akademische oder kaufmännische Ausbildung gewählt.

[5] Dabei muss es sich keineswegs um eine leitende Arbeitnehmerfunktion handeln. Hat der entsprechende Verwaltungsrat fachliche und zeitliche Kapazitäten, die vom Unternehmen dringend gebraucht werden, so ist ein zusätzlicher Arbeitsvertrag allenfalls auch für eine Tätigkeit auf unterer Stufe zweckmässig.

[6] Dies ist vor allem bei Konzernverhältnissen häufig, wenn der Betroffene nicht nur Angestellter der Managementgesellschaft im Konzern, sondern auch Mitglied in deren Verwaltungsrat sein soll. Eine entsprechende Musterklausel für einen Arbeitsvertrag findet sich hinten im Anhang A.5.1.a) auf S. 519.

[7] Dieser Fall tritt vor allem bei der Wahl zum hauptamtlichen VR-Präsidenten oder VR-Delegierten ein, bei dem die Begründung eines separaten Arbeitsvertrages grundsätzlich mit der Wahlannahme verbunden ist.

nehmer wirkt jetzt an den Verwaltungsratssitzungen nicht mehr nur beratend, sondern auch entscheidungsmässig mit und wird letztlich unbewusst zum faktischen Verwaltungsrat.[8]

– Eine einfache Gesellschaft, bestehend aus fünf gleichermassen mitarbeitenden Gesellschaftern, wird aus steuerlichen und haftpflichtrechtlichen Überlegungen in eine Aktiengesellschaft umgewandelt; dabei erhalten drei der Gesellschafter einen Sitz im Verwaltungsrat. In der Folge üben diese Gesellschafter ihre Tätigkeit im Unternehmen unverändert aus, ohne sich Gedanken über einen allfälligen Arbeitsvertrag mit der Gesellschaft zu machen.

– Ein ordnungsgemäss gewählter und eingetragener Verwaltungsrat übernimmt vorerst die Funktion des Vizepräsidenten und später noch jene des VR-Delegierten. Der Zeitaufwand für diese Zusatzfunktionen wird immer grösser, bis der VR-Delegierte schliesslich eine Vollzeittätigkeit bei der Gesellschaft ausübt. Der Gesamtverwaltungsrat erteilt dem VR-Delegierten Weisungen für seine Tätigkeit und genehmigt Spesenersatz sowie Ferien; dennoch trifft der Gesamtverwaltungsrat niemals konkrete arbeitsvertragliche Regelungen.[9]

– Ein Prokurist mit Einzelprokura übt geschäftsführende Funktionen im Lohn- und Abrechnungswesen aus. Bereits während seiner Beschäftigungsdauer ohne eine Doppelstellung als Verwaltungsrat fehlen der Gesellschaft zeitweise genügend liquide Mittel, um die Beitragsforderungen der Ausgleichskasse zu erfüllen. Nachdem der Prokurist in den Verwaltungsrat gewählt wurde, kann die Gesellschaft ihre Zahlungsverpflichtungen endgültig nicht mehr erfüllen und über das Unternehmen wird der Konkurs eröffnet. Für die ausstehenden Forderungen der Ausgleichskasse haftet der Arbeitnehmer mit Doppelstellung als Verwaltungsrat sowohl für die Zeit nach seiner Wahl als auch auf Grund einer faktischen Organstellung für die Zeit vor seiner Wahl.[10]

– In einem Konzern ist ein Mitglied des Holding-Verwaltungsrates gleichzeitig CEO einer Tochtergesellschaft. Weil das Arbeitsverhältnis nicht zur gleichen Gesellschaft besteht wie das Verwaltungsratsmandat, besteht ursprünglich keine Doppelstellung im hier verstandenen Sinne. Im Zuge einer Umstrukturie-

---

[8] Nur die Erbringung von Beratungsleistungen gegenüber dem Verwaltungsrat führt noch nicht zu einer faktischen Organschaft (vgl. BGE 117 II 570 ff. und hinten TEIL 3 § 6 I. 2. auf S. 171 ff.). Die Gefahr der faktischen Organschaft sieht PLÜSS, Konzernführer, 153 Fn. 15, vor allem beim Konzernführer; im Hinblick auf BGE 128 III 92 ist diese Ansicht zweifellos richtig (vgl. Kommentar in der NZZ vom 29.1.2002, Nr. 23, S. 23).
[9] Wenn ein solcher VR-Delegierter von seiner Funktion zurücktritt, noch bevor er sich des zusätzlichen Arbeitsverhältnisses bewusst wurde, so kommt es zu einer weiteren unbewussten Änderung der Rechtsverhältnisse (vgl. den Entscheid des Tessiner Versicherungsgerichtes vom 21.9.1992, TCA TI Nr. 31–33/90, in: RDAT I-1993, S. 215 ff.).
[10] Unveröffentlichter Entscheid des Eidg. Versicherungsgerichtes H 442/00 vom 31.8.2001 Erw. 3.

rung wird die Tochtergesellschaft zufolge Fusion im Sinne von Art. 748 OR durch die Muttergesellschaft übernommen. Dabei wird der Arbeitsvertrag des CEO trotz entstandener Doppelstellung unverändert weitergeführt.[11]

Beim ersten dieser Fälle resultiert die unbewusste Doppelstellung aus einer nicht gewollten oder nicht erkannten Stellung als Verwaltungsrat. Bei den nächsten zwei Fällen wird dagegen der unbewusste Abschluss eines Arbeitsvertrages vorausgesetzt. Dabei stellt sich die Grundsatzfrage, ob ein Arbeitsvertrag überhaupt unbewusst abgeschlossen werden kann. Nach Art. 1 Abs. 1 OR braucht es bekanntlich zum Abschluss eines Vertrages die übereinstimmende gegenseitige Willensäusserung der Parteien. Insofern ist ein unbewusster Vertragsabschluss nicht möglich. Das Unbewusstsein bezieht sich jedoch nicht auf den Vertragsabschluss, sondern auf die Vertragsqualifikation. Die Gesellschaft offeriert eine Entschädigung für eine bestimmte Tätigkeit und der Verwaltungsrat akzeptiert diese Offerte. Damit kommt es zum Vertragsabschluss, auch wenn sich die Parteien über die rechtliche Qualifikation ihres Verhaltens gar nicht unterhalten haben oder sich dessen nicht bewusst waren. Wie die Parteien den Vertrag qualifizieren, spielt nach dem Grundsatz «falsa demonstratio non nocet» keine Rolle. Die Konstruktion eines faktischen Arbeitsverhältnisses[12] kommt nicht zur Anwendung, da keine Ungültigkeit des Arbeitsvertrages im Sinne von Art. 320 Abs. 3 OR vorliegt. Auch eine Anfechtung wegen Grundlagenirrtums gemäss Art. 24 Abs. 1 Ziff. 4 OR ist ausgeschlossen, da die Parteien sich über die Art und den Umfang der Vertragsleistungen ohne Irrtum geeinigt haben.

Gemäss Art. 8 ZGB hat ein Mitglied des Verwaltungsrates das Vorhandensein eines Arbeitsvertrages zu beweisen, wenn daraus zu seinen Gunsten Rechte abgeleitet werden sollen. Dies kann z.B. bei der Geltendmachung des Konkursprivilegs für Lohnforderungen notwendig werden.[13] Ein solcher Nachweis wird beim bewusst abgeschlossenen Arbeitsvertrag zweifellos leichter zu erbringen sein, als bei einem unbewusst entstandenen Arbeitsverhältnis.[14]

Der Fall des ordnungsgemäss gewählten Verwaltungsrates, der später mit steigender Intensität die hauptamtliche Funktion eines Delegierten[15] ausübt, ist von besonderem Interesse. Vor allem in grösseren Gesellschaften ist vielfach ein voll-

---

[11] Zu den Konsequenzen einer Fusion auf das Arbeitsverhältnis von leitenden Arbeitnehmern vgl. hinten TEIL 4 § 10 IV. 1 auf S. 361 ff.
[12] Vgl. dazu REHBINDER, Arbeitsrecht, Rz. 84 ff.; hinten TEIL 3 § 6 II. 2. auf S. 191 ff.
[13] Vgl. dazu den Fall in ZR 77 (1978) Nr. 25, S. 51 ff., bei dem kein Arbeitsvertrag nachgewiesen werden konnte.
[14] Zu den Voraussetzungen des erforderlichen Nachweises vgl. MÜLLER, Konkursprivileg, 561.
[15] Zum Begriff des VR-Delegierten vgl. hinten TEIL 1 § 3 IV. 3. auf S. 70 ff.

amtlicher Delegierter des Verwaltungsrates anzutreffen.[16] Die Einführung dieses Vollamtes kann stufenweise erfolgen, so dass sich die Parteien u.U. des Überganges zu einem eigentlichen Arbeitsvertrag gar nicht bewusst sind und deshalb auch keine zusätzlichen Abmachungen treffen.[17] Die Folge davon sind latente Konfliktsituationen. Die durchgeführte Rechtstatsachenforschung hat u.a. auch diese besondere Problematik aufgezeigt.[18]

II. Entstehung einer Doppelstellung aus einer Organfunktion

1. Abgrenzungen

Die Stellung als Verwaltungsrat einer Aktiengesellschaft begründet wohl eine Organschaft, jedoch für sich alleine noch kein Arbeitsverhältnis im rechtlichen Sinne zur Gesellschaft.[19] Wird ein zusätzlicher Arbeitsvertrag geschlossen, so stellt sich unweigerlich die Frage, ob Personen mit einer derartigen Doppelstellung stets als leitende Arbeitnehmer zu bezeichnen sind.[20] Gemäss Art. 9 ArGV 1 übt eine «höhere leitende Tätigkeit» i.S.v. Art. 3 lit. b ArG aus, «wer auf Grund seiner Stellung und Verantwortung sowie in Abhängigkeit von der Grösse des Betriebes über weitreichende Entscheidungsbefugnisse verfügt oder Entscheide von grosser Tragweite massgeblich beeinflussen und dadurch auf die Struktur, den Geschäftsgang und die Entwicklung eines Betriebes oder Betriebsteils einen nachhaltigen Einfluss nehmen kann.»[21] Nach dieser Legaldefinition übt ein Verwaltungsratsmitglied unbestreitbar eine höhere leitende Tätigkeit auf Zeit aus. Nur wenn er diese Tätigkeit

---

[16] Während der VR-Präsident bei einem mehrköpfigen Verwaltungsrat gemäss Art. 712 Abs. 1 OR zwingend bestimmt werden muss, ist die Ernennung eines VR-Delegierten fakultativ. So waren Mitte 2000 in der Schweiz 89'576 AG mit einem VR-Präsidenten und 12'475 AG mit mind. einem VR-Delegierten eingetragen (vgl. hinten Tabelle 7 auf S. 101).
[17] Eine solche Konstellation ist auch in anderen Lebenslagen möglich; dies zeigt BGE 115 V 55, in dem einer vom Pferd gebissenen Reitschülerin letztlich eine Arbeitnehmerstellung zuerkannt wurde, obwohl vor dem Unfall weder die Reitschülerin noch der Betreiber des Reitstalles von einem Arbeitsvertrag gesprochen hatten.
[18] Die Ergebnisse dieser Rechtstatsachenforschung finden sich hinten im TEIL 2 § 5 III. auf S. 119 ff.
[19] Ebenso HUTTERLI, 40, mit dem Hinweis, dass diese Organschaft nur die rein gesellschaftsrechtliche Stellung im Aufbau der juristischen Person bilde; dazu eingehend hinten TEIL 1 § 3 IV. 1. b) auf S. 64 f.
[20] HUTTERLI, 18.
[21] Die ArGV 1 gibt gegenüber der früheren VO 1 zum ArG (am 10.5.2000 aufgehoben) zwei neue Kriterien vor: die Stellung des Betroffenen und die Möglichkeit zur Beeinflussung von Entscheiden in wichtigen Angelegenheiten.

auch noch gegen Entgelt und in einem Subordinationsverhältnis ausübt, sind die übrigen Voraussetzungen für einen Status als Arbeitnehmer erfüllt.[22]

HUTTERLI[23] gelangt nach eingehender Prüfung zusammenfassend zum Ergebnis, dass die Exekutivorgane einer juristischen Person jedoch dann vom Kreis der leitenden Arbeitnehmer auszunehmen seien, wenn sie weisungsunabhängig seien. Da die Weisungsabhängigkeit jedoch ein wesentliches Merkmal des Arbeitsvertrages ist, kann ein Verwaltungsrat umgekehrt nur dann einen zusätzlichen Arbeitnehmerstatus haben, wenn er in irgendeiner Form bezüglich seiner Tätigkeit als Arbeitnehmer weisungsabhängig ist.[24] Dies ist beim alleinigen Verwaltungsrat grundsätzlich nicht möglich. Selbst wenn der alleinige Verwaltungsrat bezüglich seiner Arbeitnehmer-Tätigkeit organisatorisch einem Abteilungsleiter unterstellt wäre, so bliebe ihm doch als Verwaltungsrat die oberste Weisungsgewalt erhalten. Die für ein Arbeitsverhältnis im rechtlichen Sinne erforderliche Einordnung in eine fremde Arbeitsorganisation (Subordination) fehlt damit i.d.R. weiterhin.[25] Führt man diese Überlegungen konsequent fort, so ergibt sich Folgendes:

– Ein leitender Arbeitnehmer[26] ist ein Arbeitnehmer, der unternehmerische Entscheidungen selbständig vorbereiten oder ausführen kann. Dazu muss der Arbeitnehmer nicht Mitglied des Verwaltungsrates der Gesellschaft sein.

– Als Arbeitnehmer muss auch der leitende Arbeitnehmer weisungsgebunden sein; ein weisungsunabhängiger Verwaltungsrat kann deshalb nicht Arbeitnehmer und somit auch nicht leitender Arbeitnehmer sein.[27]

– Ein Verwaltungsrat wird nur dann zum leitenden Arbeitnehmer, wenn er sich tatsächlich in ein arbeitsvertragliches Verhältnis und damit insbesondere in eine Subordination zur Gesellschaft begibt; die blosse Übernahme von entsprechenden Funktionen genügt nicht.

---

[22] Zu den Voraussetzungen eines Arbeitsvertrages im Detail vgl. hinten TEIL 3 § 6 II. 1. auf S. 175 ff.
[23] HUTTERLI, 114.
[24] Diese rechtlich einwandfreie Feststellung (vgl. dazu hinten die Ausführungen zur Unterordnung als Voraussetzung für einen Arbeitsvertrag unter TEIL 3 § 6 II. 1. c) auf S. 178 ff.) steht jedoch im klaren Widerspruch zu den Ergebnissen der Rechtstatsachenforschung, wonach zahlreiche Delegierte trotz mündlichem oder schriftlichem Arbeitsvertrag keine Weisungen für ihre Tätigkeit erhalten (vgl. dazu hinten TEIL 2 § 5 III. 4. a) auf S. 119 ff.).
[25] Auf die Doppelstellung bei einer Gesellschaft mit nur einem einzigen Verwaltungsrat wird hinten unter TEIL 3 § 6 III. 3. auf S. 198 ff. ausführlich eingegangen.
[26] Zum Begriff des leitenden Arbeitnehmers vgl. vorne Fn. 42 auf S. 11.
[27] Dies ist insbesondere bei der Einmann-AG unmöglich; vgl. dazu ausführlich hinten TEIL 3 § 6 III. 2. auf S. 195 ff.

2. Beispiele

Die folgenden drei Beispiele aus der Praxis[28] veranschaulichen, wie aus einer Funktion als Verwaltungsrat eine Doppelstellung entstehen kann. Gleichzeitig zeigen sie aber auch, dass dadurch Konfliktsituationen entstehen können.

Beispiel 1:

Der Geschäftsführer einer Druckerei erkrankte plötzlich derart schwer, dass für mindestens acht Monate ein Ersatz gefunden werden musste. Die Hauptaktionärin und VR-Präsidentin wandte sich hilfesuchend an die übrigen Mitglieder des Verwaltungsrates. Nach kurzen Verhandlungen erklärte sich ein Verwaltungsrat bereit, gegen entsprechende Entlöhnung als VR-Delegierter die Geschäftsführung zu übernehmen, bis der eigentliche Geschäftsführer wieder einsatzbereit sei. Mit dieser Lösung konnten die Änderungen im Handelsregister und bei den Banken auf ein Minimum beschränkt werden. Probleme entstanden lediglich im Zusammenhang mit einem Kooperationsvertrag, der mit einem Papierlieferanten abgeschlossen war. Darin wurde als Kontaktperson ausdrücklich der Geschäftsführer bezeichnet. Schliesslich akzeptierte der Vertragspartner aber auch den neuen Delegierten als Ersatz.

Beispiel 2:

Ein Konzern kaufte eine weitere Gesellschaft. Ein Mitglied der Konzernleitung wurde als VR-Delegierter der neuen Tochtergesellschaft eingesetzt; das Präsidium des Verwaltungsrates wurde einem externen Rechtsanwalt übertragen. Im Zusammenhang mit dem Jahresabschluss der Gesellschaft tauchte die Frage auf, ob der VR-Delegierte Anspruch auf ein VR-Honorar und/oder einen Lohn habe. Schliesslich wurde im Verwaltungsrat der Holdinggesellschaft entschieden, dem VR-Delegierten neben dem VR-Honorar auch noch einen Lohn von der Tochtergesellschaft auszuzahlen. Gleichzeitig reduzierte jedoch die Holdinggesellschaft im gleichen Umfange ihre Lohnzahlung an das betreffende Mitglied der Konzernleitung. Der Verwaltungsrat der Tochtergesellschaft fasste weisungsgemäss den gleichen Beschluss und die Lohnabrechnungen wurden nachträglich ausgestellt.

Beispiel 3:

Schon kurz nach der Gründung einer Softwaregesellschaft wurde der bereits als Verwaltungsrat eingetragene Hauptaktionär zum Delegierten bestimmt. Gleichzeitig übernahm er auch die Geschäftsführung, welche vorher vom ge-

---

[28] Nach Rücksprache mit den Betroffenen wurde bewusst auf eine Namensnennung verzichtet.

samten Verwaltungsrat ausgeübt worden war. In der Folge bezog der Delegierte nie ein VR-Honorar, jedoch stets ein Geschäftsführergehalt. Als sich die Gesellschaft erfolgreich entwickelt hatte und ein Finanzinvestor daran Interesse zeigte, wurde zum ersten Mal ein Arbeitsvertrag für den Delegierten ausgearbeitet. Zudem wurde beschlossen, ihm ab sofort auch ein VR-Honorar auszuzahlen. Damit sollten die finanziellen Ansprüche des Delegierten auch im Falle einer Übernahme oder eines Going Public gewahrt bleiben.

III. Entstehung einer Doppelstellung aus einer Arbeitnehmerfunktion

1. Abgrenzungen

Bei den Ausführungen zur Doppelstellung als Verwaltungsrat und Arbeitnehmer wird grundsätzlich vorausgesetzt, dass ein Mitglied des Verwaltungsrates zur selben Zeit ein organschaftliches und ein arbeitsvertragliches Verhältnis zur gleichen Gesellschaft hat. Diese Ausgangslage ist nicht gegeben, wenn die Arbeitstätigkeit zwar zu Gunsten der gleichen Gesellschaft erfolgt, der Arbeitsvertrag aber rechtlich mit einer anderen Gesellschaft besteht. Diese Abgrenzung ist in der Praxis gelegentlich weniger einfach, als es auf den ersten Blick scheinen mag. Insbesondere im Konzernverbund ist die Frage, wer letztlich Arbeitgeber ist, u.U. schwierig zu beantworten, obwohl sie sehr zentral ist.[29]

Um zu beurteilen, ob in Konzernverhältnissen rechtlich eine Arbeitnehmerstellung bei jener Gesellschaft besteht, in deren Verwaltungsrat der Arbeitnehmer Einsitz nimmt, müssen vorab die konkreten mit dem Arbeitnehmer getroffenen Vereinbarungen analysiert werden.[30] Problematisch ist die Situation beispielsweise dann, wenn im Ingress des Arbeitsvertrages die Holdinggesellschaft als Arbeitgeberin aufgeführt ist, aber unten bei den Unterschriften ausdrücklich die Tochtergesellschaft als Verpflichtete angeführt wird. In vielen Fällen stimmt der ursprünglich abgeschlossene Arbeitsvertrag nicht mehr mit der tatsächlichen Wirklichkeit überein, weil Umstrukturierungen innerhalb des Konzerns stattgefunden haben. Zu berücksichtigen ist auch, dass ein Arbeitnehmer u.U. sogar zeitgleich mit mehre-

---

[29] Vgl. GEISER/UHLIG, 764 f. Bereits die Abbildung 1 vorne auf S. 12 zeigt, dass es verschiedene Möglichkeiten zur Anstellung leitender Arbeitnehmer im Konzern gibt. Die Begriffsbestimmung in Art. 11 ATSG vermag hier nicht weiterzuhelfen, da im Konzern verschiedene Gesellschaften Arbeitnehmer beschäftigen.

[30] GEISER/UHLIG, 767.

ren Konzerngesellschaften einen Arbeitsvertrag abschliessen kann.[31] In der Regel werden solche Verträge aufeinander Bezug nehmen, selbst wenn die einzelnen Verträge unterschiedliche Tätigkeiten regeln.[32] Damit die hinten im TEIL 4 aufgezeigten Konsequenzen auftreten, ist grundsätzlich auch bei Konzernverhältnissen eine direkte Doppelstellung als Verwaltungsrat und Arbeitnehmer bei der gleichen Gesellschaft notwendig. Daran ändert auch eine allfällige Delegation des Weisungsrechts nichts.[33] Es stellt sich lediglich die Frage, ob über den Umweg des Durchgriffs[34] im Konzern allenfalls Konsequenzen aus einer indirekten Doppelstellung entstehen können.

Mit dem Durchgriff soll die rechtsmissbräuchliche Geltendmachung der separaten Rechtspersönlichkeit sanktioniert werden; dazu werden Gesellschaften im Konzernverbund fiktiv als rechtliche Einheit behandelt.[35] Das Bundesgericht hat in konstanter Rechtsprechung strenge Voraussetzungen an den Durchgriff geknüpft.[36] Dennoch ist es denkbar, dass auch im Zusammenhang mit einer Doppelstellung als Verwaltungsrat und Arbeitnehmer der Durchgriff in einem Konzern zur Anwendung gelangen kann. Insbesondere im Zusammenhang mit Forderungen, welche Arbeitnehmervertreter in paritätisch zusammengesetzten Verwaltungsräten betreffen, könnten Gerichte zur Auffassung gelangen, dass die Anwendung des Durchgriffs angebracht sei.

Die Rechtsprechung hat den Durchgriff zur Sanktionierung des Rechtsmissbrauchs bei Konzernverhältnissen entwickelt. Konsequenterweise sollten die Gerichte dann aber auch umgekehrt berücksichtigen, dass i.d.R. die tatsächliche Unternehmensleitung in einem Konzernverbund von der formellen Eigenständigkeit der Gesellschaft abweicht. Um diesen Gedankengang zu verdeutlichen, wird nachstehend ein Beispiel mit einem paritätisch zusammengesetzten Verwaltungsrat einer Tochtergesellschaft in einem Konzern angeführt.

> Ein langjähriger Arbeitnehmer einer Tochtergesellschaft in einem Konzern wird von der Belegschaft als Arbeitnehmervertreter in den Verwaltungsrat dieser

---

[31] Dazu ausführlich GEISER/UHLIG, 774 ff.
[32] GEISER/UHLIG, 776.
[33] Vgl. dazu hinten TEIL 3 § 6 II. 1. c) cc) auf S. 182 f.
[34] Dabei haftet die beherrschende Gesellschaft für die Tochtergesellschaft (Durchgriff im weiteren Sinne) bzw. es wird von der Selbständigkeit der juristischen Person auf den Konzern abstrahiert (Durchgriff im engeren Sinne), wobei auch ein umgekehrter Durchgriff (von der Muttergesellschaft auf die Tochtergesellschaft) oder ein Querdurchgriff (zwischen Schwestergesellschaften) möglich ist (vgl. GEISER/UHLIG, 790; KUZMIC, 117 ff.; MERZ, Berner Kommentar, N 290 zu Art. 2 ZGB).
[35] KUZMIC, 249; vgl. Besprechung des Wibru-Swissair-Falles (BGE 120 II 331) durch JEAN NICOLAS DRUEY, in: SZW 67 (1995) 93 ff., mit einer klaren Abgrenzung von Konzernvertrauen und Durchgriff auf S. 96.
[36] GEISER/UHLIG, 790, mit Auflistung der relevanten BGE.

Gesellschaft gewählt. Als Konsequenz daraus verliert nicht nur er selbst, sondern auch seine im gleichen Betrieb mitarbeitende Ehefrau den Anspruch auf Arbeitslosenversicherung und Insolvenzentschädigung.[37]

Wird die Rechtsidee des Durchgriffs in analoger Weise als eigentliche «Loslösung» von der Einzelgesellschaft auf diesen Fall angewendet, so muss man dem betroffenen Arbeitnehmervertreter und seiner Ehefrau konsequenterweise entgegen den gesetzlichen Bestimmungen doch die Ansprüche auf Arbeitslosenversicherung und Insolvenzentschädigung zugestehen. Voraussetzung dafür ist, dass weder der Arbeitnehmervertreter noch seine Ehefrau wirklich massgebenden Einfluss auf die Entscheidungen in der Tochtergesellschaft nehmen können, da diese im Konzernverbund von der Muttergesellschaft gesteuert werden. Damit erscheint aber auch eine Berufung der Behörden auf die formell rechtlich bestehende Doppelstellung als rechtsmissbräuchlich.

2. Beispiele

Auch für die Entstehung einer Doppelstellung aus einer Arbeitnehmerfunktion lassen sich zahlreiche konkrete Beispiele aus der Praxis anfügen. Um den Überblick zu gewinnen, genügen jedoch die nachstehenden drei konkreten Beispiele.

Beispiel 1:

Eine schweizerische Aktiengesellschaft der Verpackungsindustrie wurde von einem ausländischen Mischkonzern übernommen. Gleichzeitig traten die bisherigen Mitglieder des Verwaltungsrates zurück. Der neue Verwaltungsrat sollte nur noch aus dem ausländischen Chef der Konzernsparte Verpackung und einem schweizerischen Berater bestehen, um möglichst geringe Administrationskosten zu verursachen. Wegen der Nationalitäts- und Wohnsitzbestimmung gemäss Art. 708 Abs. 1 OR musste der schweizerische Direktor jedoch noch Einsitz in den Verwaltungsrat nehmen. Die zur Amtsausübung notwendige Aktie wurde ihm treuhänderisch übertragen.

Beispiel 2:

Im Rahmen ihrer Expansionspolitik übernahm ein Familienunternehmen aus der Bürstenbranche die Produktionsgesellschaft eines Konkurrenten. Der dort engagierte Direktor war zweifelsfrei ein wichtiger Faktor zur erfolgreichen Weiterführung des Produktionsbetriebes. Um ihn für seine Aufgabe zu moti-

---

[37] Zur Begründung vgl. hinten die ausführliche Darstellung unter TEIL 4 § 11 II. 5 auf S. 388 ff. und insbesondere die Zusammenfassung auf S. 406 ff. bzw. Tabelle 37 auf S. 407.

vieren und die Zusammenarbeit mit den neuen Eigentümern zu fördern, wurde der Direktor nach der Übernahme als Mitglied des Verwaltungsrates gewählt. Der Arbeitsvertrag blieb unverändert, doch wurde dem Direktor auch hier treuhänderisch eine Aktie übertragen.

Beispiel 3:

Die schweizerische Tochtergesellschaft eines englischen Maschinenbau-Konzerns wurde in Krisenzeiten als Finanzpuffer missbraucht. Als der Konzern schliesslich nicht mehr in der Lage war, die offenen Forderungen aus Lieferungen der Tochtergesellschaft zu begleichen, entschloss sich deren Geschäftsführer zu einem Management-Buy-Out. Bei der Neubestellung des Verwaltungsrates liess er sich zum VR-Delegierten im Vollamt ernennen. Sein bisheriger Handelsregistereintrag als Geschäftsführer mit Einzelunterschrift blieb davon unberührt.

3. Spezialfall des ausgeliehenen Arbeitnehmers

Beim Arbeitnehmer-Verleihvertrag verpflichtet sich die eine Vertragspartei (Verleiher), der anderen Partei (Entleiher) gegen Bezahlung eines Entgeltes die Arbeitsleistung eines Dritten (Arbeitnehmer) zu verschaffen.[38] Ein Arbeitsvertrag im Sinne des Obligationenrechtes besteht nur zwischen dem Arbeitnehmer und dem Verleiher, während zwischen dem Arbeitnehmer und dem Entleiher kein Arbeitsvertrag abgeschlossen wird.[39] Im Gegensatz zum Auftrag oder Werkvertrag erhält der Entleiher jedoch ein Weisungsrecht gegenüber dem Arbeitnehmer.[40]

SCHILTKNECHT[41] vertritt die Meinung, dass im Konzernverhältnis der Gesamtverwaltungsrat einer Tochtergesellschaft grundsätzlich kein Weisungsrecht gegenüber einem seiner Mitglieder habe, welches vom Konzern als VR-Vertreter abdelegiert worden sei.[42] Folglich könne in solchen Fällen auch niemals ein Arbeitnehmerüberlassungsvertrag vorliegen. Immerhin gesteht SCHILTKNECHT aber zu,

---

[38] VISCHER, Arbeitsvertrag, 229; REHBINDER, Berner Kommentar N 56 ff. zu Art. 319 ff. OR, bezeichnet diesen Innominatkontrakt auch als Dienstverschaffungsvertrag, während SCHILTKNECHT, 32, vom Arbeitnehmerüberlassungsvertrag spricht.
[39] Vgl. VISCHER, Arbeitsvertrag, 233, mit dem Hinweis, dass aus dem Verleihvertrag jedoch «quasivertragliche Rechte und Pflichten» zwischen dem Arbeitnehmer und dem Entleiher entstehen würden.
[40] Vgl. REHBINDER, Berner Kommentar, N 57 zu Art. 319 OR.
[41] SCHILTKNECHT, 33.
[42] Zur umgekehrten Frage, ob der herrschenden Gesellschaft ein Weisungsrecht gegenüber den Organen der abhängigen Gesellschaft zustehe vgl. BEYELER, 85 ff.

dass es in Ausnahmefällen doch zu einem Arbeitsvertrag der Tochtergesellschaft mit dem vom Konzern zur Verfügung gestellten Verwaltungsrat kommen könne, doch sei diese Konstellation von untergeordneter Bedeutung.[43]

Entgegen der Auffassung von SCHILTKNECHT ist es durchaus denkbar, dass eine Holdinggesellschaft ihrer Not leidenden Tochtergesellschaft dadurch Hilfe gewährt, dass aus der Managementgesellschaft ein Topmanager in den Verwaltungsrat der Tochtergesellschaft delegiert wird, um dort die Funktion des VR-Delegierten auszuüben.[44] Dem Gesamtverwaltungsrat der Tochtergesellschaft kann dabei das Weisungsrecht gegenüber dem VR-Delegierten eingeräumt werden, so dass letztlich ein klassischer Verleihvertrag zwischen der Tochtergesellschaft und der Managementgesellschaft besteht. Diese Situation ist indessen für die vorliegende Arbeit nicht von Interesse, da eben gerade kein Arbeitsvertrag zwischen dem Delegierten und der Tochtergesellschaft besteht. Nur wenn dieses Verhältnis später in einen Arbeitsvertrag zur Tochtergesellschaft umgewandelt wird (unter gleichzeitiger Auflösung des Verleihvertrages mit der Managementgesellschaft des Konzerns) oder durch einen zusätzlichen, eigenständigen Arbeitsvertrag mit der Tochtergesellschaft bestärkt wird (Variante 3 der Abbildung 1 auf S. 12) so liegt wieder eine Doppelstellung als Verwaltungsrat und Arbeitnehmer bei der gleichen Gesellschaft vor.

Zusammenfassend ist festzustellen, dass der ausgeliehene Arbeitnehmer in rechtlich zulässiger Weise die Funktion eines Verwaltungsrates bei der entleihenden Gesellschaft ausüben darf. Eine Doppelstellung im hier verstandenen Sinne entsteht dadurch nicht. Der Arbeitsvertrag mit der verleihenden Gesellschaft bleibt auch dann bestehen, wenn dem Gesamtverwaltungsrat der entleihenden Gesellschaft das Weisungsrecht gegenüber dem ausgeliehenen Arbeitnehmer übertragen wird. Die im TEIL 4 aufgezeigten Konsequenzen einer Doppelstellung sind deshalb beim ausgeliehenen Arbeitnehmer nicht gegeben.

4. Spezialfall des gewählten Arbeitnehmervertreters

Gemäss der 1990 von STÖCKLI[45] publizierten Rechtstatsachenforschung wird in 2% aller GAV[46] das Recht von Arbeitnehmervertretern in den Leitungsgremien

---

[43] Vgl. SCHILTKNECHT, 33 Fn. 153.
[44] Eine solche Hilfeleistung erscheint sinnvoll, wenn die Tochtergesellschaft über zu wenig liquide Mittel verfügt, um kurzfristig ihr schwaches Management mit einem fest angestellten Topmanager zu ergänzen.
[45] STÖCKLI, Gesamtarbeitsvertrag, 108.
[46] Untersucht wurden 264 Gesamtarbeitsverträge aus allen wichtigen Wirtschaftszweigen in der Schweiz (vgl. STÖCKLI, Gesamtarbeitsvertrag, 14 f.).

zugestanden. Dabei wird nirgends eine paritätische Vertretung vorgesehen.[47] Es fehlt eine analoge Untersuchung von Statutenbestimmungen in Aktiengesellschaften über die Vertretung von Arbeitnehmern in der Geschäftsleitung oder im Verwaltungsrat. Weder in der Literatur noch in der Judikatur konnten Hinweise auf solche Statutenbestimmungen gefunden werden. Dennoch gibt es in der Schweiz mehrere Aktiengesellschaften, bei denen Arbeitnehmervertreter im Verwaltungsrat Einsitz nehmen dürfen und sogar einige wenige, bei denen der Verwaltungsrat paritätisch aus Arbeitnehmer- und Arbeitgebervertretern zusammengesetzt ist. Die Gründe für die Einräumung einer solchen Arbeitnehmervertretung ohne statutarische Grundlage oder GAV sind vielfältig. In einigen Fällen konnte ein Management-Buy-Out nur mit Hilfe der Belegschaft realisiert werden, weshalb den Arbeitnehmern zum voraus eine paritätische Zusammensetzung des Verwaltungsrates zugesichert wurde. In anderen Fällen wurden die Mitarbeiter zur Steigerung der Motivation nicht nur am Kapital, sondern auch an der Unternehmensleitung beteiligt.

Als Beispiel für eine gesetzlich geregelte Arbeitnehmervertretung wird die privatisierte Swisscom genannt.[48] Gemäss Art. 9 Abs. 3 TUG ist dem Personal dieser Unternehmung eine angemessene Vertretung im Verwaltungsrat zu gewähren. In einer Pressemitteilung des EVED vom 29. September 1997 wurde darüber informiert, dass der Verwaltungsrat der Swisscom entsprechend den gesetzlichen Bestimmungen neu zusammengesetzt worden sei. Das Personal werde nun durch zwei Mitglieder der Personalverbände vertreten, wobei die Schweizerische PTT-Vereinigung und der Schweizerische Verband des Christlichen PTT-Personals jeweils je einen Sitz einnehmen. In beiden Fällen handelt es sich beim sogenannten Arbeitnehmervertreter um einen Gewerkschaftssekretär und nicht um einen tatsächlichen Arbeitnehmer der Swisscom. Dennoch wurde von keiner Seite geltend gemacht, die gesetzliche Vorschrift der VR-Zusammensetzung sei nicht erfüllt. Die Swisscom kann darum wohl als Beispiel für eine Arbeitnehmervertretung, jedoch nicht als Beispiel für die Doppelstellung als Verwaltungsrat und Arbeitnehmer angeführt werden.

Ein über die Landesgrenzen hinaus bekanntes Beispiel für eine konsequente Mitarbeiterbeteiligung und einen paritätisch zusammengesetzten Verwaltungsrat ist die Trisa Bürstenfabrik AG in Triengen/LU.[49] Seit 1972 erhält jeder der rund 560 Mitarbeiter dieses Industriebetriebes gratis eine Trisa-Aktie, die nicht weiter-

---

[47] STÖCKLI, Gesamtarbeitsvertrag, 111.
[48] Auf dieses Beispiel machte schon NOBEL, Grundsätze der OECD, 244, aufmerksam.
[49] An dieser Stelle sei dem VR-Präsidenten und gleichzeitigem VR-Delegierten Ernst Pfenniger für die bereitwillige Beantwortung aller relevanten Fragen im Zusammenhang mit der Unternehmensorganisation herzlich gedankt.

verkauft werden darf. Zudem können die neuen Mitarbeiter zu den gleichen Bedingungen wie die Altaktionäre an Aktienkapitalerhöhungen partizipieren. 85% der Mitarbeiter beteiligen sich mit eigenen Ersparnissen.[50] Insgesamt hält die Belegschaft 30% des Aktienkapitals.[51] Im Jahre 1973 wurde der Verwaltungsrat erstmals paritätisch zusammengesetzt. Seither können die Mitarbeiter drei von insgesamt sechs Verwaltungsräten stellen.[52] Dazu wird unter der Belegschaft vor der eigentlichen Generalversammlung eine schriftliche Abstimmung über allfällig notwendige Ersatzkandidaten durchgeführt. Jeder Mitarbeiter kann sich dabei selbst vorschlagen. Auf Grund der Ergebnisse dieser ersten Abstimmung bestimmt das aus Arbeitnehmern zusammengesetzte Wahlbüro je nach Stimmenverhältnissen und Anzahl der zu ersetzenden Arbeitnehmervertreter zwei bis fünf Vorschläge für eine zweite, schriftliche Abstimmung. Der Kandidat mit den meisten Stimmen aus dieser Abstimmung wird schliesslich der Generalversammlung zur Bestätigungswahl vorgeschlagen. Weder der Anspruch auf einen Mitarbeiter-Verwaltungsrat noch das Verfahren zur Kandidatenauswahl sind in den Statuten oder im Organisationsreglement der Trisa festgelegt.[53] Auch im Firmenvertrag der Trisa findet sich keine entsprechende Regelung. Vielmehr basiert alles auf betrieblicher Übung und gegenseitigem Vertrauen. Die als Verwaltungsrat gewählten Mitarbeiter erhalten für ihre Funktion zusätzlich zum arbeitsvertraglichen Lohn ein separates VR-Honorar. Dafür haften sie aber auch persönlich wie alle übrigen Verwaltungsräte. Es gibt keinen Mandatsvertrag mit einer besonderen Weisungsbefolgungspflicht oder einer Enthaftungsklausel.[54] Die für das VR-Mandat aufgewendete Zeit gilt als Arbeitszeit. Bei einer Pattsituation im Verwaltungsrat hat der von der Generalversammlung gewählte VR-Präsident den Stichentscheid. Nach seinen eigenen Angaben musste er jedoch davon bis heute noch nie Gebrauch machen.

Der als Verwaltungsrat gewählte Arbeitnehmervertreter ist in zwei Punkten ein Spezialfall. Zum einen resultiert seine Doppelstellung aus einem Anspruch der Belegschaft gegenüber der Gesellschaft. Dieser Anspruch kann ausdrücklich in den Gesellschaftsstatuten verankert werden[55] oder nur als betriebliche Übung bestehen. Zum andern untersteht der gewählte Mitarbeiter-Verwaltungsrat dem Kündigungsschutz von Art. 336 Abs. 2 lit. b OR;[56] d.h. während der gesamten Dauer

---

[50] Aus der Jubiläumsbroschüre «111 years innovation Trisa of Switzerland», Triengen 1998, S. 5.
[51] Stand per 31.12.2004 bei einem Aktienkapital von insgesamt CHF 4,7 Mio., eingeteilt in 18'800 Namenaktien à nom. CHF 250.–.
[52] Vgl. entsprechende Firmenberichte in Organisator 7/8 2000, S. 8, und HandelsZeitung vom 29.9.1999, Nr. 39, S. 41.
[53] Dies wäre durchaus zulässig, vgl. dazu hinten TEIL 5 § 17 II. 1. auf S. 491 ff.
[54] Mandatsverträge mit entsprechenden Schadloshaltungsklauseln sind zulässig (vgl. Vischer, Schadloshaltungsklauseln, 491); vgl. das Muster hinten im Anhang A.5.2. b) auf S. 521.
[55] Eine Musterklausel ist hinten im Anhang A.3.5 auf S. 514 wiedergegeben.
[56] Dazu ausführlich hinten TEIL 4 § 9 V. 4. auf S. 301 ff.

seiner Angehörigkeit zu dieser betrieblichen Einrichtung kann ihm nicht gekündigt werden, ausser der Arbeitgeber könne beweisen, dass er einen begründeten Anlass zur Kündigung hatte. Ansonsten resultieren aus der Doppelstellung als Verwaltungsrat und Arbeitnehmer auch beim gewählten Arbeitnehmervertreter grundsätzlich alle hinten im TEIL 4 aufgezeigten Konsequenzen. Ob es sich beim betroffenen Arbeitnehmervertreter um ein Kadermitglied oder um einen Mitarbeiter der untersten Organisationsstufe handelt, ist dabei irrelevant. Entscheidend ist im Hinblick auf das für ein Arbeitsverhältnis erforderliche Unterordnungsverhältnis, dass auch der Arbeitnehmervertreter trotz seiner Stellung als Verwaltungsrat genau gleich weisungsgebunden bleibt wie vor seiner Wahl. Ist der Arbeitnehmer direkt dem Verwaltungsrat unterstellt, so steht das Weisungsrecht dem Gesamtverwaltungsrat zu; eine Delegation an den VR-Präsidenten oder an den VR-Delegierten durch ein entsprechendes Organisationsreglement bzw. Funktionendiagramm ist dabei ebenfalls zulässig.

IV. Entstehung einer Doppelstellung ohne vorbestandene Funktion

1. Abgrenzungen

Es ist nicht nur theoretisch möglich, sondern in der Praxis auch tatsächlich zu beobachten, dass einer Person ohne vorbestandene Funktion gleichzeitig die Stellung als Verwaltungsrat und Arbeitnehmer in der nämlichen Gesellschaft eingeräumt wird. Problematisch ist in dieser Konstellation die Gültigkeit des zu Grunde liegenden Rechtsgeschäftes. Kann in einem Arbeitsvertrag die Verpflichtung zur Übernahme eines Verwaltungsratsmandates statuiert werden? Oder umgekehrt, kann die Generalversammlung die Wahl eines Verwaltungsrates vom Eingehen eines Arbeitsvertrages abhängig machen? Auf diese Fragen wird nachstehend konkret eingegangen.

Die Entstehung einer Doppelstellung ohne vorbestandene Funktion ist abzugrenzen vom Fall eines vorbestandenen Auftragsverhältnisses. Dazu konnte das Bundesgericht bereits in BGE 105 V 113 am 27. August 1979 ausführlich Stellung nehmen. Zu beurteilen war die Qualifikation der Entschädigung eines Verwaltungsrates, der gleichzeitig auch als Rechtsanwalt für die Gesellschaft tätig war. Zwischen den Aktionären (einer Erbengemeinschaft) und dem betroffenen Verwaltungsratsmitglied bestand ein Mandatsvertrag, worin sich der Rechtsanwalt verpflichtete, das Mandat nach den Instruktionen der Erbengemeinschaft auszuüben. Die AHV sah in dieser Verpflichtung eine klare Unterordnung und qualifizierte u.a. deshalb sämtliche Entschädigungen an dieses Verwaltungsratsmitglied als AHV-pflichtig im Sinne von Art. 7 lit. h AHVV. Das Bundesgericht hiess eine dagegen geführte Verwaltungsgerichtsbeschwerde gut und stellte fest, dass eine Doppelstellung als Verwaltungsrat und Rechtsanwalt im Auftragsverhältnis durchaus möglich sei, weshalb die AHV-Qualifikation entsprechend verschieden auszufallen habe. Zum Urteil beigetragen hat der Umstand, dass dieses Verwaltungsratsmitglied schon früher während rund zwanzig Jahren als Berater ohne Organfunktion für die Gesellschaft tätig war. Indirekt kann aus dem Urteil abgeleitet werden, dass ein vorbestandenes Auftragsverhältnis nicht dazu führen muss, dass der Auftragnehmer nach seiner Wahl in den VR nun plötzlich zwingend als Arbeitnehmer zu qualifizieren sei.[57]

2. Anstellung mit der Pflicht zur Übernahme eines VR-Mandates

In den Arbeitsverträgen mit leitenden Arbeitnehmern werden i.d.R. nicht nur die Tätigkeits- und Kompetenzbereiche, sondern auch die organisatorische Unterstellung und Verantwortlichkeit festgelegt.[58] Dies ist insbesondere bei Konzernverhältnissen notwendig. Dabei wird gelegentlich auch die organschaftliche Stellung des Arbeitnehmers vorgeschrieben.[59] Im Hinblick auf die grosse Verantwortung, welche ein Verwaltungsrat mit seinem Mandat übernimmt, stellt sich die Frage nach der rechtlichen Zulässigkeit von solchen Klauseln.

Unproblematisch sind Klauseln, welche dem Arbeitnehmer das Recht einräumen, an den Sitzungen des Verwaltungsrates mit beratender Stimme teilzunehmen. Solche Bestimmungen finden sich häufig als Ergänzung in einem separaten Organisationsreglement bzw. Funktionendiagramm.[60] Weil damit dem Arbeitneh-

---

[57] Zu den Konsequenzen einer selbständigen und unselbständigen Erwerbstätigkeit vgl. hinten TEIL 4 § 11 II. 1. auf S. 374 ff.

[58] So auch in der Vorlage 1 für einen Arbeitsvertrag mit einem Arbeitnehmer in verantwortlicher Stellung bei STREIFF/PELLEGRINI/VON KAENEL, 145, und im Muster eines Arbeitsvertrages mit einem Personalchef bei KUHN/KOLLER, Teil C Kapitel 5.2, S. 1; a.M. noch HUTTERLI, 46 f., mit der Begründung, dieser Punkt werde vom Arbeitgeber oft bewusst übergangen, um Auseinandersetzungen mit bereits im Unternehmen tätigen Angestellten zu vermeiden; seit der Publikation 1984 hat diesbezüglich jedoch insofern ein Wandel stattgefunden, als sich ein Arbeitgeber heute i.d.R. des Konfliktpotentials bewusst ist, wenn er bezüglich der Unterstellung keine Abmachungen trifft.

[59] In diesem Sinne indirekt SCHILTKNECHT, 18; konkret bei WEBER, Anstellungsvertrag, 135, im Muster für einen deutschen Managervertrag: «Auf Wunsch der Unternehmensleitung wird Herr A. Aufgaben als Geschäftsführer, Mitglied des Verwaltungsrats bzw. Beirates oder vergleichbare Funktionen in verbundenen Unternehmen der Firma bzw. in Verbänden, Unternehmen oder sonstigen Institutionen übernehmen.»

[60] Vgl. die Musterklauseln bei MÜLLER/LIPP/PLÜSS, 504.

mer nur ein Recht zur Sitzungsteilnahme, aber keine Verpflichtung zur Mitarbeit oder sogar zur Mitentscheidung im Verwaltungsrat auferlegt wird, ist dies kein Zwang zur faktischen Organschaft.

Rechtlich unbedenklich sind sodann Vertragsklauseln, die dem Arbeitnehmer garantieren, dass er selbst zur Wahl in den Verwaltungsrat vorgeschlagen wird[61] oder dass ein gewählter Arbeitnehmer in den paritätisch zusammengesetzten Verwaltungsrat Einsitz nehmen kann.[62] Hier kann der betroffene Arbeitnehmer immer noch frei entscheiden, ob er eine allfällige Wahl annehmen will oder nicht.

Auf ihre Rechtswirksamkeit zu prüfen sind Klauseln, wonach ein Arbeitsvertrag erst Gültigkeit erlangt, wenn der Arbeitnehmer von der Generalversammlung in den Verwaltungsrat gewählt wird. Nach Art. 151 Abs. 1 OR kann ein Vertrag unter der aufschiebenden Bedingung abgeschlossen werden, dass seine Verbindlichkeit vom Eintritt einer ungewissen Tatsache abhängig gemacht wird. Der bedingte Anspruch ist gemäss Art. 157 OR dann nichtig, wenn die Bedingung in der Absicht beigefügt wurde, eine widerrechtliche oder unsittliche Handlung oder Unterlassung zu fördern. Grundsätzlich ist die Wahl in einen Verwaltungsrat weder widerrechtlich noch unsittlich; auch die Doppelstellung als Verwaltungsrat und Arbeitnehmer ist im Rahmen der aufgezeigten Grenzen zulässig.[63] Solange der Arbeitsvertrag keine Verpflichtung des Arbeitnehmers enthält, eine allfällige Wahl auch annehmen zu müssen, ist gegen eine Suspensivbedingung nichts einzuwenden. Mit Abschluss des Arbeitsvertrages erwirbt der Arbeitnehmer nur eine Anwartschaft auf eine Anstellung; erst mit der Wahl durch die Generalversammlung entsteht ein rechtsgültiger Anspruch. Wird der Kandidat nicht gewählt, so kommt der Arbeitsvertrag nicht zustande.[64] Nimmt der Kandidat jedoch schon vor der Wahl durch die Generalversammlung an den Sitzungen des Verwaltungsrates teil und trifft er dabei für die Gesellschaft massgebende Entscheidungen mit, so wird er allenfalls zum faktischen Organ.[65] Lassen die übrigen Verwaltungsräte trotz Nichtwahl weiterhin

---

[61] Eine einfache Formulierung findet sich im allgemeinen Mustervertrag für einen leitenden Angestellten bei KUHN/KOLLER, Teil C Kapitel 5.7, S. 2.; eine ausführliche Regelung findet sich hinten in der Musterklausel im Anhang A.5.1. a) auf S. 519.
[62] Solche Zusicherungen sollten jedoch statutarisch geregelt werden; vgl. die Musterklausel A.3.5 hinten auf S. 514 f.
[63] Vgl. die Ausführungen zu den Besonderheiten von Gesellschaften mit einem einzigen Verwaltungsrat hinten unter TEIL 3 § 6 III. 3. auf S. 198 ff.
[64] Dies im Unterschied zum bewilligungspflichtigen Rechtsgeschäft bei der Anstellung eines ausländischen Arbeitnehmers; dort ist der Arbeitsvertrag auch bei Verweigerung der Bewilligung gültig, berechtigt den Arbeitgeber aber zur fristlosen Vertragsauflösung (vgl. BGE 114 II 279 im Gegensatz zu BGE 105 II 312 und ZR 100 (2001) Nr. 67, S. 227 f.).
[65] Eingehender hinten TEIL 3 § 6 I. 2. auf S. 171 ff. Bereits eine länger dauernde Zuständigkeitsregel kann die organtypische Stellung bewirken (vgl. BGE 128 III 92).

ein Handeln des faktischen Organs zu, so ist dies als stillschweigende Zustimmung zum Arbeitsvertrag zu qualifizieren, weshalb der suspensiv bedingte Arbeitsvertrag in diesem Falle doch Rechtswirksamkeit erlangt.

Problematisch sind schliesslich Vertragsklauseln, welche den Arbeitnehmer zwingend verpflichten, zusätzlich zu seiner arbeitsrechtlichen Stellung im Verwaltungsrat Einsitz zu nehmen und dort die gesellschaftsrechtliche Verantwortung mitzutragen. Da die Wahl des Verwaltungsrates gemäss Art. 698 Abs. 2 Ziff. 2 OR zu den unübertragbaren Befugnissen der Generalversammlung gehört,[66] könnte ein derartiger Arbeitsvertrag nur unter der aufschiebenden Bedingung abgeschlossen werden, dass innerhalb einer bestimmten Frist rechtsgültig eine diesbezügliche Wahl erfolgt.[67] Selbst dann kann die Generalversammlung diesen Verwaltungsrat aber jederzeit ohne Grundangabe abwählen.[68] Umgekehrt kann auch der betreffende Verwaltungsrat jederzeit ohne Begründung von seinem VR-Mandat zurücktreten,[69] und zwar selbst dann, wenn er zusätzlich noch die Funktion eines VR-Delegierten ausübt.[70] Der Rücktritt ist wirksam, ohne Rücksicht darauf, ob er zur Unzeit oder sogar unter Missachtung eines Arbeitsvertrages erklärt worden ist.[71] Die Gesellschaft könnte in einem solchen Falle lediglich den ihr entstandenen unmittelbaren Schaden in Analogie zu Art. 404 Abs. 2 OR geltend machen.[72]

Die bisherigen Ausführungen zeigen, dass in einem Arbeitsvertrag grundsätzlich die Übernahme eines VR-Mandates vorgesehen werden kann. Dadurch wird aber die Generalversammlung weder zu einer Wahl noch zu einem zeitlich befristeten Abwahlverzicht verpflichtet. Auch der Arbeitnehmer selbst kann trotz des Arbeitsvertrages jederzeit als Verwaltungsrat zurücktreten, unabhängig von der arbeits-

---

[66] Unmissverständlich BÖCKLI, Aktienrecht, Rz. 53 zu § 13: «Der Verwaltungsrat ist für die Wahl seiner Mitglieder schlechterdings nicht zuständig. Statutenbestimmungen, die so etwas vorsehen, sind und bleiben nichtig.»
[67] Dazu ausführlich die Empfehlungen zur Konfliktvermeidung am Schluss unter TEIL 5 § 17 IV. 1. auf S. 500 ff. mit einer Musterklausel im Anhang A.5.1. a) auf S. 519.
[68] Sofern es sich nicht um eine Universalversammlung handelt, ist dazu eine entsprechende Traktandierung nötig; vgl. BÖCKLI, Aktienrecht, Rz. 62 f. zu § 13.
[69] Vgl. FORSTMOSER/MEIER-HAYOZ/NOBEL, § 27 N 44; HOMBURGER, Zürcher Kommentar, N 225 zu Art. 710 OR; MÜLLER/LIPP/PLÜSS, 116; KRNETA, Praxiskommentar, Rz. 428.
[70] Diese Tatsache scheint in der Praxis allerdings vielen VR-Delegierten nicht bewusst zu sein. Auf die entsprechende Frage in der eigenen Umfrage erklärten 27,1% aller VR-Delegierten mit einem ausschliesslich organschaftlichen Verhältnis zur Gesellschaft, eine bestimmte Kündigungsfrist einhalten zu müssen; bei den VR-Delegierten mit einem Arbeitsvertrag waren es sogar 62,6% (vgl. dazu hinten Tabelle 33 auf S. 153).
[71] KRNETA, Praxiskommentar, Rz. 431.
[72] Z.B. Kosten zur Suche und Selektion dieses Verwaltungsrats oder Ausbildungskosten; vgl. HOMBURGER, Zürcher Kommentar, N 239 zu Art. 710 OR; MÜLLER/LIPP/PLÜSS, 116 f.; KRNETA, Praxiskommentar, Rz. 461; eine Musterklausel zur Regelung der Rücktrittskonsequenzen wird hinten im Anhang A.5.1. c) auf S. 519 f. vorgeschlagen.

vertraglichen Kündigungsfrist. Im Hinblick auf die möglichen Schadenersatzansprüche der Gesellschaft stellt sich damit nur noch die Frage, ob über den Umweg einer Konventionalstrafe im Sinne von Art. 160 ff. OR allenfalls doch eine indirekte Pflicht zum Verbleib im Verwaltungsrat während einer gewissen Dauer (z.B. einer Amtsperiode) statuiert werden kann. Art. 163 Abs. 2 OR bestimmt, dass eine Konventionalstrafe nicht gefordert werden kann, wenn sie ein widerrechtliches oder unsittliches Versprechen bekräftigen soll. Da die Wahlannahme ein höchstpersönliches Recht ist, käme eine entsprechende Annahmeverpflichtung einer übermässigen Bindung im Sinne von Art. 27 ZGB gleich. Zudem steht jedem Mitglied eines Verwaltungsrates zwingend ein sofortiges Rücktrittsrecht zu, weshalb eine diesbezügliche Beschränkung widerrechtlich wäre. Folglich kann weder die Pflicht zur Wahlannahme noch die Pflicht zum Verbleib im Verwaltungsrat, und sei es auch nur für eine bestimmte Zeit, rechtswirksam durch eine Konventionalstrafe abgesichert werden. Nur der unmittelbare Schaden aus einer Verweigerung der Wahlannahme oder aus einem Mandatsrücktritt zur Unzeit kann von der Gesellschaft geltend gemacht werden. Um zumindest über diesen Punkt Klarheit zu erlangen, können im Arbeitsvertrag entsprechende Klauseln vereinbart werden.[73] Dabei ist folgendes zu beachten:

– Der Arbeitnehmer kann bereits mit Unterzeichnung des Arbeitsvertrages die Annahme einer allfälligen Wahl als Verwaltungsrat erklären; damit braucht er selbst nicht an der Generalversammlung anwesend zu sein, denn der Arbeitsvertrag gilt bereits als Ausweis für die Mandatsannahme gegenüber dem Handelsregisteramt.

– Die Wahlannahme kann nicht unwiderruflich erklärt werden, da sie ein höchstpersönliches Recht ist und im Hinblick auf Art. 27 ZGB jederzeit widerrufen werden kann. Für diesen Fall sollten die gleichen Schadenersatzansprüche wie für den Mandatsrücktritt zur Unzeit vorgesehen werden.

3. Wahl mit der Pflicht zum Abschluss eines Arbeitsvertrages

Nach Art. 698 Abs. 2 Ziff. 2 OR ist zwingend die Generalversammlung zur Wahl der Mitglieder des Verwaltungsrats zuständig. Weder im Gesetz selbst noch in der Botschaft zum Aktienrecht wird vorgeschrieben, dass diese Wahl vorbehaltlos erfolgen müsse. Es stellt sich deshalb die Frage, ob ein Verwaltungsrat allenfalls nur unter der aufschiebenden Bedingung gewählt werden kann, dass er einen Arbeitsvertrag mit der Gesellschaft abschliesse. Diese Fragestellung ist insbesondere dann

---

[73] Vgl. dazu die Musterklausel hinten im Anhang A.5.1 c) auf S. 519 f.

praxisrelevant, wenn in einer Gesellschaft die Geschäftsführung an einen vollamtlichen Delegierten des Verwaltungsrats übertragen werden soll.

In der Schweiz wurde die Aktiengesellschaft grundsätzlich nach dem System des Monismus strukturiert.[74] Der Verwaltungsrat führt nach Art. 716 Abs. 2 OR die Geschäfte der Gesellschaft, soweit er die Geschäftsführung nicht übertragen hat; gleichzeitig ist der Verwaltungsrat aber auch für die Oberleitung der Gesellschaft und für die Oberaufsicht über die Geschäftsführung verantwortlich.[75] Dieses System hat sich grundsätzlich bewährt, zeichnet sich aber in der Praxis dadurch aus, dass die Geschäftsführung häufig delegiert wird.[76] Die derzeitige gesetzliche Regelung der Organe einer Aktiengesellschaft schliesst demnach die Wahl eines Verwaltungsrats mit der Pflicht zum Abschluss eines Arbeitsvertrages nicht aus, sondern fördert sie.

Bei den VR-Delegierten ist häufig die Situation anzutreffen, dass sie ihre Funktion im Rahmen eines Arbeitsvertrages erfüllen und deshalb als Arbeitnehmer einen Lohn, jedoch kein zusätzliches Honorar als Verwaltungsrat erhalten.[77] Es verwundert daher nicht, dass solche Funktionsträger oftmals bereits vor ihrer Wahl in den Verwaltungsrat die wesentlichen Punkte des späteren Auftrages oder Arbeitsvertrages fixiert haben wollen. Andererseits kann die Gesellschaft ihrerseits ein Interesse daran haben, dass der VR-Delegierte nur unter Wahrung einer längeren, arbeitsrechtlichen Kündigungsfrist seinen Vertrag kündigen kann. Die Forderung nach einer Verpflichtung zum Abschluss eines Arbeitsvertrages ist deshalb aus der Sicht beider Parteien verständlich.

Während es der VR-Kandidat in der Hand hat, eine allfällige Wahl anzunehmen oder abzulehnen,[78] kann die Generalversammlung grundsätzlich nicht über die Bedingungen eines Vertrages mit dem zukünftigen Verwaltungsratsmitglied ent-

---

[74] So z.B. BÖCKLI, Aktienrecht, Rz. 300 zu § 13; POTTHOFF/TESCHER, Rz. 81 ff. und 99 ff.; letztere allerdings mit dem positiven Hinweis, dass die Schweiz «eine besonders flexible, einstufige Verfassung der Aktiengesellschaft» habe. Nach Art. 3 Abs. 2 lit. a BankG wird eine Bankenbewilligung nur erteilt, wenn für die Geschäftsführung einerseits und die Oberleitung, Aufsicht und Kontrolle andererseits besondere Organe ausgeschieden werden; damit wird bei den Banken und Sparkassen eine Strukturierung nach dem System des Dualismus vorgeschrieben, was in Art. 8 Abs. 2 BankV noch wie folgt konkretisiert wird: «Kein Mitglied des für die Oberleitung, Aufsicht und Kontrolle verantwortlichen Organs einer Bank darf der Geschäftsführung angehören.» In der Botschaft zum Aktienrecht, 25, wird das schweizerische System als «Boardsystem» im Gegensatz zum «Aufsichtsratssystem» bezeichnet.
[75] Gemäss Art. 716a Abs. 1 Ziff. 1 und 5 OR.
[76] BUSCH, 70; die Delegationskompetenz ergibt sich aus Art. 716 Abs. 2 und 716b Abs. 1 OR.
[77] Dazu hinten TEIL 2 § 5 III. 5. c) auf S. 202 ff. (insbesondere Tabelle 32 und Abbildung 25).
[78] Zulässig ist das Begehren um Bedenkzeit, während das Stellen von Bedingungen einer Ablehnung gleichkommt (BÖCKLI, Aktienrecht, Rz. 47 zu § 13).

scheiden; dies fällt in die Organisationskompetenz des Verwaltungsrats.[79] Lediglich im Zusammenhang mit der Wahl des VR-Präsidenten ist wegen der Bedeutung dieser Funktion nach Art. 712 Abs. 2 OR eine statutarische Abweichung vom Prinzip der Selbstorganisation des Verwaltungsrats zulässig.[80] Möglich ist dagegen eine statutarische Vorschrift zur grundsätzlichen Verbindung von Verwaltungsrat und Geschäftsführung[81] oder zur paritätischen Besetzung des Verwaltungsrats aus Arbeitnehmern und Arbeitgebern.[82] Aus diesen Überlegungen ergibt sich Folgendes:

- Die Generalversammlung kann nicht von sich aus die Wahl eines Verwaltungsrats an die Bedingung knüpfen, dass dieser einen Arbeitsvertrag mit der Gesellschaft abzuschliessen habe; eine solche Suspensivbedingung würde dem Selbstorganisationsrecht des Verwaltungsrats widersprechen.
- In den Statuten kann vorgeschrieben werden, dass die Mitglieder des Verwaltungsrats keinen Arbeitsvertrag mit der Gesellschaft haben dürfen oder aber, dass der Verwaltungsrat paritätisch aus Arbeitnehmer- und Arbeitgebervertretern zusammengesetzt sein müsse.
- Nichtig wäre eine Statutenbestimmung, wonach die Generalversammlung einen von der Belegschaft vorgeschlagenen Verwaltungsrat zu wählen hat; dies käme einer unzulässigen Beschränkung der Wahlkompetenz nach Art. 698 Abs. 1 Ziff. 2 OR gleich.[83]

Zusammenfassend ist festzustellen, dass es rechtlich nicht möglich ist, in einem Arbeitsvertrag zwingend die Übernahme eines VR-Mandates zu vereinbaren. Ebenso unzulässig ist es, die Wahl eines Verwaltungsrats mit der aufschiebenden Bedingung zu verknüpfen, dass zwingend ein Arbeitsvertrag mit der Gesellschaft abgeschlossen werden muss.

---

[79] Zur Problematik ausführlich BÖCKLI, Kernkompetenzen, 50 ff.; zulässig sind jedoch statutarische Wahlvoraussetzungen.
[80] Botschaft zum Aktienrecht, 175; BÖCKLI, Kernkompetenzen, 52.
[81] Nicht jedoch zur grundsätzlichen Trennung, denn dies gehört zur Organisationskompetenz nach Art. 716a Abs. 1 Ziff. 2 OR; vgl. BÖCKLI, Aktienrecht, Rz. 319 zu § 13, und BÖCKLI, Kernkompetenzen, 38.
[82] Dazu ausführlicher hinten TEIL 5 § 17 II. auf S. 491 ff. mit Musterklauseln im Anhang 3 auf S. 513 ff.
[83] Ähnlich BÖCKLI, Aktienrecht, Rz. 48 zu § 13, bezüglich der Wahlverpflichtung eines vom Verwaltungsrat vorgeschlagenen Kandidaten.

§ 3 Rechtsverhältnis zwischen Verwaltungsrat und Gesellschaft

I. Überblick über die möglichen Rechtstheorien

Über das Rechtsverhältnis zwischen Verwaltungsrat und Aktiengesellschaft sind nur wenige fundierte Abhandlungen publiziert worden, welche sich zudem teilweise widersprechen.[1] In den Standardwerken zum Aktienrecht finden sich mit einer einzigen Ausnahme[2] nur summarische Ausführungen zu dieser Problematik.[3] Beim ordnungsgemäss im Handelsregister eingetragenen Verwaltungsrat besteht unbestritten eine formelle Organstellung, unabhängig von den Aufgaben, welche er tatsächlich erfüllt.[4] Doch der Handelsregistereintrag ist nach der Botschaft zur Revision des Aktienrechts vom 23. Februar 1983 nicht das alleinige Kriterium für eine Organstellung.[5] Das Bundesgericht hat in einem Entscheid vom 24. Oktober 1988 klargestellt, dass weder der Handelsregistereintrag noch die Unterschriftsberechtigung massgebend für die Organstellung sei; entscheidend sei vielmehr, ob eine Person die eigentliche Geschäftsführung besorge und so die Willensbildung der Gesellschaft massgebend mitbestimme.[6] Das Grundverhältnis eines Verwaltungsratsmitglieds zur Gesellschaft ist demnach korrekterweise als

---

[1] Nach dem Publikationsjahr: 1917 WOLFERS, 1935 KOLB, 1946 MEYER, 1976 KREUSCH, 1990 PLÜSS, Rechtsstellung; zu den Widersprüchen hinten TEIL 1 § 3 II. 1. auf S. 44 ff. Den Hauptgrund für die unterschiedlichen Auffassungen sieht KOLB, 5, im Umstand, dass beim Verwaltungsrat sowohl eine Organfunktion als auch eine Tätigkeit ähnlich einem Arbeitsvertrag zusammenkommen.

[2] FORSTMOSER/MEIER-HAYOZ/NOBEL, § 28 N 2–10, mit dem Vermerk, dass in praktischer Hinsicht der Meinungsstreit kaum von Bedeutung sei. Im Zusammenhang mit der Beweislastverteilung kann die rechtliche Qualifikation des Verhältnisses jedoch Konsequenzen haben (vgl. dazu hinten TEIL 4 § 10 II. 3. c) auf S. 341 ff.).

[3] BÖCKLI, Aktienrecht, Rz. 88 f. zu § 13; MEIER, Aktiengesellschaft, 209; MONTAVON, Band II, 13; bei HOMBURGER, Zürcher Kommentar, finden sich keine generellen Ausführungen zum Rechtsverhältnis, lediglich im Zusammenhang mit der Funktion des Delegierten wird unter N 749 f. zu Art. 716b OR festgestellt, dass dieses besondere Rechtsverhältnis trotz den Besonderheiten des Aktienrechts als Arbeitsvertrag qualifiziert werden könne, wobei aber das grundlegende Rechtsverhältnis dadurch nicht aufgehoben werde.

[4] Vgl. FORSTMOSER, Verantwortlichkeit, Rz. 654 f.

[5] Botschaft zum Aktienrecht, 191.

[6] BGE 114 V 213 Erw. 4. e).

«organschaftliches Verhältnis» zu qualifizieren. Dennoch wurden im Überblick folgende Theorien zu diesem Rechtsverhältnis vertreten:[7]
- kein Vertrag, sondern ein spezielles gesellschaftsrechtliches bzw. organschaftliches Verhältnis[8]
- gesetzlich geregelter Vertrag, konkret ein Auftrag[9]
- gesetzlich geregelter Vertrag, konkret ein Arbeitsvertrag[10]
- gesetzlich nicht geregelter Vertrag, konkret ein Innominatkontrakt alter generis[11]
- gesetzlich nicht geregelter Vertrag, konkret ein Innominatkontrakt sui generis[12]

Bei den Begründungen wird von den Autoren mehrheitlich ignoriert, dass der betroffene Verwaltungsrat bereits vor seiner Wahl in einem Rechtsverhältnis zur Gesellschaft gestanden haben kann und folglich zu prüfen ist, was denn mit dem ursprünglichen Rechtsverhältnis nach der Wahl geschieht.[13] Entweder bleibt es unverändert als eigenständiges Rechtsverhältnis bestehen oder es geht in einem neuen, einheitlichen Rechtsverhältnis auf. Um das Grundverhältnis zu analysieren, sind Überlegungen hilfreich, ob zwischen einem Verwaltungsratsmitglied und der Gesellschaft mehrere eigenständige Rechtsverhältnisse bestehen können oder aber stets nur ein einziges, einheitliches Rechtsverhältnis vorhanden ist. Dabei sind folgende Bemerkungen anzubringen:

- *Einheitliches Rechtsverhältnis* im Sinne eines umfassenden Rechtsverhältnisses, welches je nach den konkreten Umständen neben einem organschaftlichen Grundverhältnis verschiedene Elemente eines Auftrags- oder Arbeitsverhältnisses enthalten kann; ob es sich bei diesem einheitlichen Rechtsverhältnis um

---

[7] Bei der Zuteilung ist zu berücksichtigen, dass früher allgemein vom «Anstellungsvertrag» des Verwaltungsrats gesprochen wurde (vgl. z.B. WOLFERS, 24), damit aber keineswegs ein Arbeitsvertrag im heutigen Rechtssinne gemeint war. Nicht berücksichtigt in dieser Aufstellung ist der Ansatz des «nexus of contract», wonach auch die Unternehmensleitung wie alle anderen Kontrahenten in eine bilaterale Vetragsbeziehung mit der Firma eingebunden sind, da diese ökonomisch fundierte Theorie aus dem angelsächsischen case law nicht vorbehaltlos auf das schweizerische Aktienrecht als Organisationsrecht übertragen werden kann (vgl. RUFFNER, 127 ff.).
[8] BÖCKLI, Aktienrecht, Rz. 88 zu § 13; GERMANIER, 28 f.; HUNGERBÜHLER, 167 f.; MÜLLER/LIPP/PLÜSS, 56 f.; PLÜSS, Rechtsstellung, 123.
[9] HOFER, 69; MEYER, 36 und 40, ohne Begründung, aber mit dem Vermerk, dieser Auftrag werde durch das Aktienrecht modifiziert; WANDER, 48.
[10] SCHUCANY, N 2 zu Art. 705 aOR.
[11] WOLFERS, 33: «mandatsähnliches Verhältnis»; WYLER, 42, ohne Begründung.
[12] BÜRGI, Zürcher Kommentar, N 8 zu Art. 708 OR; FORSTMOSER/MEIER-HAYOZ, 172; HUTTERLI, 41; KOLB, 12 f.; KREUSCH, 132 f.; NOBEL, Aktienrechtliche Entscheidungen, 154; PORTMANN, RZ. 31, mit der Bezeichnung «Geschäftsbesorgungsvertrag».
[13] In der Mehrzahl aller Fälle wird es sich dabei um ein vorbestandenes Arbeitsverhältnis handeln; vgl. vorne TEIL 1 § 2 III. auf S. 26 ff.

einen gesetzlich geregelten Vertrag, einen Innominatkontrakt oder um etwas anderes handelt, kann vorerst offen bleiben.

– *Mehrfache Rechtsverhältnisse* im Sinne von mehreren, eigenständig nebeneinander bestehenden Rechtsverhältnissen; ob es sich bei diesen eigenständigen Rechtsverhältnissen um einen Auftrag, einen Arbeitsvertrag oder etwas anderes handelt, kann vorerst ebenfalls offen bleiben.

Nicht vertretbar ist die Theorie eines «gespaltenen Rechtsverhältnisses». Bei der Spaltung eines Rechtsverhältnisses muss von einem bestehenden Ganzen ausgegangen werden, das in mehrere, allenfalls unvollständige Gebilde geteilt wird. Bekanntes Beispiel dafür ist die frühere Rechtstheorie bezüglich der Spaltung von Namenaktien im Falle der fehlenden Zustimmung des Verwaltungsrats zur Aktienübertragung.[14] Eine Anwendung der Spaltungstheorie könnte allenfalls noch im Falle eines Verwaltungsrats geltend gemacht werden, der nachträglich einen Arbeitsvertrag mit der Gesellschaft abschliesst; doch die Spaltungstheorie verliert endgültig ihre Grundlage, wenn der Fall eines vorbestandenen Arbeitsverhältnisses zu beurteilen ist. Hier kann nicht zu Ungunsten des Arbeitnehmers davon ausgegangen werden, dass bezüglich des ursprünglichen Arbeitsvertrages eine Vertragsänderung bewirkt wird.

Ausgehend von einem Verwaltungsrat, welcher seine Funktion hauptberuflich ausübt, lassen sich die grundsätzlich verschiedenen Ansichten im Zusammenhang mit der Frage nach dem Rechtsverhältnis zur Gesellschaft wie folgt darstellen:

---

[14] Begründet mit BGE 83 II 297, präzisiert mit BGE 114 II 57, überwunden durch die Aktienrechtsrevision von 1992 (vgl. Botschaft 82 f.)

Abbildung 2: Theorien zum Rechtsverhältnis zwischen angestelltem VR und AG

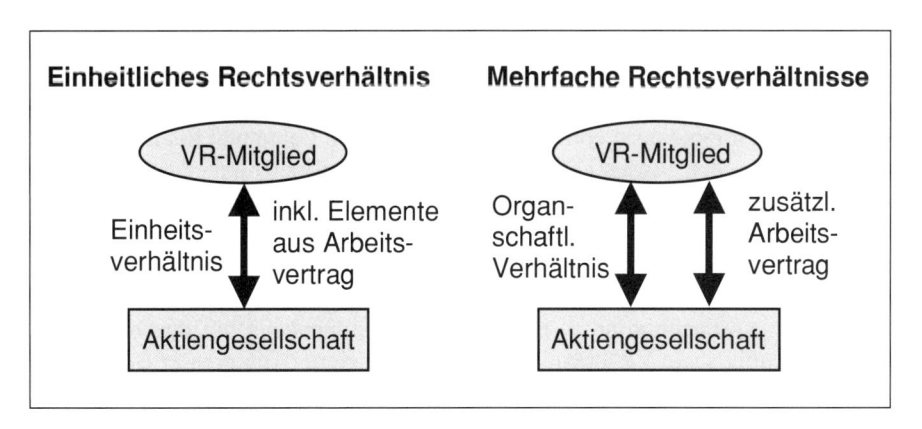

```
Einheitliches Rechtsverhältnis        Mehrfache Rechtsverhältnisse

        VR-Mitglied                           VR-Mitglied
                  inkl. Elemente      Organ-              zusätzl.
   Einheits-      aus Arbeits-        schaftl.            Arbeits-
   verhältnis     vertrag             Verhältnis          vertrag

      Aktiengesellschaft                 Aktiengesellschaft
```

Quelle: Eigene Darstellung der möglichen Rechtstheorien zum Rechtsverhältnis VR-AG

Aus den Materialien zum Aktienrecht ergeben sich keine Argumente, welche eine der möglichen Rechtstheorien stützen würde, da von Anfang an kein Artikel vorgesehen war, welche das Rechtsverhältnis klargestellt hätte. Im ersten Entwurf von 1919 zur Revision des Obligationenrechts gab es lediglich einen speziellen Art. 767 zur Aufteilung von Verwaltung und Geschäftsführung bei Grossgesellschaften.[15] Danach hätte die Organisation von Aktiengesellschaften mit einem Grundkapital von mindestens einer Million Franken so ausgestaltet werden müssen, dass neben dem Verwaltungsrat ein besonderes Organ für die ständige und gesamte Geschäftsführung sowie Vertretung bestand. Zu dieser Vorschrift eines Dualismus für Grossgesellschaften wurde im entsprechenden Bericht des Bundesrates angeführt: «..., wobei es dann allerdings fraglich sein kann, in welchem Verhältnis sich diese Direktion zur Gesellschaft befindet. Sind die Mitglieder der Direktion Mitglieder der Gesellschaft, so wird man die Direktion als ein Organ der Gesellschaft betrachten müssen, sind sie aber nicht Mitglieder der Gesellschaft, so stehen sie als Dritte zu dieser in einem Vertragsverhältnis, das in der Regel ein Dienstvertrag sein wird.»[16] Im zweiten Entwurf wurde eine solche besondere Bestimmung für Grossgesellschaften ersatzlos weggelassen mit der Begründung im entsprechenden Bundesratsbericht, die Höhe des Grundkapitals stehe in keinem direkten Zusammenhang mit der Bedeutung und der Gefahr einer Aktiengesellschaft für die Öffentlichkeit; zudem könne bei einer grossen Familienaktiengesell-

---

[15] ENTWURF I, 70.
[16] BERICHT I, 132.

schaft durchaus auch eine andere Organisation wünschbar erscheinen, ohne dass dem öffentliche Interessen entgegenstehen.[17] Damit hat es der Gesetzgeber letztlich den Aktionären überlassen, wie sie die Spitzenorganisation einer Aktiengesellschaft ausgestalten wollen.

Um abschliessend zu den beiden möglichen Rechtstheorien Stellung nehmen zu können, sind vorab die Ergebnisse aus der bisherigen Lehre und Rechtsprechung zusammenzustellen. Anschliessend sind die Besonderheiten eines gesellschaftsrechtlichen Verhältnisses zu analysieren, denn dieses ist bei einem Verwaltungsratsmandat wegen der gesetzlichen Pflicht zur Aktionärsstellung zwingend vorhanden. Die grundsätzliche Antwort, ob es sich beim Verwaltungsratsmandat stets um ein einheitliches Rechtsverhältnis handelt oder ob allenfalls auch mehrfache Rechtsverhältnisse vorliegen können, ist auch im Zusammenhang mit den möglichen Zusatzfunktionen wie VR-Präsident und VR-Delegierter von grosser Bedeutung. Darauf wird hinten unter § 3 IV. 3. auf S. 70 ff. ausführlich eingegangen.

II. Lehre und Rechtsprechung zur Qualifikation des VR-Mandates

1. Unterschiedliche Beurteilungen in der Literatur

Die Qualifikation eines Verwaltungsratsmandates hat in verschiedener Hinsicht rechtliche Konsequenzen, insbesondere im Zusammenhang mit Leistungsstörungen,[18] Kündigung, Verantwortlichkeit, Sozialversicherung, Konkurs und Steuern.[19] Selbst wenn viele dieser Konsequenzen zwischenzeitlich durch eine entsprechende Auslegung des Aktienrechts ohne besondere Klarstellung der Vertragsqualifikation geklärt sind, so werden in der Literatur doch noch verschiedene Auffassungen über die Rechtsnatur des Verwaltungsratsmandats vertreten. In chronologischer Reihenfolge lassen sich die wichtigsten Meinungen wie folgt zusammenfassen:

– WOLFERS[20] plädiert 1917 vehement für ein einheitliches Rechtsverhältnis: «Durch ihre Bestellung zum Mitglied des Verwaltungsrats tritt die physische Person als Individuum, als getrenntes Rechtssubjekt, als Organträger in einen rechtlichen Nexus zur juristischen Person. Es sei nochmals betont, dass dane-

---

[17] BERICHT II, 28.
[18] Vgl. PLÜSS, Rechtsstellung, 125 f.
[19] Zu den Konsequenzen in den einzelnen Rechtsgebieten ausführlich hinten TEIL 4 auf S. 259 ff.
[20] WOLFERS, 24.

ben kein zweites Rechtsverhältnis zwischen Organ und Körperschaft des öffentlichen Rechts anzuerkennen ist.» Zusammenfassend stellt WOLFERS fest: «Das Verwaltungsratsmitglied steht im Mandatsverhältnis. Es mag genauer, aber ohne praktische Bedeutung sein, von einem mandatsähnlichen Verhältnis zu reden, weil durch das Gesetz für dieses spezielle Verhältnis Sondernormen aufgestellt sind, die allerdings teils nur die Mandatsgrundsätze wiederholen, teils von diesen abweichen.»[21]

- KOLB[22] verweist in seiner Dissertation 1935 vorab auf die deutsche Literatur, welche von einer Trennung in zwei Rechtsverhältnisse ausgeht, der Bestellung einerseits und dem Anstellungsvertrag andererseits, und bemerkt dazu: «Wir möchten dies aber deshalb ablehnen, weil wir die Aufteilung in zwei Rechtsgeschäfte nur dann für berechtigt halten, wenn die Trennung wirklich praktisch werden kann, das eine Rechtsgeschäft also ohne das andere vorkommen kann.» Da für KOLB aber weder der Auftrag noch das Dienstverhältnis den gesetzlichen und statutarischen Anforderungen entsprechen, gelangt er zur Überzeugung, es handle sich um einen «contractus sui generis», wobei die Bestimmungen über den Auftrag analog anzuwenden seien.[23]

- HOFER[24] differenziert 1944: «Ist der Direktor noch gleichzeitig Mitglied des Verwaltungsrats, so befindet er sich in einem doppelten Vertragsverhältnis zur Gesellschaft, ähnlich dem Delegierten, wobei er jedoch im Gegensatz zu diesem seine Rechte und Pflichten aus dem Dienstvertrag ableiten wird.»

- MEYER macht 1946 in seiner Dissertation über die rechtliche Stellung des VR-Delegierten widersprüchliche Aussagen. Einleitend stellt er fest: «Die Rechtsstellung des VR kennzeichnet sich durch zwei verschiedene Komponenten, nämlich eine sozialrechtliche als Verwaltungsorgan und eine individualrechtliche in den Formen eines Arbeitvertrages.»[25] Nach konkreter Prüfung gelangt MEYER aber zum Schluss: «Nach schweizerischem, französischem und englischem Recht wird das vertragliche Verhältnis zwischen Gesellschaft und VR als Auftrag betrachtet. Dieser Auftrag ist aber durch die speziellen Vorschriften des Aktienrechts, die selbstverständlich in erster Linie zu berücksichtigen sind, weitgehend modifiziert.»[26]

- GERMANIER[27] stellt 1954 vorab klar, dass zwischen der Gesellschaft und dem Gesamtverwaltungsrat kein Rechtsverhältnis bestehen könne, sondern dieser

---

[21] WOLFERS, 33 f.
[22] KOLB, 8 ff.
[23] KOLB, 12 f.
[24] HOFER, 69.
[25] MEYER, 34.
[26] MEYER, 36.
[27] GERMANIER 28 f.

als Organ Bestandteil der rechtlichen Konstruktion sei. «Auf das Rechtsverhältnis der Verwaltungsratsmitglieder zur AG können in den Hauptzügen die Bestimmungen über den Auftrag angewendet werden, ...» Dies gelte auch für den VR-Delegierten, obwohl sein Rechtsverhältnis verschiedene arbeitsvertragliche Merkmale aufweise. Die Möglichkeit eines zusätzlichen Arbeitsvertrages wird von GERMANIER völlig ausser Acht gelassen.

- WANDER[28] qualifiziert 1956 das Verwaltungsratsmandat ohne Zweifel als Auftragsverhältnis, doch stehe die Verwaltung durch ihre Organschaft in einem besonderen Mandatsverhältnis zur Gesellschaft, weil diese als Auftraggeberin nur soweit befugt sei, den Inhalt des Auftrages zu bestimmen, als dies nicht bereits durch Gesetz oder Statut geschehen ist.

- SCHUCANY[29] nimmt 1960 im Zweifel ein freies Dienstverhältnis an, weil es sich beim Verwaltungsrat um Arbeitsleistungen nach Zeit handle. Dabei ist zu beachten, dass er sich auf Art. 361 aOR bezog und demnach kein Angestelltenverhältnis befürwortete. Ausdrücklich abgelehnt wird von SCHUCANY die Qualifikation als entgeltlicher Auftrag.

- VON STEIGER[30] bemerkt in der 4. Auflage seines Standardwerkes zur Aktiengesellschaft von 1970 einleitend, dass die Verwaltung als Gesamtheit in keinem privatrechtlichen Verhältnis zur Aktiengesellschaft stehe, wohl aber die einzelnen Mitglieder mit Ausnahme der Vertreter einer Körperschaft des öffentlichen Rechts. «Durch die Annahme des Amtes, auf welches in weitem Masse die Grundsätze über das Mandat (Art. 394 ff. OR) zur Anwendung gelangen, indem es sich in der Regel nicht um einen Dienstvertrag handelt, verpflichtet sich das Mitglied zu einer Reihe von Leistungen.» Der Regel von Art. 394 Abs. 3 OR entsprechend sei anzunehmen, dass dieses Mandat im Zweifel entgeltlich sei.[31]

- KREUSCH[32] stellt 1976 in seiner rechtsvergleichenden Dissertation fest, dass in Deutschland die Rechtsbeziehung zwischen dem «Vertretungsorganmitglied» und der Juristischen Person auf Grund gesetzlicher Vorschrift (insbesondere § 84 des deutschen Aktiengesetzes) aufgeteilt werde in einen rein gesellschaftsrechtlichen Bestellungsakt und in einen rein schuldrechtlichen Anstellungsvertrag. In der Schweiz entstehe dagegen dieses Rechtsverhältnis durch einen gegenseitigen Vertrag, welcher notwendigerweise unter einen Vertragstyp des OR subsumiert werden müsse. «Auch die Vertragstypen des OR bieten keine

---

[28] WANDER, 48.
[29] SCHUCANY, N 2 zu Art. 705 aOR.
[30] VON STEIGER, 220.
[31] VON STEIGER, 225.
[32] KREUSCH, 130 ff.

Regelungen an, unter die sich das spezifische, einheitliche Rechtsverhältnis des einzelnen Organmitglieds zur juristischen Person subsumieren liesse.»

– HEINI[33] spricht 1988 erstmals von einem organschaftlichen Verhältnis im Zusammenhang mit der Rechtsbeziehung zwischen Verwaltungsrat und Gesellschaft, allerdings liefert er keine Begründung, warum es sich nicht um ein Vertragsverhältnis handeln soll.

– PLÜSS[34] liefert 1990 in seiner Dissertation über die Rechtsstellung des Verwaltungsratsmitgliedes einen ersten fundierten Überblick über die bisherige Literatur. Nach eingehender Prüfung und Vergleich mit der Rechtsauffassung in Deutschland über das Rechtsverhältnis zwischen Aufsichtsratsmitglied und Gesellschaft gelangt PLÜSS zur Auffassung, für das schweizerische Recht sei es im Sinne einer «Verlegenheitslösung»[35] wohl am sinnvollsten, das Verwaltungsratsmandat als organschaftliches Rechtsverhältnis zu bezeichnen. Es lasse sich zwar sowohl dem Schuld- als auch dem Gesellschaftsrecht zuordnen, doch keinem der herkömmlichen Rechtsgeschäftstypen.[36]

– NOBEL[37] bemerkt 1991 zur Rechtsprechung über den Verwaltungsrat als Gesellschaftsorgan: «Die Wahl der einzelnen Verwaltungsräte ist ein annahmebedürftiges Rechtsgeschäft, das zwischen dem Mitglied und der Gesellschaft ein Rechtsverhältnis *sui generis* entstehen lässt, das vom Bundesgericht aber wenig scharf qualifiziert wurde.» Mit Hinweis auf ZR 83 (1984) Nr. 78, S. 187 ergänzt NOBEL[38] sodann, «dass ein Verwaltungsratsmandat mit anderen Verträgen, besonders Arbeitsverträgen, auf vielfältige Weise verknüpft sein kann.»

– STREIFF/VON KAENEL[39] gehen 1992 in ihrem viel beachteten Leitfaden zum Arbeitsvertragsrecht in jedem Falle von einem Vertragsverhältnis aus: «Auf Grund ihrer Stellung sind nebenamtliche Verwaltungsräte von Aktiengesellschaften nicht Arbeitnehmer, sondern Auftragnehmer (...), obwohl die Aktiengesellschaft die AHV auf dem Verwaltungsratshonorar abziehen muss. Anders wäre nur zu entscheiden, wenn ein Verwaltungsrat am Aktienkapital nicht massgeblich beteiligt ist und in engen Grenzen nach den Anweisungen der Eigentümer der Gesellschaft handeln muss.»

---

[33] HEINI, 89.
[34] PLÜSS, Rechtsstellung, 113 ff.
[35] PLÜSS, Rechtsstellung, 123.
[36] PLÜSS, Rechtsstellung, 121.
[37] NOBEL, Aktienrechtliche Entscheidungen, 154.
[38] NOBEL, Aktienrechtliche Entscheidungen, 157.
[39] STREIFF/VON KAENEL, N 6 zu Art. 319 OR.

- FORSTMOSER/MEIER-HAYOZ/NOBEL[40] fassen 1995 die unterschiedlichen Lehrmeinungen und die damit verbundene Kritik ohne eigene Stellungnahme zusammen; statt dessen halten sie abschliessend fest: «In praktischer Hinsicht ist der Meinungsstreit freilich kaum von Bedeutung, da die Rechtsstellung der Mitglieder des Verwaltungsrats weitgehend durch aktienrechtliche Bestimmungen festgelegt ist.[41] Im übrigen ist unbestritten, dass sich die – direkte oder analoge (vgl. Art. 7 ZGB) – Anwendung des Vertragsrechts zur Lückenfüllung aufdrängt und dass von den vertragsrechtlichen Bestimmungen diejenigen des Auftrags als der Grund- und Subsidiärform der Verträge auf Arbeitsleistung (vgl. Art. 394 Abs. 2 OR) besonders gut passen.»
- BÖCKLI[42] verweist 1996 auf die lange Diskussion der Juristen und stellt fest, «dass das Rechtsverhältnis zwischen dem Verwaltungsratsmitglied und der Aktiengesellschaft weitestgehend und zwingend durch die Normen des Gesellschaftsrechts bestimmt wird; wegen seiner unübersehbaren auftragsrechtlichen Komponente hat es aber eine Doppelnatur».
- MÜLLER/LIPP/PLÜSS[43] sind 1999 überzeugt, dass ein Verwaltungsratsmandat weder als reiner Auftrag noch als reiner Arbeitsvertrag qualifiziert werden könne. Aber auch die Auffassung eines Innominatkontrakts sei mangels Vertretungsmacht der Generalversammlung abzulehnen. Letztlich müsse das Verwaltungsratsmandat als besonderes Rechtsverhältnis mit einer schuld- und gesellschaftsrechtlichen Doppelnatur verstanden werden, auch wenn das Verhältnis dieser beiden Rechtskomponenten zueinander gesetzlich nicht geregelt sei.
- PORTMANN[44] bezeichnet 2000 das Rechtsverhältnis zwischen einer juristischen Person und ihren geschäftsführenden Organen als sog. Geschäftsbesorgungsvertrag, der sowohl eine organschaftliche als auch ein schuldrechtliche Komponente aufweise; obwohl sich diese Feststellung in einem Werk zum Individualarbeitsrecht findet, fehlt jeglicher Hinweis auf die Möglichkeit eines zusätzlichen Arbeitsverhältnisses.
- WATTER/DUBS[45] setzen 2001 den vertragsrechtlichen Charakter der Rechtsstellung beim einzelnen Mitglied des Verwaltungsrats voraus, um die Grundlage des Déchargebeschlusses zu verallgemeinern. Es wird jedoch keine Begründung dafür geliefert, warum ein organschaftliches Verhältnis ohne Annahme eines eigenständigen privatrechtlichen Vertragsverhältnisses der Grundlage einer Déchargeerteilung entgegenstehen sollte.

---

[40] FORSTMOSER/MEIER-HAYOZ/NOBEL, § 28 N 2–10.
[41] Dieselbe Auffassung vertritt später auch HUNGERBÜHLER, 167.
[42] BÖCKLI, Aktienrecht, Rz. 88 zu § 13.
[43] MÜLLER/LIPP/PLÜSS, 56 f.
[44] PORTMANN, Rz. 31.
[45] WATTER/DUBS, 908.

- FAVRE/MUNOZ/TOBLER[46] gehen 2001 in ihrem Kommentar zum Arbeitsvertrag nicht auf die früheren Lehrmeinungen ein, sondern stellen ohne Zweifel fest, dass Mitglieder der Geschäftsleitung einer juristischen Person auch dann in einem Arbeits- oder Auftragsverhältnis zur Gesellschaft stehen können, wenn sie Einsitz in deren Verwaltungsrat haben. Massgebend für die Rechtsqualifikation sei hauptsächlich die aufgewendete Zeit für diese Tätigkeit. Mangels Subordinationsverhältnis stehe ein Verwaltungsrat generell in einem Auftragsverhältnis zur Gesellschaft, doch könne vor allem bei kleineren Gesellschaften auch ein Arbeitsverhältnis möglich sein, wenn der entsprechende Verwaltungsrat noch operative Geschäftsführungsfunktionen wahrnehme.

- WERNLI[47] verweist 2002 im Basler Kommentar vorab auf die Autoren von anderen Werken, welche die Rechtsbeziehung zwischen einem VR-Mitglied und der Aktiengesellschaft als Innominatvertrag sui generis qualifizieren und stellt dann pointiert fest: «Der Eigenart des VR-Mandates besser gerecht wird jedoch die Auffassung, wonach es sich um ein organschaftliches Rechtsverhältnis mit gesellschaftsrechtlicher und vertragsrechtlicher Doppelnatur handelt, auf das nach Art. 7 ZGB die allgemeinen Grundsätze des Vertragsrecht ergänzend anzuwenden sind (…)». Demgegenüber schreiben DUBS/TRUFFER[48] in demselben Werk: «In obligationenrechtlicher Hinsicht handelt es sich i.d.R. um ein Auftragsverhältnis oder einen Arbeitsvertrag, obwohl das gesamte Verhältnis als Vertrag sui generis bezeichnet wird (…).»

- HUNGERBÜHLER[49] bemerkt 2003 in seiner Dissertation über den Verwaltungsratspräsidenten: «Der Eigenart des Verwaltungsratsmandats besser gerecht wird aber die Auffassung, wonach es sich um ein ‚organschaftliches Rechtsverhältnis' mit gesellschaftsrechtlicher und vertragsrechtlicher Komponente handle.» Allerdings wird zur Begründung lediglich auf die bereits bestehenden Ausführungen in der Lehre verwiesen.

- HILB/MÜLLER/WEHRLI[50] lehnen schliesslich 2003 ein Vertragsverhältnis im Hinblick auf die Besonderheiten einer Einmann-AG ab: «Völlig unmöglich wird diese Theorie schliesslich bei der Einmann-Aktiengesellschaft. Hier ist es der alleinige Verwaltungsrat, welcher dem Willen der Gesellschaft Ausdruck verleiht. Es fehlt demnach am Austausch von übereinstimmenden Willenserklärungen, weshalb gar kein Vertrag zu Stande kommen kann. Der alleinige Verwaltungsrat ist bei der Einmann-Aktiengesellschaft organschaftlicher Teil der

---

[46] FAVRE/MUNOZ/TOBLER, N 1.15 zu Art. 319 OR.
[47] WERNLI, N 9 zu Art. 710 OR.
[48] DUBS/TRUFFER, Basler Kommentar, N 12 zu Art. 705 OR.
[49] HUNGERBÜHLER, 167 f.
[50] HILB/MÜLLER/WEHRLI, auf der CD-ROM im Teil Fachlexikon unter Kapitel Verwaltungsrat/ Konstituierung/Rechtsverhältnis/Problematik des Rechtsverhältnisses.

Gesellschaft selbst. Aus diesem Grunde muss zwangsläufig von einem Organverhältnis gesprochen werden, welches allerdings schuldrechtliche und gesellschaftsrechtliche Merkmale gleichzeitig aufweist.»

Zusammenfassend kann festgestellt werden, dass heute das Verwaltungsratsmandat für sich alleine betrachtet in der Lehre mehrheitlich als einheitliches Rechtsverhältnis mit gesellschaftsrechtlichen und vertragsrechtlichen Komponenten aufgefasst wird. Ob es sich dabei um einen vertragsrechtliches Verhältnis im Sinne eines Innominatkontrakt sui generis handelt oder aber um ein organschaftliches Verhältnis ist umstritten. Schliesst die Gesellschaft mit einem Verwaltungsratsmitglied zusätzlich noch einen Arbeitsvertrag ab, so bestehen die beiden Rechtsverhältnisse jedenfalls nebeneinander.

2. Unterschiedliche Beurteilungen in der Judikatur

In der Judikatur ist die Rechtsnatur eines Verwaltungsrats sehr unterschiedlich beurteilt worden. Selbst die Rechtsprechung des Bundesgerichtes ist uneinheitlich und teilweise in sich selbst widersprüchlich. Die wichtigsten Urteile zur Rechtsnatur eines Verwaltungsratsmandats lassen sich in chronologischer Reihenfolge wie folgt zusammenfassen:

- Schon in der ursprünglichen Fassung des Obligationenrechts von 1881 kam es zu Auseinandersetzungen über die Kompetenzen des Verwaltungsrats und damit zur Frage, welches Rechtsverhältnis zur Gesellschaft massgebend sei. In BGE 44 II 138 stellt das Bundesgericht im Jahre 1918 fest, beim Auftrag des Verwaltungsrats, dem Willen der juristischen Person Ausdruck zu geben, handle es sich nicht um ein Mandat im Sinne des Art. 394 OR; vielmehr sei das Organ der juristischen Person dieser gegenüber nicht ein «Dritter», der kraft Rechtsgeschäftes zu ihrer Vertretung bestellt würde, sondern ein Bestandteil der juristischen Person selbst. Damit hat das Bundesgericht indirekt schon sehr früh die Auffassung vertreten, dass ein Verwaltungsratsmitglied nicht in einem vertragsrechtlichen (insbesondere auftragsrechtlichen) Verhältnis zur Gesellschaft steht, sondern in einem eigenen organschaftlichen Verhältnis.
- In BGE 75 II 149 geht das Bundesgericht am 17. Mai 1949 davon aus, das Rechtsverhältnis könne nur als Arbeitsvertrag oder als Auftrag qualifiziert werden: «Le membre du conseil d'administration d'une société anonyme se trouve généralement lié à elle par un contrat de travail ou en tout cas par un contrat de mandat.»[51]

---

[51] BGE 75 II 149 Erw. 2. a).

- Die Rekurskommission des Kantonsgerichtes Waadt stellt in einem Entscheid am 2. November 1993[52] fest, die Rechtssituation eines Verwaltungsratsmitgliedes sei in der Lehre umstritten. «En fait, il faut admettre, avec ces auteurs, que la qualification du contrat dépend des circonstances de l'espèce.» Ein Arbeitsvertrag könne jedenfalls dann angenommen werden, wenn der Verwaltungsrat nicht massgebend am Kapital beteiligt sei, den grössten Teil seiner Zeit und Arbeitskraft der Gesellschaft widme, nach den Weisungen und Instruktionen des Hauptaktionärs handle, in einem Unterordnungsverhältnis stehe und nur eine geringe Gewinnbeteiligung erhalte.
- In BGE 121 I 259 Erw. 3. a) fasst das Bundesgericht am 8. Juni 1995 die Kontroverse um die Qualifikation des Verwaltungsratsmandates mit ausführlichen Literaturhinweisen zusammen und stellt mit Hinweis auf REHBINDER, Berner Kommentar, N 52 zu Art. 319 OR, fest, dass die Qualifikation des Verhältnisses eines Verwaltungsratsmitglieds zur AG mangels Unterordnung nicht als Arbeitsvertrag in Frage komme.
- In BGE 128 III 129 hatte das Bundesgericht am 10. Dezember 2001 unter Erw. 1. a) erneut Gelegenheit, sich eingehend mit der aktuellen Lehre über das Rechtsverhältnis eines Verwaltungsratsmitglieds zur Gesellschaft auseinander zu setzen. Dabei stellte es fest: «In der Lehre wird mehrheitlich die Meinung vertreten, die Tätigkeit der Mitglieder der obersten geschäftsführenden Organe einer juristischen Person beruhe auf einem mandatsähnlichen Vertrag (...).[53] Zum Teil wird das Bestehen eines Arbeitsvertrages – jedenfalls für den Verwaltungsratsdelegierten – ausdrücklich ausgeschlossen (...).»[54] Zu seiner eigenen, teilweise uneinheitlichen Rechtspraxis wird in diesem Entscheid selbstkritisch festgehalten: «Das Bundesgericht hat sich mehrmals zur Frage des Rechtsverhältnisses zwischen einer Aktiengesellschaft und ihren Organen geäussert. Dabei hat es tendenziell die Direktoren als Arbeitnehmer und die Verwaltungsräte als Beauftragte betrachtet (BGE 53 II 408 Erw. 3a; 90 II 483 Erw. 1) oder für diese das Bestehen eines mandatsähnlichen Vertrages sui generis angenommen (BGE 125 III 78 Erw. 4). Davon abweichend hat das Bundesgericht aber auch schon entschieden, dass der Verwaltungsrat ebenfalls in einem Arbeitsverhältnis stehen kann (BGE 75 II 149 Erw. 2a). Bei der Beantwortung der Frage ist jedenfalls zu beachten, dass die Qualifikation der Tätigkeit als selbständige oder unselbständige Arbeit nicht für alle Rechtsgebiete nach den gleichen Kriterien zu beurteilen ist.» Schliesslich gelangt das Bundesgericht zur abschliessenden Feststellung: «Richtigerweise ist deshalb die Beurteilung des Rechtsverhält-

---

[52] Begründung auszugsweise publiziert in SJZ 90 (1994) 389.
[53] Mit Hinweis auf STAEHELIN/VISCHER, Zürcher Kommentar, N 42 zu Art. 319 OR; STREIFF/VON KAENEL, N 6 zu Art. 319 OR; FORSTMOSER/MEIER-HAYOZ/NOBEL, § 28 N 10.
[54] Mit Hinweis auf VON BÜREN, Schweizerisches Privatrecht, 81.

nisses stets aufgrund der Besonderheiten des konkreten Falles vorzunehmen.»

– Am 25. März 2003 bestätigte das Bundesgericht seine Entscheidung 128 III 129 mit dem unveröffentlichten Urteil 4C.2/2003. Der in diesem Fall betroffene Kläger X. war ursprünglich alleiniger Verwaltungsrat und Aktionär der beklagten A. S.A. Nach einer Umstrukturierung war X. nur noch Minderheitsaktionär und eines von mehreren VR-Mitgliedern in dieser Gesellschaft. Zwischen der A. S.A. und X. wurde in der Folge ein Arbeitsvertrag abgeschlossen für seine Funktion als VR-Präsident und Generaldirektor. Im Zusammenhang mit strittigen Lohnforderungen stellte das Bundesgericht unter Erw. 3. fest, dass die kantonale Vorinstanz zu Recht von einem Arbeitsvertrag ausgegangen sei: «Il [X.] exerçait la fonction de directeur, tout en se trouvant dans un rapport de subordination à l'égard du conseil d'administration de la société.» Leider versäumte es das Bundesgericht, bei dieser Gelegenheit festzustellen, ob sich der Arbeitsvertrag nur auf die Funktion als Generaldirektor oder auch auf die Funktion als VR-Präsident bezog.[55] Da jedoch die Lohnforderungen insgesamt anerkannt wurden, wurde indirekt auch der Lohn für die Tätigkeit in der Funktion als VR-Präsident unter dem Titel Arbeitsvertrag als rechtmässig qualifiziert.

– Der neueste Entscheid des Bundesgerichtes im Zusammenhang mit einer Doppelstellung als Verwaltungsrat und Arbeitnehmer datiert vom 9. Januar 2004 und wurde zwischenzeitlich unter BGE 130 III 213 veröffentlicht. Auf dieses Urteil wurde bereits in der Einleitung als Beispiel für die Praxisrelevanz des Themas eingegangen.[56] Obwohl es zur Hauptsache um die Frage der kumulativen Anwendbarkeit von arbeitsrechtlicher und gesellschaftsrechtlicher Treuepflicht ging, nahm das Bundesgericht diesen Fall zum Anlass, seine bisherige Rechtsprechung zum Verhältnis zwischen Gesellschaft und Verwaltungsrat nochmals kurz zusammenzufassen und seine Haltung in BGE 128 III 129 erneut zu bestätigen.[57]

Zusammenfassend kann festgestellt werden, dass heute in der Rechtsprechung des Bundesgerichtes das Rechtsverhältnis eines Verwaltungsratsmitglieds zur Gesellschaft nicht allgemein, sondern individuell auf Grund der Besonderheiten eines konkreten Falles beurteilt wird. Entsprechend wird auch im Einzelfall entschie-

---

[55] Zur Zulässigkeit eines Arbeitsvertrages nur für die Zusatzfunktion als VR-Präsident vgl. hinten TEIL 1 § 3 IV. 3. auf S. 70 ff. und TEIL 3 § 7 III. 1. b) auf S. 221 ff.
[56] Vgl. die Zusammenfassung vorne auf S. 6 ff.
[57] SOMMER, 1060, stellt zu diesem Entscheid fest, dass es das Bundesgericht erneut vermieden habe, eine klare Stellungnahme bezüglich der obersten Leitungsorgane abzugeben, die innerhalb der Gesellschaft nicht weisungsgebunden sind.

den, ob bei einem angestellten Verwaltungsratsmitglied zwei Vertragsverhältnisse nebeneinander bestehen oder ob nur ein einheitliches Rechtsverhältnis vorliegt.

III. Besonderheiten eines gesellschaftsrechtlichen Verhältnisses

1. Entstehung eines Rechtsverhältnisses ohne Mitwirkung der Gesellschaft

a) Überblick

Es gibt zwei völlig unterschiedliche Bereiche, in denen ein Rechtsverhältnis zwischen der Gesellschaft und einem Verwaltungsratsmitglied ohne Mitwirkung der Gesellschaft entstehen kann:
- die faktische Organschaft, und
- die Abordnung durch eine Körperschaft des öffentlichen Rechts.

In diesen beiden Fällen werden den Betroffenen Rechte und Pflichten aus einem Rechtsverhältnis zuteil, ohne dass die Gesellschaft durch ihre Generalversammlung oder ihren Verwaltungsrat zur Entstehung dieses Rechtsverhältnisses etwas beigetragen hätte. Dies ist eine wesentliche Besonderheit des gesellschaftlichen Verhältnisses und widerspricht fundamental den grundlegenden Voraussetzungen für das Zustandekommen eines Vertrages. Bevor jedoch im Einzelnen auf diese beiden Fälle eingegangen wird, soll vorab klargestellt werden, wie die drei Organe Generalversammlung, Verwaltungsrat und Revisionsstelle eingesetzt werden. Damit kann aufgezeigt werden, dass der Gesetzgeber in bestimmten Fällen bewusst auf eine Mitwirkung durch die Gesellschaft verzichtete.

b) Die Einsetzung der obersten Organe einer Gesellschaft

Im dritten Abschnitt der obligationenrechtlichen Bestimmungen zur Aktiengesellschaft werden unter dem Titel «Organisation der Aktiengesellschaft» die drei Organe Generalversammlung, Verwaltungsrat und Revisionsstelle auf der gleichen Gliederungsebene[58] behandelt. Es ist zweckmässig, die Rechtsverhältnisse der Mitglieder bzw. Vertreter dieser Organe zur Gesellschaft an dieser Stelle unterein-

---

[58] Unter A. Generalversammlung Art. 698–706b OR, unter B. Der Verwaltungsrat Art. 707–726 OR und unter C. Die Revisionsstelle Art. 727–731a OR.

ander zu vergleichen, um damit zu einem besseren Verständnis der Besonderheiten eines gesellschaftsrechtlichen Verhältnisses zu gelangen.

In Art. 698 OR wird die Generalversammlung als oberstes Organ der Aktiengesellschaft bezeichnet. Allerdings ist die Generalversammlung nicht mit omnipotenter, sondern nur mit limitierter Macht ausgestattet, da Art. 716a Abs. 1 OR dem Verwaltungsrat unentziehbare Aufgaben zuweist. Das Machtverhältnis zwischen Generalversammlung und Verwaltungsrat entspricht deshalb der Paritätstheorie.[59] Auch die Revisionsstelle hat gemäss Art. 728 ff. OR besondere Aufgaben; insbesondere hat sie gemäss Art. 729b Abs. 2 OR bei offensichtlicher Überschuldung den Richter zu benachrichtigen, wenn der Verwaltungsrat die entsprechende Anzeige unterlässt. Alle drei Organe der Aktiengesellschaft haben demnach besondere Aufgaben und Kompetenzen, welche sie zu einem grossen Teil unabhängig voneinander wahrzunehmen haben. Ein Vergleich der zu Grunde liegenden Rechtsverhältnisse ist damit durchaus möglich. Wie aber werden die Vertreter bzw. Mitglieder dieser Organe bestimmt, ist dazu ein Austausch von übereinstimmenden Willenserklärungen nötig oder kann dies auch durch einseitige Bestimmung geschehen?

Ähnlich wie beim Verwaltungsrat verzichtet der Gesetzgeber bei der Generalversammlung auf eine konkrete Begriffsbestimmung. Aus Art. 689 OR ergibt sich, dass die Generalversammlung aus einer formell bestimmten Zusammenkunft von Aktionären besteht, an der die Aktionäre bzw. Aktionärsvertreter ihre Rechte ausüben. Dies gilt analog auch für den Verwaltungsrat und die Revisionsstelle, allerdings mit der grundsätzlichen Einschränkung,[60] dass nur die offiziell gewählten bzw. bezeichneten Personen als Verwaltungsräte oder Revisoren auftreten dürfen. Auf den ersten Blick scheint es, als liege in der Wahl der Organvertreter ein wesentlicher Unterschied, welcher sich auf das Rechtsverhältnis zur Gesellschaft auswirken würde. Folgende Argumente widerlegen jedoch diese Annahme:

– Ein Wechsel unter Namenaktionären wird gegenüber der Gesellschaft gemäss Art. 686 Abs. 4 OR erst mit der Eintragung im Aktienbuch wirksam, weshalb hier eine Mitwirkung der Gesellschaft bzw. des Verwaltungsrats notwendig ist. Ein Wechsel unter Inhaberaktionären bedarf keiner Handlung des Verwaltungsrats; hier ist also keine Mitwirkung der Gesellschaft erforderlich.

---

[59] Vgl. FORSTMOSER/MEIER-HAYOZ/NOBEL, § 20 N 12 ff.; BÖCKLI, Aktienrecht, Rz. 3 zu § 12 und 286 zu § 13; BERTSCHINGER, Ausgewählte Fragen, 903; BERTSCHINGER, Zuständigkeit der GV, 310; RUFFNER, 182; in der Botschaft zum Aktienrecht, 98, wird die Omnipotenztheorie ausdrücklich abgelehnt; a.M. noch KOLB, 2; DREIFUSS/LEBRECHT, alte Aufl. Basler Kommentar, N 8 zu Art. 698 OR, stellen im Jahre 1994 fest, dass die Diskussion um die Omnipotenz- und Paritätstheorie überholt sei, da von einem «dualistischen System mit weitgehender Unabhängigkeit der Organe» ausgegangen werden könne.

[60] Resultierend aus Art. 707 bzw. 727 i.V.m. Art. 698 Abs. 2 Ziff. 2 OR.

– Mitglieder des Verwaltungsrats und der Revisionsstelle sind grundsätzlich von der Generalversammlung zu wählen. Art. 762 Abs. 1 OR sieht jedoch für Körperschaften des öffentlichen Rechts vor, dass in den Statuten ein direktes Abordnungsrecht vorgesehen werden kann, so dass weder die Wahl noch die Abberufung solcher Vertreter durch die Generalversammlung erfolgen muss.[61] Auch in diesem Falle ist keine Mitwirkung der Gesellschaft erforderlich.

– Gemäss Art. 727f OR kann der Richter auf Antrag des Handelsregisterführers eine Revisionsstelle ernennen, wenn die Gesellschaft einer entsprechenden Aufforderung trotz Fristansetzung nicht nachkommt. Die Gesellschaft hat dabei nur ein Anhörungsrecht und kein Antragsrecht.[62]

Als Ergebnis ist festzustellen, dass sowohl die Zusammensetzung der Generalversammlung als auch diejenige des Verwaltungsrats und der Revisionsstelle in bestimmten Situationen unabhängig von der Gesellschaft erfolgen kann. In diesen Fällen kann nicht einfach eine stillschweigende übereinstimmende Willensäusserung der Parteien angenommen werden, wie dies gemäss Art. 1 OR zwingend für eine Vertragsbeziehung zwischen der Gesellschaft und den Organvertretern notwendig wäre. Folglich kann weder das primäre Rechtsverhältnis eines Aktionärs zur Gesellschaft, noch dasjenige eines Mitglieds des Verwaltungsrats oder der Revisionsstelle zur Gesellschaft als Vertragsverhältnis qualifiziert werden.[63] Dabei ist sowohl ein Nominatvertrag, als auch ein Innominatvertrag ausgeschlossen, da für beide die übereinstimmende Willenserklärung der Parteien vorausgesetzt wird.

c) Entstehung eines Rechtsverhältnisses durch faktische Organschaft

Während der ordentliche und der stille Verwaltungsrat ordnungsgemäss von der Generalversammlung gewählt wurden, hat beim faktischen oder verdeckten Verwaltungsrat grundsätzlich nie eine entsprechende Wahl stattgefunden.[64] Dennoch steht auch ein faktischer Verwaltungsrat in einem Rechtsverhältnis zur Gesell-

---

[61] Diese Vertreter brauchen auch keine Aktionäre zu sein; dennoch haben die von einer Körperschaft des öffentlichen Rechts abgeordneten Mitglieder des Verwaltungsrats und der Revisionsstelle gemäss Art. 762 Abs. 3 OR die gleichen Rechte und Pflichten wie die von der Generalversammlung gewählten (dazu ausführlicher hinten TEIL 3 § 6 I. 1. b) auf S. 164 ff.).
[62] BÖCKLI, Aktienrecht, Rz. 98 zu § 15.
[63] Konsequenterweise geht BÖCKLI, Aktienrecht, Rz. 86 zu § 15, bei der Revisionsstelle deshalb nicht von einem Vertragsverhältnis sondern von einem «Amt» aus; a.M. FELLMANN, 180, welcher das Rechtsverhältnis zwischen Revisionsstelle und Gesellschaft unter Hinweis auf die herrschende Lehre als Innominatvertrag sui generis bezeichnet.
[64] Vgl. MÜLLER/LIPP/PLÜSS, 49 f.; HOMBURGER, Zürcher Kommentar, N 130 und 133 zu Art. 707 OR; WERNLI, Basler Kommentar, N 29 und 29a zu Art. 707 OR.

schaft, weshalb er für seine Tätigkeit wie der ordentliche Verwaltungsrat gestützt auf Art. 754 OR zur Verantwortung gezogen werden kann.[65]

Der faktische Verwaltungsrat entsteht nicht durch die Mitwirkung der Gesellschaft in Form einer Wahl durch die Generalversammlung, sondern ausschliesslich durch seine eigene Tätigkeit. Es genügt, dass er dauernd und selbständig für eine Gesellschaft und ihr Unternehmen wichtige Entscheidungen fällt.[66] Die Gesellschaft duldet diese Funktionsanmassung, weshalb allenfalls ein stillschweigender Vertragsabschluss im Sinne von Art. 6 OR zwischen ihr und dem faktischen Verwaltungsrat vorliegen könnte. Dazu müsste jedoch vorab von Seiten des faktischen Verwaltungsrats eine ausdrückliche oder stillschweigende Offerte zum Abschluss eines Vertrages abgegeben werden. Genau dies wird i.d.R. ein faktischer Verwaltungsrat nicht beabsichtigen. Der Austausch von übereinstimmenden Willenserklärungen, wie er nach Art. 1 Abs. 1 OR für einen Vertragsschluss vorausgesetzt wird, darf nicht leichthin angenommen werden. Es bedarf nicht nur des Erklärungswillens, sondern auch des Verpflichtungs- oder Geschäftswillens.[67] Da dieser beim faktischen Verwaltungsrat i.d.R. fehlt, kann kein Vertragsabschluss angenommen werden.

Die Bezeichnung faktischer Verwaltungsrat könnte zum Trugschluss verleiten, es würde zwischen der Gesellschaft und dem ohne Wahl als Verwaltungsrat Agierenden ein faktisches Vertragsverhältnis bestehen. Tatsächlich bezieht sich die Bezeichnung jedoch nicht auf die Art des Rechtsverhältnisses, sondern auf die Art des Handelns. Ein faktisches Vertragsverhältnis könnte aber auch deshalb nicht angenommen werden, da die Voraussetzung eines fehlerhaft begründeten Verhältnisses i.d.R. nicht gegeben ist.[68] Nur wenn die Wahl in den Verwaltungsrat durch die Generalversammlung erfolgt, aber aus irgendeinem Grunde nichtig ist, wäre die Grundvoraussetzung für ein faktisches Vertragsverhältnis gegeben.[69] Im Allgemeinen wurde ein faktischer Verwaltungsrat aber eben gerade nicht durch die Generalversammlung gewählt.

---

[65] Vgl. MÜLLER, unsorgfältige Führung, Rz. 17.37; dazu ausführlich hinten TEIL 3 § 6 I. 2. auf S. 171 ff.; BÖCKLI, Aktienrecht, Rz. 92 f. zu § 13, stellt fest, dass die faktische Organschaft ausserhalb des Konzernverbundes unrechtmässig sei: «Der Verwaltungsrat darf eine faktische Organschaft nicht dulden, und der verdeckte Verwaltungsrat selbst macht sich verantwortlich.»
[66] Vgl. Botschaft zum Aktienrecht, 191, und BGE 117 II 570 Erw. 3.
[67] Vgl. BUCHER, Basler Kommentar, N 29 zu Art. 1 OR; KRAMER, Berner Kommentar, N 34 zu Art. 1 OR; SCHÖNENBERGER/JÄGGI, Zürcher Kommentar, N 23 zu Art. 1 OR.
[68] Zur entsprechenden Terminologie und Voraussetzung vgl. KRAMER, Berner Kommentar, N 241 zu Art. 1 OR.
[69] Vgl. BGE 110 II 244.

Werden die Überlegungen zur faktischen Organschaft konsequent weitergeführt, so zeigt sich, dass in diesem Falle ohne jegliche Mitwirkung der Gesellschaft ein Rechtsverhältnis entstehen kann. Es braucht insbesondere von Seiten der Gesellschaft kein bewusstes Dulden der Entscheidungshandlungen der faktisch als Verwaltungsrat handelnden Person.

d) Entstehung eines Rechtsverhältnisses durch Abordnung einer Körperschaft

Gestützt auf Art. 762 Abs. 1 OR kann in den Statuten einer Körperschaft des öffentlichen Rechts wie Bund, Kanton, Bezirk oder Gemeinde das Recht eingeräumt werden, Vertreter in den Verwaltungsrat oder in die Revisionsstelle abzuordnen. Diese abgeordneten Organmitglieder haben die gleichen Rechte und Pflichten wie die von der Generalversammlung gewählten.[70] Voraussetzung ist allerdings, dass die entsprechende öffentlich-rechtliche Körperschaft ein öffentliches Interesse an der Aktiengesellschaft hat.[71]

Übt eine Körperschaft des öffentlichen Rechts ihr statutarisches Abordnungsrecht aus, so entsteht zwischen dem abgeordneten Organmitglied und der Gesellschaft ein Rechtsverhältnis, ohne dass die Gesellschaft in irgendeiner Form dabei mitwirken müsste. Die Rechte und Pflichten des Abgeordneten entstehen insbesondere auch dann, wenn die Generalversammlung von der Abordnung keine Kenntnis erhält.[72]

2. Vertretung der Gesellschaft beim Zustandekommen des Rechtsgeschäfts

Rechtsverhältnisse zu einer Aktiengesellschaft kommen abgesehen von den vorstehend erwähnten Ausnahmen nur mit deren Mitwirkung zustande. Dabei stellt sich die Frage, durch wen die Gesellschaft ihren Willen kundtun kann. Ist dies nur der Verwaltungsrat oder kann allenfalls auch die Generalversammlung oder die Revisionsstelle u.U. ein Rechtsverhältnis für die Gesellschaft eingehen?

Gemäss Art. 718 Abs. 1 OR vertritt der Verwaltungsrat die Gesellschaft nach aussen. Damit kann der Verwaltungsrat u.a. im Namen der Gesellschaft Verträge mit

---

[70] Art. 762 Abs. 3 OR.
[71] Dazu näher WERNLI, Basler Kommentar, N 8 zu Art. 762 OR.
[72] Die Einräumung eines Privilegs nach Art. 762 OR stellt deshalb eine Verletzung des aktienrechtlichen Gleichbehandlungsgrundsatzes dar und beschränkt das gesetzliche Wahl- und Abberufungsrecht der GV (WERNLI, Basler Kommentar, N 12 zu Art. 762 OR).

Dritten abschliessen. Dies wird in Art. 718a Abs. 1 OR ausdrücklich bestätigt. Unklar ist im Gesetz, ob der Abschluss eines Vertrages mit einem Mitglied des Verwaltungsrats als erlaubte Aussenvertretung oder als unerlaubtes Insichgeschäft[73] gilt. Diese Frage hat das Bundesgericht erstmals 1999 mit dem nicht amtlich publizierten Entscheid 4C.402/1998 beantwortet.[74] Das Urteil stellt klar, dass der Abschluss eines Arbeitsvertrages mit einem Verwaltungsratsmitglied kein unerlaubtes Insichgeschäft bildet.[75] Der Gesamtverwaltungsrat kann demnach mit seinen Mitgliedern im Namen der Gesellschaft rechtsgültig Verträge abschliessen.[76] In BGE 127 III 332 wird präzisiert: «Jeder einzelne Verwaltungsrat ist nach Massgabe seiner Zeichnungsberechtigung befugt, ein Rechtsgeschäft zu genehmigen, das ein anderer Verwaltungsrat mit sich selbst (Selbstkontrahieren) oder als Vertreter der AG und der Gegenpartei (Doppelvertretung) abgeschlossen hat.» Kann aber die Generalversammlung unabhängig vom Verwaltungsrat Verträge abschliessen? Dazu ist vorab zu prüfen, ob der Generalversammlung ein Vertretungsrecht zusteht.

Verschiedene Autoren verneinen die Vertretungsmacht der Generalversammlung.[77] Zur Begründung wird u.a. vorgebracht, der Gesetzgeber habe bei der Generalversammlung bewusst auf eine analoge Bestimmung wie diejenige von Art. 718 OR beim Verwaltungsrat verzichtet. Tatsächlich fehlt eine solche ausdrückliche Regelung im Aktienrecht. Doch dies heisst noch nicht, dass die Generalversammlung dem Willen der Gesellschaft nach aussen keine Rechtskraft verleihen könne. Zu Recht weist BERTSCHINGER[78] darauf hin, dass die Generalversammlung bereits nach Gesetz und Rechtsprechung in verschiedener Hinsicht geschäftsführendes Organ ist. Insbesondere kann die Generalversammlung nach der bundesgerichtlichen Rechtsprechung einen Vertrag zwischen der Gesellschaft und dem alleinigen Verwaltungsrat genehmigen.[79] Bei Fehlen eines Verwaltungsrats kann die Generalversammlung bis zur Wiederherstellung des gesetzmässigen Zustandes sogar geschäftsführende Entscheide fällen.[80] Dies entspricht letztlich der Auffangkompetenz von Art. 698 Abs. 2 Ziff. 6 OR, wonach die Generalversammlung über alle Gegen-

---

[73] Zum Fachbegriff des Insichgeschäftes vgl. SCHOTT, 1 ff., und zur grundsätzlichen Unzulässigkeit des Selbstkontrahierens BGE 127 III 332 Erw. 2. a).
[74] Unveröffentlichter Entscheid des Bundesgerichtes vom. 14.12.1999, redigiert von GEISER THOMAS in der Praxis 89 (2000) Nr. 50, S. 285 ff.
[75] Zur Problematik dieses Entscheides vgl. hinten TEIL 3 § 7 II. 2. auf S. 217 ff.
[76] Auf die Möglichkeit eines Arbeitsvertrages bei der Einmann-AG wird hinten im TEIL 3 § 6 III. 2. auf S. 195 ff. detailliert eingegangen.
[77] PLÜSS, Rechtsstellung, 114; MÜLLER/LIPP/PLÜSS, 57; BÖCKLI, Kernkompetenzen, 38; SCHÄRER, 28 f. und 135.
[78] BERTSCHINGER, Zuständigkeit der GV, 322 f., mit Verweis auf Art. 29 BEHG.
[79] Vgl. SemJud 2001 I, 523 und BGE 127 III 335.
[80] Vgl. BGE 78 II 375 Erw. 3. c); gl.M. BERTSCHINGER, Zuständigkeit der GV, 323.

stände Beschluss fassen darf, die ihr durch das Gesetz oder die Statuten vorbehalten sind.

Indirekt kann das Recht der Generalversammlung zum eigenständigen Abschluss von bestimmten Verträgen aus dem Gesetz selbst abgeleitet werden. Art. 726 Abs. 2 OR stellt klar, dass die von der Generalversammlung bestellten Bevollmächtigten und Beauftragten vom Verwaltungsrat jederzeit von ihren Funktionen abberufen werden können, allerdings unter sofortiger Einberufung einer Generalversammlung. Folglich hat die Generalversammlung das Recht, ohne Mitwirkung des Verwaltungsrats und somit in direkter Vertretung der Gesellschaft Bevollmächtigte und Beauftragte zu bestellen. Dies heisst mit anderen Worten nichts anderes, als dass die Generalversammlung selbst entsprechende Aufträge abschliessen kann. So kann die Generalversammlung beispielsweise entgegen dem Antrag des Verwaltungsrats eine neue Revisionsstelle wählen. Nimmt diese das Mandat an, so entsteht ein entsprechendes Auftragsverhältnis zur Gesellschaft, ohne dass der Verwaltungsrat dazu noch irgendeine Erklärung oder Zustimmung abgeben müsste.

Schliesslich kann auch die Revisionsstelle u.U. für die Gesellschaft direkt tätig werden. Dies ergibt sich aus Art. 729b Abs. 2 OR. Danach kann die Revisionsstelle bei offensichtlicher Überschuldung den Richter benachrichtigen, wenn der Verwaltungsrat eine entsprechende Anzeige unterlässt. Allerdings wird dadurch noch kein neues Rechtsverhältnis zur Gesellschaft begründet. Erst wenn auf Grund der Überschuldungsanzeige als Konsequenz ein Liquidator oder ein Konkursverwalter bestimmt wird, entsteht allenfalls ein neues Rechtsverhältnis zur Gesellschaft.

Zusammenfassend ist festzustellen, dass die Generalversammlung durchaus eine gewisse Vertretungsmacht hat und damit im Namen der Gesellschaft Rechtsgeschäfte abzuschliessen vermag. Das Rechtsverhältnis zwischen den Mitgliedern des Verwaltungsrats bzw. der Revisionsgesellschaft und der Gesellschaft kann demnach unter Umständen durchaus auf einer vertraglichen Grundlage basieren.[81] Der Einwand, es fehle an der notwendigen Vertretungsmacht der Generalversammlung, kann jedenfalls der Theorie einer vertraglichen Qualifikation des Rechtsverhältnisses zwischen Verwaltungsrat und Gesellschaft nicht generell entgegen gehalten werden.

---

[81] MÜLLER/LIPP/PLÜSS, 357, unterscheiden in diesem Sinne beim Revisionsstellen-Mandat zwischen den Rechtsbeziehungen der Revisionsstelle zur Generalversammlung, welche ausschliesslich auf Aktienrecht beruhen, und denjenigen zur Gesellschaft, welche auf Vertrag basieren können. Dies kann gemäss HWP, Teil 3.18, 77 ff., zu Abgrenzungsschwierigkeiten führen.

3. Beendigung des Rechtsverhältnisses zur Gesellschaft

Bei der Beurteilung des Rechtsverhältnisses zwischen Verwaltungsrat und Gesellschaft ist eine weitere Besonderheit des gesellschaftsrechtlichen Verhältnisses zu berücksichtigen: die Kündigungsmöglichkeit. Eine nähere Prüfung dieses Punktes ergibt ein weiteres Argument, das gegen die Qualifikation als Vertragsverhältnis spricht.

Ein unbefristetes Dauerschuldverhältnis kann von jeder Vertragspartei einseitig durch Kündigung aufgelöst werden.[82] Die Kündigung zeigt jedoch erst dann Wirkung, wenn sie von der Gegenpartei zur Kenntnis genommen wird oder mindestens in deren Kenntnisnahmebereich gelangt.[83] Genau dies ist beim Verwaltungsratsmandat nicht notwendig.[84] Jedes Verwaltungsratsmitglied kann durch die Generalversammlung jederzeit abgewählt[85] und im Handelsregister gelöscht werden, ohne dass der Betroffene davon tatsächlich Kenntnis oder wenigstens die Gelegenheit zur Kenntnisnahme erhalten muss.[86] Umgekehrt kann nicht nur ein Verwaltungsratsmitglied sondern auch der einzige Verwaltungsrat jederzeit zurücktreten und diese Beendigung des Rechtsverhältnisses gemäss Art. 711 Abs. 2 OR selbst beim Handelsregister zur Anmeldung bringen, wenn die Gesellschaft untätig bleibt.

Die Möglichkeit der rechtsgültigen Aufhebung eines organschaftlichen Rechtsverhältnisses ohne Kenntnisnahme durch den Betroffenen steht im Widerspruch zu jenen Literaturstellen bzw. Urteilen, welche beim Grundverhältnis von einer vertraglichen Grundlage ausgehen. Die Beendigung eines Verwaltungsratsmandates

---

[82] BGE 93 II 290 Erw. 8; vgl. GUHL/KOLLER, § 38 N 23.
[83] Sogenannte Empfangstheorie, nach der eine schriftliche Kündigung mit dem «Eintreffen» beim Empfänger wirksam wird (KOLLER, Empfangstheorie, 136), wobei die Kenntnisnahme nur noch vom Adressaten selbst oder den Einrichtungen seines Hauses oder Geschäftes abhängt (VON TUHR/PETER, 169); typischerweise gilt die Empfangstheorie im Arbeitsrecht (vgl. STREIFF/VON KAENEL, N 5 zu Art. 335 OR; REHBINDER, Arbeitsrecht, Rz. 309).
[84] In BGE 48 II 403 vertrat Bundesgericht noch die Meinung, es brauche dazu einen «Entlassungsbeschluss» durch die Generalversammlung; vgl. dazu hinten TEIL 4 § 10 I. 2. f) auf S. 327 ff.
[85] Im ursprünglichen Art. 647 aOR von 1911 war das Wort «jederzeit» im Gesetzestext vorhanden, ebenso in Art. 754 des Entwurfes von 1919 (vgl. ENTWURF I, 67); auch im begleitenden Bericht zur Revision wurde das jederzeitige Abberufungsrecht als selbstverständlich angenommen (vgl. BERICHT I, 129), weshalb auch im überarbeiteten Entwurf von 1923 unter dem entsprechenden Art. 720 OR das Wort «jederzeit» noch erscheint (vgl. ENTWURF II, 47). Als Selbstverständlichkeit findet sich das Wort «jederzeit» im aktuellen Art. 705 OR nicht mehr.
[86] Vgl. VON STEIGER, 227; PLÜSS, Rechtsstellung, 104; MÜLLER/LIPP/PLÜSS, 62; BÖCKLI, Aktienrecht, Rz. 61 und 63 zu § 13; FORSTMOSER/MEIER-HAYOZ/NOBEL, § 27 N 39, mit Hinweis auf die zwingende Natur des Abberufungsrechts; BGE 111 II 483; a.M. noch KOLB, 77, welcher den Abberufungsbeschluss als «eine einseitige, empfangsbedürftige Willenserklärung der Aktiengesellschaft» qualifizierte.

bietet jedoch noch in anderer Hinsicht eine Besonderheit, welche gegen eine Vertragsqualifikation spricht. Gemäss Art. 762 Abs. 2 OR steht das Recht zur Abberufung der abgeordneten Mitglieder des Verwaltungsrats ausschliesslich der Körperschaft des öffentlichen Rechts zu, welche an der Aktiengesellschaft beteiligt ist. Wenn die Gesellschaft im Rechtssinne Vertragspartner des Verwaltungsratsmitglieds wäre, dann könnte nur sie und nicht ein Dritter den Vertrag auflösen. Umgekehrt kann die Gesellschaft nach der gesetzlichen Regelung im Falle eines abgeordneten Verwaltungsratsmitglieds das Rechtsverhältnis nicht selbst auflösen. Sie müsste vielmehr gegen die Körperschaft des öffentlichen Rechts klagen und wichtige Gründe zur Abberufung geltend machen.[87]

Die gesetzlichen Besonderheiten zur Beendigung des Rechtsverhältnisses zwischen einem Verwaltungsratsmitglied und der Aktiengesellschaft führen bei genauer Prüfung dazu, dass dieses primäre gesellschaftsrechtliche Verhältnis nicht als Vertragsverhältnis qualifiziert werden kann, da sonst die allgemeinen Grundsätze des Vertragsrechtes ignoriert werden müssten.

4. Gesellschaftsrechtliches Verhältnis ohne vertragliche Grundlage

Die vorstehend angestellten Überlegungen bezüglich Mitwirkung der Gesellschaft und Vertretungsmacht der Generalversammlung im Zusammenhang mit der Entstehung und Beendigung einer Rechtsbeziehung zur Gesellschaft führen letztlich zu folgendem Ergebnis:

– Die Generalversammlung kann die Aktiengesellschaft in besonderen Situationen direkt vertreten und damit rechtsgültig vertragliche Beziehungen eingehen ohne die Mitwirkung des Verwaltungsrates; die Vertretungsmacht der Generalversammlung steht deshalb grundsätzlich einer Qualifikation des Rechtsverhältnisses zwischen Verwaltungsrat und Gesellschaft als Vertragsverhältnis nicht entgegen.

– Gesellschaftsrechtliche Beziehungen zu Mitgliedern des Verwaltungsrats können ohne Mitwirkung der Gesellschaft begründet oder beendet werden; insbesondere der Sonderfall einer Abordnung von Mitgliedern des Verwaltungsrats durch eine Körperschaft des öffentlichen Rechts zeigt, dass die primäre Rechtsbeziehung eines Verwaltungsrats zur Gesellschaft bei Berücksichtigung der

---

[87] In diesem Sinne BGE 51 II 330 und BGE 59 II 264; ebenso BÜRGI, Zürcher Kommentar, N 17 zu Art. 762 OR; WERNLI, Basler Kommentar, N 14 und 16 zu Art. 762 OR; PLÜSS, Rechtsstellung, 91; SCHUCANY, N 2 zu Art. 762 OR. Bereits im begleitenden Bericht von 1920 (BERICHT I, 129) wurde deshalb ausdrücklich darauf hingewiesen, dass die Abberufung von der Auflösung eines allfälligen zusätzlichen Vertragsverhältnisses zur Gesellschaft zu trennen sei.

allgemeinen Grundsätze des Vertragsrechtes nicht als Vertragsverhältnis qualifiziert werden kann.

Obwohl die Generalversammlung mit entsprechender Vertretungsmacht also durchaus ein vertragliches Verhältnis zwischen dem einzelnen Verwaltungsratsmitglied und der Gesellschaft begründen könnte, schliesst der Sonderfall der Abordnung durch eine Körperschaft des öffentlichen Rechts die generelle Annahme eines Vertragsverhältnisses aus. Die Wahl der Mitglieder des Verwaltungsrats ist daher nicht einfach als Austausch von übereinstimmenden Willenserklärungen im vertragsrechtlichen Sinne zu verstehen. Vielmehr handelt es sich um einen gesellschaftsrechtlichen Akt, welcher ausschliesslich auf Aktienrecht basiert und zu einem organschaftlichen Grundverhältnis führt.

Mit diesen Erkenntnissen können nun die in der Lehre vertretenen Rechtstheorien zum Rechtsverhältnis eines angestellten Verwaltungsratsmitglieds konkret beurteilt werden.

IV. Beurteilung der möglichen Rechtstheorien

1. Theorie eines eigenständigen Vertragsverhältnisses

a) Reines Auftragsverhältnis

Für die Subsumtion des primären Rechtsverhältnisses eines Verwaltungsrats zur Gesellschaft unter den Auftrag können folgende Argumente vorgebracht werden:
- Ein Auftragsverhältnis gemäss Art. 394 ff. OR liegt i.d.R. dann vor, wenn die Voraussetzungen zur Anwendung eines der übrigen Vertragsverhältnisse des Obligationenrechts nicht gegeben sind.[88]
- Die Generalversammlung kann auch ohne Mitwirkung des Verwaltungsrates selbst Willenserklärungen abgeben und demnach ein Vertragsverhältnis eingehen.
- Das Rechtsverhältnis kommt erst mit der Annahmeerklärung durch den Gewählten zustande, was dem Akzept einer Offerte zum Abschluss eines Auftrags entspricht.

---

[88] Anstelle vieler: KOLB, 8 ff.

- Ein Auftrag kann gemäss Art. 394 Abs. 3 OR entgeltlich oder unentgeltlich sein, was der Praxis bei den VR-Honoraren entspricht.[89]
- Das jederzeitige Widerrufsrecht gemäss Art. 404 Abs. 1 OR entspricht dem jederzeitigen Abberufungsrecht durch die Generalversammlung nach Art. 705 Abs. 1 OR.[90]
- Die gesellschaftsrechtlichen Normen zum Rechtsverhältnis können als Sonderregelungen aufgefasst werden, welche das Auftragsverhältnis im Gesellschaftsrecht genauer bestimmen.

Gegen diese Argumente ist vorab Art. 762 OR anzuführen, welcher unter bestimmten Voraussetzungen einer Körperschaft des öffentlichen Rechts ein direktes Abordnungsrecht für Mitglieder des Verwaltungsrats zugesteht, so dass weder die Wahl noch die Abberufung solcher Vertreter durch die Generalversammlung erfolgen muss. Damit wird mit der Gesellschaft einseitig ein Rechtsverhältnis begründet, was den allgemeinen Grundsätzen des Vertragsrechts völlig widerspricht. Nun könnte dagegen eingewendet werden, die Gesellschaft habe sich im Voraus dazu verpflichtet durch die bewusste Gestaltung des statutarischen Abordnungsrechtes. Tatsächlich muss ein solches Recht zu Gunsten einer konkreten Körperschaft des öffentlichen Rechts in die Statuten aufgenommen werden. Doch das Rechtsverhältnis zur Gesellschaft entsteht letztlich nicht mit der Körperschaft des öffentlichen Rechts, sondern mit dem Verwaltungsratsmitglied direkt; dann hätte auch diesem gegenüber ein entsprechendes Vertragsrecht begründet werden müssen.

Der Verwaltungsrat legt ohne anders lautende Statutenbestimmung seine Entschädigung selbst fest. Dies gilt auch im Falle eines einzigen Verwaltungsrats. Die Entschädigung ist beim Auftrag jedoch ein wesentliches Vertragselement, auch wenn ein Auftragsverhältnis unentgeltlich vereinbart werden kann. Die Entschädigungskompetenz des Verwaltungsrats ist deshalb ebenfalls als gewichtiges Argument gegen die Rechtstheorie eines Auftragsverhältnisses.

Wird in den Statuten festgelegt, die Mitglieder des Verwaltungsrats dürften nur in einem Auftragsverhältnis, jedoch nicht in einem Arbeitsverhältnis zu Gesellschaft stehen, so steht dies den obigen Ausführungen nicht entgegen. Eine solche statutarische Klausel kann sich nicht auf das primäre Rechtsverhältnis beziehen, welches vom Gesetz geregelt ist, sondern nur auf ein zusätzliches, separates Vertrags-

---

[89] BDO Visura, 11 ff.
[90] Die ursprüngliche Formulierung des ersten Entwurfs in Art. 754 aOR war diesbezüglich klarer: «Die Generalversammlung ist jederzeit berechtigt, die Mitglieder der Verwaltung und Kontrollstelle, sowie andere von ihr gewählte Bevollmächtigte und Beauftragte abzuberufen.» (vgl. Entwurf I, 67).

verhältnis. Ein solches ist durchaus in der Form eines Auftragsverhältnisses möglich, beispielsweise wenn ein Verwaltungsratsmitglied noch zusätzlich als Steuerberater oder Rechtsanwalt für die Gesellschaft tätig ist und dafür separat Rechnung stellt.

Das primäre Rechtsverhältnis zwischen einer Aktiengesellschaft und ihren Verwaltungsräten kann demnach nicht als eigenständiges Auftragsverhältnis qualifiziert werden, auch wenn auf den ersten Blick einige Argumente dafür sprechen.

b)   Reiner Arbeitsvertrag

Für die Subsumtion des primären Rechtsverhältnisses eines Verwaltungsrats zur Gesellschaft unter den Arbeitsvertrag können folgende Argumente vorgebracht werden:[91]

- Gemäss Art. 7 lit. h AHVV wird die Entschädigung eines Verwaltungsrats sozialversicherungsrechtlich als unselbständiger Erwerb qualifiziert; entsprechend unterliegen VR-Honorare gemäss Art. 20 Abs. 1 MWSTG auch nicht der MWST-Pflicht.

- Das einzelne Mitglied des Verwaltungsrats untersteht den Weisungen des Gesamtverwaltungsrats (z.B. bezüglich Sitzungstermin, Traktanden, Geheimhaltung), womit ein generelles Subordinationsverhältnis besteht.

- Ein Mandatsvertrag, in welchem dem Mandanten ein Weisungsrecht gegenüber dem fiduziarisch eingesetzten Verwaltungsrat eingeräumt wird, ist innerhalb bestimmter Schranken[92] zulässig, womit auch eine individuelle Weisungsgebundenheit bestehen kann.

Gegen eine solche Subsumtion gibt es jedoch einige schlagende Argumente. Insbesondere kann die Generalversammlung jedes Mitglied des Verwaltungsrates jederzeit ohne Einhaltung einer bestimmten Frist abberufen; gemäss Art. 705 Abs. 2 OR bleiben allfällige Entschädigungsansprüche der Abberufenen zwar vorbehalten, doch gelten keine Sperrfristen, wie sie Art. 336c OR zwingend vorschreibt und deren Missachtung zur Nichtigkeit der Kündigung führt. Zudem ist die Abberufung eines Verwaltungsrats im Gegensatz zur Kündigung nicht empfangsbedürftig; der Generalversammlungsbeschluss zur Abberufung muss dem Betrof-

---

[91] In Anlehnung an die frühere Zusammenstellung in MÜLLER, Arbeitsrecht, 71 ff.
[92] Die aktienrechtlichen Pflichten des fiduziarischen Verwaltungsrats gehen den Weisungen des Fiduzianten vor; liegen Weisungen nicht im Interesse der Gesellschaft, hat der fiduziarische Verwaltungsrat sie nicht zu befolgen und macht sich auch nicht aufgrund von Art. 398 OR schadenersatzpflichtig (VISCHER, Schadloshaltungsklauseln, 491).

fenen ebenso wenig mitgeteilt werden wie die Löschung seines Eintrages im Handelsregister.

Beim Arbeitsvertrag ist die Entgeltlichkeit ein wesentliches Qualifikationsmerkmal. Wie bereits zur Theorie des Auftragsverhältnisses festgestellt wurde, bestimmt der Verwaltungsrat seine Entschädigung selbst und kann auch gänzlich darauf verzichten; bei einer unentgeltlichen Tätigkeit ist jedoch keine Qualifikation als Arbeitsvertrag mehr möglich.[93]

Schliesslich ist unbestritten, dass bei einer Einmann-AG[94] der alleinige Verwaltungsrat keinerlei Weisungen erhält. In einem solchen Falle fehlt es grundsätzlich an einem Subordinationsverhältnis, wie es beim Arbeitsverhältnis von Lehre und Rechtsprechung zwingend vorausgesetzt wird.[95]

Eine Abwägung dieser Argumente ergibt, dass es sich beim primären Rechtsverhältnis zwischen einer Aktiengesellschaft und ihren Verwaltungsräten nicht um einen Arbeitsvertrag handeln kann. Daran ändert auch die sozialversicherungsrechtliche Einordnung als unselbständige Erwerbstätigkeit nichts.[96]

c) Reiner Innominatvertrag

Für die Subsumtion des primären Rechtsverhältnisses eines Verwaltungsrats zur Gesellschaft unter einen Innominatvertrag[97] können folgende Argumente vorgebracht werden:

---

[93] Obwohl dies im Gesetz nicht ausdrücklich vorgesehen ist, sprechen verschiedene Autoren dem Verwaltungsrat ein Entschädigungsrecht zu (vgl. PLÜSS, Rechtsstellung, 46 f.; VON STEIGER, 225 f.; BÜRGI, Zürcher Kommentar, N 10 zu Art. 708 aOR; FORSTMOSER/MEIER-HAYOZ/NOBEL, § 28 N 121; HOMBURGER, Zürcher Kommentar, N 947 zu Art. 717 OR), doch findet sich keine Literaturstelle, welche dem Verwaltungsrat untersagen würde, auf eine Entschädigung zu verzichten. Im Arbeitsrecht statuiert jedoch Art. 341 Abs. 1 OR ein derartiges Verzichtsverbot (gemäss Art. 362 OR handelt es sich dabei um eine relativ zwingende Norm).
[94] Rechtlich handelt es sich dabei um eine «Einpersonen-Gesellschaft» (vgl. MEIER-HAYOZ/FORSTMOSER, § 1 N 7), bei welcher der wirtschaftliche Eigentümer nicht nur alleiniger Aktionär, sondern i.d.R. auch alleiniger Verwaltungsrat und Geschäftsführer ist (vgl. BÖCKLI, Aktienrecht, Rz. 187 zu § 1 und Rz. 468 zu § 13). Dabei kann es sich selbstverständlich sowohl um eine männliche als auch eine weibliche Person handeln, weshalb gelegentlich auch in der Judikatur von einer «Ein-Frau-Aktiengesellschaft» gesprochen wird (vgl. Urteil 4C.67/2003 vom 5.5.2003, besprochen in SJZ 99 (2003) 381 f.). Nachstehend wird durchwegs die in der Praxis übliche Formulierung «Einmann-AG» verwendet (vgl. FORSTMOSER/MEIER-HAYOZ/NOBEL, § 62 N 27).
[95] Dazu ausführlich hinten TEIL 3 § 6 II. 1. c) auf S. 178 ff.
[96] Dies hat das Bundesgericht mit Hinweis auf Art. 7 lit. h AHVV in BGE 95 I 21 Erw. 5. b) ausdrücklich bestätigt.
[97] Zum Begriff und zur Bedeutung des Innominatvertrages vgl. HONSELL, Obligationenrecht, 16 und 413.

- Die Wahl bzw. die Abordnung durch die Körperschaft des öffentlichen Rechts stellt eine Offerte dar, welche durch den Verwaltungsratskandidaten angenommen oder abgelehnt werden kann; die Rechtsbeziehungen zwischen der juristischen Person und dem Organvertreter entstehen somit nicht durch einseitiges Rechtsgeschäft, sondern durch Vertrag.
- Das Vertragsverhältnis erhält seinen charakteristischen Leistungsinhalt aus öffentlich-rechtlichen Quellen, indem es primär durch das entsprechende Generalversammlungsrecht, weiter durch Statuten, Reglemente und Generalversammlungsbeschlüsse ausgestaltet wird; das Obligationenrecht hat deshalb für dieses Rechtsverhältnis keinen besonderen Vertragstypus vorgesehen.
- Das Rechtsverhältnis wird grundsätzlich bestimmt durch die Organisationsnormen des jeweiligen öffentlichen Rechts und ergänzt durch Einzelabreden; es bleiben aber Lücken, zu deren Ausfüllung können die Vertragstypen des Obligationenrechts analog oder subsidiär herangezogen werden.

Auch wenn die Generalversammlung wie gezeigt durchaus selbst dem Willen der Gesellschaft Ausdruck geben und somit Verträge abschliessen kann, so ist dennoch die Rechtstheorie eines reinen Innominatkontrakts abzulehnen. Auch hier ist auf Art. 762 OR hinzuweisen. Wenn die Körperschaft des öffentlichen Rechts gemäss Statuten über ein direktes Abordnungsrecht für ein Mitglied des Verwaltungsrats verfügt, so richtet sie selbst (und nicht die Gesellschaft) die Offerte zur Einsitznahme in den Verwaltungsrat an den Kandidaten. Stimmt dieser zu und wird er entsprechend abgeordnet, so entsteht das Rechtsverhältnis zur Gesellschaft letztlich ohne deren Zustimmung und somit insbesondere auch ohne deren Offerte. Diese Entstehungsweise widerspricht ganz grundsätzlich allen Vertragsverhältnissen und somit auch einem Innominatkontrakt.[98]

2. Theorie eines organschaftlichen Rechtsverhältnisses

Die bisherigen Überlegungen und dabei insbesondere die Möglichkeit eines direkten Abordnungsrechts durch eine Körperschaft des öffentlichen Rechts zeigen, dass die Theorie eines eigenständigen Vertragsverhältnisses einer genaueren Überprüfung nicht stand hält. Wie aber ist das primäre Grundverhältnis eines Verwaltungsrats zur Gesellschaft im Privatrecht letztlich zu qualifizieren? Die allgemeine Qualifikation als «gesellschaftsrechtliches Verhältnis» ist zu ungenau, da auch das

---

[98] Ein öffentlich-rechtliches Verhältnis zwischen dem Abgeordneten und der Gesellschaft wird auch im Falle von Art. 762 OR nicht begründet, da sie gemäss Abs. 3 die gleichen Rechte und Pflichten haben wie die übrigen Mitglieder des Verwaltungsrates (ebenso PLÜSS, Rechtsstellung, 130).

Verhältnis der Aktionäre zur Gesellschaft darunter zu subsumieren ist. Zutreffender und genauer ist die Bezeichnung als «organschaftliches Rechtsverhältnis». Für PLÜSS ist diese Qualifikation nur eine sinnvolle «Verlegenheitslösung».[99] Es ist deshalb zu prüfen, ob es noch andere Qualifikationsmöglichkeiten gibt.

Das Rechtsverhältnis zwischen zwei natürlichen oder juristischen Personen kann im Obligationenrecht grundsätzlich nur auf drei Arten qualifiziert werden:[100]

– Vertragliches Verhältnis (Nominatkontrakt oder Innominatkontrakt)
– Ausservertragliches Verhältnis (unerlaubte Handlung, ungerechtfertigte Bereicherung, culpa in contrahendo)
– Gesellschaftsrechtliches Verhältnis (wobei die möglichen Gesellschaftsformen abschliessend im Obligationenrecht aufgeführt und konkretisiert sind)

Nicht nur bei der Aktiengesellschaft, sondern auch bei der Kommanditaktiengesellschaft und bei der Genossenschaft ist ein Verwaltungsrat bzw. eine Verwaltung gesetzlich vorgeschrieben. Das Verhältnis ihrer Mitglieder zur Gesellschaft wird jeweils durch die besonderen gesellschaftsrechtlichen Normen konkretisiert, doch ist allen diesen Gesellschaftsvertretern gemeinsam, dass sie eine Organstellung innehaben. Mit der Bezeichnung «organschaftliches Verhältnis» wird der besonderen Rechtsstellung dieser Verwaltungsmitglieder am besten gerecht. Gleichzeitig kann auf diese Weise auch das Rechtsverhältnis eines Vorstandsmitgliedes zum Verein problemlos qualifiziert werden.

Wenn das Rechtsverhältnis zwischen dem Verwaltungsrat und der Gesellschaft als eigenständiges organschaftliches Verhältnis zu qualifizieren ist, dann gehen allfällige zusätzliche Rechtsverhältnisse zur Gesellschaft nicht in einem einheitlichen Verhältnis auf, sondern sind ebenfalls eigenständig. Dies entspricht der erörterten Theorie des mehrfachen Rechtsverhältnisses.[101] Zum organschaftlichen Verhältnis können demnach noch andere, eigenständige Rechtsverhältnisse hinzukommen, insbesondere ein Arbeitsvertrag zwischen dem Verwaltungsratsmitglied und der Gesellschaft.

Bereits 1917 gelangte WOLFERS[102] zur Überzeugung, ein Verwaltungsratsmitglied könne ein doppeltes Rechtsverhältnis zur Gesellschaft haben; allerdings stellte er dazu fest: «Das Verwaltungsratsmitglied, das sich zum Direktor ernennen lässt, kommt damit in eine doppelte vertragliche Bindung zur Gesellschaft. Er bleibt als

---

[99] PLÜSS, Rechtsstellung, 123.
[100] Sofern überhaupt ein Rechtsverhältnis besteht.
[101] Vgl. vorne Abbildung 2 auf S. 36.
[102] WOLFERS, 80.

Verwaltungsratsmitglied in einem Auftragsverhältnis und schliesst zugleich, im Gegensatz zum Delegierten des Verwaltungsrats, als Geschäftsführer einen Dienstvertrag mit der Gesellschaft ab.» Dennoch unterscheidet sich die Auffassung von WOLFERS in zwei wesentlichen Punkten von der hier vertretenen Theorie:

- Das Grundverhältnis des Verwaltungsrats zur Gesellschaft enthält zwar auftragsrechtliche Elemente, ist jedoch weder als Auftrag noch als typischer Innominatkontrakt sui generis, sondern als eigenständiges organschaftliches Verhältnis zu qualifizieren.
- Auch der Delegierte des Verwaltungsrats kann zusätzlich zum organschaftlichen Grundverhältnis einen Arbeitsvertrag oder einen Auftrag mit der Gesellschaft abschliessen. Auf diesen Punkt ist im nachstehenden dritten Abschnitt noch näher einzugehen.

Das Bundesgericht hat sich am 10. Dezember 2001[103] im Zusammenhang mit einer arbeitsrechtlichen Streitigkeit über die Kündigung eines Vizedirektors klar für die Theorie der mehrfachen Rechtsverhältnisse ausgesprochen: «Nach der Lehre handelt es sich bei der Rechtsbeziehung zwischen dem Organ und der Gesellschaft um ein schuld- bzw. vertragsrechtliches Doppelverhältnis (...).[104] Allerdings wird auch die Meinung vertreten, es liege ein einheitliches Rechtsverhältnis vor, für dessen Beendigung aber unterschiedliche Regeln gelten sollen (...).[105] Die beiden Rechtsverhältnisse sind indessen mit Bezug auf Entstehung, Wirkung und Auflösung klar auseinander zu halten, selbst wenn zwischen ihnen eine enge Wechselbeziehung besteht. Für alle drei Bereiche gelten je unterschiedliche Regelungen, die sich aber gegenseitig beeinflussen.» Im Falle eines angestellten Verwaltungsrats sieht das Bundesgericht demnach drei unterschiedliche Rechtsbeziehungen zur Gesellschaft vor, welche untereinander wie folgt in Wechselwirkung stehen:

---

[103] BGE 128 III 129 Erw. 3.
[104] Mit Hinweis auf MÜLLER/LIPP/PLÜSS, 57; WERNLI, Basler Kommentar, N 25 zu Art. 707 OR.
[105] Mit Hinweis auf FORSTMOSER/MEIER-HAYOZ/NOBEL, § 28 N 5 und 15.

§ 3 Rechtsverhältnis zwischen Verwaltungsrat und Gesellschaft

Abbildung 3: Bundesgerichtliche Auffassung der Rechtsverhältnisse VR zu AG

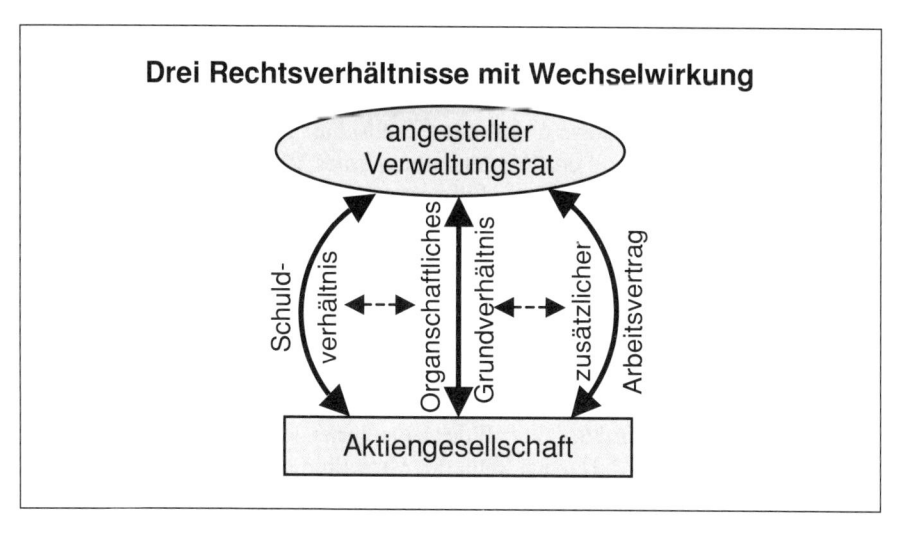

```
Drei Rechtsverhältnisse mit Wechselwirkung
            angestellter
            Verwaltungsrat
    Schuld-  Organschaftliches  zusätzlicher
    verhältnis  Grundverhältnis  Arbeitsvertrag
            Aktiengesellschaft
```

Quelle: Eigene graphische Darstellung der Rechtsbeziehungen VR zu AG nach BGE 128 III 129

In diesem Entscheid geht das Bundesgericht davon aus, das primäre Rechtsverhältnis eines Verwaltungsrats zur Gesellschaft könne in ein organschaftliches Grundverhältnis und ein zusätzliches Schuldverhältnis aufgeteilt werden, zu dem dann noch ein eigenständiger Arbeitsvertrag hinzukomme. Wie die vorstehenden Ausführungen jedoch gezeigt haben, kann kein eigenständiges Schuldverhältnis angenommen werden, ohne die Grundsätze des Vertragsrechts zu missachten. Das primäre Rechtsverhältnis weist zwar Aspekte eines Schuldverhältnisses auf, indem das Verwaltungsratsmandat Leistungspflichten des Gewählten und der Gesellschaft begründet,[106] doch führt dies nicht zu einem eigenständigen Schuldverhältnis. Vielmehr sind diese Aspekte lediglich Auswirkungen des organschaftlichen Verhältnisses. Nur dieses kann als eigenständiges Grundverhältnis qualifiziert werden. Damit ist die Auffassung des Bundesgerichtes bezüglich drei unterschiedlicher Rechtsverhältnisse beim angestellten Verwaltungsrat gemäss vorstehender Abbildung abzulehnen. Statt dessen ist festzustellen, dass es in einem solchen Falle nur (aber immerhin) zwei eigenständige Rechtsverhältnisse gibt: das organschaftliche Grundverhältnis und der zusätzliche Arbeitsvertrag.

---

[106] Ebenso schon PLÜSS, Rechtsstellung, 123.

3. Sonderstellung des VR-Delegierten und des VR-Präsidenten

a) Bedeutung für die Beurteilung der Theorien über das Rechtsverhältnis

Ob die Rechtstheorie eines einheitlichen organschaftlichen Grundverhältnisses zwischen einem Verwaltungsrat und der Gesellschaft in allen Belangen korrekt ist, kann am besten anhand der Sonderstellung eines VR-Delegierten bzw. eines VR-Präsidenten überprüft werden. Hier zeigt sich insbesondere, ob die Rechtstheorie allen in der Praxis vorkommenden Varianten gerecht wird. Gleichzeitig hilft diese Analyse zum Verständnis der weiter hinten vorgestellten Ergebnisse aus der Umfrage bei den VR-Delegierten.[107]

b) Begriff des VR-Delegierten

Im Obligationenrecht wird der Begriff des Delegierten lediglich in Art. 718 Abs. 2 OR explizit verwendet.[108] Danach kann der Verwaltungsrat die Vertretung einem oder mehreren Mitgliedern (Delegierte) oder Dritten (Direktoren) übertragen.[109] Mit dieser Formulierung ist klargestellt, dass es sich beim Delegierten im Gegensatz zum Direktor um ein Mitglied des Verwaltungsrats handeln muss.[110] Der Begriff des VR-Delegierten lässt sich damit wie folgt bestimmen: Ein Mitglied des Verwaltungsrats, welchem vom Gesamtverwaltungsrat die Vertretung der Gesellschaft, allenfalls mit teilweiser oder vollständiger Geschäftsführung, übertragen wurde.[111]

---

[107] Vgl. die Ergebnisse der Umfrage hinten im TEIL 2 § 5 III. auf S. 119 ff.
[108] Implizit jedoch auch in Art. 716b Abs. 1 OR.
[109] WATTER, Basler Kommentar, N 11 bzw. 15 zu Art. 718 OR, und HOMBURGER, Zürcher Kommentar, N 1129 zu Art. 718 OR, bedauern, dass in diesem Artikel nur von der Übertragung der Vertretung und nicht auch von der Geschäftsführung gesprochen wird. Tatsächlich ist der Begriff «Vertretung» weit aufzufassen, so dass auch die Geschäftsführungsvertretung darunter zu verstehen ist.
[110] Ebenso schon MEYER, 34; vgl. BÖCKLI, Aktienrecht, Rz. 518 zu § 13, und FORSTMOSER/MEIER-HAYOZ/NOBEL, § 28 N 149. Der frühere Streit in der Lehre um die Notwendigkeit einer Mitgliedschaft im Verwaltungsrat ist damit erledigt (vgl. VOLLMAR, 97, und BUSCH, 74, beide mit Hinweis auf die abweichenden Meinungen von BÜRGI, Zürcher Kommentar, N 26 zu Art. 717 aOR, und SCHULTHESS, 114).
[111] Vgl. BUSCH, 74; MEYER, 13; VOLLMAR, 98. Obwohl in Art. 718 Abs. 2 OR nur die Rede von der Vertretung der Gesellschaft ist, enthalten die Begriffsbestimmungen dieser Autoren auch die Übertragung der Geschäftsführung; dies entspricht der ursprünglichen Formulierung des analogen Art. 766 aOR im Entwurf von 1919 (vgl. ENTWURF I, 70) bzw. Art. 730 aOR des überarbeiteten Entwurfs von 1923 (vgl. ENTWURF II, 49); BERTSCHINGER, Arbeitsteilung, Rz. 8, definiert den Delegierten richtigerweise ganz generell als «Empfänger einer (Teil-) Aufgabe».

Der VR-Delegierte muss nicht zwingend Mitglied der Geschäftsführung und schon gar nicht Vorsitzender der Geschäfts- oder Konzernleitung sein,[112] weshalb er auch nicht unbedingt in einem Arbeitsverhältnis zur Gesellschaft stehen muss. In der Praxis wird der VR-Delegierte gelegentlich nicht mit Geschäftsführungsaufgaben betraut, sondern als Bindeglied zwischen Verwaltungsrat und Geschäftsleitung zur Verbesserung des Informationsflusses eingesetzt.[113] Wie ist nun aber umgekehrt ein von der Gesellschaft angestellter Direktor zu bezeichnen, dem als Dritten im Sinne des Gesetzes zuerst die Geschäftsführung übertragen wurde und der erst später noch zusätzlich in den Verwaltungsrat gewählt wird? Nach dem Wortlaut von Art. 718 Abs. 2 OR müsste er nun automatisch als Delegierter bezeichnet werden. In der Literatur finden sich Befürworter und Gegner dieser Auslegung.[114] In der Praxis wird ein klarer Unterschied gemacht zwischen einem Direktor, welcher später noch in den Verwaltungsrat gewählt wird, und einem Delegierten, welcher ausdrücklich als solcher vom Verwaltungsrat bestimmt wurde. Dies zeigt sich insbesondere an den Formulierungen im Organisationsreglement, wo zwischen dem VR-Delegierten und Direktor unterschieden wird. Dabei wird beim VR-Delegierten ausdrücklich eine Mitgliedschaft im Verwaltungsrat vorausgesetzt, umgekehrt beim Direktor aber nicht ausgeschlossen.[115] Bereits auf Grund der Feststellungen in der Praxis ist zu vermuten, dass ein Direktor, welcher nachträglich in den Verwaltungsrat gewählt wird, damit nicht automatisch zum VR-Delegierten wird. Dazu ist vielmehr ein entsprechender Beschluss des Gesamtverwaltungsrates nötig. Wie die nachstehenden Ausführungen zeigen, entspricht diese Feststellung auch der Notwendigkeit zur Eintragung im Handelsregister.

Gemäss Art. 641 Ziff. 8 und 9 OR i.V.m. Art. 720 OR sind vom Verwaltungsrat zur Eintragung in das Handelsregister anzumelden: die Namen der Mitglieder des Verwaltungsrats und der zur Vertretung befugten Personen unter Angabe von Wohn-

---

[112] Die Auswertung der Basisdaten (vgl. hinten TEIL 2 § 4 IV. 2. d) auf S. 107 ff.) zeigt, dass es zahlreiche Gesellschaften gibt, in denen die Funktion des Geschäftsführers bzw. die Stelle des Vorsitzenden der Geschäfts- oder Konzernleitung personell vom VR-Delegierten getrennt wird; a.M. ohne Begründung BUSCH, 74; ebenso WALDBURGER, 222, welcher den Delegierten des Verwaltungsrates als «Inside Director par excellence» bezeichnet, doch muss ein Delegierter nach dem Wortlaut des Gesetzes eben gerade nicht zwingend der Geschäftsleitung angehören.

[113] Nach den Ergebnissen der Umfrage sind rund 9% aller VR-Delegierten nicht direkt in die Geschäftsleitung integriert (vgl. hinten Tabelle 21 und die entsprechende Auswertung auf S. 132). Zu Recht bezeichnet deshalb VON STEIGER, 74 und 220, Delegierte als Personen, die mit besonderen Funktionen betraut worden sind, wie z.B. Leitung oder Überwachung des technischen oder kommerziellen Teiles des Betriebes, Geschäftsführung im engeren Sinne oder Vertretung nach aussen.

[114] Für einen automatischen Bezeichnungswechsel: EIGENMANN, 66, und VOLLMAR, 111; gegen eine Gleichsetzung von Delegiertem und Direktor im VR spricht sich MEYER, 65 f., aus.

[115] Vgl. die entsprechenden Formulierungen im Muster eines Organisationsreglements bei MÜLLER/LIPP/PLÜSS, 508 f.

sitz und Staatsangehörigkeit sowie die Art der Ausübung der Vertretung. Damit stellt sich die Frage, ob der VR-Delegierte zwingend mit seiner Zusatzfunktion im Handelsregister eingetragen werden muss oder ob seine Mitgliedschaft im Verwaltungsrat und seine Zeichnungsberechtigung als Eintrag genügen. Die Frage ist um so berechtigter, als z.B. die Nichteintragung des stillen Verwaltungsrats die gesetzliche Anmeldungspflicht verletzen und den Straftatbestand der unwahren Angaben gegenüber den Handelsregisterbehörden erfüllen würde.[116] Für die Eintragungspflicht des VR-Delegierten spricht der Wortlaut des Gesetzes. Es wird bei der Angabe der Vertretung ausdrücklich «die Art der Ausübung» verlangt. Damit genügt die Angabe des Vertretungsberechtigten allein zweifellos nicht. Bei einer weiten Auslegung würde auch die Art der Zeichnungsberechtigung noch nicht genügen; vielmehr wäre auch die Funktion, mit welcher die Vertretung ausgeübt wird, genau anzugeben. Dagegen spricht jedoch die Tatsache, dass im Handelsregister nur eine beschränkte Anzahl von Funktionen zur Eintragung zugelassen wird[117] und «unter altem Aktienrecht die Eintragung der Kombination der Funktion Delegierter des Verwaltungsrats und Direktor bzw. Geschäftsführer aus verantwortlichkeitsrechtlichen Überlegungen nicht zugelassen wurde.»[118] Zudem ist zu berücksichtigen, dass sich die Vertretungsbefugnis nur auf Teilgeschäfte, ev. sogar nur auf ein bestimmtes Geschäft (Prozessvertretung) beschränken kann, so dass eine generelle Eintragung im Handelsregister letztlich sogar irreführend sein könnte. Schliesslich ist festzustellen, dass es sich bei der Bestimmung über die Art der Vertretungsausübung nur um eine Ordnungsvorschrift handelt;[119] die Eintragung selbst ist nicht Voraussetzung der Vertretungsbefugnis. Eine ähnliche Situation besteht auch bei der GmbH im Zusammenhang mit der Eintragung eines Revisors. Auch dort ist die Eintragung zwar möglich, aber mangels gesetzlicher Vorschrift besteht keine Verpflichtung dazu.[120] Diese Überlegungen zeigen, dass ein VR-Delegierter im Gegensatz zum VR-Präsidenten[121] nicht zwingend mit seiner Zusatzfunktion im Handelsregister eingetragen werden muss; es genügt die Angabe seiner Mitgliedschaft im Verwaltungsrat und die Art seiner Zeichnungsberechtigung.

---

[116] Art. 153 StGB; vgl. BÖCKLI, Aktienrecht, Rz. 52 und 91 zu § 13.
[117] Vgl. dazu TEIL 2 § 4 IV. 1. auf S. 99 ff. und FORSTMOSER/MEIER-HAYOZ/NOBEL, § 30 N 112 ff.
[118] Aus einem Bestätigungsschreiben des Eidg. Amtes für das Handelsregister vom 31.5.2001 mit dem Hinweis, dass es sich bei den Abweichungen von der Praxis bis zum 1. Juli 1992 mit aller Wahrscheinlichkeit nach um Fehleintragungen handle.
[119] FORSTMOSER/MEIER-HAYOZ/NOBEL, § 30 N 106, mit Verweis auf BGE 76 I 351 f.
[120] Vgl. Bericht über die Tätigkeit der Eidg. Fachkommission für das Handelsregister im Jahre 2001 in REPRAX 4 (2002) 68.
[121] Hier ergibt sich die Eintragungspflicht aus Art. 712 OR; vgl. HUNGERBÜHLER, 44, mit der Klarstellung, dass die Eintragung im Handelsregister keine direkten Auswirkungen auf die Rechtsstellung des Gewählten hat.

c) Sonderstellung des VR-Delegierten

Verschiedene Autoren gehen beim VR-Delegierten von einem besonderen Rechtsverhältnis zur Gesellschaft aus.[122] Bei einem Direktor, der nachträglich in den Verwaltungsrat gewählt wird, anerkennen sie ein mehrfaches Rechtsverhältnis mit einem eigenständigen Arbeitsvertrag. Beim VR-Delegierten vertreten sie jedoch die Auffassung, es liege stets nur ein einheitliches Rechtsverhältnis vor,[123] da der VR-Delegierte bezüglich seiner Funktion kein neues Vertragsverhältnis mit der Gesellschaft abschliesse, sondern lediglich eine separate Aufgabe im Rahmen seiner Verwaltungsratsfunktion wahrnehme. Bei dieser Theorie wird vorausgesetzt, dass ein Direktor niemals mit der Funktion eines VR-Delegierten betraut wird. Die durchgeführte Rechtstatsachenforschung beweist jedoch das Gegenteil: Rund 3% aller VR-Delegierten sind gleichzeitig als Direktoren, Filialleiter, Geschäftsführer oder GL-Vorsitzende im Handelsregister eingetragen.[124] Anderseits ist zu beachten, dass auch in einem Verwaltungsrat mit nur zwei Mitgliedern ein VR-Delegierter bestimmt werden kann. Ist dies der VR-Präsident selbst, so wird ein Arbeitsvertrag mangels Subordinationsverhältnis i.d.R. nicht möglich sein.[125] Es kann deshalb umgekehrt nicht davon ausgegangen werden, dass jeder VR-Delegierte in einem Arbeitsverhältnis zur Gesellschaft steht.

Es lässt sich nicht bestreiten, dass ein VR-Delegierter ebenso wie jedes übrige Mitglied des Verwaltungsrats neben dem organschaftlichen Grundverhältnis noch in ein zusätzliches eigenständiges Rechtsverhältnis zur Gesellschaft treten kann, sei dies nun in Form eines Auftrages oder eines Arbeitsvertrages. Zu prüfen ist, ob die blosse Übernahme der Delegiertenfunktion bereits zu einem solchen zusätzlichen Rechtsverhältnis führt, oder ob dies nichts anderes ist als eine Spezifizierung der besonderen Rechte und Pflichten des betreffenden Verwaltungsratsmitglieds.

Bestimmt der Verwaltungsrat aus seiner Mitte einen Delegierten, so ist dies rechtlich eine Offerte an den Betroffenen, eine besondere Zusatzfunktion mit entsprechenden Rechten und Pflichten anzunehmen. Die Offerte wird dabei durch die Gesellschaft, vertreten durch den Gesamtverwaltungsrat, unterbreitet.[126] Eine Pflicht

---

[122] Vgl. WOLFERS, 54; MEYER, 62 ff.; VOLLMAR, 99.
[123] MEYER, 43, bezeichnet dies als «Unterbeauftragung», weshalb er beim VR-Delegierten einen nachträglichen Arbeitsvertrag mit der Gesellschaft ausschliesst.
[124] Vgl. hinten Tabelle 12 auf S. 107 und Tabelle 13 auf S. 108, wobei die Doppelfunktion bei VR-Delegierten mit Wohnsitz in der französischsprachigen Schweiz fast doppelt so hoch ist wie im schweizerischen Durchschnitt.
[125] Bei einer organunabhängigen Tätigkeit kann jedoch sogar beim Einzelverwaltungsrat ein Arbeitsverhältnis rechtlich zulässig sein (vgl. dazu hinten TEIL 3 § 6 III. 3. c) auf S. 199 f.
[126] A.M. MEYER, 43, welcher davon ausgeht, der Gesamtverwaltungsrat beauftrage den VR-Delegierten in eigenem Namen; diese Auffassung ist schon angesichts der resultierenden Konsequenzen (Entschädigungspflicht und Haftung für Hilfspersonen) abzulehnen.

zur Annahme einer Delegiertenfunktion besteht nicht; dies lässt sich weder aus dem Gesetzeswortlaut noch aus den Materialien ableiten. Nimmt der Betroffene die Offerte zur Ausübung der Zusatzfunktion an, so kommt es allein dadurch nicht zu einem zusätzlichen Rechtsverhältnis zur Gesellschaft. Es bleibt grundsätzlich beim organschaftlichen Grundverhältnis, das nun jedoch bezüglich der resultierenden Rechte und Pflichten konkretisiert und teilweise erweitert wird.

Der Gesamtverwaltungsrat kann dem zukünftigen VR-Delegierten offerieren, gleichzeitig mit der Funktionsübernahme ein zusätzliches Auftrags- oder Arbeitsverhältnis mit der Gesellschaft einzugehen. Der zukünftige VR-Delegierte kann auch seinerseits die Funktionsübernahme davon abhängig machen, dass er sozialversicherungsrechtlich durch einen Arbeitsvertrag abgesichert wird. Ist er jedoch Inhaber einer eigenen Beratungsgesellschaft, was gemäss Ragionenbuch relativ häufig vorkommt, so wird er statt dessen allenfalls verlangen, dass seine eigene Gesellschaft gestützt auf einen Beratervertrag das zusätzliche Honorar verrechnen kann.[127] Kommt in einem solchen Falle ein Vertragsabschluss zustande, bestehen folgende Rechtsverhältnisse zwischen den Beteiligten:

Abbildung 4: Rechtsverhältnisse beim VR-Delegierten mit eigener Beratungsgesellschaft

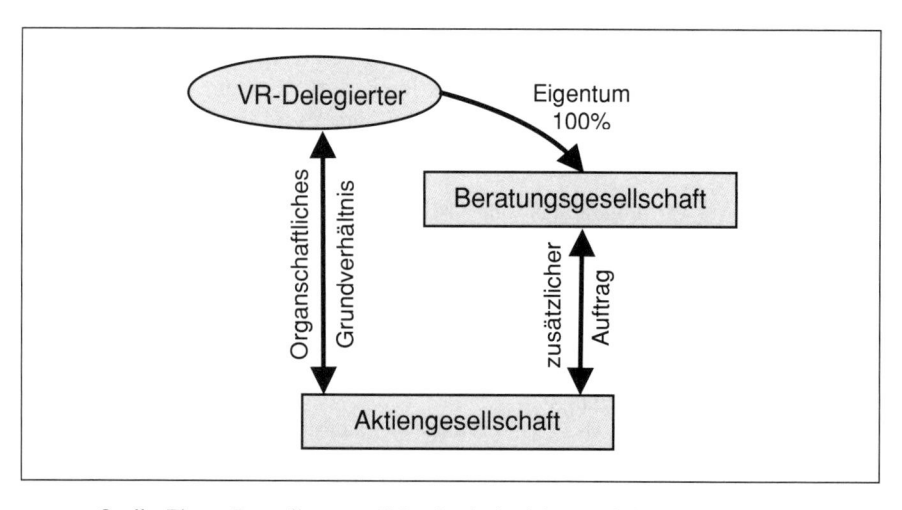

Quelle: Eigene Darstellung möglicher Rechtsbeziehungen beim VR-Delegierten

---

[127] Dadurch entfällt die Pflicht zur Ablieferung von Sozialversicherungsbeiträgen gemäss Art. 7 lit. h AHVV, doch entsteht allenfalls eine MWST-Pflicht, falls die Beratungsgesellschaft die entsprechenden Umsatzzahlen gemäss Art. 21 Abs. 1 MWSTG erreicht.

§ 3 Rechtsverhältnis zwischen Verwaltungsrat und Gesellschaft

Eine Vertragskonstruktion gemäss Abbildung 4 kann in der Praxis auch bei Verwaltungsratsmitgliedern ohne Zusatzfunktion beobachtet werden. Bisweilen steht die Beratungsgesellschaft auch im Eigentum Dritter, dafür wurde dann ein Arbeitsvertrag zwischen jener und dem Verwaltungsratsmitglied abgeschlossen.[128] Alle diese Konstruktionen sind möglich, ohne dass die Rechtstheorie eines organschaftlichen Grundverhältnisses dadurch beeinträchtigt würde.

Wird von der Aktiengesellschaft für die Übernahme der Delegiertenfunktion keine zusätzliche Entschädigung geleistet oder wird ausdrücklich vereinbart, dass der VR-Delegierte ohne Weisungen des Gesamtverwaltungsrats zu handeln habe, so kommt nur ein zusätzliches Auftragsverhältnis in Frage. Behält sich der Gesamtverwaltungsrat jedoch ausdrücklich ein Weisungsrecht vor, wird eine regelmässige Entschädigung vereinbart und steht dem VR-Delegierten zudem in den Räumen der Gesellschaft die notwendige Infrastruktur zur Ausübung seiner Tätigkeit zur Verfügung, so kann im Einzelfall u.U. auch dann ein Arbeitsvertrag bestehen, wenn dies von den Parteien nicht ausdrücklich so vereinbart wurde.[129] Diese Feststellung korrespondiert mit der Tatsache, dass der Verwaltungsrat gemäss Art. 718 Abs. 2 OR die Vertretung nicht nur einem Mitglied, sondern auch einem Dritten übertragen kann; in diesem Falle ist es offensichtlich, dass ein separates Rechtsverhältnis mit der Gesellschaft zustande kommt, welches nicht nur als Auftrag sondern auch als Arbeitsvertrag qualifiziert werden kann. Im Rahmen des gesetzlich Zulässigen können überdies Wechselwirkungen zwischen dem organschaftlichen Grundverhältnis und dem zusätzlichen Rechtsverhältnis vereinbart werden, so insbesondere bezüglich Befristung auf die Amtsdauer als Mitglied des Verwaltungsrats oder bezüglich Schadenersatzansprüchen bei vorzeitiger Vertragsauflösung oder Abwahl als Verwaltungsrat.[130]

Vereinzelt wird die Frage aufgeworfen, ob durch die Funktionsübernahme nicht auch ein Rechtsverhältnis zwischen dem VR-Delegierten und dem Gesamtverwaltungsrat begründet wird.[131] Wie bereits festgestellt wurde, unterbreitet der Gesamtverwaltungsrat seine Offerte im Namen der Gesellschaft und nicht in eigenem Namen; es ist deshalb ausgeschlossen, dass zwischen dem VR-Delegierten und dem Gesamtverwaltungsrat selbst eine zusätzliche Rechtsbeziehung entste-

---

[128] Die Beratungsgesellschaft stellt ihren Arbeitnehmer gegen entsprechende Verrechnung der Aktiengesellschaft als Verwaltungsrat zur Verfügung; der Betroffene erhält für seine Tätigkeit kein VR-Honorar von der Aktiengesellschaft, sondern Lohnzahlungen von der Beratungsgesellschaft.
[129] Zu den Besonderheiten eines faktischen Arbeitsvertrages ausführlich hinten TEIL 3 § 6 II. 2. auf S. 191 ff.
[130] Vgl. die Musterklauseln im Anhang A.5.1 auf S. 519 ff.; zur Zulässigkeit solcher Klauseln vgl. vorne TEIL 1 § 2 IV. 2. auf S. 34 ff.
[131] Vgl. BUSCH, 75 f.; MEYER, 43; VOLLMAR, 99, m.w.H.

hen könnte.¹³² Nur die Gesellschaft wird allenfalls verpflichtet. Die Abhängigkeit vom Gesamtverwaltungsrat bzw. das Weisungsrecht desselben darf nicht mit einem persönlichen Rechtsverhältnis gleichgesetzt werden. Würde man unsinnigerweise vom Gegenteil ausgehen, so hätte der Gesamtverwaltungsrat auch persönlich für die Funktionsentschädigung an den VR-Delegierten einzustehen. Diese Konsequenz zeigt, dass mit der Übertragung von Vertretungs- und Geschäftsführungskompetenzen an einen VR-Delegierten kein separates Rechtsverhältnis mit dem Gesamtverwaltungsrat zustande kommt. Der VR-Delegierte erhält dadurch aber eine Sonderstellung gegenüber den übrigen Mitgliedern des Verwaltungsrats, indem er nun den diesbezüglichen Weisungen unterworfen werden kann.¹³³ Gerade dieses Subordinationsverhältnis ist aber wiederum Voraussetzung dafür, dass zwischen dem VR-Delegierten und der Gesellschaft überhaupt rechtsgültig ein Arbeitsvertrag abgeschlossen werden kann.¹³⁴

Schliesslich ist das Rechtsverhältnis des VR-Delegierten zur Gesellschaft auch danach zu beurteilen, wie es wieder aufgehoben werden kann. Gemäss Art. 718 Abs. 2 OR ist der Gesamtverwaltungsrat für die Bestellung eines VR-Delegierten zuständig. Folglich fällt auch dessen Abberufung in die Kompetenz des Gesamtverwaltungsrats, wobei sich an der Stellung des Betroffenen als Verwaltungsratsmitglied dadurch nichts ändert.¹³⁵ Während beim VR-Präsidenten die Kompetenz zur Wahl bzw. Abwahl gestützt auf Art. 712 Abs. 2 OR statutarisch der Generalversammlung übertragen werden kann, ist dies beim VR-Delegierten nicht möglich. Ist die Generalversammlung mit dem vom Gesamtverwaltungsrat bestimmten VR-Delegierten nicht einverstanden, so hat sie nur die Möglichkeit einer indirekten Abwahl, indem sie ihn als Mitglied des Verwaltungsrats abwählt.¹³⁶ Damit entfällt automatisch auch die Funktion als VR-Delegierter, denn nach Art. 718 Abs. 2 OR wird die Mitgliedschaft im Verwaltungsrat für die Delegiertenfunktion vorausge-

---

¹³² Genauso steht auch der VR-Präsident bezüglich seiner Zusatzfunktion nicht in einer separaten Rechtsbeziehung zum Gesamtverwaltungsrat (vgl. HOMBURGER, Zürcher Kommentar, N 259 zu Art. 712 OR; HUNGERBÜHLER, 168); die gegenteilige Auffassung von BÜRGI, Zürcher Kommentar, N 16 zu Art. 714 aOR, und NIGGLI, 31, ist abzulehnen.
¹³³ In diesem Sinne auch BUSCH, 76.
¹³⁴ Zu dieser zwingenden Voraussetzung ausführlich hinten TEIL 3 § 6 II. 1. c) auf S. 178 ff.
¹³⁵ Genau dieser Fall war in ZR 85 (1986) Nr. 41, S. 90 zu beurteilen. Das Zürcher Obergericht gelangte dabei in seinem Entscheid vom 23.10.1984 zur Auffassung, dass die oberste Kontrollfunktion über Verwaltungsratsausschüsse, Delegierte und Direktoren – vorbehältlich der konkreten Kontrolle durch die Generalversammlung – beim Gesamtverwaltungsrat verbleibe. Dieses Kontrollrecht des Verwaltungsrats schliesse aber als ultima ratio die Befugnis ein, einzelne Personen der Gremien einstweilen in ihren Funktionen einzustellen.
¹³⁶ Gl.M. BUSCH, 75; a.M. MEYER, 45, welcher aus Art. 705 OR ableitet, die GV könne einen VR-Delegierten wie jeden anderen Bevollmächtigten oder Beauftragten abberufen; dabei übersieht MEYER, dass ein VR-Delegierter nicht von der GV, sondern vom VR bestellt wird, weshalb auch nur diesem ein direktes Abberufungsrecht zusteht.

setzt. Allerdings bleibt es dem Gesamtverwaltungsrat unbenommen, dem abgewählten Mitglied nun als Drittem im Sinne des Gesetzes, allenfalls mit dem offiziellen Titel eines Direktors, die Vertretung der Gesellschaft mit bestimmten Geschäftsführungskompetenzen zu übertragen bzw. im Rahmen eines bereits bestehenden Auftrages oder Arbeitsvertrages zu belassen. Ist die Generalversammlung auch damit nicht einverstanden, so bleibt ihr nichts anderes übrig, als den gesamten Verwaltungsrat auszuwechseln.

Diese Überlegung verdeutlicht, dass ein VR-Delegierter klar in einem doppelten Rechtsverhältnis zur Gesellschaft stehen kann; nur so ist es möglich, dass trotz Abwahl als Verwaltungsrat die Übertragung der Vertretungs- bzw. Geschäftsführungskompetenz bestehen bleiben kann. Die Beendigung des Rechtsverhältnisses ist dabei klar von der Zuteilung einer Funktionsbezeichnung oder einer Zeichnungsberechtigung zu trennen. Einem Direktor kann sein Titel und seine Zeichnungsberechtigung jederzeit durch den Verwaltungsrat entzogen werden; das Handelsregister wird die Änderung auch ohne Zustimmung des Direktors eintragen, doch bleiben allfällige auftrags- oder arbeitsrechtliche Forderungen des Direktors vorbehalten. Genauso kann der Verwaltungsrat auch jederzeit einen VR-Delegierten in seinen Funktionen einstellen oder ihm seine Zeichnungsberechtigung entziehen; allerdings bleiben auch hier allfällige auftrags- oder arbeitsrechtliche Forderungen des VR-Delegierten vorbehalten.

d) Sonderstellung des VR-Präsidenten

Die Überlegungen zur Sonderstellung des VR-Delegierten können in analoger Weise auf den VR-Präsidenten übertragen werden. Auch wenn das Recht zur Wahl des Präsidenten gemäss Art. 712 Abs. 2 OR statutarisch der Generalversammlung zugewiesen werden kann, so legt dennoch der Verwaltungsrat gestützt auf Art. 716a Abs. 1 Ziff. 2 OR die Organisation fest. Dazu gehört auch der Abschluss von Rechtsgeschäften, welche allenfalls zusätzlich zum organschaftlichen Grundverhältnis für eine ausreichende Organisation nötig sind. Die Funktion des VR-Präsidenten ist demnach ebenso wie diejenige des VR-Delegierten nichts anderes als eine Konkretisierung und Erweiterung der Rechte und Pflichten aus dem organschaftlichen Grundverhältnis. Dadurch wird aber entgegen einzelner Meinungen in der Literatur[137] ein zusätzliches Arbeitsverhältnis zwischen Aktiengesellschaft und VR-Präsident nicht ausgeschlossen. Auch der VR-Präsident ist den Weisungen des Gesamtverwaltungsrats unterworfen. Es ist deshalb nicht notwendig, dass der VR-Präsident zusätzliche operative Aufgaben übernimmt, nur damit ein Arbeitsvertrag möglich wird.

---

[137] HUNGERBÜHLER, 170; KRNETA, Praxiskommentar, Rz. 676 f.

e) Zwischenergebnis für die Rechtstatsachenforschung

Die Überlegungen zur Sonderstellung von speziellen Funktionsträgern im Verwaltungsrat ergeben als Zwischenergebnis für die Rechtstatsachenforschung zur arbeitsrechtlichen Stellung der VR-Delegierten[138] folgende rechtliche Ausgangslage:

- Bestimmt der Verwaltungsrat eines seiner Mitglieder zum Delegierten, so stellt dies eine Offerte der Gesellschaft an das betreffende Verwaltungsratsmitglied zur Übernahme einer Zusatzfunktion gegen Erhalt von besonderen Kompetenzen und allenfalls einer zusätzlichen Entschädigung dar.

- Nimmt das betreffende Verwaltungsratsmitglied die Offerte an, so wird sein organschaftliches Grundverhältnis zur Gesellschaft mit entsprechenden zusätzlichen Rechten und Pflichten konkretisiert bzw. erweitert; allein durch die Annahme der Zusatzfunktion entsteht noch kein neues, eigenständiges Rechtsverhältnis.

- Der VR-Delegierte kann im Zusammenhang mit seiner Funktionsausübung ein zusätzliches Rechtsverhältnis in Form eines Auftrages oder Arbeitsvertrages mit der Gesellschaft eingehen, wobei bestimmte Wechselwirkungen mit dem organschaftlichen Grundverhältnis vereinbart werden können.

- Die Generalversammlung kann einen VR-Delegierten nur indirekt absetzen, indem sie ihn als Mitglied des Verwaltungsrats abwählt; durch den Verlust der Verwaltungsratsstellung wird auch die Funktion als VR-Delegierter unmöglich. Der Gesamtverwaltungsrat kann dem Betroffenen jedoch praktisch die gleichen Aufgaben und Kompetenzen wie vorher nun unter dem Titel eines Direktors übertragen und damit ein zusätzlichen Rechtsverhältnis in Form eines Auftrages oder Arbeitsvertrages belassen.

- Der Verwaltungsrat kann einem VR-Delegierten jederzeit seine Zusatzfunktion und die damit verbundenen Kompetenzen entziehen, so dass nur noch die Rechte und Pflichten aus dem ursprünglichen organschaftlichen Grundverhältnis verbleiben; allfällige auftrags- oder arbeitsrechtliche Forderungen des VR-Delegierten aus einem zusätzlich eingegangen Rechtsverhältnis bleiben vorbehalten, sofern dieses gleichzeitig aufgehoben wird.

---

[138] Von den über 9'000 VR-Delegierten in der Schweiz wurden 3'000 angeschrieben, davon antworteten 1'262, was 42,1% entspricht (vgl. hinten TEIL 2 § 5 auf S. 110 ff.).

4. Sonderstellung der Vertreter einer Körperschaft des öffentlichen Rechts

Art. 762 Abs. 1 OR bietet die gesetzliche Möglichkeit, statutarisch einer Körperschaft des öffentlichen Rechts die Befugnis einzuräumen, Vertreter in den Verwaltungsrat zu delegieren, ohne dass diese oder die Körperschaft des öffentlichen Rechts Aktionäre sein müssen.[139] Im gleichen Artikel wird klargestellt, dass diese Vertreter im Verwaltungsrat weder durch die Generalversammlung gewählt noch abberufen werden können. Dennoch haben sie ansonsten die gleichen Rechte und Pflichten wie die übrigen Mitglieder des Verwaltungsrates.[140]

Da die Vertreter der öffentlich-rechtlichen Körperschaft konkrete Rechte und Pflichten gegenüber der Gesellschaft haben, stehen sie mit dieser offensichtlich in einem Rechtsverhältnis. Ein Vertrag kann dies nicht sein, da zwischen den Parteien keinerlei Willenserklärungen ausgetauscht wurden und auch keine stillschweigende Vertragsschliessung im Sinne von Art. 6 OR angenommen werden kann.[141] Der Generalversammlungsbeschluss zur Aufnahme einer entsprechenden statutarischen Grundlage kann nicht als Offerte der Gesellschaft verstanden werden, da sich die Statutenbestimmung direkt an die Körperschaft des öffentlichen Rechts und nicht an den abgeordneten Vertreter im Verwaltungsrat richtet. Hier zeigt sich in besonderem Masse, dass es sich beim Grundverhältnis eines Verwaltungsratsmitglieds zur Gesellschaft nicht um einen privatrechtlichen Vertrag, sondern um ein spezielles organschaftliches Verhältnis im Sinne des Gesellschaftsrechts handeln muss.

Die Theorie eines eigenständigen organschaftlichen Rechtsverhältnisses bewährt sich auch beim Sonderfall des Verwaltungsratsmitglieds abgeordnet durch eine Körperschaft des öffentlichen Rechts. Ein solcher abgeordneter Vertreter kann, wie jedes andere Verwaltungsratsmitglied auch, zusätzlich zu seinem organschaftlichen Verhältnis noch einen Arbeitsvertrag mit der Gesellschaft abschliessen und damit eine rechtliche Doppelstellung inne haben.

---

[139] Zur Aktionärsvoraussetzung vgl. hinten TEIL 3 § 6 I. 1. d) auf S. 166 ff.
[140] Vgl. STEINER, 143 ff.; WERNLI, Basler Kommentar, N 1 zu Art. 762 OR.
[141] Ebenso schon VON STEIGER, 220, doch ignoriert er diesen Sonderfall und stellt allgemein fest, dass es sich beim Rechtsverhältnis zwischen Verwaltungsrat und Gesellschaft um ein Mandat im Sinne von Art. 394 ff. OR handle.

5. Zusammenfassung und Ergebnis

Das Rechtsverhältnis eines Verwaltungsrats zur Aktiengesellschaft ist wegen seinen gesellschaftsrechtlichen Besonderheiten als eigenständiges organschaftliches Grundverhältnis zu qualifizieren, zu dem weitere eigenständige Rechtsverhältnisse wie Auftrag oder Arbeitsvertrag hinzukommen können.

Das organschaftliche Grundverhältnis weist vertragsrechtliche und gesellschaftsrechtliche Komponenten auf, doch enthält es keinen eigenständigen Vertragsteil im Sinne eines Innominatkontrakts sui generis. Die Generalversammlung ist zwar befugt, selbständig und ohne Mitwirkung von Organvertretern Rechtsgeschäfte abzuschliessen, doch kann bei entsprechenden statutarischen Bestimmungen ein Verwaltungsratsmitglied direkt von einer Körperschaft des öffentlichen Rechts abgeordnet werden; dadurch entsteht ein Rechtsverhältnis ohne Mitwirkung der Gesellschaft. Zudem kann ein Verwaltungsrat jederzeit von der Generalversammlung (bzw. der abgeordnete Verwaltungsrat nur von der Körperschaft des öffentlichen Rechts) rechtsgültig abberufen werden, ohne dass das einzelne Verwaltungsratsmitglied von dieser Abberufung tatsächlich oder fiktiv Kenntnis nehmen müsste. Diese Besonderheiten widersprechen den fundamentalen Grundsätzen des Vertragsrechts, weshalb das primäre Grundverhältnis eines Verwaltungsratsmitglieds zur Gesellschaft nicht als mehrfaches Rechtsverhältnis, sondern nur als einheitliches organschaftliches Verhältnis qualifiziert werden kann.

Akzeptiert ein Verwaltungsratsmitglied eine Zusatzfunktion als VR-Delegierter oder VR-Präsident, so werden die Rechte und Pflichten des organschaftlichen Grundverhältnisses diesbezüglich konkretisiert bzw. erweitert, ohne dass durch die Zusatzfunktion allein ein zusätzliches Rechtsverhältnis begründet würde. Insbesondere entsteht kein Auftragsverhältnis zwischen dem Gesamtverwaltungsrat und dem besonderen Funktionsträger. Der VR-Delegierte bzw. der VR-Präsident kann im Zusammenhang mit seiner Funktionsausübung ein zusätzliches Rechtsverhältnis in Form eines Auftrages oder Arbeitsvertrages mit der Gesellschaft eingehen, wobei bestimmte Wechselwirkungen mit dem organschaftlichen Grundverhältnis vereinbart werden können. Ohne die Vereinbarung von solchen Wechselwirkungen ist das rechtliche Schicksal des zusätzlichen Vertragsverhältnisses vom organschaftlichen Grundverhältnis grundsätzlich unabhängig.

In der Lehre wurde das Rechtsverhältnis des Verwaltungsrats zur Gesellschaft je nach Stand der Rechtsentwicklung völlig unterschiedlich qualifiziert. Nachdem sich gezeigt hatte, dass weder die Variante Auftrag noch diejenige als Arbeitsvertrag einer sorgfältigen Prüfung standhält, wurde das Verhältnis mehrheitlich als Innominatkontrakt sui generis bezeichnet. In der neueren Literatur wurde schliesslich die Qualifikation als organschaftliches Verhältnis verwendet, doch wurde dabei nicht geklärt, wie sich dieses Rechtsverhältnis zu einem allfälligen zusätzlichen Auftrag oder Arbeitsvertrag verhält.

Noch widersprüchlicher ist die Judikatur und dabei insbesondere diejenige des Bundesgerichtes. Zu Recht wird in den letzten Entscheiden nun festgestellt, dass im Einzelfall zu prüfen sei, ob neben den schuld- und gesellschaftsrechtlichen Komponenten des organschaftlichen Verhältnisses noch ein eigenständiger Auftrag oder Arbeitsvertrag bestehe.

TEIL 2
Rechtstatsachen

§ 4 Basisdaten

I. Datenquellen

1. Verzeichnis der Verwaltungsräte

1973 erteilte das Eidg. Justiz- und Polizeidepartement dem Orell Füssli Verlag, Zürich, die Ermächtigung, alle im Verwaltungsratsregister des Eidgenössischen Handelsregisteramtes enthaltenen Daten zu übernehmen und in geeigneter Form zu publizieren.[1] Seither erscheint das Verzeichnis der Verwaltungsräte regelmässig jedes Jahr.[2]

Im Verzeichnis der Verwaltungsräte werden jeweils einleitend die Anzahl der per Stichtag in den kantonalen Handelsregistern eingetragenen Aktiengesellschaften und Verwaltungsräte publiziert. Sodann folgt eine Auflistung der Top 100 Verwaltungsräte nach Anzahl Mandaten und nach kumuliertem Kapital der vertretenen Gesellschaften. Der Hauptteil umfasst anschliessend eine alphabetische Zusammenstellung aller korrekt eingetragenen Verwaltungsräte unter Angabe ihrer einzelnen Mandate und der dabei ausgeübten Funktionen.

Mit den publizierten Verzeichnissen der Verwaltungsräte war es möglich, die zahlenmässige Entwicklung der Verwaltungsräte und die Häufigkeit ihrer Mandate im Verhältnis zu den tatsächlich bestehenden Aktiengesellschaften zu ermitteln bzw. zu visualisieren.

2. Daten des Bundesamtes für Statistik

Das Bundesamt für Statistik in Neuenburg erhebt mittels so genannter Betriebszählungen periodisch Daten zur Erwerbstätigkeit in der Schweiz.[3] Dabei werden u.a. die Anzahl der Beschäftigten, der Arbeitsstätten und der Unternehmen ermittelt.

---

[1] Aus dem Vorwort des jährlichen Verzeichnisses der Verwaltungsräte unter dem Titel «Amtliche Quellen».
[2] Die Daten basieren dabei grundsätzlich auf dem Stand per September des Vorjahres.
[3] Zuletzt 1991, 1995, 1998 und 2001.

Mit jeweils insgesamt 17'500 telefonischen Interviews wird vom Bundesamt für Statistik periodisch die Schweizerische Arbeitskräfteerhebung (SAKE) durchgeführt.[4] Diese Daten geben Aufschluss über die Beschäftigungslage in der Schweiz, insbesondere bezüglich Voll- und Teilzeitbeschäftigung sowie bezüglich Selbständigkeit und Unselbständigkeit.

Die erhobenen Daten des Bundesamtes für Statistik ermöglichten eine Relativierung der Ergebnisse aus der eigenen Rechtstatsachenforschung. So kann das Verhältnis von Vollzeit- zu Teilzeittätigkeit bei den befragten VR-Delegierten in Relation gesetzt werden zum gesamten Verhältnis aller Vollzeit- und Teilzeitstellen derselben Betriebsgrösse. Auch das Verhältnis von selbständiger zu unselbständiger Tätigkeit bei den Befragten kann verglichen werden mit den Angaben aller Beschäftigten gemäss SAKE.

3. Umfrage der BDO Visura

Die BDO VISURA führte in den Jahren 1995, 1996, 1999 und 2002 quantitative schriftliche Befragungen bei zufällig ausgewählten mittelständischen Unternehmen der Schweiz (exkl. Tessin) durch. Befragt wurden dabei die VR-Präsidenten und die Vorsitzenden der Geschäftsleitungen zur Höhe der Entschädigungen, zur Zusammensetzung der Verwaltungsräte und zu den Hauptanforderungen an einen Verwaltungsrat. In der letzten Erhebung wurden insgesamt 16'322 (1999: 7'731) Fragebogen verschickt, wovon 1'223 (1999: 964) in beantworteter Form auswertbar waren. Bei einer Rücklaufquote von 7,2% (1999: 12,7%) konnte die Studie nicht generell als repräsentativ bezeichnet werden, da in gewissen Kategorien zu wenig Antworten eingingen.[5]

Trotz der zum Teil fehlenden Repräsentativität ist die Studie der BDO VISURA sehr informativ. Sie liefert nicht nur Daten zur Verwaltungsratsentschädigung, sondern auch zur Zusammensetzung des Verwaltungsrats. In einigen Punkten ist deshalb sogar ein Vergleich mit den ermittelten Daten bei der Delegiertenbefragung möglich.[6]

---

[4] Zuletzt die SAKE 99, deren wichtigste Daten vom Bundesamt für Statistik, Neuenburg, im Vademekum 2000 veröffentlicht wurden.
[5] BDO VISURA 2002, 24 f., mit Hinweis auf KÜHN RICHARD/FANKHAUSER KATHRIN, Marktforschung, Bern 1996.
[6] So insbesondere zur Frage, wie häufig in mehrköpfigen Verwaltungsräten Delegierte eingesetzt werden (dazu ausführlich hinten TEIL 2 § 4 IV. 2. a) auf S. 101 ff.).

4. Selektierte Daten des Orell Füssli Verlages

Der Orell Füssli Verlag führt die Daten zur Publikation des Verzeichnisses der Verwaltungsräte seit 1998 in elektronischer Form. Mit Unterstützung der BMG ComServ AG war es möglich, aus dieser relationalen Datenbank die gewünschten Basisdaten zu extrahieren, um via Microsoft Access weitere Abfragen durchzuführen und die notwendigen Angaben für eine Umfrage zusammenzustellen.[7] Zuerst konnten jene 89'576 Aktiengesellschaften herausgefiltert werden, die per 1. Juli 2000 gemäss Handelsregistereintrag einen Verwaltungsratspräsidenten und somit einen Verwaltungsrat mit mehreren Mitgliedern hatten. Diese Einschränkung war zweckmässig, da grundsätzlich nur in diesen Gesellschaften eine Doppelstellung als Verwaltungsrat und Arbeitnehmer möglich ist.[8]

Persönliche Vorabklärungen bei verschiedenen Unternehmen zeigten, dass die Wahrscheinlichkeit einer Doppelstellung als Verwaltungsrat und Arbeitnehmer bei den VR-Delegierten am grössten ist. Eine entsprechende Datenselektion ergab, dass per Mitte des Jahres 2000 bei insgesamt 12'003 Aktiengesellschaften offiziell ein VR-Delegierter bestimmt war. Doch nur 9'224 verschiedene Personen übten diese Funktionen aus, wie eine Prüfung der zugeordneten Adressangaben zeigte.

Die ermittelten Daten sämtlicher VR-Delegierten in der Schweiz wurden eingehend analysiert. Damit konnten bereits zahlreiche Fragen bezüglich Wohnsitz, Geschlecht, Zusatzfunktionen und Zeichnungsberechtigung geklärt werden. Da es bezüglich der VR-Delegierten bisher noch keine derartigen Vollanalysen gab, sind die dabei gewonnenen Erkenntnisse um so interessanter. Schliesslich bildeten die selektierten Daten aber auch die Grundlage für eine eigene Rechtstatsachenforschung. Allerdings waren vorgängig zahlreiche Adressbereinigungen notwendig. Obwohl nach Art. 937 OR bzw. Art. 59 HRegV Adressänderungen zufolge Wechsels der Wohnsitzgemeinde dem Handelsregisteramt umgehend gemeldet werden müssten, kommen viele Verwaltungsräte dieser Pflicht nicht oder nur mit grosser Verspätung nach.[9] Durchschnittlich jede zehnte Adresse musste deshalb ergänzt bzw. korrigiert werden.

---

[7] An dieser Stelle sei dem Orell Füssli Verlag als Herausgeber und der BMG ComServ AG als Datenverarbeitungszentrum des alljährlichen Verzeichnisses der Verwaltungsräte für die Unterstützung bei der Datenbeschaffung herzlich gedankt.
[8] Dazu ausführlich hinten TEIL 3 § 6 III. 3. auf S. 198 ff.
[9] Ein Grund dafür dürfte die Kostenfolge der notwendigen Publikation im SHAB sein; zu publizierende Tatsachen werden deshalb häufig nur zusammengefasst gemeldet.

II. Verwaltungsräte, Beschäftigte und Unternehmen

1. Aktiengesellschaften und Verwaltungsräte

Nach den Angaben in den entsprechenden Verzeichnissen der Verwaltungsräte[10] hat sich die Anzahl der Verwaltungsräte in Relation zur Anzahl der Aktiengesellschaften in den Jahren 1989 bis 2003 wie folgt entwickelt:[11]

Tabelle 1: Anzahl AG und VR 1989 bis 2003

Jahr der Erhebung	Anzahl Aktiengesellschaften	Anzahl Personen mit mind. 1 VR-Mandat
1989	147'113	166'955
1990	154'164	171'480
1991	160'541	180'243
1992	166'470	185'720
1993	177'457	187'391
1994	171'928	186'978
1995	172'127	190'549
1996	168'414	206'145
1997	166'293	204'470
1998	164'107	205'824
1999	161'843	209'769
2000	161'944	200'519
2001	165'192	197'786
2002	167'417	201'491
2003	167'277	201'686

Quelle: Orell Füssli, Verzeichnis der Verwaltungsräte

---

[10] Die Verzeichnisse der Verwaltungsräte 1990 bis 1998 basieren jeweils auf dem Datenstand per September des Vorjahres, ab Verzeichnis 1998/99 wird der Datenstand per April bzw. Mai des laufenden Jahres verwendet. Zur Entstehung und zum Inhalt dieser Verzeichnisse vgl. vorne TEIL 2 § 4 I. 1. auf S. 85.

[11] Für beide Spalten wurde jeweils die gleiche Datenquelle verwendet, wodurch Fehler in der Erhebungsart im Hinblick auf die Analyse der Relationsentwicklung vernachlässigbar sind. In der Botschaft zur Revision des GmbH-Rechts, 3150, werden ohne Quellenangabe höhere Anga-

Die nachfolgende graphische Darstellung dieser Daten zeigt deutlich, dass die Anzahl der Aktiengesellschaften nach dem Höhepunkt im Jahre 1993 mit 177'457 zurückgegangen ist.[12] Demgegenüber hat die Anzahl der Verwaltungsräte weiter zugenommen und erst 1999 mit 209'769 einen Höchststand erreicht.

Abbildung 5: Entwicklung der Anzahl AG und VR 1989 bis 2003

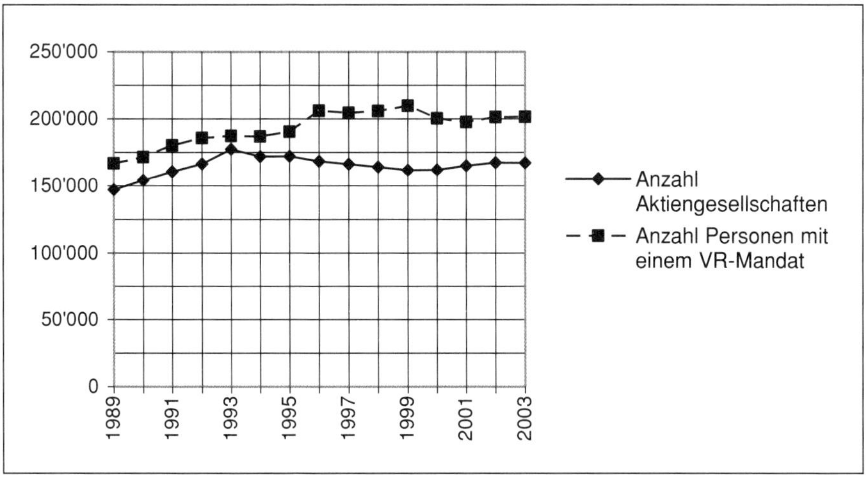

Quelle: Graphische Darstellung der Tabelle 1

Es ist zu vermuten, dass die Revision des Aktienrechtes 1992 bzw. der dabei aufgestellte Katalog an undelegierbaren Aufgaben für den Verwaltungsrat dazu führte, dass in zahlreichen Gesellschaften die Anzahl Verwaltungsratsmitglieder erhöht wurde. Ob dabei gleichzeitig auch die Doppelstellung von Verwaltungsräten als Arbeitnehmer erhöht wurde, kann mit diesen Daten nicht beantwortet werden.

---

ben bezüglich Anzahl der Aktiengesellschaften gemacht (1992: 170'584 bzw. 2001: 173'320). Es ist zu vermuten, dass bei den Angaben in der Botschaft die Zweigniederlassungen und/oder die Kommanditaktiengesellschaften miterfasst wurden; jedenfalls wird im SHBA Nr. 22/122 vom 3.2.2004 auf S. 30 die Zahl der per 31.12.2003 eingetragenen Aktiengesellschaften mit 174'370 angegeben ohne eine separate Rubrik für die Kommandit-AG.

[12] Ein Hauptgrund dafür ist die Aktienrechtsrevision von 1992, wodurch die AG an Attraktivität gegenüber der GmbH verlor (vgl. Statistik und Detailbegründung bei VON BÜREN/BÄHLER, 18 f.). Gemäss Angaben in der Botschaft zur Revision des GmbH-Rechts, 3150, stieg die Anzahl der GmbH zwischen 1992 und 2001 von 2'964 auf 52'395. Per 31.12.2003 waren bereits 68'633 GmbH im Handelsregister eingetragen (vgl. SHAB Nr. 22/122 vom 3.2.2004 auf S. 30).

Bei der Abbildung 5 blieb unberücksichtigt, in welchem Umfang sich die Zahl der Unternehmen und Beschäftigten im gleichen Zeitraum entwickelt hat. Könnten alle Verwaltungsräte als Beschäftigte im Sinne der SAKE[13] qualifiziert werden, so liesse sich ein direkter Zusammenhang herstellen. Da dies jedoch nicht der Fall ist, soll das Zahlenverhältnis zwischen Verwaltungsräten und Beschäftigten näher geprüft werden.

2. Verwaltungsräte und Beschäftigte

Im Zeitraum von 1991 bis 1998 hat sich die Zahl der Beschäftigten, der Arbeitsstätten[14] und der Unternehmen[15] wie folgt entwickelt:[16]

Tabelle 2: Anzahl Beschäftigte, Arbeitsstätten und Unternehmen 1991, 1995 und 1998

Jahr	Beschäftigte	Arbeitsstätten	Unternehmen
1991	3'760'000	360'000	291'000
1995	3'550'000	375'000	298'000
1998	3'471'428	379'358	312'449

Quelle: Bundesamt für Statistik, Neuenburg

Die Anzahl Beschäftigter hat sich nicht linear zur Anzahl Arbeitsstätten bzw. Unternehmen entwickelt. Während die Arbeitsstätten und Unternehmen seit 1991 gleichermassen kontinuierlich zugenommen haben, ist die Zahl der Beschäftigten im gleichen Zeitraum konstant zurückgegangen. Diese Entwicklung wäre demnach genau entgegengesetzt von derjenigen bei den Verwaltungsräten in den Aktiengesellschaften gemäss Abbildung 5.

---

[13] Als Beschäftigte gelten nach der Definition des Bundesamtes für Statistik nur jene Personen, die in der genannten Arbeitsstätte pro Woche mindestens 6 Stunden tätig sind.
[14] Als Arbeitsstätte gilt nach der Definition des Bundesamtes für Statistik jede örtlich-räumlich abgegrenzte Einheit eines Unternehmens, in der während mindestens 20 Stunden pro Woche gearbeitet wird.
[15] Unternehmen sind nach der Definition des Bundesamtes für Statistik die kleinsten, rechtlich selbständigen Einheiten.
[16] Nach den Angaben des Bundesamtes für Statistik, Neuenburg, gestützt auf die Datenerhebung bei den entsprechenden Betriebszählungen dieser Jahre.

Um die zahlenmässige Entwicklung der Verwaltungsräte und der Beschäftigten im Zeitraum von 1991 bis 1998 korrekt vergleichen zu können, muss vorab ein Bezug zum prozentualen Anteil der Aktiengesellschaft als Gesellschaftsform an der Summe aller Unternehmen hergestellt werden. Nur auf diese Weise lässt sich eine Verzerrung durch den vermuteten Attraktivitätsverlust der Aktiengesellschaft als Gesellschaftsform eliminieren.

Tabelle 3: Verhältnis Anzahl AG zu Unternehmen und VR zu Beschäftigten 1991–1998

Verhältnis	1991	1995	1998
AG zu Unternehmen absolut	55,2%	57,8%	51,8%
AG zu Unternehmen auf Basis 1991	100,0%	104,7%	93,8%
VR zu Beschäftigten absolut	4,8%	5,4%	6,0%
VR zu Beschäftigten auf Basis 1991	100,0%	112,5%	125,0%

Quelle: Vergleich der Tabellen 1 und 2

Die Ergebnisse dieser Berechnungen und Vergleiche lassen sich für den Zeitraum von 1991 bis 1998 wie folgt zusammenfassen und visualisieren:

- Die Zahl der Aktiengesellschaften hat absolut nur um 1'302 bzw. 0,8% zugenommen; die Zahl der Unternehmen stieg dagegen absolut um 21'449 bzw. 7,4%. Relativ verringerte sich das Verhältnis der Aktiengesellschaften zu den Unternehmen in diesem Zeitraum um 6,2%.
- Die Zahl der Verwaltungsräte hat absolut um 29'526 bzw. 16,4% zugenommen; die Zahl der Beschäftigten hat dagegen um 288'572 bzw. 7,7% abgenommen. Relativ stieg das Verhältnis der Verwaltungsräte zu den Beschäftigten um erstaunliche 25,0%.
- Die Attraktivität der Aktiengesellschaft ist nach einem Höhepunkt im Jahre 1994 zurückgegangen; das Verhältnis der Anzahl Verwaltungsräte zur Anzahl Beschäftigten ist aber auch unter Berücksichtigung dieser Schwankungen von 4,8% auf 6,0% gestiegen.[17]

---

[17] Diese Prozentzahl soll lediglich zeigen, wie hoch die Anzahl der Verwaltungsräte im Verhältnis zur Gesamtzahl der Beschäftigten in der schweizerischen Wohnbevölkerung ist, sie unterstellt aber nicht, dass alle Verwaltungsräte gleichzeitig auch Beschäftigte sind.

Abbildung 6: Verhältnis Anzahl AG zu Unternehmen und VR zu Beschäftigten 1991–1998

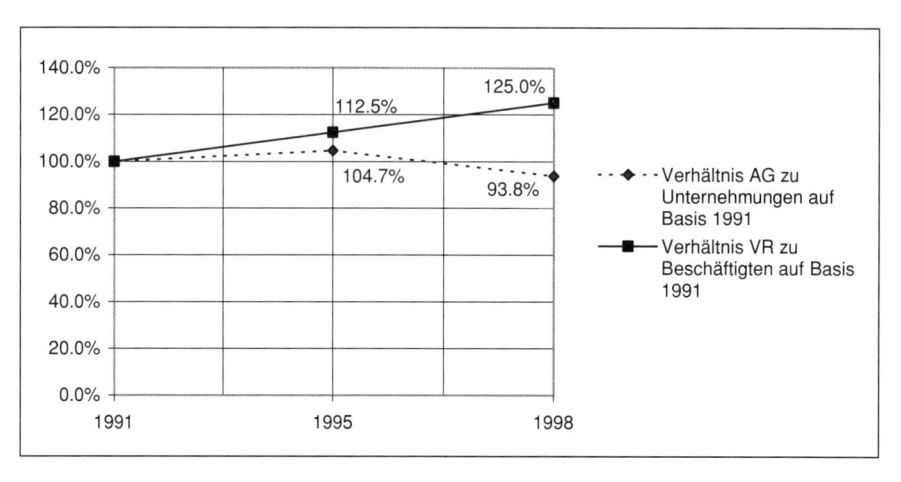

```
140.0%
                              125.0%
120.0%          112.5%
100.0%                                    ---♦--- Verhältnis AG zu
                 104.7%                           Unternehmungen auf
 80.0%                    93.8%                   Basis 1991
 60.0%                                    ---■--- Verhältnis VR zu
                                                  Beschäftigten auf Basis
 40.0%                                            1991
 20.0%
  0.0%
        1991     1995      1998
```

Quelle: Tabellen 1 und 2 in Relation auf Basis 1991

Mit den vorhandenen Basisdaten kann nicht eruiert werden, wie sich die Anzahl der Verwaltungsräte mit einer Doppelstellung als Arbeitnehmer in den letzten zehn Jahren entwickelt hat. Auch die eigene Umfrage vermag lediglich die Frage zu beantworten, wie viele Verwaltungsräte mit einer Zusatzfunktion als Delegierter per Stichtag 31. Dezember 2000 konkret eine Doppelstellung als Verwaltungsrat und Arbeitnehmer bei der gleichen Gesellschaft innehatten.[18] Die absolute Zunahme der Mandatsträger und die gleichzeitige Reduktion der Beschäftigten im Zeitraum von 1991 bis 1998 lässt jedoch die Vermutung zu, dass heute mehr Verwaltungsräte in einem Arbeitsverhältnis zur gleichen Gesellschaft stehen als vor 10 Jahren. Dies würde mit dem herrschenden Druck zur Professionalisierung der Verwaltungsräte übereinstimmen.

---

[18] Dazu ausführlich hinten TEIL 2 § 5 III. 3. a) auf S. 326 ff.

III. Entschädigung der Verwaltungsräte

1. Problematik der Angaben

Während die Entlöhnung von Arbeitnehmern einer unteren Stufe meistens in Form von Monatslöhnen angegeben wird, rechnet man bei leitenden Arbeitnehmern praktisch nur noch mit Jahressalären. Für die Entschädigung von Verwaltungsräten hat sich keine einheitliche Angabe durchgesetzt, zumal auch die Form der Entschädigung sehr verschieden sein kann.[19] In der Presse werden deshalb bei Verwaltungsräten mit einer Doppelstellung teilweise sogar differenzierte Angaben gemacht. Ein typisches Beispiel dafür ist der VR-Präsident der SBB, welcher 1999 in einem Interview[20] sein zeitliches Engagement für die Gesellschaft mit 50% angab bei einer Entschädigung von CHF 2'500.– pro Arbeitstag. Umgerechnet auf eine Vollzeitstelle würde dies einem Jahressalär von CHF 1,1 Mio. entsprechen.[21] Rund zwei Jahre später wurde der Lohn des VR-Präsidenten SBB vom Bundesrat mit CHF 250'000.– angegeben.[22]

Die Entschädigung der Verwaltungsräte wird heute noch von vielen Gesellschaften streng vertraulich behandelt.[23] Die Honorare der Verwaltungsräte und die Saläre der Direktoren sind jedoch zweifellos Aufwandpositionen der Gesellschaft, welche Auswirkungen auf deren Finanzsituation haben. Demnach handelt es sich um «Angelegenheiten der Gesellschaft» im Sinne von Art. 697 Abs. 1 OR, deren Kenntnis für die Ausübung der Aktionärsrechte erforderlich ist und auf Anfrage eines Aktionärs bekannt gegeben werden müssen.[24] Allerdings genügt die Angabe der Gesamtzahl ohne individuelle Aufschlüsselung auf die einzelnen Mitglieder.[25]

---

[19] Feste Pauschalentschädigung, Sitzungsgeld, Honorierung nach Aufwand, Tantiemen, Abgeltung durch Beteiligung, etc. (dazu ausführlich MÜLLER/LIPP/PLÜSS, 104 ff.). Allenfalls sind auch die Pensionskassen-Einlagen durch den Arbeitgeber bei der Entschädigungsberechnung zu berücksichtigen, so z.B. im Falle von Percy Barnevik, VR-Präsident und CEO der ABB Ltd., bei dem das Pensionskassen-Guthaben auf CHF 148 Mio. anstieg und ihm nach Veröffentlichung den VR-Vorsitz bei der Wallenberg-Beteiligungsgesellschaft Investor kostete (vgl. NZZ vom 14.2.2002, Nr. 37, S. 19; Finanz und Wirtschaft vom 16.2.2002, S. 13).

[20] Interview mit Thierre Lalive d'Epinay in der NZZ vom 20.4.1999, Nr. 90, S. 17, unter dem Titel: «Wettbewerb in komplexen Systemen – die SBB in der Fitnesskur».

[21] Ausgehend von 220 Arbeitstagen à CHF 5'000.– bei einer Vollzeitbeschäftigung; dabei ist unklar, ob es sich um den Netto- oder Bruttoverdienst handelt.

[22] Dazu kommentierte der Tages-Anzeiger vom 6.6.2001, S. 9: «Der Bericht war nötig geworden, weil im Frühjahr die Spitzengehälter der Chefs der SBB bekannt geworden waren – was zu einem grossen Aufruhr in der Öffentlichkeit geführt hatte. Das führte so weit, dass Benedikt Weibel, CEO der SBB, sogar auf einen Teil seines Lohnes verzichtete (auf 120'000 Franken).»

[23] Vgl. die Interviews der HandelsZeitung vom 13.3.2002, Nr. 11/02, S. 10 f.

[24] Ebenso KUNZ, Informationsrecht, 890; HOMBURGER, Zürcher Kommentar, N 955 zu Art. 717 OR, befürwortet die Auskunftspflicht mit Hinweis auf die Botschaft zum Aktienrecht, 163; AEPLI, 275.

[25] In diesem Sinne FORSTMOSER, Meinungsäusserungsrechte, 105.

§ 4 Basisdaten

Ein erster Schritt zu mehr Transparenz wurde in der Schweiz im Jahre 2002 mit der Publikation des Swiss Code of Best Practice for Corporate Governance (nachstehend «Swiss Code») gemacht.[26] Auch wenn sich der Swiss Code im Sinne von Empfehlungen an die schweizerischen Publikumsgesellschaften wendet,[27] können daraus nicht kotierte Aktiengesellschaften zweckmässige Leitideen ableiten. Zur Entschädigung der Verwaltungsräte werden im Swiss Code insbesondere folgende Empfehlungen abgegeben:

- Der Verwaltungsrat soll einen Entschädigungsausschuss (Compensation Committee) einsetzen. Dieser unterbreitet die Grundsätze für die Entschädigung der Mitglieder des Verwaltungsrats und der Geschäftsleitung dem Verwaltungsrat zur Genehmigung.[28]

- Der Entschädigungsausschuss achtet darauf, dass die Gesellschaft markt- und leistungsgerechte Gesamtentschädigungen anbietet, um Personen mit den nötigen Fähigkeiten und Charaktereigenschaften für den Verwaltungsrat zu gewinnen und zu behalten. Die Entschädigung soll nachvollziehbar vom nachhaltigen Erfolg des Unternehmens und vom persönlichen Beitrag abhängig gemacht werden.[29]

Im Hinblick auf die grossen Unterschiede zwischen den Aktiengesellschaften in der Schweiz ist es zweifellos richtig, dass im Swiss Code keine konkreten Vorgaben zur Höhe der Verwaltungsratsentschädigung abgegeben werden.[30] Hingegen wird in Ziff. 30 empfohlen, im Geschäftsbericht Angaben zur Corporate Governance entsprechend der Richtlinie der SWX Swiss Exchange zu machen. Für in der Schweiz kotierte Aktiengesellschaften ist diese Richtlinie gemäss Art. 8 BEHG i.V.m. Art. 64 KR im Zusammenhang mit der jährlichen Berichterstattung zu beachten.

Der Einwand, bei einer solchen Entschädigungstransparenz würden sich bestimmte Kaderleute nicht mehr zur Verfügung stellen, ist spätestens dann nicht mehr stichhaltig, wenn alle in Frage kommenden Gesellschaften gleichermassen transparent sind. Fraglich ist allerdings, ob durch die Entschädigungstransparenz nicht gerade das Gegenteil bewirkt wird und die Durchschnittsgehälter der Topmanager sogar noch ansteigen; eine zunehmende Offenheit könnte nämlich zu wachsender gesellschaftlicher Akzeptanz führen.[31]

---

[26] Zum Aspekt der Corporate Governance ausführlich hinten TEIL 3 § 7 VI. auf S. 236 ff.
[27] Ziff. 3 des Vorworts zum Swiss Code.
[28] Ziff. 25 des Swiss Code.
[29] Ziff. 26 des Swiss Code.
[30] FELDER, 1010, stellt fest, dass es bei KMU eher zu moderaten monetären Auszahlungen kommt im Gegensatz zu den exorbitant hohen VR-Honoraren in börsenkotierten Unternehmen.
[31] Auf diese Gefahr wird in der HandelsZeitung vom 13.3.2002, Nr. 11/02, S. 11 aufmerksam gemacht.

Aus der Höhe eines Verwaltungsratshonorars kann nicht auf das Rechtsverhältnis zur Gesellschaft geschlossen werden. Dies zeigen die Honorare der nebenamtlichen Verwaltungsräte bei der UBS mit CHF 300'000.– und bei der Nestlé mit CHF 262'000.–. Mit CHF 3,2 Mio. pro Jahr hält dabei Christoph Blocher als langjähriger VR-Präsident (bis 1998) bei der Pharma Vision immer noch den Schweizer Rekord in der Entschädigungshöhe für ein einzelnes Verwaltungsratsmandat im Nebenamt.[32]

2. Ergebnisse der Studie durch die BDO Visura

Nach der Studie durch die BDO VISURA betrug im Jahre 2002 die durchschnittliche Jahresentschädigung eines Verwaltungsrats CHF 16'218.– (1999: CHF 13'926.–) in mittelständischen Unternehmen.[33] Je nach Funktion schwankte die Entschädigung dabei geringfügig.

Tabelle 4: Durchschnittliches VR-Honorar per 1999 und 2002 nach Funktion

Funktion	Honorar 1999	Honorar 2002
VR-Präsident	CHF 17'959.–	CHF 20'676.–
Vize-Präsident	CHF 12'724.–	CHF 16'094.–
VR-Delegierter	CHF 13'149.–	CHF 15'543.–
VR-Ausschuss	CHF 10'171.–	CHF 12'878.–
VR-Mitglied	CHF 10'405.–	CHF 11'244.–

Quelle: BDO Visura Umfrage 1999 und 2002

Bei diesen Zahlen erstaunt der Unterschied in der Honorierung des VR-Präsidenten zum VR-Delegierten. Würde man davon ausgehen, dass der VR-Delegierte seine Funktion mehrheitlich im Vollamt ausübt, so müsste seine Entschädigung im Durchschnitt wesentlich höher sein als diejenige des VR-Präsidenten. Da VR-Präsidenten gemäss Studie der BDO VISURA (sowohl nach der Umfrage 1999 als

---

[32] WERNER VONTOBEL im Cash vom 23.3.2001, Nr. 12/01, S. 1.
[33] Bei der Berechnung dieser Durchschnittszahlen wurden jene Verwaltungsräte, die keine Entschädigung erhalten, ausgeschlossen.

auch nach derjenigen von 2002) höher entschädigt werden als VR-Delegierte, können nur zwei Möglichkeiten in Betracht gezogen werden:

a) Der VR-Präsident hat eine grössere Verantwortung und/oder mehr Arbeit als der VR-Delegierte.

b) Der VR-Delegierte steht in der Regel in einem zusätzlichen Arbeitsverhältnis zur Gesellschaft und erhält deshalb im Gegensatz zum VR-Präsidenten noch zusätzlich einen Lohn als Arbeitnehmer.

Gestützt auf die Ergebnisse der eigenen Umfrage bei den VR-Delegierten kann festgestellt werden, dass die zweite Aussage zutreffend ist.[34]

3. Angaben in der HandelsZeitung

Die HandelsZeitung führt jährlich eine Umfrage zur Entschädigung von Verwaltungsräten bei jenen Unternehmen durch, die an der Börse kotiert sind oder die in ihrer Branche zu den Grössten zählen. Die Unterschiede zu den vorstehenden erwähnten Umfrageergebnissen der BDO Visura sind deshalb gross, aber durchaus verständlich. Bei der letzten Umfrage im Jahre 2003 per 2002 wurden 450 Firmen angeschrieben, wovon 310 antworteten; zusätzlich wurden die Geschäftsberichte dieser Firmen unter dem Kapitel Corporate Governance ausgewertet.[35] Im Vergleich zu den früheren Jahren ergaben sich folgende durchschnittliche VR-Honorare unter Berücksichtigung von Auszahlungen in Form von Aktien oder Aktienoptionen:[36]

- 2002:   CHF 59'000.– p.a.
- 2001:   CHF 66'000.– p.a.
- 2000:   CHF 69'000.– p.a.
- 1999:   CHF 55'000.– p.a.

Diese Durchschnittszahlen lassen noch keine Rückschlüsse auf eine allfällige Doppelstellung als Verwaltungsrat und Arbeitnehmer zu. Interessanter sind deshalb die Angaben der höchsten und tiefsten VR-Honorare im Jahr 1999 bzw. 2002.

---

[34] Rund 73% aller VR-Delegierten stehen in einem arbeitsvertraglichen Verhältnis zur Gesellschaft (vgl. Tabelle 18 auf S. 127) und beziehen einen diesbezüglichen Lohn, weshalb der Lohn als Arbeitnehmer die hauptsächliche Form der Entschädigung eines VR-Delegierten darstellt (vgl. Tabelle 32 auf S. 151).

[35] HandelsZeitung vom 17.9.2003, Nr. 38, S. 12.

[36] Die Vergleichszahlen per 2001 ergeben sich aus der HandelsZeitung vom 17.9.2003, Nr. 38, S. 12, diejenigen für die Jahre 2000 und 1999 aus der HandelsZeitung vom 29.11.2000, Nr. 48, S. 4.

Gemäss HandelsZeitung Nr. 48/00 vom 29. November 2000 wurden folgende Spitzenhonorare pro Verwaltungsrat im Jahre 1999 ausbezahlt: BB Biotech CHF 1'635'000.–, BT&T Telekommunikation CHF 1'168'100.–, Mövenpick CHF 433'300.–, ABB CHF 409'100.–, MicroValue CHF 381'700.– und UBS CHF 300'000.–; als bescheidenste Entschädigungen wurden im gleichen Jahr festgestellt: Flughafen-Immobilien Ges. CHF 4'000.–, Think Tools CHF 2'200.– und BK Vision CHF 1'100.–. Im Jahr 2002 wurden dagegen wesentlich tiefere VR-Honorare konstatiert und zwar sowohl bei den höchsten, als auch bei den bescheidensten Entschädigungen. Gemäss HandelsZeitung Nr. 38/03 vom 17. September 2003 wurden folgende Spitzenhonorare pro Verwaltungsrat im Jahre 2002 ausbezahlt: Nestlé CHF 543'000.–, UBS 525'000.– und Lonza 400'000.–; demgegenüber wurden im gleichen Jahr überhaupt keine VR-Honorare ausgerichtet bei Day Software, HBM BioVentures, Pelham Investments, Precious Woods und Swiss Cap Invest. Die Umfrageergebnisse der HandelsZeitung decken sich bei den tiefsten VR-Honoraren insofern mit denjenigen der BDO Visura, als auch bei Grossgesellschaften teilweise vollständig auf Entschädigungen an Verwaltungsräte verzichtet wurde.

Gemäss Ziff. 5.2.1 und 5.2.2 der SWX-Richtlinie betreffend Informationen zur Corporate Governance ist bei den in der Schweiz börsenkotierten Gesellschaften die Summe aller Entschädigungen an amtierende Organmitglieder je gesamthaft auszuweisen für die Gesamtheit der exekutiven und die Gesamtheit der nichtexekutiven Mitglieder des Verwaltungsrats bzw. der Geschäftsleitung. Zudem sind nach Ziff. 5.9 für das VR-Mitglied mit der höchsten Summe aller Entschädigungen sowohl die Entschädigungen als auch die Aktien- und Optionszuteilungen separat auszuweisen. Mit diesen zusätzlichen Angaben war es der HandelsZeitung möglich, im Jahre 2003 die individuellen Spitzenentschädigungen an VR-Präsidenten zu ermitteln:[37]

– Daniel Vasella, VR-Präsident und CEO
  von Novartis   CHF 20'158'700.–
– Marcel Ospel, VR-Präsident von UBS   CHF 11'341'500.–
– Lukas Mühlemann, VR-Präsident und CEO
  von Credit Suisse   CHF   7'650'000.–
– Alfred Schindler, VR-Präsident und CEO
  von Schindler   CHF   4'599'400.–
– Hansjörg Wyss, VR-Präsident und CEO
  von Synthes-Stratec   CHF   4'311'000.–

---

[37] HandelsZeitung vom 17.9.2003, Nr. 38/03, S. 13.

§ 4 Basisdaten

Wie die Aufteilung der Entschädigung auf das organschaftliche Verhältnis einerseits und auf das zusätzliche Arbeitsverhältnis andererseits erfolgte, wurde bei dieser Studie nicht ermittelt. Soweit eine Zusatzfunktion als CEO angegeben wurde, ist jedoch von einer klaren Doppelstellung als Verwaltungsrat und Arbeitnehmer bei der gleichen Gesellschaft auszugehen.

Die HandelsZeitung führt in Zusammenarbeit mit der Kienbaum (Schweiz) AG jedes Jahr zusätzlich eine Kadersalärstudie durch. Leider werden dabei keine Zusammenhänge zwischen den VR-Honoraren und den Managerlöhnen ermittelt. Nach den Ergebnissen der Studie von 2003[38] beträgt das Bruttojahresgehalt einer schweizerischen Führungskraft der obersten Hierarchieebene im Durchschnitt CHF 268'000.–; das sind CHF 32'000.– oder rund 10% weniger als im Jahr 2002.[39] Interessant ist in dieser Kadersalärstudie der Vergleich mit Deutschland: Danach erhalten die Aufsichtsräte von deutschen Aktiengesellschaften ein jährliches Durchschnittshonorar von umgerechnet rund CHF 29'000.–, wogegen die Geschäftsführer in Deutschland ein durchschnittliches Jahressalär von umgerechnet rund CHF 333'000.– brutto verdienen.[40] Diese Vergleichszahlen zeigen, dass bei den schweizerischen Grossgesellschaften, die eine überdurchschnittlich hohe VR-Entschädigung ausrichten, durchaus eine vollamtliche Funktionsausübung von den Verwaltungsratsmitgliedern erwartet werden kann. Insbesondere Verwaltungsräte mit einer Zusatzfunktion werden deshalb überwiegend einen zusätzlichen Arbeitsvertrag mit der Gesellschaft abschliessen.

---

[38] Vgl. HandelsZeitung vom 18.6.2003, Nr. 25/03, S. 1 und 17.
[39] Gemäss HandelsZeitung vom 19.6.2002, Nr. 25/02, S. 8 f., betrugen die Managerlöhne in der Schweiz per 2002 auf der 1. Ebene der Geschäftsleitungsmitglieder CHF 300'000.– und auf der 2. Ebene der Direktions- und Departementsleiter CHF 202'000.–.
[40] HandelsZeitung vom 18.6.2003, Nr. 25/03, S. 21. Im Vergleich zu den US-Managern von Grosskonzernen ist diese Entlöhnung noch immer gering; gemäss einer Studie des Marktforschungsinstitutes Corporate Library bezogen die US-Manager im Jahre 2002 eine Barentlöhnung von durchschnittlich USD 1,2 Mio. unter Berücksichtigung des Spitzengehaltes von Sumner Redstone bei Viacom mit USD 20,2 Mio. (St. Galler Tagblatt vom 21.6.2003, S. 24).

IV. Verwaltungsräte mit Zusatzfunktionen

1. Eintragungsfähige Zusatzfunktionen

Je nach Grösse und Organisation einer Gesellschaft haben keine, einzelne oder alle Mitglieder des Verwaltungsrats besondere Zusatzfunktionen. In Anlehnung an die im Handelsregister eintragbaren Funktionen lassen sich die Zusatzfunktionen von Verwaltungsräten grundsätzlich in zwei Gruppen unterteilen:

- *VR-interne Zusatzfunktionen:* Insbesondere VR-Präsident, VR-Vizepräsident, VR-Delegierter, VR-Sekretär oder Mitglied eines VR-Ausschusses
- *VR-externe Zusatzfunktionen:* Insbesondere Geschäftsführer, Direktor oder Mitglied der Geschäftsleitung

Die Art der Zeichnungsberechtigung ist für sich alleine keine Zusatzfunktion.[41] Umgekehrt muss nicht jede Zusatzfunktion zwingend mit einer Zeichnungsberechtigung verbunden sein. Selbst VR-Präsidenten und VR-Delegierte können ohne Unterschriftsberechtigung im Handelsregister eingetragen werden.[42] Die Analyse der Zeichnungsberechtigung aller per Mitte 2000 eingetragenen VR-Delegierten ergibt folgende Situation:

Tabelle 5: Zeichnungsberechtigung der VR-Delegierten in allen AG per 2000

Zeichnungsberechtigung	Anzahl	Prozentual
Einzeln	6'343	50,8%
Kollektiv	6'051	48,5%
Ohne	81	0,7%
Total	*12'475*	*100,0%*

Quelle: Auswertung der selektionierten Daten von Orell Füssli

---

[41] Nach Art. 718 Abs. 1 OR steht die Vertretungsbefugnis jedem Mitglied des Verwaltungsrats einzeln zu, wenn nicht Statuten oder Organisationsreglement etwas anderes bestimmen. Die Zeichnungsberechtigung ist auch nicht entscheidend für die Organstellung (BGE 114 V 213 Erw. 4. e).
[42] Dies ergibt sich indirekt aus Art. 708 Abs. 2 OR.

§ 4 Basisdaten

Im Handelsregister wird nur ein Teil der möglichen Zusatzfunktionen zur Eintragung zugelassen. Insbesondere englische Bezeichnungen, wie z.b. CEO oder CFO, werden nicht akzeptiert. Auch Hinweise auf die Tätigkeit, wie z.b. Steuerberater, Leiter Rechtsdienst oder Entwicklungsingenieur werden nicht eingetragen.[43] Die folgende Tabelle enthält in alphabetischer Reihenfolge alle im Jahre 2000 eingetragenen Zusatzfunktionen von Verwaltungsräten.[44] Dabei fällt auf, dass immer noch Funktionsbezeichnungen vorhanden sind, die heute nicht mehr zum Eintrag zugelassen werden.[45]

Tabelle 6: Im Handelsregister per 2000 eingetragene VR-Zusatzfunktionen

Eintrag	Funktion
Del	Delegierter
Dir	Direktor
Direktionsmgl	Direktionsmitglied
Ehrenpräs	Ehrenpräsident
Fil-Dir	Filialdirektor
Fil-Leiter	Filialleiter
Gen-Dir	Generaldirektor
Geschf	Geschäftsführer
Mgl	Mitglied
Mgl d Geschäftl	Mitglied der Geschäftsleitung
Mgl d VR-Ausschusses	Mitglied des VR-Ausschusses
Präs	Präsident
Präs d Gen-Dir	Präsident der Generaldirektion
Sekr	Sekretär
Stv Dir	Stellvertretender Direktor

---

[43] DITESHEIM, 185, mit weiteren Literaturhinweisen.
[44] Die Abkürzungen und Interpunktionen entsprechen der jeweiligen Publikation im SHAB; wo es erforderlich war, wurden die offiziellen deutschen Übersetzungen verwendet.
[45] So insbesondere die interne Bezeichnung Ehrenpräsident; nach der Studie von GLAUS, 120, wählten 29% der untersuchten Grossgesellschaften einen oder mehrere Ehrenpräsidenten oder Ehrenmitglieder; zur beschränkten Eintragungsmöglichkeit von Funktionsbezeichnungen ausführlich hinten TEIL 4 § 8 II. 2. a) auf S. 262 f.

Eintrag	Funktion
Stv Gen-Dir	Stellvertretender Generaldirektor
Stv Geschäftsführ	Stellvertretender Geschäftsführer
Vizepräs	Vizepräsident (ev. zus. 1. oder 2.)
Vorsitz d Geschäftl	Vorsitzender der Geschäftsleitung
VR-Präs	Verwaltungsrats-Präsident

Quelle: Auswertung der selektierten Daten von Orell Füssli

2. Anzahl Verwaltungsräte mit Zusatzfunktionen

a) Datenermittlung und Übersicht

Die Daten der kantonalen Handelsregisterämter sind leider noch nicht alle so weit elektronisch erfasst, dass eine gesamtschweizerische Auswertung über die Anzahl VR-Präsidenten und VR-Delegierten möglich wäre. Auch das Bundesamt für Statistik ist nicht in der Lage, diese Zahlen zu liefern. So musste eine Lösung über das Verzeichnis der Verwaltungsräte gesucht werden, das auf Grund der Handelsregisterpublikationen jährlich neu erscheint. Da aber auch hier die Daten erst seit 1998 gesamthaft elektronisch erfasst werden, konnten genaue Zahlen nur für die Jahre 1998, 1999 und 2000 ermittelt werden. Im Überblick ergaben sich folgende Daten:[46]

Tabelle 7: Anzahl AG und Funktionsträger 1998–2000

Auswertungsposition	1998	1999	2000
Anzahl AG insgesamt	162'314	161'606	163'226
Anzahl AG mit einem VR-Präsidenten	89'286	88'594	89'576
Anzahl AG mit einem VR-Delegierten	11'908	11'829	12'475
Anzahl Personen mit mind. einem Mandat als VR-Präsident	61'248	61'483	62'136
Anzahl Personen mit mind. einem Mandat als VR-Delegierter	9'071	9'090	9'224

Quelle: Orell Füssli, Auswertung der Basisdaten zum Verzeichnis der Verwaltungsräte

[46] Die angegebene Zahl der Aktiengesellschaften ist nicht mit den allgemeinen Daten gemäss TEIL 2 § 4 II. 1. Tabelle 1 auf S. 88 identisch, da die Stichtage zur Datenermittlung nicht übereinstimmen; der nachstehenden Abbildung liegen folgende Stichtage zu Grunde: 24.10.1998, 6.11.1999 und 1.7.2000.

§ 4 Basisdaten

Aus diesen Daten können für die Jahre 1998 bis 2000 folgende Ergebnisse ermittelt werden:

- *54,9%* aller schweizerischen Aktiengesellschaften haben einen VR-Präsidenten und damit mehrere VR-Mitglieder (1998: 55,0%; 1999: 54,8%; 2000: 54,9%); dagegen haben *45,1%* aller Aktiengesellschaften einen Einmann-Verwaltungsrat, bei dem grundsätzlich nur die Möglichkeit einer faktischen Doppelstellung als Verwaltungsrat und Arbeitnehmer besteht.[47]

- In *7,4%* aller schweizerischen Aktiengesellschaften ist ein VR-Delegierter bestimmt (1998: 7,3%; 1999: 7,3%; 2000: 7,6%); bezogen auf jene Aktiengesellschaften, in denen ein mehrköpfiger Verwaltungsrat besteht, beträgt der Einsatz eines Delegierten durchschnittlich *13,5%* (1998: 13,3%; 1999: 13,4%; 2000: 13,9%).

- Zahlreiche Verwaltungsräte üben in mehreren Aktiengesellschaften gleichzeitig die Funktion eines Delegierten aus; durchschnittlich ist ein VR-Delegierter in dieser Funktion gleichzeitig für *1,3* Gesellschaften tätig (1998: 1,3; 1999: 1,3; 2000: 1,4).

- Sehr viele Verwaltungsräte üben in mehreren Aktiengesellschaften gleichzeitig die Funktion des Präsidenten aus; durchschnittlich ist ein Präsident in dieser Funktion gleichzeitig für *1,4* Gesellschaften tätig (1998: 1,5; 1999: 1,4; 2000: 1,4).

Diese Ergebnisse lassen sich als Kernaussagen wie folgt zusammenfassen:

- Gut die Hälfte aller schweizerischen Aktiengesellschaften hat einen Verwaltungsrat mit mehreren Mitgliedern.

- Selbst bei einem mehrköpfigen Verwaltungsrat wird nur in jeder siebten Gesellschaft ein VR-Delegierter bestimmt.

- Die Funktion eines Delegierten oder eines Präsidenten ist nicht in jedem Falle so zeitaufwendig, dass nur ein einziges derartiges Mandat ausgeübt werden könnte.

---

[47] Dazu ausführlich hinten TEIL 3 § 6 III. 3. auf S. 198 ff.

Abbildung 7: Zusammensetzung der Verwaltungsräte im Jahre 2000 nach Funktion

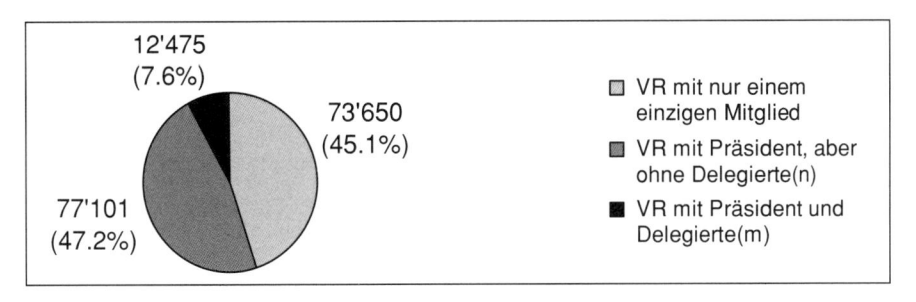

- 12'475 (7.6%)
- 73'650 (45.1%)
- 77'101 (47.2%)

☐ VR mit nur einem einzigen Mitglied
■ VR mit Präsident, aber ohne Delegierte(n)
■ VR mit Präsident und Delegierte(m)

Quelle: Orell Füssli, Verzeichnis der Verwaltungsräte

b) Zusatzfunktion VR-Präsident

Besteht ein Verwaltungsrat aus mehreren Personen, so ist nach Art. 712 OR zwingend ein Präsident zu bezeichnen. Der entsprechende Eintrag im Handelsregister erfolgt ohne Kennzeichnung und unabhängig davon, ob die Präsidialfunktion als Arbeitnehmer ausgeübt wird oder nicht. Die Anzahl jener Verwaltungsräte, welche eine Zusatzfunktion als VR-Präsident ausüben, ist für sich alleine deshalb noch wenig aussagekräftig bezüglich einer allfälligen Arbeitnehmerstellung. Immerhin gibt sie aber Aufschluss darüber, wie gross die Anzahl jener Aktiengesellschaften in der Schweiz ist, in denen überhaupt Verwaltungsräte mit einer Doppelstellung vorkommen können.

Wie noch zu zeigen sein wird, ist in einer Gesellschaft mit einem einzigen Verwaltungsratsmitglied grundsätzlich keine Doppelstellung als Verwaltungsrat und Arbeitnehmer möglich.[48] Für die Qualifikation als Arbeitnehmer bedarf es nämlich u.a. einer Unterordnung bzw. eines Abhängigkeitsverhältnisses. Diese Voraussetzung kann beim alleinigen Verwaltungsrat grundsätzlich nicht erfüllt werden.

c) Funktion als VR-Delegierter

Während der Präsident eines Verwaltungsrats vorwiegend formelle Funktionen zu erfüllen hat, werden dem VR-Delegierten eines Verwaltungsrats meistens operati-

---

[48] Vgl. hinten TEIL 3 § 6 III. 3. auf S. 198 ff.

ve Funktionen übertragen,[49] die ein grosses zeitliches Engagement erfordern. Es lohnt sich deshalb, die Stellung dieser besonderen Mandatsträger eingehender zu untersuchen.

Mit den selektierten Daten des Orell Füssli Verlages konnte für das Jahr 2000 eine detaillierte Analyse der im Handelsregister eingetragenen VR-Delegierten durchgeführt werden. Bei insgesamt 12'003 Gesellschaften war mindestens ein VR-Delegierter eingetragen. Diese verteilten sich nach dem angegebenen Wohnort[50] über die Sprachregionen wie folgt:

Tabelle 8: VR-Delegierte im Jahre 2000 nach Sprachregionen

Sprachregion bzgl. Wohnsitz	Anzahl	Prozent
Deutschsprachige Region:	6'808	73,8%
Französischsprachige Region:	1'246	13,5%
Italienischsprachige Region:	349	3,8%
Ausland:	821	8,9%
Total aller eingetragenen VR-Delegierten	*9'224*	*100,0%*

Quelle: Auswertung der selektierten Daten von Orell Füssli

Gemäss Volkszählung 1990 verteilte sich die Wohnbevölkerung nach der Hauptsprache auf: 63,6% Deutsch, 19,2% Französisch, 7,6% Italienisch, 0,6% Rätoromanisch und 8,9% Übrige.[51] Es ist demnach gegenüber der Wohnbevölkerung ein signifikant höherer Anteil von VR-Delegierten mit Wohnsitz in der deutschsprachigen Region festzustellen. Ob hier auch ein höherer Anteil an Verwaltungsräten mit Arbeitnehmerstellung vorhanden ist, kann aus diesen Zahlen noch nicht abgeleitet werden. Im Rahmen der eigenen Untersuchung unter den VR-Delegierten wurde deshalb der Sprachregion besondere Beachtung geschenkt.[52]

---

[49] Dies ergibt sich schon aus Art. 718 Abs. 2 OR, in dem als «Delegierter» oder «Direktor» ausdrücklich jene Personen bezeichnet werden, denen der Verwaltungsrat die Vertretung überträgt; nach FELBER, Direktion, 10, ist «Direktor» als der allgemeinere Begriff aufzufassen.
[50] Als massgebendes Kriterium wurde die Postleitzahl mit dem entsprechenden Sprachcode der Post verwendet.
[51] Statistisches Jahrbuch der Schweiz 2000, S. 421.
[52] Vgl. dazu hinten Tabelle 18 und Abbildung 12 auf S. 127 f.

Abbildung 8: Verteilung der VR-Delegierten im Jahre 2000 nach Sprachregionen

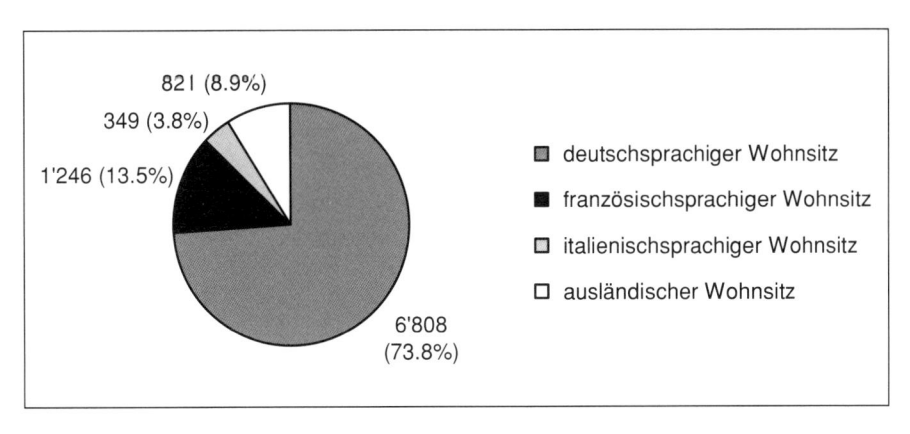

- 821 (8.9%)
- 349 (3.8%)
- 1'246 (13.5%)
- 6'808 (73.8%)

- deutschsprachiger Wohnsitz
- französischsprachiger Wohnsitz
- italienischsprachiger Wohnsitz
- ausländischer Wohnsitz

Quelle: Graphische Darstellung der Tabelle 8

Aus den Daten konnte sodann eruiert werden, bei welchen Gesellschaften im Jahre 2000 mehr als ein VR-Delegierter eingetragen war. Geht man davon aus, dass bedingt durch die Bedeutung dieser Zusatzfunktion nur in Ausnahmefällen mehr als ein VR-Delegierter pro Gesellschaft eingesetzt wird, so ist das Resultat überraschend: Bei 331 Gesellschaften war mehr als ein VR-Delegierter eingesetzt. Im Handelsregister des Kantons Tessin fand sich sogar eine Gesellschaft, bei der gleichzeitig 6 verschiedene Delegierte eingetragen waren; bereits im Jahre 2001 wurden davon aber 5 wieder gelöscht.

Tabelle 9: Anzahl VR-Delegierte pro Gesellschaft im Jahre 2000

Betroffene Gesellschaften:	8'894	305	23	2	0	1
Anzahl Delegierte:	*1*	*2*	*3*	*4*	*5*	*6*

Quelle: Auswertung der selektierten Daten von Orell Füssli

Noch verblüffender ist die Auswertung der Daten nach der Anzahl Mandate als VR-Delegierter pro Person. Unterstellt man, dass diese Zusatzfunktion sehr anspruchsvoll und damit auch zeitintensiv ist, so könnten wohl kaum mehr als drei Mandate in der Funktion eines VR-Delegierten durch ein- und dieselbe Person gleichzeitig ausgeübt werden. In der Praxis zeigt sich jedoch ein ganz anderes Bild.

Tabelle 10: Anzahl Mandate pro VR-Delegierter im Jahre 2000

Betroffene VR-Delegierte:	7'676	965	304	114	51	78	36
Anzahl Mandate:	*1*	*2*	*3*	*4*	*5*	*6–10*	*> 11*

Quelle: Auswertung der selektierten Daten von Orell Füssli

Die vorhandenen Daten liessen schliesslich auch noch eine geschlechterspezifische Selektion zu. Dabei zeigte sich, dass nur rund jede 20. Delegiertenposition von einer Frau besetzt ist. Ob sich dieses Verhältnis in den vergangenen Jahren wesentlich geändert hat, konnte mit den zur Verfügung stehenden Daten nicht ermittelt werden.

Tabelle 11: Verteilung der VR-Delegierten im Jahre 2000 nach Geschlecht

Delegierte	**Anzahl**	**Prozent**
männlich	8'694	94,3%
weiblich	530	5,7%
Total	*9'224*	*100%*

Quelle: Auswertung der selektierten Daten von Orell Füssli

Die niedrige Frauenquote erstaunt angesichts des in den letzten Jahrzehnten gestiegenen Frauenanteiles in den Unternehmensleitungen und der Zulässigkeit von statutarischen Quotenregelungen.[53] Es ist zu vermuten, dass dieser Frauenanteil früher noch kleiner war;[54] eine Überprüfung der Entwicklung ist jedoch mit den zur Verfügung stehenden Basisdaten nicht möglich.

---

[53] Analog zum paritätisch zusammengesetzten Verwaltungsrat wäre es grundsätzlich zulässig, in den Statuten eine Frauenquote bezüglich der Zusammensetzung des Verwaltungsrats zu verankern; eine solche Gruppenregelung könnte sogar zu einer entsprechend repräsentativen Arbeitnehmervertretung führen (vgl. MÜLLER R. A., Arbeitnehmervertretung, 161). Im Interesse der Gesellschaft sollten jedoch nicht die Geschlechterverteilung, sondern die Eignung und die Fähigkeiten für ein VR-Mandat entscheidend sein.
[54] GLAUS, 115, ermittelte 1980 bei seinen Untersuchungen der VR-Zusammensetzung einen Frauenanteil von 2% ohne Angabe der Zusatzfunktionen.

d) Zusatzfunktionen mit vermuteter Arbeitnehmerstellung

Mit der eingetragenen Funktion als VR-Delegierter kann noch nichts über eine allfällige Doppelstellung als Verwaltungsrat und Arbeitnehmer ausgesagt werden.[55] Ist ein Verwaltungsrat jedoch gleichzeitig als VR-Delegierter und Geschäftsführer bzw. Direktor eingetragen, so kann eine Doppelstellung vermutet werden.[56] Nur in besonderen Situationen, z.B. bei einem Turnaround-Manager auf Zeit, werden solche Funktionen im Auftragsverhältnis ausgeübt.

Entnimmt man der Tabelle mit den im Handelsregister per 2000 eingetragenen VR-Zusatzfunktionen[57] jene Bezeichnungen, welche i.d.R. auf einem Arbeitsverhältnis zur Gesellschaft basieren, so kann eine erste Hypothese zur Verbreitung einer Doppelstellung als Verwaltungsrat und Arbeitnehmer bei den VR-Delegierten aufgestellt werden. Zusätzlich interessant ist dabei die Verteilung nach Sprachregionen, wobei der Wohnsitz des jeweiligen Delegierten und nicht der Gesellschaftssitz als Kriterium für die nachfolgende Unterteilung verwendet wurde.[58]

Tabelle 12: Arbeitnehmerähnliche Zusatzfunktionen bei VR-Delegierten gemäss HR-Eintrag

Zusatzfunktion	deutsch	französisch	italienisch	ausländisch	Total
Dir	82	47	15	3	147
Direktionsmgl	2	0	0	3	5
Fil-Dir	3	8	0	3	14
Fil-Leiter	18	0	1	0	19
Gen-Dir	0	24	0	0	24
Geschf	78	0	0	1	79

---

[55] NOBEL, Klare Aufgaben, 534, stellte bereits 1991 zu den Funktionen von VR-Delegierten gemäss Art. 718 Abs. 2 OR fest, dass diese Funktionen grundsätzlich «Vertretungsfunktionen» mit Richtung nach aussen sind, während «Geschäftsführung» den internen Aspekt anvisiert.

[56] Die Umfrage unter den VR-Delegierten hat diese Vermutung bestätigt: Rund 80% aller VR-Delegierten haben einen Arbeitsvertrag mit der Gesellschaft, wenn sie gleichzeitig die Funktion eines Geschäftsführers oder eines Vorsitzenden der Geschäftsleitung ausüben; im Falle einer Mitgliedschaft in der Geschäftsleitung sind es noch 77% (vgl. dazu hinten TEIL 2 § 5 III. 3. d) auf S. 131 ff.).

[57] Vorne Tabelle 6 auf S. 100.

[58] Auch hier entsprechen die Abkürzungen und Interpunktionen der jeweiligen Publikation im SHAB; wo es erforderlich war, wurden die offiziellen deutschen Übersetzungen verwendet.

§ 4 Basisdaten

Zusatzfunktion	deutsch	französisch	italienisch	ausländisch	Total
Mgl d Geschäftl	3	0	0	0	3
Präs d Gen-Dir	0	1	0	1	2
Vorsitz d Geschäftl	11	0	0	1	12
Summe	*197*	*80*	*16*	*12*	*305*

Quelle: Auswertung der selektierten Daten von Orell Füssli

Von den im Jahre 2000 gemeldeten 9'224 VR-Delegierten waren insgesamt 305 mit einer klaren Geschäftsführungsfunktion, die auf ein Arbeitsverhältnis schliessen lässt, im Handelsregister eingetragen.[59] Es ist deshalb mit der Umfrage zu prüfen, ob tatsächlich ein Teil der VR-Delegierten keine Geschäftsführungsfunktionen ausübt, sondern Spezialaufträge zu erfüllen hat. Gemäss eigener Erfahrung werden VR-Delegierte u.a. als Bindeglied zwischen Verwaltungsrat und Geschäftsführung eingesetzt, um den gegenseitigen Informationsfluss zu verbessern.

Setzt man die eingetragenen Arbeitnehmer gemäss Tabelle 12 in Relation zum Total aller VR-Delegierten pro Sprachregion gemäss Tabelle 8 so ergibt sich folgende Verteilung:

Tabelle 13: Anteil der VR-Delegierten mit Arbeitnehmerfunktion gemäss HR-Eintrag

Anzahl	deutsch	französisch	italienisch	ausländisch	Total
VR-Delegierte insgesamt	6'808	1'246	349	821	9'224
Mit Arbeitnehmerfunktion	*197*	*80*	*16*	*12*	*305*
Prozentual	*2,9%*	*6,4%*	*4,6%*	*1,5%*	*3,3%*

Quelle: Relation der Tabelle 12 zu Tabelle 8

Die Tabelle 13 basiert nur auf den im Handelsregister eingetragenen Zusatzfunktionen der VR-Delegierten, welche ein arbeitsrechtliches Verhältnis zur Ge-

---

[59] Allerdings gibt es vereinzelt Einträge von Direktoren oder Geschäftsführern, welche diese Stellung zwar innehaben, tatsächlich aber nicht in einem Arbeitsverhältnis zur Gesellschaft stehen; ein Beispiel dafür findet sich in den beiden unveröffentlichten Entscheiden des Bundesgerichtes C 443/99 und C 444/99 vom 16.8.2000, wo der Direktor trotz gekündigtem Arbeitsverhältnis seine Stellung und damit auch den Eintrag im Handelsregister beibehielt.

sellschaft vermuten lassen. Die Daten vermögen keine Angaben zu liefern, wie viele VR-Delegierte ohne eine derartige Zusatzfunktion tatsächlich in einem Arbeitsverhältnis zur Gesellschaft stehen. Erst mit einer entsprechenden Umfrage können dazu fundierte Aussagen gemacht werden.[60] Aus den vorstehenden Tabellen lassen sich zumindest folgende Vermutungen ableiten:

– Der Anteil an VR-Delegierten mit einem zusätzlichen Arbeitsverhältnis zur Gesellschaft ist von praxisrelevanter Grösse, denn bereits 305 der insgesamt 9'224 VR-Delegierten (also 3,3%) sind mit einer Zusatzfunktion im Handelsregister eingetragen, welche ein arbeitsrechtliches Verhältnis zur Gesellschaft vermuten lässt.[61]

– Im Verhältnis zur Gesamtzahl aller VR-Delegierten pro Sprachregion ist bei den französischsprachigen Delegierten eine Doppelstellung als Verwaltungsrat und Arbeitnehmer häufiger zu vermuten, als bei den VR-Delegierten mit Wohnsitz in der deutschsprachigen Schweiz.[62]

Insbesondere die zweite Vermutung ist durch eine eigene Umfrage auf ihre Richtigkeit zu prüfen. Bereits in der Botschaft zum Aktienrecht[63] wurde argumentiert, dass in der Westschweiz häufig der VR-Präsident gleichzeitig «Leiter der Geschäftsführungsstelle» sei. Dies war einer der Gründe, warum in der Schweiz mit Ausnahme der Sonderregelung für Banken und Sparkassen auf die Einführung eines strengen Dualismus im Sinne einer vollständigen Trennung von Verwaltungsrat und Geschäftsführung verzichtet wurde.

---

[60] Vgl. dazu den Fragebogen zur Umfrage hinten im Anhang 1 auf S. 506 ff.
[61] Die Umfrage unter den VR-Delegierten hat gezeigt, dass es nach effektivem Arbeitsvertrag noch wesentlich mehr sind, nämlich gesamtschweizerisch 73,2% (vgl. hinten TEIL 2 § 5 III. 3. a) auf S. 126 ff., insbesondere Tabelle 18 und Abbildung 12).
[62] Tatsächlich zeigt die eigene Umfrage aber, dass es zwar überproportional viele VR-Delegierte mit Wohnsitz in der französischsprachigen Schweiz gibt, davon jedoch nur ein geringerer Anteil als im schweizerischen Durchschnitt in einem Arbeitsverhältnis zur Gesellschaft steht (vgl. Abbildung 12 auf S. 128).
[63] Vgl. hinten auf S. 248 die detaillierten Ausführungen zur Stellungnahme des Bundesrates im Zusammenhang mit der besonderen Situation in der Westschweiz.

§ 5 Umfrage bei den VR-Delegierten

I. Zielsetzung und Vorgehensweise

1. Thesen und resultierende Fragen

Ausgangspunkt der Untersuchung waren folgende zwei Thesen:
- In der Schweiz gibt es zahlreiche Verwaltungsräte, die gleichzeitig in einem organschaftlichen und einem arbeitsvertraglichen Verhältnis zur gleichen Gesellschaft stehen; bedingt durch die Einflüsse der Rechtsordnungen unserer Nachbarstaaten gibt es bei der Häufigkeit solcher Doppelstellungen Unterschiede innerhalb der Sprachregionen.
- Die konkrete Ausgestaltung einer Doppelstellung als Verwaltungsrat und Arbeitnehmer bewirkt ein latentes Konfliktpotential, da oftmals keine oder nur ungenügende Regelungen vorhanden sind und arbeitsrechtliche Vorgaben nicht beachtet werden.

Im Zusammenhang mit diesen Thesen stellten sich insbesondere folgende Fragen:
- Wie häufig ist eine Doppelstellung als Verwaltungsrat und Arbeitnehmer bei den Aktiengesellschaften in der Schweiz?
- Wie häufig ist eine derartige Doppelstellung insbesondere bei Verwaltungsräten mit einer Zusatzfunktion?
- Ist die Häufigkeit einer Doppelstellung unterschiedlich, je nachdem die Verwaltungsräte ihren Wohnsitz in der deutschsprachigen, französischsprachigen oder italienischsprachigen Schweiz haben?
- Ist die Häufigkeit einer Doppelstellung unterschiedlich, wenn Gesellschaften eine verschieden hohe Anzahl von Beschäftigten ausweisen?
- Welche formellen und materiellen Regelungen sind in der Praxis vorhanden, wenn ein Verwaltungsrat gleichzeitig noch Arbeitnehmer der Gesellschaft ist?
- Erhalten Verwaltungsräte mit einer Doppelstellung tatsächlich arbeitsrechtlich relevante Weisungen und falls ja, von wem?

Auf den ersten Blick erschien eine breite Umfrage bei sämtlichen Aktiengesellschaften bzw. Verwaltungsräten in der Schweiz zur Beantwortung dieser Fragen als zweckmässig. Im April/Mai 2000 waren 200'519 Personen mit mindestens

§ 5 Umfrage bei den VR-Delegierten

einem Verwaltungsratsmandat im Handelsregister eingetragen.[1] Von den zum gleichen Stichtag registrierten 161'944 Aktiengesellschaften hatten aber knapp die Hälfte aller Gesellschaften einen Verwaltungsrat mit einem einzigen Mitglied.[2] Bei solchen Einzelverwaltungsräten ist ein zusätzliches Arbeitsverhältnis mangels Subordinationsverhältnis grundsätzlich rechtlich nicht möglich.[3] Eine Umfrage bei sämtlichen Verwaltungsräten würde deshalb ein stark verzerrtes Bild über die Häufigkeit einer Doppelstellung als Verwaltungsrat und Arbeitnehmer ergeben. Eine Beschränkung auf jene Gesellschaften, welche einen mehrköpfigen Verwaltungsrat haben, war deshalb zweckmässig.

Bereits eine erste Analyse des Verzeichnisses der Verwaltungsräte zeigte, dass nicht nur die VR-Mitglieder ohne Zusatzfunktionen, sondern auch die VR-Präsidenten und VR-Delegierten in vielen Fällen mehrere VR-Mandate innehaben.[4] Je mehr organschaftliche Funktionen eine einzelne Person in verschiedenen Gesellschaften ausübt, um so geringer ist umgekehrt die Wahrscheinlichkeit, dass mit einer dieser Gesellschaften zusätzlich ein Arbeitsvertrag besteht.[5] Aus der Praxis ist bekannt, dass die Funktion des VR-Delegierten i.d.R. mehr Zeit erfordert als eine andere VR-Zusatzfunktion.[6] Dennoch erhalten VR-Delegierte nach der Umfrage der BDO VISURA[7] im Durchschnitt ein geringeres Honorar als VR-Präsidenten. Daraus lässt sich die folgende dritte These ableiten:

– Ein VR-Delegierter erhält trotz seiner Zusatzfunktion im Durchschnitt ein geringeres VR-Honorar als der VR-Präsident; dafür erhält der VR-Delegierte als Arbeitnehmer der Gesellschaft zusätzliche Gehaltszahlungen bzw. Vorsorgeleistungen.[8]

Um diese These zu prüfen, wurde die Umfrage speziell auf die Situation der VR-Delegierten ausgerichtet. Es wurden u.a. gezielt Fragen zur Funktionsentschädi-

---

[1] Vgl. dazu vorne Tabelle 1 auf S. 88.
[2] Im Durchschnitt der Jahre 1998 bis 2000 hatten rund 45,1% der Gesellschaften einen Einmann-Verwaltungsrat (vgl. dazu vorne Tabelle 7 und Abbildung 7 auf S. 101 und 103).
[3] In einem Verwaltungsrat mit einem einzigen Mitglied ist es grundsätzlich unmöglich, dass die notwendige Einordnung in die Arbeitsorganisation des Arbeitgebers und die damit verbundene Weisungsabhängigkeit gegenüber dem Arbeitgeber vorhanden sein können (vgl. dazu ausführlich hinten TEIL 3 § 6 III. 3. auf S. 198 ff.), somit fehlt es aber an einem zwingenden Qualifikationsmerkmal für den Arbeitsvertrag.
[4] Selbst das anspruchsvolle Amt eines VR-Delegierten ist kein Einzelmandat; bei der Auswertung der Handelsregister-Eintragungen wurden mehrfach VR-Delegierte mit über 10 Mandaten festgestellt (vgl. dazu die Tabelle 10 vorne auf S. 106).
[5] Dagegen sprechen das notwendige zeitliche Engagement und die allfälligen Spezialvereinbarungen in einem Arbeitsvertrag (z.B. Verbot von Nebentätigkeiten, Geheimhaltungsvorschriften und Konkurrenzverbot).
[6] Vgl. MÜLLER, Arbeitsrecht, 68; MÜLLER/LIPP/PLÜSS, 76.
[7] Vgl. vorne Tabelle 4 auf S. 95.
[8] Zur Herleitung dieser These vgl. auch vorne TEIL 2 § 4 III. 2. auf S. 95 ff.

gung, zum zeitlichen Engagement und zu den speziellen Regelungen für VR-Delegierte gestellt.[9] Besonders untersucht wurde auch die Kumulation von Funktionen, insbesondere im Hinblick auf eine allfällige zusätzliche Geschäftsführerfunktion.[10] Um die notwendigen Fragen mit einer genügenden Genauigkeit stellen zu können, musste auf Fragen zur besonderen Situation als VR-Präsident oder als CEO in internationalen Konzernen verzichtet werden.[11] Ebenso musste auf besondere Fragen zur Corporate Governance verzichtet werden.[12] Im Hinblick auf den Kernbereich der Umfrage, die Erforschung der Häufigkeit und Ausgestaltung eines Arbeitsvertrages mit Verwaltungsräten, hat sich die Beschränkung jedoch als richtig erwiesen.

2. Datenselektion

Die Rechtstatsachenforschung wurde im Sinne einer quantitativen Primärforschung auf die schriftliche Befragung von VR-Delegierten beschränkt. Entgegenkommenderweise stellte der Orell Füssli Verlag aus den aktuellen Daten für das jährliche Verzeichnis der Verwaltungsräte die per 1. Juli 2000 vorhandenen Angaben der VR-Delegierten für eine wissenschaftliche Auswertung zur Verfügung.

Nach Ausschluss von doppelten Datensätzen, welche durch unterschiedliche Adressangaben bei Identität der betroffenen Verwaltungsräte entstanden waren, verblieben insgesamt 9'224 Personen, die in mindestens einer Gesellschaft die Funktion eines VR-Delegierten ausübten.[13] Eine Vollerhebung war bei dieser grossen Zahl weder notwendig noch zweckmässig.

Es musste eine repräsentative Stichprobe ausgewählt werden, die in ihrer Verteilung den hauptsächlich interessierenden Merkmalen der Gesamtmasse entspricht

---

[9] Die genauen Fragen finden sich im abgedruckten Fragebogen im Anhang 1 auf S. 506 ff.
[10] Bereits im Pretest wurde festgestellt, dass von 19 antwortenden VR-Delegierten insgesamt 17 gleichzeitig die Funktion eines Geschäftsführers ausübten.
[11] Vereinzelt wurde diese Beschränkung von den befragten VR-Delegierten bemängelt, dafür wurden die gestellten Fragen praktisch durchwegs vollständig und widerspruchsfrei beantwortet (zu den positiven und negativen Bemerkungen hinten TEIL 2 § 5 III. 1. b) auf S. 126 ff.).
[12] Eine spezielle Umfrage zur Corporate Governance in der Schweiz wurde Mitte 2001 vom Institut für Accounting, Controlling und Auditing der Universität St.Gallen in Zusammenarbeit mit der KPMG Schweiz durchgeführt; die entsprechenden Erkenntnisse wurden von der KPMG Schweiz im Herbst 2001 publiziert unter dem Titel: «Corporate Governance in der Schweiz – Verwaltungsrat zwischen Verantwortung und Haftung, Studie der KPMG Schweiz (zusammen mit Hans-Ulrich Pfyffer und Jan-Marc Bodenmann).
[13] Auskunft der BMG ComServ AG gestützt auf die von Orell Füssli zur Verfügung gestellten Daten.

und damit ein wirklichkeitsgetreues Abbild der Gesamtheit darstellt.[14] Mit einer einfachen Zufallsauswahl konnte dieses Ziel nicht erreicht werden. Nur 349 bzw. 3,8% aller VR-Delegierten hatten ihren Wohnsitz in der italienischsprachigen Schweiz; damit wäre diese Schicht untervertreten gewesen und die These einer auffälligen Ergebnisdifferenz nach Sprachregionen hätte nicht überprüft werden können. Es musste deshalb eine proportionale Schichtung nach Sprachregionen gewählt werden.[15] Dabei sollte die kleinste Untergruppe der italienischsprachigen VR-Delegierten bei der Auswertung die Untergrenze von 50 nicht unterschreiten, um noch verwertbare Ergebnisse zu erzielen.[16] Unter vorsichtiger Annahme einer Rücklaufquote von 20% an korrekt ausgefüllten Fragebogen musste deshalb bei dieser Gruppe die Stichprobengrösse mit 250 festgesetzt werden.[17] Bei den VR-Delegierten mit Wohnsitz in der französischsprachigen Schweiz wurde die Stichprobengrösse konsequenterweise mit 750 und bei jenen in der deutschsprachigen Schweiz mit 2'000 fixiert.[18]

3. Pretest

Aus den 9'224 VR-Delegierten wurden zufällig 50 mit Wohnsitz in der deutschsprachigen Schweiz ausgewählt. Nach einer Adresskontrolle konnten 45 Fragebogen verschickt werden. Davon wurden 19 (entsprechend 42,2%) vollständig ausgefüllt retourniert.[19] Gesellschaften aller Beschäftigungsgrössen und Organisationsstellungen waren vertreten, so dass gestützt darauf die definitiven Fragen redigiert werden konnten.

Bereits die Analyse der retournierten Fragen im Pretest war sehr interessant. Die Mehrzahl der antwortenden Delegierten waren gleichzeitig Geschäftsführer (17) und hatten einen schriftlichen Arbeitsvertrag (13). Dennoch gab ein Teil (7) davon an, für die Ausführung ihrer Funktion keine Weisungen zu erhalten. Um diesen

---

[14] Vgl. KÜHN/FANKHAUSER, 63 und 114.
[15] Vgl. KOCH, 36.
[16] Diese Untergrenze wurde nach den in der Markforschung üblichen Erfahrungswerten festgesetzt; vgl. KÜHN/FANKHAUSER, 131.
[17] Die Ziehung der Stichprobe erfolgte dabei mit der Software SPSS 9.0.
[18] Zur gesamten Verteilung der VR-Delegierten nach Sprachregionen vgl. vorne Tabelle 8 auf S. 104. Mit dieser Auswahl konnte nach dem Nomogramm bei KOCH, 53, ein Signifikanzniveau von rund 95% bei einer Fehlertoleranz von 2% und einem angenommenen Merkmalsanteilswert von 30% erwartet werden.
[19] Diese hohe Rücklaufquote von 42,2% beim Pretest stimmt verblüffend genau mit der Rücklaufquote von 42,1% bei der effektiven Umfrage überein (vgl. hinten Tabelle 14 auf S. 120); es war demzufolge richtig, weder im Aufbau des Fragebogens noch in der Formulierung des Begleitbriefes etwas zu ändern.

Punkt zu hinterfragen, wurden die möglichen Weisungsberechtigten um Dritte (z.B. Aktionäre oder Konzernleitung) erweitert.[20]

Der Pretest zeigte, dass die Delegiertenfunktion gelegentlich an verschiedenen Orten gleichzeitig geregelt wird (z.B. Organisationsreglement, VR-Protokolle und Arbeitsvertrag), weshalb hier bei der definitiven Umfrage von Anfang an Mehrfachnennungen zugelassen wurden.

4. Durchführung der Umfrage

Die empirische Untersuchung wurde nach den in der Sozialforschung anerkannten Phasen[21] durchgeführt:

a) Formulierung des Forschungsproblems/Aufstellung von Hypothesen
b) Konstruktion des Erhebungsinstruments/Konzeptspezifikation
c) Festlegung der Untersuchungsform/Entwurf Fragebogen
d) Stichprobenverfahren/Stichprobenziehung
e) Pretest (50 Fragebogen)
f) Datenerhebung (3'000 Fragebogen)
g) Aufbau eines analysefähigen Datenfiles/Datenerfassung und Fehlerkontrolle
h) Statistische Datenanalyse/Zusammenhangsanalysen mit Access
i) Forschungsbericht/Erarbeitung von praktischen Lösungsansätzen

Nach der Datenselektion und dem Pretest wurden alle 3'000 Fragebogen inkl. Begleitbrief und Antwortcouvert mit gleichem Datum verschickt. Als Antwortfrist wurden 45 Tage vorgegeben. Innerhalb von 10 Tagen nach dem Versand waren bereits 678 Fragebogen (entsprechend 22,6%) retourniert. Nur in 12 Fällen gaben die gestellten Fragen Anlass zu einer telefonischen Zusatzauskunft. Da auch noch nach der gesetzten Antwortfrist ausgefüllte Fragebogen retourniert wurden, erfolgte die Auswertung der Umfrage erst 90 Tage nach Versand. Noch später eingehende Fragebogen wurden nicht mehr berücksichtigt. Bereits 5 Monate nach der Umfrage wurde den Interessenten eine Kurzzusammenfassung zugestellt; eine ausführlichere Publikation der Ergebnisse erfolgte Ende 2001 in der Fachzeitschrift «Aktuelle Juristische Praxis».[22]

Nicht nur der schnelle und grosse Rücklauf zeigte, dass die Umfrage bei den VR-Delegierten auf Interesse stiess. Auch die Zusatzbemerkungen auf den Fragebo-

---

[20] Diese Frage sollte denn auch erstaunliche Ergebnisse liefern (vgl. hinten Tabelle 23 auf S. 135).
[21] Vgl. DIEKMANN, 162 ff., insbesondere Abb. V.1.
[22] Vgl. AJP 12/01 (2001) 1367 ff.

gen dokumentieren dieses Interesse.[23] Allen VR-Delegierten, welche sich an dieser Umfrage beteiligten, sei an dieser Stelle nochmals herzlich für ihre Mithilfe gedankt.

II. Ergebnisse früherer Umfragen

Es existieren zahlreiche Untersuchungen über die Zusammensetzung und die Arbeitsweise von Verwaltungsräten schweizerischer Aktiengesellschaften. Arbeitsvertragliche Aspekte wurden in diesen Untersuchungen in der Regel überhaupt nicht oder aber nur am Rande berücksichtigt. Soweit die Ergebnisse früherer Untersuchungen für die durchgeführte Umfrage bei den VR-Delegierten relevant sind, werden sie nachfolgend zusammengefasst.

– VOGEL[24] stellte 1974 auf Grund einer Umfrage durch die Schutzorganisation der privaten Aktiengesellschaften fest, dass in der Schweiz 55% aller schweizerischen AG reine Familiengesellschaften seien. Gerade die Aktionäre einer Familien-AG würden jedoch in den meisten Fällen gleichzeitig als Geschäftsleiter in der Gesellschaft tätig sein.[25] Es liege daher die Vermutung nahe, dass die Verwaltungsräte einer Familien-AG oftmals eine Doppelstellung als Verwaltungsrat und Arbeitnehmer ausübten.

– BUCHMANN[26] gelangte 1974 (publiziert 1976) in seiner Analyse von Verwaltungsräten der 20 grössten Aktiengesellschaften in der Schweiz zum Ergebnis, dass sich 18% der Verwaltungsräte aus ehemaligen Mitarbeitern rekrutieren. Der VR-Präsident ist in 18 der untersuchten 20 Gesellschaften im Vollamt angestellt. Von den untersuchten 25 Vizepräsidenten arbeiten 7 vollamtlich und 18 nebenamtlich. Bereits diese Studie zeigte, dass Verwaltungsräte vor allem dann in einem zusätzlichen Arbeitsverhältnis zur Gesellschaft stehen, wenn sie eine Zusatzfunktion ausüben.

– SPENCER STUART MANAGEMENT CONSULTANTS führte 1983 die erste repräsentative Untersuchung von 500 Verwaltungsräten in der Schweiz durch.[27] Dabei ergab sich, dass Branchenkenntnisse und Fachkompetenz gegenüber Persönlich-

---

[23] Die Zusammenfassung dieser Bemerkungen findet sich hinten im TEIL 2 § 5 III. 1. b) auf S. 120 ff.
[24] VOGEL, 48.
[25] VOGEL, 123.
[26] BUCHMANN, 38 f.
[27] Die Teilnehmer der Umfrage hatten gesamthaft in 1'275 Verwaltungsräten Einsitz (SPENCER STUART, 1).

keit, Führungsstärke, Stellung und Beziehung als weniger wichtig für die Auswahl von neuen Verwaltungsräten eingestuft werden.[28] Leitende Arbeitnehmer sind deshalb trotz ihrer Kenntnisse und Erfahrung nicht zum vornherein Spitzenanwärter, wenn es um die Neubesetzung des Verwaltungsrats geht.

- Bereits 1985 folgte eine weitere repräsentative Studie, dieses Mal von der BOARDPOWER AG, über die Situation in Schweizer Industrie-Verwaltungsräten. Befragt wurden über 250 aktive Verwaltungsratsmitglieder von Industriebetrieben, deren Aktienkapital grösser als CHF 100'000.– und kleiner als CHF 10 Mio. ist.[29] Die Analyse der Traktanden von Verwaltungsratssitzungen ergab, dass 78% der Sitzungsthemen kurzfristige Finanzprobleme betreffen; operative Entscheide stehen deshalb im Vordergrund, wogegen strategische Überlegungen vernachlässigt werden.[30] Angesichts dieser Sitzungsschwerpunkte wird verständlich, dass bei Industriegesellschaften vielfach der CEO, gelegentlich aber auch noch der CFO im Verwaltungsrat Einsitz nehmen.

- PIC publizierte 1997 die Ergebnisse von Untersuchungen durch Spencer Stuart zu Fragen der Corporate Governance aus 15 verschiedenen Ländern. In diesem Werk finden sich u.a. Angaben zur Zusammensetzung der Verwaltungsräte. Danach herrscht in der Schweiz bei 63% aller Gesellschaften eine Trennung von VR-Präsident und CEO; die Verwaltungsräte bestehen zu 89% aus nicht-exekutiven Mitgliedern.[31]

- 1989 publizierten BLEICHER/LEBERL/PAUL die Ergebnisse von zwei breit angelegten Forschungsprojekten über die rechtlichen Bedingungen und die praktische Gestaltung von Spitzenorganen in deutschen, amerikanischen und schweizerischen Aktiengesellschaften. Bezüglich der Situation in der Schweiz wurde in Übereinstimmung mit der Studie von SPENCER STUART festgestellt, dass Persönlichkeit und Führungsstärke eines VR-Mitglieds der Unternehmung mehr nützen als seine Branchenkenntnisse und Fachkompetenz.[32] BLEICHER/LEBERL/PAUL haben die Rechtsstellung der VR-Mitglieder nicht untersucht. Statt dessen nahmen sie eine Unterscheidung in «Ressortloser Verwaltungsrat» und «Ressortierter Verwaltungsrat» vor[33], woraus sich jedoch keine Rückschlüsse auf ein allfälliges Arbeitsverhältnis ziehen lassen.

- BILAND untersuchte 1988 die Rolle des Verwaltungsrates im Prozess der strategischen Unternehmungsführung. Dabei wurden nur 20 ausgefüllte Fragebo-

---

[28] SPENCER STUART, 4 bzw. 14 f.
[29] Vgl. FOPP, 333.
[30] FOPP, 333.
[31] PIC, 18; ein Auszug der entsprechenden Ergebnisse ist hinten in Tabelle 34 auf S. 252 wiedergegeben.
[32] BLEICHER/LEBERL/PAUL, 244.
[33] BLEICHER/LEBERL/PAUL, 251 f.

gen und 21 durchgeführte Gespräche ausgewertet, was Rückschlüsse auf grössere Einheiten praktisch verunmöglicht.[34] U.a. wurde in der schriftlichen Erhebung die Frage nach der Anzahl Angestelltenvertreter gestellt.[35] Leider finden sich in der Dissertation von BILAND keine detaillierten Angaben zur Beantwortung dieser Frage; es wird lediglich bei der Zusammensetzung der untersuchten Verwaltungsräte darauf hingewiesen, dass die nicht einer aufgeführten Interessengruppe zuzuordnenden Mitglieder allgemein zu den «Unternehmerpersönlichkeiten» zu zählen sind.[36] Es ist zu vermuten, dass in den untersuchten Gesellschaften keine Arbeitnehmervertreter in den Verwaltungsräten Einsitz hatten, da sonst deren Anzahl konkret angegeben worden wäre.

– Ein Jahr später wurde die Dissertation von GLAUS zum Thema der Unternehmensüberwachung durch schweizerische Verwaltungsräte publiziert. Ausgangspunkt der nicht repräsentativen Untersuchung waren die auswertbaren Angaben von 21 Verwaltungsräten der 50 grössten Aktiengesellschaften der Schweiz.[37] Die Auswertung der Daten ergab u.a., dass 98% der befragten Verwaltungsratsmitglieder ohne Zusatzfunktion ihre Aufgabe nebenamtlich ausübten. «Bei den 4 Verwaltungsräten aus dem Industriebereich, die ihre Aufgabe vollamtlich wahrnehmen, handelt es sich um ehemalige Top Manager des betreffenden Unternehmens und um Top Manager von einzelnen, besonders bedeutsamen Konzernunternehmen.»[38] Von den 21 untersuchten Gesellschaften hatten 13 einen hauptamtlichen Präsidenten, 2 einen hauptamtlichen Vizepräsidenten und 16 einen hauptamtliche Delegierten.[39] Ob diese hauptamtlich tätigen Verwaltungsratsmitglieder in einem Arbeitsverhältnis zur Gesellschaft standen, wurde nicht untersucht.

– WUNDERER[40] publizierte 1995 die Ergebnisse von 31 Interviews und 55 Fragebögen im Zusammenhang mit der Befragung von Verwaltungsräten der 55 grössten Aktiengesellschaften in der Schweiz. Von den befragten VR-Präsidenten befürworten 70% eine vollamtliche Ausübung ihrer Funktion, wogegen nur 38% der GL-Vorsitzenden bzw. 44% der GL-Mitglieder einen vollamtlichen VR-Präsidenten wünschten; als Ablehnungsgrund für eine vollamtliche Amtsausübung wurde vor allem die Gefahr einer zu starken operativen Involvierung des VR-Präsidenten gesehen.[41]

---

[34] Vgl. BILAND, 195 f.
[35] Vgl. BILAND, 317; es wurde jedoch nicht untersucht, ob die Verwaltungsräte ihre Aufgabe hauptamtlich oder nebenamtlich erfüllen.
[36] BILAND, 203.
[37] Vgl. GLAUS, 100.
[38] GLAUS, 123.
[39] Vgl. GLAUS, 121 ff.
[40] Vgl. WUNDERER, VR-Präsident, 129 ff. und 359 f.
[41] WUNDERER, VR-Präsident, 325.

- ERNY[42] unternahm im Jahr 2000 eine empirische Untersuchung über die Praxis der verwaltungsrätlichen Tätigkeit. Leider konnten dabei von 347 verschickten Fragebogen nur 28 ausgewertet werden, was representative Aussagen verunmöglichte. Untersucht wurden zwar die Organisationsform und die Arbeitsbelastung der Verwaltungsräte, nicht jedoch das Verhältnis der Verwaltungsratsmitglieder zur Gesellschaft. In 14% der untersuchten Fälle stellte Erny eine Identität von Verwaltungsrat und Geschäftsleitung fest.[43] Es ist zu vermuten, dass in diesen Fällen auch eine Doppelstellung als Verwaltungsrat und Arbeitnehmer zu konstatieren wäre.

- Die BDO VISURA verschickte im Jahre 2002 insgesamt 16'322 Umfragebogen, welche erstmals nicht nur Fragen zur Entschädigung der Verwaltungsräte, sondern auch zur Personalunion von Verwaltungsrat und Geschäftsleitung enthielten. Aus den 1'223 auswertbaren Antworten ergab sich folgende Übersicht:[44]

    • Bei 56,9% der antwortenden Gesellschaften ist der Präsident des Verwaltungsrats auch gleichzeitig der Vorsitzende der Geschäftsleitung (Personalunion).

    • In der französischsprachigen Schweiz ist der prozentuale Anteil der Personalunion nur gerade 1% höher als in der Deutschschweiz.

    • Bei den Banken gibt es entsprechend der gesetzlichen Vorgabe in Art. 8 Abs. 2 BankV keinen Fall einer Personalunion mit Funktionen des Verwaltungsrats und der Geschäftsleitung.

In der Schweiz wurden bis heute keine weiteren Umfragen oder Analysen mit einem direkten oder indirekten Zusammenhang mit dem Thema der arbeitsrechtlichen Stellung des Verwaltungsrats oder der besonderen Situation der VR-Delegierten durchgeführt bzw. publiziert. Umso spannender gestaltete sich deshalb die Auswertung der eigenen Umfrage.

---

[42] ERNY, 287 ff.
[43] ERNY, 312.
[44] BDO VISURA, 2002, 21 und 30.

III. Ergebnisse der eigenen Umfrage

1. Allgemeine Auswertung

a) Rücklauf und Qualität der Antworten

Von den ausgewählten 3'000 Adressen erwiesen sich nur 45 (1,5%) als falsch; dabei wurde als Grund mehrheitlich ein Wegzug ohne neue Adressangabe angegeben. Zudem wurde in zwei Fällen die Annahme ohne Grundangabe verweigert.

Trotz der relativ hohen Aktualität der Daten (letzte Aktualisierung vor maximal 8 Monaten) waren 6 der angeschriebenen VR-Delegierten bereits verstorben und 25 hatten ihre Funktion zwischenzeitlich aufgegeben. In zwei Fällen wurde darauf hingewiesen, dass der Austritt aus dem Verwaltungsrat bereits vor längerer Zeit erfolgt sei (konkret im Jahre 1992 bzw. schon 1989). Eine entsprechende Nachkontrolle ergab, dass diese VR-Delegierten trotz ihres Rücktrittes aus ungeklärten Gründen im Handelsregister nicht gelöscht worden waren; eine Kontrolle der Löschung im Handelsregister ist deshalb jedem ausscheidenden Verwaltungsrat dringend zu empfehlen!

Retourniert wurden insgesamt 1'273 Fragebogen, davon waren 2 unvollständig und 9 überhaupt nicht ausgefüllt; letztlich konnten somit 1'262 Fragebogen ausgewertet werden. Für das Nichtausfüllen wurde als Begründung angegeben, beim betroffenen Unternehmen handle es sich um einen Spezialfall (Unternehmensverbund, Holding ohne Personal, inaktiver Filialsitz, CEO mit Unternehmerfunktion) oder die Gesellschaft sei zwischenzeitlich liquidiert worden.

Die Rücklaufquote war innerhalb der Sprachregionen zwar unterschiedlich, aber dennoch jeweils genügend hoch, um die notwendige Anzahl an Antworten für eine fundierte Auswertung zu erhalten. Aus den Bemerkungen auf den Fragebogen ist zu schliessen, dass sich die Mehrheit der VR-Delegierten für das Thema einer Doppelstellung als Verwaltungsrat und Arbeitnehmer interessiert. Insbesondere die Frage nach der Rücktrittsmöglichkeit[45] scheint die Problematik einer Doppelstellung verdeutlicht zu haben. Verschiedene VR-Delegierte gaben an, im Unklaren über ihre allfällige Rücktrittsmöglichkeit bzw. Kündigungsfrist zu sein.

---

[45] Die konkrete Fragestellung ist aus dem Fragebogen im Anhang 1 auf S. 506 ff. ersichtlich.

Tabelle 14: Umfragerücklauf nach Sprachregionen

Rücklauf nach Sprachregionen	deutsch	französisch	italienisch	Total
Versand an Fragebogen	2'000	750	250	3'000
Ausgefüllt retourniert	893	283	86	1'262
Rücklauf in Prozenten	*44,6%*	*37,7%*	*34,4%*	*42,1%*

Quelle: Auswertung der Umfrage 2001 zum Thema «Der Verwaltungsrat als Arbeitnehmer»

Die Qualität der gegebenen Antworten war durchwegs gut. Dort wo vereinzelt Fragen nicht beantwortet waren, konnte der Betreffende die Antwort offensichtlich aus Unkenntnis nicht geben; bewusste Nicht- oder Fehlangaben konnten keine festgestellt werden. Auch die kleinste Einheit von 86 retournierten Fragebogen bei den VR-Delegierten mit Wohnsitz in der italienischsprachigen Schweiz genügte, um jeweils differenzierte Auswertungen nach Sprachregionen vornehmen zu können.

b) **Bemerkungen auf den retournierten Fragebogen**

Auf 191 der insgesamt 1'262 verwertbaren Fragebogen wurden Bemerkungen angebracht. Sie zeigen, wie unterschiedlich die VR-Delegierten auf die Umfrage reagierten und wie speziell die Verhältnisse sein können. Insgesamt lassen aber auch diese Bemerkungen den Schluss zu, dass die Fragen grundsätzlich verständlich gestellt waren und die Antworten demzufolge als verlässlich einzustufen sind. Eine vollständige Wiedergabe ist unmöglich, da viele der Bemerkungen Rückschlüsse auf den VR-Delegierten bzw. die Gesellschaft ermöglichen, die Anonymität der Antwortenden jedoch strikte gewahrt bleiben soll. Immerhin lassen sich die wichtigsten Bemerkungen zur Umfrage thematisch wie folgt zusammenfassen:

Positive Bemerkungen:

- Die Untersuchung entspricht einem echten Bedürfnis.
- Das Thema ist sehr aktuell.
- Die Fragen stellen sich vor allem im Zusammenhang mit Tochtergesellschaften von ausländischen Konzernen.
- Faut-il garder ou pas une barrière entre les deux fonctions d'administrateur et d'employé?

Negative Bemerkungen:

- Bei Familien-Aktiengesellschaften herrschen besondere Verhältnisse.
- Die Fragen sind nicht einfach und nicht vollständig.
- Zusätzlich sind Aktionärbindungsverträge zu berücksichtigen.

Bemerkenswert häufig wurde auf eine besondere Aktienverteilung hingewiesen und damit die Auswertbarkeit der Antworten in Frage gestellt. Für VR-Delegierte, welche gleichzeitig Allein- bzw. Mehrheitsaktionär (eventuell in einer Familien-AG) sind, erscheinen die Fragen nach Weisungen und Rücktrittsmöglichkeit prima vista wenig sinnvoll. Aus diesem Blickwinkel ist es verständlich, dass die Frage nach der Aktienverteilung als fehlend bezeichnet wurde. Allerdings lassen eben gerade die Fragen nach der Weisungsgebundenheit und der Rücktrittsmöglichkeit erkennen, ob die Aktiengesellschaft durch den VR-Delegierten massgebend selbst beherrscht wird. Nachstehend sind die wichtigsten Bemerkungen diesbezüglich zusammengefasst wiedergegeben.

Hinweise auf Spezialsituationen

- Allein- bzw. Mehrheitsaktionär (25 Nennungen)
- Familien-AG (18 Nennungen)
- Entschädigung nur als Geschäftsleiter, keine zusätzliche Entschädigung als VR-Delegierter
- Habe nach Verkauf Festvertrag für 3 Jahre, suche Geschäftsführer
- Haftung als VR im Vertrag auf Holding als Auftraggeber abgewälzt
- Gelegentlich vermischen sich die Tätigkeiten als CEO mit denjenigen als VR-Delegierter
- Arbeitsvertrag als Geschäftsleitungsvorsitzender, Entschädigung/Lohn etc. dafür; als VR-Delegierter nur Versicherung zusätzlich
- In unserem Verständnis entspricht die Rolle des VR-Delegierten der des CEO, arbeitsrechtlich Anstellungsvertrag als CEO
- Problème de prévoyance de vieillesse mérite attention particulière pour le délégué
- Doppelfunktion Geschäftsführer/VR-Delegierter. Arbeitsvertragsbestimmungen als GF geregelt. Zusätzlich Kompetenzen/Pflichten im Organisationsreglement.
- Als VR-Delegierter einer reinen Mitarbeiter-AG mit Namenaktien ist die Bedeutung der Funktion nur eine formelle Angelegenheit
- Entschädigung für VR-Mandat ist im Gehalt inbegriffen

– Als Elektroingenieur und Berater gegen Spesenentschädigung und in Sonderfällen Provision

c) Interesse an der Auswertung

Die hohe Rücklaufquote und die zahlreichen positiven Bemerkungen auf den Fragebogen liessen vermuten, dass viele der antwortenden VR-Delegierten Interesse an einer Zusammenfassung der Ergebnisse haben würden. Tatsächlich wünschten 822 (65,1%) der insgesamt 1'262 Antwortgeber ausdrücklich eine Kurzfassung der Umfrageergebnisse. Dieser Wunsch wurde 5 Monate nach der Umfrage durch Versand einer vierseitigen Kurzzusammenfassung in Deutsch und Französisch sowie einer Internetveröffentlichung von 32 Seiten vollständig erfüllt. Zudem wurden die wichtigsten Ergebnisse Ende 2001 in der AJP publiziert,[46] um für die interessierten Juristen einen Aktualitätsverlust der Daten zu vermeiden.

Neben der Zahl der Interessenten können keine weiteren Aussagen zu diesem Punkt gemacht werden. Die angegebenen Adressen wurden zur Wahrung der Anonymität strikte getrennt von den Fragebogen in einer separaten Datenbank erfasst. Auch die Daten der Umfrage selbst wurden nur zum Zwecke der vorliegenden wissenschaftlichen Arbeit ausgewertet. Damit kann die im Begleitschreiben versprochene Vertraulichkeit allen Teilnehmern der Umfrage garantiert werden.

2. Auswertung der von den Antworten betroffenen Gesellschaften

a) Beschäftigungsgrösse der Gesellschaften nach Sprachregionen

Innerhalb der drei Sprachregionen waren VR-Delegierte aus Gesellschaften aller relevanten Beschäftigungsgrössen vertreten. Mehrere Auswertungen wurden deshalb nicht nur nach Sprachregionen, sondern auch nach Beschäftigungsgrössen differenziert. Soweit sich jedoch keine signifikanten Unterschiede ergaben, wurde auf eine gesonderte Auflistung verzichtet.

---

[46] AJP 12/01 (2001) 1367 ff.

§ 5 Umfrage bei den VR-Delegierten

Tabelle 15: Grösse der Gesellschaften mit VR-Delegierten nach Sprachregionen

Gesellschaften nach Beschäftigungsgrösse	deutsch-sprachig	französisch-sprachig	italienisch-sprachig	Total
1 bis 9 Beschäftigte	337 (37,7%)	84 (31,6%)	35 (40,7%)	456 (36,1%)
10 bis 49 Beschäftigte	296 (33,1%)	124 (46,6%)	31 (36,0%)	451 (35,7%)
50 bis 249 Beschäftigte	187 (21,0%)	49 (18,4%)	17 (19,8%)	253 (20,1%)
250 bis 499 Beschäftigte	45 (5,1%)	11 (1,5%)	2 (2,3%)	58 (4,6%)
500 und mehr Beschäftigte	28 (3,1%)	15 (1,9%)	1 (1,2%)	44 (3,5%)
Summe	*893 (100%)*	*283 (100%)*	*86 (100%)*	*1262 (100%)*

Quelle: Auswertung der Umfrage 2001 zum Thema «Der Verwaltungsrat als Arbeitnehmer»

Eine graphische Darstellung der Verteilung zeigt deutlich, dass die VR-Delegierten überwiegend in kleinen und mittleren Gesellschaften mit bis zu 49 Beschäftigten eingesetzt werden. Auffällig ist dabei die Verteilung bei den VR-Delegierten mit französischsprachigem Wohnsitz: Hier gibt es markant mehr VR-Delegierte bei den Unternehmen mit 10 bis 49 Beschäftigten (46,6%) als bei den kleinen Unternehmen mit 1 bis 9 Beschäftigten (31,6%).

Abbildung 9: Häufigkeit von VR-Delegierten nach Sprachregionen und Grösse

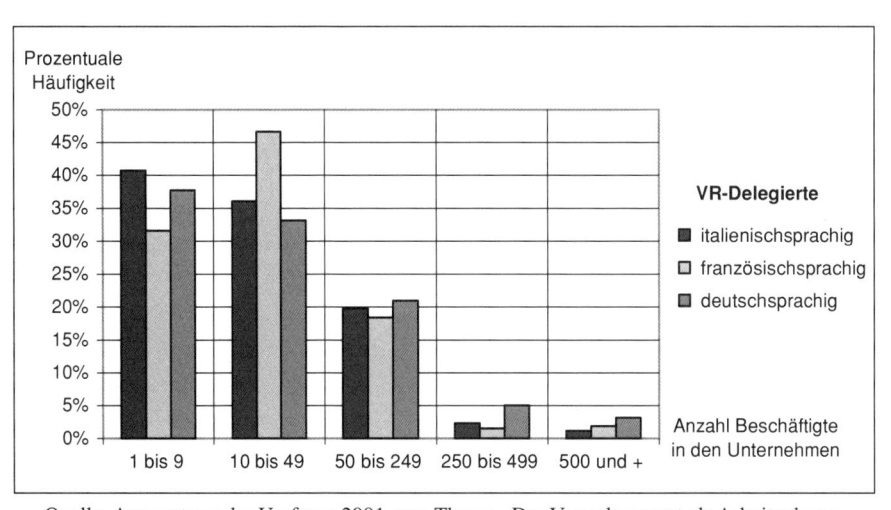

Quelle: Auswertung der Umfrage 2001 zum Thema «Der Verwaltungsrat als Arbeitnehmer»

b) Stellung der Gesellschaften nach Sprachregionen

In Konzernen ist der Einsatz von VR-Delegierten zweckmässig, weil sich dadurch der Verwaltungsrat der Holdinggesellschaft zielgerichtet über die Situation und Entwicklung der Tochtergesellschaften orientieren kann. Es könnte deshalb vermutet werden, dass die meisten VR-Delegierten bei Muttergesellschaften anzutreffen wären und umgekehrt am wenigsten bei Tochtergesellschaften. Um diese Frage zu klären, wurde speziell nach der Stellung des jeweiligen Unternehmens gefragt.[47] Dabei zeigte sich, dass auch bei einer «Zwischenholding» VR-Delegierte vorkommen können.[48] Allerdings ist diese Gesellschaftsfunktion generell selten, so dass sie auch in der Auswertung vernachlässigbar klein ist.

Tabelle 16: Stellung der Gesellschaften mit VR-Delegierten nach Sprachregionen

Art der Stellung	Deutsch	Französisch	Italienisch	Total
Unabhängig	428 (47,9%)	147 (51,9%)	44 (51,2%)	619 (49,0%)
Muttergesellschaft	209 (23,4%)	73 (25,8%)	17 (19,8%)	299 (23,7%)
Tochtergesellschaft	252 (28,2%)	62 (21,9%)	23 (26,7%)	337 (26,7%)
Zwischenholding	4 (0,5%)	1 (0,4%)	2 (2,3%)	7 (0,6%)
Summe	*893 (100%)*	*283 (100%)*	*86 (100%)*	*1'262 (100%)*

Quelle: Auswertung der Umfrage 2001 zum Thema «Der Verwaltungsrat als Arbeitnehmer»

Am meisten VR-Delegierte (gesamtschweizerisch 49,0%) sind entgegen der ursprünglichen Vermutung bei unabhängigen Gesellschaften anzutreffen. Nicht die Kontrolle der Tochtergesellschaften, sondern die Kontrolle des operativen Geschäftes als solches steht deshalb beim Einsatz eines VR-Delegierten im Vordergrund. Diese Aussage gilt grundsätzlich unabhängig von der Sprachregion, in welcher der VR-Delegierte seinen Wohnsitz hat.

---

[47] Vgl. dazu Frage 2 des Umfragebogens im Anhang 1 auf S. 506 ff.
[48] Als Zwischenholding wird hier eine Gesellschaft bezeichnet, welche zwar von einer Muttergesellschaft abhängig ist, aber dennoch eigene Tochtergesellschaften hat.

Abbildung 10: Stellung der Gesellschaften mit VR-Delegierten

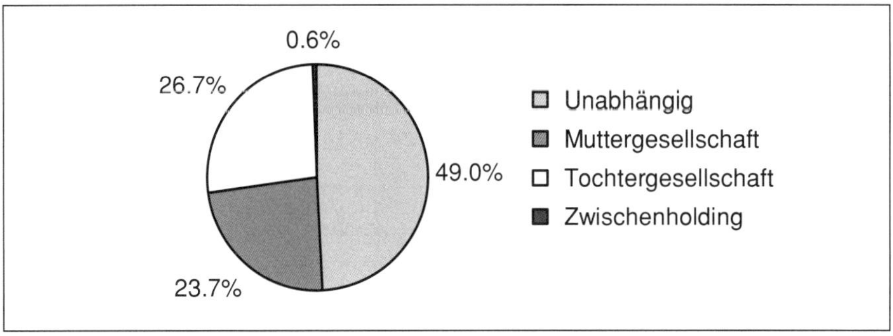

- 0.6% Unabhängig
- 26.7%
- 49.0% Muttergesellschaft / Tochtergesellschaft
- 23.7% Zwischenholding

Quelle: Auswertung der Umfrage 2001 zum Thema «Der Verwaltungsrat als Arbeitnehmer»

c) Gleichzeitige Auswertung nach Beschäftigungsgrösse und Stellung

Um zu ermitteln, in welchen Unternehmen typischerweise VR-Delegierte eingesetzt werden, anerbot sich die gleichzeitige Auswertung nach Grösse und Stellung der Gesellschaften.

Tabelle 17: Verteilung der VR-Delegierten nach Grösse und Stellung der Unternehmen

Beschäftigte	Unabhängig	Mutterges.	Tochterges.	Zwischenh.	Total
1–9	301 (66,2%)	47 (10,3%)	107 (23,5%)	1 (14,3%)	456 (36,1%)
10–49	237 (52,9%)	88 (19,6%)	123 (27,5%)	3 (42,8%)	451 (35,7%)
50–249	74 (29,5%)	105 (41,8%)	72 (28,7%)	2 (28,6%)	253 (20,1%)
250–499	5 (8,6%)	29 (50,0%)	24 (41,4%)	0 (0,0%)	58 (4,6%)
500 +	2 (4,7%)	30 (69,8%)	11 (25,6%)	1 (14,3%)	44 (3,5%)
Summe	*619 (100%)*	*299 (100%)*	*337 (100%)*	*7 (100%)*	*1'262 (100%)*

Quelle: Auswertung der Umfrage 2001 zum Thema «Der Verwaltungsrat als Arbeitnehmer»

Die graphische Darstellung der prozentualen Daten zeigt deutlich, dass die unabhängigen Gesellschaften, bei denen VR-Delegierte eingesetzt werden, mit zunehmender Beschäftigungsgrösse zu Gunsten von Muttergesellschaften zurückgehen.

Abbildung 11: VR-Delegierte nach Beschäftigungsgrösse und Stellung der Unternehmen

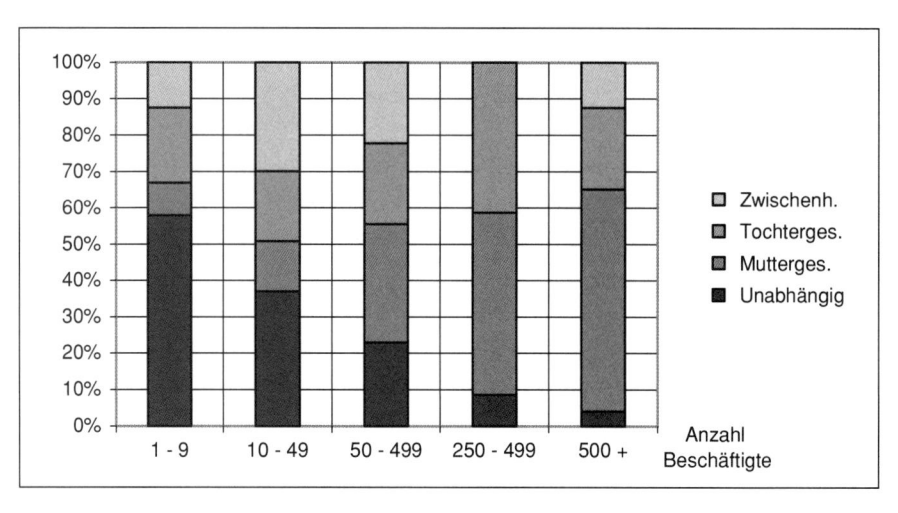

Quelle: Graphische Darstellung von Tabelle 17

3. Auswertung in Bezug auf das Rechtsverhältnis zur Gesellschaft

a) Rechtsverhältnis der VR-Delegierten zur Gesellschaft nach Sprachregionen

Von besonderem Interesse war die Auswertung des Verhältnisses zur Gesellschaft. Nach den Ergebnissen des Pretests konnte davon ausgegangen werden, dass die Mehrzahl der VR-Delegierten gleichzeitig Geschäftsführer mit einem schriftlichen Arbeitsvertrag sind.[49] Umso spannender gestaltete sich die Auswertung der Fragebogen. Lediglich drei der antwortenden VR-Delegierten hatten diese Frage ohne Grundangabe nicht beantwortet. In allen Sprachregionen kann deshalb von repräsentativen Antworten ausgegangen werden.

---

[49] Zu den Ergebnissen des Pretests vgl. vorne TEIL 2 § 5 I. 3. S. 113 f.

Tabelle 18: Rechtsverhältnis der VR-Delegierten zur Gesellschaft nach Sprachregionen

Art des Rechtsverhältnisses	Deutsch	Französisch	Italienisch	Total
Organver. und Auftragsverhältnis	95 (10,7%)	57 (20,3%)	11 (12,8%)	163 (13,0%)
Organver. und mdl. Arbeitsvertrag	205 (23,0%)	70 (24,9%)	30 (34,9%)	305 (24,2%)
Organver. und schr. Arbeitsvertrag	482 (54,0%)	104 (37,0%)	31 (36,0%)	617 (49,0%)
Nur Organverhältnis	110 (12,3%)	50 (17,8%)	14 (16,3%)	174 (13,8%)
Summe	*892 (100%)*	*281 (100%)*	*86 (100%)*	*1'259 (100%)*

Quelle: Auswertung der Umfrage 2001 zum Thema «Der Verwaltungsrat als Arbeitnehmer»

Die Erwartungen wurden durch die Ergebnisse übertroffen: Insgesamt 922 von 1'259 antwortenden VR-Delegierten standen per Ende 2000 in einem mündlichen oder schriftlichen Arbeitsverhältnis zur Gesellschaft; das sind 73,2%! Nur knapp 13,0% deklarierten zusätzlich zum Organverhältnis ein Auftragsverhältnis und nur 13,8% befanden sich ausschliesslich in einem organschaftlichen Verhältnis zur Gesellschaft. Dabei sind Unterschiede innerhalb der Sprachregionen festzustellen: Während bei den VR-Delegierten mit Wohnsitz in der deutschsprachigen Schweiz 77,0% in einem mündlichen oder schriftlichen Arbeitsverhältnis zur Gesellschaft stehen, sind es in der französischsprachigen Schweiz nur 61,9% und in der italienischsprachigen Schweiz 70,9%. Es gibt somit überproportional viele VR-Delegierte mit Wohnsitz in der französischsprachigen Schweiz,[50] von denen jedoch nur ein geringerer Anteil als im schweizerischen Durchschnitt in einem Arbeitsverhältnis zur Gesellschaft steht.

---

[50] Vgl. dazu die Erkenntnisse aus der Gegenüberstellung mit den Daten der Volkszählung auf S. 104 f.

Abbildung 12: Rechtsverhältnis der VR-Delegierten zur Gesellschaft nach Sprachregionen

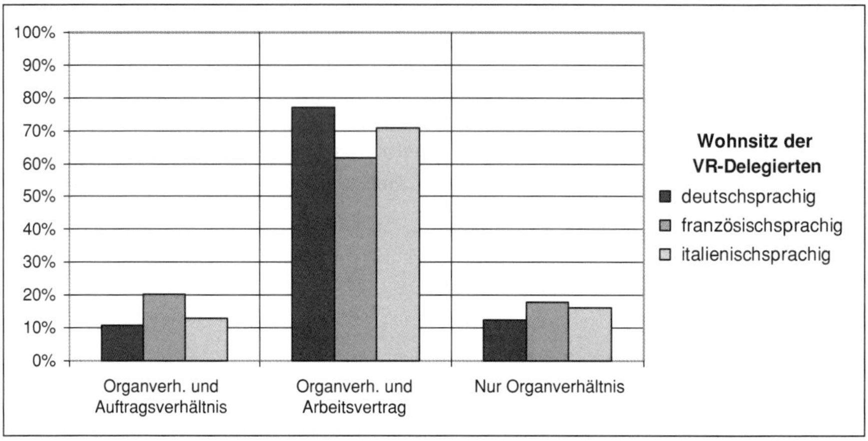

Quelle: Graphische Darstellung von Tabelle 18

b) Verhältnis der VR-Delegierten zur Gesellschaft nach Beschäftigungsgrösse

Neben der Verteilung nach Sprachregionen interessiert besonders ein allfälliger Zusammenhang mit der Beschäftigungsgrösse der Gesellschaft. Grundsätzlich lassen sich drei Thesen vertreten:

- In kleinen Gesellschaften sind Arbeitsverträge mit VR-Delegierten am häufigsten, weil dort der VR-Delegierte vielfach gleichzeitig Geschäftsführer ist.

- In kleinen Gesellschaften sind Arbeitsverträge mit VR-Delegierten am seltensten, weil dort die Finanzkraft zur Anstellung eines vollamtlichen Funktionsträgers meistens fehlt.

- Die Beschäftigungsgrösse hat keinen Einfluss auf das Verhältnis des VR-Delegierten zur Gesellschaft; massgebend sind vielmehr die Stellung des Unternehmens und die Zusatzfunktion des VR-Delegierten als Geschäftsführer oder Mitglied der Geschäftsleitung.

Mit den gewonnen Daten aus der eigenen Untersuchung ist es möglich, eine klare Aussage zu diesen drei Thesen zu machen. Tabellarisch lassen sich die Antworten wie folgt darstellen:

§ 5 Umfrage bei den VR-Delegierten

Tabelle 19: Rechtsverhältnis der VR-Delegierten zur Gesellschaft nach Beschäftigungsgrösse

Beschäftigungs-grösse	Auftrag	Arbeitsvertrag	Nur Organverh.	Total
1 bis 9	77 (47,2%)	289 (31,3%)	89 (51,1%)	455 (36,1%)
10 bis 49	58 (35,6%)	341 (37,0%)	52 (29,9%)	451 (35,8%)
50 bis 249	20 (12,3%)	210 (22,8%)	21 (12,1%)	251 (19,9%)
250 bis 499	5 (3,1%)	48 (5,2%)	5 (2,9%)	58 (4,6%)
500 und mehr	3 (1,8%)	34 (3,7%)	7 (4,0%)	44 (3,5%)
Summe	*163 (100%)*	*922 (100%)*	*174 (100%)*	*1'259 (100%)*

Quelle: Auswertung der Umfrage 2001 zum Thema «Der Verwaltungsrat als Arbeitnehmer»

Werden die prozentualen Daten in graphischer Form dargestellt, zeigt sich, dass die Beschäftigungsgrösse nur einen geringen Einfluss auf das Rechtsverhältnis der VR-Delegierten zur Gesellschaft hat.

Abbildung 13: Rechtsverhältnis der VR-Delegierten zur Gesellschaft nach Grösse

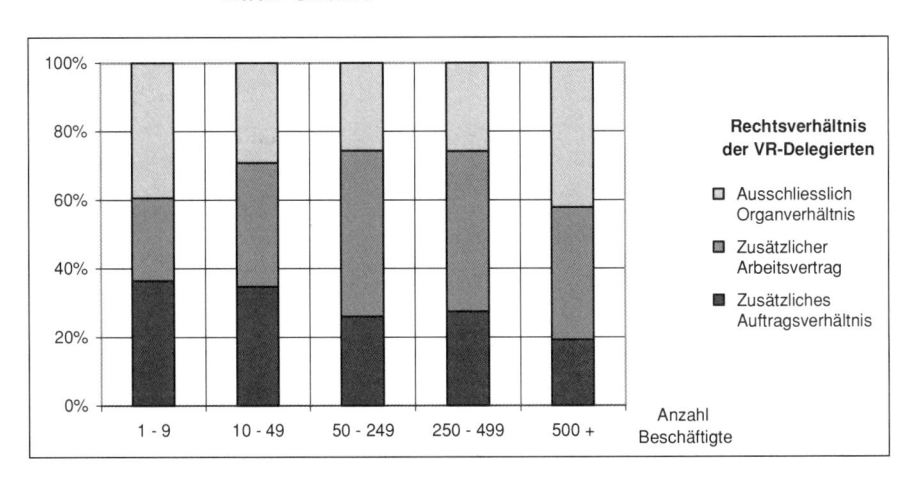

Quelle: Graphische Darstellung von Tabelle 19

Immerhin lassen sich aus der vorstehenden Abbildung folgende Schlussfolgerungen ziehen:

- Je mehr Beschäftigte eine Gesellschaft hat, umso weniger findet sich beim VR-Delegierten zusätzlich zum Organverhältnis noch ein Auftragsverhältnis zur Gesellschaft; die Beschäftigungsgrösse hat demnach einen klar nachweisbaren Einfluss auf ein zusätzliches Auftragsverhältnis der VR-Delegierten.
- In den ganz kleinen und den ganz grossen Gesellschaften sind Arbeitsverträge mit VR-Delegierten weniger häufig als bei den Gesellschaften mit 10 bis 499 Beschäftigten; die Beschäftigungsgrösse hat demnach grundsätzlich keinen Einfluss auf ein zusätzliches Arbeitsverhältnis der VR-Delegierten.

c) **Rechtsverhältnis der VR-Delegierten zur Gesellschaft nach ihrer Stellung**

Nachdem die Beschäftigungsgrösse nur einen geringen Einfluss auf das Rechtsverhältnis der VR-Delegierten zur Gesellschaft ergeben hat, soll dieselbe Frage im Zusammenhang mit der Stellung der Gesellschaft in einem allfälligen Konzernverhältnis beantwortet werden.

Tabelle 20: Rechtsverhältnis der VR-Delegierten nach Stellung der Gesellschaft

Stellung	Auftragsverh.	Arbeitsvertrag	Nur Organverh.	Total
Unabhängige Gesellschaft	92 (56,4%)	435 (47,2%)	89 (51,1%)	616 (48,9%)
Muttergesellschaft	35 (21,5%)	227 (24,6%)	37 (21,3%)	299 (23,7%)
Tochtergesellschaft	35 (21,5%)	254 (27,5%)	48 (27,6%)	337 (26,8%)
Zwischenholding	1 (0,6%)	6 (0,7%)	0 (0,0%)	7 (0,6%)
Summe	*163 (100%)*	*922 (100%)*	*174 (100%)*	*1'259 (100%)*

Quelle: Auswertung der Umfrage 2001 zum Thema «Der Verwaltungsrat als Arbeitnehmer»

Eine graphische Darstellung dieser Tabelle zeigt, dass sich die prozentuale Verteilung der Rechtsverhältnisse nur unwesentlich ändert, wenn die Gesellschaft nicht unabhängig ist, sondern in einem Konzernverbund steht.

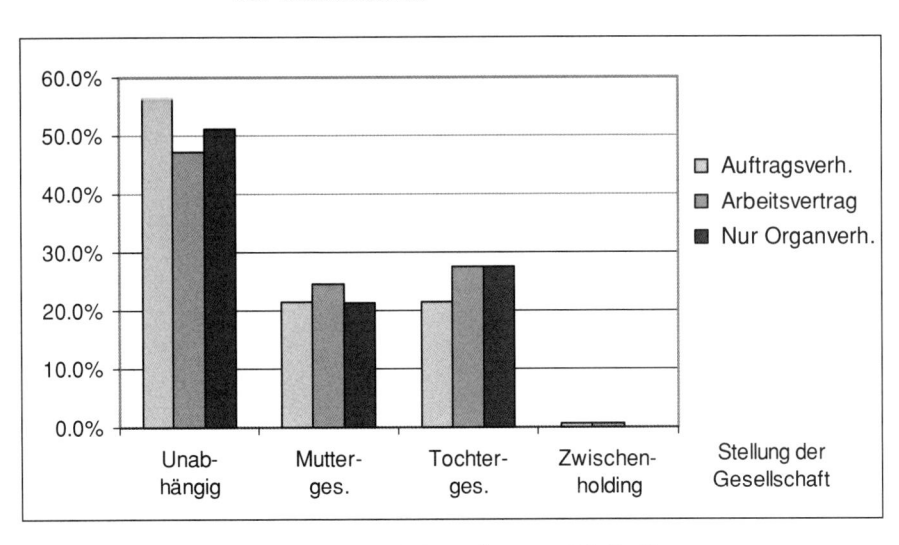

Abbildung 14: Rechtsverhältnis der VR-Delegierten nach Stellung der Gesellschaft

Quelle: Graphische Darstellung von Tabelle 20

d) Rechtsverhältnis der VR-Delegierten zur Gesellschaft nach Zusatzfunktionen

Von besonderem Interesse ist die Auswertung der Angaben zum Rechtsverhältnis der VR-Delegierten im Zusammenhang mit den verschiedenen Zusatzfunktionen. Hier konnte vermutet werden, dass vor allem dann ein Arbeitsvertrag vorliegen würde, wenn ein VR-Delegierter gleichzeitig als Geschäftsführer oder Vorsitzender der Geschäftsleitung tätig ist. Ebenfalls nahe liegend war die Vermutung, dass bei einer anderen Funktion als Arbeitnehmer auch für die Tätigkeit als VR-Delegierter ein Arbeitsvertrag bestehen würde. Bereits die tabellarische Darstellung der Ergebnisse bestätigt diese beiden Vermutungen; bei der Tabelle ist zu berücksichtigen, dass relativ häufig Mehrfachnennungen bei den Zusatzfunktionen vorkamen (in rund 40% aller Fragebogen, weshalb unten in der Tabelle kein Total angeführt wird). Bemerkenswert ist zudem die Tatsache, dass von den 1'262 antwortenden VR-Delegierten insgesamt 1'154 in die Geschäftsleitung integriert waren (als GF, Vorsitzender der GL oder Mitglied der GL), während 108 (8,6%) keine direkte Geschäftsleitungsfunktion angaben.

Tabelle 21: Rechtsverhältnis der VR-Delegierten zur Gesellschaft nach Zusatzfunktionen

Zusatzfunktion	Auftrag	Arbeitsvertrag	Nur Organ	Total
VR-Präsident	55 (14,5%)	254 (67,0%)	70 (18,5%)	379 (100%)
GF oder GL-Vorsitzender	104 (11,6%)	718 (80,3%)	72 (8,1%)	894 (100%)
GL-Mitglied	28 (10,8%)	201 (77,3%)	31 (11,9%)	260 (100%)
Andere Organfunktion	3 (7,9%)	26 (68,4%)	9 (23,7%)	38 (100%)
Andere Funktion als Arbeitnehmer	7 (8,2%)	71 (83,5%)	7 (8,2%)	85 (100%)
Andere Funktion als Selbständigerw.	30 (53,6%)	20 (35,7%)	6 (10,7%)	56 (100%)
Keine Zusatzfunktion	9 (16,7%)	6 (11,1%)	39 (72,2%)	54 (100%)

Quelle: Auswertung der Umfrage 2001 zum Thema «Der Verwaltungsrat als Arbeitnehmer»

Eine genaue Analyse dieser Daten zeigt Folgendes:

– Ist ein VR-Delegierter gleichzeitig Geschäftsführer oder Vorsitzender der Geschäftsleitung (bzw. Mitglied der Geschäftsleitung), so steht er in rund 80% (bzw. 77%) aller Fälle in einem arbeitsvertraglichen Verhältnis zur Gesellschaft.

– Ein VR-Delegierter übt häufig gleichzeitig die Funktion des VR-Präsidenten aus (in 30% aller Fälle[51]) und steht dabei in rund 67% aller Fälle in einem arbeitsvertraglichen Verhältnis zur Gesellschaft.

– Hat ein VR-Delegierter ausnahmsweise noch eine andere Funktion als Arbeitnehmer (konkret genannt wurde Elektroingenieur), so steht er mit rund 84% meistens bezüglich beider Funktionen in einem arbeitsvertraglichen Verhältnis zur Gesellschaft.

– Rund 9% aller VR-Delegierten sind nicht direkt in die Geschäftsleitung integriert, sondern werden zum Teil als Bindeglied zwischen dem Verwaltungsrat und der Geschäftsleitung eingesetzt.

– Ist ein VR-Delegierter nicht in die Geschäftleitung integriert und übt er auch sonst keine Zusatzfunktion aus, so hat er nur in 11% aller Fälle ein zusätzliches

---

[51] Von den 1'262 antwortenden VR-Delegierten gaben 382 an, eine Zusatzfunktion als VR-Präsident auszuüben (vgl. die Rohdaten im Anhang 2 auf S. 509 ff.; damit wird die entsprechende Angabe in der Zusammenfassung der bisherigen, nicht repräsentativen Untersuchungen durch WUNDERER, VR-Präsident, 49, bestätigt; GLAUS, 121, gelangte bei seinen VR-Befragungen umgekehrt zum Ergebnis, dass von 21 VR-Präsidenten insgesamt 6 in Personalunion die Funktion eines VR-Delegierten ausüben.

Arbeitsverhältnis zur Gesellschaft; nicht die Funktion als VR-Delegierter, sondern die Zusatzfunktion bestimmt demnach weitgehend das Rechtsverhältnis zur Gesellschaft!

Die Ergebnisse dieser Teilauswertung sind für die vorliegende Arbeit von grosser Bedeutung, eine zusätzliche graphische Darstellung der prozentualen Verteilung soll dies verdeutlichen.

Abbildung 15: Rechtsverhältnis der VR-Delegierten zur Gesellschaft nach Zusatzfunktion

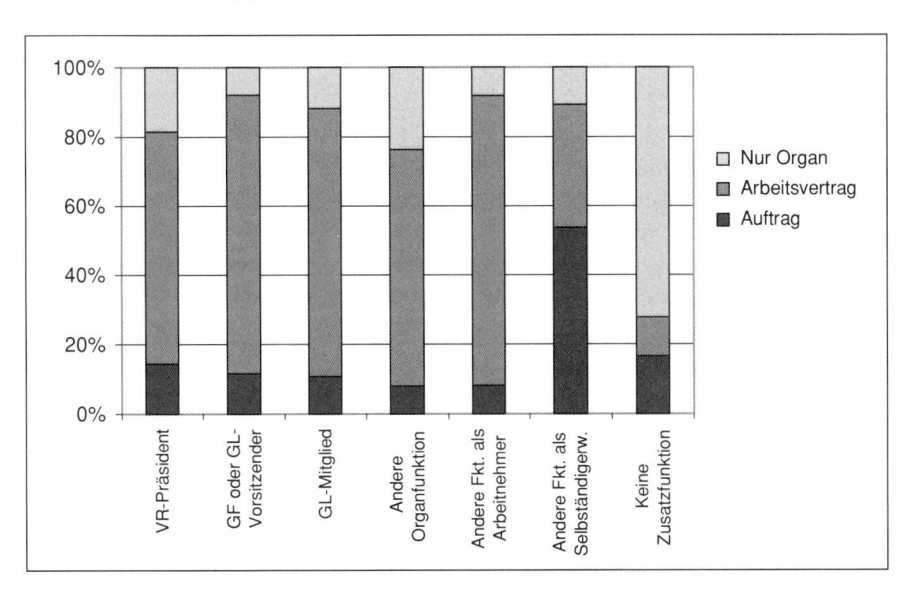

Quelle: Prozentuale Darstellung von Tabelle 21

e) Formelle Gestaltung eines allfälligen Arbeitsvertrages

Wird die formelle Gestaltung eines allfälligen Arbeitsvertrages untersucht, so stellt man je nach Beschäftigungsgrösse der Gesellschaft erhebliche Unterschiede fest. Während bei den kleinsten Gesellschaften noch 41,5% der Arbeitsverträge mit den VR-Delegierten mündlich abgeschlossen werden, sind es bei den grössten Gesellschaften nur noch 11,8%. Dieses Ergebnis ist leicht verständlich. Je mehr Beschäftigte eine Gesellschaft hat, umso grösser wird i.d.R. ihre Administration im Bereich des Personalwesens sein; umso einfacher ist es diesen Gesellschaften, für den VR-Delegierten einen Arbeitsvertrag in Schriftform abzufassen.

§ 5 Umfrage bei den VR-Delegierten

Tabelle 22: Formelle Gestaltung des Arbeitsvertrages mit den VR-Delegierten

Beschäftigungsgrösse	Schriftlicher Arbeitsvertrag	Mündlicher Arbeitsvertrag	Total
1 bis 9	169 (58,5%)	120 (41,5%)	289 (100%)
10 bis 49	222 (65,1%)	119 (34,9%)	341 (100%)
50 bis 249	161 (76,7%)	49 (23,3%)	210 (100%)
250 bis 499	35 (72,9%)	13 (27,1%)	48 (100%)
500 und mehr	30 (88,2%)	4 (11,8%)	34 (100%)
Summe	*617 (66,9%)*	*305 (33,1%)*	*922 (100%)*

Quelle: Auswertung der Umfrage 2001 zum Thema «Der Verwaltungsrat als Arbeitnehmer»

Die formellen Gestaltungsunterschiede bei verschiedenen Beschäftigungsgrössen werden noch deutlicher, wenn man die beiden möglichen Arten des Arbeitsvertrages im prozentualen Verhältnis graphisch darstellt.

Abbildung 16: Ausgestaltung des Arbeitsvertrages nach Beschäftigungsgrösse

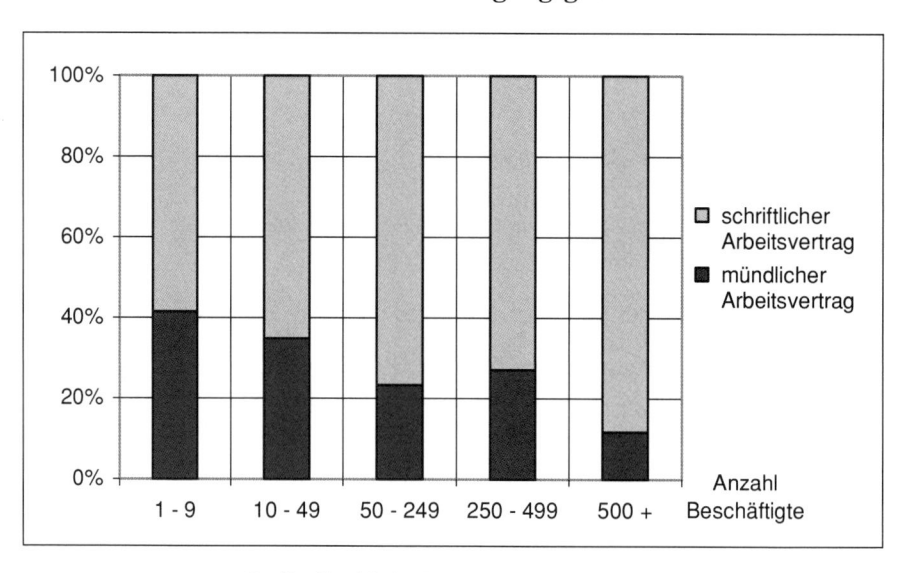

Quelle: Graphische Darstellung von Tabelle 22

134

4. Auswertung in Bezug auf Weisungen und Aufwand

a) Weisungen für die Funktionsausübung

Die Umfrageergebnisse zeigen, dass VR-Delegierte für die Ausübung ihrer Tätigkeit vielfach Weisungen erhalten, sei dies nun vom Gesamtverwaltungsrat, vom VR-Präsidenten oder von Dritten (z.B. Aktionär oder Konzernleitung). Die entsprechende Auswertung ist im Rahmen der vorliegenden Arbeit von besonderer Bedeutung, da die Weisungsgebundenheit bzw. Unterordnung eine wesentliche Voraussetzung für den rechtsgültigen Bestand eines Arbeitsverhältnisses darstellt.[52]

Bereits im Pretest hatten 15% der befragten VR-Delegierten angegeben, in einem Arbeitsverhältnis zur Gesellschaft zu stehen, aber keine Weisungen für die Ausübung ihrer Tätigkeit zu erhalten. Mit einer erweiterten Fragestellung wurde in der definitiven Umfrage ermittelt, wer den VR-Delegierten in der Praxis Weisungen erteilt. Die allgemeine Auswertung nach dem Wohnsitz der Delegierten ergab Folgendes:

Tabelle 23: Weisungen an die VR-Delegierten nach Sprachregionen

Art der Weisungen	deutsch	französisch	italienisch	Total
Weisungen vom gesamten VR	312 (28,7%)	104 (32,2%)	35 (34,3%)	451 (30,0%)
Weisungen vom VR-Präsidenten	198 (18,2%)	52 (16,1%)	16 (15,7%)	266 (17,7%)
Weisungen von Dritten	107 (9,8%)	60 (18,6%)	18 (17,6%)	175 (11,6%)
Keine Weisungen	473 (43,3%)	107 (33,1%)	33 (32,4%)	613 (40,7%)
Summe	*1090 (100%)*	*323 (100%)*	*102 (100%)*	*1'505 (100%)*

Quelle: Auswertung der Umfrage 2001 zum Thema «Der Verwaltungsrat als Arbeitnehmer»

Rund 41% aller VR-Delegierten erhalten keinerlei Weisungen zur Ausübung ihrer Funktion als Delegierter. Dies entspricht Art. 718 Abs. 2 OR, welcher zur Übertragung der Vertretungsberechtigung an ein einzelnes Mitglied des Verwaltungsrats

---

[52] Dazu ausführlich hinten TEIL 3 § 6 II. 1. c) auf S. 178 ff.

keine besonderen Voraussetzungen knüpft. Bei der Auswertung nach Sprachregionen fällt auf, dass die VR-Delegierten mit Wohnsitz in einer deutschsprachigen Region deutlich weniger (>10% Differenz) an Weisungen gebunden sind, als ihre Kollegen aus der französisch- oder italienischsprachigen Schweiz. Eine Erklärung für diesen Unterschied konnte nicht gefunden werden.

Abbildung 17: Weisungen an die VR-Delegierten nach Sprachregionen

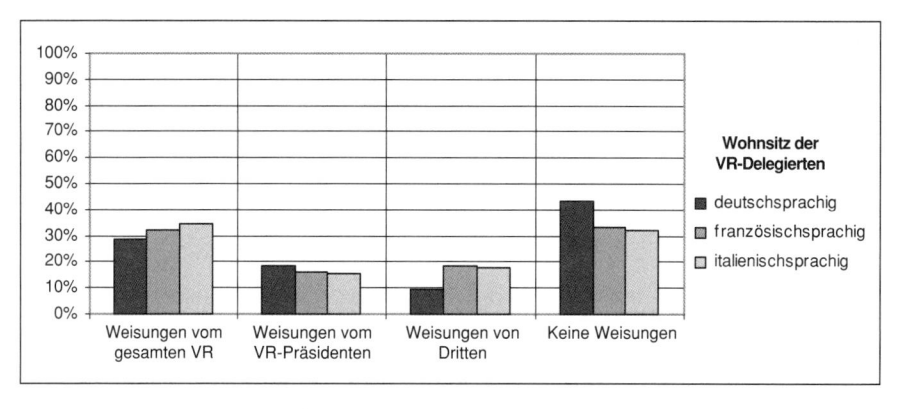

Quelle: Graphische Darstellung von Tabelle 23

Knapp ein Drittel aller VR-Delegierten empfängt Weisungen des Gesamtverwaltungsrats, während nur jeder Sechste die Weisungen des VR-Präsidenten zu befolgen hat. Da gemäss Art. 712 Abs. 2 OR mit entsprechender statutarischer Grundlage nur der VR-Präsident durch die Generalversammlung gewählt werden kann, fällt die Ernennung und Abberufung des VR-Delegierten ausschliesslich in die Kompetenz des Verwaltungsrats. Gegen Weisungen des Gesamtverwaltungsrats an den VR-Delegierten ist deshalb nichts einzuwenden. Wieweit Weisungen eines Aktionärs an ein Verwaltungsratsmitglied gestützt auf einen Mandatsvertrag rechtlich zulässig sind, soll an dieser Stelle offen bleiben.[53] Zu prüfen ist jedoch die Weisungsgebundenheit bei jenen VR-Delegierten, die in einem arbeitsvertraglichen Verhältnis zur Gesellschaft stehen. Eine kombinierte Auswertung der entsprechenden Daten bestätigt die Vermutung aus dem Pretest, dass ein grosser Teil dieser VR-Delegierten für die Ausübung ihrer Tätigkeit keine Weisungen erhalten, obwohl ein Arbeitsvertrag zur Gesellschaft bestehen soll.

---

[53] Vgl. hinten TEIL 3 § 6 II. 1. c) cc) auf S. 182 ff.

Tabelle 24: Weisungen an die VR-Delegierten nach Verhältnis zur Gesellschaft

Weisungen	Auftrag	Arbeitsvertrag	Nur Organ	Total
Vom Gesamtverwaltungsrat	60 (36,8%)	343 (37,2%)	46 (26,4%)	449 (35,6%)
Vom VR-Präsidenten	32 (19,6%)	207 (22,5%)	27 (15,5%)	266 (21,1%)
Von Dritten	17 (10,4%)	143 (15,5%)	25 (14,4%)	185 (14,7%)
Keine Weisungen	76 (46,6%)	433 (47,0%)	103 (59,2%)	612 (48,6%)
Anzahl VR-Delegierte	163 (100%)	922 (100%)	174 (100%)	1'259 (100%)

Quelle: Auswertung der Umfrage 2001 zum Thema «Der Verwaltungsrat als Arbeitnehmer»

Bei der Frage nach den Weisungen waren Mehrfachnennungen zulässig, deshalb ergibt die Spaltensumme mehr als 100%. Die Tabelle belegt deutlich, dass die VR-Delegierten bei einem zusätzlichen Arbeitsverhältnis zur Gesellschaft im Vergleich zu einem zusätzlichen Auftragsverhältnis oder einem rein organschaftlichen Verhältnis am ehesten Weisungen für ihre Funktionsausübung erhalten. Gleichzeitig wird damit aber auch drastisch aufgezeigt, dass viele VR-Delegierte sogar bei Bestand eines Arbeitsvertrages keine Weisungen erhalten.

Abbildung 18: Weisungen an die VR-Delegierten nach Verhältnis zur Gesellschaft

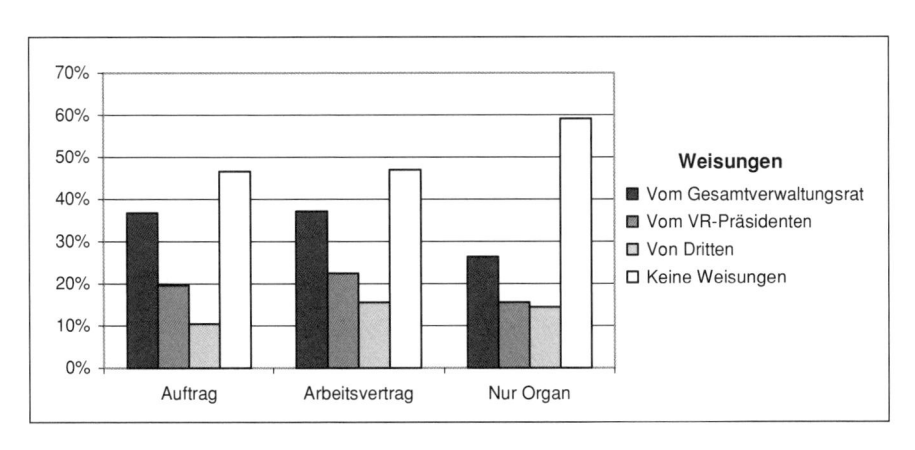

Quelle: Graphische Darstellung von Tabelle 24

§ 5 Umfrage bei den VR-Delegierten

Aus dieser Tabelle bzw. Abbildung ist nicht ersichtlich, wie häufig die VR-Delegierten gleichzeitig von verschiedenen Seiten Weisungen erhalten. Eine Zusatzauswertung ergibt Folgendes:

- Von den 163 VR-Delegierten, welche neben dem organschaftlichen Verhältnis in einem Auftragsverhältnis zur Gesellschaft stehen, erhalten 9 Weisungen sowohl vom Gesamtverwaltungsrat als auch vom VR-Präsidenten, 1 VR-Delegierter davon auch noch von Dritten.

- Von den 922 VR-Delegierten, welche neben dem organschaftlichen Verhältnis in einem Arbeitsvertragsverhältnis zur Gesellschaft stehen, erhalten 92 Weisungen sowohl vom Gesamtverwaltungsrat als auch vom VR-Präsidenten, 21 VR-Delegierte davon auch noch von Dritten.

- Von den 174 VR-Delegierten, welche nur in einem organschaftlichen Verhältnis zur Gesellschaft stehen, erhalten 12 Weisungen sowohl vom Gesamtverwaltungsrat als auch vom VR-Präsidenten, 2 VR-Delegierte davon auch noch von Dritten.

Nur ein kleiner Teil der VR-Delegierten erhält demnach gleichzeitig von verschiedenen Seiten Weisungen für die Ausübung ihrer Tätigkeit; bei einem arbeitsvertraglichen Verhältnis zur Gesellschaft sind dies rund 10%. Man kann deshalb davon ausgehen, dass weisungsgebundene VR-Delegierte eine klar zugeordnete vorgesetzte Stelle haben. Problematisch sind jedoch jene Fälle, in denen zwar ein Arbeitsvertrag zur Gesellschaft bestehen soll, der VR-Delegierte aber keine Weisungen erhält. Werden diese 433 VR-Delegierten gemäss Tabelle 24 nach den relevanten Verteilungskriterien im Detail analysiert, so ergibt sich Folgendes:

Verteilung nach Sprachregionen:

- deutschsprachiger Wohnsitz   362 von 433 d.h. 83,6%
- französischsprachiger Wohnsitz   54 von 433 d.h. 12,5%
- italienischsprachiger Wohnsitz   17 von 433 d.h. 3,9%

Verteilung nach Stellung der Gesellschaft:

- unabhängige Gesellschaft   265 von 619 d.h. 42,8%
- Muttergesellschaft   89 von 299 d.h. 29,8%
- Tochtergesellschaft   77 von 337 d.h. 22,8%
- Zwischenholding   2 von   7 d.h. 28,6%

Verteilung nach Beschäftigungsgrösse:

- 1 bis 9 Beschäftigte   170 von 456 d.h. 37,3%
- 10 bis 49 Beschäftigte   166 von 451 d.h. 36,8%

- 50 bis 249 Beschäftigte   80 von 253 d.h. 31,6%
- 250 bis 499 Beschäftigte   13 von 58 d.h. 22,4%
- 500 und mehr Beschäftigte   4 von 44 d.h. 9,1%

Verteilung nach Zusatzfunktion:
- Präsident des Verwaltungsrats   155 von 382 d.h. 40,6%
- Geschäftsführer oder Vorsitzender GL   348 von 897 d.h. 38,8%
- Mitglied der Geschäftsleitung   89 von 260 d.h. 34,2%

Verteilung nach Art des Arbeitsvertrages
- mündlicher Arbeitsvertrag   199 von 433 d.h. 46,0%
- schriftlicher Arbeitsvertrag   234 von 433 d.h. 54,0%

VR-Delegierte mit Wohnsitz in der deutschsprachigen Schweiz, welche bei einer unabhängigen Gesellschaft mit 1 bis 499 Beschäftigten eine Zusatzfunktion als VR-Präsident, Geschäftsführer oder Mitglied der Geschäftsleitung ausüben, erhalten in rund einem Drittel aller Fälle keine Weisungen für die Ausübung ihrer Tätigkeit, auch wenn sie einen mündlichen oder schriftlichen Arbeitsvertrag mit der Gesellschaft abgeschlossen haben.[54]

b) Zeitaufwand für die Funktionsausübung

Ein VR-Delegierter wird für die Ausübung seiner Funktion zweifellos mehr Zeit aufbringen müssen, als die Mitglieder des Verwaltungsrats ohne Zusatzfunktion. Vor allem bei einer gleichzeitigen Tätigkeit als Geschäftsführer oder Mitglied der Geschäftsleitung können die anfallenden Aufgaben oft nur noch durch eine Vollzeittätigkeit erledigt werden. Nun stellt sich die Frage, ob in solchen Fällen die VR-Delegierten mehrheitlich einen mündlichen oder einen schriftlichen Arbeitsvertrag abgeschlossen haben. Die Auswertung von Frage 6 des Fragebogens[55] im Zusammenhang mit dem Verhältnis zur Gesellschaft gemäss Tabelle 18 ergibt dazu folgende Daten:

---

[54] Die Konsequenzen aus dieser Feststellung werden weiter hinten im TEIL 3 § 6 II. 1. c) auf S. 178 ff. erörtert. Bereits an dieser Stelle sei jedoch darauf hingewiesen, dass aus der Nichterteilung von Weisungen nicht auf eine generelle Weisungsungebundenheit und damit auf ein mangelndes Unterordnungsverhältnis geschlossen werden kann.

[55] Abgedruckt im Anhang 1 hinten auf S. 506 ff.

§ 5 Umfrage bei den VR-Delegierten

Tabelle 25: Zeitaufwand für die Funktionsausübung nach Rechtsverhältnis

Art des Verhältnisses	Vollzeittätigkeit	Nebentätigkeit	Total
Organverhältnis und Auftragsverhältnis	60 (36,8%)	103 (63,2%)	163 (100%)
Organverhältnis und mdl. Arbeitsvertrag	155 (16,8%)	150 (16,3%)	305 (100%)
Organverhältnis und schr. Arbeitsvertrag	392 (42,5%)	225 (24,4%)	617 (100%)
Nur organschaftliches Verhältnis	47 (27,0%)	127 (73,0%)	174 (100%)
Anzahl VR-Delegierte	*654 (51,9%)*	*605 (48,1%)*	*1'259 (100%)*

Quelle: Auswertung der Umfrage 2001 zum Thema «Der Verwaltungsrat als Arbeitnehmer»

Wie zu erwarten war, üben VR-Delegierte mit einem zusätzlichen Arbeitsvertrag ihre Funktion mehrheitlich (59,3%) als Vollzeittätigkeit aus. VR-Delegierte mit einem zusätzlichen Auftragsverhältnis oder einem rein organschaftlichen Verhältnis betrachten ihre Funktion dagegen meist als Nebentätigkeit.

Abbildung 19: Zeitaufwand für Funktionsausübung nach Rechtsverhältnis

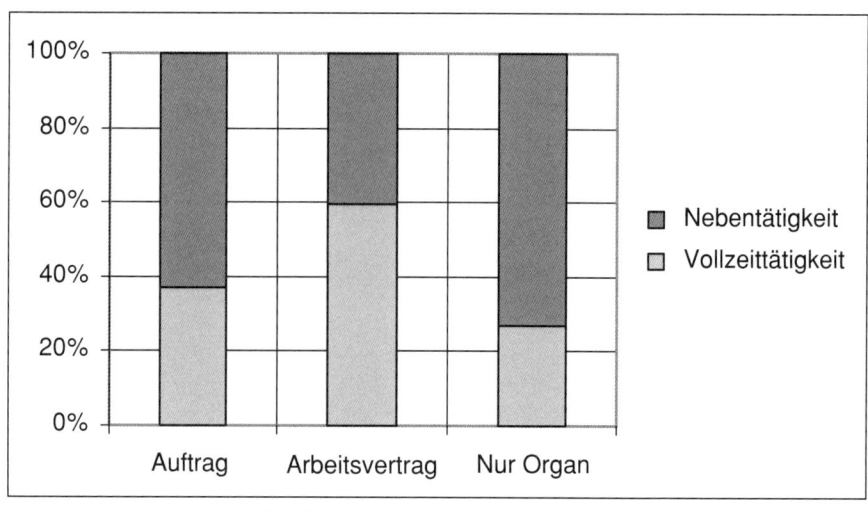

Quelle: Graphische Darstellung von Tabelle 25

Die Verteilung in Vollzeittätigkeit (59,3%) und in Nebentätigkeit (40,7%) entspricht beim VR-Delegierten mit Arbeitsvertrag in der Tendenz dem gesamtschweizerischen Durchschnitt aller Beschäftigten. Aus der SAKE 99 ergeben sich diesbezüglich folgende Zahlen:[56] Vollzeiterwerbende 2'727'000 gegenüber 1'136'000 Teilzeiterwerbenden, dies entspricht 70,6% zu 29,4% aller Beschäftigten.

Aus diesen Ergebnissen kann abgeleitet werden, dass nicht die Funktion als VR-Delegierter die Art der Tätigkeit (Vollzeit- oder Nebentätigkeit) bestimmt, sondern vielmehr das Verhältnis zur Gesellschaft. Handelt es sich um ein arbeitsvertragliches Verhältnis, so entspricht die Aufteilung in Vollzeittätigkeit und in Nebentätigkeit bei den VR-Delegierten weitgehend der Verteilung aller Beschäftigten in der Schweiz.

Nach der Studie von BUCHMANN[57] hatten im Jahre 1976 die 20 grössten Aktiengesellschaften der Schweiz ohne Ausnahme einen Verwaltungsratsdelegierten; nur einer davon arbeitete nebenamtlich, während die übrigen ihre Funktion im Vollamt ausübten. GLAUS[58] stellte bei seinen Interviews im Jahre 1980 fest, dass in den von ihm untersuchten 21 Gesellschaften insgesamt 13 VR-Delegierte bestimmt waren, welche ausnahmslos ihre Aufgaben hauptamtlich wahrnahmen. Es ist reizvoll, diese Feststellungen mehr als 20 Jahre später anhand der Ergebnisse aus der eigenen Umfrage zu überprüfen.

Tabelle 26: Zeitaufwand für die Funktionsausübung nach Gesellschaftsgrösse

Beschäftigungsgrösse	Vollzeittätigkeit	Nebentätigkeit	Total
1 bis 9 Beschäftigte	189 (41,4%)	267 (58,6%)	456 (100%)
10 bis 49 Beschäftigte	239 (53,0%)	212 (47,0%)	451 (100%)
50 bis 249 Beschäftigte	159 (62,8%)	94 (37,2%)	253 (100%)
250 bis 499 Beschäftigte	40 (69,0%)	18 (31,0%)	58 (100%)
500 und mehr Beschäftigte	29 (65,9%)	15 (34,1%)	44 (100%)
Anzahl VR-Delegierte	*656 (52,0%)*	*606 (48,0%)*	*1'262 (100%)*

Quelle: Auswertung der Umfrage 2001 zum Thema «Der Verwaltungsrat als Arbeitnehmer»

---

[56] Nach der Definition des Bundesamtes für Statistik gelten als Vollzeiterwerbstätige nur jene Personen, die während mindestens 90% der im Unternehmen geltenden durchschnittlichen Arbeitszeit tätig sind.
[57] BUCHMANN, 39.
[58] GLAUS, 122 und 216.

§ 5   Umfrage bei den VR-Delegierten

Die Feststellungen von BUCHMANN und GLAUS können nun konkretisiert werden: Je mehr Beschäftigte ein Unternehmen hat, umso eher wird der VR-Delegierte seine Funktion als Vollzeittätigkeit ausüben. Begrenzt man die VR-Delegierten bei den grössten Unternehmen auf jene mit einem arbeitsvertraglichen Verhältnis zur Gesellschaft, so finden sich 25 mit einer Vollzeittätigkeit und 9 mit einer Nebentätigkeit. Mit einer graphischen Darstellung nach Prozenten kann diese Tatsache noch verdeutlicht werden:

Abbildung 20: Zeitaufwand für Funktionsausübung nach Beschäftigungsgrösse

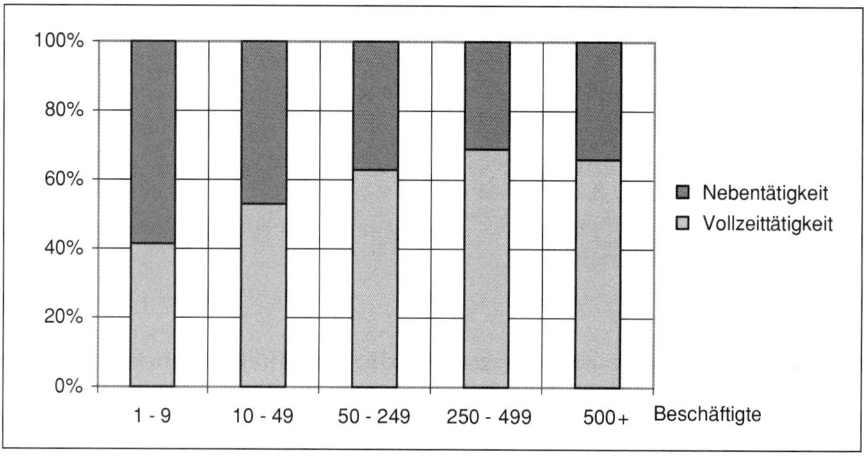

Quelle: Graphische Darstellung von Tabelle 26

5. Auswertung nach den Regelungen für VR-Delegierte

a) Regelungsort

Mit der Frage, wo die Stellung und Funktion als VR-Delegierter geregelt sei, wurde indirekt erforscht, ob überhaupt diesbezügliche Regelungen vorhanden sind. Vorerst wurde die Auswertung nach Sprachregionen vorgenommen. In der nachstehenden Tabelle werden dabei auch die relativen Werte zur Gesamtheit aller retournierten Fragebogen der jeweiligen Sprachregion angegeben. Da Mehrfachnennungen vorkommen durften, stimmen die Summen der einzelnen Spalten nicht mit der Anzahl der in diesem Punkt auswertbaren Fragebogen überein.

Tabelle 27: Regelungsort der Delegiertenfunktion nach Sprachregionen

Regelungsort	deutsch	französisch	italienisch	Total
Organisationsreglement bzw. Funktionendiagramm	448 (50,2%)	112 (39,6%)	34 (39,5%)	594 (47,1%)
Separate Vereinbarung bzw. Stellenbeschrieb	154 (17,2%)	47 (16,6%)	12 (14,0%)	213 (16,9%)
Protokolle der VR-Sitzungen	253 (28,3%)	82 (29,0%)	22 (25,6%)	357 (28,3%)
Nur mündliche Abmachungen	160 (17,9%)	43 (15,2%)	15 (17,4%)	218 (17,3%)
Keine Regelung	126 (14,1%)	63 (22,3%)	17 (19,8%)	206 (16,3%)
Gesamtzahl der Fragebogen	*893 (100%)*	*283 (100%)*	*86 (100%)*	*1'262 (100%)*

Quelle: Auswertung der Umfrage 2001 zum Thema «Der Verwaltungsrat als Arbeitnehmer»

Aus dieser Tabelle ergibt sich, dass die Sprachregionen im Bereich des Organisationsreglements den stärksten Einfluss auf den Regelungsort haben. Während bei den VR-Delegierten mit Wohnsitz in einer deutschsprachigen Region die Zusatzfunktion in rund 50% aller Gesellschaften im Organisationsreglement festgelegt wird, sind es bei den VR-Delegierten mit Wohnsitz in einer französisch- oder italienischsprachigen Region nur rund 40%.

Generell kann festgestellt werden, dass die Regelungsdichte bei den VR-Delegierten in den deutschsprachigen Regionen höher ist als in den übrigen Regionen. Eine graphische Darstellung der prozentualen Unterschiede nach Sprachregionen verdeutlicht diese Tatsache.

Abbildung 21: Regelungsort der Delegiertenfunktion nach Sprachregionen

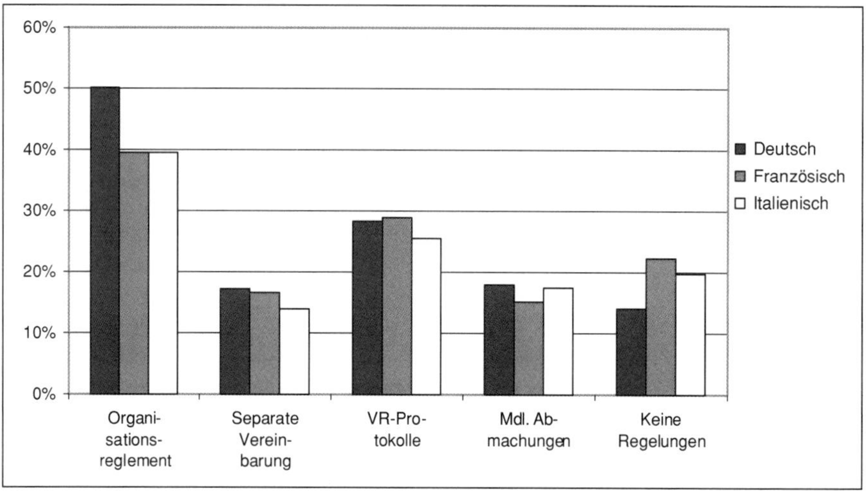

Quelle: Graphische Darstellung von Tabelle 27

Nach Art. 716b Abs. 1 OR ist der Erlass eines Organisationsreglements zwingend notwendig, wenn die Geschäftsführung zum Teil an einen VR-Delegierten übertragen wird. Überall dort, wo ein VR-Delegierter zusätzlich Geschäftsführer oder Mitglied der Geschäftsleitung ist, müsste demnach eine Regelung im Organisationsreglement vorhanden sein. Tatsächlich hat jedoch auch eine solche Zusatzfunktion keinen erkennbaren Einfluss auf den Regelungsort:

– Von den insgesamt 897 VR-Delegierten mit einer Zusatzfunktion als Geschäftsführer oder Vorsitzender der Geschäfts- bzw. Konzernleitung geben nur 434 (48,4%) an, ihre Stellung und Funktion werde in einem Organisationsreglement festgelegt.

– Von den insgesamt 260 VR-Delegierten mit einer Zusatzfunktion als Mitglied der Geschäfts- bzw. Konzernleitung geben nur 126 (48,5%) an, ihre Stellung und Funktion werde in einem Organisationsreglement festgelegt.

Als erstaunliche Schlussfolgerung muss deshalb festgehalten werden, dass wohl in der Hälfte aller Gesellschaften, bei denen die Geschäftsführung ganz oder teilweise an einen VR-Delegierten übertragen wurde, entweder kein Organisationsreglement vorhanden ist oder dieses den formellen Anforderungen von Art. 716b Abs. 2 OR nicht genügt. Hier besteht zweifellos noch ein Aufklärungsbedarf, wenn das latente Konfliktpotential dieser Feststellung reduziert werden soll!

Als nächstes wurde der Regelungsort für die Delegiertenfunktion nach der Stellung des Unternehmens analysiert. Dabei wurde die Zwischenholding mangels relevanter Grösse als Auswertungskriterium weggelassen. Insgesamt wurden deshalb nur 1'255 Fragebogen berücksichtigt. Auch hier ist anzumerken, dass Mehrfachnennungen zulässig waren und die Summen der einzelnen Spalten deshalb nicht mit der Anzahl der in diesem Punkt auswertbaren Fragebogen übereinstimmen.

Tabelle 28: Regelungsort der Delegiertenfunktion nach Stellung der Gesellschaft

Regelungsort	Unabhängig	Mutterges.	Tochterges.	Total
Organisationsreglement bzw. Funktionendiagramm	218 (35,2%)	179 (59,9%)	192 (57,0%)	589 (46,9%)
Separate Vereinbarung bzw. Stellenbeschrieb	77 (12,4%)	53 (17,7%)	83 (24,6%)	213 (17,0%)
Protokolle der Verwaltungsratssitzungen	178 (28,8%)	84 (28,1%)	93 (27,6%)	355 (28,3%)
Nur mündliche Abmachungen	139 (22,5%)	33 (11,0%)	45 (13,4%)	217 (17,3%)
Keine Regelung	139 (22,5%)	42 (14,0%)	25 (7,4%)	206 (16,4%)
Gesamtzahl der Fragebogen	*619 (100%)*	*299 (100%)*	*337 (100%)*	*1'255 (100%)*

Quelle: Auswertung der Umfrage 2001 zum Thema «Der Verwaltungsrat als Arbeitnehmer»

Wie zu vermuten war, ist der prozentuale Anteil einer Regelung im Organisationsreglement am höchsten, wenn es sich um eine Gesellschaft im Konzernverbund handelt (rund 60% bzw. 57% gegenüber den unabhängigen Gesellschaften mit 35%). Im Übrigen hat die Stellung der Gesellschaft keinen massgebenden Einfluss auf den Regelungsort der Delegiertenfunktion. Auf eine graphische Darstellung wird deshalb verzichtet.

Um die Auswertung in diesem Punkt zu vervollständigen, wurde der Regelungsort schliesslich nach der Beschäftigungsgrösse der Gesellschaften analysiert. Da Mehrfachnennungen zulässig waren, ergeben die Summen der Spalten mehr als 100%.

Tabelle 29: Regelungsort der Delegiertenfunktion nach Beschäftigungsgrösse

Regelungsort	1–9	10–49	50–249	250–499	500 +
Organisationsreglement	147 (32,2%)	217 (48,1%)	155 (61,3%)	38 (65,5%)	37 (84,1%)
Sep. Vereinbarung	70 (15,4%)	65 (14,4%)	56 (22,1%)	15 (25,9%)	7 (15,9%)
VR-Protokolle	129 (28,3%)	134 (29,7%)	71 (28,1%)	18 (31,0%)	5 (11,4%)
Mdl. Abmachungen	117 (25,7%)	64 (14,2%)	30 (11,9%)	5 (8,6%)	2 (4,5%)
Keine Regelung	91 (20,0%)	80 (17,7%)	27 (10,7%)	4 (6,9%)	4 (9,1%)
Anzahl Gesellschaften	*456 (100%)*	*451 (100%)*	*253 (100%)*	*58 (100%)*	*44 (100%)*

Quelle: Auswertung der Umfrage 2001 zum Thema «Der Verwaltungsrat als Arbeitnehmer»

Es zeigt sich, dass mit zunehmender Beschäftigungsgrösse der gesetzeskonforme Einsatz des Organisationsreglements steigt. Es sind demnach vor allem kleine Unternehmen, welche der formell korrekten Delegation weniger Bedeutung zumessen. Dies ist teilweise verständlich, wenn man davon ausgeht, dass es sich dabei vielfach um Familien-Aktiengesellschaften handelt und der VR-Delegierte oft gleichzeitig Mehrheitsaktionär ist. Eine graphische Darstellung vermag diese Aussage zu verdeutlichen.

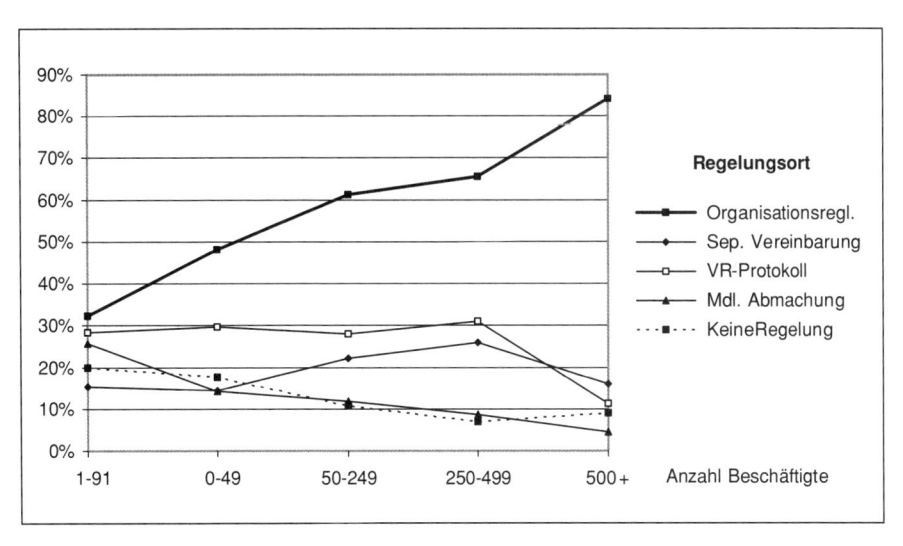

Abbildung 22: Regelungsort nach Beschäftigungsgrösse in Prozenten

Quelle: Quelle: Graphische Darstellung von Tabelle 29

b) Spezielle Regelungen

Die VR-Delegierten haben durch ihren direkten Bezug zur Geschäftsführung i.d.R. einen Wissensvorsprung gegenüber den übrigen Mitgliedern des Verwaltungsrats. Dies führt bisweilen zu einer besonderen Machtstellung. Gleichzeitig haben die VR-Delegierten zur Ausübung ihrer Funktion aber auch mehr Zeit aufzubringen als andere Verwaltungsräte; wie die Auswertung der Funktionsausübung gezeigt hat, ist dazu vielfach eine Vollzeittätigkeit nötig.[59] Dies führt bei vielen Unternehmen dazu, dass mit den VR-Delegierten spezielle Regelungen vereinbart werden.

Die Auswertung der entsprechenden Frage 8 im Fragebogen[60] ergibt keine bemerkenswerten Unterschiede bezüglich Sprachregionen, wohl aber bezüglich der Beschäftigungsgrösse. Auch bei dieser Tabelle ist anzumerken, dass die Summe der Spalten mehr als 100% ergibt, da Mehrfachnennungen zulässig waren.

---

[59] Vgl. vorne Tabelle 26 und Abbildung 20 auf S. 141 f.
[60] Der vollständige Fragebogen ist hinten im Anhang 1 auf S. 506 ff. abgedruckt.

Tabelle 30: Spezialregelungen nach Beschäftigungsgrösse

Regelung	1–9	10–49	50–249	250–499	500 +
Honorierung/Entschädigung	119 (26,1%)	115 (25,5%)	78 (30,8%)	20 (34,5%)	17 (38,6%)
Konkurrenzverbot	33 (7,2%)	42 (9,3%)	25 (9,9%)	8 (13,8%)	8 (18,2%)
Geheimhaltungspflicht	32 (7,0%)	39 (8,6%)	18 (7,1%)	5 (8,6%)	11 (25,0%)
Ausstandspflicht	4 (0,9%)	3 (0,7%)	3 (1,2%)	0 (0,0%)	0 (0,0%)
Andere Regelung	26 (5,7%)	25 (5,5%)	11 (4,3%)	6 (10,3%)	6 (13,6%)
Keine Regelung	301 (66,0%)	297 (65,9%)	153 (60,5%)	26 (44,8%)	19 (43,2%)
Anzahl Gesellschaften	*456 (100%)*	*451 (100%)*	*253 (100%)*	*58 (100%)*	*44 (100%)*

Quelle: Auswertung der Umfrage 2001 zum Thema «Der Verwaltungsrat als Arbeitnehmer»

Es fällt auf, dass mit zunehmender Beschäftigungsgrösse immer mehr Unternehmen Spezialregelungen für ihre VR-Delegierten treffen. Je grösser ein Unternehmen, umso wichtiger ist insbesondere die Geheimhaltung. Diese Entwicklung lässt sich mit einer graphischen Darstellung in Prozenten aller Gesellschaften der jeweiligen Beschäftigungsgrösse noch verdeutlichen.

§ 5 Umfrage bei den VR-Delegierten

Abbildung 23: Spezialregelungen nach Beschäftigungsgrösse in Prozenten

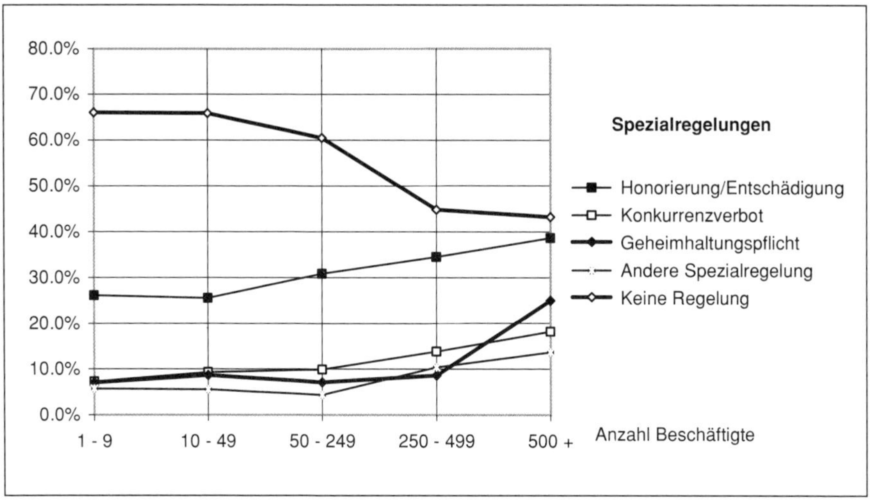

Quelle: Graphische Darstellung von Tabelle 30

Die Art und Häufigkeit der Spezialregelungen wird praktisch nicht beeinflusst durch die Zusatzfunktionen, welche die VR-Delegierten ausüben. Hingegen hat das Verhältnis zur Gesellschaft in einem Punkt offensichtlich einen grossen Einfluss: Besteht neben dem organschaftlichen Verhältnis zusätzlich noch ein Auftragsverhältnis zur Gesellschaft, so wird in der Hälfte aller Fälle eine Spezialregelung bezüglich Honorierung bzw. Entschädigung getroffen.

Tabelle 31: Spezialregelungen nach Verhältnis zur Gesellschaft

Spezialregelungen	Auftrag	Arbeitsvertrag	Nur Organ
Honorierung/Entschädigung	78 (47,9%)	232 (25,2%)	38 (21,8%)
Konkurrenzverbot	19 (11,7%)	88 (9,5%)	9 (5,2%)
Geheimhaltungspflicht	16 (9,8%)	76 (8,2%)	13 (7,5%)
Ausstandspflicht	1 (0,6%)	8 (0,9%)	1 (0,6%)
Andere Spezialregelung	15 (9,2%)	50 (5,4%)	9 (5,2%)

Spezialregelungen	Auftrag	Arbeitsvertrag	Nur Organ
Keine Spezialregelung	67 (41,1%)	605 (65,6%)	124 (71,3%)
Gesamtzahl	*163 (100%)*	*922 (100%)*	*174 (100%)*

Quelle: Auswertung der Umfrage 2001 zum Thema «Der Verwaltungsrat als Arbeitnehmer»

Die Tabelle zeigt, dass die Vereinbarung einer speziellen Ausstandspflicht kaum als notwendig erachtet wird und zwar unabhängig vom Rechtsverhältnis zur Gesellschaft. Eine Sonderregelung betreffend Honorierung/Entschädigung wird am ehesten bei einem zusätzlichen Auftragsverhältnis getroffen. Wie zu erwarten war, finden sich am wenigsten Spezialregelungen bei einem rein organschaftlichen Verhältnis. Eine graphische Darstellung der Daten vermag dies zu verdeutlichen.

Abbildung 24: Spezialregelungen nach Verhältnis zur Gesellschaft in Prozenten

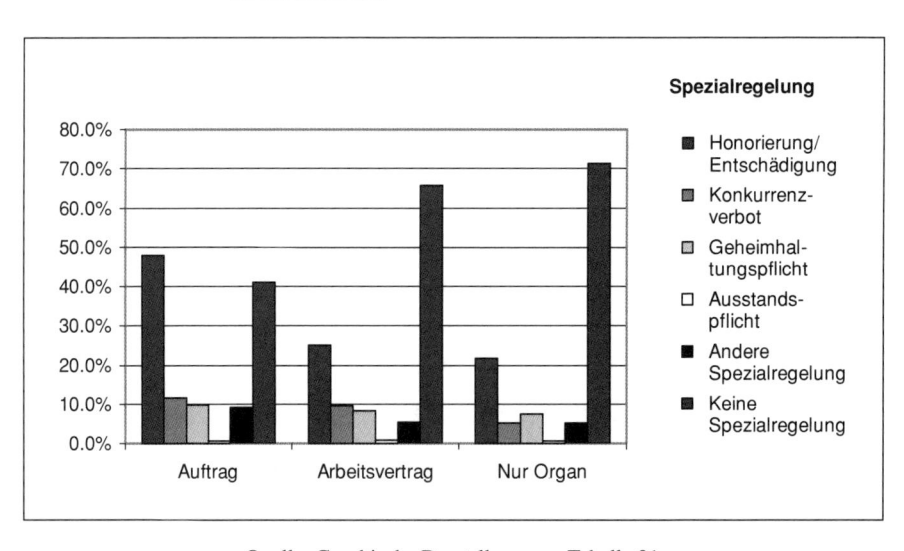

Quelle: Graphische Darstellung von Tabelle 31

c) **Entschädigungen oder Vorsorgeleistungen**

Die Antworten zur Frage nach einer speziellen Honorierung bzw. Entschädigung haben gemäss Tabelle 31 gezeigt, dass vor allem dann eine diesbezügliche Spezialregelung erfolgt, wenn zusätzlich zum organschaftlichen Verhältnis noch ein Auftragsverhältnis zur Gesellschaft besteht. Das Verhältnis zur Gesellschaft bildete deshalb auch das primäre Auswertungskriterium bezüglich der Antworten zur Frage 9, mit welcher die konkreten Entschädigungen oder Vorsorgeleistungen zu Gunsten der VR-Delegierten erforscht wurden. Da Mehrfachnennungen zulässig waren, übersteigt die Spaltensumme in der folgenden Tabelle jeweils 100%.

Tabelle 32: Entschädigungen oder Vorsorgeleistungen zu Gunsten der VR-Delegierten

Leistungsart	Auftrag	Arbeitsvertrag	Nur Organ
VR-Honorar/Tantieme	80 (49,1%)	325 (25,2%)	71 (21,8%)
Lohn/Erfolgsbeteiligung	73 (44,8%)	443 (48,0%)	36 (20,7%)
Lohnfortzahlung	22 (13,5%)	345 (37,4%)	28 (16,1%)
Haftpflichtversicherung	8 (4,9%)	69 (7,5%)	8 (4,6%)
Berufliche Altersvorsorge	27 (16,6%)	289 (31,3%)	26 (14,9%)
Andere Leistungen	14 (8,6%)	99 (10,7%)	8 (4,6%)
Keine Leistungen	42 (25,8%)	271 (29,4%)	82 (47,1%)
Gesamtzahl	*163 (100%)*	*922 (100%)*	*174 (100%)*

Quelle: Auswertung der Umfrage 2001 zum Thema «Der Verwaltungsrat als Arbeitnehmer»

Auffällig ist die Tatsache, dass weniger VR-Delegierte mit einem zusätzlichen Arbeitsvertrag für ihre Sonderfunktion ein VR-Honorar oder Tantiemen beziehen, als jene VR-Delegierte mit einem zusätzlichen Auftrag. Diese Feststellung korrespondiert mit der Tatsache, dass die VR-Delegierten mit einem Arbeitsvertrag dafür in beinahe der Hälfte aller Fälle mit einem entsprechenden Lohn oder einer Erfolgsbeteiligung rechnen können. Die Zusatzfunktion als Delegierter wird demnach i.d.R. über eine Lohnzahlung abgegolten, wenn der VR-Delegierte in einem zusätzlichen Arbeitsverhältnis zur Gesellschaft steht.

Zusätzlich wurde ermittelt, in welchen Fällen ein VR-Delegierter sowohl ein VR-Honorar bzw. eine Tantieme als auch eine Entlöhnung bzw. eine Erfolgsbeteiligung bezieht:

– Bei den VR-Delegierten mit einem Auftragsverhältnis beziehen 30 von 163 (18,4%) sowohl ein VR-Honorar als auch eine zusätzliche Auftragsentschädigung.

§ 5 Umfrage bei den VR-Delegierten

– Bei den VR-Delegierten mit einem Arbeitsvertrag beziehen 154 von 922 (16,7%) sowohl ein VR-Honorar als auch einen zusätzlichen Arbeitslohn.

Auch hier spielt das Verhältnis zur Gesellschaft demnach eine unbedeutende Rolle. Insgesamt lassen sich die Ergebnisse in prozentualer Form wie folgt darstellen:

Abbildung 25: Entschädigungsformen nach Verhältnis zur Gesellschaft in Prozenten

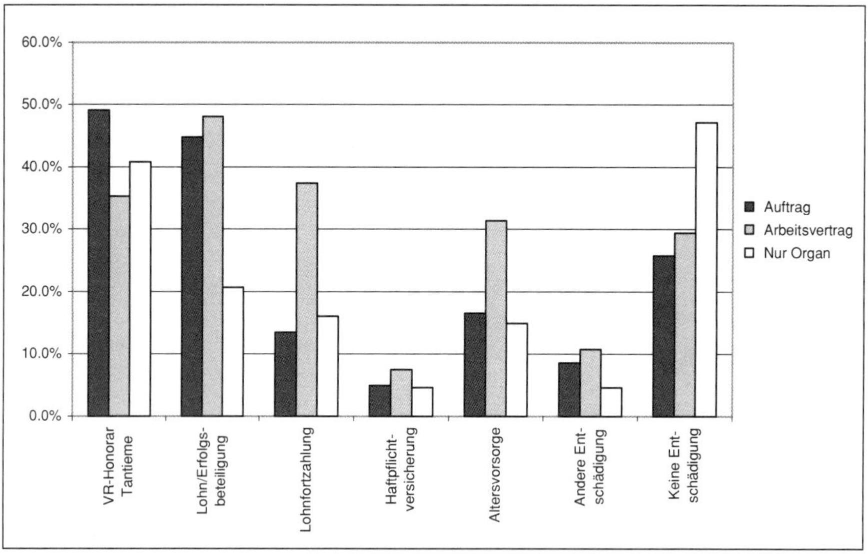

Quelle: Graphische Darstellung von Tabelle 32

Basierend auf dieser Abbildung können folgende Aussagen gemacht werden:

– Rund die Hälfte aller VR-Delegierten, welche lediglich in einem organschaftlichen Verhältnis zur Gesellschaft stehen, bezieht keinerlei Entschädigung für ihre Funktion; bei den VR-Delegierten im Auftrags- oder Arbeitsvertragsverhältnis erhält rund ein Viertel keine Funktionsentschädigung.

– Lohnfortzahlungen bei Krankheit oder Unfall sowie Beiträge an die berufliche Altersvorsorge werden den VR-Delegierten am ehesten im Falle einer Doppelstellung als Verwaltungsrat und Arbeitnehmer geleistet, jedoch auch dann nur in rund einem Drittel aller Fälle.

– Nur jedem 20. VR-Delegierten wird vom Unternehmen für seine Funktion eine Haftpflichtversicherung gewährt, dies gilt unabhängig davon, ob der VR-Delegierte eine Doppelstellung als Arbeitnehmer hat oder nicht.

d) Rücktrittsmöglichkeit

Als letzter Punkt wurde die Frage 10 nach den Rücktrittsmöglichkeiten ausgewertet. So wie die Generalversammlung gestützt auf Art. 698 Abs. 1 Ziff. 2 OR das Recht hat, einen Verwaltungsrat jederzeit abzuwählen, so kann auch ein Verwaltungsrat jederzeit zurücktreten.[61] Dies gilt unabhängig von seiner Funktion und insbesondere auch unabhängig von einem allfälligen Arbeitsvertrag mit der Gesellschaft. Die Auswertungen nach Sprachregionen und Stellung der Gesellschaften zeigten keinerlei bemerkenswerte Unterschiede, weshalb hier auf die Wiedergabe verzichtet wird. Umso erstaunlicher ist das Resultat der Auswertung nach dem Rechtsverhältnis zur Gesellschaft.

Tabelle 33: Rücktrittsmöglichkeiten nach dem Verhältnis zur Gesellschaft

Rücktrittsmöglichkeit	Auftrag	Mündlicher Arbeitsvertrag	Schriftlicher Arbeitsvertrag	Nur Organverhältnis
Jederzeitige Kündigung	89 (56,3%)	178 (60,8%)	228 (37,4%)	124 (72,9%)
Kündigungsfrist 1-3 Mte.	24 (15,2%)	32 (10,9%)	84 (13,8%)	12 (7,1%)
Kündigungsfrist über 3 Mte.	45 (28,5%)	83 (28,3%)	298 (48,8%)	34 (20,0%)
Anzahl Antworten	*158 (100%)*	*293 (100%)*	*610 (100%)*	*170 (100%)*

Quelle: Auswertung der Umfrage 2001 zum Thema «Der Verwaltungsrat als Arbeitnehmer»

Die Frage 10 lautete: «Wie können Sie von Ihrer Funktion als Delegierter zurücktreten?» Damit wurde ausgeschlossen, dass sich die Antworten zur Rücktrittsmöglichkeit auf eine allfällige andere Zusatzfunktion, wie z.B. Geschäftsführer, beziehen konnten. Dennoch zeigt die graphische Darstellung der Prozentwerte,

---

[61] Dazu ausführlich hinten TEIL 4 § 9 V. 3. b) bb) auf S. 299 f. und TEIL 4 § 10 I. 2. f) auf S. 327 ff.

§ 5 Umfrage bei den VR-Delegierten

dass bei den VR-Delegierten mit einem Arbeitsvertrag die Mehrheit von einer konkreten Kündigungsfrist ausgeht: 12,8% geben 1-3 Monate und 42,2% sogar über 3 Monate an.

Abbildung 26: Rücktrittsmöglichkeiten nach Verhältnis zur Gesellschaft in Prozenten

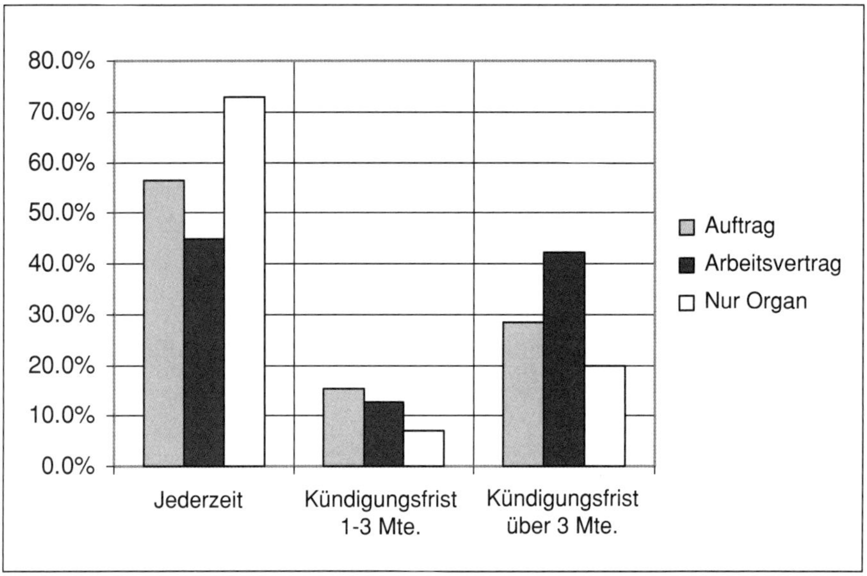

Quelle: Graphische Darstellung von Tabelle 33

Bezüglich der Frage 10 können die Antworten der VR-Delegierten mit einem Arbeitsvertragsverhältnis zur Gesellschaft aus folgenden Gründen als repräsentativ qualifiziert werden:

- Von den 1'262 antwortenden VR-Delegierten gab die Mehrheit (922/73,1%) an, in einem mündlichen oder schriftlichen Arbeitsvertragsverhältnis zur Gesellschaft zu stehen.
- Von den 922 VR-Delegierten mit einem Arbeitsvertrag beantworteten 903 die Frage 10 mit klarer Angabe der Rücktrittsmöglichkeiten.
- Von den 903 VR-Delegierten mit einem Arbeitsvertrag, welche die Frage 10 beantworteten, gaben 406 in Übereinstimmung mit der gesetzlichen Regelung an, jederzeit von ihrer Funktion zurücktreten zu können.

– Von den 406 VR-Delegierten mit einem Arbeitsvertrag, welche die Frage 10 mit der jederzeitigen Rücktrittsmöglichkeit beantworteten, gab die Mehrheit (75,1%) an, eine Zusatzfunktion als Geschäftsführer auszuüben.

Hätte die Frage 10 zu Missverständnissen bezüglich der Rücktrittsmöglichkeit von einer allfälligen Zusatzfunktion als Geschäftsführer oder Mitglied der Geschäftsleitung geführt, so hätten nicht 305 VR-Delegierte mit einer Zusatzfunktion als Geschäftsführer korrekt angegeben, jederzeit von ihrer Funktion als VR-Delegierter zurücktreten zu können. In der Praxis kommen deshalb entgegen der gesetzlichen Regelung Rücktrittsbeschränkungen vor. Wie noch zu zeigen sein wird, sind solche Beschränkungen nichtig, unabhängig von ihrem Regelungsort (Organisationsreglement, Arbeitsvertrag oder VR-Protokolle).[62]

Die Auswertung der Frage 10 ergibt ein konkretes Konfliktpotential. Wenn rund 42% der VR-Delegierten mit einem Arbeitsvertragsverhältnis zur Gesellschaft der Ansicht sind, sie könnten nur mit einer Kündigungsfrist von über 3 Monaten von ihrer Funktion als VR-Delegierter zurücktreten, so gehen dieselben VR-Delegierten auch davon aus, dass sie umgekehrt nur unter Einhaltung dieser Kündigungsfrist von ihrer Funktion enthoben werden können. Diese Folgerung ergibt sich, da Kündigungsfristen grundsätzlich für beide Parteien gleich lang sein müssen.

6. Zusammenfassung der Auswertung

Von den 3'000 verschickten Fragebogen retournierten die angeschriebenen VR-Delegierten 1'273; davon konnten 1'262 ausgewertet werden. Aufgeteilt nach den Sprachregionen am Wohnsitz der VR-Delegierten erfolgte der Rücklauf überall in genügender Höhe für eine Auswertung: 44,6% deutschsprachig, 37,7% französischsprachig, 34,4% italienischsprachig und 42,1% total.

Das Interesse am Thema «Der Verwaltungsrat als Arbeitnehmer» war sehr gross: 65,1% der antwortenden VR-Delegierten wünschten ausdrücklich eine Zusammenfassung der Umfrageergebnisse. Bemängelt wurde an der Umfrage, dass sie zu wenig auf die zum Teil besondere Situation eines VR-Delegierten eingehe, wie z.B. Familien-Aktiengesellschaft, Alleinaktionär, Mehrheitsaktionär oder CEO in einem internationalen Grosskonzern.

Die VR-Delegierten werden überwiegend (71,9%) in kleinen und mittleren Gesellschaften mit bis zu 49 Beschäftigten eingesetzt. Auffällig ist dabei die Vertei-

---

[62] Dazu ausführlich hinten TEIL 4 § 9 V. 3. b) bb) auf S. 299 f.

lung bei den VR-Delegierten mit französischsprachigem Wohnsitz: Hier gibt es markant mehr VR-Delegierte bei den Unternehmen mit 10 bis 49 Beschäftigten (46,6%) als bei den kleinen Unternehmen mit 1 bis 9 Beschäftigten (31,6%). Am meisten VR-Delegierte (49,0%) sind bei den unabhängigen Gesellschaften und nicht bei den Mutter- oder Tochtergesellschaften anzutreffen.

Die Frage nach dem Rechtsverhältnis zur Gesellschaft wurde von 1'259 VR-Delegierten beantwortet. Von den antwortenden VR-Delegierten standen 922 (73,2%) per Ende 2000 in einem mündlichen oder schriftlichen Arbeitsverhältnis zur Gesellschaft. 12,9% deklarierten ein zusätzliches Auftragsverhältnis zur Gesellschaft. Während bei den VR-Delegierten mit Wohnsitz in der deutschsprachigen Schweiz 77% in einem Arbeitsverhältnis zur Gesellschaft stehen, sind es in der französischsprachigen Schweiz 62% und in der italienischsprachigen Schweiz 71%. Es gibt somit überproportional viele VR-Delegierte mit Wohnsitz in der französischsprachigen Schweiz, von denen jedoch nur ein geringerer Anteil als im schweizerischen Durchschnitt in einem Arbeitsverhältnis zur Gesellschaft steht.

Die Beschäftigungsgrösse hat keinen Einfluss auf die Art des Rechtsverhältnisses, wohl aber die Zusatzfunktion. Ist ein VR-Delegierter gleichzeitig Geschäftsführer oder Vorsitzender der Geschäftsleitung (bzw. Mitglied der Geschäftsleitung), so hat er in 80,3% (bzw. 77,3%) aller Fälle einen Arbeitsvertrag mit der Gesellschaft. Ist er gleichzeitig VR-Präsident, so steht er in 67,0% aller Fälle in einem arbeitsvertraglichen Verhältnis zur Gesellschaft. Hat er noch eine andere Funktion als Arbeitnehmer (konkret genannt wurde z.B. Elektroingenieur), so besteht bei 83,5% bezüglich beider Funktionen ein Arbeitsvertragsverhältnis zur Gesellschaft. Bei den VR-Delegierten ohne Zusatzfunktion haben nur 11,1% einen mündlichen oder schriftlichen Arbeitsvertrag mit der Gesellschaft abgeschlossen.

1'512 Antworten gingen zur Frage nach den Weisungen an die VR-Delegierten ein. 449 (29,7%) erhalten Weisungen vom Gesamtverwaltungsrat, 266 (17,6%) vom VR-Präsidenten, 185 (12,2%) von Dritten wie Aktionären oder Konzernleitung, und nur 612 (40,4%) üben ihre Funktion weisungsfrei aus. Von den 922 VR-Delegierten, welche neben dem organschaftlichen Verhältnis noch einen Arbeitsvertrag mit der Gesellschaft haben, erhalten 92 Weisungen sowohl vom Gesamtverwaltungsrat als auch vom VR-Präsidenten, 21 VR-Delegierte davon auch noch von Dritten. In 433 Fällen besteht zwar ein Arbeitsvertrag mit der Gesellschaft, doch erhält der betreffende VR-Delegierte keine Weisungen. Im Detail verteilen sich diese angestellten VR-Delegierten ohne Weisungsvorgabe wie folgt:

– *Verteilung nach Sprachregionen:* 40,5% deutsch; 19,1% französisch; 8,1% italienisch
– *Verteilung nach Stellung der Gesellschaft:* 42,8% bei unabhängigen Gesellschaften; 29,8% bei Muttergesellschaften; 22,8% bei Tochtergesellschaften; 28,6% bei Zwischenholdinggesellschaften
– *Verteilung nach Beschäftigungsgrösse:* 37,3% bei Gesellschaften mit 1 bis 9 Beschäftigten; 36,8% bei 10 bis 49 Beschäftigten; 31,6% bei 50 bis 249 Beschäftigten; 22,4% bei 250 bis 499 Beschäftigten; 9,1% bei 500 und mehr Beschäftigten
– *Verteilung nach Zusatzfunktion:* 40,6% Präsident des Verwaltungsrats; 38,8% Geschäftsführer oder Vorsitzender der Geschäftsleitung bzw. Konzernleitung; 34,2% Mitglied der Geschäftsleitung oder Konzernleitung
– *Verteilung nach Art des Arbeitsvertrages:* 46,0% mündlicher Arbeitsvertrag; 54,0% schriftlicher Arbeitsvertrag

Zusammenfassend heisst dies, dass VR-Delegierte mit Wohnsitz in der deutschsprachigen Schweiz, welche bei einer unabhängigen Gesellschaft mit 1 bis 499 Beschäftigten eine Zusatzfunktion als VR-Präsident, Geschäftsführer oder Mitglied der Geschäftsleitung ausüben, in rund einem Drittel aller Fälle keine Weisungen für die Ausübung ihrer Tätigkeit erhalten, auch wenn sie einen mündlichen oder schriftlichen Arbeitsvertrag mit der Gesellschaft abgeschlossen haben. Diese Rechtstatsache widerspricht auf den ersten Blick der herrschenden Lehre und Rechtsprechung, wonach eine der wesentlichen Voraussetzungen für den Bestand eines Arbeitsvertrages das Unterordnungsverhältnis bzw. die Weisungsgebundenheit ist. Eine genauere Prüfung ergibt jedoch, dass in diesen Fällen der Gesamtverwaltungsrat zwar tatsächlich keine Weisungen erteilt, damit jedoch nicht auf sein Weisungsrecht verzichtet. In den zur Verfügung stehenden Statuten, Organisationsreglementen und Arbeitsverträgen konnten keine Klauseln gefunden werden, wonach dem Gesamtverwaltungsrat kein Weisungsrecht gegenüber dem VR-Delegierten zustehen würde.

Sowohl das Verhältnis zur Gesellschaft als auch die Beschäftigungsgrösse beeinflussen den zeitlichen Aufwand für ein Delegiertenmandat. Besteht nur ein organschaftliches Verhältnis zur Gesellschaft, so üben nur 27,0% ihre Funktion als Vollzeittätigkeit aus, bei einem zusätzlichen Auftragsverhältnis sind es 36,8% und bei einem zusätzlichen Arbeitsvertrag sogar 59,3%. Je mehr Beschäftigte ein Unternehmen hat, umso eher übt der VR-Delegierte seine Funktion als Vollzeittätigkeit aus.

Die teilweise oder vollständige Delegation der Geschäftsführung an ein Mitglied des Verwaltungsrats setzt neben einer statutarischen Zulässigkeitsbestimmung ein

Organisationsreglement voraus. Überall dort, wo ein Verwaltungsratsmitglied zusätzlich Geschäftsführer oder Mitglied der Geschäftsleitung ist, müsste demnach eine Regelung im Organisationsreglement vorhanden sein. Von den antwortenden 897 VR-Delegierten mit einer Zusatzfunktion als Geschäftsführer oder Vorsitzender der Geschäfts- bzw. Konzernleitung gaben nur 434 (48,4%) an, ihre Stellung und Funktion werde in einem Organisationsreglement festgelegt. Bei den 260 VR-Delegierten mit einer Zusatzfunktion als Mitglied der Geschäfts- bzw. Konzernleitung waren es nur 126 (48,5%). Rund die Hälfte aller Gesellschaften, bei denen die Geschäftsführung ganz oder teilweise an einen VR-Delegierten übertragen wurde, genügt demnach den formellen Anforderungen von Art. 716b Abs. 2 OR nicht. Mit zunehmender Beschäftigungsgrösse steigt der Anteil an Gesellschaften, welche zur Delegation der Geschäftsführung gesetzeskonform ein Organisationsreglement erlassen haben.

Je mehr Beschäftigte ein Unternehmen hat, umso eher werden Spezialregelungen für VR-Delegierte getroffen. Bei den grössten Gesellschaften werden in 25,0% aller Fälle spezielle Regelungen betreffend Geheimhaltungspflicht und in 18,2% betreffend Konkurrenzverbot vorgesehen. Besondere Ausstandspflichten kommen dagegen auch in grossen Gesellschaften praktisch nicht vor. Besteht ein zusätzlicher Auftrag oder Arbeitsvertrag mit der Gesellschaft, so wird rund doppelt so häufig ein spezielles Konkurrenzverbot vereinbart, wie wenn nur ein organschaftliches Verhältnis zur Gesellschaft besteht. Eine Sonderregelung betreffend Honorierung/Entschädigung wird am ehesten bei einem zusätzlichen Auftragsverhältnis getroffen.

Rund die Hälfte aller VR-Delegierten, welche nur in einem organschaftlichen Verhältnis zur Gesellschaft stehen, bezieht keinerlei Honorar oder sonstige Entschädigung für die Funktionsausübung; bei den VR-Delegierten mit einem zusätzlichen Auftrags- oder Arbeitsvertragsverhältnis erhält rund ein Viertel keine Funktionsentschädigung. Lohnfortzahlungen bei Krankheit oder Unfall sowie Beiträge an die berufliche Altersvorsorge werden den VR-Delegierten am ehesten im Falle einer Doppelstellung als Verwaltungsrat und Arbeitnehmer geleistet, jedoch auch dann nur in rund einem Drittel aller Fälle. Nur jedem 20. VR-Delegierten wird vom Unternehmen für seine Funktion eine Haftpflichtversicherung gewährt, dies gilt unabhängig davon, ob der VR-Delegierte eine Doppelstellung als Arbeitnehmer hat oder nicht. Diese Erkenntnis erstaunt angesichts der in den Medien vermehrt geforderten Verantwortlichkeitsklagen gegen Verwaltungsräte.

Nach Gesetz kann ein Verwaltungsrat jederzeit zurücktreten; dies gilt auch im Falle eines VR-Delegierten. Besteht daneben noch ein Arbeitsvertrag mit der Gesellschaft, so sind diesbezüglich separate Kündigungsfristen zu beachten. Dennoch geben nur 619 von 1'231 diesbezüglich antwortenden VR-Delegierten an, jederzeit von ihrer Funktion zurücktreten zu können. 152 (12,3%) VR-Delegierte geben als Kündigungsfrist ein bis drei Monate an, 771 (62,6%) sogar über drei Monate. Bei den VR-Delegierten mit einem rein organschaftlichen Verhältnis sind 46 (27,1%) überzeugt, eine bestimmte Kündigungsfrist einhalten zu müssen; bei den VR-Delegierten mit einem Arbeitsvertrag sind es sogar 382 (62,6%). Missverständnisse bei der entsprechenden Frage können ausgeschlossen werden. Offensichtlich wird in der Praxis die Rücktrittsmöglichkeit entgegen der gesetzlichen Vorgabe eingeschränkt. Da die betroffenen VR-Delegierten umgekehrt von der Gesellschaft erwarten, dass sich diese ebenfalls an die Kündigungsfristen hält, besteht hier ein konkretes Konfliktpotential.

Die Ergebnisse der eigenen Umfrage bestätigen insgesamt die einleitend aufgestellten drei Thesen wie folgt:

– In der Schweiz gibt es zahlreiche Verwaltungsräte, die in einem organschaftlichen und einem zusätzlichen arbeitsvertraglichen Verhältnis zur gleichen Aktiengesellschaft stehen; bei den VR-Delegierten sind dies rund 73%, wobei der Anteil in der deutschsprachigen Schweiz höher ist als in der französisch- und italienischsprachigen Schweiz.

– Die konkrete Ausgestaltung einer Doppelstellung als Verwaltungsrat und Arbeitnehmer bewirkt ein latentes Konfliktpotential, da oftmals keine oder nur ungenügende Regelungen vorhanden sind und arbeitsrechtliche Vorgaben nicht beachtet werden.

– Ein VR-Delegierter erhält trotz seiner Mehrarbeit im Durchschnitt ein geringeres VR-Honorar als der VR-Präsident; dafür erhält der VR-Delegierte als Arbeitnehmer der Gesellschaft separate Gehaltszahlungen bzw. Vorsorgeleistungen.

ns und Zulässigkeit
einer Doppelstellung
TEIL 3
Voraussetzungen und Zulässigkeit einer Doppelstellung

§ 6 Voraussetzungen einer Doppelstellung

I. Stellung als Verwaltungsrat

1. Voraussetzungen beim ordnungsgemäss bestellten Verwaltungsrat

a) Wahl durch die Generalversammlung

Erste Voraussetzung für die rechtliche Qualifikation und damit für die Stellung als Verwaltungsrat[1] ist grundsätzlich[2] eine Wahl durch die Generalversammlung.[3] Die Wahl ist gemäss Art. 698 Abs. 2 Ziff. 2 OR zwingend durch die Generalversammlung vorzunehmen und zwar sowohl bei der Gründung, als auch bei einer Erweiterung oder der Ergänzung des Verwaltungsrats.[4] Insbesondere ist es nicht zulässig, dass in einem Konzern die Wahl durch den Verwaltungsrat der Konzernobergesellschaft erfolgt.[5]

Mit der Wahl selbst kommt noch kein organschaftliches Verhältnis mit dem Kandidaten zustande. Vielmehr ist die Wahl lediglich als einseitige Offerte[6] der Gesellschaft zu verstehen. Dies ist vor allem bei abwesenden Kandidaten von Bedeutung. Selbst wenn diese bereits in einem Arbeitsverhältnis zur Gesellschaft stehen, darf die Wahlannahme nicht einfach vermutet werden.

---

[1] Im Sinne des Verwaltungsrats einer Aktiengesellschaft; bei anderen Körperschaften sind u.U. andere Voraussetzungen gegeben (so wählt z.B. der Bundesrat den Verwaltungsrat der Bundesbahnen gemäss Art 24 Abs. 2 lit. c des BG über die Schweizerischen Bundesbahnen vom 20.3.1998).

[2] Ausnahme ist die Abordnung durch eine Körperschaft des öffentlichen Rechts, worauf im nächsten Abschnitt näher eingegangen wird; hinten unter TEIL 3 § 6 I. 2. auf S. 171 ff. wird gezeigt, dass zudem beim faktischen Verwaltungsrat die Wahl durch die Generalversammlung fehlt, aber dennoch eine Verwaltungsratsstellung gegeben ist.

[3] Dass jede Aktiengesellschaft mindestens einen im Handelsregister eingetragenen Verwaltungsrat haben muss, ergibt sich indirekt aus Art. 707 Abs. 1 OR. Umgekehrt ist damit aber nicht gesagt, dass jeder Verwaltungsrat zwingend im Handelsregister eingetragen werden muss (dazu nachstehend TEIL 3 § 6 I. 1. e) auf S. 171.

[4] Zum Prozedere ausführlich MÜLLER/LIPP/PLÜSS, 43 ff. mit Checkliste auf S. 534 ff.

[5] Das entsprechende Protokoll der Verwaltungsratssitzung würde vom Handelsregisterführer als Anmeldungsbeleg zurückgewiesen; nach SCHILTKNECHT, 42, dürfte jedoch die Wahl in Konzernerhältnissen in den seltensten Fällen zu Problemen Anlass geben.

[6] Rechtlich korrekt wohl besser als «Einladung» zu bezeichnen, da keine Vertragsbeziehung zur Gesellschaft in Aussicht gestellt wird (vgl. die Zusammenfassung zum Rechtsverhältnis zwischen Gesellschaft und Verwaltungsrat vorne unter TEIL 1 § 3 IV. 5. auf S. 80 f.).

b) Abordnung durch eine Körperschaft des öffentlichen Rechts

Ausnahmsweise kann ein Verwaltungsrat auch ordnungsgemäss bestellt werden, ohne dass eine entsprechende Wahl durch die Generalversammlung erfolgt.[7] Dieser Spezialfall ist in Art. 762 OR vorgesehen. Danach ist es zulässig, einer Körperschaft des öffentlichen Rechts unter gewissen Voraussetzungen in den Statuten das Recht einzuräumen, direkt einen Vertreter in den Verwaltungsrat abzuordnen.[8] Gemäss Abs. 3 derselben Bestimmung haben diese abgeordneten Verwaltungsräte die gleichen Rechte und Pflichten wie die von der Generalversammlung gewählten. Damit ist gleichzeitig klargestellt, dass die Generalversammlung dieser Abordnung weder zustimmen noch widersprechen kann.[9]

Bei einer Abordnung durch eine Körperschaft des öffentlichen Rechts nach Art. 762 OR können vier Fälle unterschieden werden, wobei nur bei den letzten zwei eine Doppelstellung als Verwaltungsrat und Arbeitnehmer im hier verstandenen Sinne gegeben ist:

– der Abgeordnete steht weder in einem Arbeitsverhältnis zum Gemeinwesen noch zur Gesellschaft
– der Abgeordnete steht nur in einem Arbeitsverhältnis zum Gemeinwesen[10]
– der Abgeordnete steht nur in einem Arbeitsverhältnis zur Gesellschaft
– der Abgeordnete steht sowohl in einem Arbeitsverhältnis zum Gemeinwesen als auch zur Gesellschaft

Es existieren weder Untersuchungen zur Häufigkeit von solchen Abordnungen, noch zur Ausgestaltung der Rechtsverhältnisse mit den Abgeordneten. Es sind jedoch für alle vier Fälle praktische Beispiele denkbar. Dies lässt sich anhand der Stadt Kreuzlingen veranschaulichen.[11] Nach der Übernahme des hälftigen Aktienpaketes von Konstanz wurde Kreuzlingen zur alleinigen Eigentümerin der Bodensee Arena AG, einer Sportanlage mit Eislaufhalle und Hotel. Um vom Verwaltungsrat dieser Gesellschaft direkt Auskunft verlangen zu können und einen unmittelbaren

---

[7] Dieser Fall ist von massgebender Bedeutung im Zusammenhang mit der rechtlichen Qualifikation des Verhältnisses zwischen Verwaltungsrat und Gesellschaft (vgl. dazu ausführlich vorne TEIL 1 § 3 III. 1. d) auf S. 57).
[8] Diese Vertreter des Gemeinwesens werden nicht durch die Generalversammlung gewählt (FORSTMOSER/JAAG, Rz. 35).
[9] Das gesetzliche Wahl- und Abberufungsrecht der Generalversammlung gemäss Art. 698 Abs. 2 Ziff. 2 bzw. Art. 705 Abs. 1 OR wird damit aufgehoben (WERNLI, Basler Kommentar, N 12 zu Art. 762 OR).
[10] Sogenannter «Abgeordneter im Dienstverhältnis» (FORSTMOSER/JAAG, 23f).
[11] An dieser Stelle sei Herrn Stadtammann Josef Bieri herzlich für die bereitwilligen Auskünfte im Zusammenhang mit der Bodensee Arena AG gedankt.

Einfluss auf die massgebenden Entscheidungen zu erhalten, wurden die Statuten dahingehend abgeändert, dass der Stadt Kreuzlingen das Recht zusteht, bis zu drei Mitglieder in den Verwaltungsrat abzuordnen.[12] Ein Abgeordneter ist konkret der Stadtammann Josef Bieri, welcher in einem Arbeits- bzw. Beamtenverhältnis zur Stadt Kreuzlingen, jedoch nur in einem organschaftlichen Verhältnis zur Gesellschaft steht. Ein weiterer Abgeordneter könnte zukünftig beispielsweise ein unabhängiger Finanzfachmann mit eigenem Treuhandunternehmen sein. Möglich wäre auch die Abordnung eines Verwaltungsratsmitglieds, welches anschliessend als Arbeitnehmer der Gesellschaft die Geschäftsführung ausübt. Und schliesslich ist denkbar, dass der Stadtschreiber zugleich Verwaltungsratsmitglied und angestellter VR-Sekretär der Gesellschaft im Nebenamt wird.

c)   Mandatsannahme

Die Wahl kann vom Gewählten ausdrücklich oder stillschweigend angenommen werden, sofern er an der Generalversammlung selbst anwesend ist. Wird jedoch eine abwesende Person als Verwaltungsrat gewählt, so ist der Handelsregisterführer nach der bundesgerichtlichen Rechtsprechung gehalten, sich der Zustimmung zur Wahl zu vergewissern.[13] Dies kann durch eine schriftliche Annahmeerklärung oder durch direkte mündliche Erklärung gegenüber dem Registerbeamten geschehen.[14]

Wird ein Aktionär ordnungsgemäss durch die Generalversammlung als Verwaltungsrat gewählt und nimmt er diese Wahl an, so sind seine Handlungen als Verwaltungsrat von diesem Zeitpunkt an rechtsverbindlich, unabhängig davon ob er im Handelsregister eingetragen wird oder nicht.[15]

---

[12] Der entsprechende Art. 12 der Statuten betr. Konstituierung des VR lautet nun: «Der Verwaltungsrat besteht aus mindestens drei und maximal fünf Mitgliedern. […] Solange eine Körperschaft des öffentlichen Rechts stimmen- und kapitalmässig über die Aktienmehrheit verfügt und der Gesellschaftszweck im öffentlichen Interesse dieser Körperschaft liegt, hat diese das Recht, aber nicht die Pflicht, bis zu drei Mitglieder in den Verwaltungsrat abzuordnen, ohne dass dazu eine Mitwirkung der Generalversammlung notwendig wäre. Die von einer Körperschaft des öffentlichen Rechts abgeordneten Mitglieder des Verwaltungsrats haben jener gegenüber eine umfassende Auskunftspflicht; im Übrigen haben sie die gleichen Rechte und Pflichten wie die von der Generalversammlung gewählten Mitglieder.»

[13] BGE 105 II 130. In der Praxis ist als Nachwirkung dieses Bundesgerichtsentscheides festzustellen, dass sich einzelne Handelsregisterführer telefonisch beim gewählten und einzutragenden Verwaltungsrat nach der Wahlannahme erkundigen, wenn sich aus dem Protokoll seine Anwesenheit nicht ausdrücklich ergibt und ansonsten kein Beleg für die Wahlannahme vorhanden ist.

[14] VON STEIGER, 224, bezeichnet das Unterzeichnen der Handelsregisteranmeldung als konkludente Wahlannahme, doch handelt es sich dabei m.E. um eine ausdrückliche Wahlannahme.

[15] Eine graphische Übersicht über die Gültigkeit der Handlungen des Verwaltungsrats im Verhältnis zur Zeitachse findet sich bei MÜLLER/LIPP/PLÜSS, 34.

Auch im Falle der Abordnung durch eine Körperschaft des öffentlichen Rechts hat der als Verwaltungsrat bestimmte Vertreter zuerst das Mandat anzunehmen, bevor er in ein organschaftliches Verhältnis zur Gesellschaft tritt.

d) Aktionärseigenschaft

aa) Voraussetzung der Aktionärseigenschaft nach geltendem Recht

Art. 707 Abs. 1 OR bestimmt, dass die Mitglieder des Verwaltungsrats Aktionäre sein müssen.[16] Ohne diese Aktionärseigenschaft ist zwar eine Wahl zulässig, jedoch grundsätzlich keine Funktionsausübung.[17] Fehlt die Aktionärseigenschaft oder fällt sie nachträglich weg, so bleibt die Doppelstellung als Verwaltungsrat und Arbeitnehmer grundsätzlich bestehen, sofern die übrigen Voraussetzungen erfüllt sind.[18] Da es für Aussenstehende Dritte gleich wie für das Handelsregisteramt unmöglich ist, die Aktionärsstellung zu überprüfen, kann das Fehlen der Aktionärseigenschaft nicht ohne weiteres zu einer Aufhebung der Stellung als Verwaltungsrat führen.[19] Analog den Regeln über die Anscheinsvollmacht kann nur dann die Ungültigkeit der weiteren Handlungen des aktienlosen Verwaltungsratmitglieds geltend gemacht werden, wenn die Gesellschaft den betroffenen Dritten ausdrücklich Mitteilung gemacht hat.[20] Führt man diese Überlegung konsequent weiter, dann gelangt man zur Auffassung, dass es sich bei der Aktionärseigenschaft des

---

[16] Allerdings erfolgt keine diesbezügliche Prüfung durch das Handelsregister; vgl. dazu HOMBURGER, Zürcher Kommentar, N 23 ff. zu Art. 707 OR.; nach KRNETA, Praxiskommentar, Rz. 46, ist im Falle von Inhaberaktien ohnehin nur bei der Gründung und bei der Generalversammlung wirklich überprüfbar, ob die Voraussetzung des Art. 707 OR erfüllt ist.

[17] Nach HOMBURGER, Zürcher Kommentar, N 1 zu Art. 707 OR, sollte deshalb besser von einer «Amtsantrittsvoraussetzung» statt von einer «Wählbarkeitsvoraussetzung» gesprochen werden; schon 1935 qualifizierte KOLB, 15, diese Vorschrift als «Erfordernis der Annahme der Wahl» und stellte den Sinn dieser Gesetzesnorm in Frage.

[18] Nach BÖCKLI, Aktienrecht, Rz. 32 f. zu § 13, handelt es sich bei Art. 707 OR nur «um eine Ordnungsvorschrift, doch um zwingendes Recht»; ebenso bereits KOLB, 19.

[19] In der 2. Auflage «Schweizer Aktienrecht» (BÖCKLI, Aktienrecht, Rz. 1467) vertrat BÖCKLI noch die Auffassung, dass die Revisionsstelle die Pflicht hat, die Aktionärseigenschaft der Verwaltungsräte zu kontrollieren und einen allfälligen Mangel dem Verwaltungsratspräsidenten zu melden. In der 3., vollständig neu bearbeiteten und erweiterten, Auflage seines Werkes «Schweizer Aktienrecht» wurde diese Pflicht der Revisionsstelle ersatzlos gestrichen. Im Hinblick auf die Revision des Obligationenrechts vom 19. Dezember 2001 wird empfohlen, die Voraussetzung der Aktionärseigenschaft beim Verwaltungsrat in Art. 707 Abs. 1 OR wegzulassen (vgl. dazu Botschaft zur Revision des GmbH-Rechts, BBl. 2002 3265 ff.). Aus diesem Grunde wird auch die Pflicht der Revisionsstelle zur Kontrolle der Aktionärseigenschaft obsolet werden.

[20] MÜLLER/LIPP/PLÜSS, 34; zu den Rechtsfolgen der fehlenden Qualifikation ausführlich HOMBURGER, Zürcher Kommentar, N 30 ff. zu Art. 707 OR; ebenso BÖCKLI, Aktienrecht Rz. 33 zu § 13, mit dem Hinweis, dass eine Blockierung des Verwaltungsrats dadurch nicht bezweckt sei.

Verwaltungsrats lediglich um eine Ordnungsvorschrift handelt und keine Sanktionsmöglichkeiten zur Durchsetzung vorhanden sind.[21] Auch ein Amtsantritt ohne Aktionärseigenschaft bleibt deshalb grundsätzlich ohne negative Folgen für den betreffenden Verwaltungsrat oder die Gesellschaft. Nicht notwendig ist die Aktionärseigenschaft in jedem Falle bei der Abordnung eines Verwaltungsrats durch eine Körperschaft des öffentlichen Rechts nach Art. 762 Abs. 1 OR, denn hier ist die Verpflichtung zur Aktionärseigenschaft vom Gesetzgeber selbst ausdrücklich aufgehoben worden.[22]

Welche Voraussetzungen müssen nun aber erfüllt sein, um der Aktionärseigenschaft nach Art. 707 OR zu genügen? Bei Inhaberaktien genügt gemäss Art. 689a Abs. 2 OR der Aktienbesitz, welcher durch Vorlage einer Aktie nachgewiesen werden kann.[23] Ein Eigentumserwerb wird bei Inhaberaktien demnach nicht vorausgesetzt. Bei Namenaktien gilt gemäss Art. 686 Abs. 4 OR im Verhältnis zur Gesellschaft als Aktionär, wer im Aktienbuch eingetragen ist.[24] Die Eintragung im Aktienbuch setzt nach Art. 686 Abs. 2 OR einen Ausweis über den Erwerb der Aktie zu Eigentum oder die Begründung einer Nutzniessung voraus.[25] Damit ein Arbeitnehmer die Funktion als Verwaltungsrat ausüben kann, muss er somit nach geltendem Gesetz nicht nur ordnungsgemäss gewählt sein und diese Wahl angenommen haben, zusätzlich muss er im Falle von Inhaberaktien mindestens ein solches Wertpapier besitzen oder im Falle von Namenaktien als Eigentümer oder Nutzniesser[26] einer entsprechenden Aktie im Aktienbuch eingetragen sein.[27]

Um der Aktionärsvorschrift von Art. 707 OR zu genügen, wird in der Praxis dem betroffenen Verwaltungsrat häufig eine Aktie fiduziarisch übertragen.[28] Nach den

---

[21] Gl.M. METZLER/SCHMUKI, 169.
[22] Vgl. WERNLI, Basler Kommentar, N 13 zu Art. 762 OR.
[23] Der Verwaltungsrat kann nach Art. 689a Abs. 2 OR eine andere Art des Besitzesausweises anordnen, jedoch nicht den Eigentumsnachweis.
[24] Der Eintrag hat gemäss einhelliger Lehrmeinung nicht konstitutive, sondern lediglich deklaratorische Bedeutung (vgl. BENZ 116 ff.; BÖCKLI, Aktienrecht, Rz. 67 und 155 zu § 6; OERTLE/DU PASQUIER, Basler Kommentar, N 4 zu Art. 686 OR).
[25] Beim Rechtsübergang von börsenkotierten Namenaktien wird in Art. 685f OR unterschieden zwischen börsenmässigem und ausserbörslichem Erwerb.
[26] Gemäss Art. 690 Abs. 2 OR wird die Aktie im Falle der Nutzniessung durch den Nutzniesser vertreten. Der Nutzniesser ist deshalb als Aktionär nicht nur berechtigt an der GV teilzunehmen, er kann auch mitstimmen (vgl. BÖCKLI, Aktienrecht, Rz. 137 zu § 12). Die Nutzniessung genügt deshalb zur Erfüllung der Aktionärsvoraussetzung von Art. 707 OR.
[27] NOBEL, Eintrag im Aktienbuch, 124, stellt klar, dass vor dem Eintrag ins Aktienbuch keine Rechte ausgeübt werden können und bemerkt pointiert: «Es hat ja bisher niemand behauptet, das Aktienbuch sei bloss ein Adressbuch.»
[28] Die Möglichkeit der treuhänderischen Überlassung wird in der Botschaft zur Revision des GmbH-Rechts, 3229, ausdrücklich erwähnt mit der Bemerkung: «Das Erfordernis einer ‹Pflichtaktie› kommt demzufolge einer blossen Formalie gleich und wurde daher in der Literatur zu Recht hinterfragt.»

vorstehenden Ausführungen bietet dies bei Inhaberaktien kein Problem, da die blosse Besitzübertragung des Wertpapiers genügt. Bei Namenaktien stellt sich jedoch die Frage nach den notwendigen Voraussetzungen für den Erwerb des Eigentums oder der Nutzniessung zur Eintragung in das Aktienbuch. Die herrschende Lehre erachtet die fiduziarische Aktienübertragung bei Namenaktien ohne weiteres als zulässig.[29] Für die rechtsgültige Übertragung des Eigentums oder Nutzniessung ist dazu eine physische Übertragung des Papiers nicht erforderlich. Dies ergibt sich bereits aus der Tatsache, dass im Gesetz die Verurkundung der aktienrechtlichen Mitgliedschaft nirgends vorgeschrieben ist[30] und in die Statuten eine Klausel aufgenommen werden kann, wonach die Gesellschaft bei Namenaktien auf den Druck der Aktien verzichten darf.[31] Zudem ist auf Initiative der Schweizerischen Effektengiro-Zentrale (SEGA) bei börsenkotierten Gesellschaften die nicht verurkundete Namenaktie rechtlich durchstrukturiert und praktisch eingeführt worden.[32] Solange eine Gesellschaft keine Namenaktien in physischer Form ausgegeben hat, genügt deshalb für den Erwerb des Eigentums oder der Nutzniessung ein entsprechender Übertragungsnachweis in Form eines Vertrages oder einer Zession. Sind jedoch Aktientitel gedruckt worden, so ist eine Indossierung und Übergabe der Urkunde grundsätzlich erforderlich;[33] allerdings kann das Indossament blanko erfolgen. Um die fiduziarische Übertragung im Aktienbuch kenntlich zu machen, wird in der Praxis häufig ein entsprechender Zusatzvermerk angebracht.[34]

Bei der fiduziarischen Übertragung wird das volle Eigentumsrecht an den Aktien übertragen, verbunden mit einem obligatorischen Rechtsgeschäft, das die Rechte des fiduziarischen Aktionärs einschränkt.[35] So kann beispielsweise ausdrücklich vereinbart werden, dass die Bezugs- und Dividendenrechte beim ursprünglichen Aktionär verbleiben.[36] Da der Fiduziar dinglich Berichtigter an der Aktie und damit selbständiger Rechtsträger für alle aus der Mitgliedschaft sich ergebenden

---

[29] GUHL/DRUEY, § 71 N 30; HOMBURGER, Zürcher Kommentar, N 6 und 22 zu Art. 707 OR; FORSTMOSER/MEIER-HAYOZ/NOBEL, § 27 N 4 und 20; KRNETA, Praxiskommentar, Rz. 36, und MÜLLER/LIPP/PLÜSS, 33, mit einer vertraglichen Musterklausel auf S. 447; WERNLI, Basler Kommentar, N 7 zu Art. 707 OR, setzt eine fiduziarische Mandatsaktie mit der Wahl von «Strohmännern» gleich und spricht von einer Umgehung der gesetzlichen Vorschrift; da die Mandatsaktie i.d.R. jedoch offen im Aktienbuch ausgewiesen wird (vgl. das Beispiel bei MÜLLER/LIPP/PLÜSS, 527) liegt keine Umgehung, sondern eine korrekte Erfüllung der gesetzlichen Bestimmung vor.

[30] FORSTMOSER/MEIER-HAYOZ/NOBEL, § 43 N 2.

[31] Vgl. BÖCKLI, Aktienrecht, Rz. 123, 124 und 125 zu § 4; kritisch OERTLE/DU PASQUIER, Basler Kommentar, N 4 zu Art. 684 OR, mit weiteren Literaturhinweisen.

[32] BÖCKLI, Aktienrecht, Rz. 112 zu § 4.

[33] OERTLE/DU PASQUIER, Basler Kommentar, N 5 zu Art. 684 OR.

[34] Beispielsweise: «Erwerb durch Mandatsvertrag vom 13.5.1991; Vermögensrechte stehen Meier Fritz zu» (MÜLLER/LIPP/PLÜSS, 527).

[35] VON SALIS, 312; vgl. BGE 117 II 295 bzw. Pra. 81 (1992) Nr. 137, S. 484.

[36] Vgl. VON SALIS, 40 f.

Rechte wird, ist ihm und nicht dem Fiduzianten die Einladung zur Generalversammlung zuzustellen.[37] Während der Dauer des Treuhandverhältnisses liegt die Rechtsmacht ausschliesslich beim Fiduziar mit der Folge, dass sich ein Dritter nicht um die internen Rechtsbeziehungen zwischen Fiduziant und Fiduziar zu kümmern hat.[38]

In Konzernverhältnissen wird vielfach darauf verzichtet, den Verwaltungsräten von reinen Tochtergesellschaften im Aktienbuch eine fiduziarische Mandatsaktie zuzuweisen. Statt dessen wird das Eigentum an sämtlichen Aktien vollumfänglich auf die Muttergesellschaft eingetragen. Damit ist zwar die Ordnungsvorschrift von Art. 707 OR verletzt, doch sind die Handlungen des betroffenen Verwaltungsrats nach den vorstehenden Ausführungen dennoch rechtsgültig.[39] Ein Dritter kann insbesondere nicht geltend machen, der von ihm mit der Gesellschaft abgeschlossene Vertrag sei ungültig, weil er für die Gesellschaft von einem Verwaltungsrat ohne Aktionärsstellung unterzeichnet worden sei. Der Mangel im Aktienbuch kann bei Bedarf vom Verwaltungsrat jederzeit durch einen entsprechenden nachträglichen Eintrag behoben werden. Anderseits werden durch den fehlenden Eintrag im Aktienbuch eventuelle mühsame Eigentumsabklärungen im Konkurs- oder Todesfall des betroffenen Verwaltungsrats zum vornherein vermieden.

Ein Teil der Lehre geht gestützt auf Art. 707 Abs. 3 OR davon aus, dass es bei Vertretern von juristischen Personen genüge, wenn diese Aktionärin sei.[40] Da jedoch jedes Mitglied eines Verwaltungsrates ad personam gewählt wird, muss bis zu einer allfälligen Gesetzesrevision[41] auch für delegierte Verwaltungsräte in Tochtergesellschaften die Aktionärseigenschaft verlangt werden.[42] In Konzernen stellt sich diese Frage, da in den Verwaltungsräten der Tochtergesellschaften häufig nur

---

[37] STUDER, 46.
[38] BGE 115 II 468 Erw. 1. c.
[39] FORNITO, 241, kritisiert die generelle Unterscheidung in Ordnungs- und Gültigkeitsvorschriften u.a. mit dem Argument, die Qualifikation als blosse Ordnungsvorschrift berge «die Gefahr einer dezisionistischen, nicht diskursiv nachvollziehbaren Entscheidung in sich.» Solange nicht der Verwaltungsrat selbst klagt, wird die fehlende Aktionärseigenschaft tatsächlich keinen Einfluss auf die gerichtliche Entscheidung haben. Macht jedoch der Verwaltungsrat selbst gestützt auf seine Funktion einen Honoraranspruch gegenüber der Gesellschaft geltend, so kann das Gericht die Forderung mit dem Argument abweisen, es fehle die Grundlage zur Ausübung einer VR-Tätigkeit.
[40] Ohne Einschränkung FORSTMOSER/MEIER-HAYOZ/NOBEL, § 27 N 10; METZLER/SCHMUKI, 170 (mit der Behauptung, in der Lehre werde überwiegend diese Meinung vertreten); WERNLI, Basler Kommentar, N 34 zu Art. 707 OR; mit Beschränkung auf Partizipanten HOMBURGER, Zürcher Kommentar, N 60 zu Art. 707 OR, und MÜLLER/LIPP/PLÜSS, 54.
[41] Vgl. dazu die Ausführungen zur Revision des GmbH-Rechts im nächsten Abschnitt.
[42] Gl.M. BESSENICH, Aktionärseigenschaft, 457 f. (allerdings mit der Bemerkung, dass die Rechtslage nicht befriedigend sei); BÖCKLI, Aktienrecht, Rz. 35 zu § 13; KRNETA, Praxiskommentar, Rz. 40; VON BÜREN, Erfahrungen, 84.

Delegierte der Muttergesellschaft Einsitz nehmen. Gelegentlich werden durch die Muttergesellschaft leitende Arbeitnehmer aus der Tochtergesellschaft in deren Verwaltungsrat gewählt. Auch für diese Verwaltungsräte mit einer Doppelstellung als Arbeitnehmer gilt die gesetzliche Vorschrift der Aktionärseigenschaft.

bb)   Keine Voraussetzung der Aktionärseigenschaft nach zukünftigem Recht

In der Botschaft zur Revision des Obligationenrechts (GmbH-Recht sowie Anpassungen im Aktien- Genossenschafts-, Handelsregister- und Firmenrecht) vom 19. Dezember 2001 wird empfohlen, die Wahlvoraussetzungen für die Mitglieder des Verwaltungsrats einer Aktiengesellschaft mit dem GmbH-Recht zu harmonisieren und auf das Erfordernis einer Pflichtaktie zu verzichten.[43] Entsprechend wird im Entwurf des Bundesrats zur Revision des GmbH-Rechts vom 19. Dezember 2001[44] vorgeschlagen, die Voraussetzung der Aktionärseigenschaft beim Verwaltungsrat in Art. 707 Abs. 1 OR wegzulassen.[45] Statt dessen soll ein neuer Art. 702a OR eingefügt werden, wonach die Mitglieder des Verwaltungsrats berechtigt sind, an der Generalversammlung teilzunehmen und Anträge zu stellen.[46] Die Eidg. Fachkommission für das Handelsregister sieht keine Hinderungsgründe für die Abschaffung der Aktionärsvoraussetzung.[47]

Zur Begründung der Aufhebung der Aktionärseigenschaft beim Verwaltungsrat werden in der Botschaft zur Revision des GmbH-Rechts zwei Punkte vorgebracht:[48]

– Für die Erfüllung der Voraussetzung genügt eine einzige Aktie, welche zudem treuhänderisch übertragen werden kann; die Vorschrift «kommt demzufolge einer Formalie gleich».

– Anders als im Aktienrecht kann die Geschäftsführung in der GmbH sowohl nach dem geltenden Recht als auch nach dem Entwurf an Personen übertragen werden, die nicht Gesellschafterinnen oder Gesellschafter zu sein brauchen.

Die Revision des GmbH-Rechts steht schon seit längerer Zeit an und wurde bereits im Bericht des Bundesrats vom 1.3.2000 über die Legislaturplanung 1999–2003 angekündigt.[49] Da bisher von keiner Seite ernsthafte Bedenken gegen die

---

[43] Vgl. Botschaft zu Revision des GmbH-Rechts, 3229.
[44] BBl. 2002 3265 ff.
[45] Danach würde Art. 707 OR nur noch aus folgendem, einzigen Abschnitt bestehen: «Der Verwaltungsrat der Gesellschaft besteht aus einem oder mehreren Mitgliedern.»
[46] Entwurf GmbH-Revision, 3289.
[47] Vgl. Bericht über die Tätigkeit der Eidg. Fachkommission für das Handelsregister im Jahre 2001 in REPRAX 4 (2002) 72 f.
[48] Botschaft zur Revision des GmbH-Rechts, 3229.
[49] Vgl. Botschaft zur Revision des GmbH-Rechts, 3258.

damit verbundene Änderung der Aktionärsvoraussetzung beim Verwaltungsrat einer Aktiengesellschaft erhoben wurde, ist davon auszugehen, dass schon in absehbarer Zeit auch für Nichtaktionäre eine Doppelstellung als Verwaltungsrat und Arbeitnehmer bei der gleichen Gesellschaft möglich sein wird.

e) Eintragung im Handelsregister

Ein ordnungsgemäss gewählter Verwaltungsrat sollte nach dem Willen des Gesetzgebers im Handelsregister eingetragen werden.[50] Wird die Anmeldung jedoch unterlassen, so kann das Handelsregister nicht einschreiten, da es von einer solchen Unterlassung nur in Ausnahmefällen Kenntnis erhält. Der ordnungsgemäss mit seinem Einverständnis gewählte, aber nicht im Handelsregister eingetragene «stille» Verwaltungsrat hat grundsätzlich die gleichen Rechte und Pflichten wie der eingetragene Verwaltungsrat. Insbesondere verpflichtet er durch seine Handlungen die Gesellschaft und ist dafür auch im Sinne von Art. 754 OR verantwortlich. Die Eintragung im Handelsregister hat demnach keinen Einfluss auf die rechtliche Qualifikation des Verwaltungsratsmandates.[51]

In der Praxis selten, aber dennoch möglich ist die Situation, dass ein Verwaltungsrat zwar durch die Generalversammlung gewählt und anschliessend im Handelsregister eingetragen wird, sich dieser Eintrag nachträglich aber als falsch herausstellt. Ein solcher Fall liegt vor, wenn der entsprechende Generalversammlungsbeschluss mit Erfolg wegen Formfehler angefochten wird oder wenn wegen Missachtung der Einberufungsfrist sogar Nichtigkeit gegeben ist. Dennoch bleiben die Handlungen des zu Unrecht eingetragenen Verwaltungsrats gültig. Tatsächlich ist seine Stellung als faktischer Verwaltungsrat zu qualifizieren, auf den nachstehend näher eingegangen wird.

2. Voraussetzungen beim faktischen Verwaltungsrat

Als faktisches Organ gilt jedermann, der ohne entsprechende Wahl oder besondere Bezeichnung dauernd und selbständig für eine Gesellschaft und ihr Unternehmen wichtige Entscheidungen fällt; insbesondere gilt als faktisches Organ auch «der Hauptaktionär, der sich in die Geschäftsführung einmischt, der Treugeber oder Hintermann, der dem fiduziarischen Verwaltungsrat Weisungen erteilt, alle

---

[50] Dies ergibt sich indirekt aus Art. 641 Ziff. 9 OR und Art. 40 HRegV (vgl. MÜLLER/LIPP/PLÜSS, 60).
[51] MÜLLER, Arbeitsrecht, 69.

stillen und verdeckten Verwaltungsräte, alle verborgenen Direktoren.»[52] Dabei begründet die Vornahme einzelner Handlungen, welche dem Bereich der Geschäftsführung zugerechnet werden können, noch keine faktische Organstellung; eine solche Stellung kommt nur einer Person zu, die in eigener Verantwortung eine dauernde Zuständigkeit für gewisse, das Alltagsgeschäft übersteigende und das Geschäftsergebnis beeinflussende Entscheide wahrnimmt.[53] Die faktische Organstellung des Verwaltungsrats der Muttergesellschaft kann sich auch aus der tatsächlichen organtypischen Zuständigkeit in der Tochtergesellschaft ergeben.[54] Im Gegensatz zum stillen Verwaltungsrat ist der faktische Verwaltungsrat nicht ordnungsgemäss gewählt worden; er wird deshalb auch als «verdeckter» Verwaltungsrat bezeichnet.[55] Dabei muss die Wahl nicht absichtlich verhindert worden sein; der entsprechende Generalversammlungsbeschluss kann sich u.U. auch überraschend nachträglich als nichtig erweisen. Die Entwicklung der Rechtsprechung zeigt, dass im Falle von Verantwortlichkeitsansprüchen zukünftig von den Behörden intensiver geprüft wird, ob neben den formell im Handelsregister eingetragenen Verwaltungsräten noch weitere, faktische Verantwortliche zu belangen sind.[56]

Nicht jedes faktische Organ einer Aktiengesellschaft ist gleichzeitig auch als faktischer Verwaltungsrat zu qualifizieren. Ein eindrückliches Beispiel dafür liefert der Entscheid des St.Galler Handelsgerichtes vom 5. Mai 2000.[57] Hier wurde eine Journalistin nicht als Hilfsperson, sondern als Funktionärin und deshalb als faktisches Organ qualifiziert. Damit wurde sie jedoch noch nicht auf die hierarchische Stufe eines Verwaltungsrats gehoben. Für die Annahme einer faktischen Verwaltungsratsstellung wären zusätzlich Entscheidungen und Handlungen notwendig, welche sonst üblicherweise in den Kompetenzbereich des Verwaltungsrats fallen.

Bezüglich der Doppelstellung eines Verwaltungsrats als Arbeitnehmer spielt es keine Rolle, ob es sich nur um ein stilles oder um ein ordnungsgemäss eingetragenes Verwaltungsratsmandat handelt; die Konsequenzen der Doppelstellung bleiben die gleichen, auch wenn sie für Dritte u.U. erst später erkennbar sind. Beim verdeckten oder faktischen Verwaltungsrat ist jedoch eine Differenzierung not-

---

[52] Botschaft zum Aktienrecht, 191; vgl. BGE 117 II 570 Erw. 3; MÜLLER/LIPP/PLÜSS, 206.
[53] BGE 128 III 29 Erw. 3. c).
[54] BGE 128 III 92.
[55] Vgl. MÜLLER, Arbeitsrecht, 69.
[56] So der deutliche Aufruf des Bundesgerichtes im nicht amtlich publizierten Entscheid H 37/00 und H 38/00 vom 21.11.2000 unter Erw. 3. b) bb): «Es ist daher wünschbar, dass die Ausgleichskassen den ihr durch das Gesetz und die Rechtsprechung eingeräumten Anspruch auf Schadenersatz gegen faktische Verantwortliche verfolgen.»
[57] GVP SG 2000 Nr. 38, S. 109 ff.

wendig.[58] Das Bundesgericht hat entschieden, dass ein faktischer Verwaltungsrat nicht zur Verantwortung gezogen werden kann, wenn nicht delegierbare Aufgaben i.S.v. Art. 716a OR unterlassen wurden.[59] Dies gilt insbesondere für die Benachrichtigung des Richters im Falle der Überschuldung. Nur wenn der faktische Verwaltungsrat die übrigen Mitglieder des Verwaltungsrates von der Benachrichtigung des Richters abgehalten oder über das Bestehen der Überschuldung nicht informiert hat, kann er allenfalls verantwortlich gemacht werden.[60] Andererseits stellt Art. 754 Abs. 1 OR klar, dass nicht nur die «Mitglieder des Verwaltungsrats», sondern «alle mit der Geschäftsführung oder mit der Liquidation befassten Personen» der zivilrechtlichen Verantwortlichkeit unterliegen; damit werden bewusst alle möglichen Organe einer Gesellschaft von der Verwaltungs- und Geschäftsführungshaftung erfasst.[61] Bei den Ausführungen zur besonderen Verantwortlichkeit der Organe im Falle einer Doppelstellung wird deshalb auch die faktische Verwaltungsratsstellung mitberücksichtigt.[62]

Arbeitsstreitigkeiten im Zusammenhang mit faktischen Organen kommen nicht nur in der Theorie, sondern auch in der Praxis vor. Als Beispiel sei auf den illustrativen Fall in der GVP-SG 1986 Nr. 39 S. 78 f., verwiesen. Das Kantonsgericht St.Gallen hatte damals eine arbeitsrechtliche Streitigkeit zwischen einer Aktiengesellschaft und ihrem Geschäftsführer zu beurteilen, welcher gleichzeitig 50% der Aktien hielt. Nach Prüfung aller relevanten Grundsätze gelangte das Gericht zur Überzeugung, es liege kein Arbeitsvertrag vor. Die gesamte Stellung und Tätigkeit des Geschäftsführers sei derart, dass er als Organ angesehen werden müsse; von einem Unterordnungsverhältnis könne nicht gesprochen werden. Dieser Fall ist doppelt interessant, weil auch der VR-Präsident einen Arbeitsvertrag mit der Gesellschaft abgeschlossen hatte. Dieser Umstand wurde vom Gericht aber nicht in die Erwägungen einbezogen. Mit seinem Urteil vom 8. Oktober 1986 hat das Kantonsgericht St.Gallen indirekt bestätigt, dass nicht nur ordentlich gewählte, sondern auch faktische Verwaltungsräte grundsätzlich einen Arbeitsvertrag mit der Gesellschaft abschliessen können. Damit ein solcher Vertrag aber rechtsgültig ist, muss er die entsprechenden Voraussetzungen erfüllen, insbesondere das Element der Unterordnung bzw. Weisungsgebundenheit.

---

[58] Im Gegensatz zum ordentlichen oder stillen Verwaltungsrat wird der faktische Verwaltungsrat nie zum Träger der Befugnisse und Rechte eines Verwaltungsrats (BÖCKLI, Aktienrecht, Rz. 92 zu § 13).
[59] Unveröffentlichter Entscheid des BGer. 4C.366/2000 vom 19.6.2000 (vgl. FORSTMOSER/FORRER, 490).
[60] FORSTMOSER/FORRER, 490.
[61] MÜLLER/LIPP/PLÜSS, 205, mit Hinweis auf die Botschaft zum Aktienrecht, 191.
[62] Zur Haftungsverschärfung durch Doppelstellung vgl. hinten TEIL 4 § 10 II. 1. c) auf S. 334 f.

3. Voraussetzungen beim Suppleanten

Im Aktienrecht findet sich keine Bestimmung, welche explizit darüber Auskunft geben würde, ob sich Mitglieder des Verwaltungsrates im Falle ihrer Verhinderung an einer VR-Sitzung vertreten lassen können. Von Steiger stellte 1970 fest, dass sich in vielen Statuten Bestimmungen befinden, wonach «ein abwesender Verwaltungsrat sich durch ein anderes Mitglied vertreten lassen kann, so dass eine Person zwei Stimmen abgibt.»[63] Ein eigentliches Mehrfachstimmrecht ist unzulässig.[64] Hingegen ist die Frage der Stellvertretung im Verwaltungsrat in der Lehre umstritten.[65] Von den Handelsregisterführern werden entsprechende Statutenbestimmungen zur Eintragung zugelassen.[66] Das Bundesgericht hatte sich mit dieser Frage noch nie zu befassen, weshalb sich ein Mitglied des Verwaltungsrats durch ein anderes bis zu einem gegenteiligen Bundesgerichtsentscheid weiterhin vertreten lassen kann, sofern eine entsprechende statutarische Ermächtigung vorhanden ist. Ob der Vertretene oder der Vertretende als Mitglied des Verwaltungsrates nur in einem organschaftlichen oder allenfalls noch zusätzlich in einem arbeitsvertraglichen Verhältnis zur Gesellschaft steht, ändert nichts an der problematischen Vertretungsfunktion.

Um ein Mehrfachstimmrecht auszuschliessen und gleichzeitig klarzustellen, wer im Falle einer Verhinderung die Vertretung im Verwaltungsrat übernimmt, entwickelte sich in der Praxis die Sonderfunktion des Suppleanten. In den Statuten wird dazu vorgesehen, dass die Generalversammlung Ersatzmänner wählt, welche bei Verhinderung der ordentlichen Verwaltungsratsmitglieder an deren Stelle treten.[67] Soweit solche Ersatzmitglieder ordentlich gewählt und im Handelsregister eingetragen werden, haben sie für die Dauer ihrer Funktion die gleichen Rechte und Pflichten wie die übrigen Mitglieder des Verwaltungsrates.[68] Die Konsequenzen einer Doppelstellung als Verwaltungsrat und Arbeitnehmer treffen demnach auch jene Suppleanten, welche statutenkonform von der Generalversammlung gewählt wurden, rechtsgültig in einem Arbeitsverhältnis zur Gesellschaft stehen und ihre Funktion als Ersatzmitglied tatsächlich ausübten.

---

[63] Von Steiger, 55.
[64] Böckli, Aktienrecht, Rz. 127 zu § 13, mit der Begründung, dass ein Mehrfachstimmrecht als Verstoss gegen die Grundstruktur der Aktiengesellschaft nichtig wäre. Ebenso Bürgi, Zürcher Kommentar, N 41 zu Art. 708 OR; Forstmoser/Meier-Hayoz/Nobel, § 31 N 43; Weber, Vertretung, 159 f.
[65] Befürwortend: Müller/Lipp/Plüss, 110 f., Weber, Vertretung, 169. Ablehnend: Böckli, Aktienrecht, Rz. 128, 129, 130 und 131 zu § 13; Krneta, Praxiskommentar, Rz. 288.
[66] Vgl. Trottmann, 52 ff.; nach Böckli, Aktienrecht, Rz. 131 zu § 13, ist eine solche Statutenbestimmung ungültig.
[67] Vgl. von Steiger, 55.
[68] Gl.M. Müller/Lipp/Plüss, 51; Wernli, Basler Kommentar, N 28 zu Art. 707 OR. Kritik üben: Homburger, Zürcher Kommentar, N 49 ff. zu Art. 707 OR; Krneta, Praxiskommentar, Rz. 298 ff.

II. Stellung als Arbeitnehmer

1. Voraussetzungen beim ordentlichen Arbeitsverhältnis

a) Gesetzliche Regelung

Im Obligationenrecht existiert keine Legaldefinition für den Arbeitnehmer. Aus Art. 319 Abs. 1 OR kann jedoch indirekt eine Begriffsbestimmung abgeleitet werden. Arbeitnehmer ist danach, wer sich in einem privatrechtlichen Vertrag verpflichtet, gegen Entgelt Arbeit unter Eingliederung in eine fremde Arbeitsorganisation zu leisten.[69] Dabei ist nach dem offensichtlichen Willen des Gesetzgebers unter dem Begriff Arbeitnehmer nicht nur der Mann, sondern auch die Frau zu verstehen, welche diese Voraussetzungen erfüllt.[70] Eine gesetzliche Begriffsbestimmung findet sich in Art. 1 UVV. Danach gilt als Arbeitnehmer, wer eine unselbständige Erwerbstätigkeit im Sinne der Bundesgesetzgebung über die AHV ausübt. Diese Voraussetzung erfüllt, wer ausschliesslich für eine Unternehmung arbeitet und, abgesehen von einem Büro im eigenen Wohnhaus, über keine branchenüblichen Einrichtungen verfügt, als Betriebsmittel Handwerkszeug im Wert von rund CHF 2'000.– einsetzt, das zu verarbeitende Material selbst beschafft, kein Personal beschäftigt, bezüglich Arbeitszeit und Arbeitsausführung an Weisungen gebunden ist, die Arbeiten nicht in eigenem Namen und auf eigene Rechnung ausführt sowie kein Erfüllungs- und Zahlungsrisiko trägt.[71] Alle diese Voraussetzungen kann ein Verwaltungsratsmitglied bei seiner Tätigkeit erfüllen, wobei die Weisungsgebundenheit klar am meisten Abgrenzungsprobleme bietet. Auf diesen Punkt wird deshalb im Zusammenhang mit den Voraussetzungen einer Doppelstellung und nicht bei deren Zulässigkeit detailliert eingegangen.[72]

Die blosse Stellung als Organ einer juristischen Person begründet kein Arbeitsverhältnis im rechtlichen Sinne, sondern bildet nur die gesellschaftsrechtliche Stellung im Aufbau der juristischen Person.[73] Damit zwischen der Gesellschaft und einem Verwaltungsratsmitglied neben dem organschaftlichen Grundverhältnis noch ein zusätzliches Arbeitsverhältnis vorliegt, müssen alle Voraussetzungen erfüllt

---

[69] Vgl. REHBINDER, Arbeitsrecht, Rz. 23; REHBINDER/PORTMANN, Basler Kommentar, N 40 ff. zu Art. 319 OR.
[70] In diesem Werk wird deshalb davon ausgegangen, dass der Begriff Arbeitnehmer stets auch die weibliche Form mit einschliesst.
[71] RUMO-JUNGO/EGGER-USINGER, 2, gestützt auf die Rechtsprechung des BGer. (vgl. BGE 115 V 55 Erw. 2. d) und die Ausführungen hinten unter TEIL 4 § 11 II. 4. b) auf S. 386 f.
[72] Vgl. hinten TEIL 3 § 6 II. 1. c) auf S. 178 ff.
[73] Ebenso schon HUTTERLI, 40. Zum Rechtsverhältnis zwischen Verwaltungsrat und Gesellschaft wurde bereits vorne im TEIL 1 § 3 auf S. 40 ff. ausführlich eingegangen.

sein, die vom Gesetz, aber auch von Lehre und Rechtsprechung diesbezüglich verlangt werden. Insbesondere ist vorab die übereinstimmende gegenseitige Willensäusserung zum Abschluss eines Vertrages nach Art. 1 Abs. 1 OR nötig, wobei es dazu gemäss Art. 320 Abs. 1 keiner besonderen Form bedarf.[74] Als Besonderheit ist beim Einzelarbeitsvertrag festzustellen, dass er gemäss Art. 320 Abs. 2 OR auch dann als abgeschlossen gilt, «wenn der Arbeitgeber Arbeit in seinem Dienst auf Zeit entgegennimmt, deren Leistung nach den Umständen nur gegen Lohn zu erwarten ist.» Erbringt ein Verwaltungsratsmitglied auf Zeit derartige Arbeit, so kann deshalb ein Arbeitsvertrag vorliegen, ohne dass sich dies die Parteien vorher bewusst waren.[75] Umgekehrt hindert ein fehlerhafter Vertragsabschluss das Zustandekommen des Arbeitsvertrages nicht. Wird beispielsweise der schriftlich abgefasste Vertrag vom Verwaltungsratsmitglied sowohl als Arbeitgeber als auch als Arbeitnehmer unterschrieben, so würde eigentlich ein sonst unerlaubtes Insichgeschäft vorliegen. Doch das Bundesgericht hat klargestellt, dass beim Arbeitsvertrag besondere Verhältnisse gegeben sind und der Gesamtverwaltungsrat den Vertragsabschluss auch noch nachträglich genehmigen könne.[76]

Die Merkmale eines Arbeitsvertrages werden in Art. 319 Abs. 1 OR aufgezählt. Danach liegt ein Einzelarbeitsvertrag dann vor, wenn sich ein Arbeitnehmer auf bestimmte oder unbestimmte Zeit zur Leistung von Arbeit im Dienst des Arbeitgebers gegen Entlöhnung verpflichtet. Die gesetzliche Regelung aus dem Jahre 1971[77] wurde durch Lehre und Rechtsprechung konkretisiert. Der Arbeitsvertrag gilt heute als Dauerschuldverhältnis, bei dem Arbeit gegen Lohn ausgetauscht wird und das durch die nachstehend beschriebenen vier typischen Elemente gekennzeichnet ist:[78]

– Arbeitsleistung
– Unterordnung
– Dauerschuldverhältnis
– Entgeltlichkeit

Diese vier Kriterien sind dahingehend zu überprüfen, ob sie auch vom Mitglied eines Verwaltungsrats erfüllt werden können.

---

[74] Eine Liste jener arbeitsrechtlichen Regelungen, für welche die Schriftform vorgeschrieben ist, findet sich bei BRÜHWILER, N 1 zu Art. 320 OR.
[75] Zur unbewussten Entstehung einer Doppelstellung bereits vorne TEIL 1 § 2 I. 2. auf S. 20 ff.
[76] Unveröffentlichter Entscheid 4C.402/1998 vom 14.12.1999. Im ebenfalls unveröffentlichten Entscheid C 313/00 vom 7.3.2002 lag dem Rechtsstreit ein Fall zu Grunde, bei dem der Arbeitsvertrag von einem Verwaltungsratsmitglied sowohl als Arbeitgeber als auch als Arbeitnehmer unterschrieben worden war (vgl. Erw. 2 dieses Entscheides), doch das Bundesgericht erachtete es nicht einmal als notwendig, diesbezüglich eine Bemerkung anzubringen.
[77] Bundesgesetz vom 25.6.1971, in Kraft seit 1.1.1972 (vgl. BBl. 1967 II 241).
[78] Vgl. REHBINDER/PORTMANN, Basler Kommentar, N 1 zu Art. 319 OR; REHBINDER, Berner Kommentar, N 1–12 zu Art. 319 OR; PORTMANN, 21 ff.; VISCHER, Arbeitsvertrag, 2 ff.; WYLER, 41 f.; STREIFF/VON KAENEL, N 2 zu Art. 319 OR.

b) Arbeitsleistung

Für die Qualifikation eines Rechtsverhältnisses ist gemäss Art. 319 OR vorab die Erbringung einer Arbeitsleistung erforderlich. Der Arbeitnehmer ist dabei gemäss Art. 321 OR verpflichtet, seine Leistung persönlich zu Gunsten des Arbeitgebers zu erbringen; ein blosses Unterlassen genügt nicht. Die Arbeitsleistung kann als Produktionsleistung oder als Dienstleistung erbracht werden. Geschuldet ist nur die Leistung an sich, nicht jedoch ein entsprechender Erfolg. Fraglich ist, ob die Funktion als Mitglied eines Verwaltungsrats bereits eine Arbeitstätigkeit im Sinne des Gesetzes darstellen kann.

EMMEL[79] fordert für den rechtsgültigen Bestand eines Arbeitsvertrages, «dass neben der Tätigkeit als Verwaltungsrat effektiv zusätzliche Arbeit im Betrieb geleistet wird.» Mit der Arbeit im Betrieb ist vermutungsweise eine operative Tätigkeit gemeint. Damit wäre ein Arbeitsvertrag mangels entsprechender Arbeitsleistung nicht gegeben, wenn der VR-Präsident eines Grossunternehmens seine Zusatzfunktion auf Vollzeitbasis ausübt, ohne Mitglied der Geschäftsleitung zu sein. Solche Situationen kommen in der Praxis jedoch vor und müssen nicht zum Schaden des Unternehmens gereichen. Es ist nicht einzusehen, warum nur eine rein operative Arbeitstätigkeit als Arbeitsleistung im Sinne von Art. 319 OR qualifiziert werden soll. Auch strategische Tätigkeiten können durchaus eine Arbeitsleistung im Rechtssinne sein. Dies zeigt sich bereits am Beispiel eines vollamtlich tätigen VR-Sekretärs in einem Grossunternehmen, welcher ausschliesslich Aufgaben im Zusammenhang mit den VR-Sitzungen ausübt, ohne selbst VR-Mitglied zu sein. In diesem Falle ist seine Tätigkeit zweifelsfrei als Arbeitsleistung zu werten. Wenn dieser VR-Sekretär in den Verwaltungsrat gewählt wird und seine Aufgaben im Zusammenhang mit den VR-Sitzungen unverändert weiter ausübt, ändert sich nichts an der Arbeitsleistung und damit am Bestand des Arbeitsvertrages.

Im Hinblick auf das Kriterium der Arbeitsleistung als Merkmal eines Arbeitsvertrages ist der Katalog an unentziehbaren und undelegierbaren Aufgaben gemäss Art. 716a OR zu beachten. Insbesondere die Oberleitung der Gesellschaft ist eine derart aufwendige Tätigkeit, dass sie in einem grösseren Unternehmen nur noch mit einem entsprechenden hohen Arbeitseinsatz bewältigt werden kann. Ein Verwaltungsratsmitglied kann deshalb durchaus eine Arbeitsleistung im Sinne von Art. 319 OR erbringen, ohne deswegen Mitglied der Geschäftsleitung zu sein oder eine Zusatzfunktion ausüben zu müssen. Massgebend für die Qualifikation als

---

[79] EMMEL, 85.

Arbeitsleistung sind letztlich die gesamten Umstände wie Zeitaufwand, Arbeitsvorgaben, Arbeitsmittel und Arbeitsinfrastruktur.[80]

Zusammenfassend kann festgestellt werden, dass die Tätigkeit als Mitglied eines Verwaltungsrats ohne operative Aufgaben oder Zusatzfunktionen durchaus einen Grad erreichen kann, der als Arbeitsleistung im Sinne von Art. 319 OR zu qualifizieren ist. Entscheidendes Kriterium dafür wird die Zeit sein, welcher der Betroffene für sein Amt aufzuwenden hat.

c) **Unterordnung und Weisungsgebundenheit**

aa) Typisches Element des Arbeitsvertrages

Das typische Element des Arbeitsvertrages ist die Unterordnung.[81] Nur wenn eine klare Eingliederung in eine fremde Arbeitsorganisation erfolgt,[82] kann überhaupt ein Arbeitsverhältnis vorliegen. Dem Begriffsmerkmal der Unterordnung wird deshalb heute in Lehre und Rechtsprechung am meisten Gewicht beigemessen.[83] Allerdings erlaubt auch das Abgrenzungskriterium des Unterordnungsverhältnisses nicht immer eine eindeutige Vertragsqualifikation;[84] insbesondere die fachliche

---

[80] Dem entspricht der Umstand, dass für die Zürcher Kantonalbank in zwei externen Gutachten der Universitäten St.Gallen und Zürich die Einsetzung eines einzigen, vollamtlichen Bankratspräsidenten gefordert wird (NZZ am Sonntag vom 12.1.2003, S. 35).

[81] Typisch für den Arbeitsvertrag sind deshalb die Unterstellung unter das Weisungsrecht des Arbeitgebers und die Befolgungspflicht des Arbeitnehmers nach Art. 321d OR (VISCHER, Arbeitsvertrag, 5); REHBINDER, Arbeitsrecht, Rz. 45, spricht vom «Abhängigkeitsverhältnis», das den Arbeitnehmer im Arbeitsvollzug persönlich, organisatorisch, zeitlich und wirtschaftlich der Direktionsgewalt des Arbeitgebers unterstellt; WYLER, 42, hält mit Bezug auf das Arbeitsverhältnis eines Verwaltungsrats dazu pointiert fest: «Fait en effet défaut une des caractéristique essentielles et incontournables du contrat de travail, à savoir le rapport de subordination entre l'employeur et celui qui dépend de lui.»

[82] Vgl. PORTMANN, Rz. 13; STREIFF/VON KAENEL, N 2 zu Art. 319 OR, ergänzen diese Voraussetzung mit einer negativen Umschreibung: «nicht eigenverantwortliche Tätigkeit». In einer solchen, absoluten Form kann die Eigenverantwortung jedoch schon im Hinblick auf Art. 321e OR nicht negiert werden; auch ein Arbeitnehmer ist für seine Tätigkeit u.U. selbst verantwortlich. Hingegen könnte man durchaus von einer «nicht nur eigenverantwortlichen Tätigkeit» sprechen. Tatsächlich kann sich der Arbeitnehmer zur Enthaftung gegebenenfalls auf eine entsprechende Weisung des Arbeitgebers berufen (vgl. dazu hinten die Ausführungen zur Verantwortlichkeit gegenüber der Gesellschaft als Arbeitgeberin unter TEIL 4 § 9 VI. 2. auf S. 311 ff.).

[83] Vgl. BRÜHWILER, N 5b zu Art. 319 OR m.w.H; FAVRE/MUNOZ/TOBLER, N 1.5 zu Art. 319 OR: «Le rapport de subordination revêt une importance primordiale»; für FELLMANN, 175, ist dies der Stand der «neueren Lehre»; das Bundesgericht spricht in BGE 125 III 78 Erw. 4. von: «una delle caratteristiche essenziali e imprescindibili del rapporto di lavoro».

[84] Ebenso PORTMANN, Rz. 13.

Weisungsgebundenheit ist kein eindeutiges Kriterium.[85] Ein Unterordnungsverhältnis besteht erst dann, wenn die Weisungen des Arbeitgebers die Tätigkeit des Arbeitnehmers direkt beeinflussen und überdies eine Kontrolle der Weisungsbefolgung möglich ist.[86]

Die Rechtsprechung des Bundesgerichtes zur Unterordnung ist leider nicht immer konsequent. So wird die Ablehnung des Konkursprivilegs[87] bei einem Verwaltungsrat mit einem Arbeitsverhältnis zur Gesellschaft in BGE 118 III 46[88] unter Erw. 3. b) wie folgt begründet: «Der Kläger, welcher Geschäftsführer und einzelzeichnungsberechtigtes Mitglied des Verwaltungsrats der in Konkurs gefallenen Unternehmung war, stand zwar in einem Arbeitsverhältnis, aber es fehlte wegen seiner Organstellung in tatsächlicher Hinsicht an einem Unterordnungsverhältnis.» Nun ist jedoch unstreitig, dass die beiden Begriffe «Organ» und «Arbeitnehmer» sich nicht gegenseitig ausschliessen.[89] Die Begründung im angeführten Entscheid hätte deshalb wohl darauf basieren müssen, dass mangels Unterordnung gar kein Arbeitsvertrag vorhanden war und deshalb das Konkursprivileg nicht geltend gemacht werden konnte. In einem späteren Entscheid[90] präzisierte das Bundesgericht am 27. Oktober 2000 sein früheres, in sich selbst widersprüchliches Urteil[91] dahingehend, dass die Ablehnung des Konkursprivilegs erster Klasse nicht bedeute, dass der betroffene Verwaltungsrat eine unselbständige Tätigkeit im Sinne des Steuerrechts ausübe. Die arbeitsrechtliche Unterordnung kann deshalb nicht gleichgesetzt werden mit der steuerrechtlichen Unselbständigkeit.

Aus dem Unterordnungsverhältnis ergeben sich das Weisungsrecht des Arbeitgebers[92] und als Gegenstück davon die Befolgungspflicht des Arbeitnehmers.[93] Nachstehend ist im Zusammenhang mit dem Unterordnungsverhältnis deshalb die Weisungsgebundenheit speziell zu untersuchen.

---

[85] Entscheid des Obergerichtes Luzern, I. Kammer, vom 23.4.2002, publiziert in ZBJV 139 (2003) 132 ff.
[86] FAVRE/MUNOZ/TOBLER, N 1.5 zu Art. 319 OR.
[87] Zum Konkursprivileg für Lohnforderungen von Verwaltungsräten ausführlich hinten TEIL 4 § 13 I. auf S. 428 ff.
[88] Ebenfalls publiziert in JdT 1994 II 130.
[89] BRUNI, 295, mit Hinweis auf SJZ 74 (1978) 363.
[90] Unveröffentlichter Entscheid 2A.468/1999 vom 27.10.2000 (vgl. Kommentar in der NZZ vom 16.12.2000, Nr. 294, S. 27).
[91] Zur schwankenden Rechtsprechung im Zusammenhang mit dem Konkursprivileg für leitende Arbeitnehmer vgl. MÜLLER, Konkursprivileg, 558.
[92] STAMM, 7, bezeichnet das Weisungsrecht als ein «Symptom» des Subordinationsverhältnisses und geht davon aus, dass es auch fehlen könne. Doch wenn ein Arbeitgeber vorerst sein Weisungsrecht nicht ausübt, so heisst dies noch nicht, dass es fehlt. Vielmehr kann ein Arbeitgeber die bereits im Arbeitsvertrag vorgegebenen Ziele und Tätigkeiten jederzeit durch Weisungen präzisieren; das ist eben gerade eine Konsequenz des geforderten Unterordnungsverhältnisses.
[93] STAEHELIN/VISCHER, Zürcher Kommentar, N 2 zu Art. 321d OR.

bb) Weisungsgebundenheit

Kann ein Verwaltungsrat überhaupt geltend machen, er sei in eine fremde Arbeitsorganisation eingebunden, habe Weisungen zu befolgen und stehe deshalb in einem Unterordnungsverhältnis? Um diese Frage zu beantworten soll vorerst untersucht werden, ob gegenüber dem Verwaltungsrat eine Weisungsgebundenheit bestehen kann.

Die Generalversammlung ist nach Art. 698 OR das oberste Organ einer Aktiengesellschaft und somit allein befugt, die Mitglieder des Verwaltungsrats zu wählen. Andererseits steht die Oberleitung der Gesellschaft nach Art. 716a Abs. 1 Ziff. 1 OR unentziehbar dem Verwaltungsrat zu.[94] Es kann deshalb zum vornherein nicht behauptet werden, die Mitglieder des Verwaltungsrats stünden in einem Unterordnungsverhältnis zur Generalversammlung und hätten deren Weisungen zu befolgen. Die Revisionsstelle ihrerseits folgt in der systematischen Reihenfolge des Gesetzes dem Verwaltungsrat, so dass schon aus diesem Grunde keine Unterordnung des Verwaltungsrats unter die Revisionsstelle angenommen werden kann; zudem lässt sich auch aus den massgebenden Art. 728 ff. OR über die Aufgaben der Revisionsstelle kein Weisungsrecht gegenüber dem Verwaltungsrat ableiten.

Der Gesamtverwaltungsrat als Gremium ist nach den obigen Überlegungen keinem anderen Organ im arbeitsrechtlichen Sinne untergeordnet. Umgekehrt kann der Gesamtverwaltungsrat seinen einzelnen Mitgliedern aber durchaus Weisungen erteilen.[95] Dies ergibt sich bereits aus dem Gesetz. So sieht Art. 716a Abs. 2 OR vor, dass der Verwaltungsrat die Vorbereitung und die Ausführung seiner Beschlüsse oder die Überwachung von Geschäften Ausschüssen oder einzelnen Mitgliedern zuweisen kann. Dabei hat der Verwaltungsrat für eine angemessene Berichterstattung zu sorgen, was wiederum ein Weisungsrecht voraussetzt. Wenn aber das Weisungsrecht dem Gesamtverwaltungsrat gegenüber seinen Mitgliedern bereits ohne ein zusätzliches Arbeitsverhältnis zusteht, so besteht es auch dann, wenn vom einzelnen Verwaltungsratsmitglied eine Arbeitstätigkeit ausgeübt wird.[96] Es

---

[94] In der Praxis wird deshalb kritisiert, dass die Gesellschaften heute effektiv vom Verwaltungsrat oder gar von der Geschäftsleitung beherrscht würden, bei Publikumsgesellschaften hätte die Generalversammlung nur noch reine Akklamationsfunktion (Botschaft zum Aktienrecht, 92 f.).

[95] Diese Ansicht vertritt bereits WANDER, 105: «Das Verhältnis zwischen Verwaltungsrat und Direktion wird grundsätzlich von der Zusammensetzung der letzteren nicht berührt. Der Verwaltungsrat hat immer die gleichen Aufsichts- und Weisungsrechte, ob die Direktion aus Delegierten des Verwaltungsrates oder Dritten (Aktionären oder Nichtaktionären) besteht, denn der Verwaltungsrat kann als Kollektivorgan gegenüber seinen mit der laufenden Geschäftsführung beauftragten Mitgliedern in gleicher Weise vorgehen wie gegen Dritte, wenn jene den Weisungen des Verwaltungsrates zuwiderhandeln.»

[96] Vgl. MÜLLER, Rechte und Pflichten, 812: «Das Weisungsrecht ist eine logische Konsequenz der schuld- und gesellschaftsrechtlichen Doppelnatur des Verwaltungsratsmandates.»

ist belanglos, ob es sich um eine organunabhängige oder eine organabhängige Tätigkeit[97] handelt[98] und ob vom Gesamtverwaltungsrat tatsächlich Weisungen erteilt werden oder nicht.[99] Das gesetzliche Weisungsrecht ist gemäss Art. 716a Abs. 1 Ziff. 1 OR unentziehbar und ein Unterordnungsverhältnis des einzelnen Verwaltungsratsmitglieds gegenüber dem Gesamtverwaltungsrat besteht im Falle eines zusätzlichen Arbeitsverhältnisses zur Gesellschaft deshalb schon von Gesetzes wegen.[100] Aus dem Verzicht auf die Erteilung von Weisungen kann nicht auf den Verzicht des Weisungsrechtes an sich geschlossen werden. Es genügt, wenn der Gesellschaft als Gläubigerin Weisungs- und Kontrollbefugnisse eingeräumt sind.[101]

Gegen die Annahme einer Weisungsbefugnis des Gesamtverwaltungsrats könnte eingewendet werden, Art. 716a OR enthalte eine Liste von unentziehbaren Aufgaben, welche eine Weisungsbefolgungspflicht ausschliesse.[102] Tatsächlich hat der Verwaltungsrat gesetzliche Aufgaben zu erfüllen und statutarische Pflichten zu beachten, welche gegenteilige Weisungen ausschliessen. Doch gibt es daneben eine Fülle von Tätigkeiten, die durchaus Weisungen zulassen. Insofern unterscheidet sich die Situation nicht von jedem anderen Arbeitsverhältnis, bei dem das Weisungsrecht seine Grenzen an den gesetzlichen Bestimmungen findet.[103] In Lehre und Rechtsprechung werden konsequenterweise Mandatsverträge mit einer Weisungsbefugnis des Mandanten gegenüber dem Verwaltungsrat nur soweit als zulässig erachtet, als die gesetzlichen und statutarischen Schranken beachtet wer-

---

[97] Als organunabhängige Tätigkeit wird hier jede Dienst- oder Arbeitsleistung verstanden, welche keine Organfunktion voraussetzt; unter organabhängige Tätigkeit ist dagegen jede Dienst- oder Arbeitsleistung zu verstehen, welche eine Organfunktion voraussetzt, namentlich die unentziehbaren Aufgaben gemäss Art. 716a Abs. 1 OR (vgl. hinten TEIL 3 § 6 II. 1. c) dd) auf S. 184 ff.)

[98] Bezüglich des VR-Delegierten klar MEYER, 54: «Die Abhängigkeit des Delegierten zeigt sich vor allem in seiner Unterordnungspflicht gegenüber dem VR. Weisungen, die sich im Rahmen von Gesetz und Statuten bewegen, hat er zu befolgen.»

[99] Im Zusammenhang mit der Rechtstatsachenforschung wurde den VR-Delegierten u.a. die Frage gestellt, von wem sie Weisungen erhalten (vgl. den Fragebogen im Anhang 1 hinten auf S. 506 ff.). Zahlreiche VR-Delegierte gaben dazu an, dass sie überhaupt keine Weisungen erhalten würden, obwohl sie einen Arbeitsvertrag mit der Gesellschaft abgeschlossen hätten (433 von 922 entsprechend 47%; vgl. Tabelle 24 vorne auf S. 137). Daraus kann nicht geschlossen werden, dass in diesen Fällen kein Weisungsrecht des Gesamtverwaltungsrats bestehen würde und somit ein Unterordnungsverhältnis ausgeschlossen sei.

[100] Ein Subordinationsverhältnis des VR-Delegierten gegenüber dem Gesamtverwaltungsrat wird gleichermassen anerkannt von BUSCH, 76, HUNGERBÜHLER, 14, MEYER, 54.

[101] Gl.M. PORTMANN, 14, allerdings ohne Bezugnahme auf Verwaltungsräte.

[102] In diesem Sinne FELLMANN, 180.

[103] Insbesondere am Persönlichkeitsschutz gemäss Art. 328 OR; massgebend ist aber auch das Gebot der schonenden Rechtsausübung, vor allem in Bezug auf Weisungen bezüglich Arbeitszeit (vgl. STÖCKLI, Mehrfachbeschäftigung, 254 ff.).

den.[104] Auch das Bundesgericht hat anerkannt, dass ein Verwaltungsratsmitglied trotz seiner grundsätzlichen Unabhängigkeit an Weisungen von Personen gebunden sein kann, wobei die Interessen der Gesellschaft stets Vorrang haben.

Die bisherigen Ausführungen zeigen, dass ein Verwaltungsratsmitglied die Weisungen des Gesamtverwaltungsrats im Rahmen der gesetzlichen und statutarischen Grenzen zu befolgen hat. Im Organisationsreglement kann der Verwaltungsrat allgemeine Weisungen schriftlich festhalten, welche für alle VR-Mitglieder zu gelten haben (z.B. Ausstandsgründe, Umgang mit Medien, Aktenrückgabe nach Mandatsende). In den Protokollen der VR-Sitzungen können die individuellen Weisungen an einzelne VR-Mitglieder festgehalten werden (meist in Form einer Pendenzenliste). Doch nicht nur gegenüber dem Gesamtverwaltungsrat besteht eine Weisungsgebundenheit. Wenn dies entsprechend im Organisationsreglement bestimmt wird, kann auch der VR-Präsident Weisungen an die einzelnen Mitglieder oder den VR-Delegierten erteilen.

cc) *Delegation des Weisungsrechts*

Gemäss Art. 333 Abs. 4 OR ist der Arbeitgeber nicht berechtigt, die Rechte aus dem Arbeitsverhältnis auf einen Dritten zu übertragen, sofern nichts anderes verabredet ist oder sich aus den Umständen ergibt. Grundsätzlich kann das Weisungsrecht demnach nur vom Arbeitgeber ausgeübt werden, falls der Arbeitnehmer nicht mit der Übertragung auf einen Dritten einverstanden ist.[105] Wünscht ein Verwaltungsratsmitglied für seine arbeitsvertragliche Tätigkeit ausschliesslich Weisungen des Gesamtverwaltungsrats zu erhalten, so sollte dies ausdrücklich vereinbart bzw. im Organisationsreglement festgehalten werden. Aus der besonderen Situation der Organisationsstruktur einer Aktiengesellschaft[106] und somit aus den Umständen müsste in der Regel davon ausgegangen werden, dass dem Präsidenten des Verwaltungsrats auch ohne ausdrückliche vertragliche Vereinbarung ein Weisungsrecht zusteht.

In Art. 716a Abs. 1 Ziff. 1 OR wird die Erteilung der nötigen Weisungen im Zusammenhang mit der Oberleitung der Gesellschaft als unübertragbare und unentziehbare Aufgabe bezeichnet. Dies bedeutet aber nicht, dass bei einer Aktiengesellschaft jegliche Delegation des Weisungsrechts verboten sei. Ausgeschlossen ist nur die Delegation des Oberleitungsrechts und des damit verbundenen Weisungsrechts.

---

[104] Vgl. dazu ausführlich BÖCKLI, Aktienrecht, Rz. 618 ff.; FORSTMOSER/MEIER-HAYOZ/NOBEL, § 28 N 175 ff.; HOMBURGER, Zürcher Kommentar, N 528 zu Art. 716a OR; MÜLLER/LIPP/PLÜSS, 39.
[105] Vgl. STAMM, 40.
[106] Insbesondere aus Art. 713 Abs. 1 OR und aus Art. 715a Abs. 3 und 4 OR.

Das arbeitsvertragliche Weisungsrecht wird davon nicht berührt.[107] Dies hat das Bundesgericht im Zusammenhang mit der Delegation innerhalb eines Konzerns bereits zweimal bestätigt.[108] Gehört eine Gesellschaft zu einem Konzernverbund, so ist es nach Ansicht des Bundesgerichtes zulässig, dass eine Tochtergesellschaft ihr Weisungsrecht gegenüber einem Verwaltungsratsmitglied mit Doppelstellung als Arbeitnehmer an die Muttergesellschaft delegiert.[109] Diese Delegation kann mit verbindlicher Wirkung dem Verwaltungsratsmitglied gegenüber erfolgen, ohne dass die Muttergesellschaft dadurch zur Arbeitgeberin wird.[110]

Wenn es das Bundesgericht zulässt, dass eine Tochtergesellschaft ihr Weisungsrecht gegenüber einem leitenden Arbeitnehmer an die Muttergesellschaft delegiert, so muss es im Innenverhältnis auch zulässig sein, dass der Gesamtverwaltungsrat sein Weisungsrecht gegenüber einem Arbeitnehmer mit Einsitz im Verwaltungsrat auch an einen VR-Delegierten oder einen VR-Ausschuss delegiert.[111] Auch dazu wird aber das Einverständnis des Betroffenen Arbeitnehmers vorausgesetzt.

Zusammenfassend ist festzustellen, dass die Weisungsgebundenheit eines Verwaltungsrats mit einer Doppelstellung als Arbeitnehmer je nach Situation verschieden sein kann:

– Generelle Weisungsgebundenheit gegenüber dem Gesamtverwaltungsrat und dem Präsidenten des Verwaltungsrats
– Bei entsprechender Delegation und Einverständnis des Arbeitnehmers auch Weisungsgebundenheit gegenüber einem VR-Ausschuss oder einem VR-Delegierten

---

[107] Genau diesen Aspekt übersieht BEYELER, 89, wenn sie geltend macht, Weisungen der Konzernspitze an die Organe der abhängigen Gesellschaft seien «jedenfalls in der Form *zwingend* zu befolgender Instruktionen nicht zulässig». Es ist ihr beizupflichten, dass Weisungen nicht zulässig sind, sofern sie eine Aufgabe betreffen, welche in Art. 716a OR als unentziehbar bezeichnet wird. Doch falls es sich um zwingende Instruktionen handelt, welche keine solchen Aufgaben tangieren, können sie durchaus zulässig und im Rahmen eines Arbeitsvertrages auch durchsetzbar sein.

[108] Zuerst im Urteil 4C.158/2002 vom 20.8.2002 mit dem Hinweis unter Erw. 2.4, dass beim Leiharbeitsverhältnis sogar eine vollständige Delegation der Weisungsbefugnis zulässig sei, und sodann im Urteil 4C.95/2004 vom 28.6.2004 (publiziert in ARV 2004, 165 ff.). Aus diesem Grunde wurde in der Befragung der VR-Delegierten auch ausdrücklich die Frage gestellt, ob neben den Weisungen des Gesamtverwaltungsrats oder des VR-Präsidenten allenfalls Weisungen von Dritten zu beachten seien (vgl. die Fragestellung im Anhang 1 auf S. 506 ff. und die Rohdaten im Anhang 2 auf S. 509 ff.).

[109] Gl.M. GEISER/HÄFLIGER, 349 f.

[110] KÜNG, 384, bemerkt dazu allerdings mit Recht, dass damit u.U. ein Zwiespalt bzw. ein Interessenkonflikt bewirkt wird, welcher zwar lösbar ist, jedoch vom Betroffenen «recht viel Standvermögen und Wachsamkeit erfordern kann».

[111] REHBINDER, Berner Kommentar, N 10 zu Art. 319d OR, hält ausdrücklich fest: «Weisungsrecht und Anspruch auf Arbeitsleistung können nun aber auseinanderfallen.»

- Bei entsprechender Delegation und Einverständnis des Arbeitnehmers auch Weisungsgebundenheit gegenüber den Vertretern der Muttergesellschaft
- Bei entsprechender Delegation und Einverständnis des Arbeitnehmers auch Weisungsgebundenheit gegenüber einem Aktionär oder Dritten

In Mandatsverträgen wird den Mandanten oft ein Weisungsrecht eingeräumt.[112] Dieses Weisungsrecht entspricht nicht ohne weiteres der arbeitsrechtlich notwendigen Weisungsgebundenheit, da der Mandant nicht einfach als Vertreter der Gesellschaft oder als Delegationsempfänger des Weisungsrechts der Gesellschaft handeln kann. Nur durch den Abschluss eines Mandatsvertrages erhält ein Aktionär noch kein Weisungsrecht im arbeitsrechtlichen Sinne. Erst wenn der Gesamtverwaltungsrat sein Weisungsrecht an einen Aktionär (eben z.B. die Muttergesellschaft) delegiert, kann eine arbeitsrechtliche Weisungsgebundenheit entstehen. Es ist aber genauso zulässig, dass das Weisungsrecht wie beim Leiharbeitsverhältnis an einen Dritten delegiert wird.[113] Ein solcher Fall kann beispielsweise vorliegen, wenn zu Sanierungszwecken vom Gesamtverwaltungsrat ein Trouble-Shooter mit Generalvollmacht bestellt wird. Tatsächlich hat die Befragung der VR-Delegierten gezeigt, dass in der Praxis 22,5% der VR-Delegierten mit einem arbeitsvertraglichen Verhältnis zur Gesellschaft Weisungen vom VR-Präsidenten und 15,5% sogar Weisungen von Dritten erhalten.[114] Die Delegation der Weisungsbefugnis ist demnach auch in der Praxis weit verbreitet.

dd) Weisungsgebundenheit im Verhältnis zur Art der Tätigkeit

Bei den bisherigen Überlegungen blieb unberücksichtigt, welche Arbeitstätigkeit ein Verwaltungsratsmitglied auf Grund seiner Doppelstellung als Arbeitnehmer ausübt. Dabei kann die Arbeitstätigkeit nicht nur in zeitlicher, sondern auch in sachlicher Hinsicht sehr verschieden sein. Diese Unterschiede haben einen Einfluss auf die Weisungsgebundenheit und damit auf die Zulässigkeit eines Arbeitsverhältnisses.

In zeitlicher Hinsicht ist sowohl eine Vollzeitbeschäftigung als auch eine Teilzeitarbeit möglich. Bei einer Vollzeitbeschäftigung besteht eine grosse zeitliche und damit auch wirtschaftliche Abhängigkeit von der Gesellschaft. In solchen Situa-

---

[112] Vgl. Ziff. 3 des Mustervertrages bei MÜLLER/LIPP/PLÜSS, 447 f.
[113] Die Zulässigkeit der Weisungsdelegation an einen Dritten wird ausdrücklich befürwortet von STAEHLIN, Zürcher Kommentar, N 13 zu Art. 321d OR. Selbst das «Verweisungsrecht», also die Möglichkeit einer schriftlichen Verwarnung kann an einen Dritten delegiert werden, denn wer über das Weisungsrecht verfügt, besitzt auch das Verweisungsrecht (MÜLLER, Disziplinarwesen, 72).
[114] Vgl. vorne Tabelle 24 auf S. 137.

tionen sind ein Subordinationsverhältnis und damit eine Weisungsgebundenheit zu vermuten, wenn der Verwaltungsrat aus mehreren Mitgliedern besteht. Umgekehrt liegt bei einer Teilzeitarbeit i.d.R. nur eine geringe zeitliche Abhängigkeit vor. Der Betroffene hat einen grossen Freiraum, welcher es ihm ermöglicht, auch für andere Gesellschaften tätig zu sein. Diese reduzierte zeitliche und wirtschaftliche Abhängigkeit lässt Zweifel an einem Subordinationsverhältnis aufkommen. Mehrfachbeschäftigte laufen deshalb Gefahr, dass ihre Teilzeitbeschäftigungen nicht als Arbeitsverhältnis qualifiziert werden. Dies gilt auch für einen Verwaltungsrat mit mehreren Teilzeitbeschäftigungen. Allerdings wird in einem solchen Fall nicht wie bei anderen Arbeitnehmern von einer selbständigen Erwerbstätigkeit ausgegangen,[115] sondern i.d.R. von besonders zeitaufwendigen VR-Mandaten, ev. auch von einem zusätzlichen Auftragsverhältnis. Daran ändert auch ein hohes VR-Honorar mit der Pflicht zur Entrichtung von AHV-Beiträgen nichts.[116] Ein Verwaltungsrat, welcher bereit ist, auf Teilzeitbasis zusätzlich zu seinem organschaftlichen Verhältnis noch als Arbeitnehmer für die Gesellschaft tätig zu sein, sollte deshalb bereits zu Beginn seiner Zusatztätigkeit die rechtliche Grundlage mit einer schriftlichen Vereinbarung klarstellen.

In sachlicher Hinsicht sind zwei völlig verschiedene Arbeitseinsätze zu unterscheiden: eine organabhängige Arbeitstätigkeit oder eine organunabhängige Arbeitstätigkeit. Nachstehend ist zu prüfen, ob Unterordnungsverhältnis und Weisungsgebundenheit in beiden Fällen bestehen können.

Eine organabhängige Arbeitstätigkeit ist gegeben, wenn die entsprechende Arbeitsleistung nur dann erbracht werden kann, wenn der Arbeitnehmer selbst eine Organstellung[117] inne hat. Organabhängige Funktionen bzw. Tätigkeiten sind demnach:

– Präsident des Verwaltungsrats
– Vizepräsident des Verwaltungsrats
– Delegierter des Verwaltungsrats
– Mitglied eines Verwaltungsratsausschusses
– Leitender Arbeitnehmer mit direkter Unterstellung unter den Verwaltungsrat und massgebender Entscheidungskompetenz[118]

---

[115] Vgl. dazu ausführlich STÖCKLI, Mehrfachbeschäftigung, 262.
[116] Gesetzlich vorgeschrieben durch Art. 7 lit. h AHVV; vgl. dazu ausführlich hinten Teil 4 § 11 II. 1. c) auf S. 375 ff.
[117] Zur Definition einer Organstellung vgl. vorne TEIL 1 § 3 I. auf S. 40 ff.
[118] Gemäss BGE 117 II 441, Erw. 2, sind die zugeteilten Kompetenzen massgebend; ob die Tätigkeit nach entsprechenden Weisungen ausgeführt wird oder nicht, ist für die Organstellung nicht von Bedeutung.

Übt ein Verwaltungsrat eine organabhängige Tätigkeit aus, ist er dem Gesamtverwaltungsrat[119] gegenüber verantwortlich und deshalb auch seiner Weisungsgewalt unterworfen.[120] Dies manifestiert sich im Recht des Gesamtverwaltungsrats zum Funktionsentzug (z.B. Enthebung vom Amt als VR-Delegierter) bzw. im Kündigungsrecht (z.B. Kündigung als Geschäftsführer). Wenn der Gesamtverwaltungsrat derart gravierende Entscheidungen fällen kann, dann hat er auch das Recht zu weniger weit gehenden Massnahmen.[121] Deshalb darf der Gesamtverwaltungsrat beispielsweise anstelle einer Entlassung lediglich eine Verwarnung im Sinne einer Kündigungsandrohung aussprechen.[122] Dies alles gilt jedoch nur dann, wenn der Verwaltungsrat aus mehreren Personen zusammengesetzt ist. Besteht der Verwaltungsrat nur aus einem einzigen Mitglied, so ist eine Doppelstellung als Verwaltungsrat und Arbeitnehmer bei einer organabhängigen Tätigkeit grundsätzlich nicht möglich.[123] Eine Unterordnung unter sich selbst bzw. eine Weisungsgebundenheit gegenüber sich selbst ist schon begrifflich ausgeschlossen. Der alleinige Verwaltungsrat einer Gesellschaft kann demnach grundsätzlich nicht in einem arbeitsvertraglichen Verhältnis zu dieser Gesellschaft stehen, wenn er nur eine organabhängige Funktion innehat.[124] Diese Überlegung gilt jedoch nur für eine eigenständige Gesellschaft. In einem Konzern können spezielle Unterordnungsverhältnisse geschaffen werden. Eine Tochtergesellschaft kann ihr Weisungsrecht gegenüber den leitenden Arbeitnehmern, aber auch gegenüber dem alleinigen Verwaltungsrat im Rahmen des gesetzlich Zulässigen an die Muttergesellschaft delegieren.[125] Eine entsprechende Bestimmung kann nicht nur in den individuellen Arbeitsvertrag, sondern auch in das Organisationsreglement der Tochtergesellschaft aufgenommen werden.

---

[119] Wird im Organisationsreglement festgelegt, dass der VR-Delegierte die Weisungen des VR-Ausschusses oder des VR-Präsidenten zu befolgen hat, so ändert dies nichts an der grundsätzlichen Möglichkeit des Gesamtverwaltungsrats, dem VR-Delegierten direkt Weisungen zu erteilen.
[120] So bereits WOLFERS, 100. Im unveröffentlichten Entscheid 2A.468/1999 vom 27.10.2000 stellte das Bundesgericht im Zusammenhang mit der steuerrechtlichen Qualifikation einer Verwaltungsratstätigkeit unter Erw. 4. d) ausdrücklich fest, dass ein Verwaltungsratsmitglied trotz seiner formellen Unabhängigkeit u.U. verpflichtet sei, die Weisungen von anderen Personen zu befolgen; allerdings ist zu dieser Aussage anzumerken, dass die steuerrechtliche Unselbständigkeit nicht gleichzusetzen ist mit der arbeitsrechtlichen Unabhängigkeit.
[121] Nach dem Grundsatz «in maiore minus».
[122] Die Verwarnung ihrerseits ist nichts anderes als eine negative Verhaltensanweisung; vgl. MÜLLER, Disziplinarwesen, 55 und 91 f.; REHBINDER, Berner Kommentar, N 44 zu Art. 321d OR.
[123] Das Bundesgericht übergeht jedoch bisweilen derartige Überlegungen. Als Beispiel dafür sei auf BGE 102 V 59 ff. verwiesen (vgl. dazu die ausführliche Kritik hinten unter TEIL 3 § 7 II. 2. auf S. 212 ff.).
[124] Doch ist dem Sonderfall des faktischen Arbeitsverhältnisses auf Grund von besonderen Umständen Rechnung zu tragen, wie dies hinten im TEIL 3 § 6 III. 3. d) auf S. 200 ff. geschieht.
[125] Zur Zulässigkeit der Delegation des Weisungsrechts vgl. vorne TEIL 3 § 6 II. 1. c) cc) auf S. 182 ff.

Übt ein Verwaltungsrat eine organunabhängige Arbeitstätigkeit aus, so kann ein Arbeitsverhältnis im Sinne des Obligationenrechtes durchaus unabhängig vom Weisungsrecht des Gesamtverwaltungsrats bestehen. Die Eingliederung in eine fremde Arbeitsorganisation ist dann gegeben, wenn dieser Verwaltungsrat einerseits nicht der wirtschaftlich Berechtigte der Gesellschaft ist[126] und andererseits die Weisungen eines Vorgesetzten zu befolgen hat. Dass dieser Vorgesetzte wiederum die Weisungen seines Vorgesetzten und damit letztlich des Gesamtverwaltungsrats zu beachten hat, steht der Unterordnung nicht entgegen. Ein solcher Fall ist beispielsweise gegeben, wenn ein Ingenieur in einer Entwicklungsabteilung als Arbeitnehmervertreter in den Verwaltungsrat gewählt wird, jedoch weiterhin als Arbeitnehmer die Weisungen seines Abteilungsleiters zu befolgen hat.[127]

REHBINDER[128] listet konkrete materielle und formelle Kriterien auf, mit denen sich beurteilen lässt, ob ein Abhängigkeitsverhältnis im Sinne von Art. 319 Abs. 1 OR gegeben ist und damit ein Arbeitsverhältnis rechtsgültig bestehen kann. Bei organunabhängigen Arbeitstätigkeiten lässt sich anhand dieser Kriterien einfach beurteilen, ob die für ein Arbeitsverhältnis notwendige Unterordnung gegeben ist oder nicht. Bei organabhängigen Arbeitstätigkeiten erweist sich dies als schwieriger aber dennoch durchführbar, wie nachfolgende Prüfung am Beispiel eines Delegierten des Verwaltungsrats zeigt. Dabei wird angenommen, der VR-Delegierte habe für seine Tätigkeit einen konkreten Arbeitsvertrag mit der Gesellschaft abgeschlossen, wonach er als Entschädigung neben einem jährlichen Fixgehalt noch eine Erfolgsbeteiligung und Aktienoptionen erhält.

Materielle Merkmale

- *Grad der Weisungsgebundenheit:* Nur geringe Weisungsgebundenheit, da der Gesamtverwaltungsrat keine Fachanweisungen erteilt, wohl aber projektbezogene Weisungen im Sinne von Richtlinien, welche jeweils an den VR-Sitzungen protokolliert werden und die vom VR-Delegierten zu befolgen sind.

- *Bestimmung der Arbeitszeiten:* Keine Vorgabe von Arbeitszeiten, der VR-Delegierte hat jene Arbeitszeit aufzuwenden, welche zur Erfüllung seiner Aufgaben notwendig ist, so wie es für alle übrigen leitenden Arbeitnehmer in diesem Unternehmen geregelt ist.

- *Umfang der Beschäftigungsdauer:* Vertrag auf unbestimmte Zeit mit einer Konkurrenzklausel und einer klaren Kündigungsfrist; sollte der VR-Delegier-

---

[126] Ansonsten ist die Voraussetzung der fremden Arbeitsorganisation nicht mehr erfüllt; in der Einmann-AG ist deshalb eine Doppelstellung als Verwaltungsrat und Arbeitnehmer nicht möglich (vgl. dazu ausführlich hinten TEIL 3 § 6 III. 2. auf S. 195 ff.).
[127] Vgl. den nicht amtlich publizierten Entscheid des Bundesgerichtes C 278/99 vom 6.7.2001 bzgl. eines Bauingenieurs HTL, der nach 8 Dienstjahren noch in den Verwaltungsrat gewählt wurde.
[128] REHBINDER, Arbeitsrecht, Rz. 46.

te von der Generalversammlung als Verwaltungsrat abgewählt werden, gilt dies als Kündigung und Freistellung für die Zeit bis zum Ende des Arbeitsverhältnisses.
- *Zugewiesener Arbeitsplatz:* Dem VR-Delegierten wird in der Gesellschaft ein Büro mit der notwendigen Infrastruktur zur Verfügung gestellt.
- *Notwendigkeit der Arbeitsorganisation:* Um seine Aufgaben erfüllen zu können, ist der VR-Delegierte auf ein Sekretariat im Unternehmen angewiesen.
- *Leistung einer untergeordneten Tätigkeit:* Wie bei allen leitenden Angestellten ist dieses Merkmal nicht einzeln zu beurteilen, sondern ergibt sich letztlich aus der Gesamtbeurteilung.

Formelle Merkmale

- *Bezeichnung des Vertragsverhältnisses:* Der Vertrag mit der Gesellschaft wird schriftlich abgeschlossen und ausdrücklich als «Arbeitsvertrag» bezeichnet.
- *Art der Vergütung:* Wie bei leitenden Arbeitnehmern üblich, besteht der Lohn des VR-Delegierten nicht nur aus einem festen, sondern auch aus einem variablen Gehaltsanteil, wobei der Anreiz mit den Aktienoptionen noch gefördert wird.
- *Behandlung im Steuer- und Sozialversicherungsrecht:* Der VR-Delegierte hat seine Lohnbestandteile inkl. Aktienoptionen als unselbständiges Erwerbseinkommen zu versteuern und gemäss Art. 7 lit. h AHVV sind auf diesen Beträgen von der Gesellschaft als Arbeitgeberin die obligatorischen Sozialversicherungsbeiträge abzuführen.

Zusammenfassend kann festgestellt werden, dass sowohl bei organabhängiger Tätigkeit als auch bei organunabhängiger Tätigkeit ein Unterordnungsverhältnis und damit eine Weisungsgebundenheit des Verwaltungsratsmitglieds mit einer Doppelstellung als Arbeitnehmer bestehen kann. Allerdings ist zu differenzieren:
- Besteht der Verwaltungsrat aus mehreren Mitgliedern, so ist für jedes Verwaltungsratsmitglied ein Arbeitsverhältnis zulässig, sofern dies nicht in den Statuten oder im Organisationsreglement ausgeschlossen wird; dabei kann sowohl eine organabhängige als auch eine organunabhängige Arbeitstätigkeit vereinbart werden.
- Besteht der Verwaltungsrat nur aus einem einzigen Mitglied, so ist ein Arbeitsvertrag mit einer organunabhängigen Tätigkeit nur zulässig, wenn eine mehrstufige Organisationsstruktur vorhanden ist und der Arbeitnehmer nicht gleichzeitig die Gesellschaft wirtschaftlich beherrscht.

- Besteht der Verwaltungsrat nur aus einem einzigen Mitglied, so ist ein Arbeitsvertrag mit einer organabhängigen Tätigkeit grundsätzlich unzulässig, ausgenommen im Konzern bei Delegation des Weisungsrechts gegenüber dem Arbeitnehmer von der Tochtergesellschaft an die Muttergesellschaft.

ee) Umfang der Weisungsgebundenheit

In Art. 321d OR wird zwischen allgemeinen Anordnungen und besonderen Weisungen unterschieden. Damit wird klargestellt, dass der Arbeitgeber sowohl allgemeine Anordnungen (z.B. in Form einer Betriebsordnung, einer Hausordnung oder eines Pausenreglements) als auch individuelle Anordnungen (Arbeitszuweisung, Platzzuweisung, etc.) erlassen kann.[129] Soweit es sich um eine Konkretisierung der Arbeitspflicht handelt, kann unterschieden werden in Zielanweisungen, Fachanweisungen und Verhaltensanweisungen.[130] Wenn derartige Weisungen nicht gegen das Gesetz, die Statuten, die guten Sitten und die Persönlichkeit des Betroffenen verstossen, sind sie auch für den Verwaltungsrat mit einem Arbeitsverhältnis verbindlich.

Gegenüber leitenden Arbeitnehmern, und um solche handelt es sich zweifellos bei Verwaltungsräten mit einer organabhängigen Tätigkeit, ist das Weisungsrecht beschränkt. Zur sinnvollen Erfüllung ihrer Aufgaben benötigen solche Arbeitnehmer zum vornherein ein gewisses Mass an Selbständigkeit, wofür sie entsprechende Eigenverantwortung zu übernehmen haben.[131] Zudem unterliegen Verwaltungsräte mit einer arbeitsvertraglichen Doppelstellung einer ausgeprägten zivil- und strafrechtlichen Verantwortlichkeit, welche vom Weisungsbefugten zu beachten ist.

Mit dem Weisungsrecht ist untrennbar das Verweisungsrecht als ein Teil der Disziplinargewalt verbunden; der Verweis kann im weiteren Sinne als negative Verhaltensanweisung betrachtet werden.[132] Folglich kann der Arbeitgeber gestützt auf sein Weisungsrecht nicht nur eine Betriebsordnung erlassen,[133] sondern als Anhang davon auch eine Disziplinarordnung.[134] Auch in den GAV (vor allem in Firmenverträgen) finden sich häufig Regelungen bezüglich Disziplinarmassnah-

---

[129] Vgl. STAEHELIN/VISCHER, Zürcher Kommentar, N 8 zu Art. 321d OR; REHBINDER, Berner Kommentar, N 3 zu Art. 321d OR; es wird deshalb auch zwischen Konkretisierungsweisungen und Verhaltensweisungen unterschieden (vgl. MÜLLER, Disziplinarwesen, 52).
[130] Einteilung nach STAMM, 33; dazu ausführlich KUHN/KOLLER, Teil 4 Kap. 2.4.2, S. 2, und REHBINDER, Berner Kommentar, N 18 ff. zu Art. 321d OR.
[131] PORTMANN, 792.
[132] MÜLLER, Disziplinarwesen, 55; ebenso STÖCKLI, Gesamtarbeitsvertrag, 353.
[133] Ebenso KUHN/KOLLER, Teil 4 Kap. 2.4.2, S. 4.
[134] Vgl. MÜLLER, Disziplinarwesen, 59 bzw. 134 ff. (Muster einer Disziplinarordnung).

men.[135] Konkret kommen in der Praxis insbesondere folgende Disziplinarmassnahmen vor:[136]

- Verweis
- mündliche oder schriftliche Verwarnung
- Geldbusse
- Entzug von Vergünstigungen
- Versetzung oder Rückstufung
- Verlängerung der Probezeit
- vorübergehende Suspendierung bzw. Freistellung
- Degradierung bzw. Entzug der Zeichnungsberechtigung
- Sistierung der Lohnerhöhung
- Schadensbeteiligung
- ordentliche oder fristlose Entlassung
- fristlose Kündigung

Grundsätzlich können solche Disziplinarmassnahmen auch gegen einen Verwaltungsrat mit einer Doppelstellung als Arbeitnehmer verfügt werden, sofern sie im Zusammenhang mit der arbeitsvertraglichen und nicht mit der organschaftlichen Tätigkeit stehen. Handelt es sich allerdings um eine organschaftliche Arbeitstätigkeit, so ist sowohl für die ordentliche Entlassung als auch für die fristlose Kündigung gemäss Art. 716a Abs. 1 Ziff. 4 OR der Gesamtverwaltungsrat zuständig; eine Delegation dieser Aufgabe ist schon nach dem klaren Gesetzeswortlaut nicht möglich.

d) Dauerschuldverhältnis

Nach der klaren Formulierung in Art. 319 OR begründet ein Arbeitsvertrag die Verpflichtung zur Leistung von Arbeit auf bestimmte oder unbestimmte Zeit. Zur Erfüllung des Zeitelementes ist weder eine bestimmte Mindestdauer noch die volle Inanspruchnahme der Normalarbeitszeit erforderlich; auch Teilzeitarbeit genügt.[137] Die Stellung als Arbeitnehmer setzt damit zwingend ein privatrechtliches Dauerschuldverhältnis zur Gesellschaft voraus.[138] Im Unterschied zu Auftrag oder

---

[135] Gemäss der Rechtstatsachenforschung von STÖCKLI, Gesamtarbeitsvertrag, 346: in 5% aller Landesverträge, in 5% aller Regionalverträge und in 22% aller Firmenverträge.
[136] In Anlehnung an MÜLLER, Disziplinarwesen, 45. Weggelassen wurden in der Auflistung die Massnahmen der Rückversetzung in die Probezeit (Verstoss gegen Art. 335b Abs. 2 OR) sowie die Nacharbeit und die Herabsetzung des Lohnes (nur im gegenseitigen Einverständnis im Sinne einer Vertragsänderung möglich).
[137] REHBINDER, Arbeitsrecht, Rz. 49 f.
[138] Vgl. REHBINDER, Berner Kommentar, N 11 zu Art. 319 OR.

Werkvertrag ist nicht ein geschuldetes Arbeitsergebnis oder ein bestimmter Erfolg wesentlich. So ist auch der Assistent eines VR-Delegierten als Arbeitnehmer zu qualifizieren, selbst dann wenn er hauptsächlich mit der Vervollständigung und Überwachung des Organisationshandbuches beauftragt ist.[139]

Der Abschluss eines Vertrages auf entgeltliche Arbeitsleistung zwischen der Gesellschaft und einem Verwaltungsrat mit fester Mindestdauer vermag für sich allein jedoch noch keinen Arbeitsvertrag zu begründen, die übrigen Elemente des Arbeitsvertrages müssen ebenfalls gegeben sein.[140]

e) Entgeltlichkeit

Aus Art. 319 Abs. 1 OR ergibt sich als letztes Element des Arbeitsvertrages die Verpflichtung des Arbeitgebers zur Entrichtung eines Lohnes. Solange ein Verwaltungsrat ohne jegliches Entgelt für die Gesellschaft tätig ist, kann demnach kein Arbeitsverhältnis bestehen. Auch die Abgeltung von Spesen, sei dies nun gegen Beleg oder pauschal, bedeutet noch keine Entgeltlichkeit der Arbeitsleistung.

Unter welchem Titel (Lohn, Salär, Honorar, etc.) die Arbeitsleistung des Verwaltungsrats von der Gesellschaft entschädigt wird, ist grundsätzlich unerheblich. Entscheidend ist lediglich das Austauschverhältnis von Arbeitsleistung und Entgelt.[141] Dabei muss die Höhe des Lohnes nicht zwingend im Voraus vereinbart werden; fehlt eine entsprechende Abmachung, so hat der Arbeitgeber gemäss Art. 322 Abs. 1 OR denjenigen Lohn zu entrichten, welcher üblich oder durch Normal- bzw. Gesamtarbeitsvertrag bestimmt ist.

2. Voraussetzungen beim faktischen Arbeitsverhältnis

Von der Lehre wurde die Theorie des faktischen Vertragsverhältnisses für Situationen entwickelt, in denen die eine Vertragspartei bereits Leistungen erbracht hat, die Gegenleistung aber wegen Unwirksamkeit des Vertrages nicht verlangen kann. Sobald ein Dauerschuldverhältnis wie z.B. ein Arbeitsverhältnis von einem Ver-

---

[139] Vgl. Entscheid des Zürcher Obergerichtes vom 29.4.1980, in: ZR 80 (1981) Nr. 12, S. 35 f., bzw. JAR 1982, 94.
[140] Vgl. BGE 95 I 21 Erw. 5. b); die Unterstellung unter die Weisungsgewalt des Arbeitgebers und damit die persönliche Abhängigkeit sind nach diesem Entscheid in jedem Falle für die Annahme eines Arbeitsvertrages nötig.
[141] Auf die Entlöhnung und insbesondere auf die Kumulation von Lohn- und Honoraranspruch wird hinten unter TEIL 4 § 9 I. auf S. 268 ff. ausführlich eingegangen.

tragspartner in Unkenntnis des Mangels in Vollzug gesetzt wird, kann es vom anderen Vertragspartner nur noch für die Zukunft aufgelöst werden, für die Vergangenheit aber ist es als rechtswirksam zu behandeln.[142] Diese Regelung wird für den Arbeitsvertrag in Art. 320 Abs. 3 OR ausdrücklich festgehalten. Voraussetzung ist allerdings, dass der Arbeitnehmer seine Arbeit in gutem Glauben geleistet und die Gesellschaft durch ihre Organe die Arbeitsleistung tatsächlich angenommen hat.[143] Im Zusammenhang mit der Delegation von Geschäftsführungsaufgaben an ein Verwaltungsratsmitglied auf arbeitsvertraglicher Basis ist zu prüfen, ob allenfalls ein faktisches Vertragsverhältnis entstehen kann.

Gemäss Art. 716b Abs. 1 OR können die Statuten den Verwaltungsrat ermächtigen, die Geschäftsführung nach Massgabe eines Organisationsreglements ganz oder zum Teil an einzelne Mitglieder oder an Dritte zu übertragen. Fehlt eine derartige Kompetenznorm in den Statuten oder wird die Delegation ohne ein entsprechendes Reglement vorgenommen, so stellt sich die Frage nach den daraus resultierenden Konsequenzen. Diese Frage ist im Zusammenhang mit den Delegierten besonders interessant, da diese regelmässig geschäftsführende Aufgaben und entsprechende Entscheidungskompetenzen haben. Für die Bestellung von Delegierten braucht es deshalb grundsätzlich eine Delegationskompetenz in den Statuten und ein Organisationsreglement.[144]

Keine Kompetenzdelegation und kein Organisationsreglement sind notwendig, wenn dem Delegierten keine Geschäftsführungsaufgabe übertragen wird.[145] So wäre es zum Beispiel denkbar, dass der Delegierte lediglich als Mediensprecher für die Gesellschaft fungiert. Eine solche Regelung entspricht zwar nicht den in der Praxis üblichen Funktionen, doch wird der Handelsregisterführer auch diesen Delegierten eintragen. Allerdings dürfte in solchen Fällen auch kein zusätzlicher Arbeitsvertrag mit der Gesellschaft bestehen.

Wird einem Mitglied des Verwaltungsrats tatsächlich ein wesentlicher Teil der Geschäftsführung übertragen, ohne dass eine Kompetenzdelegation in den Statuten vorhanden ist, so ist die zwingende gesetzliche Voraussetzung von Art. 716b

---

[142] REHBINDER, Arbeitsrecht, Rz. 85 f.
[143] Im unveröffentlichten Entscheid 4C.307/2001 vom 14.3.2002 war der Fall eines Ehepaares zu beurteilen, welches in guten Treuen Arbeit für eine AG leistete; doch der einzige Verwaltungsrat dieser Gesellschaft wusste nichts davon und trat noch vor Kenntnisnahme zurück. Mangels bewusster Annahme der Arbeitsleistung lehnte das Bundesgericht, wie zuvor schon das Obergericht des Kantons Aargau, die arbeitsrechtliche Forderung nach Art. 320 Abs. 2 und 3 OR ab.
[144] Nach FORSTMOSER/MEIER-HAYOZ/NOBEL, § 29 N 46, sind auch die Aufgaben eines Delegierten zwingend im Organisationsreglement zu regeln.
[145] Vgl. FORSTMOSER, Organisationsreglement, 30 f., mit Beispielen für Regelungen, die keiner statutarischen Basis bedürfen.

Abs. 1 OR[146] klar verletzt[147] und der entsprechende VR-Beschluss nach Art. 714 OR nichtig.[148] Dasselbe gilt auch für den Fall einer Delegation, die wohl auf einer statutarischen Ermächtigung basiert, jedoch ohne Massgabe eines Organisationsreglements erfolgt. Konsequenterweise fehlt damit die Grundlage für einen zusätzlichen Arbeitsvertrag zwischen diesem Delegierten und der Gesellschaft.

Wird ein VR-Delegierter auf Grund einer nichtigen Delegation tätig, so ist zu prüfen, ob nicht allenfalls ein faktischer Arbeitsvertrag vorliegt. Hat der Verwaltungsrat im Zusammenhang mit dem Delegationsbeschluss ausdrücklich einen Arbeitsvertrag ausgeschlossen, indem er z.B. jegliche Weisungsbefolgungspflicht des Delegierten ausschloss, so ist ein faktisches Vertragsverhältnis klar zu verneinen. Es fehlt nicht nur an der gesetzlichen Zulässigkeit (Delegationskompetenz), sondern auch an den notwendigen objektiven Voraussetzungen (Unterordnung des Arbeitnehmers bzw. Weisungsrecht des Arbeitgebers). Sind jedoch alle objektiven Elemente eines Arbeitsvertrages gegeben und war der Wille beider Parteien (VR-Delegierte einerseits und Gesellschaft vertreten durch den Gesamtverwaltungsrat andererseits) auch tatsächlich auf den Abschluss eines Arbeitsvertrages ausgerichtet, so ist ein faktisches Arbeitsverhältnis zu bejahen.[149]

Leistet ein Arbeitnehmer, im vorliegenden Fall also ein Delegierter, in gutem Glauben Arbeit im Dienste des Arbeitgebers, d.h. der Gesellschaft, auf Grund eines Arbeitsvertrages, der sich nachträglich als ungültig bzw. nichtig erweist, so haben beide Parteien nach Art. 320 Abs. 3 OR die Pflichten aus dem Arbeitsverhältnis in gleicher Weise wie aus einem gültigen Vertrag zu erfüllen, bis dieses wegen Ungültigkeit des Vertrages vom einen oder andern aufgehoben wird.[150] Konkret kann der Nichtigkeitsgrund durch Ergänzung der Statuten mit einer Kompetenznorm und durch Erlass eines Organisationsreglements beseitigt werden. Unabhängig davon sind die Handlungen des Delegierten für die Gesellschaft rechtsverbindlich, da dem Verwaltungsrat die Geschäftsführung ohnehin schon von Gesetzes wegen zusteht.

---

[146] Zur Entstehungsgeschichte dieser gesetzlichen Voraussetzung ausführlich HOMBURGER, Zürcher Kommentar, N 730 zu Art. 716b OR.
[147] Nach FORSTMOSER, Organisationsreglement, 24, hat die Generalversammlung damit die Möglichkeit, den Verwaltungsrat zu zwingen, die Geschäfte selber zu führen.
[148] Beschlüsse des Verwaltungsrats, welche in den zwingenden Kompetenzbereich der Generalversammlung fallen, wie z.B. Beschlüsse über Dividendenausschüttung oder Liquidation, sind generell nichtig; vgl. HOMBURGER, Zürcher Kommentar, N 392 ff. zu Art. 714 OR.
[149] Vgl. SYZ, 23.
[150] Nach SYZ, 23, ist durch diese Regelung von Art. 320 Abs. 3 OR die Problematik des faktischen Vertragsverhältnisses bei der Rückabwicklung von fehlerhaft begründeten Arbeitsverhältnissen obsolet geworden.

III. Doppelstellung bei der gleichen Gesellschaft

1. Kumulative Erfüllung der Voraussetzungen

Eine Doppelstellung als Verwaltungsrat und Arbeitnehmer zeigt erst dann Konsequenzen, wenn alle notwendigen Voraussetzungen dieser Doppelstellung kumulativ erfüllt sind:

– Die Organstellung als Verwaltungsrat basiert entweder auf einer rechtsgültigen Wahl durch die Generalversammlung oder einer tatsächlichen Funktionsausübung als faktischer Verwaltungsrat.
– Der Arbeitsvertrag ist rechtsgültig mit der gleichen Gesellschaft, zu der das organschaftliche Rechtsverhältnis besteht, abgeschlossen oder faktisch vollzogen worden.

Nicht notwendig ist die Eintragung des Verwaltungsrats im Handelsregister, es reicht die Annahmeerklärung der Wahl oder die Ausübung der faktischen Verwaltungsratstätigkeit.[151] Auch eine Stellung als Aktionär ist nicht erforderlich, denn bei Art. 707 Abs. 1 und 2 OR handelt es sich zwar um zwingendes Recht, aber dennoch nur um eine Ordnungsvorschrift.[152]

Schliesst ein Mitglied des Verwaltungsrats den Arbeitsvertrag für sich selbst und die Gesellschaft ab, so liegt infolge Selbstkontrahierens grundsätzlich ein ungültiges Insichgeschäft vor,[153] denn die Interessen der Gesellschaft und jene des Arbeitnehmers kollidieren zumindest bei der Festsetzung der Entlöhnung.[154] Jedes andere Mitglied des Verwaltungsrats ist jedoch nach Massgabe seiner Zeichnungsberechtigung befugt, dieses Rechtsgeschäft auch noch nachträglich zu genehmi-

---

[151] Vgl. MÜLLER/LIPP/PLÜSS, 34.
[152] BÖCKLI, Aktienrecht, Rz. 33 zu § 13. Entsprechend sind Handlungen eines gewählten und im HR eingetragenen VR gegenüber gutgläubigen Dritten auch dann gültig, wenn dieser VR keine Aktionärseigenschaft aufweist und intern ohne Geschäftsführungsmacht handelt (vgl. PLÜSS, Rechtsstellung, 11 und WERNLI, Basler Kommentar, N 9 zu Art. 707 OR).
[153] Vgl. HOMBURGER, Zürcher Kommentar, N 908 f. zu Art. 717 OR, und FORSTMOSER/MEIER-HAYOZ/NOBEL, § 30 N 123, mit dem Vermerk, dass diese Praxis auch für die Organe juristischer Personen gelte. Eine Zusammenfassung der entsprechenden Lehre und Rechtsprechung findet sich in BGE 126 III 361 Erw. 3. a).
[154] Gerade diese Interessenkollision führt jedoch grundsätzlich zur Ungültigkeit des Rechtsgeschäfts (vgl. BUCHER, Schweizerisches Obligationenrecht, 637 ff., und HAUSHERR/AEBI-MÜLLER, Rz. 17.79).

gen und dem Arbeitsvertrag damit zur Gültigkeit zu verhelfen; ein Beschluss des Gesamtverwaltungsrats ist nicht notwendig.[155]

2. Unmöglichkeit der Doppelstellung bei einer Einmann-Aktiengesellschaft

a) Klare Unmöglichkeit bei einer organabhängigen Tätigkeit

Bei der Einmann-AG[156] werden Insichgeschäfte von der Lehre überwiegend als zulässig erachtet.[157] Dennoch ist eine Doppelstellung als Arbeitnehmer und Verwaltungsrat wegen der fehlenden Weisungsgebundenheit bzw. Unterordnung rechtlich nicht möglich. Der einzige Verwaltungsrat und der alleinige Aktionär sind bei der Einmann-AG begriffsnotwendig identisch. Dies ist der wesentliche Unterschied zum Einzelverwaltungsrat einer Tochtergesellschaft im Konzern, wo das Weisungsrecht an die Muttergesellschaft delegiert werden kann.[158] Weder Weisungen des Gesamtverwaltungsrats noch des Aktionärs sind bei der Einmann-AG möglich, da man sich selbst keine Weisungen im Rechtssinne erteilen kann. Damit fehlt zum vornherein eine wesentliche Voraussetzung für einen Arbeitsvertrag.[159]

Diese theoretischen Überlegungen wurden vom Bundesgericht in BGE 125 III 78 Erw. 4. ausdrücklich bestätigt. In jenem Entscheid wurde festgestellt, dass der einzige Verwaltungsrat und Alleinaktionär einer Aktiengesellschaft auf Grund seiner Stellung nicht gleichzeitig Arbeitnehmer sein könne. Zur Begründung wurde darauf verwiesen, dass bei einer wirtschaftlichen Identität von juristischer Person und Verwaltungsrat das wesentliche und unabdingbare Charakteristikum des Arbeitsvertrages fehle, nämlich das Verhältnis der Subordination zwischen Arbeitgeber und Arbeitnehmer.

Die Unmöglichkeit der Doppelstellung bei einer Einmann-AG ist mit der Begründung des Bundesgerichtes einleuchtend, solange es sich um eine organabhängige

---

[155] Vgl. BGE 127 III 332; damit hat sich das Bundesgericht klar gegen jenen Teil der Lehre gewandt, welcher die Genehmigung durch den Gesamtverwaltungsrat verlangte (NZZ vom 9./10.6.2001, Nr. 131, S. 18; FORSTMOSER/FORRER, 489).
[156] Zum Begriff der Einmann-AG vgl. vorne Fn. 94 auf S. 65.
[157] SCHOTT, 236, m.w.H. und der Begründung, dass zwischen der Gesellschaft und dem Gesellschafter eine persönliche Trennung besteht und Verträge, welche der Alleingesellschafter namens der Gesellschaft mit sich selber abschliesst, demnach Selbstkontrakte zwischen zwei verschiedenen Rechtspersonen darstellen und deshalb dogmatisch fraglos denkbar sind.
[158] Vgl. vorne TEIL 3 § 6 II. 1. c) dd) auf S. 184 ff.
[159] Zur Unterordnung als Voraussetzung für einen Arbeitsvertrag vgl. ausführlich vorne TEIL 3 § 6 II. 1. c) auf S. 178 ff. und die dort zitierte Literatur bzw. Judikatur.

Tätigkeit[160] handelt. Konkret könnte der Alleinaktionär und Einzelverwaltungsrat wohl einen separaten Geschäftsführer anstellen und sich diesem organisatorisch als Prokurist unterordnen,[161] doch wird dadurch nur formell eine organabhängige Tätigkeit mit Unterordnungsverhältnis begründet. Tatsächlich kann der Alleinaktionär über seine Stellung als Einzelverwaltungsrat dem Geschäftsführer jederzeit Weisungen erteilen, welche die ursprünglichen Weisungen an den «Prokuristen» aufheben. Die organisatorisch nahe Verbundenheit mit dem Verwaltungsrat verunmöglicht materiell ein tatsächliches Weisungsrecht des zwischengeschalteten Geschäftsführers.

Die Einmann-AG ist im Zusammenhang mit der Unmöglichkeit einer Doppelstellung als Verwaltungsrat und Arbeitnehmer jenem Fall gleichzustellen, in dem der einzige Verwaltungsrat gleichzeitig wirtschaftlich Berechtigter der Aktiengesellschaft ist, ohne aber als solcher direkt in Erscheinung zu treten. Diese Konstellation ist gegeben, wenn die Aktien der Gesellschaft für den wirtschaftlich Berechtigten durch einen oder mehrere Treuhänder bzw. selbst kontrollierte Gesellschaften fiduziarisch gehalten werden. Im Ergebnis kontrolliert der wirtschaftlich Berechtigte nicht nur alle Aktien, sondern ist auch noch einziger Verwaltungsrat der Gesellschaft. Auch in solchen Fällen ist eine Doppelstellung als Verwaltungsrat und Arbeitnehmer wegen fehlender Subordinationsmöglichkeit ausgeschlossen.

Ist die notwendige Weisungsgebundenheit ursprünglich vorhanden gewesen und muss deshalb von einem rechtmässig vorbestandenen Arbeitsverhältnis ausgegangen werden, tritt jedoch die Konstellation der Einmann-AG bzw. der wirtschaftlich beherrschenden Stellung erst nachträglich ein (z.B. Versterben der übrigen Verwaltungsräte und Vererbung aller Aktien), so ist zu prüfen, welche Konsequenzen dies auf den Arbeitsvertrag hat. Der ehemalige Arbeitnehmer wird nun plötzlich zu seinem eigenen Arbeitgeber. Rechtlich ist dies als eine Vereinigung von Arbeitgeber und Arbeitnehmer bzw. Gläubiger und Schuldner in einer Person zu qualifizieren, wodurch der Arbeitsvertrag bzw. die daraus resultierenden Forderungen durch Vereinigung gemäss Art. 118 Abs. 1 OR erlöschen. Diese Konfusion findet mit sofortiger Wirkung statt, unabhängig von einer allfälligen Kündigungsfrist.

---

[160] Vgl. die entsprechende Definition vorne S. 181 unter Fn. 97.
[161] Die gleichzeitige Eintragung als Verwaltungsrat und Prokurist ist nach BGE 67 I 342 zulässig (vgl. hinten TEIL 4 § 8 II. 2. b) auf S. 263 f.). In der Praxis würden wohl aber nur wenige Handelsregisterführer beim einzigen Verwaltungsrat einer AG den Zusatzeintrag Prokurist zulassen.

b) Ausnahmefall bei einer Doppelstellung mit organunabhängiger Tätigkeit

Ob eine Doppelstellung bei einer Einmann-AG auch dann unmöglich ist, wenn der Alleinaktionär eine organunabhängige Tätigkeit ausübt, ist näher zu prüfen. Handelt es sich um eine grosse Gesellschaft mit mehreren Hierarchiestufen, so ist theoretisch denkbar, dass der Alleinaktionär seine Funktion als Einzelverwaltungsrat nur nebenamtlich ausübt und daneben noch eine Tätigkeit auf unterer Hierarchiestufe, z.b. als Elektroingenieur[162], ausübt. In dieser Funktion könnte der Alleinaktionär organisatorisch z.b. dem Abteilungsleiter der Elektroabteilung unterstehen; dieser könnte wiederum dem Direktor für Forschung und Entwicklung untergeordnet sein. Damit entsteht eine Reihe von Unterordnungsverhältnissen, welche in ihrer Gesamtheit das oberste Weisungsrecht des Einzelverwaltungsrats nicht nur zeitlich verzögern, sondern derart behindern, dass letztlich doch bezüglich der organunabhängigen Tätigkeit eine Weisungsgebundenheit angenommen werden muss.

Solche Extremfälle bilden die Ausnahme von der Regel, dass bei einer Einmann-AG eine Doppelstellung als Verwaltungsrat und Arbeitnehmer unmöglich ist.[163] Dennoch sind diese Ausnahmefälle zuzulassen unter Berücksichtigung der Tatsache, dass eine Doppelstellung auch aus einem vorbestandenen Arbeitsverhältnis hervorgehen kann.[164] Folgendes Beispiel vermag dies zu verdeutlichen:

> Der Neffe eines reichen Onkels arbeitet als Ingenieur in einer Tochtergesellschaft jenes Konzerns, welcher im ausschliesslichen Eigentum des Onkels steht. Dabei hat er die Weisungen des Direktors der Tochtergesellschaft zu befolgen. An der Rechtmässigkeit des Arbeitsvertrages gibt es keinen Zweifel. Um den Neffen zu motivieren, lässt ihn der Onkel von der Holdinggesellschaft als Mitglied des Verwaltungsrats der Tochtergesellschaft wählen mit gleichzeitiger Schenkung einer einzigen Aktie der Tochtergesellschaft. Da der Verwaltungsrat aus drei Personen besteht und der Neffe weiterhin die Weisungen des Direktors der Tochtergesellschaft zu befolgen hat, muss anerkannt werden, dass der ursprüngliche Arbeitsvertrag als Ingenieur trotz der zusätzlichen Stellung als Verwaltungsratsmitglied weiterhin uneingeschränkt Gültigkeit hat. Bei einem

---

[162] Genau diese Funktion wurde als Spezialsituation eines VR-Delegierten bei der Umfrage angegeben (vgl. vorne TEIL 2 § 5 III. 1. b) auf S. 120).

[163] A.M. WYLER, 42, welcher bei Identität von wirtschaftlich Berechtigtem und Verwaltungsrat nie einen Arbeitsvertrag zulassen will: «Ainsi, on ne saurait en aucun cas retenir qu'il puisse exister un rapport de travail entre l'administrateur ou le dirigeant d'une entreprise et cette même entreprise, lorsqu'il y a identité économique entre la personne morale et celui qui assume la fonction d'organe dirigeant de cette société.»

[164] Vgl. vorne TEIL 1 § 2 III. 2. auf S. 28.

Unfall versterben die beiden anderen Verwaltungsräte, so dass der Neffe zum einzigen Verwaltungsrat wird. An seinen Kompetenzen ändert sich dadurch allerdings nichts, da der Verwaltungsrat der Tochtergesellschaft gemäss Organisationsreglement der Holding die Weisungen des fünfköpfigen Holding-Verwaltungsrats zu befolgen hat. Der Neffe kann sich zwar formell selbst eine Lohnerhöhung gestatten, doch kann er sie nicht durchsetzen, weil die Budgets im Konzern koordiniert werden und das Cash-Pooling auf der Stufe Holding erfolgt. Zudem ist geplant, anlässlich der nächsten ordentlichen Generalversammlung der Tochtergesellschaft ersatzweise zwei neue Verwaltungsräte zu wählen. Auch bei dieser Konstellation muss anerkannt werden, dass der Neffe noch immer in einem rechtmässigen Arbeitsverhältnis zur Tochtergesellschaft steht, auch wenn er nun deren einziger Verwaltungsrat geworden ist.[165] Noch vor der ordentlichen Generalversammlung stirbt der reiche Onkel und vererbt sämtliche Holdingaktien seinem einzigen Neffen.

Sollen durch die Erbschaft der Aktienmehrheit das Arbeitsverhältnis plötzlich aufgehoben sein und keine Lohnansprüche mehr gegenüber der Tochtergesellschaft bestehen? Und wenn es nun zu einem Streit über die Erbschaft kommt, so dass der Neffe während Jahren keinen direkten Einfluss auf den Holdingverwaltungsrat ausüben kann? Solange eine tatsächliche und nicht nur formelle Weisungsgebundenheit bzw. ein Subordinationsverhältnis zur Tochtergesellschaft besteht, kann der Neffe in einem Arbeitsverhältnis zu dieser Gesellschaft stehen. Erst wenn er selbst alleiniger Verwaltungsrat der Holdinggesellschaft wird oder die übrigen Mitglieder des Verwaltungsrats seine Weisungen zu befolgen haben, muss nicht nur eine wirtschaftlich sondern auch eine organisatorisch beherrschende Stellung angenommen werden mit dem Effekt, dass der Arbeitsvertrag durch Konfusion gemäss Art. 118 Abs. 1 OR mit sofortiger Wirkung untergeht.

3. Doppelstellung bei einer Gesellschaft mit nur einem einzigen Verwaltungsrat

a) Differenzierung von Einmann-Aktiengesellschaft und Einzelverwaltungsrat

Bei einer Einmann-AG ist der einzige Verwaltungsrat begriffsnotwendig gleichzeitig auch Alleinaktionär. Bei einem Einzelverwaltungsrat kann die Mehrheit der Aktien dagegen im wirtschaftlichen Eigentum eines Dritten stehen; der Einzelverwaltungsrat braucht zur Ausübung seiner Funktion lediglich treuhänderisch eine

---

[165] Dazu nachstehend TEIL 3 § 6 III. 3. c) auf S. 199 ff.

einzige Aktie zu halten. Dieser Unterschied in der Aktionärsstruktur impliziert entscheidende Unterschiede in der Machtstruktur und in der Weisungsberechtigung. Bei der rechtlichen Beurteilung einer Doppelstellung als Verwaltungsrat und Arbeitnehmer ist deshalb zwischen Einmann-AG und Gesellschaften mit nur einem einzigen Verwaltungsrat zu differenzieren. Hat ein Aktionär die Möglichkeit, dem einzigen Verwaltungsrat Weisungen zu erteilen, so ist allerdings zu prüfen, ob der Weisungen erteilende Aktionär nicht zum faktischen Organ wird.

b) Grundsätzliche Unmöglichkeit bei organabhängiger Tätigkeit

Erbringt jemand eine organabhängige Tätigkeit im hier verstandenen Sinne[166], so ist diese Person begriffsnotwendig entweder selbst Organ oder direkt dem Verwaltungsrat bzw. der Geschäftsleitung unterstellt. In beiden Fällen hat die betroffene Person die Weisungen des Gesamtverwaltungsrats bzw. seines Vertreters (Präsident, Delegierter oder Geschäftsführer) zu befolgen. Besteht der Verwaltungsrat nur aus einer einzigen Person, so kann diese sich selbst keine Weisungen erteilen. Die für ein Arbeitsverhältnis im Rechtssinne notwendige Unterordnung fehlt, sofern nicht in der speziellen Konstellation eines Konzernverhältnisses das Weisungsrecht an die Muttergesellschaft delegiert wurde. Beim Einzelverwaltungsrat mit organabhängiger Tätigkeit ist deshalb eine Doppelstellung als Verwaltungsrat und Arbeitnehmer grundsätzlich ausgeschlossen. Daran ändert auch die Tatsache nichts, dass selbst das Bundesgericht in Einzelfällen dieser Problematik keine Beachtung schenkt und einen Einzelverwaltungsrat mit Geschäftsführerfunktion ohne Einschränkung als Arbeitnehmer bezeichnet.[167] Auf die Sonderfälle, bei denen allenfalls ausnahmsweise doch ein Arbeitsvertrag bestehen kann, wird nachstehend eingegangen.

c) Ausnahmsweise Möglichkeit bei organunabhängiger Tätigkeit

Besteht der Verwaltungsrat einer Aktiengesellschaft nur aus einer einzigen Person und ist diese nicht gleichzeitig Hauptaktionärin der Gesellschaft, so besteht unter Umständen die Möglichkeit einer Doppelstellung als Verwaltungsrat und Arbeitnehmer. Allerdings kann in diesem Falle das für einen Arbeitsvertrag notwendige Unterordnungsverhältnis nicht in der Weisungsgebundenheit gegenüber dem Gesamtverwaltungsrat oder gegenüber dem VR-Präsidenten bestehen. Vielmehr muss einem Dritten auf vertraglicher Basis ein Weisungsrecht eingeräumt werden.[168] In

---

[166] Vgl. die entsprechende Definition vorne auf S. 181 unter Fn. 97.
[167] So geschehen in BGE 102 V 59 Erw. 2. b) (vgl. dazu die ausführliche Kritik hinten unter TEIL 3 § 7 II. 2. auf S. 212 ff.
[168] Eine solche Delegation des Weisungsrechts durch die Gesellschaft an einen Dritten ist rechtlich zulässig (vgl. vorne TEIL 3 § 6 II. 1. c) cc) auf S. 182 ff.).

erster Linie kommt dafür ein Hauptaktionär in Betracht; in Konzernverhältnissen wird dies die Muttergesellschaft sein. Denkbar ist jedoch auch die Einräumung eines Weisungsrechtes an einen ehemaligen Aktionär nach einem Aktienverkauf oder an einen wichtigen Kunden, welcher faktisch den Geschäftsverlauf diktiert.

Die I. Zivilkammer des Zürcher Obergerichtes hat bereits am 20. Mai 1983 entschieden,[169] dass ein Einzelverwaltungsrat dann in einem Arbeitsverhältnis zur Gesellschaft stehe, wenn er mit den massgebenden Aktionären einen Mandatsvertrag abgeschlossen und sich darin zur Befolgung von Weisungen verpflichtet habe. Konkret handelte es sich um die einzige Verwaltungsrätin eines Heiratsvermittlungsinstitutes, welche gestützt auf einen Mandatsvertrag und entsprechend den Weisungen der Hauptaktionäre hauptberuflich die Geschäftsführung ausübte. Dieser Entscheid ist um so interessanter, als das Obergericht den als Auftrag betitelten Mandatsvertrag letztlich konkret als Arbeitsvertrag qualifizierte.

In Konzernen ist die Möglichkeit einer Doppelstellung bei organunabhängiger Tätigkeit von besonderer Bedeutung. Der Geschäftsführer einer Tochtergesellschaft kann gleichzeitig einziger Verwaltungsrat dieser Gesellschaft sein, wenn der Muttergesellschaft das Weisungsrecht delegiert wird.[170] Damit bleibt das arbeitsrechtliche Verhältnis zur Tochtergesellschaft unverändert, während gegenüber der Muttergesellschaft ein Subordinationsverhältnis besteht.[171]

d) Sonderfall der Doppelstellung bei reduzierter Verwaltungsratsanzahl

Nur 54,9% aller schweizerischen Aktiengesellschaften haben einen VR-Präsidenten und damit mehrere VR-Mitglieder.[172] Es ist deshalb durchaus möglich, dass ein ehemals mehrköpfiger Verwaltungsrat durch Todesfälle, Rücktritte oder Abwahl letztlich zu einem Einzelverwaltungsrat wird. Solche Veränderungen können auch ausserhalb der statutarischen Amtsdauer vorkommen. Da die Wahl des Verwaltungsrats ausschliesslich in die Kompetenz der Generalversammlung fällt, kann der Verwaltungsrat in solchen Fällen nicht interimistisch ein neues VR-Mitglied bestimmen.[173] Als Konsequenz daraus ist in der Praxis tatsächlich vereinzelt eine

---

[169] ZR 83 (1984) Nr. 78, S. 187 ff.
[170] Zur Möglichkeit der Delegation des Weisungsrechts vgl. vorne TEIL 3 § 6 II. 1. c) cc) auf S. 182 ff.
[171] Dies entspricht der Variante 2 in Abbildung 1 auf S. 12.
[172] Stand per Mitte 2000 (vgl. dazu die statistischen Angaben im TEIL 2 § 4 IV. 2. a) auf S. 101 ff.).
[173] Art. 698 Abs. 2 Ziff. 2 OR. Zulässig ist hingegen die vorsorgliche Bestellung von sog. «Supplenten», doch sind auch diese ordnungsgemäss von der Generalversammlung zu wählen und im Handelsregister einzutragen (vgl. WERNLI, Basler Kommentar, N 28 zu Art. 707 OR und MÜLLER/LIPP/PLÜSS, 50 f.)

Verringerung der Mitgliederzahl im Verwaltungsrat innerhalb der Amtsdauer festzustellen.

Im Zusammenhang mit der Verringerung der Mitgliederzahl im Verwaltungsrat stellt sich ein rechtlich sehr interessantes, praktisch wohl jedoch eher unbedeutendes Problem, das anhand von folgendem Fallbeispiel erläutert werden soll:

> Die Aktien eines traditionsreichen Familienunternehmens wurden durch zahlreiche Erbfälle auf viele Kleinaktionäre verteilt. Die verschiedenen Familienstämme sind untereinander zerstritten, weshalb auch bei der Wahl von Verwaltungsratsmitgliedern nie Einigkeit besteht. Als das Verwaltungsratsgremium schliesslich nur noch aus zwei Mitgliedern besteht, wird der Direktor als drittes Verwaltungsratsmitglied gewählt. Die für die Amtsausübung notwendige Aktie wird dem Direktor aus den vom Unternehmen selbst gehaltenen Aktien treuhänderisch übertragen. Noch vor Ende der statutarischen Amtsdauer tritt einer der beiden anderen Verwaltungsräte aus Altersgründen zurück und kurz danach verstirbt auch der zweite, aus der Unternehmerfamilie stammende Verwaltungsrat. Der mit einem Arbeitsvertrag auf unbestimmte Zeit verpflichtete Direktor wird damit unverhofft zum alleinigen Verwaltungsrat der Gesellschaft, ohne dass er in irgendeiner Form, beispielsweise durch einen Mandatsvertrag, gegenüber einem der Aktionäre weisungsgebunden wäre.

Bei diesem Fallbeispiel bestand beim Direktor ursprünglich zweifelsfrei eine Doppelstellung als Arbeitnehmer und Verwaltungsrat in der gleichen Gesellschaft. Der auf unbestimmte Zeit abgeschlossene Arbeitsvertrag wurde durch die ordnungsgemässe Wahl zum Verwaltungsrat nicht aufgehoben; vielmehr bestand weiterhin ein Unterordnungsverhältnis, bzw. eine Weisungsgebundenheit gegenüber dem Gesamtverwaltungsrat. Dieser konnte mit Mehrheitsbeschluss stets auch über die Meinung des Direktors hinweg entscheiden bzw. Weisungen erlassen. Problematisch wurde die Situation bereits mit der Reduktion auf zwei Verwaltungsräte. Hier konnte allerdings die Situation noch rechtlich einwandfrei über den Stichentscheid des Präsidenten geklärt werden. Nachdem jedoch auch dieser durch Todesfall ausgeschieden war, fehlte beim Direktor ein Unterordnungsverhältnis und eine Weisungsgebundenheit. Um die Rechtssituation zu klären können folgende Überlegungen angestellt werden:

- Das Unterordnungsverhältnis ist ein wesentlicher Qualifikationsbestandteil des Arbeitsvertrages; fehlt es, so ist das Rechtsverhältnis grundsätzlich nicht mehr als Arbeitsverhältnis, sondern nur noch als Auftragsverhältnis zu qualifizieren.
- Ein Arbeitsvertrag auf unbestimmte Zeit kann ohne wichtigen Grund nur noch im gegenseitigen Einverständnis oder unter Einhaltung der gesetzlichen bzw. vertraglichen Kündigungsfrist aufgehoben werden.

- Nach Art. 716a OR ist ausschliesslich der Verwaltungsrat für die Bestellung und die Abberufung der Geschäftsführung zuständig; die Generalversammlung kann nur über die Wahl der Verwaltungsräte Einfluss auf die Bestellung der Geschäftsführung nehmen.
- Ein ursprünglich rechtsgültig abgeschlossener Arbeitsvertrag kann nachträglich aus bestimmten Gründen nichtig werden (z.B. wegen Wegfall der Arbeitsbewilligung); auch der Wegfall eines wesentlichen Qualifikationskriteriums (Unterordnungsverhältnis) führt zur Nichtigkeit eines Arbeitsvertrages.
- Wird entgeltliche Arbeit geleistet obwohl aus bestimmten Gründen kein Arbeitsverhältnis gegeben sein kann, so behilft sich Lehre und Rechtsprechung in der Schweiz mit der Konstruktion eines faktischen Arbeitsverhältnisses; die Arbeit leistende Person wird so gestellt, wie wenn sie rechtsgültig in einem Arbeitsverhältnis stehen würde.

Diese Überlegungen führen zum Schluss, dass im obigen Fallbeispiel durch den Wegfall des Unterordnungsverhältnisses bzw. der Weisungsgebundenheit der ursprüngliche Arbeitsvertrag nachträglich ungültig wurde. Da der Direktor seinen Arbeitsvertrag jedoch nicht selbst kündigte und seine Arbeit weiterhin gutgläubig gegen Entgelt verrichtete, trat an die Stelle des plötzlich ungültig gewordenen Arbeitsvertrages ein faktisches Arbeitsverhältnis im Sinne von Art. 320 Abs. 3 OR. Nur mit dieser Rechtskonstruktion können die berechtigten Interessen des Arbeitnehmers gewahrt werden. Würde man aufgrund der Reduzierung des Verwaltungsrats eine Nichtigkeit des Arbeitsvertrages ex nunc annehmen und gleichzeitig das Vorhandensein eines faktischen Arbeitsverhältnisses verneinen, so könnte als Konsequenz die Generalversammlung den Direktor mit sofortiger Wirkung abwählen, ohne dessen ursprünglichen Kündigungsschutz aus dem Arbeitsvertrag zu berücksichtigen. Letztlich wird damit die ursprünglich formelle Doppelstellung des Direktors als Arbeitnehmer und Verwaltungsrat zu einer faktischen Doppelstellung.

§ 7 Zulässigkeit einer Doppelstellung

I. Literaturübersicht

1. Verneinung der Zulässigkeit einer Doppelstellung

In der älteren Literatur finden sich mehrere Autoren, welche die Doppelstellung von Verwaltungsrat und Arbeitnehmer bei der gleichen Gesellschaft grundsätzlich ablehnen. Dagegen wird in neueren Publikationen die Zulässigkeit einer Doppelstellung nur noch vereinzelt in Frage gestellt.[1] Von Interesse ist dabei jeweils die Begründung dieser Haltung:

– SIEGMUND[2] verneint 1892 kategorisch die Möglichkeit, dass ein Prokurist gleichzeitig Verwaltungsrat einer AG sein könne. Er beruft sich dabei auf ein Kreisschreiben des Eidg. Amtes für das Handelsregister vom 29. Mai 1883.[3] SIEGMUND schweigt sich allerdings darüber aus, ob ein Verwaltungsrat allenfalls in einer anderen Funktion nicht doch Arbeitnehmer der Gesellschaft sein könne.

– BLUMENSTEIN[4] setzt 1911 in seinem Standardwerk zum Schuldbetreibungsrecht das Rechtsverhältnis von Verwaltungsräten bezüglich der Aktiengesellschaft mit demjenigen von Kontrollbehörden und Agenten gleich. Bei der Aufzählung der privilegierten Arbeitnehmerkategorien im Konkurs des Arbeitgebers bemerkt er: «Hieher gehören also auch die Direktoren und Prokuristen; dagegen nicht Mitglieder von Verwaltungsräten und Kontrollbehörden, Agenten etc., welche eben nicht in einem eigentlichen Dienstvertragsverhältnis zur Unternehmung stehen.»[5]

– SCHÖNENBERGER[6] vertritt 1945 im damaligen Zürcher Kommentar ebenfalls die Meinung, dass ein Verwaltungsrat nicht gleichzeitig Prokurist sein könne und zwar auch dann nicht, wenn er keine Zeichnungsberechtigung als Verwaltungsrat habe. Wenn einer Person nämlich schon eine Ermächtigung im Umfange einer

---

[1] HUTTERLI, 114, geht allerdings 1982 noch davon aus, dass die Ansicht der Unvereinbarkeit eines arbeitsvertraglichen Verhältnisses zu einer Organperson «verbreitet» sei.
[2] Vgl. SIEGMUND, 157.
[3] Vgl. SIEGMUND, 305; dieses Kreisschreiben ist später durch das Bundesgericht (BGE 67 I 342 ff.) aufgehoben worden.
[4] Vgl. BLUMENSTEIN, 684 ff.
[5] BLUMENSTEIN, 684.
[6] Vgl. SCHÖNENBERGER, N 21 zu Art. 458 OR.

Prokura zustehe, so könne sie nicht gleichzeitig Verwaltungsrat sein; auch ein Prinzipal könne schliesslich nicht Prokurist sein.

- Im vollen Wissen um die bereits damals gegenteilige Praxis des Bundesgerichtes wendet sich COUCHEPIN[7] als Vertreter des Eidg. Amtes für das Handelsregister noch 1967 entschieden gegen die Möglichkeit, einem Direktor mit gleichzeitiger VR-Funktion unterschiedliche Zeichnungsberechtigungen für seine Funktionen einzuräumen. Im Speziellen kritisiert COUCHEPIN die Praxis des Bundesgerichtes, einen Direktor mit Einzelunterschrift im Handelsregister einzutragen, wenn diese Person gleichzeitig als Verwaltungsrat nur Kollektivunterschrift führe. Immerhin hat COUCHEPIN gegen die eigentliche Doppelstellung selbst nichts einzuwenden, er stört sich lediglich an der daraus resultierenden Unterschriftenregelung, die zugegebenermassen zu Verwirrung führen kann.

- BRÖNNIMANN[8] vertritt 1982 in seiner Dissertation die Meinung, dass ein Verwaltungsrat bezüglich seiner Organfunktion nicht in einem Arbeitsverhältnis zur Gesellschaft stehen könne. Vollamtliche VR-Präsidenten oder VR-Delegierte wären demnach von einem Arbeitsverhältnis zur Gesellschaft ausgeschlossen. Allerdings anerkennt BRÖNNIMANN die damit verbundene unbefriedigende Situation: «Mag auch etwa die Interessenlage – etwa der Wille des Vertretungsorganmitglieds eine rechtlich gesicherte, seine ganze Arbeitskraft bindende Tätigkeit auszuüben – für die Gewährung arbeitsvertragsrechtlicher Kündigungsvorschriften sprechen, (...)». Immerhin lässt BRÖNNIMANN einen Arbeitsvertrag und das entsprechende Konkursprivileg nach Art. 219 SchKG dann zu, wenn ein Verwaltungsratsmitglied neben den eigentlichen statutarischen und gesetzlichen Aufgaben noch untergeordnete Arbeiten zu erledigen hat.[9] Als Beispiel erwähnt er «einen zeitlich nur beschränkt gebundenen Verwaltungsrat, der in der Hauptsache in einer Transportfirma Lastkraftwagen fährt.»[10]

- LAMBERT[11] gelangt 1992 im Zusammenhang mit einer sorgfältigen Analyse der Qualifikation des Vertrages zwischen Gesellschaft und Verwaltungsrat zur Auffassung, es könne sich weder um einen Arbeitsvertrag noch um einen Auftrag handeln. Damit wird über die Zulässigkeit einer Doppelstellung direkt noch nichts ausgesagt. Doch aus folgender Formulierung muss geschlossen werden, dass LAMBERT insbesondere beim VR-Delegierten keine Möglichkeit für einen zusätzlichen Arbeitsvertrag anerkennt: «Von einer Abhängigkeit und einer Unterordnung kann nämlich auch bei weitestgehendem Einsatz, z.B. im Fall eines Delegierten der Verwaltung nicht die Rede sein.»

---

[7] Vgl. COUCHEPIN, Les pouvoirs, 23 ff.
[8] BRÖNNIMANN, 79 ff.
[9] In diesem Punkt widerspricht BRÖNNIMANN der herrschenden Lehre, welche das Konkursprivileg für leitende Arbeitnehmer ablehnt (vgl. MÜLLER, Konkursprivileg, 557).
[10] BRÖNNIMANN, 82, Fn. 3.
[11] LAMBERT, 117 ff.

– REHBINDER[12] schreibt 1992 im Berner Kommentar bei der Abgrenzung des Arbeitsvertrages vom Auftrag: «Bei den Verwaltungsratsmitgliedern ist die Lehre unentschieden: Die einen nehmen einen auftragsähnlichen Vertrag sui generis, die anderen ein arbeitsvertragliches Verhältnis an (...). Bei Organen, die die juristische Person selbst repräsentieren, kann man aber nicht von Subordination sprechen. Es kommt daher nur das Auftragsrecht in Betracht.»
– VON BÜREN[13] stellt 1997 im Schweizerischen Privatrecht ohne weitere Begründung fest: «Ausser im Fall des Delegierten des Verwaltungsrats setzt sich die Geschäftsleitung aus arbeitsvertraglich für das Unternehmen tätigen Mitarbeitern («Managern») zusammen.» Diese Stelle wurde vom Bundesgericht in BGE 128 III 129 dahingehend interpretiert, dass VON BÜREN das Bestehen eines Arbeitsvertrages jedenfalls für den VR-Delegierten ausdrücklich ausschliesse.[14]

2. Befürwortung der Zulässigkeit einer Doppelstellung

Waren es früher nur einzelne Autoren, welche die Zulässigkeit einer Doppelstellung als Verwaltungsrat und Arbeitnehmer in der Schweiz befürworteten, so spricht sich heute die Mehrheit dafür aus. Allerdings fehlt es meist an fundierten Argumenten; oftmals wird die Zulässigkeit lediglich mit Hinweis auf die gesellschaftsrechtliche Praxis begründet.

– WOLFERS[15] gelangt bereits 1917 nach eingehender Prüfung zum Ergebnis, dass die Rechtsbeziehung zwischen Verwaltungsrat und Gesellschaft ein privatrechtlicher Vertrag ähnlich dem Auftrag sein müsse, wobei der Gesetzgeber für dieses spezielle Verhältnis Sondernormen aufgestellt habe. Mit erstaunlicher Klarheit fügt er hinzu: «Möglich ist aber auch, dass einzelne Verwaltungsratsmitglieder als Präsidenten (wie auch der Regel nach, wenn sie zugleich Direktoren sind) daneben in einem Dienstverhältnis zur Gesellschaft stehen.» Im Widerspruch dazu ignoriert Wolfers diese Möglichkeit für einen Delegierten des Verwaltungsrats: «Der Delegierte erscheint in der Tat als Mandatar des Verwaltungsrats; ein neues Vertragsverhältnis zur Gesellschaft, wie beim Direktor, liegt bei ihm nicht vor.»[16]

---

[12] REHBINDER, Berner Kommentar, N 52 zu Art. 319 OR.
[13] VON BÜREN, Schweizerisches Privatrecht, 81.
[14] Ebenso in BGE 130 III 213 unter Erw. 2.1.
[15] WOLFERS, 33 f. und ähnlich 79.
[16] WOLFERS, 54; a.M. HOFER, 37 Fn. 35.

- Im Bericht über die Revision der Titel 24 bis 33 des schweizerischen Obligationenrechts[17] von 1920 wird im Zusammenhang mit dem Recht der Generalversammlung zur Abberufung der Verwaltung und der Kontrollstelle ausgeführt: «Mit der Abberufung verbindet sich nicht ohne weiteres die Aufhebung des Dienstvertrages oder Auftrages, der den Abberufenen mit der Gesellschaft verbindet.» Indirekt muss aus dieser Aussage geschlossen werden, dass die damalige Revisionskommission unter Leitung von Prof. Eugen Huber bereits erkannte und auch akzeptierte, dass bei einem Verwaltungsrat neben dem organschaftlichen Grundverhältnis noch ein zusätzliches Rechtsverhältnis zur Gesellschaft mit eigenem rechtlichem Schicksal bestehen kann.

- CURTI[18] erachtet es 1930 theoretisch als möglich, dass Verwaltung und Direktion vermischt werden. Zur Verdeutlichung verweist er auf einen Direktor, der als Delegierter in den Verwaltungsrat gewählt wird. Die resultierende Problematik schwächt er gleich wieder ab mit dem Hinweis: «Praktisch arbeitet er [der VR-Delegierte] aber auch in diesem Falle mit der Direktion, d.h. der geschäftsführenden Behörde, zusammen. So besteht in der schweizerischen Praxis derselbe Dualismus wie in Deutschland und wird nicht als Übelstand, sondern als Vorteil empfunden.»[19]

- KOLB[20] qualifiziert 1935 das Rechtsverhältnis eines Verwaltungsratsmitglieds zur Gesellschaft als Innominatkontrakt, doch stellt er ergänzend fest: «Wenn es gelegentlich vorkommt, dass ein Mitglied der Verwaltung in einem Dienstvertragsverhältnis zur Aktiengesellschaft steht, so ist dies der Fall um besonderer Dienste willen; das Mitglied der Verwaltung ist z.B. Mitglied eines Ausschusses, Geschäftsführer oder Delegierter des Verwaltungsrates.» KOLB ist damit der Erste, der explizit die Möglichkeit einräumt, dass ein Verwaltungsratsmitglied für seine Zusatzfunktion als VR-Delegierter zusätzlich zum organschaftlichen Verhältnis noch in einem separaten arbeitsrechtlichen Verhältnis stehen kann. Allerdings konnte KOLB nicht voraussehen, dass eine solche Doppelstellung bei den VR-Delegierten zur Regel werden würde.[21]

---

[17] BERICHT I, 129.
[18] CURTI, 108.
[19] Der Hinweis von CURTI auf Deutschland ist missverständlich; tatsächlich ist nur in Deutschland und den Niederlanden zwingend ein dualistisches Board-System, also eine Trennung von Supervisory Board und Managing Board vorgeschrieben, in den übrigen europäischen Staaten sowie in USA, Kanada, Brasilien, Australien und Japan wird ein monistisches Corporate Governance System praktiziert (vgl. die übersichtliche Zusammenstellung bei HILB, Transnationales Management, 62).
[20] KOLB, 11.
[21] Bei einer statistischen Häufigkeit von 73,2% kann nicht nur von gelegentlichen Sonderfällen gesprochen werden (vgl. vorne Tabelle 18 auf S. 127).

- HOFER[22] gelangt 1944 zur Überzeugung, dass ein vollamtlicher VR-Delegierter geradezu genötigt werde, einen Arbeitsvertrag mit fixer Besoldung einzugehen. «Dem dienstvertraglichen Verhältnis ist aber nur untergeordnete Aufmerksamkeit beizumessen, denn seine bedeutenden Rechte und Pflichten entspringen der Stellung, die er als ein mit ausserordentlichen Vollmachten versehenes Mitglied des Verwaltungsrats einnimmt.»[23]
- FELBER[24] befasst sich 1949 eingehend mit der Direktion einer Aktiengesellschaft und gelangt zum weitsichtigen Ergebnis: «Einerseits ist es nach schweizerischem Recht zulässig, dass ein Direktor in die Verwaltung gewählt wird, andererseits ist es denkbar, dass ein Delegierter sein VR-Mandat verliert, aber trotzdem seine Tätigkeit als Geschäftsführer weiter ausübt. Es frägt sich daher, ob überhaupt ein relevanter Unterschied zwischen einem Direktor mit Sitz im VR und einem Delegierten besteht.»
- SCHUCANY[25] befürwortet 1960 zwar die Zulässigkeit einer Doppelstellung, allerdings mit eingeschränkten Konsequenzen: «Die Direktoren gehören nicht zur Verwaltung (können aber in diese gewählt werden) und sind daher nach der Botschaft S. 50 nicht Organe der AG (...)».
- BÜRGI[26] schreibt 1969 im damaligen Zürcher Kommentar, dass verschiedene Punkte zunächst gegen eine Subsumtion des Rechtsverhältnisses zwischen Aktiengesellschaft und Verwaltungsrat unter die Normen des Dienstvertrages sprechen; doch ergänzt er: «In den von der Praxis zahlreich begründeten Fällen, wo ein oder mehrere Verwaltungsräte als Delegierte tätig sind, wird jedoch in zunehmendem Masse ein Dienstverhältnis angenommen (...)». BÜRGI lässt damit die Möglichkeit eines Arbeitsvertrages für einen Verwaltungsrat offen.
- VON STEIGER[27] erwähnt in der 4. Auflage seines Werkes zur Aktiengesellschaft von 1970 in einer Fussnote, es sei denkbar, dass ein Verwaltungsratsmitglied eine Doppelstellung im Sinne eines Dienstvertragsverhältnisses und eines Organs habe; offensichtlich sah VON STEIGER nicht voraus, dass solche Doppelstellungen im Jahre 2002 die Regel bei den VR-Delegierten sein würden.[28]
- HUTTERLI[29] stellt 1982 im Hinblick auf das für einen Arbeitsvertrag notwendige Abhängigkeitsverhältnis fest, dass Verwaltungsräte in der Regel und Verwal-

---

[22] HOFER, 37.
[23] HOFER, a.a.O.
[24] FELBER, Direktion, 11.
[25] SCHUCANY, N 3 zu Art. 717 aOR.
[26] BÜRGI, Zürcher Kommentar, N 13 zu Art. 708 aOR.
[27] VON STEIGER, 220 Fn. 169.
[28] Und zwar in allen Sprachregionen der Schweiz (vgl. vorne Tabelle 18 auf S. 127).
[29] HUTTERLI, 110.

tungsratsdelegierte häufig nicht als Arbeitnehmer gelten. Trotzdem bemerkt HUTTERLI dazu ausdrücklich: «Auch ein Verwaltungsratsmitglied kann selbstverständlich einen Arbeitsvertrag mit dem Unternehmen abschliessen. Tut er dies aber nicht, liegt ein contractus sui generis vor. Die Beziehungen zwischen ihm und der Gesellschaft unterliegen dann nicht den arbeitsvertraglichen Bestimmungen.»

– STAEHELIN[30] stellt 1984 im Zürcher Kommentar einleitend fest, dass die rechtliche Stellung der Verwaltungsratsmitglieder kontrovers beurteilt werde. Für Direktoren mit Einsitz im Verwaltungsrat sei ein Arbeitsvertrag zulässig: «Der leitende Direktor eines Unternehmens nimmt zwar eine relativ unabhängige Stellung ein, dennoch unterliegt er der generellen Weisungsmacht der übergeordneten Organe und ist auf Dauer und mit seiner ganzen Arbeitskraft verpflichtet. Diese Merkmale gestatten es, einen Einzelarbeitsvertrag anzunehmen, allerdings mit Abweichungen, die sich aus den Bestimmungen des Gesellschaftsrechts (z.B. Verantwortlichkeit gemäss Art. 754 OR) ergeben.»

– REHBINDER[31] anerkennt bereits 1985 im Berner Kommentar die Möglichkeit eines Arbeitsvertrages bei hauptberuflich tätigen Organen, doch weist er gleichzeitig auf die Abgrenzungsschwierigkeiten bei Verwaltungsratsmitgliedern hin.[32] 1996 fordert er deshalb im Rahmen einer Veranstaltung des Institutes für Schweizerisches Arbeitsrecht eine vertiefte Auseinandersetzung mit dem Thema «Der Verwaltungsrat im Arbeitsrecht».[33]

– PLÜSS[34] gelangt 1990 am Schluss seiner oft zitierten Dissertation über die Rechtsstellung des Verwaltungsratsmitgliedes zur Erkenntnis, dass die in der Praxis häufig anzutreffende Kombination von Verwaltungsratsmandat und nachgeordneter Geschäftsführungsfunktion dogmatisch unproblematisch sei und stellt fest: «Allerdings geht der Geschäftsführungsvertrag nicht mit dem Verwaltungsratsmandat in einem einheitlichen Rechtsverhältnis auf, sondern beide bestehen parallel nebeneinander. Folglich ist auf das Vertragsverhältnis allein das jeweilige Vertragstypenrecht anwendbar, und hat dieses ein unabhängiges rechtliches Schicksal.»

---

[30] STAEHELIN/VISCHER, Zürcher Kommentar, N 42 zu Art. 319 OR.
[31] REHBINDER, Berner Kommentar, N 52 zu Art. 319 OR.
[32] In seinem aktuellen Lehrbuch zum Arbeitsrecht von 2002 schliesst REHBINDER unter Rz. 24 auf S. 32 jedenfalls dann einen Arbeitsvertrag mit dem geschäftsführenden Organ einer juristischen Person aus, wenn zwischen der Gesellschaft und dem Organ eine wirtschaftliche Identität besteht.
[33] Aus meinem entsprechenden Referat resultierte die Publikation in ArbR 1997, 67-85, mit dem gleichnamigen Titel; allerdings wird darin noch zu restriktiv die Meinung vertreten, mangels Subordinationsverhältnis könne beim alleinigen Verwaltungsrat niemals ein Arbeitsvertrag möglich sein (vgl. MÜLLER, Arbeitsrecht, 85). Heute vertrete ich die Ansicht, dass auch diese Situation differenziert zu beurteilen ist (vgl. vorne TEIL 3 § 6 III. 3. auf S. 198 ff.).
[34] PLÜSS, Rechtsstellung, 129.

– NOBEL[35] bemerkt 1991 unter Hinweis auf ZR 83 (1984) Nr. 78, S. 187, dass ein Verwaltungsratsmandat mit anderen Verträgen, besonders Arbeitsverträgen, auf vielfältige Weise verknüpft sein könne. Damit anerkennt NOBEL als Erster explizit, dass sogar mehr als zwei Verträge nebeneinander zwischen der Gesellschaft und einem Verwaltungsratsmitglied bestehen können.[36]

– WALDER-BOHNER[37] fasst 1993 in der 3. Auflage des Lehrbuches von Hans Fritzsche zu den Konkursprivilegien von Art. 219 SchKG zusammen: «Ein Verwaltungsrat kann an und für sich auch einen Arbeitsvertrag mit der Aktiengesellschaft abschliessen. Tut er dies aber nicht, so unterstehen die Beziehungen zwischen ihm und der Aktiengesellschaft den Regeln über das Mandat und nicht denjenigen über den Arbeitsvertrag (...).» Stillschweigend wird hier davon ausgegangen, dass umgekehrt bei einem bereits bestehenden Arbeitsverhältnis ohne weiteres noch ein organschaftliches Verhältnis durch Wahl des Arbeitnehmers in den Verwaltungsrat hinzukommen kann.

– Bei FORSTMOSER/MEIER-HAYOZ/NOBEL[38] wird 1996 zum VR-Delegierten ausgeführt, dass diese Stellung überwiegend im Vollamt «auf der Basis eines Arbeitsvertrages» ausgeübt werde. Die Zulässigkeit eines solchen Arbeitsvertrages wird demnach als selbstverständlich vorausgesetzt. Zur Stellung der Direktoren wird in einer Fussnote[39] präzisiert, dass eine Personalunion möglich sei: «Direktoren können in den Verwaltungsrat gewählt werden. Es kommt ihnen dann eine ähnliche Stellung wie Delegierten zu.»

– SCHILTKNECHT[40] stellt in seiner 1997 publizierten Detailanalyse von Arbeitnehmern als Verwaltungsräte abhängiger Konzerngesellschaften nebenbei fest, dass Mitglieder der obersten Konzernführung bisweilen auch im Verwaltungsrat der Konzernobergesellschaft Einsitz nehmen. Als Begründung für die Zulässigkeit dieser Praxis heisst es an anderer Stelle: «Im einschlägigen Schrifttum wird insbesondere die Wählbarkeit von Angestellten, unabhängig von ihrer Funktion im Betrieb, hervorgehoben.»[41]

– HOMBURGER[42] schreibt 1997 im Zürcher Kommentar einleitend zu Art. 716b OR, dass die Qualifikation des Rechtsverhältnisses zwischen einer Aktien-

---

[35] NOBEL, Aktienrechtliche Entscheidungen, 157.
[36] So kann beispielsweise der VR-Delegierte auf Teilzeitbasis im Arbeitsverhältnis für die Gesellschaft tätig sein und zusätzlich als Anwalt über seine Kanzlei noch ein separates Beratungsmandat für die gleiche Gesellschaft führen.
[37] FRITZSCHE/WALDER-BOHNER, 190, unter Verwendung der Formulierung in ZR 77 (1978) Nr. 25, S. 54.
[38] FORSTMOSER/MEIER-HAYOZ/NOBEL, § 28 N 154.
[39] FORSTMOSER/MEIER-HAYOZ/NOBEL, § 29 N 49 Fn. 7.
[40] SCHILTKNECHT, 18.
[41] SCHILTKNECHT, 20.
[42] HOMBURGER, Zürcher Kommentar, N 748 ff. zu Art. 716b OR.

gesellschaft und dem Delegierten nicht allgemeingültig beantwortet werden könne; trotz der Ernennung zum Delegierten habe das grundlegende Rechtsverhältnis weiterhin Bestand. Mit einer ausführlichen Argumentationsliste[43] begründet HOMBURGER, dass die aktienrechtlichen Besonderheiten die Qualifikation des Rechtsverhältnisses als Arbeitsvertrag nicht ausschliessen würden.

- MÜLLER/LIPP/PLÜSS[44] erwähnen 1999 im Zusammenhang mit der Zulässigkeit von Mandatsverträgen, dass die «Doppelfunktion» von Verwaltungsrat und Geschäftsführer oder Vorsitzender der Geschäftsleitung in einer Person gestattet sei. Zur Begründung wird auf die aktienrechtliche Delegationsnorm hingewiesen, welche eine Aufgabenerweiterung zulasse. Um der Qualifikationsproblematik zu entgehen, wird der Abschluss eines separaten Arbeitsvertrages empfohlen.[45]

- KRNETA[46] kommentiert 2001 basierend auf der Rechtsprechung des Bundesgerichtes in BGE 111 II 480 Erw. 1. a), dass die gesellschafts-auftragsrechtliche Natur des Rechtsverhältnisses zwischen Aktiengesellschaft und Verwaltungsrat auch für jene VR-Mitglieder gelte, die zusätzlich in einem Arbeitsverhältnis zur Gesellschaft stünden, wie beispielsweise der VR-Delegierte, der nicht nur Mitglied des Verwaltungsrats sei, sondern als leitendes Mitglied der Geschäftsleitung normalerweise auch Arbeitnehmer der Gesellschaft.

- WERNLI[47] stellt 2002 einleitend in der 2. Aufl. des Basler Kommentars zur Rechtsnatur der Rechtsbeziehungen zwischen VR-Mitglied und Gesellschaft fest, dass einerseits der Inhalt des VR-Mandates weitgehend durch das Gesellschaftsrecht vorgezeichnet sei, während anderseits die gesellschaftsrechtlichen Regeln das Rechtsverhältnis nicht vollständig abdecken würden «und somit Raum für vertragliche Gestaltung in sich bergen.» Damit wird nicht nur ein zusätzlicher Arbeitsvertrag zugelassen, sondern auch die vertragliche Präzisierung des organschaftlichen Grundverhältnisses.

- WALDBURGER[48] zieht 2002 die Zulässigkeit eines Arbeitsvertrages mit einem Verwaltungsratsmitglied nicht mehr in Zweifel, sondern stellt im Gegenteil fest: «Nach herrschender Ansicht steht der Delegierte in einem doppelten Vertragsverhältnis zur Aktiengesellschaft. Einerseits als Verwaltungsrat mit dem üblichen Verwaltungsratsmandat, anderseits mit einem Geschäftsführer-

---

[43] HOMBURGER, Zürcher Kommentar, N 750 zu Art. 716b OR.
[44] MÜLLER/LIPP/PLÜSS, 39; ebenso schon MÜLLER/LIPP, 34, in der 1. Aufl. von 1994.
[45] MÜLLER/LIPP/PLÜSS, 59; da der Arbeitnehmer in diesem Falle einen Lohn beziehe, werde meistens auf ein zusätzliches Verwaltungsratshonorar verzichtet (a.a.O. 105).
[46] KRNETA, Praxiskommentar, Rz. 282; konsequenterweise ist sogar der Untertitel auf S. 16 formuliert mit: «Personalunion von Verwaltungsratsmitglied und Angestelltem des Unternehmens».
[47] WERNLI, N 9 zu Art. 710 OR.
[48] WALDBURGER, 222 f., mit generellem Verweis auf die Hinweise bei BUSCH.

vertrag, welcher von der herrschenden Lehre als Arbeitsvertrag qualifiziert wird.»
- Bei HILB/MÜLLER/WEHRLI[49] findet sich schliesslich auf der 2003 erschienen CD-ROM «Verwaltungsratspraxis» die klare Aussage: «Besteht der Verwaltungsrat einer Aktiengesellschaft lediglich aus einer einzigen Person, so kann diese nur in einem organschaftlichen Verhältnis zur Gesellschaft stehen. Ein Auftrags- oder Arbeitsverhältnis ist unmöglich, da neben dem einzigen Verwaltungsrat niemand vorhanden ist, welcher dem Willen der Gesellschaft Ausdruck verleihen bzw. Weisungen erteilen könnte. Besteht der Verwaltungsrat jedoch aus mehreren Mitgliedern, so ist zusätzlich zum organschaftlichen Grundverhältnis durchaus auch ein arbeitsvertragliches Verhältnis möglich.»[50]

II. Judikaturübersicht

1. Verneinung der Zulässigkeit einer Doppelstellung

Die Arbeitnehmereigenschaft von Verwaltungsräten hat im Zusammenhang mit sozialversicherungsrechtlichen Fragen wiederholt die Gerichte beschäftigt. Ein besonders anschauliches Beispiel dafür ist das Urteil des Bundesgerichtes vom 3. Dezember 1976 (BGE 102 V 223). Drei Brüder hatten zusammen eine AG gegründet, an der sie je zu einem Drittel beteiligt waren. Da sie alle in dem Unternehmen mitarbeiteten, wurden sie von den zuständigen Arbeitslosenversicherungen vorerst als Arbeitnehmer anerkannt. Rund zwei Jahre später teilte dann aber eine dieser Arbeitslosenkassen mit, dass die drei Brüder als Aktionäre einer Familien-AG nicht Arbeitnehmer sein könnten. Gleichzeitig wurde die rückwirkende Entlassung von zwei der drei Brüder aus der Arbeitslosenkasse verfügt. Unter Hinweis auf zahlreiche frühere Entscheide stellte das Bundesgericht einleitend selbst fest, dass die Rechtsprechung zur Frage der Arbeitnehmereigenschaft «eine gewisse Klarheit vermissen lässt».[51] Im Sinne einer Präzisierung wurde deshalb festgestellt, dass dem AHV-Beitragsstatut kein ausschlaggebendes Gewicht für die Stellung des Betroffenen in der Arbeitslosenversicherung zukomme, sondern dass es

---

[49] HILB/MÜLLER/WEHRLI, im Fachlexikon unter Kapitel: Verwaltungsrat/Konstituierung/Rechtsverhältnis, zu finden über Index «Arbeitsvertrag – Zusätzlicher Arbeitsvertrag zwischen AG und VR».
[50] Wie bereits ausgeführt wurde, kann jedoch in Ausnahmefällen auch bei einem Einzelverwaltungsrat eine Weisungsgebundenheit bestehen (vgl. vorne TEIL 3 § 6 III. 3. auf S. 198 ff.).
[51] BGE 102 V 226 Erw. 1.

§ 7 Zulässigkeit einer Doppelstellung

nur ein Indiz bilde.[52] In der Frage selbst gelangte das Bundesgericht zur Auffassung, dass die drei gleichberechtigten Brüder als alleinige Aktionäre weder zeitlich noch organisatorisch massgeblich fremden Direktiven unterworfen seien. Wohl sei es möglich, dass ein einzelner der drei VR von den beiden andern überstimmt werden könne, das mache ihn aber noch nicht zu einem Unterstellten. Da die Unterordnung eine zwingende Voraussetzung jedes Arbeitsvertrages sei, müsse konsequenterweise die Arbeitnehmerschaft der drei Brüder verneint werden.

Am 8. Juni 1959 (BGE 121 I 259) hatte sich das Bundesgericht mit der Frage zu befassen, welche kantonale Behörde einen in Genf arbeitenden, aber in Waadt wohnhaften Bücherexperten für seine Verwaltungsratshonorare zu besteuern habe, die er als Verwaltungsrat von Gesellschaften mit Sitz in verschiedenen Kantonen beziehe.[53] Um diese Frage zu klären, wurde vorerst geprüft, ob ein Verwaltungsratsmandat als Arbeitsvertrag oder als Auftrag zu qualifizieren sei. Insbesondere mit Hinweis auf REHBINDER[54] gelangte das Bundesgericht zur Auffassung, mangels Unterordnungsverhältnis komme nur ein Auftragsverhältnis in Betracht.[55] Am Schluss des Entscheides wird die Frage aufgeworfen, ob die Situation bei einem professionellen Verwaltungsrat allenfalls differenziert betrachtet werden müsse, doch wird die Antwort offen gelassen.

2. Befürwortung der Zulässigkeit einer Doppelstellung

Am 17. Mai 1949 hielt das Bundesgericht in BGE 75 II 149 Erw. 2. a) fest, dass ein Verwaltungsrat im Allgemeinen durch einen Arbeitsvertrag mit der Gesellschaft verbunden sei, oder aber in jedem Falle durch ein Auftragsverhältnis.[56] Damit wurde die Zulässigkeit eines Arbeitsvertrages für Verwaltungsräte im damali-

---

[52] In BGE 104 V 201 Erw. 1. c) wurde diese Rechtsprechung bereits wieder geändert; unter Hinweis auf die seit 1.4.1977 geltende neue Rechtslage erachtete es das Bundesgericht als gerechtfertigt, den von der Ausgleichskasse festgelegten Beitragsstatus des mitarbeitenden Aktionärs auch für die Arbeitslosenversicherung zu übernehmen. Zusätzlich sind aber auch noch die übrigen Anspruchsvoraussetzungen zu erfüllen, bevor eine Leistungspflicht der Arbeitslosenversicherungskasse gegeben ist (vgl. hinten TEIL 4 § 11 II. 5. auf S. 388 ff.).
[53] Zuständig zur Besteuerung ist nach diesem Entscheid der Wohnsitzkanton (BGE 121 I 259 Erw. 4. b; vgl. den Kommentar in der NZZ vom 10.10.1995, Nr. 235, S. 15.
[54] REHBINDER, Berner Kommentar, N 52 zu Art. 319 OR.
[55] BGE 121 I 259 Erw. 3. a): «... seul le mandat entrerait donc en ligne de compte ...»; doch bereits auf der nächsten Seite relativiert das Bundesgericht die Bedeutung dieser Aussage, indem es ausdrücklich festhält, dass die zivilrechtliche Qualifikation des Verwaltungsratsmandates für das Steuerrecht nicht bindend sei, sondern nur ein Indiz darstelle.
[56] «... généralement lié à elle par un contrat de travail ou en tout cas par un contrat de mandat.»

gen Zeitpunkt vorbehaltlos bestätigt; noch nicht beantwortet wurde die Frage nach der Zulässigkeit einer Doppelstellung.

In seinem Entscheid vom 5. März 1969 erörtert das Bundesgericht unter BGE 95 I 21 Erw. 5. a), dass es zwischen der Gesellschaft und ihren Verwaltungsräten verschiedene vertragliche Bindungsmöglichkeiten geben könne. Namentlich erwähnt werden Auftrag, Arbeitsvertrag und Vertrag sui generis. Im konkreten Fall hätte das Bundesgericht allenfalls einen zusätzlichen Arbeitsvertrag angenommen, wenn eindeutige Anhaltspunkte für ein Unterordnungsverhältnis des Verwaltungsrats gegeben gewesen wären. Da jedoch solche Anhaltspunkte fehlten, wurde ein Arbeitsvertrag im Sinne des Obligationenrechtes trotz zeitlich fixiertem Vertrag zur Erbringung von entgeltlicher Arbeitsleistung verneint.

Ebenfalls 1969 musste sich das Bundesgericht erneut mit einem Fall beschäftigen, in dem es um einen Hauptaktionär und Verwaltungsratspräsidenten ging, der gleichzeitig eine Stellung als Direktor der Gesellschaft innehatte. In diesem publizierten BGE 95 I 174 stellte das Bundesgericht fest, dass auch einem Hauptaktionär und Verwaltungsrat ein Lohn bzw. eine Pension als geschäftsmässig begründete Unkosten ausbezahlt werden könne, sofern seine Stellung und Leistung als Arbeitnehmer dies rechtfertige. Bestehe zwischen den periodischen Zahlungen der Gesellschaft und den effektiv erbrachten Leistungen des Empfängers jedoch ein Missverhältnis, so müsse aus steuerlicher Sicht eine verdeckte Gewinnausschüttung angenommen werden.[57] Damit hat das Bundesgericht nicht nur die Zulässigkeit einer Doppelstellung bestätigt, sondern auch gleich noch eine der möglichen steuerlichen Problempunkte aufgezeigt.

Leider wird die Problematik einer Doppelstellung als Verwaltungsrat und Arbeitnehmer auch vom Bundesgericht bisweilen verkannt. Als Konsequenz daraus wird die Zulässigkeit einer derartigen Doppelstellung gar nicht mehr in Frage gestellt, sondern stillschweigend vorausgesetzt. Ein besonders eindrückliches Beispiel dafür ist das Urteil vom 6. Februar 1976, publiziert unter BGE 102 V 59 ff. Hier konzentrierte sich das Bundesgericht im Zusammenhang mit der Zusprechung von Familienzulagen ausschliesslich auf die Frage, ob der alleinige Verwaltungsrat und Geschäftsführer einer Geflügelfarm vorwiegend landwirtschaftliche Arbeiten verrichte und demnach als landwirtschaftlicher Arbeitnehmer zu qualifizieren sei oder nicht. Auf die Frage, ob der alleinige Verwaltungsrat einer Aktiengesellschaft überhaupt gleichzeitig Arbeitnehmer dieser Gesellschaft sein könne, wurde nicht eingegangen. Es ist offensichtlich, dass diese Problematik von allen Beteiligten

---

[57] Der Entscheid basiert zwar noch auf dem früheren Wehrsteuerbeschluss, doch ändert sich dadurch nichts an der grundsätzlichen Abgrenzung zur verdeckten Gewinnausschüttung.

vollständig übersehen wurde. Aus der Sachverhaltsdarstellung zu diesem Fall ergibt sich, dass die Aktien der erwähnten Geflügelfarm vollumfänglich im Eigentum einer anderen juristischen Person standen. Im mehrköpfigen Verwaltungsrat dieser Muttergesellschaft hatte auch der zur Diskussion stehende Geschäftsführer Einsitz. Um die Zulässigkeit einer Doppelstellung als Verwaltungsrat und Arbeitnehmer in diesem besonderen Fall zu begründen, hätte man allenfalls den Verwaltungsrat der Muttergesellschaft als faktisches Organ der Tochtergesellschaft qualifizieren müssen. Das für einen Arbeitsvertrag notwendige Element der Unterordnung bzw. Weisungsbefolgungspflicht hätte dann damit begründet werden können, dass der betreffende Geschäftsführer und alleinige Verwaltungsrat der Geflügelfarm die Weisungen des Verwaltungsrats der Muttergesellschaft als faktisches Organ zu befolgen hatte. Derartige Überlegungen wurden in der Begründung jedoch nicht vorgebracht und auch aus der Sachverhaltsschilderung lassen sich keine Hinweise für die Annahme einer solchen faktischen Organschaft entnehmen. Das Bundesgericht hat stillschweigend vorausgesetzt, dass der alleinige Verwaltungsrat einer Aktiengesellschaft in der Funktion eines Geschäftsführers gleichzeitig Arbeitnehmer sein kann, sofern er nicht zugleich Hauptaktionär dieser Gesellschaft ist. In dieser allgemeinen Form kann der höchstrichterlichen Rechtsprechung jedoch nicht zugestimmt werden. Vielmehr ist die Doppelstellung eines Einzelverwaltungsrats als Arbeitnehmer nur in besonderen Fällen rechtlich einwandfrei.[58]

In BGE 103 V 1 ff. stand die beitragsrechtliche Qualifikation von geldwerten Leistungen an einen Aktionär und Verwaltungsrat, der gleichzeitig Arbeitnehmer der Gesellschaft war, zur Diskussion. Das Eidg. Versicherungsgericht stellte in diesem Urteil vom 1. März 1977 die Arbeitnehmerstellung des betroffenen Verwaltungsrats erst gar nicht in Frage. Dennoch fällte es keinen abschliessenden Entscheid, sondern wies die Sache zur weiteren Abklärung an die Vorinstanz zurück. Bei Leistungen, welche eine juristische Person an ihre Arbeitnehmer erbringe, die gleichzeitig Inhaber gesellschaftsrechtlicher Beteiligungsrechte seien, könne es sich sowohl um sozialversicherungsrechtlich relevanten Lohn, als auch um steuerrechtlich relevante, verdeckte Gewinnausschüttung bzw. Kapitalertrag handeln. Nicht die Doppelstellung als Verwaltungsrat und Arbeitnehmer soll also allein entscheidend sein, sondern zusätzlich sind Art und Umfang der Beteiligungsrechte sowie die Gleichbehandlung der übrigen Aktionäre zu berücksichtigen. Dieser Entscheid bestätigt erneut die Zulässigkeit einer Doppelstellung als Verwaltungsrat und Arbeitnehmer, doch zeigt er gleichzeitig die möglichen Probleme und die Schwierigkeit einer einheitlichen Beurteilung auf.

---

[58] Vgl. dazu vorne die Ausführungen zu den Voraussetzungen eines Arbeitsvertrages im Allgemeinen und zur Unterordnung im Speziellen im TEIL 3 § 6 II. 1. c) auf S. 178 ff. sowie die Feststellungen zur Doppelstellung bei einer Gesellschaft mit nur einem Verwaltungsrat im TEIL 3 § 6 III. 3. auf S. 198 ff.

Ein bemerkenswertes Urteil fällte die I. Zivilabteilung des Bundesgerichtes am 22. Mai 1979 i.S. Togal AG gegen Schmidt, veröffentlicht in der amtlichen Sammlung unter BGE 105 II 114 ff. Hier ging es zwar nur am Rande um die arbeitsrechtliche Stellung eines Verwaltungsrats, doch belegt der Entscheid, dass nicht nur die Doppelstellung als Verwaltungsrat und Arbeitnehmer rechtswidrig sein kann, sondern insbesondere auch deren Missbrauch. Konkret ging es um Gerhard Schmidt, der sowohl Verwaltungsrat als auch Geschäftsführer des Togal-Konzerns war und für diese Funktionen in den Jahren 1970 bis 1973 über eine Million Franken Entschädigung bezog. Dividenden wurden während dieser Zeit in erheblich geringerem Masse ausgeschüttet, was seinen Bruder und Minderheitsaktionär Günther Schmidt verständlicherweise erzürnte. Vorerst musste sich letzterer in mühsamen Gerichtsverfahren Einladungen und Zutritt zu den Generalversammlungen verschaffen. Sodann erkämpfte er sich wiederum gerichtlich Auskunft über die Bezüge seines Bruders. Allein in den Jahren 1965 bis 1973 kam es so zu insgesamt 21 gerichtlichen Verfahren, die alle zu Gunsten des Minderheitsaktionärs ausfielen. Schliesslich klagte er gegen seinen Bruder auf Auflösung der Gesellschaft. Die Klage wurde vom Handelsgericht geschützt und das Urteil vom Bundesgericht bestätigt.

In BGE 106 V 117 findet sich ein interessantes Urteil bezüglich der Ansprüche eines Verwaltungsrats gegen die Arbeitslosenkasse.[59] Dieses Urteil des Bundesgerichtes vom 27. Mai 1980 ist deshalb von besonderer Bedeutung, weil der auf Arbeitslosengeld klagende Verwaltungsrat nicht nur Präsident, sondern auch noch Mehrheitsaktionär und Geschäftsführer der in Konkurs gefallenen Gesellschaft war. Dennoch stellte das Gericht fest, dass der Verwaltungsrat arbeitslosenversicherungsrechtlich als Arbeitnehmer einzustufen sei, so dass auch seine Anspruchsberechtigung auf Arbeitslosenentschädigung grundsätzlich zu bejahen sei. Damit ist klargestellt, dass aus Sicht der Arbeitslosenversicherung weder die Stellung als Verwaltungsratspräsident noch diejenige als Mehrheitsaktionär einem arbeitsrechtlichen Verhältnis zur Gesellschaft entgegensteht.

Am 20. Mai 1983 fällte das Obergericht des Kantons Zürich einen wichtigen Entscheid zum Rechtsverhältnis zwischen einer AG und ihren mit der Geschäftsführung betrauten Verwaltungsräten. Das Urteil wurde publiziert unter ZR 83 (1984) Nr. 78, S. 187 ff., und ist deshalb von besonderer Bedeutung, weil die Rechtssituation eines Einzelverwaltungsrats zur Diskussion stand. Die einzige Verwaltungsrätin eines Heiratsvermittlungsinstitutes hatte sich in einem Mandatsvertrag verpflichtet, ihre Organfunktion nach den Weisungen der Hauptaktionäre auszu-

---

[59] Zur Rechtsprechung im Zusammenhang mit der Arbeitslosenversicherung ausführlich hinten TEIL 4 § 11 II. 5. auf S. 388 ff.

§ 7   Zulässigkeit einer Doppelstellung

üben. Da keine Geschäftsführungsdelegation erfolgt war, musste davon ausgegangen werden, dass die Verwaltungsrätin somit die Geschäfte der AG selbst führte. Die Vorinstanz hatte das Rechtsverhältnis zur AG mangels Subordinationsverhältnis als Auftrag qualifiziert. Das Obergericht gelangte zur Überzeugung, es liege ein Arbeitsvertrag vor. Dass die genaue Höhe des Lohnes nicht vereinbart worden sei, schade der Qualifikation des «Auftrages» als Arbeitsvertrag nicht. Das Weisungsrecht der Hauptaktionäre genüge zur Anwendung des Arbeitsvertragsrechtes. Eine Berufung auf die formelle Organisation müsse geradezu als rechtsmissbräuchlich bezeichnet werden, da keine Übereinstimmung mit den faktischen Verhältnissen gegeben sei.

Mit Urteil vom 10. September 1985 (BGE 111 II 480 ff.) vergleicht das Bundesgericht die Stellung des Geschäftsführers einer GmbH mit derjenigen eines Verwaltungsrats einer AG. Dabei wird klar zwischen dem gesellschaftsrechtlichen (Organverhältnis) und dem schuldrechtlichen (Arbeitsvertrag) Element der Beziehung zur Gesellschaft unterschieden. Die Kündigung des Arbeitsvertrages führt für sich alleine noch nicht zu einer Auflösung der gesellschaftsrechtlichen Beziehung. Doch kann daraus nicht abgeleitet werden, es bestehe weiterhin ein Entschädigungsanspruch wie bei Fortbestand des schuldrechtlichen Verhältnisses. Ein Verwaltungsrat ist selbst dafür verantwortlich, dass er nach der Kündigung seines Arbeitsvertrages bei Bedarf die Auflösung seines Organverhältnisses und die entsprechende Löschung im Handelsregister veranlasst.

Der Bernische Appellationshof musste am 15. März 1989 einen Entscheid[60] über die Anwendbarkeit des Konkursprivilegs erster Klasse auf die Lohnforderungen eines Generaldirektors fällen.[61] Der Betroffene hatte während knapp 12 Monaten eine Doppelstellung als Arbeitnehmer und Verwaltungsrat derselben Gesellschaft inne. Das Gericht anerkannte ausdrücklich, dass zwischen dem Generaldirektor und der Gesellschaft ein rechtsgültiger Arbeitsvertrag mit einem entsprechenden Unterordnungsverhältnis bestanden hatte. Mangels entsprechendem Aktienbesitz konnte dem Generaldirektor auch nicht vorgeworfen werden, er beherrsche die Gesellschaft. Dennoch wurde die konkursrechtliche Privilegierung der Lohnforderung vom Gericht abgelehnt.[62]

---

[60] Publiziert in ZBJV 127 (1991) 142 ff.
[61] Vgl. die Übersicht zur Rechtsprechung betr. Konkursprivileg für leitende Arbeitnehmer bei MÜLLER, Konkursprivileg, 557 f.
[62] Zur Begründung und zur generellen Anwendbarkeit von Art. 219 Abs. 4 SchKG vgl. hinten TEIL 4 § 13 II. 3. auf S. 434 ff. Entgegen diesem Urteil behauptet KRAMPF, 27, selbst der Generaldirektor einer AG komme stets in den Genuss des Lohnprivilegs, weil er sich den Weisungen des Verwaltungsrats unterziehen müsse.

Am 14. Dezember 1999 fällte die I. Zivilabteilung des Bundesgerichtes unter der Registratur 4C.402/1998 in Sachen R. S. AG gegen W. S. den bisher klarsten Entscheid im Zusammenhang mit Problemen beim Abschluss eines Arbeitsvertrages zwischen der Gesellschaft und einem Mitglied des Verwaltungsrats.[63] Leider wurde dieser Entscheid nicht in der amtlichen Sammlung des Bundesgerichtes veröffentlicht, doch der ausführlichen Berichterstattung in der Praxis des Bundesgerichtes[64] können die notwendigen Angaben zum Sachverhalt und zur Begründung entnommen werden. Konkret stand die Gültigkeit eines Arbeitsvertrages mit einem Konstruktionsschlosser zur Diskussion, wobei der Arbeitnehmer bei Vertragsabschluss gleichzeitig Verwaltungsrat der Gesellschaft gewesen war. Dieser Verwaltungsrat hatte sich als Arbeitnehmer einen monatlichen Bruttolohn von CHF 8'000.– zugestanden, wogegen der marktübliche Lohn lediglich CHF 5'349.– betragen hätte. Das Obergericht des Kantons Zürich hatte dazu festgestellt, dass nach Lehre und Rechtsprechung die arbeitsvertragliche Anstellung von Mitgliedern des Verwaltungsrats ohne weiteres zulässig sei. Das Bundesgericht differenzierte diese Ansicht und stellte gleichzeitig die Rechte der Gesellschaft in einem solchen Falle klar:

– Es liegt kein Insichgeschäft vor, wenn das Verwaltungsratsmitglied den Arbeitsvertrag in eigenem Namen und nicht auch in demjenigen der Gesellschaft geschlossen hat.

– Gehört ein Arbeitnehmer dem Verwaltungsrat seiner Arbeitgeberin an, besteht ein doppeltes Rechtsverhältnis.

– Aufgrund des organschaftlichen Rechtsverhältnisses bleibt der Arbeitnehmer auch bei der Ausübung seiner arbeitsvertraglichen Rechte zur umfassenden Wahrung der Gesellschaftsinteressen verpflichtet. Schliesst ein Verwaltungsratsmitglied mit der Gesellschaft einen Arbeitsvertrag ab, muss er diesen an den marktüblichen Bedingungen ausrichten und jegliche eigene Begünstigung vermeiden.

– Die Gesellschaft kann dem Verwaltungsrat mit Doppelstellung die Einrede des Rechtsmissbrauchs entgegenhalten, wenn sein Verhalten auf einer widerrechtlichen Rechtsausübung gründet. Dadurch wird der Anspruch des treuwidrig handelnden Verwaltungsrats nicht anerkannt und es muss ihm keine Gegenforderung aus aktienrechtlicher Verantwortlichkeit verrechnungs- oder widerklageweise entgegenhalten werden.

---

[63] PULVER, 21, kritisiert diesen Entscheid bezüglich dem Ermessensspielraum, welcher dem Richter eingeräumt wird bei der Prüfung, ob die Lohnhöhe noch marktüblich sei. Nach Ansicht des Bundesgerichtes verletzt der marktunübliche Lohn die Interessen der Gesellschaft nur dann, wenn der Arbeitnehmer-Verwaltungsrat «wesentlich» begünstigt wird; für PULVER führt jedoch jeder marktunüblich Lohn zu einer Verletzung der Gesellschaftsinteressen.
[64] Praxis 89 (2000) Nr. 50, S. 385 ff., redigiert durch GEISER THOMAS.

Dieser Entscheid bestätigt einmal mehr, dass ein Verwaltungsrat neben seinem organschaftlichen Verhältnis noch zusätzlich eine arbeitsvertragliche Beziehung zur Gesellschaft haben kann. Besonders interessant ist allerdings der Umstand, dass der betroffene Verwaltungsrat im Zeitpunkt des Vertragsabschlusses 99% der Aktien dieser Gesellschaft besass.[65] Es ist aber zu vermuten, dass er nicht alleiniger Verwaltungsrat war und deshalb dennoch in einem Unterordnungsverhältnis zum Gesamtverwaltungsrat stehen konnte. Zu dieser Problematik finden sich jedoch keine weiteren Ausführungen im Entscheid.

Im Jahr 2002[66] hatte sich das Bundesgericht mit einem Fall zu befassen, in welchem u.a. die Weisungsbefugnis gegenüber einem Verwaltungsratsmitglied mit einer Doppelstellung als Arbeitnehmer zur Diskussion stand. Der Kläger A. war Präsident und Delegierter des Verwaltungsrats der X. AG. Zwischen der beklagten Gesellschaft X. und A. war ein Arbeitsvertrag mit einer festen Dauer von vier Jahren abgeschlossen worden. Die X. AG kündigte diesen Arbeitsvertrag fristlos mit der Begründung, A. habe die Weisungen der Konzernspitze in Zagreb nicht beachtet. Das Bundesgericht ging stillschweigend davon aus, dass zwischen der X. AG und A. rechtsgültig ein Arbeitsvertrag bestanden hatte und dies trotz seiner Funktion als Präsident und Delegierter des Verwaltungsrats eben dieser Gesellschaft. In der Erwägung 3.1.3 des Urteils wird festgehalten, dass in einem Konzern der Konzernspitze nicht ohne weiteres ein Weisungsrecht gegenüber dem Verwaltungsrat der Tochtergesellschaft zustehe; dazu müsste das Weisungsrecht vorab vertraglich an die Muttergesellschaft delegiert werden. In casu konnte eine derartige Weisungsdelegation von der Beklagten nicht bewiesen werden, weshalb die Weisungen der Konzernspitze vom Verwaltungsrat und Arbeitnehmer A. auch nicht befolgt werden musste. Das Bundesgericht erachtete es offensichtlich nicht als notwendig, die Frage aufzuwerfen, wer denn in diesem Falle überhaupt ein Weisungsrecht gegenüber A. ausüben konnte. Es genügt demnach, wenn der Gesamtverwaltungsrat gemäss Art. 716a Abs. 1 Ziff. 1 OR ein grundsätzliches gesetzliches Weisungsrecht hat, unabhängig davon, ob er davon Gebrauch macht oder nicht.[67]

Im Urteil 4C.158/2002 wird vom Bundesgericht schliesslich anerkannt, dass eine Tochtergesellschaft der Muttergesellschaft durchaus vertraglich ein Weisungsrecht gegenüber dem als Geschäftsführer angestellten VR-Präsidenten und VR-Delegierten einräumen kann; ein solches Weisungsrecht der Konzernspitze besteht jedoch nicht ipso iure. Damit ist indirekt klargestellt, dass auf der Stufe Verwal-

---

[65] Gemäss Angaben von PULVER, 21, welcher in diesem Verfahren die Gesellschaft vertrat.
[66] Urteil 4C.158/2002.
[67] Zum Weisungsrecht als Voraussetzung eines Arbeitsvertrages vgl. vorne TEIL 3 § 6 II. 1. c) auf S. 178 ff.

tungsrat der tatsächlichen Ausübung des Weisungsrechts im Zusammenhang mit der Qualifikation des Arbeitsverhältnisses nur noch eine geringe Bedeutung zukommt. Aus der unentziehbaren Weisungsberechtigung des Gesamtverwaltungsrats nach Art. 716a Abs. 1 Ziff. 1 OR muss auf ein generelles Unterordnungsverhältnis des einzelnen Verwaltungsratsmitglieds geschlossen werden, und zwar unabhängig davon, ob dieses Verwaltungsratsmitglied nur einem organschaftlichen oder zusätzlich auch noch in einem arbeitsrechtlichen Verhältnis zur Gesellschaft steht.

3. Aktueller Stand der Judikatur

Die vorstehende Analyse der relevanten Urteile zeigt, dass die Gerichte auf kantonaler und eidgenössischer Stufe eine Doppelstellung als Verwaltungsrat und Arbeitnehmer bei der gleichen Gesellschaft grundsätzlich als zulässig erachten. Eine konkrete Überprüfung der Zulässigkeit erfolgt i.d.R. nur dann, wenn eine Prozesspartei den Bestand eines Arbeitsvertrages behauptet, während die andere Prozesspartei dies bestreitet. Die Bestreitung erfolgt dabei in den meisten Fällen mit dem Hinweis auf das Fehlen des notwendigen Subordinationsverhältnisses. Wird kein Arbeitsvertrag geltend gemacht oder erfolgt keine Bestreitung, so prüfen die Gerichte diesen Punkt entgegen dem Grundsatz von «iura novit curia»[68] regelmässig nur bei Vorliegen von speziellen Verhältnissen.[69]

Die Judikatur zur Zulässigkeit einer Doppelstellung als Verwaltungsrat und Arbeitnehmer wird erstmals von GEISER[70] zusammengefasst: «Ob zwischen einer Aktiengesellschaft und ihren Verwaltungsräten ein Arbeitsvertrag besteht oder nicht, ist in der Praxis immer wieder fraglich». Unter Berufung auf BGE 125 III 78 Erw. 4. stellt GEISER a.a.O. fest, dass jedenfalls dann kein Arbeitsvertrag sondern nur ein Auftrag vorliege, «wenn der Verwaltungsrat die Aktiengesellschaft wirtschaftlich beherrsche».

---

[68] Danach hat jedes Gericht das materielle Recht des Bundes und der Kantone von Amtes wegen anzuwenden (vgl. VOGEL/SPÜHLER, 174 Rz. 60 f.).
[69] Selbst bei Familiengesellschaften, deren Verwaltungsrat nur aus Familienmitgliedern zusammengesetzt ist, erfolgt keine Überprüfung, solange sich der Streit nicht direkt um das Arbeitsverhältnis dreht. Als Beispiel sei auf BGE 129 III 535 verwiesen. In diesem Fall waren die Prozessparteien zwei Brüder, welche als alleinige Aktionäre und Verwaltungsräte der Gesellschaft je in einem zusätzlichen Arbeitsverhältnis zur Gesellschaft gestanden hatten. Da der zu beurteilende Streitfall nicht aus dem Arbeitsverhältnis sondern aus einem Aktionärbindungsvertrag entstanden war, prüften weder die kantonalen Gerichte noch das Bundesgericht den tatsächlichen Bestand der angeblichen Arbeitsverhältnisse.
[70] GEISER, Entwicklungen im Arbeitsrecht, 324 f.

§ 7 Zulässigkeit einer Doppelstellung

Die meisten Urteile zur Doppelstellung wurden im Zusammenhang mit sozialversicherungsrechtlichen und steuerrechtlichen Problemen gefällt. Bis anhin gibt es nur wenige Entscheidungen, die sich explizit mit der Problematik der notwendigen Unterordnung im Arbeitsverhältnis auseinandersetzen. Noch gar keine Urteile existieren zu Fällen einer Abwahl von gewählten Arbeitnehmervertretern im VR bzw. umgekehrt bei einer allfällig missbräuchlichen Kündigung[71] eines Arbeitnehmervertreters trotz seiner Zugehörigkeit zum VR.

Das bisher klarste Urteil des Bundesgerichtes im Zusammenhang mit dem Arbeitsvertrag eines VR wurde 1999 gefällt,[72] aber leider nicht in der amtlichen Sammlung publiziert. Danach steht nun höchstrichterlich fest, dass bei einem VR mit einem zusätzlichen Arbeitsvertrag ein doppeltes Rechtsverhältnis vorliegt. Der Abschluss dieses Arbeitsvertrages bedeutet kein unerlaubtes Insichgeschäft. Doch bleibt der VR aufgrund des organschaftlichen Rechtsverhältnisses auch bei der Ausübung seiner arbeitsvertraglichen Rechte zur umfassenden Wahrung der Gesellschaftsinteressen verpflichtet. Mit anderen Worten die Interessen der Gesellschaft gehen den Interessen des VR aus dem Arbeitsvertrag im Konfliktfalle vor.

Am 18.12.2003[73] nahm das Bundesgericht die Gelegenheit wahr, nicht nur die aktuelle Literatur, sondern auch die neuere Rechtsprechung zur Problematik eines Arbeitsvertrages mit einem Verwaltungsrat zusammenzufassen.[74] Unter Hinweis auf BGE 128 III 129 (Seite 132) wiederholte das Bundesgericht unter Erwägung 3.1, dass die Beurteilung des Rechtsverhältnisses und damit die Zulässigkeit einer Doppelstellung als Verwaltungsrat und Arbeitnehmer aufgrund der Besonderheiten des konkreten Falls erfolgen müsse. «Entscheidend ist dabei, ob die betroffene Person in dem Sinne in einem Abhängigkeitsverhältnis steht, dass sie Weisungen empfängt. Ist dies zu bejahen, liegt ein schuldrechtliches Doppelverhältnis vor.»

---

[71] Im Sinne von Art. 336 Abs. 2 lit. b OR.
[72] Unveröffentlichter Entscheid 4C.402/1998 vom 14.12.1999, redigiert von GEISER THOMAS in der Praxis 89 (2000) Nr. 50, S. 285 ff.
[73] BGE 130 III 213 vom 9.1.2004.
[74] Dieser Entscheid wurde bereits vorne in der Einleitung unter TEIL 1 § 1 I. auf S. 6 f. als Beispiel für die aktuelle Problematik in der Praxis erörtert.

III. Gesetzliche Regelung in der Schweiz

1. Die Vorschriften im Obligationenrecht

a) Kein Verbot eines Arbeitsvertrages für Mitglieder des Verwaltungsrats

Im Obligationenrecht findet sich keine Vorschrift, welche eine Doppelstellung als Verwaltungsrat und Arbeitnehmer explizit verbieten würde. Die unterschiedlichen Auffassungen über deren Zulässigkeit, wie sie vorstehend bezüglich Literatur und Judikatur aufgezeigt wurden, sind deshalb durchaus verständlich. Dabei wäre ein ausdrückliches Verbot gesetzgeberisch analog der Unabhängigkeit bei den Revisoren durchaus möglich. Die Revisoren müssen vom Verwaltungsrat und von einem Aktionär, der über die Stimmenmehrheit verfügt, unabhängig sein. Diese Unabhängigkeitsvorschrift wird in Art. 727c OR noch dahingehend präzisiert, dass die Revisoren insbesondere nicht Arbeitnehmer der zu prüfenden Gesellschaft sein dürfen.

Aus der Tatsache, dass der Gesetzgeber den Revisoren im Obligationenrecht ausdrücklich eine Arbeitnehmerstellung bei der zu prüfenden Gesellschaft untersagt und in der Bankenverordnung eine personelle Trennung von Verwaltungsrat und Geschäftsführung verlangt,[75] kann indirekt geschlossen werden, dass eine Doppelstellung als Verwaltungsrat und Arbeitnehmer in den übrigen Fällen vom Gesetzgeber grundsätzlich als zulässig erachtet wird. Nachstehend ist jedoch zu prüfen, ob diese Überlegungen auch für Verwaltungsräte mit einer organabhängigen Zusatzfunktion gelten.

b) Arbeitsvertrag beim Präsidenten des Verwaltungsrats

Die Stellung als VR-Präsident resultiert aus einer Zusatzfunktion, welche auf der Mitgliedschaft im Verwaltungsrat basiert. Insofern unterscheidet sich die Funktion des VR-Präsidenten nicht von derjenigen des VR-Delegierten. Es ist zulässig, diese Zusatzfunktion organisatorisch und vertraglich so zu gestalten, dass zum organschaftlichen Grundverhältnis als Mitglied des Verwaltungsrats noch ein zusätzliches Rechtsverhältnis bezüglich der Funktion als Präsident hinzukommt. Dieses zusätzliche Rechtsverhältnis kann nicht nur als Auftragsverhältnis, son-

---

[75] Art. 8 Abs. 2 BankV; dazu ausführlich hinten TEIL 3 § 7 III. 2. b) auf S. 225 f.

dern auch als Arbeitsverhältnis ausgestaltet werden.[76] Massgebend für eine solche Qualifikation sind die besonderen Umstände des Einzelfalles. Weder im Aktienrecht, noch im Arbeitsrecht existiert eine Bestimmung, welche eine derartige vertraglich Ausgestaltung verbieten oder einschränken würde. Aus dem Umstand, dass der VR-Präsident gemäss Art. 712 Abs. 2 OR bei entsprechender statutarischer Grundlage von der Generalversammlung gewählt werden kann, lässt sich kein solches Verbot ableiten. Vielmehr wird dadurch lediglich vom Prinzip der Selbstorganisation abgewichen, um der Bedeutung dieser Funktion gerecht zu werden.[77]

Im Zusammenhang mit den arbeitsrechtlichen Voraussetzungen einer Doppelstellung gemäss Art. 319 Abs. 1 OR wurde vorne[78] ausführlich auf die Notwendigkeit der Unterordnung und Weisungsgebundenheit eingegangen. Diese arbeitsrechtlichen Überlegungen können nun mit den aktienrechtlichen kombiniert werden. Zusammenfassend ist festzustellen, dass ein VR-Präsident zusätzlich zu seinem organschaftlichen Grundverhältnis als Mitglied des Verwaltungsrates noch ein zusätzliches Arbeitsverhältnis bezüglich seiner Zusatzfunktion als Präsident mit der Gesellschaft eingehen kann, sofern folgende Voraussetzungen erfüllt sind:

- Der VR-Präsident ist kein massgebender Aktionär der Gesellschaft und verfügt weder direkt noch indirekt über die Stimmenmehrheit.
- Die übrigen Mitglieder des Verwaltungsrates sind vom VR-Präsidenten soweit unabhängig, dass sie gemeinsam über eine tatsächliche Weisungsgewalt gegenüber dem VR-Präsidenten verfügen.
- Der VR-Präsident ist auf Grund des Organisationsreglements verpflichtet, die Weisungen des Gesamtverwaltungsrates zu befolgen.
- Der VR-Präsident ist gemäss Organisationsreglement oder Stellenbeschrieb verpflichtet, eine Arbeitsleistung zu erbringen, welche über die gesetzlichen Mindestpflichten gemäss Aktienrecht hinausgeht.
- Der VR-Präsident ist in die Arbeitsorganisation der Gesellschaft eingebunden und erbringt seine Arbeitsleistung insbesondere gestützt auf die ihm zur Verfügung gestellte Infrastruktur.
- Der VR-Präsident erhält für seine Tätigkeit nicht nur ein VR-Honorar und Spesen wie die übrigen Mitglieder des Verwaltungsrats, sondern eine Entlöhnung, welche seiner zusätzlichen Arbeitsleistung angemessen ist.

---

[76] Zu den möglichen Rechtstheorien in diesem Zusammenhang vgl. vorne TEIL 1 § 3 I. auf S. 40 ff. und zur Qualifikation der Zusatzfunktion als VR-Präsident TEIL 1 § 3 IV. 3. auf S. 62 ff., insbesondere S. 63.
[77] Vgl. Botschaft zum Aktienrecht, 175.
[78] TEIL 3 § 6 II. 1. c) auf S. 178 ff.

– Weder in den Statuten noch im Organisationsreglement ist der Abschluss eines Arbeitsvertrages zusätzlich zum organschaftlichen Verhältnis untersagt.

c) Arbeitsvertrag beim Delegierten des Verwaltungsrats

Art. 716b OR ermächtigt den Verwaltungsrat ausdrücklich, die Geschäftsführung ganz oder zum Teil an einzelne Mitglieder zu übertragen. Voraussetzung dafür ist allerdings eine entsprechende Kompetenznorm in den Statuten und ein darauf abgestütztes Organisationsreglement.[79] Der Delegationsempfänger wird «Delegierter» genannt, wenn er selbst Verwaltungsrat ist; sonst ist die korrekte Bezeichnung «Direktor».[80]

In der Botschaft zum Aktienrecht[81] wird darauf hingewiesen, dass die Delegation der Geschäftsführung an einzelne Verwaltungsratsmitglieder einen «gewissen Systembruch» bedeute; zudem könne dies allenfalls zu einer Machtbildung führen und die Oberaufsicht über die Geschäftsführung erschweren. Trotzdem ist dieses System in der Praxis sehr verbreitet.[82]

Dem VR-Delegierten kann nicht nur die teilweise oder volle Geschäftsführung, sondern auch noch das Amt des Präsidenten zugewiesen werden.[83] Eine derartige Funktionenkumulation ist in der Praxis keineswegs selten.[84] Dafür unterliegen diese VR-Delegierten nach den Ausführungen in der Botschaft zum Aktienrecht einer besonders strengen Haftung: Sie haften sowohl als Geschäftsführer wie auch als Verwaltungsratsmitglied.[85] Indirekt lässt sich aus diesem Hinweis ableiten, dass der Gesetzgeber beim VR-Delegierten eine Doppelstellung als Verwaltungsrat und Arbeitnehmer durchaus zulassen wollte.

---

[79] Fehlt es an einer dieser Voraussetzungen, so ist der Delegationsbeschluss des Verwaltungsrats nichtig, doch kann dadurch u.U. gleichwohl ein faktisches Arbeitsverhältnis entstehen, das wiederum eine Doppelstellung als Verwaltungsrat und Arbeitnehmer begründet (dazu ausführlich vorne TEIL 3 § 6 II. 2. auf S. 191 ff.).

[80] Diese Terminologie ergibt sich aus Art. 718 Abs. 2 OR. Allerdings kann der Direktor ohne weiteres auch als Geschäftsführer bezeichnet werden, da er eben diese Funktion ausübt.

[81] Botschaft zum Aktienrecht, 180.

[82] Nach FORSTMOSER/JAAG, Fn. 32, nicht nur in der Westschweiz, sondern auch in der übrigen Schweiz.

[83] Dies entspricht in etwa dem französischen System des «Président Directeur Général» (FORSTMOSER/JAAG, 14).

[84] Vgl. die Ergebnisse der Rechtstatsachenforschung im Zusammenhang mit der Frage nach Zusatzfunktionen von VR-Delegierten vorne in Tabelle 21 auf S. 132.

[85] Botschaft zum Aktienrecht, 180.

§ 7 Zulässigkeit einer Doppelstellung

d) Arbeitsvertrag beim Sekretär des Verwaltungsrats

Gemäss Art. 712 Abs. 1 OR bezeichnet der Verwaltungsrat nicht nur seinen Präsidenten, sondern auch seinen Sekretär. Schon die Wortwahl im Gesetz weist darauf hin, dass dem Sekretär nicht nur die Protokollführung obliegt.[86] Vielmehr kann er auch die Administration des Verwaltungsrats betreuen und damit neben dem Präsidenten eine wichtige Funktion erfüllen.[87] Im zweiten Satz des angegebenen Artikels wird klargestellt, dass der Sekretär im Gegensatz zum Präsidenten dem Verwaltungsrat nicht angehören muss, wohl aber angehören kann.[88] Ohne VR-Mitgliedschaft erübrigt sich eine Wahl durch die Generalversammlung. Damit kann ein VR-Sekretär ausschliesslich im Auftrags- oder Arbeitsverhältnis tätig werden, ohne dass daneben noch ein organschaftliches Rechtsverhältnis bestehen muss. Welche Vertragsart vorliegt, beurteilt sich insbesondere danach, wo der VR-Sekretär seinen Arbeitsplatz hat, wie er seine Arbeitszeit einteilen kann und ob er in die Arbeitsorganisation der Gesellschaft eingegliedert ist. In der Praxis kommen beide Fälle vor. So ist ein Rechtsanwalt, welcher neben seiner Funktion als Rechtsberater einer Gesellschaft auch noch auf Honorarbasis als VR-Sekretär tätig ist, zweifellos im Auftragsverhältnis tätig. Wird ein Rechtsanwalt jedoch in die interne Rechtsabteilung einer Gesellschaft integriert, verfügt er dort über ein Büro und hat die Weisungen des zuständigen Abteilungschefs zu befolgen, so kann umgekehrt kein Zweifel an einem Arbeitsverhältnis bestehen.

Aus Art. 712 Abs. 1 OR lässt sich ableiten, dass der Gesetzgeber zumindest bezüglich des Sekretärs eine Doppelstellung als Verwaltungsrat und Arbeitnehmer zulassen wollte. In der Botschaft zum Aktienrecht[89] wird zur Haftung des Sekretärs festgestellt, dass sich diese nach seiner Stellung richte und wörtlich heisst es dann: «Ist er [der Sekretär] Verwaltungsratsmitglied, unterliegt er der Verwaltungshaftung. Obliegen ihm blosse Administrativ- oder Hilfsfunktionen, richtet sich seine Verantwortlichkeit ausschliesslich nach Arbeitsvertrag oder Auftragsrecht». Umgekehrt formuliert wird damit klargestellt, dass der Sekretär im Falle einer Doppelstellung als Verwaltungsrat und Arbeitnehmer nicht mehr nur der arbeitsvertraglichen Haftung, sondern auch der Organhaftung unterliegt.

Zusammenfassend lässt sich feststellen, dass im Obligationenrecht beim Sekretär des Verwaltungsrats eine Doppelstellung als Verwaltungsrat und Arbeitnehmer

---

[86] Nach dem alten Art. 714 Abs. 1 OR hiess er noch «Protokollführer».
[87] So ausdrücklich in der Botschaft zum Aktienrecht, 175.
[88] Die Formulierung des Art. 712 OR ist so klar und eindeutig, dass sie auch in der Debatte des Nationalrates im Gegensatz zu anderen Artikeln zu keinen Diskussionen Anlass gab und einstimmig angenommen wurde (Amtliches Bulletin der Bundesversammlung, Nationalrat, 1985, S. 1783).
[89] Botschaft zum Aktienrecht, 175.

indirekt zugelassen, aber nicht vorgeschrieben wird. Ist der VR-Sekretär gleichzeitig Mitglied des Verwaltungsrats, so ist sein Rechtsverhältnis zur Gesellschaft nach den gleichen Kriterien zu beurteilen, wie beim VR-Delegierten.

2. Die Vorschriften in Spezialgesetzen

a) Überblick

In verschiedenen Spezialgesetzen des Bundes und der Kantone finden sich direkte oder indirekte Vorschriften bezüglich der Annahme von Verwaltungsratsmandaten. So ist z.B. Mitgliedern des Bundesgerichtes die Übernahme von Verwaltungsratsmandaten absolut verboten.[90] Die Angestellten des Kantons Zürich bedürfen einer ausdrücklichen Bewilligung zur Annahme eines Verwaltungsratsmandates, wenn dessen Ausübung die vereinbarte Arbeitszeit beansprucht.[91] Das Bundesgericht hat derartige Bestimmungen auch unter dem Gesichtspunkt der Wirtschaftsfreiheit als zulässig erachtet und festgestellt, dass gestützt darauf einem Bezirksanwalt für Wirtschaftsdelikte die Übernahme eines Verwaltungsratsmandates untersagt werden darf.[92]

b) Bankengesetz und Bankenverordnung

Art. 3 Abs. 2 lit. c BankG schreibt vor, dass eine Bankenbewilligung u.a. nur dann erteilt wird, wenn die mit der Verwaltung betrauten Personen einen guten Ruf geniessen und Gewähr für eine einwandfreie Geschäftstätigkeit bieten. Um diese Qualitätsanforderung zu unterstützen und gleichzeitig eine unabhängige Kontrolle der Geschäftsführung durch die Bankenverwaltung zu garantieren, bestimmt Art. 8 Abs. 2 BankV, dass kein Mitglied des für die Oberleitung, Aufsicht und Kontrolle verantwortlichen Organs einer Bank der Geschäftsführung angehören darf.[93] Bei Banken und Sparkassen ist deshalb die Doppelstellung von Verwal-

---

[90] Art. 3 Abs. 2 OG.
[91] § 52 des Personalgesetzes vom 27. Mai 1998, Nr. 177.10.
[92] BGE 121 I 326; entgegen der Meinung von Krneta, Praxiskommentar, Rz. 86, kann daraus jedoch nicht gefolgert werden, dass jedem Beamten die Tätigkeit als Verwaltungsrat untersagt werden könne; im angesprochenen Fall ging es um die besondere Situation eines Bezirksanwaltes für Wirtschaftsdelikte, bei dem allein schon das Vertrauen in die Unabhängigkeit nicht durch ein Verwaltungsratsmandat beeinträchtigt werden sollte. Vgl. zu diesem Entscheid den Kommentar in der NZZ vom 18.1.1996, Nr. 14, S. 48, und die Besprechung bei Felber, Bundesgerichtsentscheide, 25 f.
[93] Dazu gehören insbesondere die Verwaltungsräte (vgl. Bodmer/Kleiner/Lutz, N 101 zu Art. 3 BankG).

tungsräten als Arbeitnehmer mindestens auf Stufe Geschäftsführung verboten. Damit bleibt aber die Frage offen, ob Bankenverwaltungsräte nicht Arbeitnehmer der eigenen Bank in anderen Funktionen (z.B. als vollamtlicher Präsident oder als Arbeitnehmer auf unterer Stufe) sein können.

Die EBK legt das Postulat der Zweiteilung der oberen Exekutive extensiv aus.[94] Dies ist verständlich, da Art. 8 Abs. 3 BankV vorsieht, dass die EBK in besonderen Fällen eine an Bedingungen geknüpfte Ausnahme dieser Organisationsvorschrift erteilen darf. Die Unabhängigkeit der Geschäftsführungskontrolle würde zudem beeinträchtigt, wenn ein Verwaltungsrat auf Grund seiner arbeitsrechtlichen Stellung plötzlich die Weisungen der Geschäftsführung zu befolgen hätte. Ein Arbeitsvertrag zwischen einem Bankenverwaltungsrat und der betreffenden Bank bzw. Sparkasse ist deshalb dann unzulässig, wenn dadurch der Geschäftsführung ein direktes Weisungsrecht eingeräumt würde. Damit kann der Bankenverwaltungsrat in der betreffenden Bank weder eine Geschäftsführungstätigkeit noch eine Arbeitstätigkeit auf unterer Stufe ausüben.

Bei Grossbanken ist durchwegs ein Verwaltungsratsgremium mit entsprechender Grösse gegeben. Um dennoch eine effiziente Sitzungsarbeit zu ermöglichen, sind in diesen Banken permanente oder temporäre Ausschüsse tätig. In Anlehnung an die angelsächsische Regelung für börsenkotierte Gesellschaften können dabei i.d.R. drei verschiedene Ausschüsse unterschieden werden:[95]

- das Audit Committee, das nicht selbst prüft, aber im unmittelbaren Kontakt mit den prüfenden Instanzen steht und das Funktionieren der Revision überwacht
- das Remuneration oder Compensation Committee, das die Honorierung der Gesellschaftsspitzen festlegt
- das Nomination Committee, das die Auslese der VR-Kandidaten vornimmt

Auch wenn die Verwaltungsratsausschüsse der Grossbanken in der Schweiz andere Bezeichnungen und teilweise andere Pflichtenhefte haben, so erfordern sie von einzelnen Mitgliedern doch einen vollamtlichen Einsatz. In diesen Fällen kann ein Arbeitsvertrag mit der entsprechenden Bank unumgänglich werden. Art. 8 Abs. 2 BankV steht dem nicht entgegen, da der betreffende Verwaltungsrat als Mitglied des Ausschusses nicht an der untersagten Geschäftsführung teilnimmt.

---

[94] BODMER/KLEINER/LUTZ, N 38 zu Art. 3 BankG.
[95] BÖCKLI, Cadbury Report, 151 (deutsche Zusammenfassung bei BODMER/KLEINER/LUTZ, N 34 zu Art. 3 BankG).

IV. Verwaltungsrat und Aufsichtsrat nach deutschem Recht

Um die schweizerische Regelung der Zulässigkeit einer Doppelstellung als Verwaltungsrat und Arbeitnehmer in einem grösseren Zusammenhang beurteilen zu können, erscheint auf den ersten Blick ein Rechtsvergleich mit den aktienrechtlichen Regelungen in Deutschland als zweckmässig. Eine eingehende Prüfung zeigt jedoch, dass die monistische Struktur der Aktiengesellschaft in der Schweiz derart viele Besonderheiten aufweist, dass ein Rechtsvergleich mit den dualistisch strukturierten Aktiengesellschaften in Deutschland keine weiterführenden Erkenntnisse liefert.[96] Dies sei nachstehend in der gebotenen Kürze verdeutlicht.

Auch im deutschen Aktienrecht gibt es den Begriff des Verwaltungsrates. Allerdings handelt es sich dabei um ein fakultatives Organ,[97] für das es keine gesetzlichen Vorschriften gibt. In der Satzung einer deutschen Aktiengesellschaft können die Kompetenzen und Verfahrensvorschriften eines Verwaltungsrats grundsätzlich beliebig festgelegt und auch dessen Zusammensetzung frei bestimmt werden, doch dürfen diese Regelungen den Aufgabenbereich des viel wichtigeren Aufsichtsrats nicht einschränken.[98] Ein Aufsichtsrat ist gemäss § 95 ff. AktG bei einer Aktiengesellschaft zwingend notwendig. Die undelegierbaren Aufgaben des Aufsichtsrates ergeben sich primär aus § 111 AktG. Danach hat der Aufsichtsrat die Geschäftsführung zu überwachen, dem Abschlussprüfer den Prüfauftrag zu erteilen und unter bestimmten Umständen die Hauptversammlung einzuberufen. Zudem ist der Aufsichtsrat gemäss § 84 AktG zur Bestellung und Abberufung des Vorstandes zuständig. Der Aufsichtsrat einer deutschen Aktiengesellschaft entspricht von der hierarchischen Stellung her somit dem Verwaltungsrat im Sinne des schweizerischen Rechts, allerdings mit einem kleineren Aufgabenkatalog und einer geringeren Haftung.[99] Dagegen kann der Verwaltungsrat in einer deutschen Aktiengesellschaft nur untergeordnete und insbesondere beratende Funktionen ausüben. Bei einer funktionsorientierten Rechtsvergleichung müsste deshalb dem schweizerischen Verwaltungsrat der deutsche Aufsichtsrat gegenübergestellt werden. Für Mitglieder eines Aufsichtsrates ist jedoch nach herrschender und unbe-

---

[96] HOFSTETTER, Corporate Governance Bericht, 33, fasst diesen Unterschied wie folgt zusammen: «Der Verwaltungsrat des schweizerischen Aktienrechts ist ein sogenannter ‹unitary board›. Er gleicht damit dem ‹one tier system› des angelsächsischen Rechtskreises und unterscheidet sich vom ‹two tier system› des deutschen Aktiengesetzes.»
[97] Nach HENN, Rz. 524, gleichzustellen mit Beiräten, technischen Ausschüssen oder Regionalausschüssen; in § 285 Nr. 9 HGB ist ausdrücklich vorgesehen, dass es neben dem Aufsichtsrat und dem Beirat noch andere, ähnliche Einrichtungen geben kann.
[98] HOFFMANN/PREU, Rz. 162.
[99] Bereits vor rund 20 Jahren war deshalb die Institution des Aufsichtsrates umstritten und in den Medien wurde eine Professionalisierung gefordert (vgl. NOBEL, Corporate Governance, 1060).

strittener Lehre ein Arbeitsverhältnis mit der Gesellschaft vollständig ausgeschlossen.[100] POTTHOFF/TRESCHER schreiben dazu pointiert: «Zu einer getrennten Überwachung der Unternehmensführung – vergleichbar mit dem deutschen Aufsichtsrat – ist das schweizerische Verwaltungsratsmodell nicht in der Lage.»[101] Ein Rechtsvergleich mit dem deutschen Aktienrecht und insbesondere mit dem Bundesgesetz zur Kontrolle und Transparenz im Unternehmensbereich ist deshalb zum Vornherein wenig ergiebig.[102]

Für die Mitgliedstaaten der EU, und somit auch für Deutschland, ist eine einheitliche Form der Aktiengesellschaft vorgesehen: die Societas Europaea. Wie nachstehend noch zu zeigen sein wird, besteht bei dieser Gesellschaftsform eine Wahlmöglichkeit zwischen dem monistischen und dem dualistischen System. Es ist deshalb zweckmässiger, im Folgenden eine Rechtsvergleichung mit den Regelungen in der Societas Europaea vorzunehmen.

V. Regelung in der Societas Europaea

1. Die Bedeutung der Societas Europaea

Am 8. Oktober 2001 verabschiedete der Europäische Rat der Wirtschafts- und Sozialminister die Verordnung über die Europäische Aktiengesellschaft,[103] die so genannte Societas Europaea (SE).[104] Damit sollen die bisherigen Hindernisse bei Umstrukturierungen von multinationalen Gesellschaften in der Europäischen Union aufgehoben werden.[105] Diese eigenständige europäische Aktiengesellschaft hat insbesondere zum Ziel, die Gründung und Leitung von grenzüberschreitenden Gesellschaften zu vereinfachen. In der Literatur zum Schweizer Aktienrecht wird deshalb regelmässig Bezug auf das Verhältnis zur SE genommen, auch wenn die

---

[100] Vgl. DILLER, 47 f.
[101] POTTHOFF/TRESCHER, Rz. 103; entsprechend stellt BÖCKLI, Corporate Governance, 6, fest: «Die Deutschen sind – als praktisch die Einzigen, aber mit umso grösserer Innigkeit – von ihrem Aufsichtsratssystem auch unter dem Gesichtspunkt der Corporate Governance überzeugt.»
[102] Zur Kritik am deutschen Trennsystem und am KonTraG vgl. BÖCKLI, Corporate Governance, 6 ff.
[103] EG-Verordnung Nr. 2157/2001 vom 8.10.2001, nachstehend kurz SE-VO (vgl. Abl. Nr. L 294/1 vom 10.11.2001).
[104] Die Begriffsbestimmung findet sich in Art. 1 Abs. 1 SE-VO; fälschlicherweise wird selbst in offiziellen EU-Dokumenten gelegentlich von der «Societas Europaea» gesprochen.
[105] Entsprechend Ziff. 10 der Präambel zum Statut der Europäischen Gesellschaft; zur Entstehungsgeschichte der SE vgl. THEISEN/WENZ, 27 ff.

Schweiz (noch) nicht Mitglied der EU ist.[106] Auch für die Thematik einer Doppelstellung als Verwaltungsrat und Arbeitnehmer ist die SE von Interesse. Da in der EU über 30 Jahre darum gerungen wurde,[107] zu einem allseits akzeptierbaren Statut der Europäischen Gesellschaft und einer Richtlinie zur Beteiligung der Arbeitnehmer zu gelangen, kann davon ausgegangen werden, dass die entsprechenden Regelungen wohl überlegt und ausgewogen sind. Allenfalls können daraus Schlüsse gezogen werden, wie die Konfliktsituationen einer Doppelstellung im schweizerischen Recht besser geregelt werden könnten.

Die Verordnung zum Statut der Europäischen Gesellschaft ist erst am 8. Oktober 2004 in Kraft getreten,[108] damit die Mitgliedstaaten der EU genügend Gelegenheit hatten, die begleitende Richtlinie zur Beteiligung der Arbeitnehmer[109] umzusetzen und das mitgliedstaatliche Gesellschaftsrecht entsprechend zu ergänzen.[110] Die Frage der Arbeitnehmer-Mitbestimmung hatte den Verordnungsentwurf wiederholt verzögert. Erst durch die Verlagerung der Diskussion auf eine eigene Richtlinie konnte ein Kompromiss gefunden werden.[111] Die Problematik von Arbeitnehmern in der obersten Geschäftsleitung ist deshalb auch auf europäischem Niveau relevant und aktuell. Bevor die Richtlinie zur Beteiligung der Arbeitnehmer näher untersucht werden kann, muss vorab auf die Wahlmöglichkeit zur Strukturierung der SE eingegangen werden. Die Struktur einer Gesellschaft beeinflusst massgebend die Möglichkeiten eines Arbeitnehmers zur Einsitznahme in die Verwaltung und umgekehrt die Möglichkeit von Verwaltungsmitgliedern, ein Arbeitsverhältnis mit der Gesellschaft einzugehen.

2. Die Organisationsstruktur der Societas Europaea

a) Wahlmöglichkeit zwischen dualistischem und monistischem System

In Ziff. 14 der Präambel zum Statut der Europäischen Gesellschaft wird es als erforderlich erklärt, der SE alle Möglichkeiten einer leistungsfähigen Geschäfts-

---

[106] Als Erster NOBEL, Europäisierung, 303 ff.
[107] Der Kommissionsvorschlag für eine Verordnung über das Statut einer Europäischen Aktiengesellschaft wurde erstmals im Jahre 1970 vorgelegt (vgl. Ziff. 9 der Präambel zum Statut der Europäischen Gesellschaft und die zahlreichen Abänderungen im Abl. Nr. C 72/59 vom 21.3.2002); bereits damals war eine Regelung über die Mitwirkung der Arbeitnehmer (Mitbestimmung) auf drei Arten vorgesehen: Europäischer Betriebsrat, Vertretung der Arbeitnehmer im Aufsichtsrat, Tariffähigkeit der SE (vgl. NOBEL, Europäisierung, 320 ff.).
[108] Art. 70 SE-VO.
[109] Richtlinie 2001/86/EG des Rates vom 8.10.2001 zur Ergänzung des Statuts der Europäischen Gesellschaft hinsichtlich der Beteiligung der Arbeitnehmer (Abl. Nr. L 294/22 vom 10.11.2001).
[110] HOMMELHOFF/TEICHMANN, 1, mit Hinweis auf die Richtlinie Abl. Nr. L 294/22 vom 10.11.2001.
[111] Vgl. HOMMELHOFF/TEICHMANN, 6.

führung an die Hand zu geben und gleichzeitig deren wirksame Überwachung sicherzustellen. Dabei sei dem Umstand Rechnung zu tragen, dass in der Gemeinschaft hinsichtlich der Verwaltung der Aktiengesellschaften derzeit zwei verschiedene Systeme bestehen.[112] In derselben Ziffer heisst es abschliessend: «Die Wahl des Systems bleibt der SE überlassen, jedoch ist eine klare Abgrenzung der Verantwortungsbereiche jener Personen, denen die Geschäftsführung obliegt, und der Personen, die mit der Aufsicht betraut sind, wünschenswert.» Die Wahl der Organisationsstruktur erfolgt durch eine entsprechende Satzungsbestimmung.[113] Dies ergibt sich aus Art. 38 SE-VO. Danach verfügt die SE über eine Hauptversammlung der Aktionäre und entweder ein Aufsichtsorgan sowie ein Leitungsorgan (dualistisches System) oder ein Verwaltungsorgan (monistisches System), entsprechend der in der Satzung gewählten Form.

Die Schweiz hat bereits zahlreiche Verordnungen des Europäischen Rates unverändert und als direkt anwendbar in ihr Recht übernommen, ohne dass die entsprechenden Auswirkungen allen Betroffenen vorab bewusst waren.[114] Es kann deshalb durchaus angenommen werden, dass die Schweiz auch die Verordnung über die SE eines Tages übernehmen wird. Damit würde den multinationalen Gesellschaften mit Sitz in der Schweiz die Möglichkeit eröffnet, vom monistischen System zum dualistischen zu wechseln.[115]

b)   Das dualistische System der Societas Europaea

Gemäss Art. 39 Abs. 3 SE-VO darf niemand zugleich Mitglied des Leitungsorgans und Mitglied des Aufsichtsorgans der SE sein, wenn für die betreffende SE das dualistische System gewählt wurde. Damit wird für diese Organisationsform grundsätzlich eine strikte Trennung zwischen Aufsicht und Geschäftsführung vorgegeben. Nach derselben Bestimmung kann das Aufsichtsorgan jedoch eines seiner Mitglieder zur Wahrnehmung der Aufgaben eines Mitglieds des Leitungsorgans abstellen, wenn der betreffende Posten nicht besetzt ist. Während dieser Zeit ruht das Amt der betreffenden Person als Mitglied des Aufsichtsorgans. In der Verord-

---

[112] Gemeint ist das monistische System einerseits und das dualistische System andererseits (vgl. THOMA/LEUERING, 1451.
[113] Gemäss Art. 6 des Statuts der Europäischen Gesellschaft (SE) bezeichnet der Ausdruck «Satzung der SE» zugleich die Gründungsurkunde und, falls sie Gegenstand einer getrennten Urkunde ist, die Satzung der SE im eigentlichen Sinne.
[114] Z.B. Übernahme der EG-VO 2027/97 durch das sektorielle Abkommen Luftverkehr Schweiz-EG am 1.6.2002 ohne Aufklärung durch das BAZL betr. Aufhebung der Haftungslimite für Rundflugbetriebe.
[115] Art. 39 Abs. 5 SE-VO sieht ausdrücklich vor, dass ein Mitgliedstaat entsprechende Vorschriften für SE erlassen kann, wenn das Recht dieses Mitgliedstats in Bezug auf Aktiengesellschaften mit Sitz in seinem Hoheitsgebiet keine Vorschriften über ein dualistisches System enthält.

nung zur SE wird nicht vorgeschrieben, in welchem Rechtsverhältnis das abgeordnete Aufsichtsratsmitglied in diesem Falle zur Gesellschaft steht. Da Vorstandsmitglieder regelmässig in einem Arbeitsverhältnis zur Gesellschaft stehen,[116] dürfte ein derartiges Rechtsverhältnis auch für das abgeordnete Mitglied aus dem Aufsichtsorgan möglich sein. Weil jedoch das Amt als Aufsichtsrat während der interimistischen Vorstandsfunktion ruht, entsteht keine direkte Doppelstellung im hier verstandenen Sinne.[117]

Das Aufsichtsorgan einer SE überwacht nach Art. 40 Abs. 1 SE-VO die Führung der Geschäfte durch das Leitungsorgan, doch ist das Aufsichtsorgan nicht berechtigt, die Geschäfte der SE selbst zu führen. Diese explizite Vorschrift würde keinen Raum für einen Arbeitnehmervertreter im Aufsichtsorgan belassen. Deshalb enthält Art. 40 Abs. 2 SE-VO folgende Einschränkung: «Artikel 47 Absatz 4 oder eine etwaige nach Massgabe der Richtlinie 2001/86/EG geschlossene Vereinbarung über die Mitbestimmung der Arbeitnehmer bleibt hiervon unberührt.» Die Richtlinie über die Beteiligung der Arbeitnehmer und die darauf basierenden Vereinbarungen bzw. Beschlüsse sind somit entscheidend für die Frage, wie die Doppelstellung als Aufsichtsorgan und Arbeitnehmer in der SE gelöst ist.

Auch bei einem dualistischen System kann u.U. eine paritätische Zusammensetzung des Aufsichtsorgans gewünscht sein. Diese Variante wird in Art. 42 SE-VO angesprochen. Danach wählt das Aufsichtsorgan aus seiner Mitte einen Vorsitzenden; wird jedoch die Hälfte der Mitglieder des Aufsichtsorgans von den Arbeitnehmern bestellt, so darf nur ein von der Hauptversammlung der Aktionäre bestelltes Mitglied zum Vorsitzenden gewählt werden.

c) Das monistische System der Societas Europaea

Wurde in der Satzung einer SE das monistische System gewählt, so hat das Verwaltungsorgan der Gesellschaft gemäss Art. 43 Abs. 1 SE-VO die Geschäfte selbst zu führen. Im nationalen Recht kann aber vorgesehen werden, dass ein oder mehrere Geschäftsführer die laufenden Geschäfte in eigener Verantwortung unter denselben Voraussetzungen, wie sie für Aktiengesellschaften mit Sitz im Hoheitsgebiet des betreffenden Mitgliedstaates gelten, führt bzw. führen. Damit lässt die Verordnung über die Europäische Gesellschaft eine Gesellschaftsstruktur nach Schweizer Muster mit unentziehbaren und undelegierbaren Aufgaben des Verwaltungsrates ausdrücklich zu. Umgekehrt kann auch in einer deutschen Aktiengesellschaft durch die Wahl der SE das angelsächsische Board-System implementiert werden.

---

[116] Nach deutschem Recht ein Dienstvertrag (vgl. HÜFFER, N 11 zu § 84 AktG).
[117] Vgl. vorne Fn. 3 auf S. 3 f.

Ist die Mitbestimmung der Arbeitnehmer in der monistisch strukturierten SE gemäss der Richtlinie über die Mitbestimmung der Arbeitnehmer geregelt, so muss das Verwaltungsorgan nach Art. 43 Abs. 2 SE-VO aus mindestens drei Mitgliedern bestehen. Dies ist im Abschnitt über die monistische Struktur einer SE die einzige Regelung über Verwaltungsmitglieder mit einer Doppelstellung als Arbeitnehmer. Anders als bei einer dualistisch strukturierten SE wird hier eine solche Doppelstellung ohne weiteres zugelassen.

3. Die Richtlinie zur Beteiligung der Arbeitnehmer

a) Zielsetzungen der Richtlinie

Die Rechtsgrundlage einer SE besteht aus zwei separaten Rechtsakten. Die Verordnung über das Statut der Europäischen Gesellschaft[118] regelt das Gesellschaftsrecht. Die arbeitsrechtlichen Vorgaben zur Mitbestimmung der Arbeitnehmer sind dagegen in der Richtlinie zur Ergänzung des Statuts der Europäischen Gesellschaft hinsichtlich der Beteiligung der Arbeitnehmer[119] zu finden. Mit dieser Richtlinie soll gewährleistet werden, «dass die Gründung einer SE nicht zur Beseitigung oder zur Einschränkung der Gepflogenheiten der Arbeitnehmerbeteiligung führt, die in den an der Gründung einer SE beteiligten Gesellschaften herrschen.»[120]

Eine SE kann nach Art. 12 SE-VO erst dann im Register des Sitzstaates eingetragen werden, wenn eine Vereinbarung über die Beteiligung der Arbeitnehmer geschlossen worden ist. Von diesem Grundsatz gibt es nur zwei Ausnahmen:

- Eine Mehrheit von zwei Dritteln der Verhandlungsmitglieder, welche mindestens zwei Drittel der Arbeitnehmer in mindestens zwei Mitgliedstaaten vertreten, ist gemäss Art. 3 Abs. 6 der Mitbestimmungs-Richtlinie erforderlich für einen Beschluss, die Verhandlungen über die Mitbestimmung nicht aufzunehmen oder sie abzubrechen.

- Die Verhandlungsfrist von sechs Monaten seit der Einsetzung des besonderen Verhandlungsgremiums zur Mitbestimmungsregelung ist gemäss Art. 5 der Mit-

---

[118] EG-Verordnung Nr. 2157/2001 vom 8.10.2001 (Abl. Nr. L 294/1 vom 10.11.2001).
[119] Richtlinie 2001/86/EG des Rates vom 8.10.2001 zur Ergänzung des Statuts der Europäischen Gesellschaft hinsichtlich der Beteiligung der Arbeitnehmer (Abl. Nr. L 294/22 vom 10.11.2001). Die Begründung für diese separate Regelung findet sich in Ziff. 5 der Präambel zur Richtlinie: «Angesichts der in den Mitgliedstaaten bestehenden Vielfalt an Regelungen und Gepflogenheiten für die Beteiligung der Arbeitnehmervertreter an der Beschlussfassung in Gesellschaften ist es nicht ratsam, ein auf die SE anwendbares einheitliches europäisches Modell der Arbeitnehmerbeteiligung vorzusehen.»
[120] Ziff. 3 der Präambel zur Richtlinie betreffend Beteiligung der Arbeitnehmer.

bestimmungs-Richtlinie abgelaufen, ohne dass eine Vereinbarung zustande gekommen ist.[121]

Nach Ziff. 12 der Präambel zur Richtlinie betreffend Beteiligung der Arbeitnehmer soll im nationalen Recht vorgesehen werden, dass die Vertreter der Arbeitnehmer, die im Rahmen der Richtlinie handeln, bei der Wahrnehmung ihrer Aufgaben einen ähnlichen Schutz und ähnliche Garantien geniessen, wie sie die Vertreter der Arbeitnehmer nach den Rechtsvorschriften und/oder den Gepflogenheiten des Landes ihrer Beschäftigung haben. Sie sollen keiner Diskriminierung infolge der rechtmässigen Ausübung ihrer Tätigkeit unterliegen und einen angemessenen Schutz vor Kündigung und anderen Sanktionen geniessen. Damit verfolgt die Richtlinie zur Beteiligung der Arbeitnehmer vorerst zwei wichtige Zielsetzungen: Die Vorgabe von Verhandlungsschritten zur Erreichung einer einvernehmlichen Beteiligung der Arbeitnehmer und die Aufforderung zum Schutz solcher Arbeitnehmervertreter vor missbräuchlichen Kündigungen. Das übergeordnete Ziel ist jedoch die Gewährleistung einer flexiblen und vor allem frei verhandelbaren Mitbestimmung der Arbeitnehmer. Selbst paritätisch zusammengesetzte Aufsichtsorgane können damit auf eine sinnvolle Grösse beschränkt werden und der problematische Stichentscheid des Vorsitzenden im Aufsichtsorgan kann allenfalls sogar auf einen Dritten übertragen werden, der weder Arbeitgeber- noch Arbeitnehmervertreter sein muss. In der Praxis wird sich allerdings erst noch zeigen müssen, ob die Erwartungen an die Verhandlungsbereitschaft auf Arbeitgeber- und auf Arbeitnehmerseite nicht zu hoch sind.[122]

b) Beteiligung der Arbeitnehmer bei der Gesellschaftsgründung

In Art. 2 SE-VO ist ein numerus clausus von vier verschiedenen Gründungsformen vorgesehen:[123]

– Verschmelzung von Gesellschaften
– Errichtung einer Holding-Gesellschaft
– Errichtung einer gemeinsamen Tochtergesellschaft
– Umwandlung in eine Societas Europaea

---

[121] Gemäss Art. 5 Abs. 2 der Richtlinie zur Beteiligung der Arbeitnehmer können die Parteien einvernehmlich beschliessen, die Verhandlungen über den in Absatz 1 genannten Zeitraum von sechs Monaten hinaus bis zu insgesamt einem Jahr ab der Einsetzung des besonderen Verhandlungsgremiums fortzusetzen.

[122] Der Aufwand an Zeit und Kosten dürfte auf jeden Fall sehr gross sein (vgl. HERFS-ROETTGEN, Probleme, 360, welche auch noch den Beizug von Dolmetschern zu den Verhandlungen als notwendig erachtet).

[123] Vgl. HOMMELHOFF, 280.

Die Beteiligung der Arbeitnehmer wird bei allen vier Gründungsformen gleichermassen vorgesehen. Allerdings wird in der Richtlinie zur Beteiligung der Arbeitnehmer darauf verzichtet, eine einheitliche europäische Lösung vorzuschreiben.[124] Statt konkreter Bestimmungen enthält die Richtlinie Vorgaben für einen Verhandlungsweg, über den die Arbeitnehmerbeteiligung in einer Vereinbarung geregelt werden soll. Scheitern die Verhandlungen zwischen Arbeitgeber- und Arbeitnehmerseite oder können sie innert der vorgegebenen Frist von sechs Monaten (bzw. im Falle einer einvernehmlichen Verlängerung auf zwölf Monate) nicht abgeschlossen werden, so gelten die Mindeststandards der Richtlinie im Sinne einer Auffangregelung.[125]

Die vor der Gründung einer SE allenfalls schon bestehenden Rechte der Arbeitnehmer sind gemäss Ziff. 18 der Präambel zur Richtlinie Ausgangspunkt für die Gestaltung ihrer Beteiligungsrechte in der SE (Vorher-Nachher-Prinzip). Dieser Ansatz gilt nicht nur für die Neugründung einer SE, sondern auch für strukturelle Veränderungen einer bereits gegründeten SE und für die von den strukturellen Änderungsprozessen betroffenen Gesellschaften.

c) Beteiligung der Arbeitnehmer bei der Gesellschaftsleitung

Bemerkenswert ist die Definition der «Mitbestimmung» in Art. 2 lit. k der Richtlinie. Diese wird umschrieben als Einflussnahme des Organs zur Vertretung der Arbeitnehmer und/oder der Arbeitnehmervertreter auf die Angelegenheiten einer Gesellschaft durch

– die Wahrnehmung des Rechts, einen Teil der Mitglieder des Aufsichts- oder des Verwaltungsorgans der Gesellschaft zu wählen oder zu bestellen, oder

– die Wahrnehmung des Rechts, die Bestellung eines Teils der oder aller Mitglieder des Aufsichts- oder des Verwaltungsorgans der Gesellschaft zu empfehlen und/oder abzulehnen.

Diese sehr allgemein gehaltene Begriffsbestimmung wird durch eine Auffangregelung im Anhang zur Richtlinie indirekt konkretisiert. Gemäss Art. 7 der Richtlinie kommt diese Auffangregelung grundsätzlich dann zur Anwendung, wenn die Parteien dies vereinbaren oder wenn innert der vorgegebenen Verhandlungsfrist keine Vereinbarung zustande kommt. Für die Doppelstellung als Verwaltungsrat und Arbeitnehmer

---

[124] Ziff. 5 der Präambel zur Richtlinie 2001/86/EG des Rates vom 8. Oktober 2001; vgl. HERFS-ROETTGEN, Probleme, 359.
[125] In Ziff. 8 der Präambel zur Richtlinie als «subsidiäre Regeln» bezeichnet. Vgl. HERFS-ROETTGEN, Arbeitnehmerbeteiligung, 427 f.

ist der letzte Absatz im Teil 3 der Auffangregelung von Interesse: «Alle von dem Vertretungsorgan oder gegebenenfalls den Arbeitnehmern gewählten, bestellten oder empfohlenen Mitglieder des Verwaltungsorgans oder gegebenenfalls des Aufsichtsorgans der SE sind vollberechtigte Mitglieder des jeweiligen Organs mit denselben Rechten (einschliesslich des Stimmrechts) und denselben Pflichten wie die Mitglieder, die die Anteilseigner vertreten.»

4. Erkenntnisse aus den Regelungen zur Societas Europaea

Die Verordnung über das Statut der Europäischen Gesellschaft und die Richtlinie zur Ergänzung des Statuts hinsichtlich der Beteiligung der Arbeitnehmer gewähren sowohl den Mitgliedstaaten, als auch den zukünftigen SE eine grosse Flexibilität in der Strukturgestaltung und Mitbestimmungsregelung. Sowohl das dualistische System nach dem Vorbild des Aktienrechts von Deutschland als auch das monistische System nach dem Aktienrecht der Schweiz können als Organisationsform gewählt werden. Gewünscht wird jedoch in jedem Falle eine klare Abgrenzung der Verantwortungsbereiche jener Personen, denen die Geschäftsführung obliegt, und der Personen, die mit der Aufsicht betraut sind. Damit wird die in der Schweiz häufig verbreitete Personalunion von VR-Präsident bzw. VR-Delegiertem und Geschäftsführer klar abgelehnt. Dies ist verständlich, da die SE auf grössere, multinationale Gesellschaften ausgerichtet ist. Für einen multinationalen Konzern im Familienbesitz ist ein monistisches System mit Personalunion des Vorsitzenden des Verwaltungsorgans und des Geschäftsleitungsorgans aber auch in der Form einer SE grundsätzlich möglich.

Bezüglich der Arbeitnehmerbeteiligung wird lediglich die Verhandlung über eine mögliche Vereinbarung zwingend vorgeschrieben. Bei einer Gesellschaftsumwandlung müssen die vorbestandenen Mitbestimmungsrechte der Arbeitnehmer übernommen werden. Werden Arbeitnehmervertreter in das Aufsichts- oder Geschäftsleitungsgremium gewählt, so haben sie die gleichen Rechte und Pflichten wie die übrigen Mitglieder des entsprechenden Organs. Damit wird in der SE eine Doppelstellung als Verwaltungsrat bzw. Aufsichtsrat und Arbeitnehmer explizit zugelassen. Die daraus resultierenden rechtlichen Konsequenzen werden weder in der Verordnung über das Statut der Europäischen Gesellschaft noch in der Richtlinie zur Ergänzung des Statuts hinsichtlich der Beteiligung der Arbeitnehmer geregelt. Es bleibt vielmehr Aufgabe der Mitgliedstaaten und der SE selbst, dafür entsprechende Regelungen zu treffen. Damit bleiben die hinten im TEIL 4 aufgezeigten Konsequenzen einer Doppelstellung auch im Falle einer SE relevant, wenn für die betroffenen Arbeitnehmer schweizerisches Arbeitsrecht zur Anwendung gelangt. Insbesondere die Empfehlungen zur Konfliktvermeidung im § 18 sind deshalb in analoger Form auch für eine SE von Bedeutung.

5. Vorschriften der Europäischen Union

Die Richtlinien der Europäischen Union bezüglich den Einzel- und Konzernabschlüssen gelten auch für die SE.[126] In diesen Richtlinien wird unter anderem vorgeschrieben, dass die Entschädigungen an das Management der Gesellschaft auszuweisen sind. So schreibt beispielsweise Art. 43 Nr. 12 der vierten Richtlinie des Rates bezüglich Einzelabschlüssen folgende Angaben vor:

12. Die für ihre Tätigkeit im Geschäftsjahr gewährten Bezüge der Mitglieder der Verwaltungs-, Geschäftsführungs- oder Aufsichtsorgane sowie die entstandenen oder eingegangenen Pensionsverpflichtungen gegenüber früheren Mitgliedern der genannten Organe. Diese Angaben sind zusammengefasst für jede dieser Personengruppen zu machen.

13. Die Beiträge der den Mitgliedern der Verwaltungs- und Geschäftsführungs- oder Aufsichtsorgane gewährten Vorschüsse und Kredite unter Angabe der Zinsen, der wesentlichen Bedingungen und der gegebenenfalls zurückgezahlten Beträge sowie die Garantieverpflichtungen zugunsten dieser Personen. Diese Angaben sind zusammengefasst für jede dieser Personengruppen zu machen.

Wählt ein Konzern für seine Aktiengesellschaften in Europa die Form der SE mit monistischer Struktur, sind in den Einzelabschlüssen die gewährten Entschädigungen an das Management ebenfalls nach Personengruppen auszuweisen, ohne dabei dem Umstand Rechnung zu tragen, dass allenfalls Verwaltungsräte mit einer Doppelstellung als Arbeitnehmer vorhanden sein könnten. Die Angaben in den Einzelabschlüssen vermögen deshalb u.U. nicht die von der Europäischen Union gewünschte Transparenz zu liefern.

VI. Zulässigkeit unter dem Aspekt der Corporate Governance

1. Begriff und Bedeutung der Corporate Governance

a) Begriff der Corporate Governance

Der Begriff «Corporate Governance» tauchte im angelsächsischen Sprachraum erst Mitte der siebziger Jahre auf.[127] Heute ist er im Zusammenhang mit verschie-

---

[126] Vierte Richtlinie des Rates vom 25.7.1978 (78/660/EWG; Abl. Nr. L 222/11 vom 14.8.1978) und Siebente Richtlinie des Rates vom 13.6.1983 (83/349/EWG; Abl. Nr. L 193/1 vom 18.7.1983).
[127] BÖCKLI, Revisionsfelder, 755.

denen Unternehmensskandalen nicht nur bei Aktionären, sondern auch bei Journalisten und Juristen zu einem schillernden Schlagwort geworden.[128] Entsprechend vielfältig sind die zu Grunde gelegten Begriffsbestimmungen. In der Regel bezeichnet Corporate Governance das System der Leitung und der Überwachung von Gesellschaften[129] oder mit anderen Worten der Unternehmensführung und -kontrolle.[130] Tatsächlich versteht jedoch fast jeder unter «Corporate Governance» etwas anderes,[131] «und die englischsprachigen Definitionen[132] sind nach wie vor von einer geradezu entwaffnenden Unschärfe».[133] Letztlich geht es um nicht mehr und nicht weniger als die Problematik von Macht und Kontrolle in komplexen Organisationen.[134] BÖCKLI hat in diesem Sinne die zwei massgebenden Elemente der Corporate Governance treffend wie folgt zusammengefasst:[135]

– Es geht um die Balance im inneren Dreieck zwischen der Führungsfunktion des Managements, der Oberleitungs- und Überwachungsfunktion des Board of Directors bzw. Verwaltungsrats und der Prüfungsfunktion der Revisoren, aber auch und vor allem um die zweckmässige Zusammensetzung und Strukturierung des Verwaltungsrats als Gremium.

– Die Corporate Governance befasst sich gleichzeitig mit dem Kräftegleichgewicht im äusseren Dreieck zwischen dem Unternehmen, dem Kapitalmarkt und den weiteren Anspruchsgruppen.

---

[128] NOBEL, Corporate Governance, 1057; NOBEL, Brückenschlag, 8; SANWALD, 32; HOFSTETTER, Erkenntnisse, 975, mit Hinweis auf Vorkommnisse bei Swissair, Kuoni und ABB.
[129] Massgebend dafür Cadbury Report, Ziff. 2.5: «Corporate governance is the system by which companies are directed and controlled. Boards of directors are responsible for the governance of their companies.» Ebenso Mitteilung der Kommission an den Rat und das Europäische Parlament, KOM (2003) 284 vom 21.5.2003, S. 12.
[130] NOBEL, Grundsätze der OECD, 244.
[131] Z.B. ZEHNDER, Corporate Governance in den USA, 29: «Der Begriff Corporate Governance ist heute fester Bestandteil modernen Managements und bezeichnet das Zusammenspiel aus Gesetzen, Verordnungen und freiwilligen Praktiken im Privatsektor, die es ermöglichen, ein Unternehmen verantwortungsbewusst und effizient zu führen.» BÖCKLI/HUGUENIN/DESSEMONTET, 19, halten einleitend fest: «Mit Corporate Governance werden jene Steuerungsmechanismen anvisiert, die innerhalb von Aktiengesellschaften ein ausgewogenes Verhältnis von Führung und Kontrolle sowie die Transparenz anstreben und die Rolle der Aktionäre als Träger des Kapitalrisikos stärken.» Weitere Definitionen finden sich bei WUNDERER, VR-Präsident, 12 f.
[132] So z.B. OECD Principles, 2: «One key element in improving economic efficiency is corporate governance, which involves a set of relationships between a company's management, its board, its shareholders and other stakeholders. Corporate governance also provides the structure through which the objectives of the company are set, and the means of attaining those objectives and monitoring performance are determined.»
[133] BÖCKLI, Corporate Governance, 2.
[134] BÖCKLI, Revisionsfelder, 755, m.w.H. auf den historischen Hintergrund der Corporate Governance.
[135] BÖCKLI, Cadbury Report, 133 f., mit ausführlichen Literaturhinweisen.

§ 7 Zulässigkeit einer Doppelstellung

Eine Doppelstellung als Verwaltungsrat und Arbeitnehmer tangiert primär das innere Kräftegleichgewicht in der Gesellschaft und ist damit klar ein weiterer Diskussionspunkt der Corporate Governance. Doch auch im Aussenverhältnis ist eine Doppelstellung relevant, da der Kapitalmarkt und die weiteren Anspruchsgruppen Transparenz in den Führungs- und Überwachungsfunktionen verlangen. Genau dieser Forderung wird der Swiss Code of Best Practice for Corporate Governance[136] gerecht, wenn dort die Corporate Governance als Leitidee bezeichnet wird und zwar konkret als «die Gesamtheit der auf das Aktionärsinteresse ausgerichteten Grundsätze, die unter Wahrung von Entscheidungsfähigkeit und Effizienz auf der obersten Unternehmensebene Transparenz und ein ausgewogenes Verhältnis von Führung und Kontrolle anstrebt». Nachstehend wird deshalb die Zulässigkeit einer Doppelstellung als Verwaltungsrat und Arbeitnehmer auch unter dem Aspekt der Corporate Governance geprüft.

b) Internationale Entwicklung der Corporate Governance

Die ersten weiter verbreiteten Publikationen auf dem Gebiet der Corporate Governance stammen aus dem Jahr 1985, doch der eigentliche Durchbruch kam erst 1992 mit der Veröffentlichung des «Cadbury Report» in Grossbritannien.[137] Es folgten drei weitere englische Berichte, der Greenbury Report (1995), der Hampel Report (1998)[138] und der Turnbull Report (1999).[139] Im «Combined Code» wurden die wichtigsten Regelungen 1999 zusammengefasst.[140] Seit dem 1. Januar 2000 müssen sich alle an der Londoner Börse kotierten Gesellschaften an die Regelungen des Combined Code halten.[141]

Parallel zu den Codes in England erschien 1998 in Frankreich der Viénot-Bericht.[142] In Deutschland wurde im selben Jahr ein neues Bundesgesetz zur Kontrolle und

---

[136] Dazu nachstehend TEIL 3 § 7 VI. 2. a) auf S. 240 ff.
[137] Vgl. BÖCKLI, Revisionsfelder, 755; BÖCKLI, Corporate Governance, 3; HOFSTETTER, Corporate Governance Bericht, 4.
[138] Dazu ausführlich BÖCKLI, Corporate Governance, 10 ff., mit dem Ergebnis: «Ein grosser Teil der Hampel-Prinzipien, wohl 70% bis 90% je nach Fall, ist aufgrund von empirischen Nachprüfungen in den grösseren Schweizer Gesellschaften durchaus bereits verwirklicht oder steht mitten im Prozess der Einführung.»
[139] Vgl. BÖCKLI, Revisionsfelder, 760, m.w.H. und genauen Quellenangaben.
[140] The Combined Code – Principles of Good Governance and of Best Practice, verfasst vom Committee of Corporate Governance, London Stock Exchange 1999. Die aktuelle Fassung datiert vom Juli 2003.
[141] BÖCKLI, Schnellstrassen und Holzwege, 138.
[142] Viénot Rapport, Le Conseil d'administration des sociétés cotées, Rapport du groupe de travail institué par l'Association française des Entreprises et le Conseil national du patronat français, Paris 1998; vgl. BÖCKLI, Corporate Governance, 5 f.

Transparenz im Unternehmensbereich in Kraft gesetzt.[143] 1999 publizierte schliesslich auch die OECD ihre ersten Grundsätze zur Corporate Governance.[144] Zahlreiche weitere Kodizes und Gesetze im Zusammenhang mit Corporate Governance sind zwischenzeitlich entstanden,[145] zuletzt in kürzester Zeit der Sarbanes-Oxley Act.[146]

Es ist offensichtlich, dass die Corporate Governance-Debatte eine internationale juristische Diskussion geworden ist.[147] Eine Prüfung aller existierenden Regelwerke zur Corporate Governance im Zusammenhang mit der Doppelstellung als Verwaltungsrat und Arbeitnehmer ist schlicht unmöglich[148] und wäre zudem innert kürzester Zeit veraltet.

c) **Bedeutung der Corporate Governance**

Die Codes for Corporate Governance enthalten ihrer Zielsetzung entsprechend stets zahlreiche Empfehlungen im Zusammenhang mit den Aktionären.[149] Daneben ist jedoch i.d.R. auch ein spezieller Teil im Zusammenhang mit der Führungsspitze vorhanden.[150] Hier finden sich meistens direkte und indirekte Grundsätze zur besonderen Situation eines Verwaltungsrats als Arbeitnehmer. Diese Grundsätze sind teilweise sehr unterschiedlich formuliert. Dennoch können zwei Hauptgruppen von Empfehlungen ausgemacht werden, die von BÖCKLI wie folgt umschrieben werden:[151]

– Bewusste Zuordnung von Leitungs- und Kontrollaufgaben innerhalb des Verwaltungsrates: Zuteilung von Sonderaufgaben an nicht-exekutive Ausschüsse (d.h. aussen stehende und wenn möglich unabhängige Verwaltungsratsmitglieder). Das führt zur Definition des «nicht-exekutiven» und des «unabhängigen» Verwaltungsrates.

---

[143] Bundesgesetz vom 27.4.1998, Bundesgesetzblatt I/1998, 786 ff. (das sog. KonTraG).
[144] Zu den Vorarbeiten vgl. BÖCKLI, Corporate Governance, 8 f.
[145] Einen historischen Überblick zur Entstehung der zahlreichen Normen und Kodizes liefern BÜHLER/SCHWEIZER, 998, in Abbildung 1. Im Internet sind die meisten Codes (über 120!) zu finden auf der Webside des European Corporate Governance Institute unter www.ecgi.org/codes/all_codes.htm.
[146] Im März 2002 bestand in den USA erst ein Zehn-Punkte-Plan, doch bereits am 30.7.2002 wurde der Sarbanes-Oxley Act in Kraft gesetzt (vgl. VON DER CRONE/ROTH, 131, m.w.H.).
[147] NOBEL, Corporate Governance, 1060.
[148] Auch für BÖCKLI, Revisionsfelder, 755, sind die Regelwerke zur Corporate Governance in den Industrienationen zwischenzeitlich «unabsehbar» geworden.
[149] Swiss Code: Teil I; Combined Code: Section 2; OECD Principles: Section I.
[150] Swiss Code: Teil II; Combined Code: Section 1A; OECD Principles: Section V.
[151] BÖCKLI, Revisionsfelder, 763.

– Checks and Balances an der Unternehmensspitze: Entweder Trennung der Funktion des Vorsitzes von der Geschäftsleitung und Verwaltungsrat oder aber ein «Lead Director» als Gegengewicht und als Ansprechpartner der aussen stehenden Verwaltungsratsmitglieder.

Zur Zeit sind für eine Doppelstellung als Verwaltungsrat und Arbeitnehmer in einer schweizerischen Aktiengesellschaft grundsätzlich nur die Empfehlungen des Swiss Code of Best Practice for Corporate Governance und die Grundsätze der OECD zur Corporate Governance relevant. Gesellschaften, die an der Schweizer Börse kotiert sind, haben zudem die Vorgaben der SWX-Richtlinie betreffend Informationen zur Corporate Governance zu beachten. Da im Europäischen Raum wie erwähnt der Cadbury Report Ausgangspunkt der Corporate Governance-Diskussion war und für die Londoner Börse der Combined Code massgebend ist, lohnt sich auch ein Blick auf diese Regelungen. Auf den Problempunkt Personalunion oder Doppelspitze wird im Anschluss daran gesondert eingegangen.

2. Relevante Regelungen zur Corporate Governance

a) Swiss Code of Best Practice

In der Schweiz wurden zahlreiche Fragen im Zusammenhang mit der Corporate Governance schon sehr früh, nämlich bereits mit dem Entwurf des Bundesrates zur Revision des Aktienrechts von 1983 zur Diskussion gestellt.[152] Mit dem Katalog der unentziehbaren und undelegierbaren Aufgaben des Verwaltungsrats in Art. 716a OR konnten die wichtigsten Grundsätze dann im Gesetz implementiert werden. Nach Auffassung von BÖCKLI ist es daher möglich, die Erkenntnisse der internationalen Corporate Governance-Debatte bruchlos ins Schweizer Recht einzuordnen.[153] Dennoch wurde sogar mit einem parlamentarischen Vorstoss versucht, die Corporate Governance nochmals speziell im Aktienrecht zu regeln.[154]

Am 27. März 2001 wurde die «Expertengruppe Corporate Governance» von der economiesuisse ins Leben gerufen.[155] Das Resultat intensiver Diskussionen dieser Expertengruppe wurde im September 2001 von KARL HOFSTETTER in seinem Bericht «Corporate Governance in der Schweiz» zusammengefasst.[156] Im Verlauf der

---

[152] Vgl. BÖCKLI, Schnellstrassen und Holzwege, 134.
[153] BÖCKLI, Schnellstrassen und Holzwege, 134.
[154] Motion FELIX WALKER, Corporate Governance in der Aktiengesellschaft, vom 20.6.2001 (NR Nr. 01.3329); vgl. dazu SANWALD, 33 f.
[155] SANWALD, 33.
[156] Vgl. BÜHLER/SCHWEIZER, 999.

Recherchen zu diesem Expertenbericht zeigte sich ein Handlungsbedarf für Best-Practice-Empfehlungen, welche die besonderen Gegebenheiten der schweizerischen Unternehmenslandschaft berücksichtigen. Daraus entstand der von PETER BÖCKLI redigierte und von der Expertengruppe überarbeitete sogenannte «Swiss Code of Best Practice» vom März 2002 (nachstehend «Swiss Code» genannt).[157] Die Schweizer Börse (SWX) entschied sich ihrerseits, eine Richtlinie betreffend Informationen zur Corporate Governance zu erlassen. Auf diesen drei Säulen (Expertenbericht, Swiss Code of Best Practice und Transparenz-Richtlinie) basiert die aktuelle Schweizer Corporate Governance.[158]

Im Expertenbericht zur Corporate Governance in der Schweiz[159] wird im Zusammenhang mit der Zusammensetzung des Verwaltungsrats zur Rechtslage festgestellt, dass im Börsengesellschaftsrecht keine Bestimmungen bezüglich exekutiven (internen) und nicht-exekutiven (externen) bzw. unabhängigen Verwaltungsratsmitgliedern enthalten sind. Auch statutarische Bestimmungen zu dieser Frage seien in der Schweiz nicht üblich. Sowohl nach den Vorschriften der Londoner Börse als auch der New Yorker Börse würden dagegen zwingend «outside directors» verlangt. Dabei gilt gemäss «Blue Ribbon Report»[160] u.a. ein Verwaltungsrat nicht als unabhängig, der von der Gesellschaft oder einer damit verbunden Unternehmung im laufenden Geschäftsjahr oder in den letzten fünf Jahren angestellt war.[161] Solchen Forderungen ist die Expertengruppe mit Skepsis begegnet unter Berücksichtigung, dass der Pool an Verwaltungsratsmitgliedern mit den nötigen Qualifikationen in der Schweiz nicht unbegrenzt sei; hingegen sei die Durchmischung des Verwaltungsrats mit nicht-exekutiven Mitgliedern funktional und sachgerecht. Die Expertengruppe gelangte deshalb zu folgenden Empfehlungen:[162]

- Zumindest ein nicht unbedeutender Teil des Verwaltungsrates sollte aus nicht-exekutiven Mitgliedern bestehen und wiederum ein Teil davon sollte unabhängig sein.

- Unabhängigkeit definiert sich dadurch, dass keine institutionalisierten Interessenverflechtungen von gewichtiger Bedeutung mit der Gesellschaft bestehen.

Diese Empfehlungen haben ihren Niederschlag im Swiss Code gefunden. Ziff. 12 empfiehlt im Zusammenhang mit der Zusammensetzung des Verwaltungsrats: «Eine Mehrheit besteht in der Regel aus Mitgliedern, die im Unternehmen keine opera-

---

[157] HOFSTETTER, Corporate Governance Bericht, 3; vgl. BÜHLER/SCHWEIZER, 999.
[158] HOFSTETTER, Neue Schweizer Corporate Governance, 12.
[159] HOFSTETTER, Corporate Governance Bericht, 34.
[160] Vgl. die Zusammenfassung bei ZEHNDER, Corporate Governance in den USA, 29.
[161] HOFSTETTER, Corporate Governance Bericht, 34.
[162] Vgl. HOFSTETTER, Corporate Governance Bericht, 35.

tiven Führungsaufgaben erfüllen (nicht exekutive Mitglieder).» Damit geht der Swiss Code weiter als die Expertengruppe, welche lediglich von einem «nicht unbedeutenden Teil des Verwaltungsrates» sprach. Klar ist aber in jedem Fall, dass ein Teil des Verwaltungsrats aus exekutiven Mitgliedern bestehen kann, welche i.d.R. in einem Arbeitsverhältnis zur Gesellschaft stehen.[163] Dies ist keineswegs selbstverständlich im Hinblick auf Ziff. 16 des Swiss Code: «Eine Person, die in einem dauernden Interessenkonflikt steht, kann dem Verwaltungsrat und der Geschäftsleitung nicht angehören.» RUFFNER[164] vertritt die Ansicht, dass Arbeitnehmervertreter i.d.R. andere Interessen verfolgen als die nicht-exekutiven Mitglieder des Verwaltungsrats und gelangt deshalb zur Überzeugung, dass sich die Einsitznahme von Arbeitnehmervertretern im Verwaltungsrat lediglich zu Informationszwecken rechtfertige. Offensichtlich wurde diese Situation von der Expertengruppe nicht als dauernder Interessenkonflikt betrachtet.

Der Swiss Code lässt Arbeitsverhältnisse mit Verwaltungsratsmitgliedern nicht uneingeschränkt zu. Ziff. 16 empfiehlt diesbezüglich: «Geschäfte zwischen der Gesellschaft und Organmitgliedern oder ihnen nahe stehenden Personen unterstehen dem Grundsatz des Abschlusses zu Drittbedingungen; sie werden unter Ausstand der Betroffenen genehmigt. Nötigenfalls ist eine neutrale Begutachtung anzuordnen.» Diese Einschränkung ist ausserordentlich wichtig. Genehmigt der Verwaltungsrat einen Arbeitsvertrag mit einem seiner Mitglieder zu Bedingungen, welche keinem Drittvergleich standhalten, so liegt eine Verletzung der Treuepflicht gemäss Art. 717 Abs. 1 OR vor, was wiederum zu einer Verantwortlichkeit nach Art. 754 OR führen kann. Auch wenn es sich beim Swiss Code nur um Empfehlungen handelt, welche nicht direkt durchsetzbar sind, so wird die Rechtsprechung bei der Beurteilung der erforderlichen Sorgfalt für einen Verwaltungsrat zukünftig doch darauf abstellen. Es ist jedenfalls meiner Meinung nach nur noch eine Frage der Zeit, bis ein derartiger Fall zur gerichtlichen Entscheidung ansteht.

Für die Verwaltungsratsausschüsse enthält der Swiss Code spezielle Unabhängigkeitsregeln. In Ziff. 22 wird empfohlen, dass die Mehrheit ihrer Mitglieder unabhängig sein soll. Als unabhängig gelten gemäss dieser Empfehlung «nicht exekutive Mitglieder des Verwaltungsrats, welche der Geschäftsführung nie oder vor mehr als drei Jahren angehört haben und die mit der Gesellschaft in keinen oder nur verhältnismässig geringfügigen geschäftlichen Beziehungen stehen.» Diese

---

[163] In der Praxis sind Turnaround-Manager mit eigenen Consulting-Gesellschaften zu beobachten, welche auch als exekutive VR-Mitglieder lediglich in einem Auftragsverhältnis zur Gesellschaft stehen; diese bilden jedoch die Ausnahme von der Regel.
[164] RUFFNER, 138.

Formulierung deckt sich weitgehend mit derjenigen des Combined Code.[165] Ein Arbeitsverhältnis eines Verwaltungsrats zur Gesellschaft schränkt demnach seine Möglichkeit zur Einsitznahme in VR-Ausschüsse ein.

Auf die Empfehlungen des Swiss Code im Zusammenhang mit einer möglichen Personalunion oder Doppelspitze wird weiter hinten[166] speziell eingegangen. An dieser Stelle sei noch auf die für börsenkotierte Gesellschaften verbindliche SWX-Richtlinie betreffend Informationen zur Corporate Governance hingewiesen. In Ziff. 3.1 dieser Transparenz-Richtlinie wird verlangt, dass für jedes Mitglied des Verwaltungsrats eine allfällige operative Führungsaufgabe offenzulegen ist. Dabei sind nicht nur Führungsfunktionen im aktuellen Berichtsjahr, sondern auch in den drei vorangegangenen Jahren anzugeben. Hat ein Verwaltungsratsmitglied in diesem Zeitraum lediglich eine organunabhängige Arbeitstätigkeit verrichtet, so ist diese nicht offenzulegen. Aus dem Geschäftsbericht einer an der Schweizer Börse kotierten Gesellschaft kann man demzufolge ablesen, ob ein Verwaltungsratsmitglied im angegebenen Zeitraum ein Arbeitsverhältnis zur Gesellschaft im Zusammenhang mit einer organabhängigen Tätigkeit hatte; nicht ersichtlich wird dagegen weiterhin ein organunabhängiges Arbeitsverhältnis bleiben. Daran ändern auch die Vorschriften von Ziff. 5.2 der Transparenz-Richtlinie zur Offenlegung der Entschädigungen an amtierende Organmitglieder nichts. Danach sind allfällige Lohnbezüge der Verwaltungsratsmitglieder nicht individuell, sondern nur als Summe auszuweisen für die Gesamtheit der exekutiven VR-Mitglieder und als Summe für die Gesamtheit der nicht-exekutiven VR-Mitglieder.

b)   Grundsätze der OECD zur Corporate Governance

Die OECD publizierte im Jahre 1999 ihre ersten Grundsätze zur Corporate Governance.[167] Diese Grundsätze konzentrieren sich schwerpunktmässig auf diejenigen Corporate Governance-Probleme, die durch die Trennung zwischen Kapitaleigentum und Kontrolle bedingt sind.[168] Im ersten Teil der OECD-Grundsätze wird im Zusammenhang mit der Verantwortlichkeit des Verwaltungsrats empfohlen: «Boards should consider assigning a sufficient number of non-executive board members capable of exercising independent judgement to tasks where there is a potential for conflict of interest.»[169] Damit wird indirekt klargestellt, dass Mitglie-

---

[165] Allerdings wird der Zeitraum dort auf 5 Jahre festgesetzt; vgl. hinten TEIL 3 § 7 VI. 2. c) auf S. 245 ff.
[166] Vgl. hinten TEIL 3 § 7 VI. 3. e) auf S. 255 f.
[167] OECD Principles of Corporate Governance vom 16.4.1999, SG/CG (99) 5; die englische Version ist in Kurzform publiziert bei NOBEL, Grundsätze der OECD, 245 ff.
[168] NOBEL, Grundsätze der OECD, 244.
[169] OECD Principles, 1999, Part One V. E. 1., S. 9.

der des Verwaltungsrats durchaus «executive board members» sein können, welche in einem Arbeitsverhältnis zur Gesellschaft stehen.[170] Auf die Problematik eines zusätzlichen Arbeitsverhältnisses bei VR-Mitgliedern wird im zweiten Teil der OECD-Grundsätze ausdrücklich Bezug genommen: «Board independence usually requires that a sufficient number of board members not be employed by the company and not be closely related to the company or its management through significant economic, family other ties.»[171]

Als Zwischenergebnis kann festgehalten werden, dass nach den Grundsätzen der OECD zur Corporate Governance ein monistisches System bzw. ein Board-System nach dem angelsächsischen Vorbild durchaus möglich ist. Demzufolge wird zwischen «executive board members» und «non-executive board members» unterschieden. Es soll eine genügende Anzahl von nicht operativ tätigen VR-Mitgliedern vorgesehen werden, welche in keinem Arbeitsverhältnis zur Gesellschaft stehen. Damit soll eine objektive Entscheidung des Verwaltungsrats bei allfälligen Interessenkonflikten gewährleistet werden.

Im Januar 2004 publizierte die OECD den Entwurf von revidierten Grundsätzen zur Corporate Governance.[172] Insbesondere der Parmalat-Zusammenbruch hatte die OECD veranlasst, ihre Anstrengungen zur Einführung von globalen Empfehlungen zur Corporate Governance zu intensivieren.[173] Von besonderem Interesse sind die erweiterten Empfehlungen im Zusammenhang mit der Veröffentlichung von Informationen über die Gesellschaft und deren Management. Während in den Grundsätzen von 1999 lediglich allgemeine Angaben zu den Mitgliedern des Verwaltungsrats und der Geschäftsleitung vorgegeben wurden,[174] sind nun zusätzliche Angaben über die Qualifikation, das Auswahlverfahren, Funktionen in anderen Gesellschaften und Begründung der Unabhängigkeit zur Gesellschaft empfohlen.[175] Konkret bedeutet dies die Offenlegung eines allfälligen zusätzlichen Arbeitsverhältnisses zur Gesellschaft. Die Möglichkeit einer Arbeitnehmervertretung im Verwaltungsrat wird weiterhin erwähnt, jedoch ohne besondere Befürwortung oder Ablehnung.[176] Dagegen wird nun konkret Stellung zur Personalunion von VR-Präsident (Chairman) und Geschäftsführer (Chief Executive) genommen: «Where the two roles of Chief Executive and Chairman are not separated, other methods to

---

[170] Die OECD postuliert jedoch klar die Unabhängigkeit der Mitglieder des obersten Gesellschaftsorgans; vgl. BÖCKLI, Corporate Governance, 9.
[171] OECD Principles, 1999, Part Two V. E., S. 24.
[172] OECD Principles of Corporate Governance vom 12.1.2004, DAFFE/CA/CG(2003)11/REV1.
[173] RHOADS, A2, mit dem Hinweis, dass Parmalat als Schulbuchfall für Corporate Governance dienen könne.
[174] OECD Principles, 1999, Part One IV. A. 4, S. 8.
[175] OECD Principles, 2004, Part One IV. A. 4, S. 10.
[176] Vgl. OECD Principles, 2004, Part Two III. C., S. 26.

establish appropriate checks and balances may be necessary and might include the appointment of a lead non-executive director and by meetings from time to time of only the non-executives of the board.»[177] Bei einer Personalunion wird demnach neben dem Chairman noch ein «lead non-executive director» vorgeschlagen, um den unabhängigen VR-Mitgliedern die Möglichkeit zu bieten, sich gelegentlich separat zu treffen und eigenständige Entscheide zu treffen.

Zusammenfassend ist festzustellen, dass die OECD-Grundsätze zur Corporate Governance ein zusätzliches Arbeitsverhältnis zwischen einem VR-Mitglied und der Gesellschaft nicht untersagen, jedoch zur Offenlegung empfehlen. Zudem sollte nur die Minderheit der Mitglieder des Verwaltungsrats Arbeitnehmer der Gesellschaft sein. Die Personalunion von VR-Präsident und Geschäftsführer wird als problematisch erachtet und durch die Einführung eines «lead non-executive director» zu lösen versucht.

c) Combined Code

Ausgangspunkt des Combined Code ist der Bericht von Sir Adrian Cadbury, der sogenannte «Cadbury Report» von 1992. In Ziff. 4.1 wird bereits dort zur Effizienz des Verwaltungsrats empfohlen: «..., this means a board made up of a combination of executive directors, with their intimate knowledge of the business, and of outside, non-executive directors, who can bring a broader view to the company's activities, ...» Es wird demnach zwischen inside und outside directors oder gleichbedeutend zwischen executive und non-executive directors unterschieden. Die inside oder executive directors können dabei mit Verwaltungsräten gleichgesetzt werden, welche als Arbeitnehmer eine organabhängige Tätigkeit im Unternehmen leisten. Am Ende des Cadbury Report werden die Empfehlungen in einem Code of Best Practice zusammengefasst. In Ziff. 3.1 wird dabei im Zusammenhang mit dem Arbeitsvertrag eines Verwaltungsrats empfohlen: «Director's service contracts should not exceed three years without shareholders' approval.» Ein Arbeitsvertrag mit einem VR-Mitglied über eine feste Dauer von mehr als drei Jahren wird also nicht einfach untersagt, sondern von der Zustimmung der Aktionäre abhängig gemacht. Eine derartige Regelung könnte durchaus auch in Schweizer Aktiengesellschaften sinnvoll sein;[178] dazu braucht es keine Gesetzesänderung, sondern lediglich die Aufnahme einer entsprechenden Statutenklausel.[179] Während Arbeitsverträge mit leitenden Arbeitnehmern nicht einfach in die Genehmigungs-

---

[177] OECD Principles, 2004, Part Two V. E. 4, S. 39.
[178] Der 5-Jahresvertrag von Mario Corti mit der SAir Group wäre bei einer solchen Regelung u.U. gar nie abgeschlossen worden (vgl. dazu vorne TEIL 1 § 1 III. Fn. 65 auf S. 16).
[179] Vgl. die Musterklausel im Anhang A.3.8 auf S. 515.

kompetenz der Generalversammlung übertragen werden können,[180] sind Wahlvoraussetzungen für Verwaltungsräte in den Statuten grundsätzlich zulässig. Wird in den Statuten die Maximaldauer für Arbeitsverträge mit einem Verwaltungsratsmitglied auf drei Jahre beschränkt, so kann dies als Auflage bei der Wahl verstanden werden, welche der Kandidat mit der Annahme seiner Wahl akzeptiert.

Basierend auf dem Cadbury Report veröffentlichte im Juni 1998 das Hampel Committee ihren Bericht zur Corporate Governance unter der Bezeichnung «Combined Code». Die darin enthaltenen Empfehlungen zu den Aufgaben und zur Stellung der non-executive directors sowie zum Audit Committee wurden überarbeitet und im Juli 2003 erschien der Combined Code in einer neuen Fassung. Unter Ziff. A.1 wird als selbstverständlich vorausgesetzt, dass ein Verwaltungsrat nach dem monistischen System (unitary board) aus executive und non-executive directors zusammengesetzt ist. In welchem Verhältnis die Anzahl dieser VR-Mitglieder sein sollte, wird im Combined Code nicht vorgegeben. In Ziff. A.3 wird lediglich empfohlen, dass von beiden Arten je eine starke Präsenz vorhanden sein sollte. Dafür wird in Ziff. A.3.1 eine neue Kategorie der indipendent non-executive directors eingeführt. Danach gilt ein Verwaltungsrat nicht mehr als unabhängig, wenn er alternativ:

– in den letzten 5 Jahren Arbeitnehmer der Gesellschaft oder des Konzerns war
– in den letzten 3 Jahren eine massgebende Geschäftsbeziehung zur Gesellschaft hatte, entweder direkt in eigener Person oder indirekt als Partner, Aktionär, Verwaltungsrat oder leitender Arbeitnehmer einer Körperschaft
– enge familiäre Beziehungen zu einem Berater, Verwaltungsrat oder leitenden Arbeitnehmer der Gesellschaft hat
– einen massgebenden Aktionär vertritt
– mehr als 9 Jahre seit der ersten Wahl dem Verwaltungsrat angehört.

Diese Unabhängigkeitsvorschriften sind überaus streng. Dennoch wird in Ziff. A.3.2 für grössere Gesellschaften empfohlen, dass mindestens die Hälfte der Verwaltungsratsmitglieder (exklusive VR-Präsident) unabhängig in diesem Sinne sein sollte.

Zusammenfassend ist festzustellen, dass der Combined Code gewisse Empfehlungen nicht nur auf ein aktuelles Arbeitsverhältnis eines Verwaltungsratsmitglieds zur Gesellschaft oder zum Konzern abstützt, sondern bezüglich der Unabhängig-

---

[180] Dies würde einen Verstoss gegen die unentziehbare Kernkompetenz des Verwaltungsrats zur Festlegung der Organisation nach Art. 716a Abs. 1 Ziff. 2 OR darstellen (vgl. BÖCKLI, Aktienrecht, Rz. 289 ff. zu § 13, und BÖCKLI, Kernkompetenzen, 37 ff.).

keit sogar rückwirkend auf ein Arbeitsverhältnis während den letzten fünf Jahren. In Grossbritannien hat die Doppelstellung als Verwaltungsrat und Arbeitnehmer auch nach deren Beendigung deshalb noch bestimmte Konsequenzen im Zusammenhang mit der Corporate Governance.

3. Personalunion von Verwaltungsratspräsident und Geschäftsführer

a) Gewaltentrennung als Forderung der Corporate Governance

In der Botschaft zum Aktienrecht[181] wurde 1983 explizit auf das Spannungsfeld zwischen den anerkannten Forderungen nach Gewaltenteilung in der Aktiengesellschaft und den gegebenen Verhältnissen in der Praxis eingegangen:

> «Seit der letzten grossen Aktienrechtsrevision im Jahre 1936 hat sich in Anlehnung an Artikel 717 Absatz 2 OR eine Aufteilung der Exekutivfunktionen in Geschäftsleitung und Verwaltungsrat vollzogen, dies vor allem bei Grossgesellschaften. Es stellt sich die Frage, ob die Schweiz die Entwicklung des Auslandes mitmachen und das Aufsichtsratssystem einführen soll. […] Gegen die Einführung eines solchen Dualismus spricht einmal die Tatsache, dass sich unser jetziges System mit seiner Flexibilität bewährt hat. […] Zudem weicht das Aufsichtsratssystem, insbesondere dasjenige Deutschlands, viel stärker von den Grundgedanken unseres Aktienrechts ab, als man gemeinhin annimmt. […] Eine solche Organisationsform entspricht nicht den Auffassungen in unserem Lande und bliebe weithin unverstanden. Das geltende System ist deshalb beizubehalten.»

Aus heutiger Sicht ist zu bezweifeln, ob ein Aufsichtsratssystem tatsächlich unverstanden bliebe. Insbesondere der Fall Swissair hat gezeigt, dass die Aktionäre gerade in Krisensituationen eine wirkungsvolle Aufsicht fordern.[182] Letztlich bleibt somit die Flexibilität der einzige Grund für einen Systembruch in Form der Delegationsmöglichkeit an einzelne Verwaltungsratsmitglieder. Damit ist der Gesetzgeber bewusst die Gefahr eingegangen, dass es bei geschäftsführenden Verwaltungsratsmitgliedern zu einer Machtballung und gleichzeitig auch zu einer Erschwerung der Oberaufsicht kommt. Dazu wird in der Botschaft zum Aktienrecht ganz offen festgestellt: «Die geschäftsführenden Verwaltungsräte beaufsichtigen sich selber.»[183]

---

[181] Botschaft zum Aktienrecht, 96 f.
[182] Vgl. den Bericht zur Generalversammlung der SAir-Group in der NZZ vom 26.4.01, Nr. 96, S. 21, an der die Aktionäre eine Sonderprüfung verlangten.
[183] Botschaft zum Aktienrecht, 180.

§ 7 Zulässigkeit einer Doppelstellung

Das schweizerische Aktienrecht zeichnet sich u.a. tatsächlich durch eine grosse Flexibilität aus. Die meisten Vorschriften gelten sowohl für Kleingesellschaften wie auch für Publikumsgesellschaften. Wie lange dieser Zustand vor dem wachsenden Druck der EU-Regelungen allerdings noch bestehen bleiben kann, ist fraglich. Auch dieser Tatsache war man sich bei der Revision des Aktienrechtes durchaus bewusst. Bei den Zielen der Revision wurde deshalb keine EU-Kompatibilität vorgegeben; statt dessen heisst es lediglich, sie solle «die Aktiengesellschaft den Anforderungen der Zeit anpassen und ihre Ausgestaltung den Aktienrechtsordnungen in den Nachbarstaaten und in der Europäischen Gemeinschaft ein gutes Stück näher bringen.»[184]

Angesichts dieser Ausführungen stellt sich die Frage, warum in der Schweiz letztlich wirklich auf die Einführung des dualistischen Systems verzichtet wurde. Die Antwort liegt in der Macht des Faktischen. Dies wird auch in der Botschaft zum Aktienrecht an anderer Stelle nicht verschwiegen:[185]

«Die Gewaltentrennung zwischen Verwaltung und Geschäftsleitung hat sich bei vielen Grossgesellschaften durchgesetzt. In der Westschweiz kommt es auch bei grösseren Gesellschaften jedoch häufig vor, dass der Hauptaktionär gleichzeitig Verwaltungsratspräsident und Leiter der Geschäftsführungsstelle ist. Ein Verzicht auf die heute bestehende Flexibilität würde zudem für die grosse Zahl kleinerer Gesellschaften einen unnötigen Organisationszwang bringen. Auf die Forderung einer rigorosen Trennung wird deshalb verzichtet. Dafür unterliegen Verwaltungsratsdelegierte einer besonders strengen Haftung: Sie haften sowohl als Geschäftsführer wie auch als Verwaltungsratsmitglied.»

Ob die Haftung für Verwaltungsratsdelegierte tatsächlich besonders streng ist, wird weiter hinten eingehend geprüft.[186] Zum Hinweis auf die besonderen Verhältnisse in der Westschweiz kann auf die Ergebnisse im Zusammenhang mit der Umfrage bei den VR-Delegierten verwiesen werden; es konnte tatsächlich festgestellt werden, dass der Anteil von VR-Delegierten mit Wohnsitz in der französischsprachigen Schweiz signifikant höher ist als der Anteil von VR-Delegierten mit Wohnsitz in der deutschsprachigen Schweiz im Verhältnis zur allgemeinen Verteilung der Wohnbevölkerung.[187]

---

[184] Botschaft zum Aktienrecht, 23.
[185] Botschaft zum Aktienrecht, 180.
[186] Vgl. hinten TEIL 4 § 10 II. 1. b) auf S. 333 f.
[187] Vgl. dazu die Auswertung der selektionierten Daten von Orell Füssli vorne unter TEIL 2 § 4 IV. 2. c) auf S. 103 ff.

Das schweizerische Aktienrecht ermöglicht jeder Gesellschaft, ihre Organisationsstruktur und damit auch die Corporate Governance flexibel zu gestalten.[188] Ohne besondere Delegation ist der Verwaltungsrat nicht nur Aufsichtsorgan sondern gleichzeitig auch Geschäftsführungsorgan. Ob die einzelnen Mitglieder des Verwaltungsrats dabei in einem zusätzlichen Arbeitsverhältnis zur Gesellschaft stehen oder nicht, bleibt der Gesellschaft überlassen. Anderseits kann die Gesellschaft durch entsprechende Bestimmungen in den Statuten und im Organisationsreglement eine Annäherung an das dualistische Aufsichtsratssystem von Deutschland bewirken. Ausdrücklich kann für jedes Mitglied des Verwaltungsrats die Mitgliedschaft in der Geschäftsleitung und der Abschluss eines Arbeitsvertrages mit der Gesellschaft untersagt werden. Schliesslich ist auch ein Mittelweg möglich, indem die Organisation dem angelsächsischen Board-System angeglichen wird. Dabei wird der Verwaltungsrat aufgeteilt in die Gruppe der «inside directors», die sich gleichzeitig der Führung der täglichen Geschäfte widmen, und in die Gruppe der «outside directors», die keine Geschäftsführungsfunktionen ausüben.[189]

Damit stellt sich die Frage, ob aus Sicht einer effizienten Corporate Governance eine Doppelstellung als Verwaltungsrat und Arbeitnehmer untersagt werden soll oder nicht. Die Fälle einer untergeordneten Arbeitstätigkeit ohne Geschäftsführungsfunktionen werden dabei bewusst ausgenommen, wodurch die Arbeitnehmervertreter im Verwaltungsrat hier unberücksichtigt bleiben. Letztlich geht es somit um die Frage, ob der Verwaltungsrat nur aus unabhängigen Mitgliedern zusammengesetzt sein soll oder ob einige von ihnen im Rahmen eines Arbeitsvertrages auch in der Geschäftsführung Einsitz nehmen sollen. Eine Rechtsvergleichung ist in diesem Punkt wenig hilfreich, da die spezifischen Gesetzesvorschriften zu sehr voneinander abweichen und insbesondere die Bestimmungen zur Information der Aktionäre völlig unterschiedlich sind.[190]

Als Vorteile einer Doppelstellung für ein Verwaltungsratsmitglied können angeführt werden:

---

[188] Zu Recht stellen deshalb BÖCKLI/HUGUENIN/DESSEMONTET, 19, in ihrem Expertenbericht fest, dass der Verwaltungsrat einer Aktiengesellschaft eine Reihe von Fragen zu prüfen habe, bevor er die Grundsätze der Corporate Governance für die Gesellschaft festlegen könne; insbesondere die Zulassung oder Ablehnung der Personalunion von VR-Präsident und CEO sowie die Anzahl von unabhängigen VR-Mitgliedern sei vorab zu regeln.
[189] BÖCKLI, Aktienrecht, Rz. 952 zu § 13; nach RUFFNER, 141, dient die Beteiligung leitender Manager als inside directors im Board insbesondere dazu, den Informationsfluss zwischen der über einen enormen Informationsvorsprung verfügenden Unternehmensleitung und dem das Entscheidungsmanagement kontrollierenden Board zu sichern.
[190] RUIGROK, 24, empfiehlt deshalb den schweizerischen Gesellschaften anders als den amerikanischen eine strikte Trennung von VR-Präsident und CEO, denn in den USA würden die Vorschriften zur Offenlegung einen viel höheren Druck auf die Unternehmensspitze ausüben und damit die Aufsicht verbessern.

- hohe Detailkenntnisse in technischen und geschäftlichen Belangen[191]
- aktuelle und direkte Information durch die Geschäftsführungsfunktion[192]
- vielfältige Möglichkeiten zur eigenen Motivation über Erfolgsbeteiligung
- Absicherung in arbeitsrechtlicher und sozialversicherungsrechtlicher Hinsicht

Als Nachteile einer Doppelstellung für ein Verwaltungsratsmitglied sind zu erwähnen:

- Abhängigkeit und damit eingeschränkte Objektivität[193]
- Gefahr der Verfolgung von Eigeninteressen[194]
- Informationsdefizit der übrigen Verwaltungsräte und damit allenfalls vermehrt Meinungsdifferenzen
- erschwerte Kontrolle kann zu Spannungen im Verwaltungsrat führen

Diese Auflistung zeigt, dass ein Verwaltungsrat, welcher nur aus geschäftsführenden Mitgliedern zusammengesetzt ist, wohl nur für kleine Gesellschaften geeignet ist, in denen die Hauptaktionäre gleichzeitig Verwaltungsräte sind. Doch bei grösseren Gesellschaften und insbesondere auch bei Familiengesellschaften mit Aktionären, die nicht mehr selbst in der Geschäftsführung tätig sind, kann eine Aufteilung des Verwaltungsrats durchaus zweckmässig sein.[195] Um die Aufsicht über die Geschäftsführung in allen Situationen durchsetzen zu können, sollte allerdings die Gruppe der outside directors grösser sein als jene der inside directors. Ansonsten besteht die Gefahr, dass die nicht der Geschäftsführung angehörenden Verwaltungsratsmitglieder nur noch zu Statisten degradiert werden, welche die Entscheidungen der Geschäftsführung hinzunehmen haben.

b) Verbreitung in der Praxis trotz Medienkritik

Die Personalunion von VR-Präsident und Geschäftsführer bzw. CEO ist in der Schweiz vor allem bei kleineren Unternehmen mit geringem Personalbestand oder mit einem Umsatz von unter CHF 2 Mio. pro Jahr weit verbreitet (im Durchschnitt

---

[191] Vgl. BERSET, 141.
[192] Gemäss DRUEY, Outsider, 75 f., liegt dagegen die manifeste Schwäche des reinen Outsidermodelles in der gewöhnlich schlechten Information der Verwaltungsratsmitglieder.
[193] Von BÖCKLI, Aktienrecht, Rz. 956 zu § 13, auch als «Betriebsblindheit» bezeichnet.
[194] Diese Gefahr sieht WALDBURGER, 220.
[195] Unterschieden wird dabei in «inside directors» und «outside directors; vgl. BÖCKLI, Aktienrecht, Rz. 956 zu § 13.

§ 7 Zulässigkeit einer Doppelstellung

aller Branchen rund 57%).[196] Es wäre deshalb praxisfremd, wenn man die Personalunion ohne weitere Massnahmen verbieten wollte. Andererseits ist eine derartige Funktionenkumulation unter dem Aspekt der Corporate Governance problematisch. Es verwundert daher nicht, dass Personalunionen beim Management von Aktiengesellschaft in den Medien seit langer Zeit immer wieder kritisiert werden.

Bereits am 13. Oktober 1910 wurden in der NZZ[197] die Zustände bei der Aktiengesellschaft Arnold B. Heine & Co., Arbon, kritisiert. Es sei kein normales Verhältnis, wenn der Direktor im Verwaltungsrat sitze und zugleich Präsident des Aufsichtsrates sei, der über ihm stehen soll. Dazu schrieb WOLFERS im Jahre 1917: «Wo daher, wie es häufig geschieht, der Verwaltungsratspräsident zugleich Delegierter oder gar Direktor ist, da ist faktisch alle Macht in einer Hand konzentriert. Eine Wirksamkeit eines Rates gegen den Willen eines solchen Präsidenten ist fast undenkbar, wenn er von letzterem einberufen, präsidiert und im höchsten Grade beeinflusst zu werden vermag. Hier ist eine Einzelperson so unbeschränkt in der Herrschaft, dass alle Einrichtungen des Aktienrechts zum Schutz vor der Willkür des Einzelleiters zu einer Farce herabsinken.»[198]

Mit der Sensibilisierung der Aktionäre für Belange der Corporate Governance hat die Diskussion um die Zulässigkeit und Zweckmässigkeit einer Personalunion von VR-Präsident und CEO stark zugenommen. Insbesondere bei schlechten Geschäftsabschlüssen wird die Organisationsstruktur kritisch hinterfragt. Geradezu klassische Beispiele sind die Berichterstattungen über die schlechten Ergebnisse von Schweizer Finanzkonzernen. So wurde zur Aufgabe des Doppelmandates von Rolf Hüppi als VR-Präsident und CEO der Zurich Financial Services Group im Februar 2002 bemerkt: «Bis er sich dazu durchgerungen hat, brauchte es monatelangen Druck der Finanzmärkte. Zu Recht, fiel doch der Alleinherrscher auf mit Schönfärberei und irrationaler, intransparenter Informationspolitik.»[199] Bereits im März 2002 folgte eine ähnliche Kommentierung des VR-Präsidenten und CEO Lukas Mühlemann im Zusammenhang mit seiner Präsentation des Geschäftsberichtes der CS Group: «Mühlemann bleibt im Sattel – Festhalten am Doppelmandat trotz eines Jahres voller Pleiten, Pech und Pannen.»[200]

---

[196] BDO VISURA, Studie 2002, 21, wobei nicht angegeben wird, ob diese Prozentzahl nur auf Verwaltungsräten mit mehreren Mitgliedern basiert (gemäss Tabelle 7 vorne auf S. 101 haben rund 45% aller AG in der Schweiz einen Verwaltungsrat mit nur einem einzigen Mitglied).
[197] NZZ vom 13.10.1910, Nr. 282 (zitiert nach WOLFERS, 63).
[198] WOLFERS, 63.
[199] St. Galler Tagblatt vom 26.2.2002, S. 13.
[200] St. Galler Tagblatt vom 13.3.2002, S. 13.

1997 publizierte Spencer Stuart die Ergebnisse einer vergleichenden Studie zur Corporate Governance, in der u.a. folgende interessante Auflistung gemacht wurde:[201]

Tabelle 34: Personelle Trennung VR-Präsident/CEO im internationalen Vergleich

Land	Gesellschaftssystem	Trennung VRP/CEO	Nicht exekutive VR-Mitglieder	Arbeitnehmervertretung
Österreich	100% Monismus	Hoch	75%	Nein
Belgien	100% Monismus	Hoch	78%	–
Brasilien	100% Monismus	Tief	60%	Nein
Canada	100% Monismus	66%	80%	Nein
Frankreich I	80% Monismus	0%	82%	Ja
Frankreich II	20% Dualismus	100%	92%	Ja
Deutschland	100% Dualismus	100%	100%	Ja
Italien	100% Monismus	100%	73%	Nein
Japan	100% Monismus	100%	5%	Nein
Holland	100% Dualismus	100%	100%	Nein
Süd Afrika	100% Monismus	50%	60%	–
Spanien	100% Monismus	37%	71%	Nein
Schweden	100% Monismus	Hoch	85%	Ja
Schweiz	100% Monismus	63%	89%	Nein
England	100% Monismus	90%	50%	Nein
USA	100% Monismus	15%	77%	Nein

Quelle: Spencer Stuart 1997

Nachstehend wird die Problematik der Personalunion von VR-Präsident und CEO auf zwei verschiedene Betrachtungsweisen untersucht: zuerst unter dem Aspekt der ökonomischen Theorie des «nexus of contracts», d.h. im Hinblick auf die vielfältigen rechtlichen und faktischen Vertragsbeziehungen, in welche die Gesellschaft und mit ihr die Unternehmensleitung eingebunden ist, und dann unter dem Aspekt der unkontrollierbaren Machtfülle.

---

[201] PIC, 18.

c) Aspekt des «nexus of contracts»

Die Unternehmensleitung lässt sich nicht nur aus dem Blickwinkel der traditionellen volkswirtschaftlichen Mikrotheorie betrachten, welche eine Unternehmung ausschliesslich als Produktionsfunktion behandelt; vielmehr ist auf der Basis der theoretischen Konzepte einer neuen Mikro- und Finanzmarkttheorie der angelsächsischen Staaten auch eine Betrachtungsweise möglich, welche vom Ansatz einer ökonomisch fundierten Theorie des Aktienrechts der Publikumsgesellschaften ausgeht.[202] Dabei wird die Unternehmung als ein Geflecht von Verträgen (nexus of contracts) erfasst und die Gesellschaftsstatuten einer Aktiengesellschaft werden als relationaler Vertrag[203] verstanden.[204] Dieser Ansatz hat insofern seine Berechtigung, als nicht die Hierarchiestrukturen das Wesen einer Gesellschaft ausmachen, sondern ihre Vertragsbeziehungen.

Die Stellung der Unternehmensleitung ist unter dem Aspekt des «nexus of contracts» für die Gesellschaft absolut zentral. Verwaltungsrat und Geschäftsleitung sind zwar ebenso wie alle übrigen Kontrahenten der Unternehmung in ein Netz von Verträgen eingebunden.[205] Doch materiell ist die Unternehmensleitung beim Abschluss aller Verträge zwischen den Akteuren einer Gesellschaft federführend beteiligt.[206] Geht man davon aus, dass die Hauptaufgabe des Verwaltungsrats und damit auch seine Zusammensetzung weitgehend von den vielfältigen Vertragsbeziehungen der Gesellschaft abhängen, so besteht der vertragliche Hauptzweck des Verwaltungsrats darin, die Interessen der Aktionäre bei den vertragsspezifischen Risiken zu wahren. Unter diesem Aspekt erscheint es richtig, den Verwaltungsrat ausschliesslich aus Aktionärsvertretern zusammenzusetzen. Werden Vertreter anderer Vertragsinteressen, wie z.B. Arbeitnehmer, im Verwaltungsrat zugelassen, so besteht die Gefahr, dass sich diese opportunistisch verhalten und eigene Interessen durchsetzen, die auf der Ebene der bilateralen Verträge nicht durchgesetzt werden könnten.[207] Aus vertragstheoretischer Perspektive lässt sich die Einsitznahme von Arbeitnehmervertretern deshalb lediglich zu Informationszwecken rechtfertigen.[208]

---

[202] Vgl. RUFFNER, 127.
[203] Da die Statuten nicht nur die Beziehungen zwischen Aktionären und Verwaltungsrat, sondern auch zwischen den Aktionären selbst regeln, können sie auch als Vertrag der Aktionäre inter se verstanden werden (PROCACCIA, 179 f.; RUFFNER, 157).
[204] RUFFNER, 128.
[205] Wobei hier die organschaftliche Rechtsbeziehung ebenfalls als vertragliche Beziehung im weiteren Sinne verstanden wird (zur Ablehnung einer vertraglichen Qualifikation im streng rechtlichen Sinne vgl. vorne TEIL 1 § 3 IV. 2. auf S. 66 ff.).
[206] WILLIAMSON, 289, und RUFFNER, 137.
[207] RUFFNER, 138, mit der Ergänzung: «Die Vertretung anderer Interessen als die der Aktionäre im Board of Directors wird sich demnach tendenziell negativ auf die Investitionsanreize auswirken und den Preis für das Eigenkapital erhöhen.»
[208] RUFFNER, 139 und 144; WILLIAMSON, 270 ff.

Als Arbeitnehmervertreter im ökonomischen Sinne, aber auch im rechtlichen Sinne gemäss Art. 336 Abs. 2 lit. b OR gilt nur ein Arbeitnehmer, welcher von der Belegschaft eines funktional eigenständigen Betriebsteiles in einem geregelten Verfahren zum Vertreter bestellt oder gewählt wurde. Ein leitender Arbeitnehmer, insbesondere ein CEO oder CFO, wird i.d.r. von der Belegschaft als Arbeitgebervertreter angesehen und wohl nur in seltenen Fällen als Arbeitnehmervertreter gewählt. Bei leitenden Arbeitnehmern muss deshalb nicht grundsätzlich von einem vertraglichen Interessenkonflikt mit den Aktionärsvertretern ausgegangen werden. Vielmehr ist es in einem mit internen Kontrollfunktionen ausgestalteten Verwaltungsrat durchaus vereinbar, dass auch Manager als «inside directors» in diesem vertreten sind.[209]

d) Aspekt der faktisch unkontrollierbaren Machtfülle

Nach der Public Choice-Theorie versagt ein Abstimmungssystem, wenn die Zahl der Stimmenden relativ gross ist und mehrere Möglichkeiten zur Stimmabgabe bestehen; denn damit steigt die Wahrscheinlichkeit, dass die Abstimmungsergebnisse bei einer Wiederholung unterschiedlich ausfallen (sog. zyklische Abstimmungsergebnisse) und letztlich derjenige entscheidet, welcher die Traktandenliste kontrolliert und die Präferenzen der Parteien kennt.[210] Ist ein VR-Präsident gleichzeitig CEO, kann er nicht nur die Traktandenliste für die VR-Sitzungen im Sinne der Geschäftsleitung gestalten, sondern er kann auch die Traktandenliste für die Generalversammlungen nach dem Willen des Verwaltungsrates zusammenstellen. Damit wird der VR-Präsident besonders bei Publikumsgesellschaften in die Lage versetzt, Abstimmungsresultate weitgehend nach seinen Wünschen zu steuern. Dieses Machtproblem lässt sich weder durch Bestimmungen in den Statuten noch im Organisationsreglement beheben. Auch VR-Ausschüsse bieten keine Lösung, denn der VR-Präsident wird auf Grund seiner Funktion immer derjenige sein, welcher nicht nur die Traktandenliste, sondern auch den Verlauf der Diskussion massgebend beeinflussen kann. Eine Personalunion von VR-Präsident und CEO ist aus diesem Blickwinkel klar abzulehnen. Lässt man die Interessen der Arbeitnehmer und übrigen Stakeholder unberücksichtigt, so kann man eine Personalunion lediglich dann akzeptieren, wenn der VR-Präsident gleichzeitig Mehrheitsaktionär ist und damit auch die wirtschaftlichen Auswirkungen seines Handelns selbst hinnehmen muss.

Als Konsequenz dieser Überlegungen sollte der Vorsitz in der Generalversammlung nicht von einem Verwaltungsratsmitglied übernommen werden, welches

---

[209] RUFFNER, 140 f., mit der Empfehlung, dass möglichen Kollusionen zwischen internen und externen Verwaltungsräten mit Ausschüssen entgegengewirkt werden kann.
[210] Vgl. RUFFNER, 184, m.w.H.

gleichzeitig die operative Leitung der Gesellschaft inne hat und in einem Arbeitsverhältnis zur Gesellschaft steht. Mit der Wahl eines anderen Vorsitzenden könnten entsprechende Interessenkonflikte zum Voraus vermieden werden.[211] Sollten dies die Aktionäre verbindlich verlangen, kann eine entsprechende Klausel in die Statuten aufgenommen werden.[212] Allerdings wird eine solche Regelung dort problematisch, wo ein hauptamtlicher VR-Präsident zwar in einem Arbeitsverhältnis steht, jedoch nicht gleichzeitig die Funktion des CEO ausübt. Hier werden insbesondere die übrigen Verwaltungsräte erwarten, dass der Präsident seine Funktion auch in der Generalversammlung ausübt, da er dafür auch entlöhnt wird. Auch ein Vorsitzender mit einem Arbeitsverhältnis zur Gesellschaft kann die Versammlung sachbezogen und «sachneutral» leiten.[213] Es ist jedoch NOBEL zuzustimmen, dass der Vorsitzende selbst in der Diskussion nicht neutral bleiben muss.[214]

e) Empfehlungen im Swiss Code of Best Practice for Corporate Governance

Im Bericht zur Corporate Governance wird bezüglich der Trennung von VR-Präsident und CEO zur Rechtslage einleitend klargestellt, dass nach dem Board-System des schweizerischen Aktienrechts gemäss Art. 716a OR eine Trennung von Überwachung und Geschäftsleitung zwar erlaubt, aber im Gegensatz zum deutschen Recht nicht zwingend vorgeschrieben ist. Entsprechend unterschiedlich sei die Praxis in schweizerischen Gesellschaften. Im Zeitpunkt der Berichtsverfassung 2002 bestand eine Personalunion von VR-Präsident und CEO bei Roche, Novartis, CS Group und Zurich Financial Services.[215] Nach einem Vergleich mit den Regelungen in Grossbritannien, in den USA und in Deutschland werden folgende Diskussionspunkte angeführt:[216]

– Eine saubere Trennung der Funktionen des Verwaltungsrates und der operativen Geschäftsleitung ist zu begrüssen. Dadurch kann die unabhängige Aufsicht gestärkt und die Transparenz der Verantwortlichkeiten verbessert werden.

– Eine Personalunion hat auch Vorteile. Die Informations- und Entscheidungswege können verkürzt werden, Machtkämpfe werden unwahrscheinlicher und die Entscheidungsfindung wird erleichtert.

---

[211] Auch VON DER CRONE/KESSLER, 17, erachten es als weniger problematisch, wenn der Vorsitz von einem nicht-exekutiven Mitglied des Verwaltungsrats übernommen würde.
[212] Vgl. die Musterklausel im Anhang A.3.9 auf S. 515.
[213] Genau dies wird auch vom Präsidenten des Verwaltungsrats für die VR-Sitzungen verlangt (vgl. HUNGERBÜHLER, 94).
[214] NOBEL, Rolle des VR-Präsidenten, 21.
[215] Vgl. HOFSTETTER, Corporate Governance Bericht, 36.
[216] HOFSTETTER, Corporate Governance Bericht, 37.

– Eine starre Regel empfiehlt sich nicht. Das Trennungsprinzip könnte als Grundsatz empfohlen werden, doch müsste die Personalunion möglich bleiben.

Entsprechend den Ergebnissen der Expertengruppe[217] wird im Swiss Code dem Verwaltungsrat die Entscheidung über Personalunion oder Doppelspitze freigestellt mit folgender Einschränkung: «Entschliesst sich der Verwaltungsrat aus unternehmensspezifischen Gründen oder weil die Konstellation der verfügbaren Spitzenkräfte es nahe legt, zur Personalunion, so sorgt er für adäquate Kontrollmechanismen.[218] Zur Erfüllung dieser Aufgabe kann der Verwaltungsrat ein nicht exekutives, erfahrenes Mitglied bestimmen (lead director). Dieses ist befugt, wenn nötig selbständig eine Sitzung des Verwaltungsrates einzuberufen und zu leiten.[219]

Im Expertenbericht der Arbeitsgruppe «Corporate Governance» zur Teilrevision des Aktienrechts wird ein neuer Art. 716b OR vorgeschlagen, wonach der Verwaltungsrat einer Gesellschaft, die zu erweiterten Angaben im Geschäftsbericht verpflichtet ist,[220] u.a. einen Grundsatzbeschluss zu fassen hat bezüglich Zusammensetzung des Verwaltungsrates und Vereinigung oder Trennung des Vorsitzes von Verwaltungsrat und Geschäftsleitung.[221] Damit würden die entsprechenden Empfehlungen des Swiss Code of Best Practice for Corporate Governance bezüglich Personalunion ohne Änderung in das Obligationenrecht übernommen. Zusätzlich wird jedoch in Abs. 4 des neuen Artikels vorgeschrieben: «Der Verwaltungsrat begründet seinen Entscheid zu jedem der fünf Gegenstände des Grundsatzbeschlusses.»

---

[217] HOFSTETTER, Erkenntnisse, 978, bezeichnet die Diskussionen um diesen Punkt als eigentlichen «Glaubenskrieg».
[218] Eine Aufzählung möglicher Kontrollinstrumente (Control Self Assessment) findet sich bei PAULSEN/MEIERHOFER, 1066 f.
[219] Swiss Code Ziff. 18.
[220] Diese «KMU-Schwelle» wird hinten auf S. 497 konkretisiert.
[221] Vgl. BÖCKLI/HUGUENIN/DESSEMONTET, 228.

TEIL 4
Konsequenzen einer Doppelstellung

§ 8 Allgemeine obligationenrechtliche Konsequenzen

I. Vertretungsbefugnis im Allgemeinen

1. Gesetzliche Regelung

Gemäss Art. 718 Abs. 1 OR vertritt der Verwaltungsrat die Gesellschaft nach aussen. Bestimmen die Statuten oder das Organisationsreglement nichts anderes, so steht die Vertretungsbefugnis jedem Mitglied einzeln zu. Umgekehrt kann der Verwaltungsrat nach Art. 718 Abs. 2 OR die Vertretung einem oder mehreren Mitgliedern (Delegierte) oder Dritten (Direktoren) übertragen. Immerhin muss nach Art. 718 Abs. 3 OR aber mindestens ein Mitglied des Verwaltungsrats zur Vertretung befugt sein.

Im Gesetz wird klar zwischen der organschaftlichen Stellung als Verwaltungsrat und der besonderen Funktion als VR-Delegierter oder Direktor unterschieden. Während das organschaftliche Verhältnis als Mitglied des Verwaltungsrats ohne gegenteilige Regelung zu einer Vertretungsbefugnis führt, resultiert aus der Stellung als Direktor noch keine derartige Kompetenz.[1] Vielmehr muss die Vertretungsbefugnis dem Direktor ausdrücklich übertragen werden. Im Falle einer Doppelstellung als Verwaltungsrat und Direktor ist nach Art. 718 Abs. 1 OR die Vertretungsbefugnis zu vermuten.

Nicht im Gesetz geregelt ist die Vertretung eines Verwaltungsratsmitglieds durch ein anderes Mitglied des Verwaltungsrats oder durch einen Dritten. Im Entwurf zur Revision des Obligationenrechts von 1919[2] war noch ein spezieller Art. 764 aOR vorgesehen, nach dem in den Statuten vorgesehen werden konnte, dass sich ein abwesendes Mitglied des Verwaltungsrates durch ein anderes Mitglied vertreten lassen dürfe. Kein Mitglied hätte nach dieser Regelung mehr als zwei weitere

---

[1] Im Zusammenhang mit der Frage, ob bezüglich Anmeldungen für das Handelsregisteramt bei Eisenbahngesellschaften auch die Direktion als Verwaltung im Sinne des Obligationenrechts zu betrachten sei, erging am 13.3.1883 ein Kreisschreiben des Bundesrates, mit dem diese Frage und damit die entsprechende Vertretungsmöglichkeit klar verneint wurde (vgl. SIEGMUND, 289 und 429 ff.).
[2] ENTWURF I, 70.

Mitglieder vertreten können. Im Bericht des Bundesrates wurde dazu erwähnt: «Wenn ein Mitglied die Einladung zur Sitzung nicht berücksichtigt, so haftet es für die Beschlüsse des Rates nicht. Wenn nun aber ein Mitglied das andere vertritt, so wird doch wohl nur dieses die Verantwortung zu tragen haben, [...]»[3] Das angeführte Problem der Verantwortlichkeit führte dazu, dass der vorgeschlagene Artikel im zweiten Entwurf von 1923 vollständig gestrichen wurde. Im entsprechenden Bundesratsbericht lautete die Begründung wie folgt: «Für die ausdrückliche Ermöglichung einer Vertretung abwesender Verwaltungsratsmitglieder durch andere Mitglieder oder gar einer kumulierten Vertretung scheint uns kein Bedürfnis zu bestehen. Eine solche Vertretungsmöglichkeit scheint auch vom Standpunkt der Regelung der Verantwortlichkeit nicht wünschbar.»[4] Heute ist die Möglichkeit einer Stellvertretung im Verwaltungsrat umstritten, doch wird dafür der Eintrag von Suppleanten im Handelsregister zugelassen.[5] Ein Verwaltungsratsmitglied haftet jedenfalls auch dann, wenn es nicht an der Sitzung anwesend war.[6]

2. Probleme bei Doppelstellung mit beschränkter Vertretungsbefugnis

Die Formulierung von Art. 718 Abs. 2 OR schliesst nicht aus, dass ein Mitglied des Verwaltungsrats, insbesondere ein VR-Delegierter, gleichzeitig Direktor ist und ihm trotz dieser Doppelstellung die Vertretungsbefugnis übertragen wird. Solange diese Vertretungsbefugnis für beide Funktionen gewollt ist, entstehen daraus keine Schwierigkeiten. Probleme können aber auftreten, wenn die Vertretungsbefugnis bei einer Funktion überhaupt nicht oder zumindest nur beschränkt bestehen soll.

Die Problematik im Zusammenhang mit der Vertretungsbefugnis für einen Verwaltungsrat mit gleichzeitiger Doppelstellung als Arbeitnehmer sei anhand eines Beispieles verdeutlicht:

> In einer Software-Gesellschaft ist die Vertretungsbefugnis statutarisch nur dem Delegierten und dem Präsidenten des Verwaltungsrats übertragen. Im Funktionendiagramm ist zudem festgelegt, dass die Kompetenz für den Abschluss von Lizenzverträgen bezüglich eigener Softwareprodukte nur beim Verwaltungsrat liege. Sämtliche bestehenden Lizenzverträge wurden deshalb

---

[3] BERICHT I, 132.
[4] BERICHT II; 73.
[5] HOMBURGER, Zürcher Kommentar, N 49 ff. zu Art. 707 OR; MÜLLER/LIPP/PLÜSS, 50 f. und 110 m.w.H.; WERNLI, Basler Kommentar N 28 zu Art. 707 OR.
[6] Vgl. WEBER, 97 und 171.

§ 8 Allgemeine obligationenrechtliche Konsequenzen

durch den VR-Delegierten selbst abgeschlossen. Nachdem dieser jedoch bei einem Autounfall ums Leben gekommen ist, wird der langjährige Direktor von der Generalversammlung als Ersatz in den Verwaltungsrat gewählt. In der anschliessenden Konstituierungssitzung des Verwaltungsrats wird bewusst darauf verzichtet, den Direktor auch noch zum Delegierten zu ernennen, da er weiterhin in einem Arbeitsverhältnis zur Gesellschaft stehe. Als kurze Zeit später ein weiterer Lizenzvertrag zur Diskussion steht, schliesst ihn der Direktor in seiner neuen Funktion als Verwaltungsrat selbst ab. Bei der Vertragsabwicklung kommt es jedoch zu einem Rechtsstreit, mit dem sich schliesslich auch der gesamte Verwaltungsrat beschäftigen muss. Nun macht der VR-Präsident geltend, der Vertrag sei nicht rechtsgültig zustande gekommen, da der Direktor nicht VR-Delegierter sei und er deshalb die Gesellschaft nicht vertreten könne. Die Gegenpartei kontert mit dem Argument, sie habe sich gutgläubig auf die Vertretungsbefugnis verlassen können. Ein Verwaltungsrat mit gleichzeitiger Doppelstellung als Direktor entspreche einem VR-Delegierten und sei somit zur Vertretung der Gesellschaft beim Abschluss eines Alleinvertriebsvertrages berechtigt.

Um die Rechtslage in diesem Beispiel beurteilen zu können, ist vorab abzuklären, ob und gegebenenfalls wie der Direktor als zeichnungsberechtigte Person im zuständigen kantonalen Handelsregister eingetragen wurde. Führt er als Direktor eine Zeichnungsberechtigung, jedoch nicht als Verwaltungsrat, so hat diese Beschränkung der Vertretungsbefugnis gegenüber gutgläubigen Dritten nach Art. 718a Abs. 2 OR keine Wirkung. Organisationsreglement und Funktionendiagramm werden im Handelsregister nicht eingetragen und sind der Kenntnis eines Dritten somit grundsätzlich verborgen. Sollte jedoch der aussergewöhnliche Fall gegeben sein, dass der Direktor überhaupt keine Unterschriftsberechtigung führt, so käme die Gegenpartei wohl nur dann mit ihrer Argumentation durch, wenn sie eine Anscheins- oder Duldungsvollmacht rechtsgenügend nachweisen könnte. Nachstehend wird deshalb auf die Zeichnungsberechtigung noch speziell eingegangen.

II. Zeichnungsberechtigung im Besonderen

1. Gesetzliche Regelung

Die Zeichnungsberechtigung ist als besondere Form der Vertretungsbefugnis zu qualifizieren.[7] Dies ergibt sich bereits aus Art. 719 OR. Danach haben die zur Vertretung der Gesellschaft befugten Personen in der Weise zu zeichnen, dass sie der Firma der Gesellschaft ihre Unterschrift beifügen. Ob es sich bei der Vertretungsbefugnis um eine Einzel- oder eine Kollektivzeichnungsberechtigung handelt, ist im Handelsregister klarzustellen. Dort sind die zur Vertretung der Gesellschaft berechtigten Personen nach Art. 720 OR einzutragen.

In Art. 718 Abs. 1 OR wird die Vertretungsbefugnis ohne gegenteilige Bestimmung in den Statuten oder im Organisationsreglement ausdrücklich jedem einzelnen Mitglied des Verwaltungsrats zugestanden. Damit wird gesetzlich eine Einzelzeichnungsberechtigung vermutet.[8] Ob ein Verwaltungsrat zusätzlich noch in einem Arbeitsverhältnis zur Gesellschaft steht, ändert nichts daran, sonst hätte im Gesetz ein entsprechender Vorbehalt angebracht werden müssen.

2. Handelsregistereintrag bei Doppelstellung

a) Beschränkte Eintragungsmöglichkeit

Nach Art. 20 HRegV können im Handelsregister nur die nach Gesetz und Verordnung bestimmten Inhalte in das Handelsregister eingetragen werden. Andere Tatsachen sind nur dann ausnahmsweise eintragungsfähig, wenn das öffentliche Interesse es rechtfertigt, ihnen Wirkung gegenüber Dritten zu verleihen. Alle Eintragungen müssen dabei gemäss Art. 38 HRegV wahr sein, dürfen zu keinen Täuschungen Anlass geben und keinem öffentlichen Interesse widersprechen. Der Gesetzgeber hat sich mit diesen allgemeinen Beschränkungen begnügt und u.a. bewusst darauf verzichtet, eine Liste jener Funktionsbezeichnungen festzulegen, die im Handelsregister eintragungsfähig sind. Insbesondere ist auch nicht vorgesehen, dass die Doppelstellung als Verwaltungsrat und Arbeitnehmer speziell ver-

---

[7] Im Handbuch für die Schweizerischen Handelsregisterführer stellt SIEGMUND, 304 f., bereits 1892 fest, dass die Vertretung nach aussen und die Führung der rechtsverbindlichen Unterschrift für das Handelsregister dasselbe sei; die Vertretung nach aussen drücke sich eben durch das Führen der Unterschrift aus.
[8] Vgl. WATTER, Basler Kommentar, N 1 zu Art. 718 OR.

merkt werden könnte.⁹ Diese fehlende Auflistung führte dazu, dass je nach Kanton bzw. Person des Handelsregisterführers unterschiedliche Funktionsbezeichnungen zugelassen wurden.¹⁰ Gelegentlich wurden deshalb auch interne Stellenbezeichnungen, wie z.B. Ehrenpräsident, zugelassen.¹¹

Das Eidg. Amt für das Handelsregister (EHRA) übt die Oberaufsicht über das Handelsregisterwesen aus mit dem Ziel, eine möglichst einheitliche und korrekte Anwendung des Handelsrechts in der Schweiz zu gewährleisten.¹² Das EHRA ersuchte deshalb die kantonalen Handelsregisterämter, interne Funktionsangaben nicht mehr einzutragen.¹³ Spezifische Weisungen oder Mitteilungen betreffend die Stellung von Verwaltungsratsmitgliedern als Arbeitnehmer wurden vom EHRA nicht erlassen.¹⁴ Allfällige Broschüren oder Mitteilungen zu dieser Thematik wurden ausschliesslich von kantonalen Registerbehörden verfasst, was ebenfalls dazu geführt hat, dass die Praxis der einzelnen kantonalen Amtsstellen bezüglich der Eintragung von Zusatzfunktionen nicht einheitlich ist.

Es ist zulässig, einer natürlichen Person im Handelsregister eine Zeichnungsberechtigung ohne Funktionsbezeichnung zuzuordnen.¹⁵ Umgekehrt können Funktionsträger auch ohne Zeichnungsberechtigung im Handelsregister eingetragen werden. Selbst einem VR-Präsidenten oder einem VR-Delegierten muss nicht zwingend eine Zeichnungsberechtigung zugestanden werden.¹⁶ Aus dem Handelsregister ist deshalb auch nicht ersichtlich, ob ein Verwaltungsrat zusätzlich in einem arbeitsrechtlichen Verhältnis zur Gesellschaft steht oder nicht. Allenfalls können einge-

---

[9] Bereits im «Kreisschreiben des Bundesrathes an die eidgenössischen Stände vom 7. Dezember 1882» (auszugsweise abgedruckt bei SIEGMUND, 427 ff.) wurde unter Ziff. V. festgehalten, dass von den kantonalen Handelsregisterämtern neben dem alphabetischen Nachschlageverzeichnis zum Firmenbuch noch ein alphabetisches Personenverzeichnis geführt werden müsse; die dafür notwendigen Angaben wurden abschliessend aufgezählt, ohne dass in einer Rubrik ein Hinweis auf die Art des Beschäftigungsverhältnisses ermöglicht worden wäre (vgl. Erörterung a.a.O. 108 f.).

[10] Gemäss Art. 927 OR muss jeder Kanton ein Handelsregister (mindestens eines) führen. Zur Zeit bestehen 45 kantonale Handelsregister. Unterschiedliche Auffassungen und Handhabungen sind deshalb unausweichlich.

[11] Dies entgegen den Ausführungen von DITESHEIM, 185; vgl. die Tabelle 6 auf S. 100: Im Handelsregister per 2000 eingetragene VR-Zusatzfunktionen.

[12] Um dieser Aufgabe gerecht zu werden, hat das EHRA nach Art. 115 Abs. 1 HRegV sämtliche vorgesehenen Eintragungen der kantonalen Handelsregister vor der Veröffentlichung zu prüfen.

[13] Vgl. COUCHEPIN, Eintragung, 37; SIEGMUND, 162.

[14] Persönlich adressierte Mitteilung des EHRA vom 31.5.2001 mit der Begründung, dass mehrere Entscheidungen des Bundesgerichtes die Grundlage für die Registerpraxis bei der Eintragung von Verwaltungsratsmitgliedern mit Zusatzfunktionen bilden.

[15] WATTER, Basler Kommentar, N 5 zu Art. 720 OR.

[16] Dies ergibt sich bereits aus Art. 718 Abs. 1 OR, wonach in den Statuten oder im Organisationsreglement das Vertretungsrecht der VR-Mitglieder beschränkt werden kann.

tragenen Funktionsbezeichnungen als Indiz für eine Doppelstellung gewertet werden. Dabei ist jedoch zu berücksichtigen, dass nur jene Funktionsbezeichnungen eingetragen werden, die im Aussenverhältnis von Bedeutung sind.[17]

b) Entwicklung der bundesgerichtlichen Rechtsprechung

In BGE 60 I 55 ff. (Fridolin Schwitter AG c. Eidg. Amt für das Handelsregister) wurde über das Verhältnis zwischen Prokura und VR-Unterschriftsberechtigung entschieden. Das Bundesgericht hat es als zulässig erachtet, dass im Handelsregister die Kollektivzeichnungsberechtigung eines Verwaltungsrats zusammen mit einem Prokuristen eingetragen wird. Denn eine solche beschlossene Unterschriftsregelung ist wahr, gibt zu keinen Täuschungen Anlass und verletzt kein öffentliches Interesse. Damit hat das Bundesgericht den Weg zu einer gemeinsamen Eintragung als Verwaltungsrat und Prokurist geebnet.

In BGE 67 I 342 ff. (Grossenbacher & Cie. AG c. Eidg. Amt für das Handelsregister) ging das Bundesgericht den vorgegebenen Weg konsequent weiter. In aller Klarheit wurde die Eintragung eines Verwaltungsrats als gleichzeitiger Prokurist der Gesellschaft und folglich auch mit entsprechender Unterschriftsberechtigung als zulässig bezeichnet. Dieser Entscheid ist aus verschiedenen Gründen beachtenswert:

– Die Wahl des Prokuristen zum Verwaltungsrat durch schriftlichen Beschluss der Aktionäre war gar nicht gültig, dennoch hat das Bundesgericht über die Grundsatzfrage der Zulässigkeit einer Doppelstellung mit entsprechender Unterschriftsproblematik entschieden.

– Das Bundesgericht anerkannte, dass sich das EHRA bei seinem abweisenden Entscheid auf entsprechende Literatur stützen konnte,[18] dennoch stellte es fest, dass die gegenteilige Ansicht keiner bestehenden Vorschrift oder einem allgemeinen Grundsatz widerspreche.

– In der Entscheidbegründung wird klar unterschieden zwischen dem Verwaltungsrat als Gremium und dem einzelnen Mitglied. Bei einer AG mit einem einzigen Verwaltungsrat ist es unmöglich, dass seine Unterschriftsberechtigung auf den Umfang einer Prokura eingeschränkt wird, da die Gesellschaft «dann

---

[17] Vgl. ECKERT, Basler Kommentar, N 5 zu Art. 934 OR; interne Funktionsbezeichnungen, welche direkt auf ein Arbeitsverhältnis schliessen würden, wie z.B. technischer Direktor oder Abteilungsleiter, sind deshalb nicht eintragungsfähig (vgl. REBSAMEN, 21, und WATTER, Basler Kommentar, N 5 zu Art. 720 OR).
[18] BGE 67 I 342 Erw. 4. mit Verweis auf SIEGMUND, 156; OSER-SCHÖNENBERGER, N 21 zu Art. 21 OR.

im Grunde ohne Verwaltung wäre». Bei einem mehrköpfigen Verwaltungsrat ist dagegen eine solche Einzeleinschränkung zulässig.
- Schliesslich ergibt sich aus diesem wegweisenden Entscheid indirekt, dass ein Prokurist zum Verwaltungsrat gewählt werden kann, ohne damit zwingend seine Stellung als Arbeitnehmer aufgeben zu mussen. Der Verwaltungsrat als Arbeitnehmer ist deshalb auch aus Sicht des Bundesgerichtes durchaus zulässig.

c) Aktuelle Eintragungspraxis der Handelsregisterämter

Heute beschränken sich die Handelsregisterämter auf die formelle Überprüfung jener Belege, welche der Anmeldung im Zusammenhang mit Mutationen im Verwaltungsrat zu Grunde liegen. In Übereinstimmung mit der bundesgerichtlichen Rechtsprechung[19] wird insbesondere geprüft, ob der einzutragende Verwaltungsrat seine Wahl auch tatsächlich angenommen hat. Wurde eine abwesende Person gewählt, so verlangen die Handelsregisterämter eine separate Annahmeerklärung des Betroffenen. Keine weitere Prüfung erfolgt namentlich in folgenden Fällen:

- Der einzutragende Verwaltungsrat hat bereits als Arbeitnehmer eine im Register eingetragene Zeichnungsberechtigung; für die neue Funktion ist keine zusätzliche Unterschriftsberechtigung beschlossen worden. Der neue Verwaltungsrat wird mit der bisherigen Unterschriftsberechtigung eingetragen.
- Der bisher ohne Unterschriftsberechtigung eingetragene Verwaltungsrat wird gemäss VR-Protokoll als Finanzchef im Vollamt angestellt und erhält in dieser Funktion die Berechtigung zur Einzelunterschrift. Da im Handelsregister interne Funktionsbezeichnungen nicht eingetragen werden, resultiert als Konsequenz ein einziger Eintrag als Verwaltungsrat mit Einzelunterschriftsberechtigung. Ein doppelter Eintrag, einmal als nicht zeichnungsberechtigter Verwaltungsrat und einmal als Einzelzeichnungsberechtigter ohne Funktionsbezeichnung, würde gegenüber Dritten den Anschein eines Widerspruches erwecken.

Im Zusammenhang mit der Aktienrechtsrevision 1992 hielt der damalige Handelsregisterführer des Kantons Basel-Stadt in einer Broschüre u.a. die Praxis des EHRA zur Eintragung von zusätzlichen VR-Funktionen fest.[20] Danach wäre die Eintragung einer Zusatzfunktion zu verweigern, wenn der Verwaltungsrat nur aus einer Person besteht oder wenn der betreffende Verwaltungsrat bereits als VR-Delegierter im Handelsregister eingetragen ist. Überprüft man die aktuellen Registerein-

---

[19] Vgl. BGE 105 II 130.
[20] REBSAMEN, 18.

träge mit diesen Vorgaben, so stimmt zwar die erste Aussage,[21] bezüglich der zweiten ist jedoch eine andere Praxis festzustellen. Bei zahlreichen Gesellschaften waren per Mitte 2000 VR-Delegierte mit der Zusatzfunktion Direktor oder Geschäftsführer eingetragen. Nun könnte vermutet werden, diese Eintragungen stammten noch vor dem Stichtag 1. Januar 1985[22] oder zumindest vor dem 1. Juli 1992, also vor dem Inkrafttreten des neuen Aktienrechts. Eine detaillierte Analyse der betroffenen Firmen ergibt jedoch folgendes Ergebnis:

Tabelle 35: VR-Delegierte mit geschäftsführender Zusatzfunktion 1984–2000

Zusatzfunktion	1.7.1984	1.7.1992	1.7.2000
Direktor	129	147	163
Geschäftsführer	52	61	82
Total	*181*	*208*	*245*

Quelle: Auswertung der selektierten Daten von Orell Füssli

Von den 9'224 VR-Delegierten waren am 1. Juli 2000 rund 2,7% mit einer Zusatzfunktion als Direktor oder Geschäftsführer im Handelsregister eingetragen. Davon ist jeder sechste Eintrag nach dem Inkrafttreten des neuen Aktienrechtes erfolgt. Diese Zahlen bedeuten eine signifikante Abweichung von der angeblich strengen Eintragungsbeschränkung des EHRA. Auf entsprechende Anfrage hin wurde von diesem Amt dazu Folgendes mitgeteilt:[23]

– «Einzelverwaltungsräte werden ausschliesslich ohne Zusatzfunktionen in das Handelsregister eingetragen, da eine Doppelstellung als Verwaltungsrat und Arbeitnehmer in dieser Konstellation nicht möglich ist bzw. keinen Sinn ergibt (kein Unterordnungsverhältnis in Personalunion möglich).»

---

[21] Bei rund 45% aller Gesellschaften ist nur ein einziger Verwaltungsrat eingetragen; damit kämen gut 73'000 Einzelverwaltungsräte für eine Zusatzeintragung in Frage (vgl. vorne TEIL 2 § 4 IV. 2. a) auf S. 101 ff., insbesondere Tabelle 7). Für eine vollständige Auswertung fehlten entsprechend aufbereitete Daten, doch konnten bei einer Stichprobenanalyse keine Zusatzeintragungen bei Einzelverwaltungsräten festgestellt werden.

[22] Massgebender Stichtag zur Anpassung des Aktienkapitals gemäss Art. 2 Abs. 2 der Schlussbestimmungen zum 26. Titel des OR.

[23] Persönlich adressierte Mitteilung des EHRA vom 31.5.2001.

– «Es ist zutreffend, dass unter dem alten Aktienrecht die Eintragung der Kombination der Funktion Delegierter des Verwaltungsrats und Direktor bzw. Geschäftsführer aus verantwortlichkeitsrechtlichen Überlegungen nicht zugelassen wurde (bei den Abweichungen von der Praxis bis zum 1. Juli 1992 dürfte es sich aller Wahrscheinlichkeit nach um Fehleintragungen handeln). Mit dem Inkrafttreten des neuen Aktienrechts musste die bisherige Praxis einer grundlegenden Überprüfung unterzogen und relativiert werden. Während unter dem alten Aktienrecht ein Funktionsbezogener Ausschluss der Haftung denkbar war, wurde die Verantwortlichkeit im neuen Aktienrecht über den eigentlichen Organbegriff hinaus auf sämtliche mit der Geschäftsführung betrauten Personen ausgeweitet. Damit dürfte die Frage, ob ein Verwaltungsratsdelegierter mit Zusatzfunktionen eingetragen werden kann oder nicht, unter dem Aspekt der aktienrechtlichen Verantwortlichkeit irrelevant geworden sein.»

– «Obwohl in der Registerpraxis diesbezügliche Bedenken geäussert werden, erscheint es aufgrund der geänderten Rechtslage jedoch rechtlich vertretbar, dass Verwaltungsratsdelegierte mit den Zusatzfunktionen Direktor oder Geschäftsführer eingetragen werden können. Nach Konsultation der Fachkommission für das Handelsregister wurde die Praxis unter Vorbehalt missbräuchlicher Kumulationen von Funktionen denn auch weitgehend liberalisiert.»

Mit diesen Aussagen des EHRA ist klargestellt, dass es sich bei der festgestellten Änderung in der Eintragungspraxis nicht um Widersprüche, sondern um eine bewusste Liberalisierung handelt, welche auf dem seit 1. Juli 1992 geltenden Aktienrecht basiert.[24]

---

[24] Das Bundesgericht setzt diese Liberalisierung konsequent fort, indem nun im Handelsregister auch vermerkt werden kann, dass zwei kollektiv zeichnungsberechtigte Verwaltungsräte nicht miteinander zeichnen dürfen (unveröffentlichter Entscheid des Bundesgerichtes 4A.7/1994 vom 19.9.1995, publiziert in der NZZ vom 20.9.1995, Nr. 202, S. 25, und bei FELBER, Bundesgerichtsentscheide, 236 f.).

§ 9 Arbeitsrechtliche Konsequenzen

I. Entlöhnung

1. Kumulation von Lohn- und Honoraranspruch

a) Grundsätzlicher Anspruch auf Lohn und Verwaltungsratshonorar

Die Entgeltlichkeit der Arbeitsleistung ist eine fundamentale gesetzliche Voraussetzung für den Bestand eines Arbeitsvertrages.[1] Ist die Höhe des Arbeitslohnes nicht im Voraus konkret festgelegt worden, so hat der Arbeitgeber nach Art. 322 Abs. 1 OR den Lohn zu entrichten, der üblich ist. Was üblich ist, muss anhand von Vergleichszahlen im gleichen Betrieb[2] oder in der gleichen Branche vor Ort unter Berücksichtigung der Tätigkeit einerseits und der persönlichen Verhältnisse (Ausbildung, Erfahrung, Alter, Familienstand, Kinderzahl) andererseits ermittelt werden;[3] hierzu besteht eine reiche Rechtsprechung.[4] Umgekehrt kann aus der Vereinbarung eines überdurchschnittlich hohen Lohnes nicht der Schluss gezogen werden, es liege kein Arbeitsvertrag vor, sondern ein Auftrag.[5] Zuständig zur Festlegung der Entlöhnung ist grundsätzlich der Verwaltungsrat. Bezüglich der Geschäftsführung ist dies nach Art. 716a OR eine unübertragbare und unentziehbare Aufgabe. Bezüglich der übrigen Arbeitnehmer ist eine Delegation gestützt auf Art. 716b Abs. 1 OR bzw. eine entsprechende statutarische Ermächtigung über ein Organisationsreglement zulässig. Wird die Entlöhnung übermässig hoch angesetzt, so haben die Aktionäre kein direktes Anfechtungsrecht; es verbleibt ihnen lediglich der schwierige und langwierige Weg über eine Verantwortlichkeitsklage nach Art. 754 OR. Wird der Verwaltungsrat ausgewechselt und möchte der neue Verwaltungsrat den bereits bestehenden Arbeitsvertrag wegen übermässiger Lohnfestsetzung gestützt auf Art. 24 OR bzw. ZGB 27 Abs. 2 ZGB für unverbindlich erklären, so werden sich in den

---

[1] Vgl. die Begriffsbestimmung in Art. 319 Abs. 1 OR und die Ausführungen dazu vorne unter TEIL 3 § 6 II. 1. e) auf S. 191. «Wer ohne Lohn zu arbeiten bereit ist, ist nicht Arbeitnehmer […]» (REHBINDER, Berner Kommentar, N 2 zu Art. 322 OR).
[2] Dieser Vergleich hat Priorität (vgl. BRÜHWILER, N 4 zu Art. 322 OR).
[3] REHBINDER, Berner Kommentar, N 12 zu Art. 322 OR; nach STAEHELIN/VISCHER, Zürcher Kommentar, N 29 zu Art. 322 OR, kann auch der in einem nicht anwendbaren Gesamtarbeitsvertrag für solche Arbeit festgesetzte Durchschnittslohn als Ausdruck der Übung massgebend sein.
[4] Dazu eingehend STREIFF/VON KAENEL, N 7 und 10 zu Art. 322 OR.
[5] Nicht publizierter Entscheid des Bundesgerichtes 4C.460/1995 vom 24.2.1997, publiziert in der NZZ vom 21.5.1997, Nr. 114, S. 114, und bei FELBER, Bundesgerichtsentscheide, 195 f.

meisten Fällen Beweisprobleme ergeben. Die Mitglieder des früheren Verwaltungsrates werden i.d.R. im Falle einer Zeugenbefragung für die Gültigkeit des Arbeitsvertrages einstehen. Um die Macht des Verwaltungsrates bezüglich der Lohnfestsetzung für die Geschäftsführung zu beschränken, können von der Generalversammlung entsprechende Statutenbestimmungen aufgestellt werden:

– Aktionärsausschuss zur Festlegung der Entschädigung (vgl. Musterklausel A.3.7 auf S. 515).

– Spezielle Zustimmung für Arbeitsverträge mit VR-Mitgliedern über drei Jahre (vgl. Musterklausel A.3.9 auf S. 515).

Bei der Tätigkeit als Verwaltungsrat ist ein Honoraranspruch zwar nicht explizit gesetzlich festgelegt, doch haben die Mitglieder eines Verwaltungsrats grundsätzlich Anspruch auf eine Entschädigung für ihre organschaftliche Tätigkeit.[6] In der Praxis werden Verwaltungsräte entweder mit festen Pauschalen oder mit Honoraren nach Aufwand entschädigt;[7] immer häufiger kommen aber auch flexible Vergütungsmodelle, insbesondere in Form von Erfolgsbeteiligungen und Aktien bzw. Aktienoptionen vor.[8] Es ist zulässig, den Entschädigungsanspruch in den Statuten zu verankern und gleichzeitig auch noch festzulegen, dass die Generalversammlung die Höhe der Entschädigung bestimmt.[9] In jedem Falle ist jedoch nach Ansicht des Bundesgerichtes bei der Entschädigungsfestlegung zu prüfen, ob der Betrag in einem angemessenen Verhältnis zur Arbeit des Verwaltungsrats, zu seinen Leistungen für die Gesellschaft und zur wirtschaftlichen Situation des Unternehmens steht.[10] Im Gegensatz zum Lohnanspruch aus Arbeitsvertrag besteht beim

---

[6] Dazu ausführlicher hinten TEIL 4 § 10 I. 2. g) auf S. 331 mit entsprechenden Literatur- und Judikaturangaben.

[7] Vgl. MÜLLER/LIPP/PLÜSS, 104 f.; nach den Umfrageergebnissen der BDO VISURA, S. 15, wird die VR-Entschädigung bei 97% aller Familienunternehmen und bei 90% aller Nicht-Familienunternehmen in Form einer Jahrespauschale ausgerichtet.

[8] Basierend auf einer Befragung von über 400 börsenkotierten Firmen meldete die HandelsZeitung vom 29.11.2000, Nr. 48, S. 4: «Der Trend weg von der reinen Barauszahlung hin zu Varianten mit Aktien und Aktienoptionen hat sich fortgesetzt. Jedes fünfte Unternehmen operiert mit erfolgsabhängigen Vergütungsmodellen.»

[9] Vgl. BGE 84 II 550 ff.

[10] BGE 86 II 159 Erw. 1. In der Honorarempfehlung der Treuhand-Kammer vom 23.6.1994 wurde das Mindesthonorar für Verwaltungsratsmandate noch mit CHF 2'000.– pro Jahr zuzüglich Honorar nach Zeitaufwand angegeben, was nach MÜLLER/LIPP/PLÜSS, 108, als grobe Orientierungshilfe dienen kann; in der Honorarempfehlung der Treuhand-Kammer vom 10.6.1997 wird keine Empfehlung mehr für VR-Honorare abgegeben. Während vom Schweizerischen Gewerkschaftsbund vehement die Meinung vertreten wird, die Entschädigung von Topmanagern dürfe das Zehnfache des schweizerischen Median-Jahreslohnes von CHF 65'000.– nicht übersteigen (Aussage von Serge Gaillard, Sekretär des Schweizerischen Gewerkschaftsbundes, im Cash vom 15.3.2002, Nr. 11, S. 8), ist Christoph Blocher der Ansicht, dass ein Verwaltungsrat auch weitaus mehr als CHF 1 Mio. pro Jahr verdienen dürfe, sofern er eine entsprechende Leistung bringe (Interview der HandelsZeitung vom 13.3.2002, Nr. 11, S. 7).

§ 9 Arbeitsrechtliche Konsequenzen

Honoraranspruch aus Mandatsvertrag keine ergiebige Rechtsprechung.[11] Immerhin hat das Bundesgericht wiederholt festgestellt, dass Beschlüsse der Generalversammlung über Verwaltungsratshonorare von jedem Aktionär angefochten werden können.[12] Hat dagegen der Verwaltungsrat selbst die Honorarhöhe festgelegt, so besteht keine direkte Anfechtungsmöglichkeit;[13] die Aktionäre können lediglich eine Verantwortlichkeitsklage einleiten und/oder versuchen, den Verwaltungsrat durch die Generalversammlung neu bestellen zu lassen. Allenfalls bleibt einem Minderheitsaktionär als letzter Ausweg noch die Auflösungsklage, falls der Verwaltungsrat seine Doppelstellung für übermässige Bezüge missbraucht.[14]

Steht eine Person als Arbeitnehmer und Verwaltungsratsmitglied gleichzeitig in einem arbeitsrechtlichen und in einem organschaftlichen Verhältnis zur gleichen Gesellschaft so hat diese Person auf Grund der obigen Ausführungen grundsätzlich Anspruch auf Lohn für die Arbeitstätigkeit und Anspruch auf Honorar für die Verwaltungsratstätigkeit. Umgekehrt müsste bei einem Wegfall der arbeitsrechtlichen oder gesellschaftsrechtlichen Anspruchsgrundlage durch Kündigung bzw. Abwahl oder Rücktritt auch der entsprechende Anspruch auf Lohn bzw. Honorar wegfallen. Tatsächlich können Fragen über die Entstehung bzw. den Wegfall eines solchen kumulativen Forderungsanspruches jedoch nicht allgemein beantwortet werden. Vielmehr ist zu unterscheiden, ob die arbeitsvertragliche Tätigkeit in einem direkten Zusammenhang mit der Funktion als Verwaltungsrat steht und welche Leistungen mit einer Entschädigung abgegolten werden.

b) **Lohnanspruch bei organunabhängiger Tätigkeit**

Übt ein Mitglied des Verwaltungsrats einer Gesellschaft bei dieser als Arbeitnehmer eine Tätigkeit aus, die völlig unabhängig von seiner organschaftlichen Funk-

---

[11] In einem Streitfall müsste deshalb die Höhe des Honoraranspruches eines Verwaltungsrats auf Grund der individuellen Verhältnisse mühsam ermittelt werden. Zu berücksichtigen wären insbesondere die persönlichen Faktoren (Funktion, Ausbildung, Erfahrung, Beziehungsnetz, etc.) und die betriebliche Gegebenheiten (Branche, Personalbestand, Umsatz, Struktur, etc.); andere Faktoren, wie Alter, Zivilstand, Kinderzahl ein ähnliche Kriterien und insbesondere Lohnansprüche in dieser Branche bzw. Gesamtarbeitsverträge könnten dagegen vernachlässigt werden. Konkrete Anhaltspunkte für die Bestimmung solche Honoraransprüche liefert jeweils die aktuellste Umfrage der BDO Visura (vgl. dazu Tabelle 4 auf S. 95); kaum massgebend dürften dagegen die von der HandelsZeitung ermittelten VR-Honorare bei börsenkotierten Firmen sein, die für das Jahr 2000 noch mit CHF 69'000.– angegeben wurden (HandelsZeitung vom 29.11.2000, Nr. 48, S. 4), aber nach dem Börseneinbruch per 2002 auf CHF 59'000.– sanken (HandelsZeitung vom 17.9.2003, Nr. 38, S. 1 und 12; vgl. vorne TEIL 2 § 4 III. 3. auf S. 96).
[12] So gleich zweimal geschehen im Falle Brandt c. La Centrale S.A. (BGE 84 II 159 und BGE 86 II 159).
[13] Vgl. Weiss, Rz. 238 ff.
[14] Vgl. BGE 105 II 114 ff. bzw. die Zusammenfassung dieses Falles vorne auf S. 215.

tion ist, so bestehen Lohnanspruch aus Arbeitsvertrag und Honoraranspruch aus Mandatsvertrag unabhängig voneinander. Ein solcher Fall ist beispielsweise gegeben, wenn ein Ingenieur aus der Forschungsabteilung ohne Änderung seines Arbeitsvertrages als Arbeitnehmer-Vertreter in den Verwaltungsrat gewählt wird. Die Aufgaben als Ingenieur hat der Arbeitnehmer weiterhin uneingeschränkt zu erfüllen, weshalb er diesbezüglich auch im gleichen Umfange zu entlöhnen ist. Zusätzlich hat der Arbeitnehmer nun jedoch auch noch die Aufgaben als Verwaltungsrat wahrzunehmen. Für diese organschaftliche Leistung ist er zusätzlich zu entschädigen, so dass er konsequenterweise einen kumulativen Anspruch auf Lohn als Arbeitnehmer und auf Honorar als Verwaltungsrat hat.

In der Praxis wird vereinzelt die zusätzliche Verwaltungsratsfunktion bei der Gestaltung des Arbeitsvertrages mitberücksichtigt und deshalb ein separater Honoraranspruch ausgeschlossen. Konkret wird z.B. die Präsenzzeit bei den Verwaltungsratssitzungen als Arbeitszeit angerechnet und stipuliert, der Arbeitnehmer erbringe demnach keine Zusatzleistung. Diese Argumentation übersieht jedoch, dass zur pflichtgemässen Erfüllung der Verwaltungsratsfunktion nicht nur die Sitzungsteilnahme, sondern auch die Sitzungsvorbereitung gehört. Der tatsächliche Zeitaufwand für ein Verwaltungsratsmandat ist deshalb bei einer korrekten Funktionsausübung wesentlich höher als die reine Sitzungszeit. Zudem trägt der Arbeitnehmer durch seine Doppelstellung eine zusätzliche Verantwortung als Verwaltungsrat; das damit verbundene Risiko ist bei der Entschädigung ebenfalls zu berücksichtigen. Für den zusätzlichen Aufwand und die höhere Verantwortung besteht deshalb ein kumulativer Entschädigungsanspruch. Dies gilt auch im Falle eines Mandatsvertrages mit Enthaftungsklausel,[15] denn die mit einem Verantwortlichkeitsprozess verbundenen unangenehmen Nebeneffekte (Rufschädigung, Ärger, Zeitaufwand, etc.) lassen sich nicht vertraglich wegbedingen. Ob unter diesen Aspekten der Anspruch auf ein Verwaltungsratshonorar überhaupt vollständig über Lohnzahlungen getilgt werden kann, wird weiter hinten eingehend erörtert.[16]

c) Lohnanspruch bei organabhängiger Tätigkeit

Eine besondere Situation entsteht, wenn ein Verwaltungsrat im Zusammenhang mit seiner organschaftlichen Funktion zusätzliche Aufgaben übernimmt und bei deren Erfüllung die Weisungen des Gesamtverwaltungsrats oder des Präsidenten zu befolgen hat. Ein solcher Fall ist beispielsweise dann gegeben, wenn ein Verwaltungsratsmitglied die Funktion eines Delegierten übernimmt und der damit verbundene Aufwand schliesslich zu einer hauptamtlichen Tätigkeit führt. Dieser

---

[15] Vgl. dazu das Muster bei MÜLLER/LIPP/PLÜSS, 447 ff.
[16] Unter TEIL 4 § 9 I. 3. auf S. 186 ff.

Delegierte hat unbestreitbar Anspruch auf eine angemessene Entschädigung für seine Tätigkeit. Unklar ist indessen, ob dieser Anspruch nur auf einem organschaftlichen oder auch auf einem arbeitsvertraglichen Verhältnis basiert.

Sind sämtliche Voraussetzungen für das Vorhandensein eines Arbeitsvertrages erfüllt, so ist der Entschädigungsanspruch für die arbeitsvertragliche Tätigkeit zwingend nach den arbeitsrechtlichen Kriterien zu leisten. Dies ergibt sich aus dem Verzichtsverbot von Art. 341 Abs. 1 OR. Allerdings dürfte die Entscheidung, was noch als organschaftliche Tätigkeit und was bereits als arbeitsvertragliche Tätigkeit zu qualifizieren ist, im Einzelfall Schwierigkeiten bereiten. Entscheidendes Abgrenzungskriterium ist die Subordination bzw. die damit verbundene Weisungsgebundenheit.[17]

Es ist zulässig, dass ein Verwaltungsrat auf eine separate Entlöhnung für seine zusätzliche organabhängige Tätigkeit verzichtet. Für solche Honoraransprüche besteht kein gesetzliches Verzichtverbot analog zur entsprechenden Bestimmung im Arbeitsrecht. Dieser Unterschied führt in der Praxis zu gerichtlichen Auseinandersetzungen, wie folgender Fall zeigt:[18]

> Die Gründer einer AG zur Produktion und Verwertung von Internetseiten liessen sich von Anfang an durch einen Finanzexperten einer grossen Treuhandgesellschaft beraten. Da der Zeitaufwand für die Beratung und die damit verbundenen Kosten immer höher wurden, offerierten die bisherigen Aktionäre dem Finanzexperten zwei Jahre nach der Gründung eine Minderheitsbeteiligung an der AG zum Nominalwert verbunden mit einem Sitz im Verwaltungsrat und der Stellung als CFO. Der Finanzexperte konnte dem Angebot nicht widerstehen, kündigte seinen Arbeitsvertrag mit der Treuhandgesellschaft und beteiligte sich im Rahmen einer Kapitalerhöhung an der Internetgesellschaft. Leider versäumten es die Beteiligten, über das Rechtsverhältnis als CFO Abmachungen zu treffen. Anlässlich von Strategietagungen wurde dem CFO stets in Aussicht gestellt, er werde bei einem späteren Börsengang für seine Tätigkeit angemessen entschädigt. Nach zwei Jahren harter Arbeit zerschlugen sich jedoch die Hoffnungen auf einen Börsengang. Der Finanzexperte verlangte nun erstmals Lohn für seine Tätigkeit. Zur Begründung machte er geltend, er habe nie auf einen Lohn verzichtet und hätte dies wegen dem Verzichtsverbot im Arbeitsrecht auch nicht machen können; zudem sei die Lohnforderung nicht ver-

---

[17] Dies ergibt sich indirekt aus der Tatsache, dass die Unterordnung bzw. die Weisungsgebundenheit heute das massgebende Kriterium zur Unterscheidung des Arbeitsvertrages vom Auftrag darstellt (vgl. vorne TEIL 3 § 6 II. 1. c) auf S. 178 ff.).
[18] Die angegebenen Zeitabschnitte entsprechen den konkreten Tatsachen.

jährt. Die übrigen Aktionäre, welche alle gleichzeitig Mitglieder des Verwaltungsrats waren, wiesen jedoch jegliche Lohnforderung mit dem Argument zurück, ein Arbeitsvertrag sei gar nie abgeschlossen worden, weshalb das Verzichtsverbot nicht zur Anwendung gelange und im Übrigen hätte keiner der Verwaltungsräte je ein Honorar bezogen.

Der Fall ist noch nicht entschieden, weshalb an dieser Stelle noch keine abschliessende rechtliche Beurteilung der Situation möglich ist. Folgende Überlegungen sind jedoch unter Berücksichtigung der bisherigen Erkenntnisse über die Voraussetzungen und die Zulässigkeit einer Doppelstellung als Verwaltungsrat und Arbeitnehmer angebracht:

- Die Berufung des CFO auf das arbeitsrechtliche Verzichtsverbot nach Art. 341 Abs. 1 OR setzt einen Arbeitsvertrag voraus; kann der Nachweis eines Arbeitsvertrages erbracht werden, dann besteht eine Lohnforderung, die gemäss Art. 128 Ziff. 3 OR erst nach fünf Jahren verjährt.

- Wenn der CFO einen Arbeitsvertrag geltend machen will, dann hat er nach Art. 8 ZGB den Beweis dafür zu erbringen; gelingt ihm dies, so könnte die Gesellschaft als Arbeitgeberin versuchen, Rechtsmissbrauch gemäss Art. 2 Abs. 2 ZGB geltend zu machen. Der in Aussicht gestellte Börsengang lässt den Einwand des Rechtsmissbrauchs jedoch als wenig erfolgsversprechend erscheinen.

- Wurde kein Lohn abgemacht, hat der Arbeitgeber gemäss Art. 322 Abs. 1 OR den üblichen Lohn zu entrichten; der CFO hat deshalb nur zu beweisen, dass eine Arbeit gegen Entgelt vereinbart wurde, ohne konkret die Höhe der abgemachten Entlöhnung nachzuweisen.

- Aus der Tatsache, dass der CFO während zwei Jahren keinen Lohn geltend machte, kann nicht geschlossen werden, dass kein Arbeitsvertrag vorliege; es ist zulässig, Lohnforderung zu stunden.

- Der Verwaltungsrat kann gemäss Art. 716b Abs. 1 OR die finanzielle Geschäftsführung im Rahmen des gesetzlich Zulässigen einem VR-Mitglied übertragen; dies kann sowohl durch Präzisierung bzw. Ergänzung des organschaftlichen Verhältnisses, als auch durch Abschluss eines zusätzlichen Arbeitsvertrages geschehen. Aus der Funktionsbezeichnung als CFO kann deshalb nicht zwingend auf einen Arbeitsvertrag geschlossen werden, doch entsteht eine entsprechende Vermutung.

Das Gericht wird diesen Fall auf Grund des noch gespeicherten elektronischen Briefverkehrs und der Aussagen von Zeugen entscheiden müssen. Allenfalls können die Ergebnisse der Umfrage bei den VR-Delegierten hilfreich sein: rund 77% aller VR-Delegierten mit einer zusätzlichen Funktion als GL-Mitglied stehen in einem arbeitsvertraglichen Verhältnis zur Gesellschaft, für die sie tätig sind.[19] Damit besteht eine starke, jedoch widerlegbare Vermutung, dass der Finanzexperte im vorliegenden Fall seine Funktion als CFO nicht nur im Rahmen seiner VR-Tätigkeit, sondern als Arbeitnehmer ausüben wollte. Der Gesamtverwaltungsrat hatte zweifellos die Möglichkeit, dem CFO zur Ausübung seiner Tätigkeit Weisungen zu erteilen; demnach bestand ein Weisungsrecht und zwar unabhängig davon, ob es auch konkret ausgeübt wurde. Es ist jedoch zusätzlich abzuklären, ob die Gesellschaft dem CFO die notwendige Infrastruktur zur Ausübung seiner Tätigkeit zur Verfügung stellte und eine Einordnung in die Arbeitsorganisation erfolgte, damit tatsächlich vom notwendigen Subordinationsverhältnis für ein Arbeitsverhältnis ausgegangen werden kann. Auch wenn dieser Fall noch nicht entschieden ist, so belegt er doch eindrücklich das Konfliktpotential einer Doppelstellung als Verwaltungsrat und Arbeitnehmer im Zusammenhang mit Lohnforderungen für organabhängige Tätigkeiten.

d) Selbständige oder unselbständige Tätigkeit

Art. 7 AHVV legt fest, welche Bestandteile zum massgebenden Lohn für die Berechnung der Sozialversicherungsbeiträge gehören. Danach ist klar, dass die Lohnzahlungen für die organunabhängige und organabhängige Arbeitstätigkeit ebenso zu den anrechenbaren Lohnbestandteilen gehören wie Honorarzahlungen für die Tätigkeit als Verwaltungsratsmitglied. Individuell zu beurteilen sind allfällige separate Entschädigungen für zusätzlich geleistete Aufträge. Handelt es sich beispielsweise um einen Rechtsanwalt mit eigener Kanzlei, welcher zu 40% als VR-Delegierter in einer Gesellschaft angestellt ist, so können durchaus neben den Lohnzahlungen für die Arbeitstätigkeit und den Honorarzahlungen für die Funktionsausübung als Verwaltungsrat noch zusätzlich Zahlungen für die Leistungen als selbständiger Rechtsanwalt erfolgen. Allerdings wird im Zweifel von den Ausgleichskassen eine unselbständige Erwerbstätigkeit angenommen. Ein Beispiel dafür liefert der Entscheid des Eidg. Versicherungsgerichtes vom 3. August 2000.[20] Der Geschäftsführer einer Immobiliengesellschaft war nicht nur Mitglied des Verwaltungsrats, sondern gleichzeitig selbständiger Immobilientreuhänder. Als solcher vermittelte er der Gesellschaft zahlreiche Immobilien und erhielt dafür Provisionen von knapp einer Million Franken. Seitens der Gesellschaft wurden diese Zahlungen als selbständiges Erwerbseinkommen aufgefasst. Die Ausgleichskasse des Kantons Zürich erachtete die Provisionen jedoch als Lohnbestandteil. Diese Ansicht wurde letztinstanzlich geschützt und damit auch die resultierende Beitragsnachforderung von rund CHF 187'000.–.

---

[19] Vgl. vorne Tabelle 21 auf S. 132.
[20] Unveröffentlichter Entscheid H 62/99 vom 3.8.2000.

Zusammenfassend kann zu diesem Punkt festgestellt werden, dass nicht nur bei organabhängiger Tätigkeit, sondern auch bei organunabhängiger Tätigkeit ein kumulativer Anspruch des betroffenen Verwaltungsratsmitglieds auf Lohn als Arbeitnehmer und Honorar als Verwaltungsrat besteht. Bei einer organabhängigen Tätigkeit ist das Bestehen eines Arbeitsvertrages jedoch schwieriger nachzuweisen, weshalb in solchen Fällen eine klare Abmachung über die von der Gesellschaft zu leistenden Entschädigungen empfehlenswert ist, um Konflikten vorzubeugen. Schliesslich kann u.U. neben der Entschädigung für die Arbeitsleistung und die Verwaltungsratsfunktion noch ein Honorar für Dienstleistungen aus einem Auftragsverhältnis geschuldet sein; damit solche Zusatzentschädigungen als Einkommen eines Selbständigerwerbenden von den Sozialversicherungsbehörden anerkannt werden, müssen die Abgrenzungskriterien im Sinne von Art. 9 Abs. 1 bzw. Art. 5 Abs. 2 AHVG gemäss der massgebenden Rechtsprechung erfüllt sein.[21]

2. Erfolgsbeteiligung statt Tantiemen

Nach Art. 627 Abs. 1 Ziff. 2 OR kann die Generalversammlung keine Tantiemen[22] zusprechen, wenn in den Statuten keine entsprechende Möglichkeit vorgesehen ist.[23] Auch bei Vorhandensein einer statutarischen Grundlage zur Tantiemenausrichtung kann sich der Verwaltungsrat selbst keine gewinnabhängigen Honorare zusprechen; dies bleibt allein der Generalversammlung vorbehalten.[24] Trotzdem ist ein Verwaltungsrat mit ausschliesslich gewinnabhängiger Entschädigung in Form von Tantiemen nicht einfach der Willkür der Generalversammlung ausgesetzt. Bereits am 17. Mai 1949 hat das Bundesgericht i.S. Girod c. Barberot entschieden, dass ein solcher Entschädigungsanspruch dem Verwaltungsrat nicht als Aktionär, sondern als Gläubiger zustehe;[25] der Verwaltungsrat ist deshalb nicht gezwungen, den entsprechenden Generalversammlungsbeschluss anzufechten, sondern er kann seine vertragliche Forderung wie jeder andere Gläubiger auf dem Betreibungswege geltend machen.

In der Schweiz ist die gewinnabhängige Entlöhnung von Arbeitnehmern nicht nur zulässig, sondern im Hinblick auf ihre positiven Wirkungen für den Arbeitsmarkt sogar erwünscht.[26] Es stellt sich deshalb die Frage, ob im Falle eines Verwaltungs-

---

[21] Vgl. BGE 119 V 161 Erw. 3. b), 122 V 169 Erw. 3. a) und c) sowie BGE 123 V 161 Erw. 1.
[22] In Art. 677 OR werden Tantiemen definiert als «Gewinnanteil an Mitglieder des Verwaltungsrats»; vgl. BGE 91 II 311 f.
[23] BGE 84 II 550.
[24] Art. 698 Abs. 2 Ziff. 4 OR; vgl. AEPLI, 271; SIEGWART, Zürcher Kommentar, N 5 zu Art. 627 OR.
[25] BGE 75 II 149 Erw. 2a).
[26] Zur Begründung vgl. GRAF/HENNEBERGER/SCHMID, 25 f. und 67 ff. mit Hinweis auf Unternehmen, welche bereits mit Erfolg flexible Entlöhnungsmodelle eingeführt haben.

rats mit Doppelstellung als Arbeitnehmer überhaupt eine gewinnabhängige Entschädigung ausgerichtet werden darf. Konkret besteht die Gefahr, dass die Vorschriften bezüglich Tantiemen dadurch umgangen werden, dass ein Verwaltungsrat zusätzlich einen Arbeitsvertrag mit der Gesellschaft abschliesst, in dem eine gewinnabhängige Entlöhnung vereinbart wird. In steuerrechtlicher Hinsicht ist dies für die Gesellschaft sogar von Vorteil, da jegliche Lohnart als Aufwand abgezogen werden kann, während Tantiemen vom versteuerten Gewinn ausgerichtet werden.

Besteht rechtsgültig ein Arbeitsverhältnis, so muss auch ein entsprechendes Subordinationsverhältnis vorhanden sein. Daraus lässt sich die Vermutung ableiten, dass der Arbeitnehmer trotz seiner Mitgliedschaft im Verwaltungsrat seinen Lohn nicht nach eigenem Gutdünken festlegen kann. Vielmehr wird bei einer organabhängigen Tätigkeit der Gesamtverwaltungsrat, das Remuneration Committee oder allenfalls auch nur der VR-Präsident entscheiden. Bei einer organunabhängigen Tätigkeit wird der Lohn i.d.R. von der Geschäftsführung bestimmt. Damit dürfte ein Missbrauch bzw. ein bewusstes Umgehen der Vorschriften bezüglich Tantiemen-Ausrichtung ausgeschlossen sein.

3. Verwaltungsratshonorar als Lohnbestandteil

a) Zulässigkeit

Ein Mitarbeiter einer Aktiengesellschaft hat im Falle einer Doppelstellung als Arbeitnehmer und Verwaltungsrat nach den bisherigen Ausführungen grundsätzlich Anspruch auf Entschädigung für seine Tätigkeit in beiden Funktionen. Entsprechend den verschiedenen Rechtsgrundlagen wären eine Entlöhnung aus dem Arbeitsvertrag und eine Honorierung aus dem Mandatsverhältnis angebracht. Da beide Leistungen von der Gesellschaft erbracht werden und gleichermassen als unselbständiger Erwerb gelten, muss es zulässig sein, das VR-Honorar als Lohnbestandteil zu vereinbaren. Konkret könnte eine Lohnerhöhung, eine Spesenerhöhung, ein zusätzlicher Monatslohn oder eine zusätzliche Ferienwoche vereinbart werden. Bei dieser Entschädigungsvariante können jedoch Probleme auftauchen, wenn das Arbeitsverhältnis und das Mandatsverhältnis nicht gleichzeitig beendet werden.

b) Problematik

Wird nur das Arbeitsverhältnis aufgelöst und bleibt das Mandatsverhältnis bestehen (z.B. bei Pensionierung des Arbeitnehmers), so kann nicht einfach davon ausgegangen werden, dieser Verwaltungsrat erfülle seine Funktion nunmehr gratis wegen seiner früheren Arbeitnehmerstellung. Vielmehr hat auch dieser Verwaltungsrat Anrecht auf eine angemessene Entschädigung. Was als angemessen gilt, bemisst sich nicht nur nach der Entschädigung der übrigen Verwaltungsräte und der Branchenüblichkeit, sondern insbesondere nach dem Arbeitsaufwand, dem Nutzen für die Gesellschaft und der wirtschaftlichen Situation des Unternehmens.[27]

Wird dagegen ein Arbeitnehmer mit Doppelstellung in seiner Funktion als Verwaltungsrat abgewählt ohne dass sein Arbeitsvertrag gleichzeitig aufgelöst wird, so stellt sich die Frage, welchen Lohnanspruch er zukünftig geltend machen kann. Zweifellos ist mit dem Verwaltungsratsmandat eine verantwortungsvolle und oftmals sogar sehr zeitintensive Zusatzfunktion weggefallen, welche zu einer Lohnreduzierung führen müsste. Doch der Arbeitnehmer kann u.U. wegen Gründen abgewählt worden sein, die ausserhalb seiner Person liegen und die er auch nicht beeinflussen konnte. Ist die Verwaltungsratsfunktion als Bestandteil des Arbeitsvertrages vereinbart worden, so hat der Arbeitgeber auch die entsprechenden Voraussetzungen diesbezüglich zu erfüllen. Tut er dies nicht, so hat er die daraus resultierenden Konsequenzen, also den Wegfall der Arbeit als Verwaltungsrat, selbst zu tragen. Nur ganz selten wird in der Praxis ein solcher Fall in Erwägung gezogen und auch konkret geregelt. Meistens fehlt es an Abmachungen und auch Lehre bzw. Rechtsprechung helfen hier nicht weiter. Eine Lösung des Problems kann über die Art. 324 und 324a OR gefunden werden, weshalb darauf näher einzugehen ist.

c) Lohnfortzahlung bei Annahmeverzug des Arbeitgebers

Kann eine Arbeit nicht ausgeübt werden, weil der Arbeitgeber die ihm obliegenden Vorbereitungs- oder Mitwirkungshandlungen schuldhaft unterlässt, so liegt ein Annahmeverzug nach Art. 324 Abs. 1 OR vor und der Lohn ist unverändert weiter zu entrichten.[28] Unter «Arbeit» im Sinne dieses Artikels ist zweifellos nicht nur jede manuelle, sondern auch jede geistige Tätigkeit im Rahmen eines Arbeitsvertrages zu verstehen; folglich muss darunter auch die arbeitsvertragliche Ausübung einer organabhängigen Tätigkeit subsumiert werden.

Soll ein VR-Delegierter seine Funktion im Rahmen eines Arbeitsvertrages ausüben, so hat die AG als Arbeitgeberin dafür zu sorgen, dass die entsprechenden Voraussetzungen (Wahl durch die Generalversammlung als VR, Übertragung einer Mandatsaktie, Bestellung zum VR-Delegierten durch den Gesamtverwaltungsrat)

---

[27] In Anlehnung an BGE 86 II 163: «On doit examiner si le montant alloué est proportionné à leur travail, aux services qu'ils ont rendus à la société et à la situation de l'entreprise» (vgl. vorne TEIL 4 § 9 I. 1. a) auf S. 268 ff.
[28] STAEHELIN/VISCHER, Zürcher Kommentar, N 11 zu Art. 324 OR.

auch erfüllt werden. Unterlässt die Arbeitgeberin diese Handlungen, so verletzt sie dadurch ihre Vorbereitungs- und Mitwirkungspflichten. Dass der Verwaltungsrat rechtlich gesehen keinen Einfluss auf den Wahlentscheid der Generalversammlung hat, ändert daran nichts. Vielmehr ist dieser Fall gleich zu beurteilen wie derjenige bei einer fehlenden Arbeitsbewilligung. Auch dort hat der Arbeitgeber keinen direkten Einfluss auf den Entscheid, trägt aber dennoch die Konsequenzen daraus.[29]

Ein Fall von Annahmeverzug des Arbeitgebers ist beispielsweise gegeben, wenn eine Zuwahl oder eine Wiederwahl des Arbeitnehmers als Verwaltungsrat wegen der Wohnsitzvorschrift nach Art. 708 Abs. 1 OR nicht möglich ist und damit die Ausübung der Organfunktion verhindert wird.[30] Hier hätte der Verwaltungsrat zum vornherein Kandidaten mit Wohnsitz in der Schweiz vorschlagen müssen. Doch auch im Falle einer unbegründeten Nichtwahl des vorgeschlagenen Arbeitnehmers durch die Generalversammlung hat der Arbeitgeber die fehlende Voraussetzung zur Funktionsausübung zu verantworten. Tatsächlich hätte der Verwaltungsrat oder gegebenenfalls auch die Geschäftsführung einen Arbeitsvertrag mit der Pflicht des Arbeitnehmers zur Ausübung einer Funktion als Verwaltungsratsmitglied nur in zwei Fällen abschliessen bzw. entsprechend ergänzen dürfen:

– wenn der Arbeitsvertrag bzw. die entsprechende Änderung unter den Suspensivbedingungen steht, dass die rechtsgültige Wahl durch die Generalversammlung und die Übertragung der notwendigen Mandatsaktie erfolgt, oder

– wenn bereits vorgängig eine rechtsgültige Wahl durch die Generalversammlung und die suspensiv bedingte Übertragung der notwendigen Mandatsaktie im Hinblick auf den Abschluss bzw. die Änderung des Arbeitsvertrages erfolgte.

Will der Verwaltungsrat oder die Geschäftsführung einer Aktiengesellschaft mit einem Arbeitnehmer dieser Gesellschaft einen Arbeitsvertrag oder eine Arbeitsvertragsänderung abschliessen, wodurch der Arbeitnehmer u.a. verpflichtet wird, bei dieser Gesellschaft die Funktion eines Verwaltungsratsmitglieds (allenfalls mit einer Zusatzfunktion als VR-Präsident oder VR-Delegierter) auszuüben, so hat der Arbeitgeber die dazu notwendigen Voraussetzungen vorgängig sicherzustellen. Tut er dies nicht oder schliesst er den Vertrag bzw. die Vertragsänderung bedingungslos ab, geht er bewusst das Risiko eines späteren Annahmeverzuges ein. Folglich hat er auch die Konsequenzen daraus nach Art. 324 Abs. 1 OR zu tragen.

---

[29] Vgl. bereits BJM 1960, S. 182 ff.
[30] Die Nationalitätsvorschrift ist faktisch aufgehoben; vgl. dazu ausführlicher hinten TEIL 4 § 9 VII. 1. auf S. 314 f.

II. Treue- und Fürsorgepflichten

1. Sorgfalts- und Treuepflicht des Arbeitnehmers

Art. 321a OR enthält zwei Regelungen, welche im Zusammenhang mit einer Doppelstellung als Verwaltungsrat und Arbeitnehmer von Bedeutung sein können: Die allgemeine Treuepflicht gemäss Abs. 1 und die Geheimhaltungspflicht gemäss Abs. 4. Für beide Fälle ist zu prüfen, ob dem Arbeitnehmer seine Doppelstellung als Verwaltungsrat und die daraus resultierenden Kenntnisse im Rahmen eines Arbeitsgerichtsprozesses angerechnet werden müssen.[31] Schliesslich ist das Verhältnis der arbeitsrechtlichen Treuepflicht zur aktienrechtlichen Treuepflicht nach Art. 717 OR zu prüfen.

Am 9. Dezember 2002 lag dem Bundesgericht ein Fall zur Entscheidung vor, in dem gleichzeitig eine arbeitsrechtliche und eine aktienrechtliche Treuepflichtverletzung geltend gemacht wurden.[32] Konkret ging es um einen Vertreter, welcher mit einem Pensum von 20% als Geschäftsführer und VR-Delegierter bei der Klägerin und zu 80% bei deren Muttergesellschaft arbeitete. Nachdem er beide Arbeitsverhältnisse gekündigt und auch seinen Rücktritt als VR-Delegierter erklärt hatte, wechselte er als Arbeitnehmer zu einer anderen Vertriebsgesellschaft, welche ihrerseits umgehend einen bestehenden Vertriebsvertrag mit der Klägerin kündigte. Diese fühlte sich durch die Handlungen des Beklagten hintergangen und warf ihm vor, nicht nur seine Treuepflicht als Arbeitnehmer gemäss Art. 321a OR, sondern auch noch die Treuepflicht als Verwaltungsrat gemäss Art. 717 OR verletzt zu haben und forderte Schadenersatz von mindestens CHF 1 Mio. nebst Zins. In diesem Falle musste sich das Bundesgericht an die Feststellungen der Vorinstanz halten, wonach kein Kausalzusammenhang zwischen der Kündigung des Beklagten und der Kündigung des Vertriebsvertrages bewiesen sei, weshalb auf die behaupteten Treuepflichtverletzungen nicht näher eingegangen wurde.

Ein wegweisendes Urteil fällte das Bundesgericht am 9. Januar 2004[33] im Zusammenhang mit der Forderung einer Gesellschaft gegen ihren ehemaligen Geschäftsführer und Verwaltungsrat.[34] Das Bundesgericht stellte dabei klar, dass die Aus-

---

[31] In welchem Verhältnis die gesellschaftsrechtliche Sorgfalts- und Treuepflicht gemäss Art. 717 Abs. 1 OR zu Art. 321a OR steht, wird hinten bei den gesellschaftsrechtlichen Konsequenzen unter TEIL 4 § 10 II. 1. c) auf S. 334 f. erörtert.
[32] Nicht publizierter Entscheid 4C.179/2002 vom 9.12.2002.
[33] BGE 130 III 213 vom 9.1.2004.
[34] Der Sachverhalt und die Begründung dieses Urteils wurden bereits vorne unter TEIL 1 § 1 I. auf S. 6 f. vorgestellt.

stellung einer Gutschrift zu Gunsten einer Schwestergesellschaft und zu Lasten der Arbeitgeberin in Konzernverhältnissen allenfalls keine Verletzung der arbeitsrechtlichen Treuepflicht, wohl aber der gesellschaftsrechtlichen Treuepflicht bedeute. Die gesellschaftsrechtliche Treuepflicht gehe in der Regel weiter als die arbeitsrechtliche und sei unabhängig von dieser zu beurteilen. Ein Verwaltungsrat, der ein zusätzliches Arbeitsverhältnis zur Gesellschaft eingeht, verschlechtert deshalb seine Stellung unter dem Blickwinkel der Treuepflicht nicht. Umgekehrt wird dagegen die Treuepflicht eines Arbeitnehmers verschärft, welcher in den Verwaltungsrat gewählt wird. Die Treuepflicht ist deshalb im Zusammenhang mit den gesellschaftsrechtlichen Konsequenzen bzw. den Verantwortlichkeitsklagen vertieft zu behandeln.[35]

Basierend auf der bereits gewonnen Erkenntnis, dass bei einem Geschäftsführer und VR-Delegierten das Arbeitsverhältnis eigenständig neben dem organschaftlichen Verhältnis steht,[36] muss konsequenterweise zugelassen werden, dass entsprechende Pflichtverletzungen ebenfalls separat geltend gemacht werden, auch wenn sie auf eine einzige Rechtshandlung zurückzuführen sind. Allerdings darf dies nicht zu einer Bereicherung des Klägers führen; letztlich ist Schadenersatz nur einmal geschuldet, auch wenn dafür zwei Rechtstitel bestehen.

2. Arbeitszeugnis

Nach Art. 330a OR kann ein Arbeitnehmer jederzeit vom Arbeitgeber ein Zeugnis verlangen, das sich über die Art und Dauer des Arbeitsverhältnisses sowie über seine Leistungen und sein Verhalten ausspricht. Weder in den Vorarbeiten zu diesem Gesetzesartikel noch in der späteren Handhabung wurde je bezweifelt, dass diese nachwirkende Fürsorgepflicht des Arbeitgebers[37] allen Arbeitnehmern zu Gute kommt, unabhängig von ihrer Funktion oder Stellung. Selbst der Delegierte des Verwaltungsrats mit einem Arbeitsvertrag hat demnach Anspruch auf ein Arbeitszeugnis bzw. nach seiner Wahl auf eine Arbeitsbestätigung gemäss Art. 330a Abs. 2 OR.

---

[35] Vgl. hinten TEIL 4 § 10 II. 3. auf S. 339 ff.
[36] Vgl. dazu die Zusammenfassung der möglichen Rechtstheorien unter TEIL 1 § 3 IV. 5. auf S. 80 f.
[37] REHBINDER, Berner Kommentar, N 1 zu Art. 330a OR, mit Hinweis auf BGE 107 IV 39; REHBINDER/PORTMANN, Basler Kommentar, N 1 zu Art. 330a OR.

III. Konkurrenzverbot

1. Unterschiedliche Konkurrenzverbote im Gesellschaftsrecht und im Arbeitsrecht

Um die arbeitsrechtlichen Konsequenzen einer Doppelstellung als Verwaltungsrat und Arbeitnehmer bei der gleichen Gesellschaft im Hinblick auf ein Konkurrenzverbot beurteilen zu können, sind vorab die entsprechenden gesetzlichen Grundlagen, die Zulässigkeit und die Durchsetzungsmöglichkeit zu prüfen. Dabei ist zu beachten, dass im Gesellschaftsrecht strengere und länger dauernde Konkurrenzverbote als im Arbeitsrecht vereinbart werden können. Zudem fällt ein gesellschaftsrechtliches Konkurrenzverbot ohne entsprechende Vereinbarung im Gegensatz zum arbeitsrechtlichen Konkurrenzverbot nicht dahin, wenn der aus dem Verbot Berechtigte die Auflösung des Rechtsverhältnisses selbst verursacht. Es ist deshalb erforderlich, vorerst einzeln auf das gesellschaftsrechtliche und dann auf das arbeitsrechtliche Konkurrenzverbot einzugehen, bevor eine Gegenüberstellung und Auswertung erfolgt.

2. Konkurrenzverbot im Gesellschaftsrecht

a) Gesetzliche Grundlage des gesellschaftsrechtlichen Konkurrenzverbots

Das Aktienrecht enthält kein ausdrückliches Konkurrenzverbot für Verwaltungsräte.[38] In der Lehre ist jedoch anerkannt, dass konkurrenzierende Tätigkeiten mit der Ausübung eines Verwaltungsratsmandats unter dem Gesichtspunkt der Treuepflicht gemäss Art. 717 OR unvereinbar sein können.[39] Nach dieser Bestimmung ist der Verwaltungsrat verpflichtet, die Interessen der Gesellschaft in guten Treuen zu wahren und alles zu unterlassen, was in irgend einer Weise die Gesellschaftsinteressen verletzen könnte, wozu auch eine direkte Konkurrenzierung zählt.[40]

---

[38] Vgl. KRNETA, Praxiskommentar, Rz. 1909. Auch mit der Revision des GmbH-Rechts wird im Aktienrecht kein Konkurrenzverbot für Verwaltungsräte eingeführt, obwohl die bisherige Regelung für Geschäftsführer einer GmbH gemäss Art. 818 Abs. 1 OR mangelhaft ist und deshalb neu formuliert wird (vgl. Botschaft zur Revision des GmbH-Rechts, 3151, und Entwurf GmbH-Revision, Art. 718b).

[39] FORSTMOSER/MEIER-HAYOZ/NOBEL, § 28 N 35 f.; HOMBURGER, Zürcher Kommentar, N 882 zu Art. 717 OR; KRNETA, Praxiskommentar, Rz. 1909; einschränkend PLÜSS, Rechtsstellung, 42.

[40] Vgl. BÖCKLI, Aktienrecht, Rz. 612 zu § 13, mit dem Hinweis, dass alle durch die Verbotsverletzung erlangten Vorteile von der Gesellschaft nach den Regeln über die Geschäftsführung ohne Auf-

MEIER-HAYOZ/FORSTMOSER bemerken dazu: «Diese Pflichten leiten sich aber aus der besonderen Organstellung oder aus Arbeitsvertrag her, nicht aus der Aktionärseigenschaft als solcher.»[41] Wie noch zu zeigen sein wird, kann bei einer Doppelstellung als Verwaltungsrat und Arbeitnehmer zusätzlich zum gesellschaftsrechtlichen Konkurrenzverbot noch ein arbeitsrechtliches Konkurrenzverbot vereinbart werden.

Das gesellschaftsrechtliche Konkurrenzverbot für Verwaltungsräte entfällt grundsätzlich mit dem Ausscheiden aus dem Verwaltungsrat.[42] Zur Begründung wird vereinzelt auf das Konkurrenzverbot der Kollektivgesellschafter und der Komplementäre verwiesen sowie auf Art. 818 OR, wo das Konkurrenzverbot für den geschäftsführenden Gesellschafter einer Gesellschaft mit beschränkter Haftung statuiert ist.[43] Es ist jedoch möglich, eine längere Dauer des Konkurrenzverbots im Organisationsreglement oder in einer zusätzlichen Vereinbarung mit der Gesellschaft zu verankern.[44] Anders als im Arbeitsrecht[45] besteht keine grundsätzliche Beschränkung auf drei Jahre; vielmehr sind Konkurrenzverbot mit einer Dauer von fünf und zehn Jahren in der Praxis üblich.

b) **Umfang und Durchsetzung des gesellschaftsrechtlichen Konkurrenzverbots**

Aus der gesetzlichen Treuepflicht nach Art. 717 Abs. 1 OR kann kein generelles Konkurrenzverbot für den Verwaltungsrat abgeleitet werden.[46] Grundsätzlich zulässig ist namentlich die Ausübung eines VR-Mandates bei einer Konkurrenzgesellschaft.[47] Dies gilt insbesondere dann, wenn die Generalversammlung einen

---

trag herausverlangt werden können; FORSTMOSER/MEIER-HAYOZ/NOBEL, § 28 N 35 ff.; MÜLLER/LIPP/PLÜSS, 170 f.; WATTER, Basler Kommentar, N 18 zu Art. 717 OR, mit dem gleichen Aneignungshinweis wie BÖCKLI, a.a.O.

[41] MEIER-HAYOZ/FORSTMOSER, § 16 N 124.
[42] Eine gegenteilige Bestimmung im Organisationsreglement bleibt vorbehalten. Nach PLÜSS, Rechtsstellung, 107 f., wird diese Frage in der Literatur nicht untersucht und ist jeweils im Einzelfall durch Interessenabwägung zu beantworten. Beim Auftreten einer Konkurrenzsituation während der Amtsdauer hat der Betroffene auf Grund seiner Treupflicht umgehend den Verwaltungsrat zu informieren (vgl. KRNETA, Praxiskommentar, Rz. 1920, und HOMBURGER, Zürcher Kommentar, N 888 zu Art. 717 OR).
[43] Vgl. HUTTERLI, 76; BÜRGI, N 9 zu Art. 722 OR; MÜLLER/LIPP/PLÜSS, 37.
[44] Vgl. FORSTMOSER/MEIER-HAYOZ/NOBEL, § 28 N 38.
[45] Massgebend ist dort Art. 340a Abs. 1 OR.
[46] Vgl. HOMBURGER, Zürcher Kommentar, N 886 zu Art. 717 OR; KRNETA, Praxiskommentar, Rz. 1910; MÜLLER/PLÜSS/LIPP, 170; PLÜSS, Rechtsstellung, 42; WATTER, Basler Kommentar, N 18 zu Art 717 OR.
[47] Vgl. KRNETA, Rechtsanwalt, 290, und MÜLLER/LIPP/PLÜSS, 37; auch für BÖCKLI, Aktienrecht, Rz. 611 zu § 13, gilt nur ein Verbot der direkten Konkurrenzierung, d.h. der aktiven lokalisierbaren

Verwaltungsrat im Wissen wählt, dass der Kandidat bereits als Verwaltungsratsmitglied in einer anderen Unternehmung derselben Branche tätig ist. Damit wird mindestens eine indirekte Konkurrenzierung in Kauf genommen.[48] Allerdings trifft dieses Verwaltungsratsmitglied eine besonders strenge Sorgfaltspflicht, hat er doch darauf zu achten, dass er anlässlich der Verhandlungen keine Geschäftsgeheimnisse der anderen Gesellschaft preisgibt.[49] Wählt die Generalversammlung eine Person in den Verwaltungsrat, die bekanntermassen in einem Konkurrenzunternehmen als Arbeitnehmer tätig ist, so gelten die vorstehenden Überlegungen sinngemäss.

Eine konkurrenzierende Tätigkeit wird i.d.R. auszuschliessen sein, wenn das Engagement des betroffenen Verwaltungsrats bei der Konkurrenzunternehmung rein finanzieller Art ist und keinerlei Einfluss auf die operative Geschäftstätigkeit ausgeübt wird.[50] Fraglich ist allerdings, ob ein derartiges Engagement auch dann noch zulässig ist, wenn der betroffene Verwaltungsrat seine Funktion hauptamtlich ausübt. FORSTMOSER/MEIER-HAYOZ/NOBEL vertreten die Ansicht, dass die Konkurrenzenthaltungspflicht für vollamtlich tätige Verwaltungsratsmitglieder zweifellos weiter gehe als für aussenstehende Mitglieder des Rates.[51] Zur Begründung führen sie an, dass sich für vollamtliche Verwaltungsräte die analoge Anwendung von Art. 321a Abs. 3 OR aufdränge.[52] Führt man jedoch die Überlegungen im Zusammenhang mit der Art des Rechtsverhältnisses zwischen Verwaltungsrat und Gesellschaft[53] konsequent weiter, so gelangt man zu einem anderen Ergebnis:

– Hat der vollamtlich tätige Verwaltungsrat neben dem organschaftlichen Rechtsverhältnis noch ein zusätzliches arbeitsvertragliches Verhältnis zur Gesellschaft, so hat er nicht nur die gesellschaftsrechtliche Treuepflicht nach Art. 717 OR, sondern auch die arbeitsrechtliche Treuepflicht nach Art. 321a OR und das damit verbundene Konkurrenzverbot zu beachten.

– Hat der vollamtlich tätige Verwaltungsrat jedoch kein zusätzliches arbeitsvertragliches Verhältnis zur Gesellschaft, so hat er kein weitergehendes Kon-

---

Wettbewerbstätigkeit. Allerdings ist auch eine indirekte Konkurrenzierung nur solange zulässig, als dadurch nicht andere Pflichten, wie z.B. die Pflicht zur Wahrung von Geschäftsgeheimnissen, verletzt werden (vgl. KRNETA, Praxiskommentar, Rz. 1912).

[48] Verschiedene Autoren erachten dies sogar als generelles Akzept einer konkurrenzierenden Tätigkeit (vgl. KRNETA, Praxiskommentar, Rz. 1919; MÜLLER/PLÜSS/LIPP, 170; WATTER, Basler Kommentar, N 18 zu Art. 717 OR; WÜRSCH, 31, mit dem Hinweis, dass im «Verwaltungsratsvertrag» das Konkurrenzverbot generell ausgeschlossen werden könne.

[49] MÜLLER/PLÜSS/LIPP, 170.

[50] Vgl. HOMBURGER, Zürcher Kommentar, N 886 zu Art. 717 OR; MÜLLER/PLÜSS/LIPP, 171; WÜRSCH, 58.

[51] FORSTMOSER/MEIER-HAYOZ/NOBEL, § 28 N 37.

[52] Vgl. FORSTMOSER/MEIER-HAYOZ/NOBEL, § 28 N 37 Fn. 27.

[53] Vgl. die Zusammenfassung vorne unter TEIL 1 § 3 IV. 5. auf S. 80 f.

kurrenzverbot als die übrigen Verwaltungsratsmitglieder und ist nicht verpflichtet, Art. 321a Abs. 3 OR in Analogie zu beachten, da er sich auch nicht in analoger Weise auf die arbeitsrechtlichen Sonderbestimmungen (Ferienanspruch, Lohnfortzahlungspflicht, Kündigungsschutz, etc.) berufen kann.

Es ist nicht die vollamtliche Funktionsausübung, welche zur Anwendbarkeit des arbeitsrechtlichen Konkurrenzverbots führt, sondern ausschliesslich der zu Grunde liegende Arbeitsvertrag. Entsprechend hat der nur nebenamtlich tätige VR-Delegierte, welcher für seine Zusatzfunktion einen Arbeitsvertrag mit der Gesellschaft abgeschlossen hat, während der Dauer des Arbeitsvertrages jegliche Konkurrenzierung zu unterlassen. Umgekehrt hat der vollamtlich tätige Verwaltungsrat ohne Arbeitsvertrag nur die aus dem Organverhältnis resultierende gesellschaftsrechtliche Treuepflicht zu befolgen. Ob diese Pflicht durch eine direkte oder indirekte Konkurrenzsituation verletzt wird, ist im Einzelfall zu beurteilen.[54]

Bei einem Verstoss gegen das Konkurrenzverbot kann nicht nur der Gesamtverwaltungsrat, sondern auch jeder einzelne Aktionär der Generalversammlung beantragen, dasjenige Mitglied des Verwaltungsrats abzuwählen, welches seine Treuepflicht verletzt.[55] Theoretisch möglich ist zudem eine Verantwortlichkeitsklage der Gesellschaft oder der Aktionäre gestützt auf Art. 754 Abs. 1 OR gegen das fehlbare Verwaltungsratsmitglied. Verantwortlichkeitsklagen sind jedoch erfahrungsgemäss finanziell und zeitlich sehr aufwendig. Besteht die Möglichkeit einer künftigen Konkurrenzierung durch eines seiner Mitglieder, so sollte deshalb vom Verwaltungsrat in Erwägung gezogen werden, ein ausdrückliches Konkurrenzverbot in die Statuten oder in das Organisationsreglement aufzunehmen bzw. vertraglich zu vereinbaren und mit einer Konventionalstrafe abzusichern.[56] Mit einer derartigen Konkurrenzverbotsklausel kann eine Ausweitung des Konkurrenzverbots über die Amtsdauer hinaus bewirkt werden.[57] Dabei kann auf die in der Praxis üblichen Formulierung von Konkurrenzverboten in Arbeitsverträgen zurückgegriffen werden.[58]

---

[54] Vgl. BÖCKLI, Aktienrecht, Rz. 611 zu § 13; FORSTMOSER/MEIER-HAYOZ/NOBEL, § 28 N 37; KRNETA, Praxiskommentar, Rz. 1910; MÜLLER/LIPP/PLÜSS, 171; PLÜSS, Rechtstellung, 42.
[55] KRNETA, Praxiskommentar, Rz. 1917.
[56] Diese Möglichkeit erwähnen auch FORSTMOSER/MEIER-HAYOZ/NOBEL, § 28 N 38, und KRNETA, Praxiskommentar, Rz. 1911.
[57] Ohne eine anderslautende Regelung endet das gesellschaftsrechtliche Konkurrenzverbot mit der Beendigung des VR-Mandats; dabei spielt es keine Rolle, warum und durch wen das Mandatsende herbeigeführt wurde.
[58] Vgl. die Musterklausel für ein Konkurrenzverbot hinten im Anhang A.4.6 auf S. 517 f., wobei bewusst eine zeitliche Dauer von 5 Jahren und eine örtliche Ausdehnung auf ganz Europa formuliert wurden, was bei einem arbeitsrechtlichen Konkurrenzverbot zweifellos übermässig wäre.

Bei der Einführung bzw. Vereinbarung einer Konkurrenzverbotsklausel ist die zwingende gesetzliche Schranke von Art. 27 Abs. 2 ZGB und damit der Schutz der Persönlichkeit vor übermässiger Bindung zu beachten. Dies gilt sowohl für ein Konkurrenzverbot während der Amtsdauer als auch für ein solches danach. Dabei ist zu berücksichtigen, dass durch ein Konkurrenzverbot die wirtschaftliche Seite der persönlichen Freiheit betroffen wird.[59] Eine übermässige vertragliche oder statutarische Bindung nimmt das Bundesgericht an, wenn sie den Verpflichteten so stark belastet, dass dieser der Willkür eines anderen ausgeliefert ist, seine wirtschaftliche Freiheit aufgehoben wird oder in einem Masse eingeschränkt wird, dass die Grundlagen seiner wirtschaftlichen Existenz gefährdet sind.[60] Diese Formulierung des Bundesgerichtes zeigt, dass im Gesellschaftsrecht ein schärferes Konkurrenzverbot als im Arbeitsrecht zulässig ist, da dort Art. 340a OR bereits eine «unbillige Erschwerung des wirtschaftlichen Fortkommens des Arbeitnehmers» ausschliesst. Im Gesellschaftsrecht lassen sich deshalb auch wesentlich höhere Konventionalstrafen durchsetzen als im Arbeitsrecht.[61]

3. Konkurrenzverbot im Arbeitsrecht

a) Gesetzliche Grundlage des arbeitsrechtlichen Konkurrenzverbots

Während das Gesellschaftsrecht kein ausdrückliches Konkurrenzverbot kennt, sind im Arbeitsrecht sowohl Regelungen für das Konkurrenzverbot während als auch nach Beendigung des Arbeitsverhältnisses enthalten. So darf gemäss Art. 321a Abs. 3 OR der Arbeitnehmer während der Dauer des Arbeitsverhältnisses keine Arbeit gegen Entgelt für einen Dritten leisten, soweit er dadurch seine Treuepflicht verletzt, insbesondere den Arbeitgeber konkurrenziert. Ob ein Treuebruch vorliegt, hängt insbesondere von der Stellung des Arbeitnehmers im Betrieb ab. Das Mass an Loyalität, das einem leitenden Angestellten abverlangt wird, ist somit wesentlich höher als bei einem Angestellten in untergeordneter Stellung.[62] Dieses von Lehre und Rechtsprechung entwickelte Beurteilungskriterium ist im Hinblick auf eine Doppelstellung als Verwaltungsrat und Arbeitnehmer kritisch zu hinterfragen.

Ein Verwaltungsrat hat zweifellos eine besonders hohe Stellung im Betrieb. Wird ein Arbeitnehmer, der auf Grund seines Arbeitsvertrages keine höhere leitende

---

[59] Vgl. COTTI, Rz. 131.
[60] BGE 114 II 159 Erw. 2.
[61] Als Beispiel sei auf den bekannten Fall der Jean Frey AG in BGE 102 II 420 Erw. 4. hingewiesen, wo die Konventionalstrafe von CHF 1 Mio. nicht gekürzt wurde.
[62] Vgl. BGE 104 II 29 Erw. 1; ebenso STREIFF/VON KAENEL, N 4 zu Art. 321a OR.

Tätigkeit auszuüben hat, in den Verwaltungsrat gewählt (z.B. als Arbeitnehmervertreter, um die Forderung nach einer paritätischen Zusammensetzung des Verwaltungsrats zu erfüllen), so verändert sich dadurch seine Stellung im Betrieb wesentlich. Nach der vorstehenden Argumentation würde von diesem Arbeitnehmer nun ein höheres Mass an Loyalität verlangt, obwohl sein Arbeitsvertrag durch die Wahl in den Verwaltungsrat nicht geändert wurde. Zur Begründung dieser Konsequenz aus einer Doppelstellung als Arbeitnehmer und Verwaltungsrat könnte vorgebracht werden, die Einsitznahme im Verwaltungsrat verschaffe dem Arbeitnehmer einen vertieften Einblick in Fabrikations- und Geschäftsgeheimnisse sowie in strategische Absichten, weshalb im analogen Umfang eine vertiefte Loyalitätspflicht entstehe. Gegen diese Auffassung könnte eingewendet werden, dass mit der Funktion als Verwaltungsrat zusätzlich die gesellschaftsrechtliche Treuepflicht nach Art. 717 OR zur Anwendung gelange, weshalb eine Verschärfung der arbeitsrechtlichen Pflichten zum vornherein unnötig sei. Nach der zweiten Ansicht hätte die Doppelstellung keine das Rechtsverhältnis übergreifende Konsequenzen; vielmehr müssten sämtliche Rechte und Pflichten jeweils separat nach dem organschaftlichen und dem zusätzlichen arbeitsvertraglichen Rechtsverhältnis beurteilt werden. Dieser zweiten Meinung kann nicht gefolgt werden. Hat der im Beispiel genannte Arbeitnehmer eine Amtsdauer von insgesamt sechs Jahren als Verwaltungsrat absolviert und wird er danach nicht wiedergewählt, beschränkt sich sein Rechtsverhältnis zur Gesellschaft wieder auf den Arbeitsvertrag. Folglich hätte er nur noch eine untergeordnete Stellung im Betrieb und somit eine geringe Treuepflicht. Tatsächlich hat er aber in einem solchen Umfang wichtige Kenntnisse über die Gesellschaft und deren Strategie erlangt, dass eine besondere Treuepflicht und damit auch ein verschärftes Konkurrenzverbot zumindest noch während einer bestimmten Zeit gelten muss, wenn aus der früheren Verwaltungsratsfunktion nicht ein Schädigungspotential für das Unternehmen resultieren soll. Konsequenterweise ist deshalb die bisherige Lehre und Rechtsprechung dahin zu präzisieren, dass nicht die aktuelle, formelle Stellung eines Arbeitnehmers im Betrieb für den Umfang seiner arbeitsrechtlichen Treuepflicht massgebend ist, sondern die Kenntnisse und Kompetenzen, welche er auf Grund seiner Tätigkeit für die Arbeitgeberin erlangt hat.

Ergänzend ist zur gesetzlichen Grundlage festzustellen, dass beim nachvertraglichen Konkurrenzverbot die Rechtsgrundlage in den Art. 340 ff. OR gegeben ist. Während das Gesellschaftsrecht keine besonderen Gültigkeitserfordernisse an eine Konkurrenzverbotsklausel stellt,[63] wird im Arbeitsrecht zur Verbindlichkeit einer

---

[63] Theoretisch wäre eine Präzisierung oder Ausweitung des gesellschaftsrechtlichen Konkurrenzverbotes deshalb auch mündlich gültig; aus Beweisgründen werden solche Regelungen jedoch entweder im Organisationsreglement oder im Protokoll der entsprechenden VR-Sitzung festgehalten.

Konkurrenzverbotsklausel neben der Schriftform vorausgesetzt, dass der handlungsfähige Arbeitnehmer Einblick in den Kundenkreis oder in Fabrikations- und Geschäftsgeheimnisse hatte und er bei Verwendung dieser Kenntnisse den Arbeitgeber erheblich schädigen könnte.[64] Ohne die Beachtung dieser Voraussetzungen kann arbeitsrechtlich kein gültiges Konkurrenzverbot vereinbart werden. Wird ein Arbeitnehmer in den Verwaltungsrat gewählt, ist diese letzte Voraussetzung unbestreitbar erfüllt, da er gemäss Art. 715a Abs. 1 OR nun Auskunft über alle Angelegenheiten der Gesellschaft verlangen kann.

b) Umfang und Durchsetzung des arbeitsrechtlichen Konkurrenzverbots

Gemäss Art. 340a OR darf das arbeitsrechtliche Konkurrenzverbot keine unbillige Erschwerung des wirtschaftlichen Fortkommens des Arbeitnehmers bewirken.[65] In diesem Sinne ist das Konkurrenzverbot nach Ort, Zeit und Gegenstand angemessen zu begrenzen. Es darf nur unter besonderen Umständen drei Jahre überschreiten. Die zeitliche Begrenzung des Konkurrenzverbots auf drei Jahre wurde erst mit der Gesetzesrevision im Jahr 1971 eingeführt.[66] Allerdings hat der Gesetzgeber damit nicht für Klarheit, sondern vielmehr für Prozessstoff gesorgt. Liegen nämlich besondere Umstände vor, so darf die Dreijahresfrist überschritten werden. Damit ist die Beschränkung auf drei Jahre lediglich als Beweislastregel zu verstehen.[67] Es kommt auf die konkreten Umstände an, ob eine kürzere oder längere Geltungsdauer des Konkurrenzverbots gerechtfertigt ist.[68] Hat ein Arbeitnehmer Einsitz im Verwaltungsrat, so hat er zwangsläufig Einblick in die Strategie des Unternehmens. Diese Zusatzkenntnisse könnten u.U. eine längere Geltungsdauer rechtfertigen.[69] Klarheit besteht jedenfalls darüber, dass ein Konkurrenzverbot dann strenger zu handhaben ist, wenn der Arbeitgeber eine Gegenleistung erbracht hat, namentlich wenn der Arbeitnehmer während der Dienstzeit oder an ihrem Ende mit Blick auf das Konkurrenzverbot einen besonders hohen Lohn oder eine Entschädigung erhalten hat.[70]

Übermässige Konkurrenzverbotsabreden sind gültig, doch können sie durch den Richter unter Würdigung aller Umstände nach seinem Ermessen reduziert wer-

---

[64] Vgl. COTTI, Rz. 109, und STREIFF/VON KAENEL, N 5 zu Art. 340 OR.
[65] Vgl. BOHNY, 117 ff., und REHBINDER, Berner Kommentar, N 1 zu Art. 340a OR.
[66] Botschaft zum Arbeitsvertrag, 400.
[67] Vgl. REHBINDER, Berner Kommentar, N 3 zu Art. 340a OR, und STREIFF/VON KAENEL, N 3 zu Art. 340a OR.
[68] BOHNY, 128.
[69] Vgl. KUHN, 69; entsprechende Entscheide sind bisher keine bekannt.
[70] STREIFF/VON KAENEL, N 6 zu Art. 340a OR; REHBINDER, Berner Kommentar, N 5 zu Art. 340 a OR.

den, wobei eine allfällige Gegenleistung des Arbeitgebers angemessen zu berücksichtigen ist.[71] Die richterliche Entscheidungsfindung muss darauf abzielen, eine unbillige Erschwerung des wirtschaftlichen Fortkommens für den Arbeitnehmer zu verhindern.[72] Auch bei einem Arbeitnehmer mit einer Doppelstellung als Verwaltungsrat ist demnach die Angemessenheit eines Konkurrenzverbots auf Grund einer umfassenden Interessenabwägung zu beurteilen.[73]

Im Arbeitsvertragsrecht besteht nach Art. 340b Abs. 2 OR die gesetzliche Vermutung, dass sich der Arbeitnehmer durch Bezahlung der Konventionalstrafe vom Konkurrenzverbot befreien kann.[74] Die Befreiung vom Konkurrenzverbot tritt eo ipso mit der Bezahlung der Konventionalstrafe ein.[75] Neben der Konventionalstrafe kann der Arbeitgeber auch den die Konventionalstrafe übersteigenden Schaden verlangen, wenn dem Arbeitnehmer ein Verschulden trifft.[76] Will der Arbeitgeber neben der Konventionalstrafe und dem Schadenersatz kumulativ Realerfüllung verlangen, d.h. das Unterlassen der konkurrenzierten Tätigkeit, so ist dies zwingend schriftlich festzuhalten.[77] Hier liegt ein weiterer, wesentlicher Unterschied zum gesellschaftsrechtlichen Konkurrenzverbot. Nach der allgemeinen Regelung in Art. 160 ff. OR kann der Gläubiger beim gesellschaftsrechtlichen Konkurrenzverbot auch ohne besondere Vereinbarung wahlweise die Konventionalstrafe und Ersatz des weiteren Schadens oder Realerfüllung verlangen. Nur wenn zu Gunsten der Gesellschaft eine Wandelpön i.S.v. Art. 160 Abs. 3 OR vereinbart wurde, kann der mit dem Verbot Belastete nach seiner Wahl gegen Leistung der Konventionalstrafe die Aufhebung des Konkurrenzverbots bewirken.[78]

c) **Wegfall des arbeitsrechtlichen Konkurrenzverbots**

Ein gewichtiger Unterschied zwischen einem gesellschaftsrechtlichen und einem arbeitsrechtlichen Konkurrenzverbot besteht in den gesetzlichen Vorschriften zur Aufhebung bzw. zum Wegfall des Verbots. Gemäss Art. 340c OR fällt das arbeitsrechtliche Konkurrenzverbot dahin, wenn der Arbeitgeber nachweisbar kein Interesse mehr an der Aufrechterhaltung des Verbots hat, oder wenn der Arbeitgeber das Arbeitsverhältnis kündigt, ohne dass ihm der Arbeitnehmer dazu begründeten

---

[71] Art. 340a Abs. 2 OR. Vgl. BGE 96 II 142; BRÜHWILER, N 5 zu Art. 340a OR; REHBINDER/PORTMANN, Basler Kommentar, N 3 zu Art. 340a OR.
[72] BRÜHWILER, N 4 zu Art. 340a OR.
[73] Vgl. REHBINDER, Berner Kommentar, N 5 zu Art. 340a OR.
[74] BRÜHWILER, N 2b zu Art. 340b OR; EHRAT, Basler Kommentar, N 27 zu Art. 160 OR.
[75] Vgl. zum Ganzen: BRÜHWILER, N 2b zu Art. 340b OR.
[76] REHBINDER/PORTMANN, Basler Kommentar, N 2 zu Art. 340b OR.
[77] REHBINDER/PORTMANN, Basler Kommentar, N 4 zu Art. 340b OR.
[78] EHRAT, Basler Kommentar, N 25 zu Art. 160 OR.

Anlass gegeben hat, oder wenn es dieser aus einem begründeten, vom Arbeitgeber zu verantwortenden Anlass auflöst. Diese Regelung ist gemäss Art. 362 OR relativ zwingend und muss deshalb auch dann gelten, wenn der Arbeitnehmer zusätzlich noch eine Funktion als Verwaltungsrat ausübt. In diesem Fall bleibt aber die Treuepflicht nach Art. 717 OR unverändert bestehen.

4. Kumulation von gesellschafts- und arbeitsrechtlichen Konkurrenzverboten

a) Grundsatz der Trennung nach dem anwendbarem Rechtsverhältnis

Aus den Überlegungen zum Rechtsverhältnis des Verwaltungsrats[79] folgt, dass bei einer Doppelstellung als Verwaltungsrat und Arbeitnehmer grundsätzlich die Vorschriften für das organschaftliche und das arbeitsvertragliche Konkurrenzverbot getrennt zu beachten sind. Dies bedeutet insbesondere:

– Die strengen Formvorschriften für das arbeitsrechtliche Konkurrenzverbot gelten auch im Falle einer Doppelstellung als Verwaltungsrat und Arbeitnehmer.
– Ein gültig vereinbartes arbeitsvertragliches Konkurrenzverbot bleibt bestehen, auch wenn der Arbeitnehmer aus dem Verwaltungsrat abgewählt wird.
– Kündigt die Gesellschaft den Arbeitsvertrag, ohne dass der Arbeitnehmer dazu begründeten Anlass gegeben hätte, so fällt das arbeitsvertragliche Konkurrenzverbot auch dann dahin, wenn der Arbeitnehmer weiter im Verwaltungsrat verbleibt.
– Ein arbeitsvertragliches Konkurrenzverbot kann auch dann vom Richter herabgesetzt werden, wenn der Arbeitnehmer Mitglied des Verwaltungsrats ist.
– Für ein gesellschaftsrechtliches Konkurrenzverbot als Verwaltungsratsmitglied sind weder die Formvorschriften, noch die Einschränkungen in Bezug auf den zeitlichen, örtlichen und sachlichen Umfang massgebend.
– Wird eine Konventionalstrafe für die Verletzung des arbeitsrechtlichen Konkurrenzverbots vereinbart, so kann sich der Arbeitnehmer durch Leistung der Konventionalstrafe von diesem Verbot befreien, sofern nichts anderes vereinbart wurde.

---

[79] Vgl. die Zusammenfassung vorne unter TEIL 1 § 3 IV. 5. auf S. 80 f.

b) Übergreifende Konsequenzen eines Konkurrenzverbots bei Doppelstellung

Die detaillierte Prüfung des gesellschaftsrechtlichen und des arbeitsrechtlichen Konkurrenzverbots zeigt, dass eine Doppelstellung als Verwaltungsrat und Arbeitnehmer entgegen dem Grundsatz der getrennten Beurteilung nach dem jeweiligen Rechtsverhältnis u.U. übergreifende Konsequenzen haben kann. Dabei sind zwei Fälle zu unterscheiden: der Verwaltungsrat, der zusätzlich einen Arbeitsvertrag erhält, und der Arbeitnehmer, der zusätzlich in den Verwaltungsrat gewählt wird.

Ist ein Verwaltungsrat ohne Arbeitsvertrag vollamtlich tätig, so gilt für ihn die gleiche gesellschaftsrechtliche Treuepflicht nach Art. 717 OR wie für die übrigen Mitglieder des Verwaltungsrats; nur durch die vollamtliche Tätigkeit findet keine Ausweitung der Treuepflicht statt. Hat ein Verwaltungsratsmitglied zusätzlich zu seinem organschaftlichen Rechtsverhältnis noch ein arbeitsvertragliches Verhältnis zu Gesellschaft, so hat er neben Art. 717 OR die arbeitsrechtliche Sorgfalts- und Treupflicht nach Art. 321a OR zu beachten; für ihn gilt deshalb insbesondere ein verschärftes Konkurrenzverbot. Nach Beendigung des Arbeitsvertrages gilt wieder die ursprüngliche gesellschaftsrechtliche Treuepflicht, sofern im Arbeitsvertrag nicht ausdrücklich etwas anderes vereinbart wurde.

Wird ein Arbeitnehmer in den Verwaltungsrat gewählt, so nimmt er eine höhere Stellung im Betrieb ein. Nach der Rechtsprechung des Bundesgerichtes erhöht sich dadurch seine arbeitsrechtliche Sorgfalts- und Treuepflicht. Dies gilt unabhängig von der Tatsache, dass der Arbeitnehmer bedingt durch seine Doppelstellung auch noch die gesellschaftsrechtliche Treuepflicht zu befolgen hat. Scheidet der Arbeitnehmer wieder aus dem Verwaltungsrat aus, so verliert er zwar seine höhere Stellung im Betrieb, doch bleibt die höhere Treuepflicht im Sinne von Art. 321a OR zumindest während einer beschränkten Zeit bestehen, da der Arbeitnehmer seine als Verwaltungsrat erlangten Kenntnisse über die Gesellschaft (insbesondere im strategischen Bereich) nicht einfach mit dem Ende des Verwaltungsratsmandats verliert. Bei Streitigkeiten im Zusammenhang mit Konkurrenzverboten haben die Gerichte deshalb nicht nur eine aktuelle, sondern auch eine frühere Doppelstellung im Einzelfall zu prüfen und angemessen zu berücksichtigen.

IV. Streikrecht

1. Rechtsgrundlagen des Streikrechts

a) Verfassungsrechtliche Grundlage

Gemäss Art. 28 Abs. 3 BV ist ein Streik zulässig, wenn er die Arbeitsbeziehungen betrifft und wenn keine Verpflichtungen entgegenstehen, den Arbeitsfrieden zu wahren oder Schlichtungsverhandlungen zu führen.[80] Für die Auslegung, was konkret die Arbeitsbeziehungen betrifft, ist primär auf die Botschaft zur Bundesverfassung zurückzugreifen.[81] Danach ist das Streikrecht nur im Rahmen der Koalitionsfreiheit zulässig, sofern die von der Lehre und Rechtsprechung[82] entwickelten Kriterien[83] erfüllt sind.[84]

Dem einzelnen Arbeitnehmer steht kein Streikrecht zu. Demnach ist ein Streik grundsätzlich nur dann als rechtmässig zu betrachten, wenn eine vertragsfähige Organisation den Streik mitträgt.[85] Dabei ist zu beachten, dass rund ein Viertel aller GAV leitende Arbeitnehmer vom Geltungsbereich des GAV ausnimmt.[86] Das Streikrecht steht somit Mitgliedern einer Gewerkschaft über ihre Koalition immer zu, leitenden Arbeitnehmern jedoch nur, wenn sie nicht vom Geltungsbereich des GAV ausgeschlossen sind.

b) Gesetzliche Grundlage

Die Tarifparteien können aufgrund ihrer Tarifautonomie[87] über einen Kollektivvertrag das Streikrecht einschränken oder im Sinne einer Friedenspflicht

---

[80] Nach begründeter Ansicht von STÖCKLI, verfassungsmässiges Recht, hätte die Koalitionsfreiheit eine ausreichende gesetzliche Grundlage für Arbeitskämpfe gebildet (vgl. STÖCKLI, verfassungsmässiges Recht, 15); die hier untersuchte Problematik eines Streikrechts für einen Verwaltungsrat mit einer Doppelstellung als Verwaltungsrat hätte sich aber dadurch nicht verändert.
[81] BBl. 1997 I 7 ff; vgl. STÖCKLI, Streikrecht, 171.
[82] BGE 125 III 277 Erw. 2; VALLENDER, N 6 zu Art. 28 BV; STÖCKLI, Berner Kommentar, N 24 zu Art. 357a OR.
[83] BGE 111 II 245 Erw. 4c; RHINOW/SCHMID/BIAGGINI, 139; Botschaft zur Bundesverfassung, 179 f. (damals noch als Art. 24 BV vorgesehen).
[84] BGE 125 III 277 Erw. 3b; BRÜHWILER, Streikrecht, 273; REHBINDER, Arbeitsrecht, Rz. 586; STÖCKLI, Berner Kommentar, N 33 zu Art. 357a OR.
[85] STÖCKLI, Streikrecht, 187; vgl. BGE 125 III 277 Erw. 2; VALLENDER, N 20 und 27 zu Art. 28 BV, PORTMANN/STÖCKLI, Rz. 64; STÖCKLI, Berner Kommentar, N 19 zu Art. 357a OR.
[86] STÖCKLI, Gesamtarbeitsvertrag, 28.
[87] Mit der Verfassungsrevision wurde die Tarifautonomie der Koalitionen nicht explizit festgelegt; nach herrschender Lehre ist die Tarifautonomie implizit in Art. 28 BV mitenthalten (PORTMANN/

ausschliessen.[88] Liegt keine abweichende Vereinbarung vor, so ist die Pflicht zur Wahrung des Arbeitsfriedens auf den Inhalt des Gesamtarbeitsvertrages beschränkt bzw. ein Streik ist nur über Forderungen zulässig, die nicht Bestand des Gesamtarbeitsvertrages sind (sog. relative Friedenspflicht).[89] Den Tarifparteien steht es aber auch frei, den Verzicht jeglicher Kampfmassnahmen zu regeln (sog. absolute Friedenspflicht). Da jede Art von Friedenspflicht die GAV-Parteien in weitgehendem Mass bindet, ist dazu eine ausdrückliche Vereinbarung notwendig.[90] Eine derartige vertragliche Friedenspflicht würde auch für ein Verwaltungsratsmitglied mit einer Doppelstellung als Arbeitnehmer gelten.

Bislang wurde die Frage, ob einem Verwaltungsratsmitglied mit einer Doppelstellung als Arbeitnehmer ein Streikrecht zusteht, weder von der Lehre noch von der Rechtsprechung behandelt. Wie nachfolgend gezeigt wird, hängt das Streikrecht weniger mit dem Arbeitsverhältnis als solches, sondern vielmehr mit der Funktion zusammen, welche der Betroffene im Betrieb wahrnimmt.

2. Die Treuepflicht als Grenze des Streikrechts

Der Arbeitnehmer tangiert durch seine Teilnahme an einem Streik immer die Gesellschaftsinteressen.[91] Dem verfassungsmässigen Streikrecht steht somit die Loyalitätspflicht des Arbeitnehmers gegenüber, welche diesen verpflichtet, «die berechtigten Interessen des Arbeitgebers in guten Treuen zu wahren.»[92] Das Arbeitsverhältnis erschöpft sich nicht im Austausch vermögenswerter Leistungen, sondern begründet auch persönliche Beziehungen.[93] In diesem Sinne hat der Arbeitnehmer neben der eigentlichen Arbeitsleistung die Pflicht, Schaden vom Arbeitgeber abzuwenden und dessen Belange zu fördern.[94] Den Arbeitnehmer trifft somit

---

STÖCKLI, Rz. 30). Auf der formellen Gesetzesstufe, nämlich in Art. 357 OR in Verbindung mit Art. 356 OR, ist sie explizit festgelegt (vgl. STÖCKLI, Berner Kommentar, N 4 zu Art. 356 OR und N 1 ff. zu Art. 357 OR; PORTMANN/STÖCKLI, Rz. 97; MÜLLER J.P., Grundrechte, 351; REHBINDER, Berner Kommentar, N 4 zu Art. 356 OR; STREIFF/VON KAENEL, N 6 ff. zu Art. 356 OR).
[88] STREIFF/VON KAENEL, N 6 zu Art. 357a OR.
[89] STÖCKLI, Berner Kommentar, N 30 zu Art. 357a OR; REHBINDER/PORTMANN, Basler Kommentar, N 6 zu Art. 357a OR; REHBINDER/PORTMANN, Basler Kommentar, N 6 zu Art. 357a OR.
[90] Vgl. zum Ganzen: STÖCKLI, Berner Kommentar, N 30 zu Art. 357a OR; REHBINDER/PORTMANN, Basler Kommentar, N 7 zu Art. 357a OR; so schon BGE 45 II 555 Erw. 2. In den meisten Gesamtarbeitsverträgen besteht eine absolute Friedenspflicht (vgl. STÖCKLI, Gesamtarbeitsvertrag, 57; STÄHELIN, Streikrecht, 24).
[91] Vgl. STREIFF/VON KAENEL, N 6 zu Art. 336 OR und N 5 zu Art. 321a OR.
[92] Diese Treuepflicht ergibt sich aus Art. 321a OR.
[93] REHBINDER/PORTMANN, Basler Kommentar, N 2 zu Art. 321a OR.
[94] BGE 117 II 74 Erw. 4a; BRÜHWILER, N 2a zu Art. 321a OR; REHBINDER, Arbeitsrecht, Rz. 124; REHBINDER/PORTMANN, N 2 zu Art. 321a OR; FAVRE/MUNOZ/TOBLER, N 1.1. zu Art. 321a OR.

§ 9 Arbeitsrechtliche Konsequenzen

eine besondere Treuepflicht, wobei die Anforderungen an die Treuepflicht um so höher sind, je enger die persönliche Bindung zwischen den Vertragsparteien ist und je höher die berufliche Stellung des Arbeitnehmers ist.[95] Folglich sind an die Treuepflicht von leitenden Arbeitnehmer und insbesondere an diejenige eines Verwaltungsrats mit einer Doppelstellung als Arbeitnehmer strengere Massstäbe anzulegen; dies ergibt sich aus dem besonderen Vertrauensverhältnis und der Verantwortung, die solchen Funktionsträgen im Betrieb zukommen.[96]

Als Ausfluss der Treuepflicht nach Art. 717 OR hat ein Verwaltungsratsmitglied alles zu unterlassen, was der Gesellschaft schaden könnte.[97] Gemäss Bundesgericht kann der angestellte Verwaltungsrat seine Arbeitnehmerinteressen nicht in gleicher Weise wie ein anderer Arbeitnehmer gegenüber der Aktiengesellschaft wahrnehmen, weil seine gesellschaftsrechtliche Stellung ihn zur Wahrung der Interessen der Aktiengesellschaft verpflichtet.[98] Folglich muss der Verwaltungsrat mit einer Doppelstellung als Arbeitnehmer davon Abstand nehmen, gezielt gegen die Interessen der Gesellschaft zu handeln oder solche Handlungen vorzuubereiten.[99] Wo auch nur die Gefahr einer Interessenkollision besteht, ist durch geeignete Massnahmen sicherzustellen, dass die Interessen der Gesellschaft den Vorrang erhalten.[100] In Bereichen, wo ein Verwaltungsrat mit einer Doppelstellung als Arbeitnehmer nicht im Interesse der Gesellschaft, sondern in eigenem Interesse handelt, namentlich bei der Verfolgung eigener arbeitsvertraglicher Interessen, hält es das Bundesgericht für angezeigt, eine Verschärfung der Treuepflicht vorzunehmen.[101] Dieser Grundsatz wird in der Lehre einhellig gutgeheissen.[102] Damit unterliegt der Arbeitnehmer mit einer Doppelstellung als Verwaltungsrat einer verschärften Treuepflicht.

Die Einsitznahme eines Arbeitnehmers im Verwaltungsrat verschärft dessen Treuepflicht in einem Mass, welches die Teilnahme an einem Streik nicht mehr zulässt. Dies um so mehr, weil das Bundesgericht eine zusätzliche Verschärfung der Treue-

---

[95] BGE 104 II 29 Erw. 1; BRÜHWILER, N 2a zu Art. 321a OR; STREIFF/VON KAENEL, N 4 zu Art. 321a OR.
[96] BGE 104 II 29 Erw. 1; 101 Ia 545 Erw. 3; REHBINDER/PORTMANN, Basler Kommentar, N 11 zu Art. 321a OR; REHBINDER, Berner Kommentar, N 9 zu Art. 321a OR.
[97] FORSTMOSER/MEIER-HAYOZ/NOBEL, § 28 N 25; KRNETA, Praxiskommentar, Rz. 1851.
[98] Nicht amtlich publizierter Bundesgerichtsentscheid 4C.402/1998 vom 14. Dezember 1999, Erw. 2a, in: Pra 89/2000 Nr. 50 S. 285 ff.
[99] BÖCKLI, Aktienrecht, Rz. 650 zu § 13.
[100] WATTER, Basler Kommentar, N 15 zu Art. 717 OR.
[101] BGE 113 II 52 E. 3a; in solchen Fällen muss sich der betroffene Verwaltungsrat vorhalten lassen, er hätte bei der ihm zumutbaren Aufmerksamkeit eine konkrete Schädigung vorhersehen können (KRNETA, Praxiskommentar, Rz. 1853).
[102] BÖCKLI, Aktienrecht, Rz. 600 zu § 13; MÜLLER/LIPP/PLÜSS; 169; KRNETA, Praxiskommentar, Rz. 1853.

pflicht annimmt, wenn der Arbeitnehmer als Verwaltungsratsmitglied in eigenem Interesse handelt, was bei der Teilnahme an einem Streik offensichtlich der Fall ist. Folglich hat die Einsitznahme eines Arbeitnehmers im Verwaltungsrat gravierende Auswirkungen auf sein Streikrecht: Die Möglichkeit zur Teilnahme an einem Streik wird durch die verschärfte Treuepflicht faktisch ausgeschlossen.

V. Vertragsbeendigung

1. Einfluss einer Organstellung auf die freie Kündigungsmöglichkeit

Im schweizerischen Arbeitsrecht gilt der Grundsatz der freien Kündigungsmöglichkeit für unbefristete Arbeitsverhältnisse.[103] Art. 335 Abs. 1 OR gibt dementsprechend sowohl dem Arbeitgeber als auch dem Arbeitnehmer das Recht, ein solches Arbeitsverhältnis ohne Vorliegen eines besonderen Grundes zu kündigen. Nach Abs. 2 desselben Artikels muss der Kündigende auf Verlangen des Gekündigten die Kündigung zwar schriftlich begründen, doch hat dies keinen Einfluss auf die Gültigkeit der Kündigung. Nur im Falle einer Kündigung zur Unzeit[104] ist dieselbe nichtig und entfaltet somit keinerlei Rechtswirkung.

Auf den ersten Blick scheint es, als hätte eine zusätzliche Organstellung des Arbeitnehmers keinen Einfluss auf die freie Kündigungsmöglichkeit. Tatsächlich hat der Gesetzgeber im Arbeitsrecht für die Kündigung eines leitenden Arbeitnehmers keine besonderen Bestimmungen vorgesehen. Im Aktienrecht bestimmt jedoch Art. 716a Abs. 1 Ziff. 4 OR, dass der Verwaltungsrat die unverzichtbare und unübertragbare Zuständigkeit zur Ernennung und Abberufung der mit der Geschäftsführung und der Vertretung beauftragten Personen habe. In der Praxis kommt es deshalb zu Auseinandersetzungen über verfahrensrechtliche Fragen im Zusammenhang mit der Kündigung von leitenden Arbeitnehmern, welche nachstehend separat erörtert werden. Zudem ist zu prüfen, ob sich nicht aus anderen arbeitsrechtlichen Bestimmungen, insbesondere aus denjenigen über die missbräuchliche Kündigung, indirekt eine Einschränkung der freien Kündigungsmöglichkeit ergibt.

---

[103] Vgl. BRAND/DÜRR/GUTKNECHT, N 9 zu Art. 335 OR; REHBINDER, Arbeitsrecht, Rz. 316 f.; REHBINDER, Berner Kommentar, N 13 zu Art. 335; REHBINDER/PORTMANN, N 15 zu Art. 335 OR; STREIFF/VON KAENEL, N 2 zu Art. 335 OR: «Soweit auf den vertraglich oder gesetzlich vorgesehenen Termin gekündigt wird, hat also die Gegenseite nichts dazu zu sagen.»
[104] Was als Kündigung zur Unzeit gilt, wird in den Art. 336c und 336d OR aufgelistet.

§ 9 Arbeitsrechtliche Konsequenzen

Die freie Kündigungsmöglichkeit ist von der Pflicht zur Einhaltung einer Kündigungsfrist zu unterscheiden.[105] Ein Auftragsverhältnis kann gemäss Art. 404 Abs. 1 OR von jeder Partei jederzeit widerrufen oder gekündigt werden. Diese Regelung ist zwingender Natur und kann nach ständiger Rechtsprechung des Bundesgerichtes nicht vertraglich wegbedungen werden.[106] Auf das organschaftliche Verhältnis ist die Regelung analog anwendbar,[107] da die Generalversammlung gestützt auf Art. 705 OR das Recht zur jederzeitigen Abwahl hat.[108] Ein unbefristetes Arbeitsverhältnis kann dagegen gemäss Art. 334 ff. OR nur unter Einhaltung bestimmter Fristen und Termine ordentlich gekündigt werden.[109] Damit besteht zwischen dem organschaftlichen und dem arbeitsvertraglichen Rechtsverhältnis ein gravierender Unterschied bezüglich der zeitlichen Auflösungsmöglichkeit. Während das Verwaltungsratsmandat für sich allein jederzeit ohne Einhaltung einer bestimmten Frist aufgelöst werden kann, müssen beim Arbeitsvertrag auch im Falle einer Doppelstellung die zwingenden gesetzlichen Kündigungsfristen eingehalten werden, sofern kein wichtiger Grund für eine fristlose Kündigung gemäss Art. 337 OR vorliegt.[110] Entsprechend hat das Bundesgericht in BGE 128 III 129 (Seite 133) festgestellt: «Es ist deshalb möglich, dass das Arbeitsverhältnis auch nach der Abberufung des Arbeitnehmenden als Organ weiter besteht oder umgekehrt das Arbeitsverhältnis beendet ist und die Organstellung andauert.» Ist die Organstellung in irgendeiner Form mit dem Arbeitsverhältnis verknüpft, z.B. beim vollamtlich angestellten VR-Delegierten, so hat die Beendigung des einen Rechtsverhältnisses zweifellos Auswirkungen auf das andere. Um diese im Detail prüfen zu können, werden nachstehend die Verfahren und die Varianten zur Beendigung der Rechtsverhältnisse separat erörtert.

---

[105] Zum Rücktrittsrecht aus gesellschaftsrechtlicher Sicht vgl. hinten TEIL 4 § 10 I. 2. f) auf S. 327 ff.
[106] Vgl. BGE 115 II 464; im unveröffentlichten Entscheid des Bundesgerichtes 4C.443/1996 vom 26.3.1997, publiziert in der NZZ vom 29.7.1997, Nr. 173, S. 12, und bei FELBER, Bundesgerichtsentscheide, 212 f., lehnt es das BGer. einstimmig ab, auf seine Rechtsprechung zurückzukommen, auch wenn diese von einem Teil der Rechtsgelehrten kritisiert wird.
[107] Vgl. MÜLLER/LIPP/PLÜSS, 116 ff.
[108] Dazu ausführlich vorne TEIL 1 § 3 III. 3. auf S. 60 f.
[109] Vgl. die Übersicht bei REHBINDER, Arbeitsrecht, Rz. 318 ff.
[110] Die Annahme eines Verwaltungsratsmandats bei einer Konkurrenzgesellschaft könnte einen derartigen wichtigen Grund darstellen. In BGE 123 III 86 war ein solcher Fall zu beurteilen, doch musste das BGer. diese Frage offen lassen, weil der Arbeitgeber sein Recht auf eine fristlose Kündigung durch die vorgängige Aussprechung einer ordentlichen Kündigung verwirkt hatte (vgl. die Kommentierung in der NZZ vom 14.3.1997, Nr. 61, S. 16). Handelt es sich nicht um ein Konkurrenzunternehmen, so ist eine fristlose Kündigung gemäss unveröffentlichtem Entscheid 4C.85/1996 vom 19.7.1996 jedenfalls erst nach Abmahnung zulässig (vgl. die Kommentierung in der NZZ vom 23.12.1996, Nr. 299, S. 14).

2. Verfahrensfragen bei der Vertragsbeendigung

Das Bundesgericht hatte am 10. Dezember 2001[111] Gelegenheit, zu den verfahrensrechtlichen Fragen im Zusammenhang mit der Kündigung durch eine Versicherung als Arbeitgeberin gegenüber ihrem Vizedirektor mit Organstellung ausführlich Stellung zu nehmen. Aus den hier interessierenden Erwägungen[112] seien folgende drei Punkte hervorgehoben:

- Die Vorschriften des Arbeitsvertragsrechtes einschliesslich der Fristen und des Kündigungsschutzes gelten auch für die Beendigung des Arbeitsvertrags bei einem Gesellschaftsorgan.
- Die Unübertragbarkeit der Wahl- und Abberufungsbefugnis nach Art. 716a Abs. 1 Ziff. 4 OR betrifft nur die obersten dem Verwaltungsrat direkt unterstehenden Mitglieder der Geschäftsleitung; die Unübertragbarkeit bedeutet überdies nicht, dass die nächsttiefere Ebene nicht ermächtigt werden könnte, selbst Abberufungen vorzunehmen.
- Bei einer juristischen Person kann die Kündigung sowohl von einem zeichnungsberechtigten Organ wie auch von einer bevollmächtigten Person ausgehen; die Vollmacht zur Kündigung kann besonders erteilt worden sein oder sich aus einer umfassenden Vollmacht wie der Prokura oder der General- oder Handlungsvollmacht ergeben.

In Bezug auf das Verfahren zur Vertragsbeendigung hat eine Doppelstellung als Arbeitnehmer und Verwaltungsrat demnach für sich allein in verfahrensrechtlicher Hinsicht noch keine Konsequenzen. Erst wenn es sich um einen leitenden Arbeitnehmer handelt, welcher zur obersten Geschäftsleitung gehört, ist ein Beschluss des Verwaltungsrats notwendig, um den aktienrechtlichen Vorschriften zu genügen.

3. Varianten der Vertragsbeendigung

a) Kündigung des Arbeitsvertrages ohne Abwahl als Verwaltungsrat

Wird der Arbeitsvertrag von Seiten der Gesellschaft gekündigt, so bleibt das Verwaltungsratsmandat unverändert bestehen.[113] Eine arbeitsvertragliche Klausel,

---

[111] BGE 128 III 129.
[112] Zu den allgemeinen Ausführungen des Bundesgerichtes über das Rechtsverhältnis eines leitenden Arbeitnehmers zur Gesellschaft vgl. vorne TEIL 1 § 3 II. 2. auf S. 50 ff.
[113] Ob es sich deshalb bei der arbeitsrechtlichen Vertragsbeendigung allenfalls um eine missbräuchliche Kündigung im Sinne von Art. 336 Abs. 2 lit. b OR handelt, wird eingehend hinten unter TEIL 4 § 9 V. 4. auf S. 301 ff. geprüft.

wonach die Kündigung durch den Arbeitgeber gleichzeitig auch als Abwahl aus dem Verwaltungsratsgremium zu gelten hat, wäre nichtig; für die Abwahl eines Verwaltungsratsmitgliedes ist nach Art. 698 Abs. 2 Ziff. 2 OR nämlich ausschliesslich die Generalversammlung zuständig.

Handelt es sich bei der arbeitsvertraglich zu entrichtenden Tätigkeit nur um eine untergeordnete Funktion, so wird die Kündigung des Arbeitsvertrages durch den Arbeitnehmer keinen direkten Einfluss auf die weitere Verwaltungsratstätigkeit haben. Ist mit dem Arbeitsvertrag jedoch die Zusatzfunktion als VR-Präsident oder VR-Delegierter geregelt worden, so kann die Vertragsbeendigung u.U. einen direkten Einfluss auf die weitere Verwaltungsratstätigkeit haben. Der Grund dafür liegt in der Tatsache, dass sich der Verwaltungsrat als Gremium selbst konstituiert.[114] Wollte der Gesamtverwaltungsrat mit der arbeitsrechtlichen Kündigung gleichzeitig eine Enthebung des Betroffenen von seiner Zusatzfunktion erreichen, so ist dies im Protokoll der VR-Sitzung speziell festzuhalten. Ohne diesen ausdrücklichen Beschluss und dessen Protokollierung wird im Handelsregister keine Eintragungsänderung bezüglich der Zusatzfunktion möglich sein. Im Falle von Art. 712 Abs. 2 OR, wenn die Statuten die Wahl des VR-Präsidenten durch die Generalversammlung vorsehen, ist eine Funktionsenthebung durch den Gesamtverwaltungsrat zum vornherein unmöglich.

Wird das Arbeitsverhältnis eines hauptberuflich tätigen VR-Präsidenten oder VR-Delegierten beendet, ohne dass der Verwaltungsrat gleichzeitig auch eine Enthebung von der entsprechenden Zusatzfunktion beschliesst, so besteht beim Betroffenen nicht nur das Verwaltungsratsmandat, sondern auch die Zusatzfunktion unverändert weiter.

b) Beendigung der Verwaltungsratsfunktion ohne Kündigung des Arbeitsvertrages

aa) Abwahl durch die Generalversammlung

Bereits im begleitenden Bericht zum Vorentwurf von 1919[115] hielt die Revisionskommission unter der Leitung von Prof. Eugen Huber fest, dass eine Abberufung durch die Generalversammlung nicht ohne weiteres auch die Aufhebung eines allfälligen zusätzlichen Vertrages (als Beispiele wurden Dienstvertrag und Auftrag genannt) zur Gesellschaft bedeuten müsse. Solche Verträge würden selbstverständlich den für das betreffende Vertragsverhältnis geltenden allgemeinen Vorschriften unterstehen.

---

[114] Art. 712 Abs. 1 und 716b Abs. 1 OR.
[115] BERICHT I, 129.

WOLFERS[116] gelangte im Gegensatz zur Revisionskommission zur Überzeugung, dass eine Abwahl durch die Generalversammlung sofort jeglichen Vertrag zwischen der Gesellschaft und dem Betroffenen auflöse. Habe der Verwaltungsrat einen zusätzlichen Arbeitsvertrag mit der Gesellschaft abgeschlossen, so werde auch dieser durch die Abberufung gekündigt und der Entlassene habe Anrecht auf Lohnzahlung bis zum Ende der Kündigungsfrist. Dieser Ansicht liegt noch die alte gesetzliche Regelung zu Grunde, wonach die Generalversammlung selbst Direktoren anstellen und abberufen konnte. Heute ist dies nach Art. 716a Abs. 1 Ziff. 4 OR eine unentziehbare und undelegierbare Aufgabe des Verwaltungsrats. Schon deshalb kann die Abwahl durch die Generalversammlung nicht direkt zu einer Kündigung des Arbeitsvertrages führen. Vielmehr muss erst der Verwaltungsrat als Konsequenz des Generalversammlungsbeschlusses seinerseits einen Beschluss fällen, um auch die arbeitsvertragliche Beziehung mit dem abgewählten Verwaltungsratsmitglied zu beenden.

FELBER[117] vertritt die Ansicht, dass die Konsequenzen einer Abwahl je nach Funktion des Verwaltungsrats verschieden seien. Bei einem in den Verwaltungsrat gewählten Direktor bleibt nach FELBER der Arbeitsvertrag trotz Abwahl bestehen. Bei einem Delegierten des Verwaltungsrats führe die Abwahl dagegen zur Auflösung jeglichen Vertragsverhältnisses mit der Gesellschaft. In dieser Argumentation wird übersehen, dass beim Direktor nach seiner Wahl in den Verwaltungsrat durchaus eine Funktionsänderung eintreten kann, so dass er nun selbst zum Delegierten wird. Der Arbeitsvertrag bleibt dabei mangels gegenteiliger Abmachung bestehen. Rechtlich ist dagegen nichts einzuwenden, sofern der ehemalige Direktor weiterhin in einem Unterordnungsverhältnis steht und nun Weisungen des Gesamtverwaltungsrats zu befolgen hat. Wird dieser VR-Delegierte abgewählt, so ist sein Arbeitsverhältnis damit noch nicht aufgelöst. Die Situation ist aus arbeitsrechtlicher Sicht grundsätzlich gleich zu beurteilen, wie wenn der Abgewählte noch immer Direktor wäre. Aufgehoben ist nur die Funktion als Verwaltungsrat; dieser Umstand führt zur Unmöglichkeit, als VR-Delegierter tätig zu sein.

VON STEIGER[118] geht davon aus, dass eine Abberufung des Verwaltungsrats grundsätzlich zu einer Beendigung des Dienstvertrages führe, doch sei es «unter Umständen denkbar, dass ein allfälliger Dienstvertrag trotz dem Ausscheiden aus dem Verwaltungsrat fortgesetzt wird.» Dabei wird offen gelassen, welche Umstände zu einer Fortsetzung führen.

---

[116] WOLFERS, 90 f.
[117] FELBER, Direktion, 11 f.
[118] VON STEIGER, 226 f.

Kann der Arbeitnehmer zufolge Abwahl aus dem Verwaltungsrat nicht mehr als VR-Delegierter tätig sein, so handelt es sich um den Fall einer nachträglichen, subjektiven Unmöglichkeit der Vertragserfüllung. Es stellt sich die Frage, welches Schicksal dabei ein Arbeitsvertrag erleidet, welcher vom VR-Delegierten mit der Gesellschaft abgeschlossen worden war. Ist die Abwahl des Arbeitnehmers nicht auf sein Verschulden zurückzuführen, so bleibt die Gesellschaft nach Art. 324 Abs. 1 OR zur weiteren Entrichtung des Lohnes verpflichtet.[119] Hat jedoch der Arbeitnehmer die Abwahl verursacht, beispielsweise durch Verletzung seiner Pflichten als Verwaltungsrat mit entsprechender aktienrechtlicher Verantwortlichkeit, so verliert er seinen Lohnanspruch in Analogie zu Art. 119 Abs. 2 OR und haftet gemäss Art. 97 Abs. 1 OR auf Schadenersatz wegen Nichterfüllung.[120]

bb) *Rücktritt des Verwaltungsrats*

So wie die Generalversammlung gestützt auf Art. 698 Abs. 1 Ziff. 2 OR das Recht hat, einen Verwaltungsrat jederzeit abzuwählen, so kann auch ein Verwaltungsrat jederzeit und ohne Begründung zurücktreten.[121] In der Praxis kommen aber entgegen der gesetzlichen Regelung Rücktrittsbeschränkungen vor.[122] Solche Beschränkungen sind nichtig, unabhängig von ihrem Regelungsort (Organisationsreglement, Arbeitsvertrag oder VR-Protokolle). Zur Begründung kann Folgendes angeführt werden:

Als Konsequenz der Rechtstheorie von mehrfachen Rechtsverhältnissen[123] kann der Rücktritt eines Verwaltungsrats nicht mit der Kündigung seines Arbeitsvertrages gleichgesetzt werden.[124] Dies zeigt sich schon an den unterschiedlichen Adressaten:

– Der Rücktritt als Verwaltungsrat ist direkt an die Generalversammlung zu richten.[125]

---

[119] Der Arbeitsvertrag bleibt trotz Annahmeverzug des Arbeitgebers (durch Verletzung seiner Mitwirkungspflicht) bestehen, denn Art. 324 OR ist nur eine Sondervorschrift zu Art. 119 OR (vgl. KUHN/KOLLER, Teil 4 Kap. 3.1.6, S. 1 f.)
[120] Vgl. REHBINDER, Arbeitsrecht, Rz. 192.
[121] FORSTMOSER/MEIER-HAYOZ/NOBEL, § 27 N 43; HOMBURGER, Zürcher Kommentar, N 224 zu Art. 710 OR; MÜLLER/LIPP/PLÜSS, 67 und 116; KRNETA, Praxiskommentar, Rz. 429; BGE 111 II 438 Erw. 1. b) und BGE 112 V 5 Erw. 3. c).
[122] Vgl. vorne Tabelle 33 auf S. 153 mit dem entsprechenden Kommentar.
[123] Vgl. vorne TEIL 1 § 3 IV. 2. auf S. 66 ff.
[124] A.M. noch WOLFERS, 92 f., allerdings auf der Basis der alten gesetzlichen Regelung, wonach die Generalversammlung noch selbst Direktoren anstellen und entlassen konnte.
[125] Das entsprechende Muster einer Rücktrittserklärung findet sich bei MÜLLER/LIPP/PLÜSS, 544.

– Die Kündigung des Arbeitsvertrages ist an den Verwaltungsrat zu richten.
– Der nach Art. 762 OR abgeordnete Verwaltungsrat hat seinen Rücktritt gegenüber jener Körperschaft des öffentlichen Rechts bekannt zu geben, welche ihn abgeordnet hat.

cc) *Spezialfall der Enthebung von Zusatzfunktionen*

Bestimmen die Statuten gestützt auf Art. 712 Abs. 2 OR, dass der Präsident des Verwaltungsrats durch die Generalversammlung zu wählen ist, so kann diese auch eine entsprechende Funktionsenthebung beschliessen, ohne dass der Betroffene dadurch als Verwaltungsrat abgewählt wird. Beim VR-Delegierten ist ausschliesslich der Verwaltungsrat für die Funktionsenthebung zuständig. Welche Konsequenzen haben diese Funktionsenthebungen, wenn der Betroffene seine Funktion im Rahmen eines Arbeitsvertrages ausübt? Gilt die Funktionsenthebung gleichzeitig als Kündigung des Arbeitsvertrages oder hat der Verwaltungsrat zuerst einen entsprechenden Beschluss zu fällen?

MEYER[126] vertritt im Zusammenhang mit der Funktionseinsetzung zu Recht die Ansicht, dass ein noch vor der Funktionszuweisung abgeschlossener Arbeitsvertrag bestehen bleibt. Viel wahrscheinlicher ist jedoch der umgekehrte Fall, dass der Arbeitsvertrag erst nach der Wahl abgeschlossen wird, weil die Zusatzfunktion eine hauptberufliche Tätigkeit erforderlich macht. Wird später die Zusatzfunktion im ersten Fall entzogen, bleibt der Arbeitsvertrag und damit auch der entsprechende Kündigungsschutz bestehen, ansonsten der Betroffene schlechter gestellt wäre als vor der Annahme der Funktionszuweisung. Doch auch im zweiten Fall müssen der Arbeitsvertrag und damit der Kündigungsschutz bestehen bleiben. Der Betroffene kann zwar die ihm zugewiesene Funktion nicht mehr ausüben, der Grund dafür liegt aber nicht bei ihm, sondern bei der Gesellschaft bzw. der Arbeitgeberin. Diese kommt ihrer Verpflichtung zur Aufrechterhaltung der notwendigen Funktion nicht nach. Dies führt zur Schlussfolgerung, dass die Funktionsenthebung lediglich einer Kompetenzbeschränkung analog dem Entzug einer Zeichnungsberechtigung gleichkommt. Soll auch ein im Hinblick auf die Funktionsausübung abgeschlossener Arbeitsvertrag aufgelöst werden, so ist dies durch eine Kündigung kundzutun. Diese kann aber nur durch den Verwaltungsrat und nicht durch die Generalversammlung ausgesprochen werden. Kann der Betroffene wegen der Funktionsenthebung seinen Arbeitsvertrag nicht mehr erfüllen, so gerät die Gesellschaft in Annahmeverzug, bleibt aber zur Lohnfortzahlung bis zum Ende des Arbeitsvertrages verpflichtet.

---

[126] MEYER, 46.

4. Kündigungsschutz für den gewählten Arbeitnehmer-Verwaltungsrat

Nach Art. 336 Abs. 2 lit. b OR ist die Kündigung des Arbeitsverhältnisses durch den Arbeitgeber missbräuchlich, wenn sie ausgesprochen wird, während der Arbeitnehmer gewählter Arbeitnehmervertreter in einer betrieblichen oder in einer dem Unternehmen angeschlossenen Einrichtung ist, und der Arbeitgeber nicht beweisen kann, dass er einen begründeten Anlass zur Kündigung hatte. Damit stellt sich die Frage, ob und gegebenenfalls unter welchen Voraussetzungen ein Arbeitnehmer mit einer Doppelstellung als Verwaltungsrat unter diesem besonderen Kündigungsschutz steht.

Entsprechend dem Wortlaut des Gesetzes ist vorab notwendig, dass es sich um einen «gewählten» Arbeitnehmer handelt. Da gemäss Art. 698 Abs. 2 Ziff. 2 OR die Mitglieder des Verwaltungsrats zwingend von der Generalversammlung gewählt werden müssen, könnte sich prima vista jeder Verwaltungsrat mit Doppelstellung als Arbeitnehmer auf seine Wahl und damit auf den besonderen Kündigungsschutz berufen. Vom Gesetz wird jedoch ausdrücklich verlangt, dass es sich um einen «Arbeitnehmervertreter» handeln muss. Nur die Wahl als Verwaltungsrat qualifiziert einen Arbeitnehmer noch nicht als Arbeitnehmervertreter; notwendig ist dazu vielmehr die ausdrückliche Bestellung. Folglich ist der Gesetzesartikel dahingehend zu interpretieren, dass als Arbeitnehmervertreter nur gilt, wer in irgendeiner Form, sei es durch den Arbeitgeber oder durch die übrigen Arbeitnehmer zum Arbeitnehmer-Vertreter gewählt wurde. Ob die anschliessende Wahl durch die Generalversammlung dann nur noch einer Bestätigung des Belegschaftsvorschlages gleichkommt,[127] spielt dabei keine Rolle.

Eine missbräuchliche Kündigung liegt nach dem Willen des Gesetzgebers nur dann vor, wenn der gewählte Arbeitnehmer im Zeitpunkt der Kündigung Vertreter in einer betrieblichen oder in einer dem Unternehmen angeschlossenen Einrichtung ist. Ob dazu auch der Verwaltungsrat gehört, ist nicht ohne weiteres ersichtlich. Weder in den Materialen, noch in den Kommentaren oder Lehrbüchern findet sich darüber eine Aussage. Als Beispiele werden lediglich Betriebs- oder Personalkommissionen und Personalvorsorgeeinrichtungen genannt.[128] Aus den spezifischen Monographien zum Kündigungsschutz ergibt sich Folgendes:

---

[127] Vgl. dazu das Wahlprozedere bei der Bürstenfabrik Trisa AG zur Bestellung ihres paritätisch zusammengesetzten Verwaltungsrats vorne auf S. 31 f.
[128] Vgl. statt vieler REHBINDER, Berner Kommentar, N 9 zu Art. 336 OR; STAEHELIN/VISCHER, Zürcher Kommentar, verweist zwar in N 32 zu Art. 336 OR noch auf das Mitwirkungsgesetz vom 17. Dezember 1993 (SR 822.14), doch wird auch dort eine Vertretung im Verwaltungsrat nicht erwähnt.

§ 9 Arbeitsrechtliche Konsequenzen

- 1991 stellt HUMBERT[129] fest, dass die betrieblichen Arbeitnehmervertretungen in der Schweiz unter den verschiedensten Bezeichnungen auftreten «wie beispielsweise Betriebsräte, Betriebs-, Personal-, Angestellten- oder Arbeitgeberkommissionen». Aus dieser Aufzählung könnte geschlossen werden, dass der Verwaltungsrat nicht als betriebliche Arbeitnehmervertretung gilt, da er nicht von der Belegschaft, sondern von den Aktionären bestellt wird.»
- 1993 erweitert TROXLER[130] die Auslegung dessen, was als betriebsinterne oder dem Betrieb angeschlossene Einrichtung gelten soll. Nach seiner Meinung kommen in Frage: «Betriebskommissionen, aus dem Betrieb gewählte VR bei Mitbestimmungsmodellen oder etwa Organschaften im Sinne von Art. 51 BVG.» Eine Begründung für diese Vermutung liefert TROXLER nicht. Warum nur Verwaltungsratsmitglieder in der Funktion als Arbeitnehmervertreter vom Kündigungsschutz erfasst sein sollen, ist nicht nachvollziehbar.
- 1997 relativiert ZOSS[131] die Ansicht von TROXLER. Nur die im Rahmen von Gesamtarbeitsverträgen oder Betriebsreglementen gewählten Arbeitnehmervertreter sollen einen besonderen Kündigungsschutz geniessen. «A cet égard, il faut mettre l'accent sur le caractère interne à l'entreprise de l'élection. Un représentant choisi dans le cadre d'une élection syndicale ne sera donc pas protégé.» Streng formell betrachtet wird ein Arbeitnehmervertretungs-Verwaltungsrat zweimal gewählt: Einmal von der Belegschaft und einmal von der Generalversammlung. Das Abgrenzungskriterium von ZOSS erweist sich damit als unklar.
- 1998 kritisiert NORDMANN[132] die unklare Situation. Zu Recht stellt er fest, dass der Begriff Arbeitnehmervertreter weder im Obligationenrecht noch im Mitwirkungsgesetz geregelt ist und die im Gesetz vorhandene Umschreibung der geschützten Gremien zu restriktiv sei. «Dennoch sprechen bedeutende Gesichtspunkte für die Erweiterung des Kündigungsschutzes auf eingesetzte Arbeitnehmervertreter. Der Zweck der Bestimmung […] gilt auch im Fall des eingesetzten Arbeitnehmervertreters. Diese vertreten die Interessen der übrigen Mitarbeiter ebenso wie die gewählten Arbeitnehmervertreter.» Leider verzichtet NORDMANN darauf, diese Überlegungen umzusetzen und die geschützten Gremien bzw. Funktionen konkret zu nennen.

Eine teleologische Auslegung der Artikel zum Schutz vor missbräuchlicher Kündigung ergibt, dass zum Kreis der geschützten Gremien bzw. der massgebenden betrieblichen Einrichtung auch der Verwaltungsrat gehören muss. Mit NORDMANN

---

[129] HUMBERT, 100 f.
[130] TROXLER, 112.
[131] ZOSS, 242.
[132] NORDMANN, 130 f.

ist festzustellen, dass durch Art. 336 Abs. 2 lit. b OR sichergestellt werden soll, dass der gewählte Arbeitnehmervertreter seine Aufgabe unbelastet von einer allfälligen Kündigungsdrohung erfüllen soll. Gerade im entscheidenden Verwaltungsratsgremium hat es ein Arbeitnehmervertreter oftmals schwer, den Standpunkt der Belegschaft erfolgreich zu vertreten. Um so mehr ist er auf den Kündigungsschutz angewiesen. Ob die Bestimmung als Arbeitnehmervertreter auf Vertrag, Reglement oder betrieblicher Übung basiert, kann den Kündigungsschutz ebenso wenig in Frage stellen wie die Art der Bestellung durch Wahl, Senioritätsprinzip oder anderes. Voraussetzung ist ausschliesslich, dass der von der Generalversammlung formell als Verwaltungsrat gewählte Arbeitnehmer letztlich von der Belegschaft als Arbeitnehmervertreter eingesetzt ist.

Abschliessend ist zu diesem Punkt anzumerken, dass auch Art. 336 Abs. 2 lit. b OR dem gewählten Arbeitnehmer-Verwaltungsrat keinen absoluten Kündigungsschutz garantiert. Eine Entlassung ist aus objektiven Gründen auch dann möglich, wenn dem Betroffenen persönlich nichts vorzuwerfen ist. So hat das Bundesgericht namentlich wirtschaftliche Schwierigkeiten als begründeten Anlass für die Kündigung eines Arbeitnehmer-Vertreters anerkannt.[133]

5. Abgangsentschädigung

a) Begriffsproblematik und Bedeutung

Der Begriff «Abgangsentschädigung» wird in den Medien oft für einen anderen Sachverhalt benutzt, als ursprünglich im Gesetz vorgesehen.[134] Der Gesetzgeber verwendet diesen Begriff in Art. 339b OR für die Abfindung eines langjährigen Mitarbeiters bei Beendigung seines Arbeitsverhältnisses. Nachstehend wird dieser Sprachgebrauch als «gesetzliche Abgangsentschädigung» bezeichnet. In den Medien wird unter «Abgangsentschädigung» dagegen häufig auch eine einmalige Sonderzahlung an Verwaltungsräte oder Mitarbeiter zur Regelung sämtlicher gegenseitiger Ansprüche verstanden, unabhängig von den Dienstjahren des Betroffenen.[135] Diese Begriffsverwendung wird nachstehend als «vertragliche Abgangsentschädigung» bezeichnet.[136] Bei leitenden Arbeitnehmern werden solche vertraglichen Abgangsentschädigungen gelegentlich dazu verwendet, eine «harte Landung» nach

---

[133] Unveröffentlichter Entscheid des Bundesgerichtes 4C.183/1994 vom 17.11.94, publiziert in der NZZ vom 11.1.1995, Nr. 8, S. 13, und bei FELBER, Bundesgerichtsentscheide, 184 f.
[134] Vgl. NZZ vom 4.3.2000, Nr. 54, S. 21, und SCHWARZ, Aufstand, 21.
[135] Vgl. BALSIGER, 53, mit dem Hinweis, dass dies vor allem bei Kadermitarbeitern mit langjährigen befristeten Arbeitsverträgen vorkomme.
[136] In Anlehnung an BALSIGER, 37.

einer Entlassung im Zusammenhang mit einem Aktionärswechsel zu vermeiden; es wird deshalb auch von «Fallschirmklausel»[137] oder »golden parachute» gesprochen.[138] Bei Arbeitsstellen mit grossem Konkursrisiko wird als Variante gelegentlich auch die Lohnvorauszahlung für die Dauer des fest abgeschlossenen Arbeitsvertrages gewählt.[139] Letztlich sollte bei der Verwaltungsratsentschädigung die Honorierung der Leistung und nicht die Vergoldung des Abganges im Vordergrund stehen.[140]

Die gesetzliche Abgangsentschädigung kann bei einer Doppelstellung als Verwaltungsrat und Arbeitnehmer durchaus zu Streitigkeiten Anlass geben. Dies zeigt der Fall in BGE 125 III 78. Dabei ging es um die Frage einer Abgangsentschädigung für einen verstorbenen Alleinaktionär. Die klägerische Witwe machte geltend, gestützt auf einen entsprechenden Arbeitsvertrag seien die Voraussetzungen für eine Abgangsentschädigung gegeben. Das Bundesgericht verneinte jedoch diesen Anspruch mit der Begründung, zwischen einer juristischen Person und dem sie wirtschaftlich beherrschenden Organ könne es keinen Arbeitsvertrag geben.[141] Hätte es sich nicht um den Spezialfall eines Alleinaktionärs gehandelt, so wäre in diesem Falle wohl eine Abgangsentschädigung geschuldet gewesen.

b) Gesetzliche Regelung

In grösseren Gesellschaften bleiben die Verwaltungsräte durchschnittlich sechs bis zehn Jahre im Amt;[142] in kleinen und mittleren Unternehmen dürfte diese Dauer wesentlich länger sein.[143] Es erstaunt daher nicht, dass eine Amtszeitbeschränkung auf 10 Jahre bei der Aktienrechtsrevision abgelehnt wurde.[144] In der Praxis gibt es denn auch immer wieder Gesellschaften mit Verwaltungsräten, die über 20 Jahre im Amt sind. Dabei stellt sich die Frage, ob solche Verwaltungsräte bei ihrem Amtsende einen Anspruch auf eine Abgangsentschädigung geltend machen können.

---

[137] Vgl. BRECHBÜHL, 34.
[138] Vgl. NOBEL, Finanzmarktrecht, Rz. 343 zu § 11; WATTER, Unternehmensübernahmen, Rz. 778.
[139] So im Falle von Mario Corti bei der Swissair durch Salärbezug von brutto CHF 13,2 Mio. für 5 Jahre (vgl. Finanz und Wirtschaft vom 16.2.2002, Nr. 13, S. 31).
[140] FORSTMOSER, Round-table, 580, mit der Schlussbemerkung: «Ich habe Probleme mit goldenen Fallschirmen».
[141] Es fehle an einem Unterordnungsverhältnis, weshalb eher von einem dem Auftrag ähnlichen Innominatkontrakt auszugehen sei (vgl. den Kommentar dazu in ZBJV 137 (2001) 114 f.).
[142] KRNETA, Praxiskommentar, Rz. 413.
[143] Bei Familienaktiengesellschaften führt oftmals erst ein Generationenwechsel zu einer Veränderung im Verwaltungsrat.
[144] Vgl. BÖCKLI, Aktienrecht, Rz. 16 zu § 13; MÜLLER/LIPP/PLÜSS, 41.

«So reichhaltig die Praxis, so karg die gesetzlichen Bestimmungen: Einzig das Arbeitsrecht enthält mit Art. 339b OR eine Bestimmung, die sich über die Höhe von Abgangsentschädigungen äussert.»[145] Im Aktienrecht findet sich keine Klausel, welche einem Verwaltungsrat den Anspruch auf eine gesetzliche Abgangsentschädigung einräumen würde, wenn er eine bestimmte Amtsdauer überschritten hat. In Art. 710 Abs. 1 OR wird die maximale Amtsdauer mit sechs Jahren angegeben; im zweiten Absatz dieses Artikels folgt die knappe Feststellung, dass eine Wiederwahl möglich ist. Daraus ist indirekt nur abzuleiten, dass gesetzlich kein Anspruch auf Wiederwahl besteht. Auch aus Art. 705 Abs. 2 OR kann kein Anspruch auf eine Abgangsentschädigung abgeleitet werden. Nach dieser Gesetzesbestimmung bleiben zwar Entschädigungsansprüche der abberufenen Verwaltungsräte vorbehalten, doch geht es um Genugtuungsansprüche; vertragsrechtlich hat diese Bestimmung keine selbständige Bedeutung.[146]

Steht der Verwaltungsrat in einem zusätzlichen Auftragsverhältnis zur Gesellschaft, z.B. als selbständiger Berater, so ändert sich bezüglich der Abgangsentschädigung nichts. In Art. 404 Abs. 2 OR wird für den Fall einer Kündigung zur Unzeit eine Schadenersatzpflicht vorgesehen, doch lässt sich gestützt auf diese Bestimmung für einen Verwaltungsrat mit einem zusätzlichen Auftragsverhältnis kein eigenständiger Anspruch auf eine gesetzliche Abgangsentschädigung ableiten.

Bei einer Doppelstellung als Verwaltungsrat und Arbeitnehmer kann dagegen allenfalls ein gesetzlicher Anspruch auf eine Abgangsentschädigung bestehen. Nach Art. 339b Abs. 1 OR hat der Arbeitgeber dem Arbeitnehmer bei Beendigung des Arbeitsverhältnisses eine Abgangsentschädigung auszurichten, wenn das Arbeitsverhältnis mehr als 20 Dienstjahre gedauert hat und der Arbeitnehmer mindestens 50 Jahre alt ist. Allerdings können Leistungen von Personalvorsorgeeinrichtungen nach Art. 339d Abs. 1 OR von der Abgangsentschädigung abgezogen werden, soweit diese Leistungen von der Gesellschaft als Arbeitgeberin oder aufgrund ihrer Zuwendungen von der Personalfürsorgeeinrichtung finanziert worden sind. Durch die Einführung des BVG am 1. Januar 1985 verlor die Abgangsentschädigung generell an Bedeutung;[147] zudem ist Art. 339d OR seit dem 1. Januar 1989 nicht mehr absolut zwingend ausgestaltet.[148] Die gesetzliche Abgangsentschädigung hat demnach für zwei Kategorien von Verwaltungsräten mit einem zusätzlichen Arbeitsvertrag immer noch eine gewisse Bedeutung:[149]

---

[145] BRECHBÜHL, 33.
[146] DUBS/TRUFFER, Basler Kommentar, N 12 zu Art. 705 OR.
[147] BALSIGER, 13; ähnlich GUHL/KOLLER, § 46 N 188.
[148] Vgl. Art. 362 OR; zugunsten des Arbeitnehmers kann nun von der gesetzlichen Lösung abgewichen werden.
[149] In Anlehnung an RICKENBACH, 80, der zur Begründung konkrete Zahlen angibt und auf weitere Literatur verweist. Die folgende Aussage von VRENI SPOERRY im Brennpunkt (publiziert im Be-

§ 9 Arbeitsrechtliche Konsequenzen

- Verwaltungsräte bzw. Arbeitnehmer, deren Jahreslohn unterhalb des koordinierten Jahreslohnes liegt[150]
- Verwaltungsräte bzw. Arbeitnehmer, mit einem Lohnanteil im überobligatorischen Bereich, der nicht vom BVG erfasst wird.

Gesellschaften, deren Aktien an der Schweizer Börse kotiert sind, haben nicht nur das Kotierungsreglement, sondern auch die SWX-Richtlinie betreffend Informationen zur Corporate Governance zu beachten.[151] Gemäss Ziff. 7.2 dieser Richtlinie ist der Inhalt von Kontrollwechselklauseln in Vereinbarungen und Plänen zugunsten der Mitglieder des Verwaltungsrats und/oder der Geschäftsleitung sowie weiterer Kadermitglieder des Emittenten im Jahresbericht unter dem Abschnitt «Corporate Governance» offenzulegen.[152] Als Beispiel wird dabei ausdrücklich auf «golden parachutes» verwiesen. Diese Transparenzpflicht für börsenkotierte Gesellschaften gilt unabhängig davon, ob der durch eine Fallschirmklausel begünstigte Verwaltungsrat zusätzlich in einem Arbeitsverhältnis zur Gesellschaft steht oder nicht.

c) Statutarische und organisatorische Regelung

Eine Abgangsentschädigung ist im Gesetz nur für ehemalige Arbeitnehmer vorgesehen. Nicht explizit geregelt ist die Frage, ob einem langjährigen Verwaltungsrat in den Statuten oder im Organisationsreglement auch ohne Arbeitsvertrag ein derartiger Anspruch eingeräumt werden kann. Weil der Verwaltungsrat das Organisationsreglement selbst erlassen kann, soll dieser Punkt zuerst geprüft werden.

Soweit der Verwaltungsrat nach den Statuten nicht eingeschränkt ist, seine Entschädigung selbst festzusetzen, kann er nach dem Grundsatz «in maiore minus» auch die Entschädigung bei Aufhebung des Mandatsverhältnisses und somit eine Abgangsentschädigung festlegen. Solche Abgangsentschädigungen können individuell durch Einzelbeschluss oder generell durch Festlegung im Organisationsreglement zugesprochen werden. Setzt der Verwaltungsrat eine zu hohe Abgangsentschädigung fest, so kann er nach den Vorschriften über unerlaubte Handlung

---

obachter 7/2001, S. 7) zur Begründung ihrer jährlichen VR-Entschädigungen von CHF 180'000.– bei Credit Suisse und von CHF 262'000.– bei Nestlé ist deshalb für Verwaltungsräte mit einer Doppelstellung als Arbeitnehmer teilweise unzutreffend: «Zudem haben nebenamtliche Verwaltungsräte keine Boni, keine Pension und keine Abgangsentschädigung.»

[150] Gemäss Art. 7 BVG; dies dürften vor allem Teilzeitangestellte sein, so MÜNCH, Rz. 1.73.
[151] Basierend auf Art. 3 und 64 KR; in Kraft seit 1.7.2002.
[152] Nach BRECHBÜHL, 33, mit Verweis auf eine Studie durch Prof. Meyer, haben 100% der an der SWX kotierten Gesellschaften diese Angaben in ihrem Jahresbericht veröffentlicht.

§ 9 Arbeitsrechtliche Konsequenzen

oder ungerechtfertigte Bereicherung wegen Rechtsanmassung belangt werden;[153] allenfalls wäre auch eine Verantwortlichkeitsklage nach Art. 754 Abs. 1 OR möglich, wenn die entsprechenden Voraussetzungen erfüllt sind.[154] Wird die Abgangsentschädigung nur einem Verwaltungsrat zugesprochen, der in einem zusätzlichen Arbeitsverhältnis zur Gesellschaft gestanden hat, aber die Voraussetzungen nach Art. 339b Abs. 1 OR nicht erfüllt, so ist die erfolgreiche Geltendmachung einer Rechtsanmassung oder einer Verantwortlichkeitsklage schwieriger, als ohne Vorbestand eines Arbeitsverhältnisses. Der frühere Arbeitsvertrag vermag eine soziale Absicherung des Verwaltungsrats innerhalb eines angemessenen Rahmens jedenfalls nachvollziehbar zu begründen.

Zusammenfassend kann demnach festgestellt werden, dass im Organisationsreglement grundsätzlich eine Abgangsentschädigung zugunsten von ausscheidenden Verwaltungsräten festgelegt werden kann.

Schwieriger ist die Frage zu beantworten, ob in den Statuten eine Abgangsentschädigung zugunsten eines ausscheidenden Verwaltungsrats festgelegt werden kann. Die Wahl des Verwaltungsrats gehört nach Art. 698 Abs. Ziff. 2 OR zu den unübertragbaren Befugnissen der Generalversammlung; entsprechend ist die Generalversammlung nach Art. 705 Abs. 1 OR berechtigt, die Mitglieder des Verwaltungsrats abzuberufen. Das Abberufungsrecht ist zwingender Natur und kann auch durch die Statuten nicht eingeschränkt werden.[155] Selbst ein Beschlussquorum für eine Abberufung wird als unzulässig abgelehnt.[156] Nun erschwert eine Abgangsentschädigung aber nicht die Abberufungsmöglichkeit an sich, sondern lediglich deren finanzielle Folgen. Umgekehrt wird auch die Wahl der Verwaltungsratsmitglieder nicht dadurch erschwert, dass in den Statuten zugunsten der Verwaltungsräte ein Entschädigungsanspruch fixiert wird. Aus dieser Überlegung heraus erscheint die statutarische Regelung einer Abgangsentschädigung zugunsten von ausscheidenden Mitgliedern des Verwaltungsrats als zulässig. Insbesondere ist die Zulässigkeit dann gegeben, wenn die Abgangsentschädigung an die Bedingung geknüpft ist, dass der betreffende Verwaltungsrat vorgängig während einer gewissen Zeit in einem zusätzlichen Arbeitsverhältnis zur Gesellschaft gestanden hat.

Die Zulässigkeit der Regelung einer Abgangsentschädigung in den Statuten oder im Organisationsreglement heisst nicht, dass es keine Einschränkungen zu berücksichtigen gebe. Die Lehre ist sich einig, dass Fallschirmklauseln sowohl unter börsen- als auch unter aktienrechtlichen Gesichtspunkten gesetzeswidrig sind, wenn

---

[153] Vgl. MÜLLER/LIPP/PLÜSS, 89.
[154] Eine Verletzung der Treuepflicht nach Art. 717 Abs. 1 OR könnte geltend gemacht werden; vgl. WIDMER/BANZ, Basler Kommentar, N 14 zu Art. 754 OR.
[155] FORSTMOSER/MEIER-HAYOZ/NOBEL, § 27 N 39.
[156] Vgl. BÖCKLI, Aktienrecht, Rz. 65 zu § 13.

sie «goldig» werden und ihre Höhe über eine wirtschaftlich gerechtfertigte, im Aktionärsinteresse liegende Abfindung hinausgeht.[157] Nachstehend soll deshalb auf diese Grenzen näher eingegangen werden.

d) Vertragliche Regelung

Zwischen der Gesellschaft und ihren Verwaltungsratsmitgliedern kann unabhängig von der Art des Rechtsverhältnisses zur Gesellschaft ein Vertrag über die Konsequenzen einer allfälligen Abwahl geschlossen werden. Nach dem Grundsatz der Vertragsfreiheit kann die Gesellschaft dabei insbesondere auch Abgangsentschädigungen vereinbaren, welche über die gesetzliche Mindestregelung im Arbeitsrecht hinausgehen.[158] Dabei stellt sich allerdings die Frage, ob derartige vertragliche Abgangsentschädigung in unbegrenzter Höhe vereinbart werden können.

Eine erste Grenze findet die Höhe der vertraglichen Abgangsentschädigung im Verbot des Rechtsmissbrauchs gemäss Art. 2 Abs. 2 ZGB; Allerdings dürfte es für einen Richter sehr schwierig sein, bei einer Abgangsentschädigung die Grenze zur missbräuchlichen Höhe festzulegen. Naheliegender wäre die Geltendmachung einer übermässigen Bindung im Sinne von Art. 27 ZGB. Die Gesellschaft könnte auch versuchen, die Abmachung als unsittlich zu qualifizieren, um dadurch eine Nichtigkeit nach Art. 20 Abs. 1 OR zu erreichen. Diesbezüglich dürften die Erfolgsaussichten jedoch kleiner sein.

Neben den Grenzen im ZGB sind die Limiten im OR zu prüfen. Der Verwaltungsrat ist gemäss Art. 717 OR verpflichtet, bei seinen Handlungen und damit auch bei seinen vertraglichen Abmachungen die Gesellschaftsinteressen zu wahren. Würde die Auszahlung einer vertraglich vereinbarten Abgangsentschädigung zu einer Existenzbedrohung der Gesellschaft führen (Illiquidität und in der Folge Überschuldung wegen Bilanzierung zu Liquidationswerten), so müsste ein Richter die Anfechtung der vertraglichen Abgangsentschädigung zulassen und eine Reduktion auf jene Höhe vornehmen, welche die Interessen der Gesellschaft nicht in einem gesetzeswidrigen Mass missachtet.

Bei börsenkotierten Gesellschaften sind im Zusammenhang mit öffentlichen Kaufangeboten die speziellen Vorschriften des BEHG für Zielgesellschaften zu beachten. Gemäss Art. 29 Abs. 2 BEHG darf der Verwaltungsrat einer Gesellschaft, deren Aktien über die Börse zum Kauf angeboten werden, von der Veröffentlichung

---

[157] NOBEL, Finanzmarktrecht, Rz. 343 zu § 11; BRECHBÜHL, 34.
[158] In Art. 339c Abs. 2 OR wird die gesetzliche Abgangsentschädigung auf maximal acht Monatslöhne begrenzt.

des Angebots bis zur Veröffentlichung des Ergebnisses keine Rechtsgeschäfte abschliessen, welche den Aktiv- oder Passivbestand der Zielgesellschaft in bedeutender Weise verändern würden. In diesem Zusammenhang[159] hat die Übernahmekommission in Art. 35 Abs. 2 lit. c UEV-UEK ein ausdrückliches Verbot für übermässige Abgangsentschädigungen festgelegt.[160] Danach ist u.a. folgende Massnahme des Verwaltungsrats ausserhalb eines GV-Beschlusses der Zielgesellschaft gesetzeswidrig: Der Abschluss von Verträgen mit Mitgliedern des Verwaltungsrates oder der obersten Geschäftsleitung, welche unüblich hohe Entschädigungen für den Fall des Ausscheidens aus der Gesellschaft vorsehen.[161] Dieses Verbot gilt klar für sämtliche Mitglieder des Verwaltungsrates, unabhängig von einer allfälligen Doppelstellung als Arbeitnehmer.[162] Was als «unüblich hohe Entschädigung» gilt, wurde von der Übernahmekommission nicht näher bestimmt. Als Beurteilungskriterien werden in der Literatur vorgeschlagen: Leistungen des betroffenen VR-Mitglieds, Schaden im Zusammenhang mit dem Stellenverlust, Marktüblichkeit der Abgangsentschädigung und finanzielle Verhältnisse der Gesellschaft.[163]

Schliesslich besteht noch die strafrechtliche Grenze der ungetreuen Geschäftsbesorgung gemäss Art. 158 StGB. Diesbezüglich wurde ein besonders krasser Fall einer vertraglichen Abgangsentschädigung im Zusammenhang mit der Strafanzeige gegen den ehemaligen VR-Präsidenten der Kuoni-Gruppe publik.[164]

Zusammenfassend ist festzustellen, dass der Verwaltungsrat im Namen der Gesellschaft mit den einzelnen Mitgliedern vertragliche Abgangsentschädigungen vereinbaren kann und zwar unabhängig von einer Doppelstellung als Arbeitnehmer. Dabei sind jedoch die vorstehend erwähnten gesetzlichen Grenzen zu beachten.

---

[159] Gestützt auf Art. 29 Abs. 3 BEHG.
[160] Gemäss BÖCKLI, Börsenrecht, 249, wird das Gesellschaftsrecht durch die Erwähnung in der UEK-UEV zu «gewissermassen zu einem sekundären Bestandteil des Übernahmerechts».
[161] MEIER-SCHATZ, Meldepflichten, 55, begrüsst dieses Verdikt gegen «golden parachutes» ausdrücklich.
[162] NOBEL, Finanzmarktrecht, Rz. 343 zu § 11, erachtet es im Zusammenhang mit der Verhältnismässigkeitsprüfung sogar als wesentlich, ob die Fallschirmklausel bereits in einem ursprünglichen Arbeitsvertrag vorhanden war oder erst später im Hinblick auf einen Abwehrkampf vereinbart wurde.
[163] GEHRER, 482.
[164] Vgl. NZZ vom 7.6.2001, Nr. 129, S. 21, wonach letztlich Daniel Affolter für die sofortige Auflösung seines Arbeitsvertrages als VR-Präsident von der Kuoni Holding AG Salärzahlungen im Umfang von CHF 2 Mio., Pensionskassenleistungen von CHF 1,5 Mio. und eine Entschädigung für Verfahrenskosten von CHF 230'000.– erhielt.

VI. Haftung aus arbeitsrechtlicher Sicht

1. Überblick

Ein Verwaltungsrat, welcher nicht nur in einem Organverhältnis, sondern zusätzlich noch in einem Arbeitsverhältnis zur Gesellschaft steht, kann sowohl für seine Tätigkeit als Organ als auch für seine Handlungen oder Unterlassungen als Arbeitnehmer zur Verantwortung gezogen werden.[165] Soweit es sich um eine organschaftliche Verantwortlichkeit handelt, soll diese im Rahmen der gesellschaftsrechtlichen Konsequenzen behandelt werden.[166] An dieser Stelle wird die besondere Verantwortlichkeit als Arbeitnehmer erörtert. Dabei können zwei grundsätzlich verschiedene Fälle von vertraglicher Haftung[167] unterschieden werden:

- Die Gesellschaft als Arbeitgeberin, vertreten durch den Gesamtverwaltungsrat, belangt das Verwaltungsratsmitglied für seine Handlung oder Unterlassung als Arbeitnehmer.

- Ein Dritter (Aktionäre, Gläubiger, Staat, Konkurrenzgesellschaft, etc.) verlangt Schadenersatz von einem Verwaltungsrat für seine Handlung oder Unterlassung als Arbeitnehmer.

In diesen zwei Fällen ist konkret zu prüfen, ob die Doppelstellung als Verwaltungsrat und Arbeitnehmer zu einer besonderen arbeitsrechtlichen Verantwortlichkeit führt. Zu beachten ist dabei insbesondere der spezielle arbeitsrechtliche Fahrlässigkeitsmassstab. Voller Schadenersatz ist nur bei grober Fahrlässigkeit geschuldet; bei leichter Fahrlässigkeit kommt es regelmässig zu einer richterlichen Reduktion.[168]

---

[165] STAEHELIN/VISCHER, Zürcher Kommentar, N 42 zu Art. 319 OR, weisen deshalb bei der Zulässigkeit eines Arbeitsvertrages für Verwaltungsratsmitglieder darauf hin, dass sich aus den Bestimmungen des Gesellschaftsrechts (und dort insbesondere aus der Verantwortlichkeit gemäss Art. 754 OR) in solchen Fällen Abweichungen von den eigentlichen Merkmalen eines Arbeitsvertrages ergeben.

[166] Dazu hinten TEIL 4 § 10 auf S. 320 ff.

[167] Die Haftung des betroffenen Verwaltungsrats aus unerlaubter Handlung gemäss Art. 41 ff. OR wird nicht erörtert, da ein allfälliger Schadenersatzanspruch des Geschädigten völlig unabhängig von der Doppelstellung des Verwaltungsrats geltend gemacht und durchgesetzt werden kann (zur Haftung aus unerlaubter Handlung des Gesellschaftsorgans vgl. BÄRTSCHI, 47 ff.); die Haftung der Gesellschaft für ihre Hilfspersonen wird hinten unter TEIL 4 § 10 II. 1. b) auf S. 333 ff. behandelt.

[168] FELLMANN, 174.

2. Haftung gegenüber der Gesellschaft als Arbeitgeberin

Nach Art. 321e OR haftet ein Arbeitnehmer unabhängig von seiner Funktion nur im Rahmen seiner persönlichen Fähigkeiten und Eigenschaften, soweit sie der Arbeitgeber gekannt hat oder hätte kennen sollen.[169] Die arbeitsrechtliche Haftung scheint damit auch im Falle eines Verwaltungsrats mit einem zusätzlichen Arbeitsverhältnis zur Gesellschaft klar, da die Organfunktion grundsätzlich keine Rolle spielt. Wie aber gestaltet sich die Haftung, wenn gleichzeitig arbeitsrechtliche und aktienrechtliche Pflichten verletzt wurden? Eine solche Situation ist beispielsweise gegeben, wenn der Delegierte des Verwaltungsrats gleichzeitig als Finanzchef der Gesellschaft im Arbeitsverhältnis tätig ist, in dieser Funktion liquide Mittel mit übermässigem Risiko zum Schaden der Gesellschaft anlegt und damit der Gesellschaft einen grossen Schaden zufügt. Als Finanzchef hat er allenfalls seine Pflichten gemäss Stellenbeschrieb verletzt und haftet nach Art. 321e OR. Als Delegierter des Verwaltungsrats haftet er solidarisch mit den übrigen Mitgliedern nach Art. 754 OR. Hier kann der Gesamtverwaltungsrat dem VR-Delegierten und Finanzchef nicht einfach jegliche Entlöhnung verweigern; möglich ist nur die Verrechnung von Schadenersatzansprüchen im Rahmen des gesetzlich Zulässigen.[170] Der VR-Delegierte kann sich der zusätzlichen aktienrechtlichen Verantwortlichkeit nicht mit dem Argument entziehen, er sei bereits als Arbeitnehmer zur Verantwortung gezogen worden. Die Gefahr, dass der Finanzchef letztlich doppelten Schadenersatz leisten müsste, besteht nicht. Durch die Lohnverrechnung reduzieren sich der angerichtete Schaden und damit auch die Möglichkeit zur Geltendmachung mittels aktienrechtlicher Verantwortlichkeitsklage.

Bei leitenden Arbeitnehmern stellt sich die Frage nach einer Haftungsreduktion wegen schadensgeneigter Arbeit.[171] Diese Frage ist umstritten.[172] Tatsächlich ist eine leitende Tätigkeit begriffsnotwendig mit einer über das allgemeine Mass hinausgehenden Verantwortung verbunden. Daraus allein kann jedoch noch keine überdurchschnittliche Schadenshäufigkeit abgeleitet werden. Es ist zwar richtig, dass ein Fehler eines leitenden Arbeitnehmers gravierende Konsequenzen haben kann, doch sagt die Schadenshöhe noch nichts über die Schadenshäufigkeit aus. Nur weil der Arbeitnehmer eine höhere leitende Tätigkeit ausübt, verrichtet er noch

---

[169] FAVRE/MUNOZ/TOBLER, N 1.1 zu Art. 321e OR; HUTTERLI, 98 f., mit Hinweis auf REHBINDER, Berner Kommentar, N 19 ff. zu Art. 321e OR; SCHWEINGRUBER, Arbeitsvertrag, 71 f.; STREIFF/VON KAENEL, N 3 zu Art. 321e OR.
[170] Vgl. BÄRTSCHI, 45 f., und REHBINDER, Berner Kommentar, N 12 f. zu Art. 321e OR.
[171] Gemäss BRÜHWILER, N 9 zu Art. 93, handelt es sich dabei um typisches Unternehmerrisiko, das im Sinne einer Reduktion oder gänzlichen Beseitigung der Schadensersatzpflicht berücksichtigt wird.
[172] HUTTERLI, 101, mit Literaturhinweisen.

keine schadensgeneigte Arbeit. Im Gegenteil sollten gerade leitende Arbeitnehmer bei ihrer Tätigkeit möglichst wenig Fehler machen. Ein Verwaltungsrat mit einer Doppelstellung als Arbeitnehmer kann sich deshalb auch im Falle einer organabhängigen Tätigkeit nicht darauf berufen, seine Schadenersatzpflicht sei wegen angeblich schadensgeneigter Arbeit zu reduzieren.

Die Verantwortlichkeit nach Art. 754 OR geht bezüglich der Anspruchsberechtigten weiter als die arbeitsvertragliche Haftung. Der Kreis der Anspruchsberechtigten ist ausgedehnt und das Mass der anzuwendenden Sorgfalt wird nur noch nach objektiven Gesichtspunkten bestimmt. Durch die Annahme der Wahl in das Gesellschaftsorgan erklärt der leitende Arbeitnehmer stillschweigend, die geforderten Aufgaben wahrnehmen zu können. Unfähigkeit, Unkenntnis und Zeitmangel scheiden als Exkulpationsgründe aus.[173] Andererseits haftet ein Arbeitnehmer nach den allgemeinen Grundsätzen des Vertragsrechts. Demnach hat die Gesellschaft als Arbeitgeberin lediglich die Vertragswidrigkeit, den dadurch bewirkten Schaden und den adäquaten Kausalzusammenhang zwischen Pflichtverletzung und Schadenseintritt nachzuweisen; bezüglich des Verschuldens tritt eine Umkehr der Beweislast ein, indem ein Verschulden des Arbeitnehmers vermutet wird.[174] Damit unterscheidet sich die arbeitsvertragliche Haftung wesentlich von der aktienrechtlichen, bei welcher der Kläger stets ein Verschulden nachzuweisen hat. Allerdings wird die arbeitsrechtliche Haftung für Fahrlässigkeit durch Art. 321e Abs. 2 OR zwingend gemildert. Danach bestimmt sich das Mass der Sorgfalt des Arbeitnehmers im Gegensatz zur aktienrechtlichen Verantwortlichkeit nicht nur nach objektiven Kriterien, sondern auch nach subjektiven, soweit der Arbeitgeber diese gekannt hat oder hätte kennen sollen.[175]

Ein Spezialfall liegt vor, wenn der Verwaltungsrat nur fiduziarisch eingesetzt ist und auf Weisung des Treugebers und Alleinaktionärs handelt. Hier ist zu unterscheiden, ob die Gesellschaft eine Verantwortlichkeitsklage aus Aktienrecht (Art. 754 OR) geltend macht oder eine Schadenersatzforderung aus Arbeitsrecht (Art. 321e OR):

– Mit dem nicht amtlich publizierten Urteil 4C.397/1998 vom 15. Juni 1999[176] entschied das Bundesgericht im Falle eines fiduziarisch tätigen Verwaltungsrats: «Schliesslich sind Schadenersatzansprüche der Gesellschaft ausgeschlossen, wenn die Generalversammlung den verantwortlichen Organen gemäss Art. 758 Abs. 1 OR die Décharge erteilt. Analog entfällt eine Haftung gegenüber

---

[173] HUTTERLI, 104.
[174] Vgl. REHBINDER, Arbeitsrecht, Rz. 139.
[175] Nach REHBINDER, Arbeitsrecht, Rz. 139, erklärt sich dieser Massstab einer beschränkt subjektiven Fahrlässigkeit als Sonderfall des Mitverschuldens.
[176] Erwähnt und besprochen in SJZ 95 (1999) 482.

der Gesellschaft, wenn diese bzw. deren Alleinaktionär in Kenntnis der Verhältnisse Organhandlungen toleriert, die normalerweise Schadenersatzansprüche i.S.v. Art. 754 OR begründen würden [...]»[177]
- Bei einer Schadenersatzforderung aus Arbeitsrecht ist die Rechtssituation anders zu beurteilen. Hier kann sich der Beklagte nicht mehr auf eine angebliche Weisung bzw. Einwilligung des Alleinaktionärs berufen. Der Alleinaktionär kann seine Weisungen an die Arbeitnehmer nämlich nicht direkt, sondern nur über den Verwaltungsrat bzw. über die Geschäftsleitung erlassen.[178] Ein Arbeitnehmer ist deshalb bei Verursachung eines Schadens grundsätzlich auch dann gegenüber der Gesellschaft nach Art. 321e OR schadenersatzpflichtig, wenn er selbst Verwaltungsrat dieser Gesellschaft ist und seine Handlung oder Unterlassung nach dem Willen des Alleinaktionärs erfolgte. Nur wenn auch der Verwaltungsrat als Gremium oder die Geschäftsleitung dem Arbeitnehmer die Weisung zur entsprechenden Handlung oder Unterlassung erteilte, so hat er diese nach Art. 321d OR zu befolgen und kann daraus nicht belangt werden.

3. Haftung gegenüber Dritten

a) Haftung für Schäden aus Vertrag

Ein leitender Ingenieur einer Baugesellschaft ist gleichzeitig Mitglied des Verwaltungsrats dieser Gesellschaft. Bei der statischen Berechnung einer Betondecke begeht der Ingenieur einen Fehler, weshalb er vom Kunden dafür direkt belangt wird. Da der Vertrag jedoch nicht mit dem Ingenieur direkt geschlossen wurde, sondern mit der Baugesellschaft, kann auch nur diese vertraglich belangt werden. Daran ändert sich auch nichts, wenn der Ingenieur diesen Vertrag als Verwaltungsrat unterzeichnet hat. Die Baugesellschaft wird deshalb gegenüber dem Dritten für den Fehler ihrer Hilfsperson nach Art. 101 OR verantwortlich.

Im Innenverhältnis wird die Baugesellschaft versuchen, den Ingenieur gestützt auf Art. 321e Abs. 1 OR zu belangen. Diesbezüglich kann aber auf die Ausführungen zum ersten Fall vorne unter Ziff. 2. verwiesen werden.

---

[177] Begründet wird dieses Urteil u.a. mit dem Hinweis auf FORSTMOSER, aktienrechtliche Verantwortlichkeit, Rz. 315, wonach Pflichtwidrigkeit bei Einwilligung des Verletzten ausscheidet; dem beklagten Verwaltungsrat steht somit der Nachweis offen, er habe im Einverständnis mit dem nachmalig Geschädigten gehandelt.
[178] In Konzernverhältnissen kann die Muttergesellschaft mit der Drohung einer Abwahl die Verwaltungsräte der Tochtergesellschaft zur Umsetzung der gewünschten Weisung bewegen; de facto besteht demnach ein indirektes Weisungsrecht (vgl. ZR 98 (1999) Nr. 52, S. 243).

b) Haftung für Schäden aus unerlaubter Handlung

aa) Haftung der Gesellschaft für ihren Verwaltungsrat

Die Gesellschaft haftet gemäss Art. 55 Abs. 1 OR für ihre Arbeitnehmer als Hilfspersonen. Handelt es sich bei einem Arbeitnehmer aber um einen Verwaltungsrat, so richtet sich die Verantwortlichkeit auch nach Art. 722 OR. Danach haftet die Gesellschaft für den Schaden aus unerlaubten Handlungen, die eine zur Geschäftsführung oder zur Vertretung befugte Person in Ausübung ihrer geschäftlichen Verrichtungen begeht.[179] Diese Haftung der Gesellschaft für ihre Organe, also auch für ihre Verwaltungsräte, besteht Dritten gegenüber unabhängig davon, ob der Verwaltungsrat nur in einem organschaftlichen oder zusätzlich auch noch in einem arbeitsrechtlichen Verhältnis zur Gesellschaft steht. Allerdings ist die gesellschaftsrechtliche Haftung ausgeschlossen für Handlungen, welche der Privatsphäre des Verwaltungsrats zuzuordnen sind.[180]

bb) Persönliche Haftung des Arbeitnehmers

Die Organhaftung nach Art. 722 OR schliesst die persönliche Haftung eines Verwaltungsratsmitglieds für seine Handlungen bei entsprechendem Verschulden nicht aus. Diesbezüglich gilt Art. 55 Abs. 3 ZGB.[181] Gemäss dieser Bestimmung sind die handelnden Personen für ihr Verschulden zusätzlich persönlich verantwortlich.

VII. Arbeitsrechtliche Bewilligungen

1. Aufenthaltsbewilligung für die Arbeitstätigkeit

Art. 708 Abs. 1 OR schreibt derzeit noch immer vor, dass die Mitglieder des Verwaltungsrats mehrheitlich Personen sein müssen, die in der Schweiz wohnhaft

---

[179] Als unerlaubte Handlung gilt dabei jeder Verstoss gegen eine Rechtsnorm, welche direkt oder indirekt Schädigungen untersagt bzw. den Rechtsunterworfenen ein Schädigungen vermeidendes Verhalten vorschreibt (vgl. BGE 116 Ia 169 und HOMBURGER, Zürcher Kommentar, N 1186 zu Art. 722 OR).

[180] Vgl. HOMBURGER, Zürcher Kommentar, N 1188 zu Art. 722 OR, und WATTER, Basler Kommentar, N 9 zu Art. 722 OR.

[181] Art. 722 OR gilt als lex specialis gegenüber Art. 55 ZGB (vgl. WATTER, Basler Kommentar, N 17 zu Art. 722 OR).

sind und das Schweizer Bürgerrecht besitzen.[182] Mit Kreisschreiben vom 25. Juli 2003 teilte jedoch das EHRA den kantonalen Handelsbehörden mit, dass dieser Artikel im Lichte des Staatsrechts wie folgt zu lesen sei: «Die Mitglieder des Verwaltungsrates müssen mehrheitlich Personen sein, die in der Schweiz wohnhaft sind und das Schweizer Bürgerrecht oder das Bürgerrecht eines Mitgliedstaates der EU oder der EFTA besitzen (...).» Diese Präzisierung war notwendig geworden, weil das Abkommen zwischen der Europäischen Gemeinschaft, ihren Mitgliedstaaten und der Schweiz vom 21. Juni 1999 über die Freizügigkeit[183] u.a. vorschreibt, dass die Staatsangehörigen der Vertragsparteien aufgrund ihrer Staatangehörigkeit nicht diskriminiert werden dürfen. Die gleiche Regelung gilt seit dem 1. Juni 2002 auch für Staatsangehörige der EFTA.[184] Das Wohnsitzkriterium wurde im erwähnten Kreisschreiben mit Hinweis auf die Debatte im Nationalrat bestätigt.

Obwohl die Verwaltungsratstätigkeit im Sozialversicherungsrecht i.d.R. als unselbständige Erwerbstätigkeit gilt,[185] muss für die Ausübung dieser organschaftlichen Tätigkeit grundsätzlich keine Aufenthaltsbewilligung eingeholt werden. Die Vorbereitung und die Teilnahme an VR-Sitzungen werden nicht als Erwerbstätigkeit im Sinne des Gesetzes qualifiziert.

Stammt der Ausländer aus einem visumpflichtigen Staat nach Art. 4 VEA, so hat er vor der Einreise in die Schweiz ein entsprechendes Visumgesuch zu stellen. Die Teilnahme an einer VR-Sitzung gilt gemäss Art. 11 Abs. 1 lit. d. VEA als geschäftliche Besprechung, für die ein längstens drei Monate dauerndes Visum ausgestellt werden kann.

Bedingt die Tätigkeit als Verwaltungsratsmitglied einen durchgehenden Aufenthalt von mehr als drei Monaten in der Schweiz, so hat sich der betroffene Ausländer unabhängig von seinem Herkunftsstaat nach Art. 2 Abs. 1 ANAG noch vor Ablauf des dritten Monats seiner Anwesenheit bei der Fremdenpolizei anzumelden.[186] Auch ohne den Abschluss eines zusätzlichen Arbeitsvertrages kann bei länger dauerndem Aufenthalt somit eine Bewilligungspflicht entstehen.

---

[182] Im Rahmen der GmbH-Revision soll diese Vorschrift geändert werden, was bereits von der Expertengruppe «Corporate Governance» gefordert worden war; vgl. HOFSTETTER, Corporate Governance Bericht, 34.
[183] SR 0.142.112.681, in Kraft getreten am 1.6.2002.
[184] Art. 15 des Abkommens vom 21.6.2001 zur Ergänzung des Gründungsvertrages vom 4.1.1960 (BBl. 2001, 5028 ff.).
[185] Nach Art. 7 lit. h AHVV; vgl. dazu hinten TEIL 4 § 11 II. 1. c) auf S. 375 ff.
[186] Allfällige gegenteilige Bestimmungen des bilateralen Abkommens über die Freizügigkeit und des EFTA-Übereinkommens werden in Art. 1 ANAG ausdrücklich vorbehalten.

2. Notwendigkeit der Arbeitsbewilligung für eine Erwerbstätigkeit

Beabsichtigt ein ausländischer Staatsangehöriger neben dem Organverhältnis als Verwaltungsrat auch noch ein Arbeitsverhältnis als Arbeitnehmer mit der Gesellschaft einzugehen, so hat er sich gemäss Art. 2 Abs. 1 ANAG noch vor dem Stellenantritt bei der Fremdenpolizei anzumelden.[187] Zudem darf er gemäss Art. 1 Abs. 1 VZAS nur dann zum Stellenantritt in die Schweiz einreisen, wenn er die Zusicherung der Aufenthaltsbewilligung besitzt. Diese Vorschrift gilt auch dann, wenn er von der Visumspflicht befreit ist. Von der Verpflichtung ausgenommen sind nach Art. 1 Abs. 2 VZAS ausländische Verwaltungsräte, deren Einreise und Aufenthalt durch das Abkommen über die Freizügigkeit oder die Errichtung der Europäischen Freihandelsassoziation geregelt wird.

Wer vorsätzlich Ausländer beschäftigt, die nicht berechtigt sind, in der Schweiz zu arbeiten, wird gemäss Art. 23 Abs. 1 und 4 ANAG mit einer massiven Busse bestraft. Da die Aktiengesellschaft als juristische Person selbst nicht schuldfähig und somit grundsätzlich nicht strafbar ist,[188] werden jene Organe zur Rechenschaft gezogen, welche schuldhaft dazu beigetragen haben, dass es zu der gesetzeswidrigen Anstellung kommen konnte. Wurde mit dem ausländischen Verwaltungsratsmitglied ein Arbeitsvertrag für eine organunabhängige und untergeordnete Tätigkeit abgeschlossen, so kann in einem grösseren Unternehmen durchaus der Personalchef allein für das Delikt gebüsst werden, wenn die übrigen Verwaltungsräte davon nichts wussten. Für den Abschluss eines Arbeitsvertrages als Geschäftsführer ist jedoch gemäss Art. 716a Abs. 1 Ziff. 4 OR zwingend der Gesamtverwaltungsrat zuständig; folglich müsste in einem solchen hypothetischen Fall der Gesamtverwaltungsrat gebüsst werden.

3. Erleichterung durch das Abkommen über die Freizügigkeit

Am 21. Juni 1999 wurde das «Abkommen zwischen der Europäischen Gemeinschaft und ihren Mitgliedstaaten einerseits und der Schweizerischen Eidgenossenschaft andererseits über die Freizügigkeit»[189] abgeschlossen. In der entsprechenden Botschaft des Bundesrates vom 23. Juni 1999[190] wird einleitend festgehalten,

---

[187] Auch hier gilt gemäss Art. 1 ANAG der Vorbehalt allfällig gegenteiliger Bestimmungen im bilateralen Abkommen über die Freizügigkeit oder im EFTA-Übereinkommen.
[188] Vgl. BGE 105 IV 175; zur subsidiären Strafbarkeit des Unternehmens vgl. hinten TEIL 4 § 14 I., 2. auf S. 455 f.
[189] BBl. Nr. 34 1999 S. 7027 ff.
[190] Botschaft zu sektoriellen Abkommen, 6128 ff.

das Ziel des Personenverkehrsabkommens sei die stufenweise Einführung der Freizügigkeit für alle Bürgerinnen und Bürger der Schweiz und der EU-Staaten. Als Hauptpunkt des freien Personenverkehrs wird der Anspruch eines EU-Angehörigen auf Bewilligungserteilung angeführt und zwar sowohl für Erwerbstätige als auch für Nichterwerbstätige.[191] Demnach ist zu prüfen, welche Auswirkungen das Abkommen auf einen Verwaltungsrat aus einem EU-Staat hat, welcher in ein arbeitsrechtliches Verhältnis zu einer AG in der Schweiz treten will.

In Art. 1 lit. a) des Abkommens über die Freizügigkeit wird als erstes Ziel genannt: «Einräumung eines Rechts auf Einreise, Aufenthalt, Zugang zu einer unselbständigen Erwerbstätigkeit und Niederlassung als Selbständiger sowie des Rechts auf Verbleib im Hoheitsgebiet der Vertragsparteien.» Damit ist bereits klar, dass Verwaltungsräte mit einer Staatsangehörigkeit im EU-Raum seit Inkrafttreten des Abkommens über die Freizügigkeit wesentlich einfacher in ein Arbeitsverhältnis zu einer AG in der Schweiz treten können als Verwaltungsräte mit einer Staatsangehörigkeit ausserhalb des EU-Raums. In Art. 4 des Abkommens wird das Recht auf Aufenthalt und Zugang zu einer Erwerbstätigkeit noch explizit aufgeführt. Die Häufigkeit von Verwaltungsräten aus dem Ausland mit einer Doppelstellung als Verwaltungsrat und Arbeitnehmer bei der gleichen Gesellschaft wird deshalb unter diesem Aspekt noch weiter zunehmen.

4. Bewilligung zur privaten Arbeitsvermittlung

Im Zusammenhang mit den arbeitsrechtlichen Konsequenzen einer Doppelstellung als Verwaltungsrat und Arbeitnehmer sei unter dem Aspekt der arbeitsrechtlichen Bewilligungen schliesslich noch auf die Bewilligungspflicht zur privaten Arbeitsvermittlung hingewiesen. Auf den ersten Blick scheint es, als hätte das Bundesgesetz über die Arbeitsvermittlung und den Personalverleih (AVG) keinerlei Bedeutung für die Thematik einer Doppelstellung. Doch folgender konkrete Fall aus der Praxis beweist das Gegenteil:[192]

> Die VR Management AG in Luzern wurde im Jahre 2001 gegründet. Entsprechend den Angaben auf ihrer Website[193] fokussiert sie sich auf das Themengebiet Corporate Governance und coacht Verwaltungsräte von kleinen und mittelgrossen Unternehmen; im Weiteren vermittelt sie kompetente Persönlichkeiten als Verwaltungsräte an interessierte Firmen. Was die Gesellschaft

---

[191] Botschaft zu sektoriellen Abkommen, 6152 f.
[192] An dieser Stelle sei dem VR-Präsidenten der VR Management AG, Silvan Felder, bestens für die Auskunftsbereitschaft und die Einwilligung zur Publikation des Falles gedankt.
[193] Vgl. www.vrmanagement.ch.

nicht bezweckt, ist insbesondere die Tätigkeit als «Headhunter» bzw. die Vermittlung von leitenden Arbeitnehmern. Dennoch stellte das Arbeitsamt des Kantons Luzern (vermutlich auf Grund der Angaben auf der Website) der VR Management AG im Oktober 2002 ein Gesuchsformular zur Erteilung einer Bewilligung für die Arbeitsvermittlung zu. Nachdem die Gesellschaft verständlicherweise nicht reagierte, weil sie keine eigentliche Arbeitsvermittlung bezweckt, verlangte das Arbeitsamt im September 2003 erneut die Einreichung des Bewilligungsgesuches mit dem freundlichen Hinweis, dass eine Arbeitsvermittlung ohne entsprechende Bewilligung nach Art. 39 AVG mit einer Busse bis zu CHF 100'000.– bestraft werde.

Im vorliegenden Fall kann sich das Arbeitsamt des Kantons Luzern auf ein Schreiben des seco vom 16. Oktober 2002 berufen. Darin wird festgestellt: «Das Verwaltungsratsmitglied hat natürlich als Exekutive eine Organstellung in der Aktiengesellschaft. Entgegen der Aussage von VR Management AG (...) trifft es jedoch nicht zu, dass es sich nach Auffassung der Rechtslehre um ein rein organschaftliches und nicht um ein arbeitsrechtliches Rechtsverhältnis handelt, denn dieses enthält auch schuldrechtliche Komponenten. Gemäss Gerichtspraxis und Lehre kann sich das Vertragsverhältnis, je nach dessen Ausgestaltung im konkreten Fall, nach Auftrags- oder Arbeitsrecht richten. Für einen Teil der Lehre kann es sich dabei auch um einen Innominatvertrag handeln.»

Der Hinweis des seco auf Lehre und Rechtsprechung ist zutreffend, doch ist das Grundverhältnis eines Verwaltungsrats zur Gesellschaft für sich allein noch kein Arbeitsvertrag.[194] Bereits nach dieser Überlegung ist fraglich, ob im angeführten Fall tatsächlich von einer Bewilligungspflicht ausgegangen werden kann. Da jedoch nicht auszuschliessen ist, dass ein vermittelter Verwaltungsrat früher oder später ein zusätzliches Arbeitsverhältnis mit der Gesellschaft eingeht,[195] ist eine weitergehende Prüfung der rechtlichen Situation nötig.

Die Frage, wann eine bewilligungspflichtige Vermittlungstätigkeit vorliegt, wird in der AVV geregelt und durch das Merkblatt des Staatssekretariats für Wirtschaft vom August 2003 präzisiert. Entscheidend ist dabei Art. 1 AVV. Danach gilt als Vermittler nur, wer mit Stellensuchenden Kontakt hat, Adresslisten von Stellensuchenden publiziert oder Stellensuchende rekrutiert. Das Hauptkriterium ist demnach die Qualifikation als «Stellensuchender». Genau diese Qualifikation trifft auf die Interessenten für ein Verwaltungsratsmandat in kleinen und mittelgrossen

---

[194] Vgl. die Zusammenfassung zu dieser Frage vorne unter TEIL 1 § 3 IV. 5. auf S. 80 f.
[195] Beispiele für die Entstehung einer Doppelstellung aus einer Organfunktion sind vorne unter TEIL 1 § 2 II. 2. auf S. 25 f. angeführt.

Unternehmen nicht zu. Solche Gesellschaften suchen i.d.R. zur Ergänzung ihres Verwaltungsrates keine professionellen Mitglieder. Umgekehrt beabsichtigen auch die potentiellen Kandidaten nicht primär den Abschluss eines Arbeitsvertrages. Im zitierten Merkblatt des seco heisst es jedoch einleitend: «Als Vermittler oder Vermittlerin gilt, wer Stellensuchende und Arbeitgebende zum Abschluss von Arbeitsverträgen zusammenführt.» Die VR Management AG hat weder Kontakt mit Stellensuchenden, noch fördert sie den Abschluss von Arbeitsverträgen. Eine Bewilligungspflicht im Sinne des AVG besteht deshalb m.E. in diesem konkreten Fall entgegen der Ansicht der Arbeitsamtes Luzern und des seco nicht.

Zusammenfassend ist festzustellen, dass die Möglichkeit einer Doppelstellung als Verwaltungsrat und Arbeitnehmer von den Behörden als derart wahrscheinlich angenommen wird, dass sogar die Vermittlung von Verwaltungsräten heute als private Arbeitsvermittlung und damit als Bewilligungspflichtig qualifiziert wird.

§ 10 Gesellschaftsrechtliche Konsequenzen

I. Organisation des Verwaltungsrats

1. Organisationsreglement

a) Bedeutung des Organisationsreglements im Haftpflichtfall

Für eine ordnungsgemässe Delegation der ganzen oder teilweisen Geschäftsführung ist gemäss Art. 716b OR ein Organisationsreglement notwendig.[1] Fehlt ein solches Reglement, so kann die Delegation keine haftungsbeschränkende Wirkung haben.[2] Doch auch in Fällen ohne Delegation der Geschäftsführung hat das Organisationsreglement eine haftungsmässige Bedeutung. Gemäss Art. 716a Abs. 1 Ziff. 2 OR ist der Verwaltungsrat zur Festlegung der Organisation verpflichtet. Eine zweckmässige Form dafür ist zweifellos das Organisationsreglement. Unterlässt der Verwaltungsrat die Festlegung der Organisation oder bestimmt er sie nur ungenügend im Organisationsreglement, so kann ihm allenfalls ein Organisationsverschulden[3] vorgeworfen werden, was nach Art. 754 Abs. 1 OR wiederum haftungsbegründend sein kann.[4]

Um der unübertragbaren und unentziehbaren Aufgabe zur Festlegung der Organisation zu genügen, ist nach dem Vorstehenden jedem Verwaltungsrat zu empfehlen, ein Organisationsreglement zu erlassen. Wie nachstehend gezeigt wird, können im Organisationsreglement auch Vorgaben zur Ausgestaltung des Rechtsverhältnisses zwischen Verwaltungsrat und Gesellschaft gemacht werden. Insbesondere lassen sich die Zusatzfunktionen VR-Präsident, VR-Delegierter und Ausschuss-Mitglied regeln. Damit können rechtliche Auseinandersetzungen bezüglich dieser Funktio-

---

[1] Dazu ausführlich vorne TEIL 3 § 6 II. 2. auf S. 191 ff.
[2] A.M. BERTSCHINGER, Arbeitsteilung, Rz. 116 ff., mit der Begründung, Bezugspunkt der Haftungsbeschränkung sei die tatsächliche Unternehmensorganisation und nicht die unternehmensintern formell festgeschriebene Struktur. Dabei wird übersehen, dass die formell korrekte Delegation noch keine Haftungsbeschränkung bewirkt, wenn sie nicht konsequent umgesetzt wird. Der Wortlaut von Art. 716b Abs. 1 OR ist klar und schreibt die «Massgabe eines Organisationsreglements» eindeutig vor.
[3] Im Prozess Winterthur gegen Finnair hatte das Handelsgericht Zürich die Klage u.a. wegen Organisationsverschulden der Fluggesellschaft geschützt; in der Berufung vor Bundesgericht wurde diese Begründung ausdrücklich als richtig qualifiziert (BGE 128 III 390 Erw. 4.3.3.).
[4] BERTSCHINGER, Arbeitsteilung, Rz. 123.

nen wenigstens teilweise vermieden werden, was indirekt das Haftungsrisiko ebenfalls senkt.

b) Zulässigkeit von vertragsrechtlichen Bestimmungen

Mit einer entsprechenden statutarischen Erlaubnis kann der Verwaltungsrat gemäss Art. 716b Abs. 1 OR die Geschäftsführung nach Massgabe eines Organisationsreglements an einzelne Mitglieder delegieren. Die Funktion eines solchen Organisationsreglements wird im zweiten Absatz von Art. 716b OR präzisiert. Danach kann ein solches Reglement insbesondere alle für die Geschäftsführung erforderlichen Stellen und deren Aufgaben umschreiben.[5] Eine Gliederung des Verwaltungsrats in «externe» nebenamtliche und «interne» vollamtliche Mitglieder ist demnach reglementarisch möglich.[6] Aus dem blossen Gesetzestext ergibt sich aber nicht ausdrücklich, ob mit einem Organisationsreglement auch die konkrete Ausgestaltung der vertraglichen Beziehung zu einzelnen Funktionsträgern geregelt werden könne.

Weder in den Materialien zur Entstehung des Art. 716b OR noch in der Literatur oder Judikatur lässt sich ein Hinweis darauf finden, ob im Organisationsreglement Vorschriften über die rechtliche Stellung von besonderen Funktionsträgern (Präsident, Delegierter, Ausschussmitglied oder Sekretär) möglich sind. Auch in den publizierten Checklisten und Mustern für ein Organisationsreglement wird dieser Punkt offen gelassen.[7] Eine vollständige Auslegung der Gesetzesbestimmung zur Beantwortung dieser Frage ist unnötig. Bereits aus dem Wortlaut von Art. 716b Abs. 2 OR kann geschlossen werden, dass auch Bestimmungen über die Qualifikation der Rechtsverhältnisse mit den Funktionsträgern im Organisationsreglement zulässig sein müssen. Mit der Formulierung «... regelt insbesondere ...» ist vom Gesetzgeber klargestellt worden, dass es sich bei den angeführten Regelungsbeispielen nicht um eine abschliessende Aufzählung handelt.[8]

---

[5] Eine Hinterlegung des Organisationsreglements beim Handelsregisteramt ist entgegen dem ursprünglichen Vorschlag (vgl. Botschaft zum Aktienrecht, 181) nicht notwendig; eine Orientierung der Aktionäre genügt.
[6] FORSTMOSER, Organisationsreglement, 14, und FORSTMOSER/MEIER-HAYOZ/NOBEL, § 29 N 15, jeweils mit dem Hinweis, dass dadurch das amerikanische «Board System» verwirklicht werden könne.
[7] So insbesondere bei EHRAT, 794 f., FORSTMOSER, Organisationsreglement, 45 ff., MÜLLER/LIPP/PLÜSS, 503 ff.
[8] Indirekt verweist auch FORSTMOSER, Organisationsreglement, 37, auf diesen Umstand, indem er die gesetzlichen Beispiele von möglichen Regelungen noch erweitert und mit «etc.» abschliesst.

c) Beispiele von vertragsrechtlichen Bestimmungen

In der Praxis kommen tatsächlich Bestimmungen in Organisationsreglementen vor, die in einzelnen Punkten die vertragliche Beziehung der Gesellschaft oder des Verwaltungsrats zu einzelnen Funktionsträgern regeln. Zur Hauptsache handelt es sich dabei allerdings um Vorschriften über das Rechtsverhältnis zum Direktor oder zum VR-Sekretär. Das Rechtsverhältnis zum Präsidenten oder Delegierten wird dagegen nur in Einzelfällen geregelt.

Aus der Fülle aller in der Praxis festgestellten Regelungen seien folgende, rechtlich zulässige Beispiele herausgegriffen:

- «Der Sekretär des Verwaltungsrats steht in einem Arbeitsverhältnis zur Gesellschaft. Er führt Kollektivunterschrift zu Zweien. Der VR-Sekretär kann selbst als Verwaltungsrat gewählt werden.»

- «Der Verwaltungsrat bestimmt einen Sekretär, der im Handelsregister einzutragen ist. Der VR-Sekretär ist als Arbeitnehmer der Gesellschaft tätig und direkt dem VR-Präsidenten unterstellt. Ein amtierender Verwaltungsrat kann nicht zugleich als Sekretär tätig sein.»

- «Der Verwaltungsrat wählt aus seiner Mitte einen Delegierten im Vollamt. Dieser hat bei Annahme seiner Wahl einen Arbeitsvertrag auf bestimmte oder unbestimmte Zeit mit der Gesellschaft abzuschliessen. Er führt Einzelunterschrift, hat aber die Weisungen des Verwaltungsrats zu befolgen.»

- «Nach jedem Ablauf einer Amtsperiode wählt der VR in der ersten Sitzung nach der GV aus seiner Mitte einen Delegierten. Dieser kann nebenamtlich im Auftragsverhältnis oder vollamtlich im Arbeitsverhältnis tätig sein. Wird der Delegierte von der Generalversammlung als Verwaltungsrat abgewählt oder enthebt ihn der Gesamtverwaltungsrat seiner Funktion, so gilt dies gleichzeitig als ordentliche Kündigung des entsprechenden Vertragsverhältnisses als VR-Delegierter auf den nächstmöglichen Zeitpunkt.»

Diese Beispiele zeigen, dass in einem Organisationsreglement sehr detaillierte Regelungen über die konkrete Ausgestaltung eines allfälligen Arbeitsvertrages mit einem Funktionsträger möglich wären. Indessen erscheint es als wenig zweckmässig, das Organisationsreglement mit solchen meist individuellen Regelungen zu belasten. Sinnvoller ist die Festlegung von allgemeinen Grundsätzen, welche im Falle eines Arbeitsvertrages durch detaillierte Bestimmungen in eben diesem Vertrag zu ergänzen sind.

2. Gleichbehandlungsanspruch

a) Funktionell-organisatorischer Anspruch in Teilbereichen

Im Aktienrecht gibt es keine ausdrückliche Bestimmung, welche dem einzelnen Verwaltungsratsmitglied einen generellen Gleichbehandlungsanspruch einräumen würde.[9] Lediglich für Aktionäre wird in Art. 717 Abs. 2 OR vorgeschrieben, dass sie unter gleichen Voraussetzungen gleich zu behandeln seien. Da die Voraussetzungen nur dann gleich sind, wenn auch die Kapitalbeteiligungen gleich sind, geht es in diesem Artikel letztlich um die Gleichbehandlung der Aktien.[10] Eine analoge Anwendung der Bestimmung auf die Mitglieder des Verwaltungsrats ist daher ausgeschlossen, soweit es nicht um die eigentliche Stellung als Aktionär geht.[11] Dennoch hat das einzelne Verwaltungsratsmitglied einen funktionell-organisatorischen Anspruch auf Gleichbehandlung in seiner organschaftlichen Stellung und Tätigkeit.[12] Dieser Anspruch ergibt sich in Teilbereichen direkt aus dem Aktienrecht:[13]

- Eintragung im Handelsregister
- Einberufung von Sitzungen
- Mündliche Beratung bei Zirkulationsvorschlag
- Sitzungsteilnahme
- Antrags- und Diskussionsrecht
- Stimmrecht
- Informationsrecht
- Recht auf Entlastungsabstimmung
- Rücktrittsrecht
- Löschung im Handelsregister
- Grundsätzlicher Anspruch auf Entschädigung

Damit stellt sich die Frage, ob der Gleichbehandlungsanspruch in diesen Teilbereichen durchbrochen oder eingeschränkt wird, wenn ein Verwaltungsratsmitglied zusätzlich in einem arbeitsrechtlichen Verhältnis zur Gesellschaft steht.

---

[9] Für die von einer Körperschaft des öffentlichen Rechts abgeordneten Mitglieder des Verwaltungsrats schreibt Art. 762 Abs. 3 OR vor, dass sie die gleichen Rechte und Pflichten haben wie die von der Generalversammlung gewählten; aus diesem Spezialfall kann kein allgemeiner Gleichbehandlungsgrundsatz abgeleitet werden (in diesem Sinne wohl aber TRIGO TRINDADE, 33, mit Berufung auf BGE 71 I 187).

[10] Vgl. BÖCKLI, Aktienrecht, Rz. 679 zu § 13, und WALDBURGER, 59.

[11] Da nach Art. 707 Abs. 1 OR jedes Mitglied des Verwaltungsrats zugleich Aktionär sein muss, ist die Bestimmung von Art. 717 Abs. 2 OR auf das einzelne Verwaltungsratsmitglied direkt anwendbar.

[12] In diesem Sinne zusammenfassend WALDBURGER, 285, nach sorgfältiger Prüfung des Gleichbehandlungsanspruches von Mitgliedern des Verwaltungsrats.

[13] Ähnlich WALDBURGER, 15 ff., mit Begründungen für einzelne Teilbereiche.

b) Eintragung bzw. Löschung im Handelsregister

Gemäss Art. 641 Ziff. 9 OR sind die Namen der Mitglieder des Verwaltungsrats zwingend in das Handelsregister einzutragen. Dies gilt nach Art. 937 OR auch für jede Änderung im Verwaltungsrat.[14] Der Eintrag im Handelsregister ist für jedes Mitglied des Verwaltungsrats demnach nicht nur ein Recht, sondern auch eine Pflicht[15] und zwar unabhängig davon, in welchem Rechtsverhältnis der Verwaltungsrat zur Gesellschaft steht. Dass bei einem zusätzlichen Arbeitsverhältnis allenfalls ein diesbezüglicher Zusatzeintrag[16] erfolgen kann, ändert nichts am Gleichbehandlungsanspruch des einzelnen Verwaltungsratsmitgliedes. Jede Beschränkung des Eintrages als Verwaltungsratsmitglied, beispielsweise im Organisationsreglement, wäre gesetzeswidrig und demzufolge nichtig.

Dieselben Überlegungen gelten analog auch für die Löschung im Handelsregister. Nach Art. 711 Abs. 1 OR hat die Gesellschaft das Ausscheiden eines Mitgliedes des Verwaltungsrats ohne Verzug beim Handelsregister anzumelden. Diese Pflicht besteht unabhängig davon, ob der Betreffende auf Grund einer Doppelstellung als Arbeitnehmer noch mit einer Zusatzfunktion eingetragen ist. Umgekehrt ist jedes ausscheidende Verwaltungsratsmitglied nach Art. 711 Abs. 2 OR berechtigt, die Löschung selbst beim Handelsregister anzumelden, wenn die Anmeldung durch die Gesellschaft nicht innert 30 Tagen nach dem Ausscheiden erfolgt. Dieses Recht darf durch einen Arbeitsvertrag mit der Gesellschaft nicht eingeschränkt werden, da es sich um eine zwingende Bestimmung handelt.

c) Sitzungsteilnahme und Stimmrecht

Gemäss Art. 715 OR kann jedes Mitglied des Verwaltungsrats unter Angabe der Gründe vom Präsidenten die unverzügliche Einberufung einer Sitzung verlangen. Weder im Gesetz selbst noch in den Materialen wird der generelle Geltungsbereich dieser Bestimmung in Frage gestellt. Auch in der Literatur wird der Anspruch auf Sitzungseinberufung als unentziehbar und für alle Mitglieder absolut gleich bezeichnet.[17] Welches Rechtsverhältnis ein Verwaltungsratsmitglied zur Gesellschaft hat, spielt dabei keine Rolle.

---

[14] Folglich sind auch Mitglieder des Verwaltungsrats, die erst nach der Gründung gewählt werden, umgehend im Handelsregister einzutragen (ebenso BÖCKLI, Aktienrecht, Rz. 52 zu § 13).
[15] In diesem Sinne MÜLLER/LIPP/PLÜSS, 60.
[16] Dazu ausführlich vorne im TEIL 4 § 8 II. 2. auf S. 262 ff.
[17] BÄCHTOLD, 206; BÜRGI, N 17 zu Art. 713 aOR; FUNK, N 4 zu Art. 713 OR; KRNETA, Praxiskommentar, Rz. 727; PLÜSS, Rechtsstellung, 76, Anm. 395; SCHULTHESS, 59; WALDBURGER, 15.

Dieselben Überlegungen gelten grundsätzlich auch für das Recht auf Sitzungsteilnahme, zumal auch eine Pflicht zur Sitzungsteilnahme besteht.[18] Allerdings können dann Unterschiede gemacht werden, wenn es um die Bestellung von Ausschüssen geht. So werden Verwaltungsräte mit einem Arbeitsvertrag eher nicht in einen Prüfungsausschuss (Audit Committee) oder einen Entschädigungsausschuss (Compensation Committee) delegiert,[19] da von den Mitgliedern dieser Ausschüsse gerade eine möglichst grosse Unabhängigkeit verlangt wird. Ein Anspruch auf Vertretung in solchen Ausschüssen besteht nicht.[20] Eine Schlechterstellung bedeutet dies für einen Verwaltungsrat mit einer Doppelstellung grundsätzlich nicht, da die unentziehbaren Aufgaben gemäss Art. 716a OR zwingend durch den Gesamtverwaltungsrat wahrgenommen werden müssen und auch nicht einem Ausschuss delegiert werden können.[21]

In der Sitzung selbst hat jedes Verwaltungsratsmitglied grundsätzlich das gleiche Recht, an Diskussionen teilzunehmen, Anträge zu stellen und seine Stimme bei Abstimmungen abzugeben. Ebenso kann jedes Verwaltungsratsmitglied unabhängig von seinem Rechtsverhältnis zur Gesellschaft verlangen, dass bei Zirkulationsvorschlägen die mündliche Beratung durchgeführt wird. Möglich ist jedoch eine statutarische oder reglementarische Einschränkung des Stimmrechts durch die Festlegung von bestimmten Ausstandsgründen. In der Praxis sind besondere Ausstandsregelungen für Verwaltungsratsmitglieder mit Zusatzfunktionen nur selten anzutreffen.[22] Besondere Ausstandsregelungen nur für jene Verwaltungsratsmitglieder, die in einem Arbeitsverhältnis zur Gesellschaft stehen, kommen in der Praxis noch weniger vor und sind deshalb vernachlässigbar.

d) Informationsrecht

Art. 715a Abs. 1 OR gesteht jedem Mitglied des Verwaltungsrats das Recht zu, Auskunft über alle Angelegenheiten der Gesellschaft zu verlangen. Dieses allgemeine Auskunftsrecht kann wegen seiner gesetzlichen Natur auch einem Verwaltungsrat mit arbeitsrechtlicher Doppelstellung nicht entzogen werden. Umgekehrt ist ein solcher Verwaltungsrat gemäss Art. 715a Abs. 3 OR aber zur Auskunft gegenüber seinen Verwaltungsratskollegen auch ausserhalb einer VR-Sitzung verpflichtet, wenn

---

[18] In diesem Sinne BERTSCHINGER, Verantwortlichkeitsrecht, N 166; FORSTMOSER/MEIER-HAYOZ/NOBEL, § 28 N 68; HOMBURGER, N 813; KRNETA, Praxiskommentar, Rz. 719; MÜLLER/LIPP/PLÜSS, 109.
[19] Dies entspricht allerdings nur der eigenen Erfahrung und kann nicht mit statistischen Angaben belegt werden.
[20] Zur früheren Regelung von Art. 708 Abs. 4 Satz 2 OR vgl. BÖCKLI, Aktienrecht, Rz. 74 zu § 13.
[21] Im Gegensatz zu den delegierbaren Aufgaben nach Art. 716b OR; vgl. BÖCKLI, Aktienrecht, Rz. 405 zu § 13.
[22] Nach den Ergebnissen der eigenen Umfrage bestehen für VR-Delegierte nur in rund 1% aller Gesellschaften besondere Ausstandsvorschriften (vgl. Tabelle 30 auf S. 148).

er im Rahmen seines Arbeitsvertrages mit der Geschäftsführung betraut ist. In diesem Sinne besteht eine verstärkte Auskunftspflicht aber dasselbe Auskunftsrecht.

Das Auskunftsrecht wird in Art. 715a Abs. 4 OR durch ein Einsichtsrecht ergänzt, das allerdings von der Zustimmung des Präsidenten abhängt. Das Einsichtsrecht kann folglich durch Präsidialentscheid für Verwaltungsratsmitglieder mit einer Doppelstellung beschränkt werden. Der Betroffene kann sich in diesem Falle gemäss Art. 715a Abs. 5 OR an den Gesamtverwaltungsrat wenden. Lehnt jedoch auch dieser das Einsichtsrecht mit der Begründung einer arbeitsrechtlichen Doppelstellung ab, so ist der Entscheid endgültig. Da Art. 715a Abs. 6 OR ausdrücklich die Möglichkeit offen lässt, das Auskunfts- und Einsichtsrecht zu erweitern, ist die gesetzliche Regelung des Informationsrechts restriktiv auszulegen.

Zusammenfassend ist zu diesem Punkt festzustellen, dass eine Doppelstellung als Verwaltungsrat und Arbeitnehmer tatsächlich ohne Gesetzesverletzung zu einer Einschränkung des Informationsrechts führen könnte. In der Praxis ist jedoch gerade das Gegenteil festzustellen; häufig wird im Organisationsreglement insbesondere dem Delegierten des Verwaltungsrats ein erweitertes Auskunfts- und Einsichtsrecht zugestanden.[23]

e) **Recht auf Entlastungsabstimmung**

Aus Art. 698 Abs. 2 Ziff. 5 i.V.m. Art. 758 Abs. 1 OR kann das Recht jedes einzelnen Verwaltungsratsmitglieds auf Abstimmung über die Entlastung anlässlich der ordentlichen Generalversammlung abgeleitet werden.[24] Der Anspruch besteht nur auf die Abstimmung selbst, nicht aber auch auf einen positiven Beschluss.[25] Nach dem klaren Wortlaut der heutigen Gesetzesbestimmung besteht Einigkeit darüber, dass der Anspruch auf Entlastungsabstimmung nicht dem Verwaltungsrat als Gremium, sondern jedem einzelnen Mitglied persönlich zusteht.[26] Damit ist zu prüfen, ob dieser Anspruch allen Mitgliedern gleichermassen zusteht, unabhängig von einer allfälligen Doppelstellung als Arbeitnehmer. Zu berücksichtigen ist dabei, dass gemäss Art. 695 OR alle Personen, die in irgendeiner Form an der Geschäftsführung teilgenommen haben, bei Beschlüssen über die Entlastung des Verwaltungsrats nicht stimmberechtigt sind.

---

[23] Vgl. MÜLLER/LIPP/PLÜSS, 95 f. und 508.
[24] Gl.M. WATTER/DUBS, 914.
[25] A.M. noch KOLB, 71, mit der Begründung, dass die Gesellschaft den Verwaltungsräten nicht leichthin Pflichtverletzungen vorwerfen und sie mit Verantwortlichkeitsklagen bedrohen könne. Zu den Wirkungen eines positiven oder negativen Entlastungsbeschlusses vgl. hinten TEIL 4 § 10 II. 4. auf S. 349 ff.
[26] Vgl. MÜLLER/LIPP/PLÜSS, 291.

Ohne anders lautende Statutenbestimmung ist die Generalversammlung nur zuständig für die Entlastung der Verwaltungsratsmitglieder, während der Gesamtverwaltungsrat seinerseits die Mitglieder der Geschäftsleitung entlasten kann.[27] Allerdings haben die Mitglieder der Geschäftsleitung keinen gesetzlich verankerten Anspruch auf eine diesbezügliche Abstimmung im Verwaltungsrat. Wird nun an der Generalversammlung nicht in globo sondern einzeln über die Entlastung der Verwaltungsratsmitglieder abgestimmt, so besteht die offensichtliche Gefahr, dass jene Mitglieder mit einer arbeitsvertraglichen Stellung kritischer beurteilt werden als die übrigen. Die Aktionäre können bei schlechtem Geschäftsgang oder entstandenen Schäden einem solchen Verwaltungsratsmitglied vorhalten, seine Informationsmöglichkeiten und allenfalls auch seine tatsächlichen Kenntnisse seien grösser als die der übrigen Verwaltungsräte, weshalb Massnahmen zur Schadensverhinderung bzw. zur Schadensminimierung eher zumutbar gewesen seien. Diese Argumentation ist im Kern aber unabhängig vom Rechtsverhältnis des betreffenden Verwaltungsratsmitgliedes zur Gesellschaft. Nicht das Arbeitsverhältnis, sondern die ausgeübte Funktion führt zur Schlechterstellung. Darin liegt jedoch keine Verletzung des Gleichbehandlungsanspruches.[28]

f) Rücktrittsrecht

aa) Rücktritt von der Grundfunktion als Verwaltungsrat

Das jederzeitige Rücktrittsrecht des Verwaltungsratsmitglieds ist im Gesetz nicht explizit vorgeschrieben. In Art. 710 Abs. 1 OR wird im Gegenteil eine Amtsdauer von drei Jahren vorgegeben. Lehre und Rechtsprechung haben jedoch in subsidiärer Anwendung des Auftragsrechts schon sehr früh ein jederzeitiges Rücktrittsrecht für die Mitglieder des Verwaltungsrats festgestellt.[29] Umgekehrt ist auch die Generalversammlung berechtigt, unabhängig vom Ablauf der Amtsdauer jeder-

---

[27] Dazu ausführlich hinten TEIL 4 § 10 II. 4. b) auf S. 350 ff.
[28] In Übereinstimmung mit den von WALDBURGER, 286, aufgestellten Differenzierungsmaximen.
[29] In BGE 48 II 403 ging das Bundesgericht 1922 noch davon aus, trotz seiner Demissionserklärung scheide ein Mitglied noch nicht aus dem Verwaltungsrat aus, «sondern erst mit der Entlassung, die ihm die Generalversammlung erteilen musste». Mit Schreiben vom 14.12.1929, publiziert in SJZ 26 (1930) 299, stellte dann aber das EHRA klar: «Zur Eintragung der Demission eines Verwaltungsrats im Handelsregister bedarf es nicht eines Beschlusses der Generalversammlung, sondern es genügt die blosse Anmeldung durch das Bureau des Verwaltungsrats.» Gestützt darauf anerkannte KOLB, 77 f., im Jahre 1935 als Erster das allgemeine Recht jedes Verwaltungsratsmitgliedes zum jederzeitigen Rücktritt unabhängig von der Zustimmung durch die Generalversammlung; zum jederzeitigen Rücktrittsrecht vgl. auch BÜRGI, Zürcher Kommentar, N 7 zu Art. 705 OR; FORSTMOSER/MEIER-HAYOZ/NOBEL, § 27 N 44; FUNK, N 1 f. zu Art. 705 OR; HOMBURGER, Zürcher Kommentar, N 225 zur Art. 710 OR; MÜLLER/LIPP/PLÜSS, 116; KRNETA, Praxiskommentar, Rz. 428; VON STEIGER, Aktiengesellschaft, 237; BGE 111 II 483 Erw. 1. b; BGE 112 V 5».

zeit einen Verwaltungsrat abzuwählen, doch bleiben in diesem Falle die Entschädigungsansprüche des Abberufenen gemäss Art. 705 Abs. 2 OR vorbehalten.

Nach Art. 404 Abs. 2 OR ist die zurücktretende Partei zum Ersatz des dem anderen verursachten Schadens verpflichtet, wenn der Rücktritt zur Unzeit erfolgt. Bis heute gibt es keine Entscheidungen über Schadenersatzforderungen einer Gesellschaft gegenüber einem Verwaltungsratsmitglied wegen Rücktritt zur Unzeit.[30] Lediglich in der Literatur finden sich Ausführungen dazu[31] und selbst das EHRA stellte in einem Schreiben vom 14. Dezember 1929 fest: «Auch der zur Unzeit erfolgte Rücktritt eines Verwaltungsratsmitgliedes ist endgültig. Zwar kann er schadenersatzpflichtig werden; aber es gibt keine Klage auf Beibehaltung des Mandates eines Verwaltungsrats.»[32]

Hat ein Verwaltungsratsmitglied neben seiner organschaftlichen Beziehung noch ein anderes, zusätzliches Rechtsverhältnis zur Gesellschaft, z.B. als Mieter einer Firmenwohnung oder als Abonnent einer Firmenzeitschrift, so ändert die Auflösung des zusätzlichen Rechtsverhältnisses ohne anderweitige Abmachung zweifellos nichts am organschaftlichen Verhältnis. Handelt es sich bei dem zusätzlichen Rechtsverhältnis um einen Arbeitsvertrag, so gilt diese Überlegung analog. Erklärt ein Verwaltungsrat mit einer Doppelstellung als Arbeitnehmer seinen Rücktritt von der Organfunktion, so wird davon grundsätzlich nur das organschaftliche Verhältnis betroffen.[33]

bb) Rücktritt von der Zusatzfunktion als VR-Delegierter

Durch die Bestellung zum VR-Delegierten wird die Grundfunktion als Verwaltungsratsmitglied bezüglich der resultierenden Rechte und Pflichten konkretisiert und erweitert, ohne dass ein zusätzliches Rechtsverhältnis zur Gesellschaft entsteht.[34] Im Hinblick auf die zusätzlichen Rechte und Pflichten ist jedoch abzuklären, ob ein VR-Delegierter mit einer Doppelstellung als Arbeitnehmer in seinem Rücktrittsrecht eingeschränkt ist, indem er allenfalls intensiver mit einer Schadenersatzklage wegen Rücktritt zur Unzeit rechnen muss als ein VR-Delegierter ohne eine solche Doppelstellung.

Ausgangspunkt der theoretischen Überlegungen sei ein VR-Delegierter, welcher seine Zusatzfunktion hauptberuflich im Rahmen eines Arbeitsvertrages ausübt. In

---

[30] Auch NOBEL, Aktienrechtliche Entscheidungen, erwähnt keine derartigen Urteile.
[31] Vgl. FELLMANN, N 61 zu Art. 404 OR; MÜLLER/LIPP/PLÜSS, 116 f.
[32] SJZ 26 (1930) 299.
[33] Vgl. vorne TEIL 4 § 9 V. 3. b) bb) auf S. 299 f.
[34] Die ausführliche Begründung dazu findet sich vorne im TEIL 1 § 3 IV. 3. c) auf S. 73 ff.

diesem Arbeitsvertrag ist eine Kündigungsfrist von sechs Monaten vereinbart worden. Die Gesellschaft wird verkauft und der neue Hauptaktionär übernimmt das VR-Präsidium. Da er sich auch um das operative Tagesgeschäft kümmert, kommt es zu Spannungen im Verwaltungsrat. Schliesslich tritt der VR-Delegierte als Verwaltungsrat zurück, da er die entsprechende Verantwortung nicht mehr mittragen will; seinen Arbeitsvertrag kündigt er jedoch nicht, sondern bietet der Gesellschaft an, weiterhin operativ in der Geschäftsführung mitzuwirken. Tatsächlich wäre eine operative Tätigkeit auch ohne Eintrag als VR-Delegierter im Handelsregister möglich. Der Verwaltungsrat beschliesst jedoch, ersatzweise ein anderes Verwaltungsratsmitglied zum Delegierten zu bestimmen und diesem die entsprechenden operativen Tätigkeiten zu übertragen. Für die Leistungen des ursprünglichen VR-Delegierten hat die Gesellschaft keine Verwendung mehr und will deshalb dafür auch keinen Lohn mehr zahlen. Statt dessen verlangt sie vom zurückgetretenen VR-Delegierten wegen Rücktritt zur Unzeit Schadenersatz für die entstandenen Umtriebe. Zur Rechtslage in diesem Falle ist folgendes zu bemerken:

- Ein VR-Delegierter kann jederzeit nicht nur von seiner Zusatzfunktion, sondern auch von seinem Amt als Verwaltungsrat zurücktreten; selbst wenn der Rücktritt zur Unzeit erfolgt, so ist er dennoch gültig.[35]

- Der Rücktritt als VR-Delegierter oder als Verwaltungsrat beendet nicht automatisch den Arbeitsvertrag des Zurücktretenden mit der Gesellschaft; der Arbeitsvertrag ist vielmehr unter Einhaltung der ordentlichen Kündigungsfrist aufzulösen.[36]

- Eine organschaftliche Tätigkeit in der Gesellschaft ist nicht an einen entsprechenden Eintrag im Handelsregister gebunden; ohne gegenteilige Abmachung im Arbeitsvertrag ist die Gesellschaft demnach zur weiteren Entgegennahme der Leistung gegen Entrichtung von Lohn verpflichtet.

- Verweigert die Gesellschaft die Annahme der ordnungsgemäss angebotenen arbeitsvertraglichen Leistung oder verzichtet sie darauf, so bleibt sie zur Entrichtung des vereinbarten Lohnes bis zum Ende des Arbeitsvertrages verpflichtet;[37] eine fristlose Kündigung des Arbeitsvertrages wegen nicht mehr benötigter Arbeitsleistung ist unzulässig.

- Will die Gesellschaft Schadenersatz wegen Rücktritt zur Unzeit verlangen, so kann sie dies nicht im Verfahren vor Arbeitsgericht tun; für Schadenersatzforderungen nach Art. 404 Abs. 2 OR sind die Arbeitsgerichte nicht zuständig.

---

[35] Ebenso FUNK, N 1 zu Art. 705 OR; MÜLLER/LIPP/PLÜSS, 116; SCHUCANY, N 4 zu Art. 705 OR.
[36] Dazu ausführlich vorne TEIL 4 § 9 V. 3. b) auf S. 297 ff. Zulässig sind allerdings arbeitsvertragliche Klauseln, welche für diesen Fall die automatische Auflösung des Arbeitsvertrages vorsehen (vgl. dazu die Musterklausel im Anhang A.5.1.b) auf S. 519).

- Die Schadenersatzklage wegen Rücktritt zur Unzeit wäre abzuweisen, soweit die Gesellschaft nur die Lohnsumme an den zurückgetretenen VR-Delegierten als Schaden geltend macht; die Gesellschaft war nicht gezwungen, vor Ablauf des Arbeitsvertrages ein anderes Verwaltungsratsmitglied mit den operativen Tätigkeiten zu beauftragen und demzufolge waren auch keine doppelten Lohnzahlungen nötig.

- Sind der Gesellschaft im Zusammenhang mit der Suche und der Ausbildung des ursprünglichen VR-Delegierten Kosten entstanden, welche in einem Missverhältnis zur effektiven Amtszeit stehen, so könnten diese gestützt auf Art. 404 Abs. 2 OR geltend gemacht werden; allerdings ist die Gesellschaft für den entstandenen Schaden beweispflichtig, sofern nicht zum Voraus entsprechende Abmachungen getätigt wurden.[38]

Der Fall wäre anders zu entscheiden, wenn der zurücktretende VR-Delegierte nicht mehr bereit wäre, seine arbeitsvertraglich geschuldete Leistung weiterhin zu erbringen. Hier hätte die Gesellschaft gemäss Art. 337d OR aus Arbeitsvertragsrecht Anspruch auf Ersatz des entstandenen Schadens wegen ungerechtfertigtem Verlassen der Arbeitsstelle; eine Berufung auf Art. 404 Abs. 2 OR wäre somit gar nicht mehr notwendig.

Abschliessend ist zu diesem Punkt noch auf die Rechtsprechung des Bundesgerichtes in BGE 104 II 317 hinzuweisen. Danach hat nur derjenige Anspruch auf Schadenersatz wegen Widerrufs des Auftrages zur Unzeit, der weder seine vertraglichen Verpflichtungen verletzt noch der Gegenpartei einen Grund zur Auflösung des Vertrages gegeben hat. Dabei genügen bereits leichte Nachlässigkeiten, um den Anspruch auf Schadenersatz auszuschliessen. Kann der VR-Delegierte also beweisen, dass er aus rechtserheblichen Gründen (welche der Gesellschaft anzulasten sind) zum Rücktritt veranlasst wurde, so entfällt ein Schadenersatzanspruch der Gesellschaft nach Art. 404 Abs. 2 OR.

g) Entschädigungsanspruch

Heute besteht in Lehre und Rechtsprechung Einigkeit darüber, dass die Gesellschaft grundsätzlich zur Leistung einer angemessenen Vergütung an die Verwal-

---

[37] Zum Annahmeverzug der Gesellschaft vgl. TEIL 4 § 9 I. 3. c) auf S. 277 f.
[38] Zulässig ist eine arbeitsvertragliche Klausel, in welcher die Höhe dieser Kosten zum Voraus festgelegt wird (vgl. die Musterklausel im Anhang A.5.1.c) auf S. 519 f.). Ebenfalls zulässig wäre eine analoge Klausel in einem Mandatsvertrag, doch wäre dann nicht mehr die Gesellschaft, sondern der Mandant berechtigt, den Schadenersatz nach Art. 404 Abs. 2 OR zu fordern.

tungsräte verpflichtet ist.[39] Dieser Anspruch besteht zwar grundsätzlich gleichermassen für alle Mitglieder des Verwaltungsrats, doch sind Unterschiede in der Vergütungshöhe nicht nur üblich, sondern auch weitgehend zulässig.[40] Zur Begründung können nicht nur allfällige Zusatzfunktionen, sondern auch Ausbildung, Erfahrung, Beziehungsnetz und Engagement angeführt werden. Wie verhält es sich nun aber mit dem Entschädigungsanspruch, wenn ein Verwaltungsratsmitglied bereits als Arbeitnehmer von der Gesellschaft entlöhnt wird?

Im Zusammenhang mit den arbeitsrechtlichen Konsequenzen wurde bereits vorne[41] detailliert geprüft, in welchem Verhältnis der Lohnanspruch als Arbeitnehmer und der Entschädigungsanspruch als Verwaltungsratsmitglied zueinander stehen. Dabei wurde festgestellt, dass nicht nur bei der organunabhängigen Tätigkeit, sondern auch bei der organabhängigen Tätigkeit ein kumulativer Anspruch besteht. Bei der organabhängigen Tätigkeit besteht allerdings ein latentes Konfliktpotential, sofern keine klaren Abmachungen getroffen wurden. Da somit ein Verwaltungsratsmitglied seinen Entschädigungsanspruch durch die Doppelstellung als Arbeitnehmer nicht verliert, ist auch keine Schlechterstellung auszumachen.

II. Verantwortlichkeit

1. Haftungsreduktion durch Delegation

a) Gesetzliche Grundlage

Die aktienrechtliche Verantwortlichkeit des Verwaltungsrats ist primär in Art. 754 OR geregelt. Danach haften nicht nur die Mitglieder des Verwaltungsrats, sondern auch die Mitglieder der Geschäftsführung für den Schaden, welchen sie durch absichtliche oder fahrlässige Verletzung ihrer Pflichten verursachen. Absatz 2 dieses Artikels sieht nun allerdings für denjenigen eine Haftungsbeschränkung vor, der die Erfüllung einer Aufgabe befugterweise einem anderen Organ überträgt.

---

[39] Vgl. FORSTMOSER/MEIER-HAYOZ/NOBEL, § 28 N 121; GERMANIER, 84; HOMBURGER, Zürcher Kommentar, N 947 zu Art. 717 OR; MÜLLER/LIPP/PLÜSS, 104; PLÜSS, Rechtsstellung, 46 f.; auch das Bundesgericht anerkennt den Entschädigungsanspruch angesichts der aktienrechtlichen Verantwortlichkeit (vgl. BGE 111 II 480); KOLB, 65 und 68, ging 1935 noch davon aus, ein Verwaltungsratsmandat sei unentgeltlich auszuüben und es bestehe lediglich Anspruch auf Spesenersatz.
[40] WALDBURGER, 17 f.
[41] Unter TEIL 4 § 9 I. 1. auf S. 268 ff.

Bei zulässiger und korrekt erfolgter Delegation der Geschäftsführung[42] reduziert sich die Haftung des einzelnen Verwaltungsratsmitgliedes auf die Auswahl, Unterrichtung und Überwachung der mit der Geschäftsführung beauftragten Personen.[43]

Ob der Gesamtverwaltungsrat Aufgaben an ein Mitglied des Verwaltungsrats überträgt, das zusätzlich in einem arbeitsrechtlichen Verhältnis zur Gesellschaft steht, oder an andere Verwaltungsratsmitglieder bzw. Dritte, ändert bezüglich der Verantwortlichkeit nichts für die delegierenden Mitglieder des Verwaltungsrats. Insbesondere haben diese dann die erforderlichen Abklärungen zu treffen sowie eine genaue und strenge Kontrolle hinsichtlich der gesetzlichen Vorschriften auszuüben, wenn im Falle einer Delegation an einen arbeitsrechtlich verpflichteten Mitverwaltungsrat bei den delegierten Geschäftführungs- und Vertretungsbefugnissen Unregelmässigkeiten festgestellt werden oder sogar der Verdacht falscher oder unsorgfältiger Ausübung auftritt.[44] Der Grund dafür liegt in der Tatsache, dass im geltenden Art. 754 Abs. 1 OR ausdrücklich «alle mit der Geschäftsführung [...] befassten Personen» als verantwortlich erklärt werden. Damit ist kein funktionsbezogener Ausschluss der Haftung mehr denkbar.[45] Zu Recht stellt deshalb BERTSCHINGER[46] fest: «Wenn man die aktienrechtliche Verantwortlichkeit bei den leitenden Personen zentralisiert, so ergibt sich zwangsläufig ein Spannungsfeld zur betriebswirtschaftlichen Anschauung, wonach die Aufgabendelegation in der Regel mit einer Verlagerung der Verantwortung verbunden ist. Dieses Spannungsfeld beschränkt sich keineswegs auf die Geschäftsführungshaftung, sondern zieht sich durch sämtliche Verantwortlichkeitstatbestände der Art. 752–755 OR hindurch.»

---

[42] Gemäss Botschaft zum Aktienrecht, 191, ist dies der Fall, wenn übertragbare Aufgaben delegiert werden, die Delegation in Übereinstimmung mit dem Organisationsreglement und den Statuten erfolgt und ein anderes Organ Delegationsempfänger ist.

[43] Cura in eligendo, instruendo et custodiendo; vgl. FORSTMOSER, Verantwortlichkeit der Organe, 539, und BUSCH, 77. Dabei wird vom Verwaltungsrat auch nach der Delegation noch eine periodische Überprüfung bezüglich Auswahl des Delegationsempfängers verlangt (vgl. den klassischen Fall «Aktenzeichen XY ungelöst» in BGE 122 II 195).

[44] Vgl. FORSTMOSER/FORRER, 489 f., unter Hinweis auf den nicht amtlich publizierten Entscheid des Bundesgerichtes H 337/00 vom 7.6.2001.

[45] In einem persönlich adressierten Schreiben vom 31.5.2001 begründete das EHRA seine geänderte Eintragungspraxis bezüglich der Zusatzfunktionen von Verwaltungsräten u.a. wie folgt: «Während unter dem alten Aktienrecht ein funktionsbezogener Ausschluss der Haftung denkbar war, wurde die Verantwortlichkeit im neuen Aktienrecht über den eigentlichen Organbegriff hinaus auf sämtliche mit der Geschäftsführung betrauten Personen ausgeweitet. Damit dürfte die Frage, ob ein Verwaltungsratsdelegierter mit Zusatzfunktionen eingetragen werden kann oder nicht, unter dem Aspekt der aktienrechtlichen Verantwortlichkeit irrelevant geworden sein.»

[46] BERTSCHINGER, Arbeitsteilung, Rz. 6.

b) Haftung des VR-Delegierten

Werden Aufgaben des Gesamtverwaltungsrats an ein einzelnes Mitglied delegiert, so ist diese Person gemäss Art. 718 Abs. 2 OR als VR-Delegierter zu bezeichnen und zwar unabhängig davon, ob ein Eintrag dieser Funktion im Handelsregister erfolgt oder nicht.[47] Da der VR-Delegierte auch nach Übernahme der Zusatzfunktion Mitglied des Verwaltungsrats bleibt, ändert sich diesbezüglich nichts an seiner Verantwortlichkeit.[48] Im Gegensatz zu den übrigen Mitgliedern des Verwaltungsrats reduziert sich seine Haftung durch die Delegation aber nicht, sondern bleibt grundsätzlich gleich.[49] Berücksichtigt man die Tatsache, dass der VR-Delegierte keinen Rückgriff auf andere Beteiligte im Sinne von Art. 759 OR nehmen kann,[50] muss sogar von einer Verschärfung der Haftung gesprochen werden. Diese Rechtslage ergibt sich im Falle eines rein organschaftlichen Verhältnisses des VR-Delegierten zur Gesellschaft. Es bleibt jedoch zu untersuchen, ob die Haftung des VR-Delegierten durch einen zusätzlichen Arbeitsvertrag mit der Gesellschaft verändert wird.

Art. 754 Abs. 1 OR unterwirft alle Personen mit Geschäftsführungsfunktionen der aktienrechtlichen Verantwortlichkeit unabhängig davon, ob es sich um Mitglieder des Verwaltungsrats handelt oder nicht.[51] Der Gesetzgeber ist damit bewusst nicht von einer zwingenden Trennung von Verwaltungsrat und Geschäftsführung ausgegangen, was Art. 716b Abs. 1 OR widersprochen hätte. Wie bereits ausgeführt, kann die Haftung jedoch durch eine zulässige und korrekte Delegation der Geschäftsführung gemäss Art. 754 Abs. 2 OR reduziert werden. Zu einer solchen Delegation ist nicht nur der Verwaltungsrat, sondern auch die Geschäftsführung befugt. Allerdings ergibt sich eine Haftungsbeschränkung nur, wenn es sich beim Delegationsempfänger ebenfalls um ein Organ handelt.[52] Somit kann der VR-Delegierte beispielsweise die Buchhaltung einem Finanzchef übertragen und damit

---

[47] Ebenso BERTSCHINGER, Arbeitsteilung, Rz. 8; zur besonderen Stellung des VR-Delegierten und zur Eintragung im Handelsregister vgl. vorne TEIL 1 § 3 IV. 3. auf S. 70 ff.
[48] In diesem Sinne wohl auch BUSCH, 77.
[49] Nach BUSCH, 78, haftet der VR-Delegierte in jedem Falle doppelt, da er sowohl Mitglied des Verwaltungsführer als auch Geschäftsführer sei und die Möglichkeit der Haftungsbeschränkung durch Delegation damit entfalle; bei dieser Argumentation bleibt unberücksichtigt, dass ein VR-Delegierter nicht unbedingt Geschäftsführungsaufgaben haben muss, sondern auch nur als Bindeglied zwischen dem Verwaltungsrat und der Geschäftsleitung eingesetzt werden kann (vgl. Auswertung der Basisdaten vorne im TEIL 2 § 4 IV. 2. d) auf S. 107 ff.).
[50] Vorbehalten bleiben die Fälle, in denen mehrere VR-Delegierte in der gleichen Gesellschaft bestimmt werden (zur Verbreitung in der Praxis vgl. Tabelle 9 auf S. 105).
[51] A.M. BUSCH, 78, wo ohne Begründung angenommen wird, der Gesetzgeber sei bei der Formulierung von Art. 754 Abs. 1 OR bewusst von einer personellen Trennung zwischen Verwaltungsrat und Geschäftsführung ausgegangen.
[52] Vgl. MEYER, 88; BUSCH, 78.

die Haftung für diesen Teilbereich der Geschäftsführung beschränken. Schliesst der VR-Delegierte aber mit der Gesellschaft zusätzlich noch einen Arbeitsvertrag ab, so wird das Recht zur Delegation, bzw. Subdelegation[53] nach Art. 321 OR eingeschränkt. Der Arbeitnehmer hat nach dieser Bestimmung die vertraglich übernommene Arbeit in eigener Person zu leisten, sofern nichts anderes verabredet ist oder sich aus den Umständen ergibt. Einem VR-Delegierten mit einem zusätzlichen Arbeitsverhältnis zur Gesellschaft ist demnach eine Subdelegation grundsätzlich verwehrt. Damit entfällt gleichzeitig die Möglichkeit der Haftungsbeschränkung nach Art. 754 Abs. 2 OR.

Die aufgeworfene Frage, ob die Haftung des VR-Delegierten durch einen Arbeitsvertrag mit der Gesellschaft verändert wird, ist damit jedoch erst teilweise beantwortet. Abzuklären bleibt, ob durch die Doppelstellung als Verwaltungsrat und Arbeitnehmer nicht nur die aufgezeigte Reduktion der Möglichkeit zur Haftungsbeschränkung resultiert, sondern allenfalls sogar eine Haftungsverschärfung eintritt.

c) Haftungsverschärfung durch Doppelstellung

Die bisherigen Ausführungen zur Verantwortlichkeit zeigen, dass die Mitglieder eines Verwaltungsrats ihr Verantwortlichkeitsrisiko teilweise reduzieren können, wenn sie im Rahmen des gesetzlich Zulässigen ihre Aufgaben an einen Delegierten (VR-Mitglied) oder an einen Dritten (Geschäftsführer) delegieren. Solange ein Verwaltungsratsmitglied nicht selbst Delegationsempfänger ist, scheint es auf den ersten Blick bezüglich der Verantwortlichkeit belanglos zu sein, ob er nur in einem organschaftlichen oder zusätzlich noch in einem arbeitsrechtlichen Verhältnis zur Gesellschaft steht. Tatsächlich führt diese Doppelstellung jedoch insofern zu einer Haftungsverschärfung, als bei der Beurteilung des Verschuldens nicht nur auf das Wissen als Verwaltungsrat, sondern auch auf dasjenige als Arbeitnehmer abgestellt wird.

Wird ein selbständiger Rechtsanwalt in einen Verwaltungsrat gewählt, so dürfen sich die übrigen VR-Mitglieder auf dessen Rechtskenntnisse verlassen.[54] Sein Spezialwissen kann deshalb bei ihm zu einer besonderen Verantwortlichkeit im Rahmen der Organhaftung nach Art. 754 führen.[55] Dieselbe Überlegung muss gelten,

---

[53] Zum Begriff der Subdelegation ausführlich VOLLMAR, 29 f., mit dem Hinweis, dass die Verteilung von Aufgaben an Hilfspersonen keine Subdelegation sei und deshalb auch nicht zu einer Haftungsbeschränkung führe (zu der Haftung für Hilfspersonen gleich nachstehend Ziff. 2).
[54] Vgl. BERTSCHINGER, Arbeitsteilung, Rz. 27.
[55] KRNETA, Rechtsanwalt, 289.

wenn der Rechtsanwalt nicht selbständig ist, sondern bereits bei der Gesellschaft als Leiter der Rechtsabteilung angestellt ist und durch seinen Einsitz in den Verwaltungsrat eine Doppelstellung erhält.

Bereits in BGE 103 V 125 hat das Bundesgericht klargestellt, dass zur Beurteilung einer absichtlichen oder grobfahrlässigen Pflichtverletzung im Sinne von Art. 52 AHVG alle Kenntnisse eines Verwaltungsrats berücksichtigt werden müssen, unabhängig davon, aus welchen Quellen dieses anrechenbare Wissen stammt. In BGE 108 V 199 wurde diese Rechtsprechung ausdrücklich bestätigt. Wenn ein Verwaltungsratsmitglied durch seine zusätzliche Stellung als Arbeitnehmer Kenntnis von ausstehenden Sozialversicherungsprämien erhält und in der Folge keine Massnahmen zur Bereinigung der Situation unternimmt, so wird ihm diese Unterlassung von der Ausgleichskasse als grobfahrlässige Missachtung von Vorschriften des AHVG angelastet, selbst wenn seine arbeitsrechtliche Stellung nur von untergeordneter Bedeutung ist.

Die Haftungsansprüche aus Verletzung der Treuepflicht als Arbeitnehmer gemäss Art. 321a OR sowie aus Verletzung der Treuepflicht als Verwaltungsrat gemäss Art. 717 OR können gleichzeitig geltend gemacht werden. Bei beiden Haftungsansprüchen ist der Kausalzusammenhang zwischen der Verletzung und dem Schaden nachzuweisen. Dies stellte das Bundesgericht unter Erw. 2.3 im Urteil vom 9. Dezember 2002[56] fest. Leider musste das Bundesgericht in diesem Entscheid offen lassen, wie das Verschulden des beklagten VR-Delegierten und Geschäftsführers zu beurteilen war.

Aus den obigen Ausführungen ergibt sich, dass eine Doppelstellung als Verwaltungsrat und Arbeitnehmer immer dann zu einer besonderen Verantwortlichkeit im Rahmen der Organhaftung nach Art. 754 OR führt, wenn die Kenntnisse aus dem Arbeitsverhältnis als besonderes Spezialwissen zu qualifizieren sind, welches eine allfällige Pflichtverletzung als gravierender erscheinen lässt.

2. Haftung für Hilfspersonen

a) Gesetzliche Grundlage

Die Hilfspersonenhaftung wird im vertraglichen Bereich in Art. 101 Abs. 1 OR geregelt. Gemäss dieser Bestimmung hat der Vertragsschuldner für den Schaden einzustehen, den eine Hilfsperson (Erfüllungsgehilfe) der Vertragsgläubigerin in

---

[56] Unveröffentlichter Entscheid 4C.179/2002 vom 9.12.2002.

Ausübung ihrer Verrichtungen zufügt. Art. 101 Abs. 1 OR stellt eine Zurechnungsnorm für Drittverhalten dar.[57] Der Beizug von Hilfspersonen für die eigene Aufgabenerfüllung unterscheidet sich deshalb wesentlich von der Delegation einer Aufgabe an ein anderes Organ. Der Beizug einer Hilfsperson führt nicht zu einer Haftungsbeschränkung;[58] die rechtmässige Delegation beschränkt dagegen die Haftung gemäss Art. 754 Abs. 2 OR auf die Auswahl, Unterrichtung und Überwachung jenes Organs, dem die Aufgabe delegiert wird.

Inwiefern sich die aktienrechtliche Verantwortlichkeit des Verwaltungsrats nach Art. 754 OR durch den Beizug von Hilfspersonen verändert, ist aus zwei verschiedenen Aspekten zu betrachten. Einerseits kann der Verwaltungsrat für organschaftliche Aufgaben Hilfspersonen beiziehen, beispielsweise einen Finanzspezialisten zur Unterstützung bei der Finanzplanung. Dies wird nachfolgend als Einsetzung von Hilfspersonen für organabhängige Tätigkeiten bezeichnet. Andererseits kann ein Verwaltungsratsmitglied aber auch Hilfspersonen einsetzen, um organunabhängige Aufgaben zu erledigen. Dazu würde beispielsweise die Führung eines Prozesses im Auftrage der Gesellschaft gehören. In beiden Fällen könnte theoretisch ein anderes Mitglied des Verwaltungsrats beigezogen werden; da der Beigezogene jedoch selbst Organstellung hätte, würde kein Fall einer Hilfspersonenstellung, sondern jener einer Delegation vorliegen, was wiederum zur Haftungsreduktion führte. Nachstehend ist deshalb für beide Fälle im Zusammenhang mit dem Beizug von tatsächlichen Hilfspersonen zu prüfen, ob sich an der Verantwortlichkeit des Verwaltungsrats etwas ändert, wenn dieser in einem zusätzlichen Arbeitsverhältnis zur Gesellschaft steht.

b) Einsetzung von Hilfspersonen für organabhängige Tätigkeiten

Vorab ist zu prüfen, ob ein Verwaltungsrat seine gesamten Pflichten als Organ persönlich auszuüben habe und ein Beizug von Hilfspersonen für organabhängige Tätigkeiten daher ausgeschlossen ist. Verschiedene Autoren haben dies bejaht, insbesondere für den VR-Delegierten.[59] Da die unübertragbaren Aufgaben des Verwaltungsrats in Art. 716a OR abschliessend aufgezählt sind, muss davon ausge-

---

[57] Vgl. SCHWENZER, N 23.02.
[58] A.M. FORSTMOSER, Organisationsreglement, 38, bezüglich dem Beizug von Hilfspersonen für nicht organschaftliche Aufgaben; im Zusammenhang mit dem übernächsten Untertitel wird darauf ausführlich eingegangen.
[59] KOLB, 60 f.; MEYER, 90: «Die Pflicht zur persönlichen Ausübung seines Mandates ergibt sich schon für den VR. Noch viel mehr gilt dies für das Amt des Delegierten, da es sich dabei um eine besondere Vertrauensstellung handelt, denn die Bestellung eines Delegierten erfolgt im konkreten Falle aus der Einsicht des VR heraus, dass er durch sie die ihm obliegenden Pflichten besser erfüllen könne.»

gangen werden, dass es noch andere organabhängige Aufgaben gibt, die jedoch übertragbar sind. Dies ergibt sich auch aus Art. 716b Abs. 1 OR, denn die Geschäftsführung gehört unbestreitbar zu den organabhängigen Tätigkeiten. Wenn der Verwaltungsrat die Geschäftsführung im Rahmen des gesetzlich Zulässigen an einen Delegierten (VR-Mitglied) oder einen Dritten (Geschäftsführer) übertragen kann, so ist die Einsetzung von Hilfspersonen für organabhängige Tätigkeiten grundsätzlich möglich, wobei vorausgesetzt wird, dass der Hilfsperson nur geringfügige Kompetenzen eingeräumt werden, so dass sie nicht ihrerseits zu einem Organ wird.

Ist die Möglichkeit zum Beizug von Hilfspersonen zur Erfüllung von organabhängigen Tätigkeiten zu bejahen, so ist immer noch die Problematik der daraus resultierenden Verantwortlichkeit zu klären. Hierzu stellte DRUEY bereits 1981 fest: «Was soll daraus geschlossen werden, dass dieses Problem in der Literatur zum Verantwortlichkeitsrecht kaum je diskutiert wird? Vielleicht doch am ehesten eine Verneinung einer solchen Haftung. Diese Frage muss immerhin gestellt werden, und eine eingehendere Behandlung wäre sehr erwünscht.»[60]

In der Botschaft zum Aktienrecht[61] wird die Frage der Verantwortlichkeit beim Beizug von Hilfspersonen für organabhängige Tätigkeiten im Zusammenhang mit Art. 754 Abs. 2 OR klar beantwortet: «Keine Haftungsbefreiung tritt ein, wenn Aufgaben Hilfspersonen zur Erledigung übergeben werden. In solchen Fällen haftet das Organ für die Handlungen der Hilfspersonen, ohne sich auf die cura in eligendo, instruendo oder custodiendo berufen zu können. Nach dem Prinzip respondeat superior trägt der Vorgesetzte die Haftung für den von seinen Untergebenen verursachten Schaden.» Lediglich bei einer Delegation einer Aufgabe an ein anderes Organ kann die gesetzliche Haftungsbeschränkung geltend gemacht werden, wenn auch die übrigen Voraussetzungen dafür erfüllt sind.

MEYER[62] vertritt die Meinung, durch den Beizug einer Hilfsperson für organabhängige Tätigkeiten könne eine Haftungsbeschränkung herbeigeführt werden. Als Beispiel führt er einen VR-Delegierten an, neben dem noch eine Direktion besteht, welche einen Teil der Geschäftsführung zur Besorgung übertragen erhalten hat. MEYER verkennt jedoch bei diesem Beispiel, dass es sich sowohl beim VR-Delegierten als auch bei der Direktion um ein Organ im Sinne von Art. 716b OR handelt und demzufolge eine Delegation (und kein Beizug von Hilfspersonen) vorliegt, welche eine Haftungsbeschränkung nach Art. 754 Abs. 2 OR zur Folge hat.

---

[60] DRUEY, Organ und Organisation, 85.
[61] Botschaft zum Aktienrecht, 106.
[62] MEYER, 88.

FORSTMOSER[63] setzt sich vehement für eine Haftungsbeschränkung ein: «Verfehlt ist es daher, wenn in der Literatur die Auffassung vertreten wird, für Fehler beigezogener Hilfspersonen müsse der Delegierende stets persönlich einstehen. Eine solche Kausalhaftung der Mitglieder des Verwaltungsrates und der Direktion ist abzulehnen.»

Nach der hier vertretenen Auffassung kann von einer Delegation erst und nur dann gesprochen werden, wenn der Delegationsempfänger selbst Organ ist; dann tritt auch die gesetzliche Haftungsbeschränkung ein. Nur wenn die organschaftliche Aufgabe einer Person übertragen wird, welche selbst nicht Organ ist, kann vom Beizug einer Hilfsperson gesprochen werden; dann kommt die Zurechnungsnorm gemäss Art. 101 Abs. 1 OR zur Anwendung, was jedoch noch nicht als Kausalhaftung bezeichnet werden kann.

Ein Verwaltungsrat haftet nach der Zurechnungsnorm von Art. 101 Abs. 1 OR für den Beizug von Hilfspersonen bei der Erfüllung von organschaftlichen Aufgaben völlig unabhängig davon, ob er nur in einem organschaftlichen oder zusätzlich auch in einem arbeitsvertraglichen Verhältnis zur Gesellschaft steht. Art. 321e Abs. 2 OR ändert daran nichts. Die Handlungen bzw. Unterlassungen der Hilfsperson werden in einer Weise beurteilt, wie wenn sie vom betroffenen Verwaltungsratsmitglied selbst begangen worden wären.

c) **Einsetzung von Hilfspersonen für organunabhängige Tätigkeiten**

Art. 321 OR schreibt eine persönliche Erfüllung der Arbeitsleistung vor, sofern nichts anderes verabredet ist oder sich aus den Umständen ergibt. Der Arbeitgeber braucht sich demnach keine Vertretung aufdrängen zu lassen. Ein Ausnahmefall von der Pflicht zur persönlichen Arbeitsleistung besteht lediglich bei der Heimarbeit, wo gemäss Art. 351 OR der Beizug von Familienangehörigen ausdrücklich gestattet wird. Für organunabhängige Tätigkeiten kann ein Verwaltungsrat mit einer Doppelstellung als Arbeitnehmer deshalb nur in den Ausnahmefällen der Heimarbeit oder bei entsprechender Vereinbarung Hilfspersonen beiziehen, ansonsten hat er die Arbeitsleistung persönlich zu erbringen und haftet dafür im Rahmen von Art. 321e OR.

Zusammenfassend ist festzustellen, dass es bezüglich der Verantwortlichkeit keine Rolle spielt, ob ein Verwaltungsrat, welcher Hilfspersonen für organabhängige oder organunabhängige Tätigkeiten beizieht, in einem zusätzlichen Arbeitsverhältnis zur Gesellschaft steht oder nicht. In jedem Falle hat sich der betroffene

---

[63] FORSTMOSER, Organisationsreglement, 38 f.

Verwaltungsrat die fehlbaren Handlungen und Unterlassungen der beigezogenen Hilfspersonen vollumfänglich anrechnen zu lassen. Damit unterscheidet sich der Beizug von Hilfspersonen wesentlich von der Delegation an ein anderes Organ.

3. Verantwortlichkeitsklagen

a) Gesetzliche Grundlage für Verantwortlichkeitsklagen

Die gesetzliche Grundlage für die aktienrechtliche Verantwortlichkeit des Verwaltungsrates findet sich in den Art. 752 ff. OR. Dabei sind drei Haftungsarten zu unterscheiden:

– die Haftung für den Emissionsprospekt nach Art. 752 OR,
– die Gründungshaftung nach Art. 753 OR, und
– die Haftung für Verwaltung, Geschäftsführung und Liquidation nach Art. 754 OR.

Es erübrigt sich, bei jeder dieser Haftungsarten einzeln zu prüfen, welche Konsequenzen eine Doppelstellung als Verwaltungsrat und Arbeitnehmer haben kann. Die Probleme von Verantwortlichkeitsklagen, insbesondere bezüglich Gerichtsstand, Beweislast, Schadensbemessung und Verschuldensnachweis, bleiben bei allen drei Haftungsarten grundsätzlich dieselben.[64] Nachstehend werden deshalb für alle drei Haftungsarten die Konsequenzen im Hinblick auf eine Doppelstellung gemeinsam erörtert.

b) Gerichtsstand bei Verantwortlichkeitsklagen

Wiederholt sind Verantwortlichkeitsklagen bereits an der örtlichen oder sachlichen Zuständigkeit des angerufenen Gerichts gescheitert.[65] Streitigkeiten zwischen einer Aktiengesellschaft und anderen im Handelsregister eingetragenen Personen werden in der Regel vom kantonalen Handelsgericht am Sitz der Gesellschaft beurteilt. Eine besondere Zuständigkeitsfrage ergibt sich dann, wenn neben mehreren Verwaltungsräten auch noch die Revisionsstelle in Form einer juristischen Person eingeklagt wird.[66]

---

[64] Vgl. die ausführliche Problemerörterung bei DÜGGELIN, 90 ff.; Checklisten zu Einredemöglichkeiten und Prozessführung bei MÜLLER, unsorgfältige Führung, 865 ff.
[65] DÜGGELIN, 100, erwähnt allein vier Fälle in zehn Jahren, die vom Handelsgericht Zürich wegen fehlender sachlicher Zuständigkeit abgelehnt wurden.
[66] In solchen Fällen akzeptieren die kantonalen Handelsgerichte meist ihre Zuständigkeit (vgl. dazu ausführlicher hinten TEIL 4 § 15 I. 2. auf S. 465 ff.

§ 10 Gesellschaftsrechtliche Konsequenzen

Der frühere Art. 761 OR, nach welchem Verantwortlichkeitsklagen am Sitz der Gesellschaft anzubringen waren, wurde durch das Gerichtsstandsgesetz (GestG) per 1. Januar 2001 aufgehoben. Gleichzeitig wurde auch der Gerichtsstand für arbeitsrechtliche Streitigkeiten nach Art. 343 Abs. 1 OR aufgehoben. Nun ist für Klagen aus gesellschaftsrechtlicher Verantwortlichkeit gemäss Art. 29 GestG das Gericht am Wohnsitz oder Sitz der beklagten Partei oder am Sitz der Gesellschaft zuständig. Für arbeitsrechtliche Klagen ist gemäss Art. 24 Abs. 1 GestG nicht nur das Gericht am Wohnsitz oder Sitz der beklagten Partei zuständig, sondern auch dasjenige am Ort, an dem der Arbeitnehmer oder die Arbeitnehmerin gewöhnlich die Arbeit verrichtet. Die möglichen Gerichtsstände bei arbeitsrechtlichen Streitigkeiten sind demnach vielfältiger. Es ist deshalb zu prüfen, ob unter Umständen eine Klage sowohl gestützt auf gesellschaftsrechtliche als auch arbeitsrechtliche Ansprüche angehoben werden kann.

Im nicht publizierten Entscheid 4C.179/2002 vom 9. Dezember 2002 und in BGE 130 III 213 vom 9. Januar 2004 hatte das Bundesgericht Situationen zu beurteilen, in welchen die Kläger ihre Ansprüche gleichzeitig auf die Treuepflicht des Arbeitnehmers nach Art. 321a OR und auf die Treuepflicht des Verwaltungsrats nach Art. 717 OR stützten.[67] Es ist deshalb offensichtlich, dass es Fälle geben kann, in denen verschiedene Gerichtsstände durch unterschiedliche Rechtsansprüche entstehen. Für diesen Fall sieht Art. 7 Abs. 2 GestG vor, dass jedes Gericht zuständig ist, das für einen der Ansprüche zuständig ist. Voraussetzung ist allerdings, dass die Ansprüche in einem sachlichen Zusammenhang stehen.

Zum Problempunkt Gerichtsstand ist zusammenfassend festzustellen, dass ein Verwaltungsrat mit einer Doppelstellung als Arbeitnehmer u.U. auch für gesellschaftsrechtliche Ansprüche bei einem Gericht eingeklagt werden kann, bei dem er ohne seine Doppelstellung dafür nicht belangt werden könnte.[68] Konkret ist dies der Ort, an dem er gewöhnlich seine Arbeit verrichtet. Dieser ist nicht immer mit dem Sitz der Gesellschaft identisch. Führt die Gesellschaft eine Betriebsstätte, wo sich weder der Sitz noch eine Zweigniederlassung der Gesellschaft befindet, und verrichtet der beklagte Verwaltungsrat mit einer Doppelstellung dort seine Arbeitstätigkeit, so kann er auch dort für gesellschaftsrechtliche Ansprüche mit einem sachlichen Zusammenhang zu arbeitsrechtlichen Ansprüchen eingeklagt werden.

---

[67] Zu diesen Fällen ausführlich vorne S. 279 f. bzw. 6 f.
[68] Zur generellen Frage der örtlichen Zuständigkeit bei Auseinandersetzungen im Zusammenhang mit einer Doppelstellung als Verwaltungsrat und Arbeitnehmer wird hinten im TEIL 4 § 15 I. 1. auf S. 463 f. ausführlich eingegangen.

c) Beweislast bei Verantwortlichkeitsklagen

Der Kläger trägt gemäss Art. 8 ZGB die Beweislast für den entstandenen Schaden, die Pflichtwidrigkeit des Beklagten sowie den adäquaten Kausalzusammenhang zwischen Schaden und Pflichtwidrigkeit.[69] Bei der Beweislast bezüglich des Verschuldens ist eine differenzierte Betrachtung nötig, obwohl es sich bei der aktienrechtlichen Verantwortlichkeit klar um eine Verschuldenshaftung handelt.[70] Massgebend ist dabei, ob zwischen Kläger und Beklagtem eine Vertragsbeziehung besteht. Ist diese gegeben, so kommt die allgemeine Verschuldensvermutung gemäss Art. 97 ff. OR zur Anwendung. Besteht sie nicht, insbesondere weil nur ein organschaftliches Verhältnis besteht, so hat der Kläger das Verschulden zu beweisen.[71]

Klagt ein Aktionär oder ein Gläubiger gegen die verantwortlichen Organe einer Gesellschaft, so besteht in der Regel kein Vertragsverhältnis zwischen dem Kläger und dem Beklagten. Es kann zwar ein Vertrag zwischen dem Kläger und der Gesellschaft bestehen, wobei dem Beklagten die Funktion einer Hilfsperson nach Art. 101 OR zukommt; doch Beklagter ist das Organ der Gesellschaft selbst und zu diesem besteht seitens des Klägers keine Vertragsbeziehung. Bei solchen Verantwortlichkeitsklagen hat demnach der Kläger das Verschulden zu beweisen. Dies gilt beispielsweise im Falle der Gründungshaftung für den unmittelbaren Aktionärs- und Gläubigerschaden.[72]

Klagt die Gesellschaft selbst, so kann durchaus eine vertragliche Grundlage zwischen den Prozessparteien bestehen. Dies ist jedenfalls dann der Fall, wenn der Beklagte nicht nur in einem organschaftlichen Verhältnis, sondern zusätzlich in einem arbeits- oder auftragsrechtlichen Verhältnis zur Gesellschaft stand und die Pflichtverletzung primär dieses Vertragsverhältnis betrifft. Der Beklagte hat in einem solchen Falle aber immer noch die Möglichkeit zum Exkulpationsbeweis. Ist kein zusätzliches vertragliches Verhältnis zwischen dem Verwaltungsrat und

---

[69] Vgl. Bärtschi, 209 f., 227, 306 f.; Bertschinger, Arbeitsteilung, Rz. 97; Böckli, Aktienrecht, Rz. 432 zu § 18; Kunz, Klagen, 138; Widmer/Banz, Basler Kommentar, N 21 zu Art. 754 OR; dies gilt auch im Falle einer Verantwortlichkeit nach Art. 52 AHVG, obwohl Nussbaumer, 1080, kritisiert, dass sich diese Schadenersatzpflicht im Laufe der Zeit sozusagen zur Kausalhaftung des Verwaltungsrates mit Exkulpationsmöglichkeit entwickelt habe.
[70] Vgl. Bertschinger, Verantwortlichkeitsrecht, 1287.
[71] Vgl. Forstmoser, aktienrechtliche Verantwortlichkeit, Rz. 133; a.M. Watter, Basler Kommentar, N 33 zu Art. 752 OR, wonach das Verschulden vermutet werde; für Böckli, Aktienrecht, Rz. 432 zu § 18, spielt die Beweislast oft keine entscheidende Rolle, weil «das beklagte Organmitglied als Beteiligter an einem unheilvollen Geschehen eine natürliche Vermutung gegen sich hat und damit eine erhebliche faktische Darlegungs- und sogar Gegenbeweislast trägt.»
[72] Ebenso Bärtschi, 308; a.M. Bertschinger, Verantwortlichkeitsrecht, 1289 und Watter, Basler Kommentar, N 20 zu Art. 753 OR.

der Gesellschaft vorhanden, so kann es sich bei der Geschäftsführungshaftung nach Art. 754 OR dogmatisch nicht um eine vertragliche bzw. vertragsähnliche Haftung handeln.[73] In der Lehre ist jedoch auch bei einer derartigen Verantwortlichkeitsklage die Beweislast umstritten.[74]

Eine explizite Beweislastregel für das Verschulden enthält lediglich Art. 754 Abs. 2 OR. Danach hat im Falle einer Delegation der delegierende Verwaltungsrat zu beweisen, dass er bei der Auswahl, Unterrichtung und Überwachung die nach den Umständen gebotene Sorgfalt angewendet hat.[75] Wird der VR-Delegierte selbst eingeklagt, so ist ihm gegenüber diese Beweislastregel ohne Bedeutung.

Zusammenfassend ist festzustellen, dass in einem aktienrechtlichen Verantwortlichkeitsprozess gegen einen Verwaltungsrat die allfällige Doppelstellung als Arbeitnehmer Konsequenzen bezüglich der Beweislastverteilung im Zusammenhang mit dem Verschuldensnachweis haben kann. Im Falle einer Doppelstellung gilt die vertragliche Verschuldensvermutung, falls sich die Pflichtverletzung auch auf den Arbeitsvertrag bezieht (z.B. eine arbeitsrechtliche Treuepflichtverletzung nach Art. 321a OR, welche gleichzeitig auch eine gesellschaftsrechtliche Treuepflichtverletzung nach Art. 717 OR darstellt). Besteht keine Doppelstellung und ist der beklagte Verwaltungsrat auch nicht auf Grund einer auftragsrechtlichen Pflichtverletzung z.B. als Berater zu belangen, so hat der Kläger das Verschulden nachzuweisen (vorbehalten bleibt der Spezialfall der Delegation nach Art. 754 Abs. 2 OR). Insofern ist ein Verwaltungsrat mit einer Doppelstellung als Arbeitnehmer prozessual schlechter gestellt als ein Verwaltungsrat mit einem rein organschaftlichen Verhältnis zur Gesellschaft. Allerdings ist die Bedeutung der Beweislastverteilung im Zusammenhang mit dem Verschulden gering.[76] Dies gilt insbesondere bezüglich Fahrlässigkeit, denn Pflichtwidrigkeit und Verschulden als Verletzung objektivierter Sorgfaltspflichten lassen sich nur schwer voneinander abgrenzen.[77] Auch bei der Pflichtwidrigkeit muss auf allgemeine Gepflogenheiten und

---

[73] Wie vorne ausführlich dargelegt wurde, handelt es sich beim Grundverhältnis zwischen Verwaltungsrat und Gesellschaft nicht um ein vertragliches Verhältnis (vgl. die Zusammenfassung unter TEIL 1 § 3 IV. 5. auf S. 80 f.), also scheidet auch die vertragliche Verschuldensvermutung aus; gl.M. BERTSCHINGER, Arbeitsteilung, Rz. 2, und BÖCKLI, Aktienrecht, Rz. 434–436 zu § 18; a.M. ausdrücklich FORSTMOSER, aktienrechtliche Verantwortlichkeit, Rz. 338, und FORSTMOSER/MEIER-HAYOZ/NOBEL, § 36 N 36 ff.
[74] Vgl. BÄRTSCHI, 307, und BÖCKLI, Aktienrecht, Rz. 432 zu § 18.
[75] FORSTMOSER/HÉRITIER LACHAT, 21, bezeichnen dies als Beweislastumkehr. Indirekt stellt diese gesetzliche Regelung klar, dass bei der aktienrechtlichen Verantwortlichkeitsklage nicht generell von einer Verschuldensvermutung des Beklagten ausgegangen werden kann.
[76] Diesbezüglich ist BÖCKLI, Aktienrecht, Rz. 432 zu § 18, und FORSTMOSER/HÉRITIER LACHAT, 21, zuzustimmen.
[77] BÄRTSCHI, 304.

Verhaltensmuster zurückgegriffen werden; beim Verschulden werden lediglich die konkreten Umstände und Verhältnisse stärker berücksichtigt.[78]

d) Schaden als Voraussetzung einer Verantwortlichkeitsklage

Im Zusammenhang mit aktienrechtlichen Verantwortlichkeitsklagen gehört der Schaden zur zentralen Haftungsvoraussetzung.[79] Wie ROBERTO[80] zutreffend feststellt, gehört der Schaden als Betrag, welcher der Geschädigte vom Haftpflichtigen fordern kann, nicht zur Haftungsbegründung, sondern zu den Rechtsfolgen. In diesem Sinne soll an dieser Stelle geprüft werden, ob sich an der Schadensbemessung im Rahmen einer Verantwortlichkeitsklage etwas ändert, wenn der Verantwortliche im Zeitpunkt der Schadensverursachung nicht nur in einem organschaftlichen sondern zugleich auch in einem arbeitsvertraglichen Rechtsverhältnis zur Gesellschaft gestanden hat.

Die Hauptproblematik liegt im Schadensnachweis, da dem Kläger oftmals die notwendigen Akten fehlen. Häufig wird deshalb vom Kläger zuerst der Anstoss für ein Strafverfahren gegeben, um auf diesem Wege an die massgebenden Akten zu gelangen. Dabei kann eine Doppelstellung des Verwaltungsrats als Arbeitnehmer allenfalls Konsequenzen haben, indem die Geltendmachung eines Straftatbestandes vereinfacht wird. Dabei stehen Vermögens- und Datendelikte im Vordergrund. Ein leitender Arbeitnehmer hat in der Regel einen direkteren Zugang zu Vermögenswerten und Daten der Gesellschaft als ein aussenstehender Verwaltungsrat. Es ist deshalb einfacher, gegenüber einem Verwaltungsrat mit Arbeitnehmerstellung z.B. unbefugte Datenbeschaffung oder Datenbeschädigung zu behaupten und eine Hausdurchsuchung mit Aktenbeschlagnahme im Rahmen eines Strafverfahrens zu veranlassen.

Kann der Kläger den Schaden in einem Verantwortlichkeitsprozess nicht ziffernmässig nachweisen, so hat ihn der Richter mit Rücksicht auf den gewöhnlichen Lauf der Dinge und auf die vom Geschädigten getroffenen Massnahmen abzuschätzen. Ob es sich bei der arbeitsrechtlichen Tätigkeit des Verwaltungsrats allenfalls um eine «schadensgeneigte Arbeit»[81] handelte, spielt bei dieser Abschätzung keine Rolle.

---

[78] Vgl. BÄRTSCHI, 305.
[79] Vgl. BÄRTSCHI, 205 ff.; BERTSCHINGER, Arbeitsteilung, Rz. 23; FORSTMOSER, aktienrechtliche Verantwortlichkeit, Rz. 148 ff.; MÜLLER, unsorgfältige Führung, Rz. 17.41; WIDMER/BANZ, Basler Kommentar, N 13 ff. zu Art. 754 OR.
[80] ROBERTO, Haftpflichtrecht, Rz. 588.
[81] Dabei stellt der Schaden ein typisches Unternehmerrisiko dar (vgl. REHBINDER, Arbeitsrecht, Rz. 149).

Zusammenfassend ist festzustellen, dass der durch eine aktienrechtliche Pflichtverletzung verursachte Schaden nicht durch eine Doppelstellung als Verwaltungsrat und Arbeitnehmer beeinflusst wird. Doch der Schadensnachweis kann dadurch u.U. vereinfacht werden, indem die Möglichkeiten zur Einleitung eines Strafverfahrens und damit zur Akteneinsichtnahme durch den Kläger vergrössert werden.

e) **Pflichtverletzung als Voraussetzung einer Verantwortlichkeitsklage**

Eine Verantwortlichkeitsklage wird nur gutgeheissen, wenn der Nachweis eines pflichtwidrigen Verhaltens gelingt. Dazu gehört jeder Verstoss gegen ausservertragliche oder vertragliche bzw. vertragsähnliche Pflichten, also auch eine Missachtung der für die Organe geltenden gesetzlichen oder statutarischen Pflichten.[82] Es ist unbestritten, dass demnach z.B. auch Verletzungen der Treuepflicht nach Art. 717 OR eine Haftung begründen können.[83] Kann bei einer vorhandenen Doppelstellung als Verwaltungsrat und Arbeitnehmer damit aber auch ein Verstoss gegen die Treuepflicht nach Art. 321a OR als Grundlage für eine Verantwortlichkeitsklage benutzt werden?

Nach BÄRTSCHI[84] kann eine Haftung nur eintreten, «soweit in Organfunktion gehandelt worden ist, weshalb die Pflichtwidrigkeit in Zusammenhang mit der Erfüllung der vorgeschriebenen Aufgaben stehen muss. Es geht um die Verletzung von Pflichten, die dem Organ kraft seiner gesellschaftsrechtlichen Stellung auferlegt sind.» Auch WIDMER/BANZ[85] halten im Basler Kommentar fest: «Die Gesellschaftsorgane haften für Schaden, der als Folge der Verletzung ihrer aktienrechtlichen Pflichten entsteht.»

Auf den ersten Blick könnte damit der Eindruck entstehen, eine arbeitsrechtliche Pflichtverletzung könne keine Grundlage für eine aktienrechtliche Verantwortlichkeitsklage sein. Anhand eines fiktiven Falles, in welchem ein VR-Delegierter seine arbeitsrechtlichen Pflichten verletzt, lässt sich diese Frage besser beantworten.

> Der VR-Delegierte einer privatrechtlichen Elektrizitätsgesellschaft übt seine Funktion hauptamtlich aus. In seinem Arbeitsvertrag wird unter dem Titel Tätigkeitsbereich festgehalten, dass er für die Akquisition von Kunden und den Abschluss von Verträgen verantwortlich sei. Da die Nachfrage nach Energielieferverträgen sehr hoch ist, offerieren einzelne Kunden dem VR-Delegierten Schmiergelder in einer Höhe, der er nicht widerstehen kann. Durch die Annah-

---

[82] FORSTMOSER, aktienrechtliche Verantwortlichkeit, Rz. 249.
[83] Vgl. BÄRTSCHI, 260 ff., und WIDMER/BANZ, Basler Kommentar, N 29 zu Art. 754 OR.
[84] BÄRTSCHI, 241.
[85] WIDMER/BANZ, Basler Kommentar, N 23 zu Art. 754 OR.

me dieser Schmiergelder und die gleichzeitige Schlechterstellung der Gesellschaft als Arbeitgeberin verletzt der VR-Delegierte seine arbeitsrechtliche Treuepflicht.[86] Als die Schmiergeldzahlungen bekannt werden, machen einige Hauptkunden der Gesellschaft einen wesentlichen Irrtum und damit Ungültigkeit der von ihnen abgeschlossenen Verträge geltend[87] und stellen ihre Zahlungen ein. Die Gesellschaft wird deshalb illiquid und fällt in Konkurs. Der Konkursverwalter verzichtet auf eine konkursrechtliche Forderung zur Herausgabe der Schmiergelder.[88] Er prüft jedoch, ob gestützt auf die Schmiergeldannahme eine aktienrechtliche Verantwortlichkeitsklage gegen den VR-Delegierten eingereicht werden kann. Dabei gelangt er zur Auffassung, dass die Verletzung der arbeitsrechtlichen Treuepflicht gleichzeitig eine Verletzung der gesellschaftsrechtlichen Sorgfalts- und Treuepflicht darstellt und somit die notwendige Pflichtverletzung für eine Verantwortlichkeitsklage gegeben ist. Zur Begründung genügt dem Konkursverwalter die Tatsache, dass jedes Verwaltungsratsmitglied gemäss Art. 717 Abs. 1 OR verpflichtet ist, die Interessen der Gesellschaft in guten Treuen zu wahren. Folglich darf ein Verwaltungsratsmitglied keine Schmiergelder annehmen, welche die Gesellschaft schädigen können und zwar unabhängig davon, ob der Schmiergeldempfänger in einem Arbeitsverhältnis zur Gesellschaft steht oder nicht.

Als Zwischenresultat kann festgehalten werden, dass nicht die Verletzung der arbeitsrechtlichen Treuepflicht nach Art. 321a OR durch einen Verwaltungsrat mit einer Doppelstellung als Arbeitnehmer an sich eine Verletzung der gesellschaftsrechtlichen Sorgfalts- und Treuepflicht nach Art. 717 OR darstellt, sondern die zu Grunde liegende Handlung oder Unterlassung. Die gesetzliche Vorschrift, die Interessen der Gesellschaft in guten Treuen zu wahren, verbietet es einem Verwaltungsratsmitglied unter allen Titeln (vertraglich und ausservertraglich) die Gesellschaft in irgendeiner Form zu schädigen. Dazu gehört auch die Schädigung in Form einer Handlung oder Unterlassung, welche gleichzeitig eine Verletzung von arbeitsrechtlichen Pflichten darstellt. Umgekehrt muss nicht jede arbeitsrechtliche Pflichtverletzung gleichzeitig eine gesellschaftsrechtliche Treuepflichtverletzung darstellen. Auch das soll an einem fiktiven Fall verdeutlicht werden.

> Der CEO einer Gesellschaft ist gleichzeitig Mitglied des Verwaltungsrats. In seinem Arbeitsvertrag ist unter dem Titel «Nebenbeschäftigung» eine Klausel enthalten, wonach die Übernahme von Nebenbeschäftigungen, insbesondere vereinsrechtliche, politische oder militärische Zusatzfunktionen, der Zustimmung durch die Arbeitgeberin bedarf. Ohne diese Zustimmung einzuholen,

---

[86] Die Schmiergeldannahme an sich muss noch nicht treuwidrig sein; sie ist es aber dann, wenn die Interessen der Gesellschaft als Arbeitgeberin verletzt werden (vgl. GEISER, Treuepflicht, 316).
[87] In Analogie zu BGE 47 II 86, obwohl dort der geltend gemachte Irrtum abgelehnt wurde.
[88] Dabei könnte er sich auf GEISER, Treuepflicht, 326 f., berufen (a.M. NIENSTEDT, 53 f.).

übernimmt der CEO das Präsidium der regionalen Bankgenossenschaft, bei der auch die Gesellschaft Kreditnehmerin ist. Dieses Präsidium ist mit einem grossen zeitlichen Aufwand verbunden, weshalb ohne weiteres von einer Verletzung der arbeitsvertraglichen Pflichten auszugehen ist. Dagegen würde die Übernahme einer solchen Nebenbeschäftigung für sich alleine zweifellos noch keine Verletzung der gesellschaftsrechtlichen Treuepflicht darstellen. Jedes andere Mitglied des Verwaltungsrats ohne eine Doppelstellung als Arbeitnehmer könnte die Funktion als Bankpräsident übernehmen, ohne die Interessen der Gesellschaft zu schädigen; allenfalls könnte die Nebenbeschäftigung sogar im Interesse der Gesellschaft liegen. Die Verletzung der arbeitsrechtlichen Bewilligungspflicht führt in diesem Falle nicht gleichzeitig zu einer Verletzung der gesellschaftsrechtlichen Treuepflicht.

Zusammenfassend ergibt sich, dass die Doppelstellung als Verwaltungsrat und Arbeitnehmer keine Konsequenz bezüglich der Pflichtverletzung als Voraussetzung für eine Verantwortlichkeitsklage hat. Wird in einem Verantwortlichkeitsprozess als Pflichtverletzung eine Handlung oder Unterlassung geltend gemacht, welche für sich alleine eine Verletzung der arbeitsvertraglichen Pflichten bedeutet, so genügt dies noch nicht; vielmehr ist zu prüfen, ob diese Handlung oder Unterlassung unabhängig vom Arbeitsvertrag auch eine Verletzung der gesellschaftsrechtlichen Pflichten darstellt.[89]

f) Adäquater Kausalzusammenhang zwischen Schaden und Pflichtverletzung

Für eine Verantwortlichkeitsklage wird der Nachweis vorausgesetzt, dass zwischen dem Schaden und der Pflichtverletzung ein adäquater Kausalzusammenhang besteht.[90] Nach ständiger Rechtsprechung des Bundesgerichts[91] gilt eine pflichtwidrige Handlung oder Unterlassung dann als adäquate Ursache eines Erfolges, wenn diese nach dem gewöhnlichen Lauf der Dinge und nach der Erfahrung des Lebens geeignet war, einen Erfolg von der Art des eingetretenen herbeizuführen, so dass der Eintritt dieses Erfolges durch die pflichtwidrige Handlung oder Unterlassung allgemein als begünstigt erscheint. Massgebend ist demnach die allgemeine Eignung der pflichtwidrigen Handlung oder Unterlassung, Wirkungen der eingetrete-

---

[89] In diesem Zusammenhang zeigt sich erneut, dass bei einem Verwaltungsrat mit einer Doppelstellung als Arbeitnehmer kein einheitliches Rechtsverhältnis, sondern zwei verschiedene Rechtsverhältnisse vorliegen, welche unterschiedliche Konsequenzen haben können (vgl. dazu vorne Abbildung 2 auf S. 43 und die Zusammenfassung der Rechtstheorien auf S. 80 f.).
[90] Vgl. dazu ausführlich BÄRTSCHI, 227 ff.; FORSTMOSER, aktienrechtliche Verantwortlichkeit, Rz. 266 ff.
[91] Vgl. BGE 123 III 110 Erw. 3. a) m.w.H.

nen Art herbeizuführen.[92] Dagegen spielt es keine Rolle, unter welchem Titel (arbeitsrechtlicher oder gesellschaftsrechtlicher Verstoss) die Pflichtwidrigkeit begangen wurde.

«Wo gearbeitet wird, passieren Fehler!» Dies ist zweifellos eine Erfahrung des Lebens. Kann daraus gefolgert werden, dass ein Verwaltungsrat mit einer Doppelstellung als Arbeitnehmer eher Fehler begeht und somit ein adäquater Kausalzusammenhang näher liegt als bei einem Verwaltungsrat ohne arbeitsrechtliches Verhältnis? Dieser Schluss wäre nur dann korrekt, wenn im ersten Fall mehr gearbeitet würde als im zweiten. Ein Verwaltungsrat kann jedoch auch ohne Arbeitsvertrag sehr viel arbeiten, insbesondere dann, wenn es sich um den einzigen Verwaltungsrat und gleichzeitigen Geschäftsführer der Gesellschaft handelt, der aber als Hauptaktionär mangels Subordinationsverhältnis i.d.R. gar keinen Arbeitsvertrag mit der Gesellschaft haben kann. Nicht das Rechtsverhältnis zur Gesellschaft, sondern die Art der Tätigkeit ist deshalb massgebend für die Beurteilung, ob ein adäquater Kausalzusammenhang gegeben ist. Folglich hat eine Doppelstellung als Verwaltungsrat und Arbeitnehmer keine direkten Konsequenzen auf den Nachweis des adäquaten Kausalzusammenhangs zwischen Schaden und Pflichtverletzung.

g) Verschulden als Voraussetzung einer Verantwortlichkeitsklage

Die letzte, aber nicht minder wichtige Voraussetzung einer Verantwortlichkeitsklage ist das Verschulden des Beklagten.[93] Da es sich bei der aktienrechtlichen Verantwortlichkeit wie ausgeführt um eine Verschuldenshaftung handelt, muss die verantwortliche Person im Zeitpunkt des Handelns oder Unterlassens dazu vorab urteilsfähig gewesen sein.[94] Sodann muss die Pflichtwidrigkeit vorsätzlich oder fahrlässig begangen worden sein. Nach BGE 113 II 52 Erw. 3. a) genügt für die Haftung eines Verwaltungsrats aus aktienrechtlicher Verantwortlichkeit Fahrlässigkeit. Diese wird dann als gegeben angenommen, wenn das schädigende Ereignis für den Schädiger vorauszusehen war; «dabei genügt es, dass sich der Schädiger nach der ihm zuzumutenden Aufmerksamkeit und Überlegung hätte sagen sollen, es bestehe eine konkrete Gefahr der Schädigung (BGE 99 II 180 Erw. 1 mit Hinweis)». Für die Beurteilung der Fahrlässigkeit gilt demnach ein objektivierter Verschuldensmassstab.[95] Spezielle Fähigkeiten oder Kenntnisse werden jedoch dem jeweiligen Verwaltungsratsmitglied angerechnet.[96]

---

[92] BÄRTSCHI, 231.
[93] Vgl. BERTSCHINGER, Arbeitsteilung, Rz. 26 ff.; BÄRTSCHI, 299 ff.
[94] Urteilsunfähigen kann ihr Verhalten nicht als Verschulden angelastet werden (vgl. BÄRTSCHI, 299, und FORSTMOSER/MEIER-HAYOZ/NOBEL, § 36 N 78).
[95] BERTSCHINGER, Arbeitsteilung, Rz. 27; HOMBURGER, Zürcher Kommentar, N 821 zu Art. 717 OR.
[96] BERTSCHINGER, Arbeitsteilung, Rz. 27. Zur Entstehung und Bedeutung der differenzierten Solidarität vgl. BÖCKLI, Neuerungen, 267 ff. Bereits im Zusammenhang mit dem Auskunftsrecht

Die bundesgerichtliche Rechtsprechung zur aktienrechtlichen Verantwortlichkeit lässt keinen Zweifel daran aufkommen, dass sich ein Verwaltungsratsmitglied seine Kenntnisse im Zusammenhang mit der Pflichtwidrigkeit vollumfänglich anrechnen lassen muss.[97] Entsprechend halten FORSTMOSER/MEIER-HAYOZ/NOBEL[98] explizit fest: «Von Organpersonen mit besonderen fachlichen Qualifikationen darf man ein besonderes Mass an Sorgfalt verlangen.» Wenn demnach ein Verwaltungsratsmitglied auf Grund seiner Tätigkeit als Arbeitnehmer andere oder zusätzliche Kenntnisse und Qualifikationen erlangt als die übrigen Mitglieder des Verwaltungsrats, so führt dies zwangsläufig zu einer Schlechterstellung bei der Beurteilung des Verschuldens. Auf den ersten Blick mag dieser Umstand stossend erscheinen. Doch ein Verwaltungsratsmitglied mit einer Doppelstellung als Arbeitnehmer kann jederzeit für einen Gleichstand der Kenntnisse sorgen, indem er die übrigen Mitglieder des Verwaltungsrats über aktuelle Ereignisse und konkrete Gefahren informiert, sobald er selbst davon erfährt. Im Hinblick auf den Kenntnisstand ist deshalb eine Relativierung nötig. Bezüglich der höheren Qualifikation lässt sich hingegen nur schwer ein Gleichstand erzielen. Allerdings hätte der Betroffene die höhere Qualifikation i.d.R. auch dann, wenn er nicht in einem zusätzlichen Arbeitsverhältnis zur Gesellschaft stehen oder dieses aufgeben würde.

Im Zusammenhang mit der Pflichtwidrigkeit als Voraussetzung für eine Verantwortlichkeitsklage wurde vorne[99] festgestellt, dass eine Doppelstellung als Verwaltungsrat und Arbeitnehmer diesbezüglich keine direkten Konsequenzen habe. Als Beispiel wurde auf die Notwendigkeit einer separaten Prüfung bei einer Verletzung der arbeitsrechtlichen Treuepflicht nach Art. 321a OR und der gesellschaftsrechtlichen Treuepflicht nach Art. 717 OR hingewiesen. Dieses Beispiel soll auch für die Verdeutlichung der Verschuldensproblematik herangezogen werden. Als fiktiver Sachverhalt sei anzunehmen, dass der Direktor einer Produktionsgesellschaft zu unüblichen Vorzugskonditionen Geschäfte mit der Gesellschaft seiner Frau abschliesst. Die berechtigten Interessen der Arbeitgeberin an einer hohen Gewinnmarge werden dadurch zweifellos verletzt. Der fehlbare Direktor sei nicht Mitglied des Verwaltungsrats der Produktionsgesellschaft. Dennoch handelte er als ihr Organ. Da die treuwidrige Geschäftsvergabe absichtlich erfolgte, liegt nicht nur eine Verletzung von Art. 321a OR, sondern auch eine solche nach Art. 717 OR vor. Die Art. 717 Abs. 1 OR und Art. 754 Abs. 1 OR gelten für die Mitglieder des Verwaltungsrats und der Geschäftsführung gleichermassen, so dass die Gesell-

---

nach Art. 715a OR stellte NOBEL, Klare Aufgaben, 532, fest, dass es damit schwieriger werde, sich auf «Nichtwissen» zu berufen. BÄRTSCHI, 302, bezeichnet diese individuelle Anrechnung von Spezialkenntnissen als «Resubjektivierung».

[97] Massgebend ist dabei der Zeitpunkt des pflichtwidrigen Handelns oder Unterlassens (vgl. FORSTMOSER/MEIER-HAYOZ/NOBEL, § 36 N 79).
[98] FORSTMOSER/MEIER-HAYOZ/NOBEL, § 36 N 86.
[99] TEIL 4 § 10 II. 3. e) auf S. 344 ff.

schaft eine Verantwortlichkeitsklage gegen den fehlbaren Direktor auch dann einreichen kann, wenn dieser keinen Einsitz im Verwaltungsrat hat. Es scheint, als habe die Stellung als Verwaltungsrat damit keinen Einfluss auf das Verschulden. Nun ist jedoch der Verwaltungsrat gemäss Art. 716a Abs. 1 Ziff. 5 OR u.a. auch für die Oberaufsicht über die Geschäftsführung zuständig. Lässt ein Verwaltungsrat zu, dass ein Geschäftsführer seine Pflichten verletzt, so missachtet er zweifellos seine undelegierbare Aufgabe der Oberaufsicht. Ist der fehlbare Verwaltungsrat aber identisch mit dem pflichtwidrig handelnden Geschäftsführer, so sind ihm konsequenterweise zwei Pflichtverletzungen vorzuwerfen. Letztlich vergrössert sich dadurch sein Verschulden, da er sich der doppelten Pflichtverletzung bewusst sein musste. Auch im Zusammenhang mit der nachstehend erörterten Solidarität wirkt sich dieser Umstand bei der Haftung verschärfend aus.

Zusammenfassend ist zu diesem Punkt festzustellen, dass eine Doppelstellung als Verwaltungsrat und Arbeitnehmer unter dem Aspekt des Verschuldens in zwei verschiedenen Punkten Konsequenzen haben kann:

– Die besonderen Kenntnisse und Qualifikationen als Arbeitnehmer werden bei der Beurteilung der Pflichtverletzung als Verwaltungsrat angerechnet und können das Mass des Verschuldens erhöhen.

– Besteht die Arbeitstätigkeit in einer Geschäftsführungsfunktion, so verletzt der Arbeitnehmer durch eine Missachtung der Geschäftsführungspflichten stets auch die Pflicht als Verwaltungsrat zur Oberaufsicht über die Geschäftsführung, womit auch das Verschulden schwerer wiegt.

4. Entlastungsbeschluss

a) Unklare Wirkungen des Entlastungsbeschlusses

Gestützt auf Art. 698 Abs. 2 Ziff. 5 i.V.m. Art. 758 Abs. 1 OR kann der Verwaltungsrat verlangen, dass in der Generalversammlung über die Entlastung (sog. Décharge) der Verwaltungsratsmitglieder abgestimmt wird, auch wenn diese kein Anrecht auf einen positiven Entlastungsbeschluss haben.[100] Ist ein Verwaltungsrat gleichzeitig leitender Arbeitnehmer, so stellt sich die Frage, welche Wirkungen ein derartiger Entlastungsbeschluss auf das Arbeitsverhältnis hat.

---

[100] Vgl. WATTER/DUBS, 914. In diesem Sinne ist die abschliessende Aufzählung der Rechte des Verwaltungsrats bei MÜLLER/LIPP/PLÜSS, 85 ff., zu ergänzen mit dem Recht auf Durchführung der Entlastungsabstimmung.

Durch die Revision des Aktienrechts wurde im Jahr 1992 der Wirkungsbereich des Art. 758 Abs. 1 OR lediglich in sachlicher Hinsicht präzisiert.[101] Der Gesetzgeber wollte offensichtlich bewusst keine weiteren Ausführungen zu den personellen und zeitlichen Wirkungen des Entlastungsbeschlusses machen, denn an demselben Ort heisst es in der Botschaft abschliessend: «In die übrigen Streitfragen im Zusammenhang mit dem Entlastungsbeschluss will Artikel 758 [OR] nicht eingreifen.» Um die Konsequenzen des Entlastungsbeschlusses auf einen Verwaltungsrat mit einer Doppelstellung als Arbeitnehmer zu ermitteln, sind deshalb die personellen, sachlichen und zeitlichen Wirkungen einer Décharge näher zu untersuchen.

Klar ist, dass die Entlastung der Mitglieder des Verwaltungsrats nach Art. 698 Abs. 2 Ziff. 5 OR zu den unübertragbaren Befugnissen der Generalversammlung gehört. Erteilt der Gesamtverwaltungsrat intern seinem Delegierten oder seinem Präsidenten, der gleichzeitig als Geschäftsführer im Arbeitsverhältnis tätig ist, vollumfänglich Décharge, so hat dieser «Entlastungsbeschluss» keinen Einfluss auf einen allfälligen Verantwortlichkeitsprozess. Das Wissen und Verhalten des Gesamtverwaltungsrats vermag einen Entlastungsbeschluss der Generalversammlung nicht zu ersetzen.[102]

b) Personelle Wirkungen des Entlastungsbeschlusses

Der Entlastungsbeschluss wirkt nach herrschender Ansicht nicht gegenüber dem Verwaltungsrat als Kollektivbehörde, sondern gegenüber seinen einzelnen Mitgliedern.[103] Wird über die Entlastung in globo abgestimmt, so sind davon alle Mitglieder des Verwaltungsrats gleichermassen betroffen. Sie werden durch den Entlastungsbeschluss gesamthaft aus ihrer solidarischen Haftung entlassen. Damit stellt sich die Frage, ob von den Wirkungen des Entlastungsbeschlusses noch weitere Personen betroffen werden.

Picenoni[104] zitiert einen Entscheid des Tribunal de commerce de St. Etienne vom 21. Januar 1937, in dem die vorbehaltlose Entlastung des Verwaltungsrats auch als Entlastung der Revisoren ausgelegt wurde. Zudem habe der französische Kassa-

---

[101] Botschaft zum Aktienrecht, 194.
[102] Ähnlich Bärtschi, 325, bzgl. der Entlastung eines Direktors durch den VR.
[103] Vgl. Picenoni, 34 f., welcher zulässt, dass die Generalversammlung dem Verwaltungsrat als Kollektivgremium die Entlastung verweigert, den einzelnen pflichtgetreuen Mitgliedern jedoch erteilt; m.E. ist ein solcher GV-Beschluss dahingehend auszulegen, dass den übrigen Mitgliedern damit die Entlastung verweigert wurde, so dass letztlich doch wieder eine ausschliesslich persönliche Wirkung des Entlastungsbeschlusses resultiert.
[104] Picenoni, 35 f.

tionshof am 27. April 1927 die Wirkungen eines Entlastungsbeschlusses (sog. Quitus) gegenüber dem Verwaltungsrat auf den Generaldirektor erstreckt, der sich in seiner Tätigkeit darauf beschränkt hatte, die Weisungen des Verwaltungsrats zu befolgen. In der Folge gelangt Picenoni zum Schluss, dass die dem Verwaltungsrat unterworfenen Personen von der Präklusivwirkung des Entlastungsbeschlusses erfasst würden, falls ihnen gegenüber nicht ausdrücklich die Entlastungswirkung versagt werde. Dieser Auffassung kann heute im Hinblick auf den klaren Wortlaut von Art. 698 Abs. 2 Ziff. 5 OR nicht mehr gefolgt werden. Die Generalversammlung entlastet grundsätzlich nur die Mitglieder des Verwaltungsrats, während für die Entlastung der Geschäftsführung der Verwaltungsrat zuständig ist. Eine stillschweigende Ausdehnung der Wirkungen eines Entlastungsbeschlusses auf weitere Personen ist damit ausgeschlossen.

Es stellt sich weiter die Frage, ob die Entlastung der Geschäftsführung zu den unentziehbaren Aufgaben des Verwaltungsrats zu zählen ist. Im Art. 716a Abs. 1 Ziff. 4 OR wird nur von «Ernennung und Abberufung» der Geschäftsführung gesprochen, nicht jedoch von deren Entlastung. Die Formulierung der zwingenden Aufgabenliste würde demnach eine Entlastung der Geschäftsführung durch die Generalversammlung zulassen. Nun könnte die Abberufung der Geschäftsführung aber als letzte Konsequenz einer Entlastungsverweigerung aufgefasst werden. Damit wäre nur der Verwaltungsrat für die Décharge der Geschäftsführung zuständig. Berücksichtigt man, dass der Katalog der unentziehbaren Aufgaben restriktiv auszulegen ist[105] und zudem Art. 695 Abs. 1 OR für Entlastungsbeschlüsse einen generellen Stimmrechtsausschluss ohne Beschränkung auf den Verwaltungsrat enthält, so ergibt sich, dass die Entlastung der Geschäftsführung nicht zu den unentziehbaren Aufgaben des Verwaltungsrats gehört. Die Generalversammlung kann demnach in den Statuten für die Entlastung der Geschäftsführung zuständig erklärt werden. Ohne statutarische Regelung kann der Verwaltungsrat gegebenenfalls eine besondere Einzelfall-Décharge beantragen.[106]

Watter/Dubs[107] stellen in Übereinstimmung mit den obigen Ausführungen fest, dass der Entlastungsbeschluss grundsätzlich nur für die Mitglieder des Verwaltungsrats gilt. Soll er Wirkung für einzelne oder alle mit der Geschäftsführung betrauten Personen haben, so muss der Déchargebeschluss entsprechend formuliert werden.[108] Wie wirkt nun aber die von der Generalversammlung erteilte Ent-

---

[105] Dies ergibt sich aus der allgemeinen Kompetenznorm nach Art. 716 Abs. 1 OR und der Zulässigkeit einer Delegation der Geschäftsführung nach Art. 716 Abs. 2 OR.
[106] Vgl. dazu das Beispiel bei Müller/Lipp/Plüss, 295 f.
[107] Watter/Dubs, 909.
[108] Ebenso Bärtschi, 324, der die Entlastung von anderen Geschäftsführungsorganen, wie beispielsweise Direktoren oder Liquidatoren, durch die Generalversammlung ohne weiteres für zulässig hält.

lastung bezüglich einem Verwaltungsrat mit Doppelstellung als Arbeitnehmer, falls keine besondere Formulierung verwendet wurde? Dieses Problem wurde von WATTER/DUBS nicht behandelt. Grundsätzlich gibt es nur zwei Varianten:

– Mangels einer besonderen Formulierung gilt der Entlastungsbeschluss nur für die Tätigkeit als Verwaltungsrat, nicht jedoch für diejenige als Arbeitnehmer.
– Der Entlastungsbeschluss ist personenbezogen und umfasst sämtliche Tätigkeiten dieser Person, in welcher Funktion auch immer diese ausgeübt wurden.

Bei der Beurteilung dieser Varianten ist zu berücksichtigen, dass die an der Generalversammlung anwesenden Aktionäre oder Aktionärsvertreter u.U. nicht einmal wissen, dass ein Mitglied des Verwaltungsrats in einem arbeitsrechtlichen Verhältnis zur Gesellschaft steht. In jedem Falle ist deshalb der Wille der Generalversammlung nach dem Vertrauensprinzip auszulegen.[109] Werden an der Generalversammlung von Aktionären konkrete Vorwürfe gegen jenes Verwaltungsratsmitglied mit einer Doppelstellung erhoben[110] und wird trotzdem in einer individuellen Abstimmung vorbehaltlos Entlastung erteilt, so muss davon ausgegangen werden, dass diese Décharge sowohl die Funktion als Verwaltungsrat als auch die Tätigkeit als Arbeitnehmer umfasst. Damit sind nicht nur die zustimmenden Aktionäre, sondern auch die Gesellschaft von einer Klage gegen den betroffenen Verwaltungsrat und Arbeitnehmer bezüglich der bekannt gegebenen Vorwürfe ausgeschlossen.[111]

Dass der Entlastungsbeschluss nicht gegenüber der Kollektivbehörde, sondern nur gegenüber den einzelnen Mitgliedern wirkt, hat Auswirkungen auf die sachlichen und zeitlichen Wirkungen der Décharge. Sind zwei Mitglieder des Verwaltungsrats erst ein Geschäftsjahr im Amt, die drei anderen Mitglieder dagegen schon zwei Geschäftsjahre, so kann sich der in globo gefällte Entlastungsbeschluss unmöglich auf zwei Geschäftsjahre beziehen. Die Unterschiede zwischen den einzelnen Verwaltungsratsmitgliedern sind deshalb bei der Beurteilung der Entlastungswirkung besonders zu berücksichtigen. Die individuellen Begrenzungen der möglichen Entlastungswirkung sind gleichzeitig der maximale Rahmen für die Wirkung der Décharge. Will die Generalversammlung etwas anderes, so hat sie über den Entlastungsbeschluss individuell abzustimmen. Auf die sachlichen und zeitli-

---

[109] Dazu BGE 95 II 320 und nachstehend TEIL 4 § 10 II. 4. e) auf S. 355 f.
[110] Beispiel: Ein Verwaltungsrat ist gleichzeitig als Ingenieur angestellt und hat bei dieser Tätigkeit die Korrosionsbeständigkeit von Stahlträgern für eine Betondecke in einem Hallenschwimmbad falsch berechnet. Es kommt zu einem Versagen der Aufhängung mit tragischen Folgen, weshalb der Ingenieurfehler überhaupt bekannt wird.
[111] Bezogen auf das in der vorstehenden Fussnote angegebene Beispiel heisst dies, dass im Falle einer Entlastungsverweigerung oder bei Nichtbekanntmachung der Ingenieurfehler die Gesellschaft (vertreten durch einen allenfalls neuen Verwaltungsrat) Ansprüche aus arbeitsvertraglicher Schadenersatzpflicht geltend machen kann.

chen Auswirkungen einer Décharge soll deshalb nachstehend näher eingegangen werden.

c) Sachliche Wirkungen des Entlastungsbeschlusses

Der Entlastungsbeschluss wirkt nach Art. 758 Abs. 1 OR nur für bekannt gegebene Tatsachen. In der Botschaft[112] wird dazu ausgeführt: «Die Ansicht von Lehre und Rechtsprechung, wonach der Entlastungsbeschluss nur für Tatsachen wirkt, die der Generalversammlung bekannt gegeben wurden, wird im Gesetz verankert.» Obwohl also eine ausdrückliche Bekanntgabe vorausgesetzt wird, schreibt BÖCKLI: «Man wird wohl ergänzen müssen: […] oder sonst den Aktionären zur Zeit des Entlastungsbeschlusses offensichtlich bekannt waren.»[113] Eine Begründung für diese Ansicht gibt BÖCKLI nicht. Entsprechend der Botschaft zum Aktienrecht ist deshalb zu prüfen, wie sich Rechtsprechung und Lehre zur erforderlichen Bekanntgabe von Tatsachen entwickelt haben.

In BGE 65 II 2 hat das Bundesgericht entschieden, dass bei der Beurteilung über die bekannt gegebenen Tatsachen nicht auf das Auffassungsvermögen eines sorgfältigen Geschäftsmannes, sondern nur auf dasjenige eines sorgfältigen Familienvaters bei der Anlage seiner Kapitalien abgestellt werden dürfe. Dazu bemerkt PICENONI: «Es ist klar, dass eine blosse Aufzählung oder Erwähnung im Geschäftsbericht nicht genügt, da sie nicht geeignet ist, für die abstimmenden Gesellschafter eine genügende Grundlage für ihre Entschliessung zu bilden, ob und auf welche Regressansprüche verzichtet werden soll.»[114] Wenn im Vorjahr auf das Traktandum Entlastung nicht eingetreten wurde, weil vieles unklar war, so kann im nächsten Jahr also nicht einfach davon ausgegangen werden, nun sei alles klar und die Entlastung umfasse alle möglichen Pflichtverletzungen. Vielmehr kann der Entlastungsbeschluss nur für jene Pflichtverletzungen gelten, die zwischenzeitlich ausdrücklich bekannt gegeben wurden.

In BGE 78 II 155 hielt das Bundesgericht fest, dass die vorbehaltlose Genehmigung der Bilanz und Erfolgsrechnung noch keine uneingeschränkte Entlastung bedeute. Wörtlich heisst es dazu: «Die Déchargeerteilung deckt die aus den unterbreiteten Vorlagen erkennbare Geschäftsführung der Verwaltungsorgane, nicht Geschehnisse, welche der Generalversammlung nicht zur Kenntnis gebracht sind.»

In BGE 95 II 320 stellte das Bundesgericht zur Tragweite der Entlastung klar: «Wie jede Willenserklärung muss die Entlastung in dem Sinne verstanden wer-

---

[112] Botschaft zum Aktienrecht, 194.
[113] BÖCKLI, Aktienrecht, Rz. 451 z § 18.
[114] PICENONI, 41.

den, den ihr der Empfänger in guten Treuen vernünftigerweise geben darf. Sie wirkt als Verzicht der Aktionäre auf die Verantwortlichkeitsklage gegen die Mitglieder der Verwaltung nur in Bezug auf die Tatsachen, die der Generalversammlung klar und vollständig zur Kenntnis gebracht worden sind, sei es dass sie aus den ihr vorgelegten Schriftstücken oder den ihr gemachten Mitteilungen hervorgehen, sei es, dass es sich um notorische oder doch allen Aktionären bekannte Tatsachen handelt.» Soweit individuelle Pflichtverletzungen nicht klar und vollständig bekannt gegeben wurden, kann deshalb keine Entlastung geltend gemacht werden. Es genügt insbesondere nicht, wenn durch Medienberichte bekannt wird, dass der frühere Verwaltungsrat insgesamt Pflichtverletzungen begangen hat. Es muss den Aktionären klar sein, wieweit das einzelne noch im Verwaltungsrat verbliebene Mitglied an diesen Pflichtverletzungen beteiligt war.

In der Lehre wird eine noch restriktivere Haltung eingenommen. Nach Ansicht von BARBEY[115] müssen die Pflichtverletzungen im Geschäftsbericht aufgeführt werden, um dem Erfordernis der Bekanntgabe zu genügen. Wenn ein Mitglied des Verwaltungsrats schon Entlastung für seine Pflichtverletzungen wolle, dann müssten diese entweder vom Verwaltungsrat selbst oder von der Revisionsstelle ausdrücklich bekannt gegeben werden.[116]

Auch im Zürcher Kommentar[117] wird sehr restriktiv festgestellt: «Bei der Entscheidung darüber, wie weit die Generalversammlung orientiert war, ist nach allgemeiner Regel auf die ihr erstatteten Berichte und Mitteilungen abzustellen. Die Verwaltungsratsmitglieder, die sich auf die Entlastung berufen, haben jedoch die Möglichkeit, nachzuweisen, dass alle Aktionäre, die dem Entlastungsbeschluss zugestimmt haben – nicht nur einzelne von ihnen – auf anderem Wege als durch die der Generalversammlung gemachten Mitteilungen orientiert waren.» Soweit weder im Geschäftsbericht noch im Revisionsstellenbericht die Pflichtverletzungen des Verwaltungsrats mit einer Doppelstellung ausdrücklich offen gelegt werden, ist demnach durch die Generalversammlung keine Entlastung erteilt worden.

Selbst wenn in den Medien allgemein über Pflichtverletzungen der früheren Verwaltungsräte berichtet wird, so genügt dies nach den obigen Ausführungen nicht, um die Voraussetzung von Art. 758 Abs. 1 OR nach einer Bekanntgabe zu erfüllen. Ein Verwaltungsrat mit einem zusätzlichen Arbeitsverhältnis zur Gesellschaft wird sich deshalb im Falle einer arbeitsvertraglichen Schadenersatzklage durch die Gesellschaft nur dann auf einen Entlastungsbeschluss berufen können, wenn dieser trotz Bekanntgabe der arbeitsvertraglichen Verfehlungen erteilt wurde.

---

[115] BARBEY, 84 ff.
[116] BARBEY, 96.
[117] BÜRGI, Zürcher Kommentar, N 6 zu Art. 757 OR, unter Hinweis auf die Praxis des Bundesgerichtes (Pra. 59 (1970) 224).

d) Zeitliche Wirkungen des Entlastungsbeschlusses

«Erteilt die Generalversammlung Entlastung für besondere Geschäfte oder einzelne Aufträge, so erfasst sie damit die ganze Zeitdauer dieser bestimmten Verrichtungen, wenn der Entlastungsbeschluss nichts anderes darüber bestimmt.»[118] Soll die GV beispielsweise bezüglich pflichtwidrig gewährter Kredite an Aktionäre einen Entlastungsbeschluss fällen, so muss dies ausdrücklich beantragt werden. Grundsätzlich erfasst die Präklusivwirkung der Entlastung nur die Geschäftstätigkeit jener Geschäftsperiode, wofür Rechnung gelegt wurde.[119]

Ist die geleistete Amtszeit bei den einzelnen Verwaltungsräten unterschiedlich lang, so vermag ein Entlastungsbeschluss in globo in jedem Falle nur insoweit Wirkung zu zeigen, als dies der kürzesten Amtsdauer der betroffenen Verwaltungsräte entspricht. Sind die neuen Verwaltungsräte aber alle erst seit einem Jahr im Amt, so ist ohne weiteres davon auszugehen, dass sich der Entlastungsbeschluss nur auf das vergangene Geschäftsjahr bezieht. Daran ändert sich nichts, wenn einer dieser VR-Mitglieder bereits seit mehreren Jahren als CEO für die Gesellschaft tätig ist, aber erst vor einem Jahr in den Verwaltungsrat gewählt wurde.

e) Auslegung nach dem Vertrauensprinzip

«Die Entlastung ist eine Willenserklärung der Generalversammlung an die entlasteten Organe. Ihr Umfang und ihre Tragweite bestimmen sich daher in erster Linie nach dem konkreten Inhalte des Entlastungsbeschlusses. Dieser ist in Anwendung des Vertrauensprinzips unter Berücksichtigung des Wortlautes und der übrigen Umstände, insbesondere in der Art der Rechnungslegung und des ganzen Verlaufes der Generalversammlung zu bestimmen.»[120] Bezüglich des besonderen Falls eines Entlastungsbeschlusses gegenüber einem Verwaltungsrat mit einem zusätzlichen Arbeitsverhältnis zur Gesellschaft können folgende Feststellungen gemacht werden:

– Durch den Nichteintritt auf das Traktandum Entlastung hat die Generalversammlung ihren klaren Willen dokumentiert, vor einer Entlastung zuerst alle relevanten Tatsachen zu kennen. Die Beurteilung, ob Pflichtverletzungen bekannt gegeben wurden, ist deshalb besonders restriktiv vorzunehmen.

– Durch die Abstimmung in globo wurde kein Unterschied zwischen den neuen Verwaltungsräten und dem noch verbliebenen Mitglied gemacht. Der Entlastungsbeschluss sollte sich daher offensichtlich nur auf jene Tätigkeit beziehen,

---

[118] PICENONI, 52 f.
[119] PICENONI, 53 m.w.H.
[120] PICENONI, 37; ähnlich BGE 95 II 320.

welche das Verwaltungsratsgremium gemeinsam ausgeübt hat. Die individuellen Pflichtverletzungen aus der früheren Amtszeit können davon nicht umfasst sein.

– Hätte der einzig noch verbliebene Verwaltungsrat für seine früheren Pflichtverletzungen eine Décharge gewollt, so hätte er diese Pflichtverletzungen im Detail bekannt geben und eine individuelle Abstimmung verlangen müssen. Tat er dies nicht, so konnte er nach Treu und Glauben auch nicht davon ausgehen, die GV werde ihm vollständige Entlastung erteilen.

f) Konsequenzen einer Verweigerung des Entlastungsbeschlusses

Nach der hier vertretenen Ansicht kann ein konkret formulierter und individuell gefällter Entlastungsbeschluss bei einem Verwaltungsrat mit Doppelstellung als Arbeitnehmer nicht nur Wirkungen auf allfällige Verantwortlichkeitsansprüche nach Art. 754 OR haben, sondern auch Auswirkungen auf allfällige arbeitsrechtliche Schadenersatzansprüche nach Art. 321e OR. Umgekehrt heisst dies für den betroffenen Verwaltungsrat, dass eine Verweigerung der Décharge ihn auch in Bezug auf das Arbeitsverhältnis tangiert. Solange die Verweigerung aus sachlich motivierten Gründen, z.B. wegen Pflichtwidrigkeiten, erfolgt, ergeben sich keine weiteren Folgen. Die Gesellschaft und die Aktionäre können weiterhin uneingeschränkt Verantwortlichkeitsansprüche geltend machen. Fraglich ist die Situation allerdings, wenn der Entlastungsbeschluss nicht nur von einzelnen Aktionären, sondern von der Mehrheit der Generalversammlung und somit durch die Gesellschaft selbst verweigert wird, ohne dass dafür sachliche Gründe vorhanden sind.

Eine extreme Meinung zu den weiteren Folgen der ungerechtfertigten Verweigerung der Entlastung vertritt PICENONI: «Da das Recht auf Erteilung der Entlastung sich als Anspruch auf Vertragserfüllung darstellt, liegt in der ungerechtfertigten Entlastung eine Vertragsverletzung. Es sind daher die allgemeinen schuldrechtlichen Normen und die des konkreten Anstellungsvertrages anzuwenden, welche die Folgen derartiger Vertragsverletzungen regeln. So ist vor allem der Rücktritt vom Anstellungsvertrag gegeben, und zwar sofort, ohne Berücksichtigung einer Kündigungsfrist. Daneben steht es dem von der ungerechtfertigten Entlastung Betroffenen frei, seinen aus der Vertragsverletzung entstandenen Schaden einzuklagen.»[121] Leider wird aus den Ausführungen von PICENONI nicht klar, wie er das Rechtsverhältnis eines Verwaltungsrats zur Gesellschaft grundsätzlich qualifiziert. Aus den Formulierungen entsteht der Eindruck, dass PICENONI zu Unrecht davon ausgeht, dass der Verwaltungsrat stets in einem Arbeitsverhältnis zur Gesellschaft stehe.

---

[121] PICENONI, 244.

Dennoch ist die Ansicht von PICENONI zu hinterfragen, zumal er mit guter Begründung dem betroffenen Verwaltungsrat in besonderen Fällen sogar noch einen Genugtuungsanspruch zugesteht.

WATTER/DUBS[122] gelangen zur Überzeugung, dass auch eine Verweigerung der Décharge entgegen dem Antrag des Verwaltungsrats, diesen nicht zwingt, eine Verantwortlichkeitsklage einzureichen. In weiterer Konsequenz heisst dies, dass auch bei der Verweigerung einer beantragten Entlastung gegenüber einem Verwaltungsratsmitglied, das in einem Arbeitsverhältnis zur Gesellschaft steht, der Gesamtverwaltungsrat nicht gezwungen ist, eine arbeitsrechtliche Haftung nach Art. 321e OR geltend zu machen. Es reicht wohl, wenn der Gesamtverwaltungsrat allfällige Klagemöglichkeiten vertieft abklärt und die Ergebnisse an der nächsten Generalversammlung unterbreitet.

5. Spezialfall der Abordnung durch eine Körperschaft des öffentlichen Rechts

Art. 762 Abs. 4 OR bestimmt, dass die an einer Aktiengesellschaft beteiligte Körperschaft des öffentlichen Rechts für die von ihr abgeordneten Mitglieder des Verwaltungsrats oder der Revisionsstelle haftet und zwar sowohl gegenüber der Gesellschaft, als auch gegenüber den Aktionären und den Gläubigern; vorbehalten bleibt der Rückgriff nach dem Recht des Bundes und der Kantone. Diese Bestimmung ist die gesetzgeberische Konsequenz aus der Regelung von Art. 762 Abs. 1 OR, dass einer Körperschaft des öffentlichen Rechts in den Statuten das Recht eingeräumt werden kann, Vertreter in den Verwaltungsrat oder in die Revisionsstelle jener Gesellschaft abzuordnen, an der ein öffentliches Interesse besteht. Die Generalversammlung hat keinen Einfluss auf eine derartige Abordnung, falls die statutarische Grundlage vorhanden ist; sie muss zur Gültigkeit der Abordnung nicht einmal davon Kenntnis nehmen.[123] Werden jedoch bei einer gemischtwirtschaftlichen AG nach den Statuten alle Mitglieder des Verwaltungsrats von der Generalversammlung gewählt, so unterliegen auch die Vertreter des Gemeinwesens der persönlichen Haftung.[124]

---

[122] WATTER/DUBS, 913.
[123] Vgl. dazu vorne TEIL 1 § 3 III. 1. d) auf S. 57 f. und TEIL 3 § 6 I. 1. b) auf S. 164 f.
[124] FORSTMOSER/JAAG, Fn. 22 zu Rz. 39.

III. Frist- und Formerfordernisse

1. Keine direkten Konsequenzen bezüglich Frist- und Formerfordernissen

Eine Doppelstellung als Verwaltungsrat und Arbeitnehmer hat keine direkten gesellschaftsrechtlichen Konsequenzen bezüglich der vom Gesetzgeber im Aktienrecht aufgestellten Frist- und Formerfordernisse. Allerdings kann der Verwaltungsrat in das Organisationsreglement Bestimmungen aufnehmen, wonach VR-Mitglieder mit einer Doppelstellung besondere Formvorschriften zu beachten haben. Denkbar sind etwa spezielle Regelungen im Zusammenhang mit dem Abschluss von Verträgen (Insichgeschäft) oder besondere Ausstandsgründe bei Abstimmungen.[125] In der Praxis sind solche Spezialregelungen jedoch nur selten anzutreffen.[126]

Indirekt ergeben sich Konsequenzen einer Doppelstellung im Zusammenhang mit Frist- und Formerfordernissen deshalb, weil an die Stellung als Verwaltungsrat besondere Voraussetzungen geknüpft sind. Dazu gehört namentlich die Aktionärseigenschaft. Bei Verwaltungsräten mit einer Doppelstellung wird diesem Umstand oftmals zu wenig Beachtung geschenkt, weshalb es diesbezüglich zu Konflikten kommen kann. Nachstehend wird dies am Beispiel einer Universalversammlung verdeutlicht.

2. Frist- und Formvorschriften im Zusammenhang mit Generalversammlungen

Gemäss Art. 701 OR kann eine Generalversammlung ohne Einhaltung der für die Einberufung vorgeschriebenen Formvorschriften abgehalten werden, sofern alle Aktien vertreten sind und kein Widerspruch gegen die Durchführung einer derartigen Universalversammlung erhoben wird. Wurde beispielsweise die Frist von 20 Tagen zur Einladung gemäss Art. 700 Abs. 1 OR verpasst, so wäre eine dennoch durchgeführte Generalversammlung gemäss Art. 706b Ziff. 1 OR nichtig;[127] dieses Problem kann durch eine Universalversammlung gelöst werden. Bei der Aktienvertretung ist aber zu berücksichtigen, dass jedes Verwaltungsratsmitglied zur Ausübung seiner Funktion gemäss Art. 707 Abs. 1 OR mindestens eine Aktie im vollen

---

[125] Vgl. vorne TEIL 4 § 10 I. 2. c) auf S. 324 f.
[126] Vgl. die entsprechenden Ergebnisse der Umfrage bei den VR-Delegierten in Tabelle 30 auf S. 148.
[127] Ebenso BÖCKLI, Aktienrecht, Rz. 89 zu § 12; MÜLLER/LIPP/PLÜSS, 305.

wirtschaftlichen Eigentum oder treuhänderisch halten muss.[128] Deshalb müssen bei einer Universalversammlung die Aktien der Verwaltungsräte vollständig vertreten sein und zwar auch dann, wenn ihnen die Aktien nur fiduziarisch übertragen wurden.[129]

In der Praxis ereignen sich Fälle, bei denen die zusätzliche Verwaltungsratsfunktion eines Arbeitnehmers im Zusammenhang mit der Universalversammlung zu rechtlichen Auseinandersetzungen führt. Einer dieser Fälle sei hier herausgegriffen:[130]

> In einer Familiengesellschaft hielten die beiden Familienstämme sämtliche Aktien. Der Verwaltungsrat bestand aus je einem Vertreter der beiden Familienstämme und zusätzlich aus zwei externen Personen. Alle Verwaltungsratsmitglieder waren ordnungsgemäss gewählt und im Handelsregister eingetragen worden. Um unnötigen administrativen Aufwand zu vermeiden, wurde darauf verzichtet, den beiden externen Verwaltungsräten je eine Aktie treuhänderisch zu übertragen. Da es zwischen den Familienstämmen zu gravierenden Spannungen kam und in den Statuten ausdrücklich der Stichentscheid des VR-Präsidenten ausgeschlossen war, wurde der CEO des Unternehmens zusätzlich in den Verwaltungsrat gewählt, um die Pattsituation zu lösen. Er wurde ordnungsgemäss im Handelsregister eingetragen. Gleichzeitig übertrug ihm jeder Familienstamm treuhänderisch eine Aktie zur Mandatsausübung, was auch im Aktienbuch festgehalten wurde. Allerdings behielten sich die Familien das Recht vor, das Mandatsverhältnis jederzeit aufzulösen und damit die automatische Rückübertragung der Mandatsaktie zu bewirken. Als der Verwaltungsrat mit Mehrheitsbeschluss einen externen Finanzchef bestellte, obwohl jeder Familienstamm einen familieninternen Kandidaten nominiert hatte, führten die Vertreter der Familienstämme kurzerhand eine Universalversammlung durch, an der alle nicht zur Familie gehörenden Mitglieder des Verwaltungsrats abgewählt wurden. Diese waren jedoch nicht anwesend und hatten auch niemanden mit ihrer Vertretung an der Generalversammlung beauftragt. In der Folge hielten die zu den Familienstämmen gehörenden Verwaltungsräte eine Sitzung ab, an welcher sie die Kündigung des Arbeitsverhältnisses mit dem CEO beschlossen.

Dieser Fall hätte wohl kaum zu Schwierigkeiten geführt, wenn das Aktienkapital ausschliesslich aus Inhaberaktien bestanden hätte. Dann hätte die Vorlage der Inha-

---

[128] Zumindest noch solange, bis der entsprechende Art. 707 Abs. 1 OR geändert ist; vgl. dazu vorne TEIL 3 § 6 I. 1. d) auf S. 166 ff.
[129] Hat eine derartige fiduziarische Übertragung nie statt gefunden, so besteht auch keine Aktionärsstellung; die Universalversammlung kann in einem solchen Falle ohne das betroffene Verwaltungsratsmitglied bzw. ohne eine entsprechende Aktienvertretung durchgeführt werden.
[130] Da der Fall schliesslich vergleichsweise geregelt wurde, kann nicht auf ein Urteil verwiesen werden.

beraktien als Legitimation für die Aktienvertretung genügt. Wären von den beiden Familienstämmen alle Inhaberaktien bzw. die entsprechenden Zertifikate vorgelegt worden, so hätte die Universalversammlung auch dann rechtsgültig durchgeführt werden können, wenn keiner der externen Verwaltungsräte dazu eingeladen worden wäre. Es ist Sache jedes Aktionärs selbst, dafür zu sorgen, dass seine Inhaberaktien nicht jemandem anvertraut werden, der sie ohne Wissen und Willen des Berechtigten in einer Generalversammlung vertritt.

Im vorliegenden Fall bestand das Aktienkapital aus Namenaktien und auf die physische Ausgabe von Aktien war verzichtet worden. Somit wäre das Aktienbuch für die Frage massgebend, wer im Zeitpunkt der Universalversammlung rechtmässig Aktionär war. Die Vertreter der Familienstämme behaupteten, das Mandatsverhältnis mit dem CEO sei aufgelöst worden und damit seien die Mandatsaktien automatisch an die Familienstämme zurückgegangen. Die Universalversammlung sei deshalb gültig durchgeführt worden. Der gekündigte CEO machte geltend, die Universalversammlung sei gemäss Art. 706b OR nichtig, da er nicht eingeladen worden sei und zudem nicht alle Aktien vertreten waren. Folglich sei auch die Kündigung seines Arbeitsvertrages nichtig.

Gemäss Art. 716a Abs. 1 Ziff. 4 OR ist der Verwaltungsrat für die Abberufung der mit der Geschäftsführung betrauten Personen zuständig. Um das Arbeitsverhältnis mit dem CEO aufzulösen, ist folglich ein entsprechender Beschluss des Gesamtverwaltungsrats notwendig. Dabei könnte auch eine bereits erfolgte Kündigung noch nachträglich genehmigt werden.[131] Ob die beiden Familienvertreter im Verwaltungsrat befugt waren, allein eine VR-Sitzung abzuhalten, hängt von der Gültigkeit der vorangehenden Universalversammlung ab. Die Einladung der Verwaltungsräte bzw. deren Teilnahme ist dazu nicht erforderlich. Es genügt, wenn deren Aktien vertreten sind.[132] Die beiden externen Verwaltungsräte hatten auf die treuhänderische Übertragung einer Mandatsaktie verzichtet. Eine nachträgliche Berufung auf angebliche Aktionärsrechte würde wohl Treu und Glauben widersprechen. Folglich ist nur noch zu prüfen, ob der CEO im Zeitpunkt der Universalversammlung Aktionär war oder nicht. Gemäss Art. 686 Abs. 4 OR gilt als Aktionär nur, wer im Aktienbuch eingetragen ist. Um mit ihrer Behauptung Erfolg zu haben, müssten die Vertreter der Familienstämme beweisen, dass das Mandatsverhältnis und damit die Rückübertragung der Mandatsaktie noch vor der Universalversammlung statt fand. Ein Verwaltungsrat kann abgewählt und im Handelsregister gelöscht werden, ohne dass er davon Kenntnis erhält; dies ergibt sich aus der Natur des organschaft-

---

[131] Vgl. BGE 128 III 129.
[132] Art. 701 Abs. 1 OR hebt ausdrücklich alle sonst mit der GV-Einberufung vorgeschriebenen Formvorschriften auf.

lichen Verhältnisses. Ein Mandatsverhältnis ist dagegen ein Treuhandvertrag zu dessen Kündigung die Kenntnisnahme unerlässlich ist.

Zusammenfassend ist festzustellen, dass aus einer Doppelstellung als Verwaltungsrat und Arbeitnehmer bezüglich Frist- und Formerfordernissen indirekt gesellschaftsrechtliche Konsequenzen resultieren können. Ein entsprechendes Konfliktpotential entsteht vor allem dann, wenn nur die arbeitsrechtliche Stellung beachtet wird und dadurch die Voraussetzungen im Zusammenhang mit der Stellung als Verwaltungsrat vernachlässigt werden.

IV. Gesellschaftsrechtliche Konsequenzen bei Fusionen und Spaltungen

1. Konsequenzen der Doppelstellung bei einer Fusion

a) Regelung im Fusionsgesetz

Das neue Fusionsgesetz[133] enthält eine Regelung zum Übergang der Arbeitsverhältnisse bei Fusionen. Art. 27 Abs. 1 FusG bestimmt, dass im Falle von Fusionen für die Übertragung der Arbeitsverhältnisse Art. 333 OR zur Anwendung gelangt. Diese Bestimmung statuiert den unveränderten Übergang des Arbeitsverhältnisses via Universalsukzession auf die übernehmende Gesellschaft.[134] Der Übergang des Arbeitsverhältnisses tritt jedoch nicht zwingend ein; der Arbeitnehmer kann den Übergang ablehnen.[135] Der Erwerber hingegen unterliegt einem Übernahmezwang und kann sich nur durch Kündigung aus dem Arbeitsverhältnis lösen.[136] Diese Regelung im Fusionsgesetz enthält keinerlei Einschränkung betreffend leitende Arbeitnehmer; ausschlaggebend ist einzig die Qualifikation des Rechtsverhältnisses zwischen Arbeitnehmer und Gesellschaft als Arbeitsverhältnis im Sinne von Art. 319 ff. OR.[137]

---

[133] Endfassung vom 3.10.2003; Ablauf der Referendumsfrist am 22.1.2004 (vgl. BBl.2003, 6691); das FusG ist am 1.7.2004 in Kraft getreten.
[134] Nach REINERT, N 3 zu Art. 27 FusG, ist der Verweis auf Art. 333 Abs. 1 OR an sich unnötig, da die Arbeitsverhältnisse ohnehin via Universalsukzession übergehen; zum Arbeitnehmerschutz vgl. MEIER-SCHATZ, Einführung FusG, 527, m.w.H.
[135] Art. 333 Abs. 1 OR.
[136] VISCHER, Arbeitsvertrag, 154 f.
[137] Zu den Voraussetzungen beim ordentlichen Arbeitsverhältnis vgl. vorne TEIL 3 § 6 II. 1. auf S. 175 ff.

Die besonderen Auswirkungen einer Fusion auf die Mitglieder des Verwaltungsrats werden im Fusionsgesetz nicht geregelt. Auch in der Botschaft zum Fusionsgesetz vom 3. Juni 2000[138] finden sich keine Ausführungen dazu. Eine spezielle Regelung ist insofern unnötig, als die Verwaltungsräte den Fusionsvertrag aushandeln und abschliessen (Art. 12 Abs. 1 FusG). Sie erstellen auch den Fusionsbericht zuhanden der Gesellschaften, worin über die Fusion Rechenschaft abgelegt wird (Art. 14 FusG). In diesem Sinne müssen die Verwaltungsräte als Urheber der Fusion nicht geschützt bzw. speziell geregelt werden. Zudem ist das Verhältnis zwischen Verwaltungsrat und Gesellschaft bzw. Verwaltungsrat und Aktionären abschliessend im Obligationenrecht geregelt. Dieses bestimmt, wie bei der Bestellung und Abberufung von Verwaltungsräten verfahren werden muss, sei dies nun generell oder bezogen auf eine Fusion.

Über die Stellung eines Verwaltungsrates der übernommenen Gesellschaft wird anlässlich der Generalversammlung, welche den Fusionsbeschluss gemäss Art. 18 FusG fasst, beschlossen. Im Falle einer Absorptionsfusion wird der Verwaltungsrat der Generalversammlung die Genehmigung der Fusion sowie die Zustimmung der Aktionäre zur Auflösung der Gesellschaft ohne Liquidation beantragen.[139] Ein Verwaltungsratsmandat bei der übernommenen Gesellschaft endigt damit spätestens im Zeitpunkt der Rechtswirksamkeit der Fusion, d.h. mit dem Eintrag ins Handelsregister (Art. 22 FusG). Zu prüfen bleibt demnach nur noch der Fall eines Verwaltungsratsmandates bei der übernehmenden Gesellschaft und einer gleichzeitigen Arbeitnehmerstellung bei der übernommenen Gesellschaft.

b) **Verwaltungsrat der übernehmenden und Arbeitnehmer der übernommenen AG**

aa) *Entstehung einer Doppelstellung*

Beteiligt sich eine Gesellschaft (nachstehend A AG) massgeblich an einer anderen (nachstehend B AG), so wird gelegentlich einem Kadermitarbeiter der Beteiligungsgesellschaft B AG die Möglichkeit zum Einsitz in den Verwaltungsrat bei der beteiligenden Gesellschaft A AG gewährt, um den Informationsfluss zu optimieren. Fusionieren die beiden Gesellschaften später durch Auflösung der Beteiligungsgesellschaft B AG, so gehen gestützt auf Art. 27 Abs. 1 FusG i.V.m. Art. 333 Abs. 1 OR die Arbeitsverhältnisse aller Arbeitnehmer der Beteiligungsgesellschaft B AG zufolge Universalsukzession unverändert auf die Gesellschaft A AG über, welche die Beteiligung gehalten hat. Als Folge daraus resultiert für den Kadermit-

---

[138] BBl. 2000, 4337 ff.
[139] JERMINI, N 15 zu Art. 18 FusG.

arbeiter der übernommenen Gesellschaft B AG eine Doppelstellung als Verwaltungsrat und Arbeitnehmer bei der übernehmenden Gesellschaft A AG. Probleme ergeben sich bei dieser Fusion erst dann, wenn der Betroffene einziger Verwaltungsrat der übernehmenden Gesellschaft A AG ist und diese allenfalls auch noch wirtschaftlich beherrscht. Dieser Fall soll nachstehend näher untersucht werden.

bb) Alleiniger Verwaltungsrat der übernehmenden Gesellschaft

Zunächst ist festzuhalten, dass in solchen Fällen bei der Aushandlung des Fusionsvertrages gemäss Art. 12 f. FusG sowie der Erstellung des Fusionsberichtes gemäss Art. 14 FusG der einzige Verwaltungsrat insbesondere bezüglich Art. 14 Abs. 3 lit. i FusG (Begründung der Auswirkungen der Fusion auf die Arbeitnehmer) in eigener Sache handelt und nicht nur als der Gesellschaft verpflichtetes Organ. In diesem Punkt liegt mindestens potentiell die Gefahr einer Interessenkollision vor, welche vom Gesetzgeber in dieser Form wohl kaum gewollt war. Hier greift Art. 28 Abs. 3 FusG ein. Werden die Vorschriften über die Konsultation der Arbeitnehmervertretung nicht eingehalten, können die übrigen Arbeitnehmer den Eintrag der Fusion ins Handelsregister gerichtlich untersagen lassen. Der alleinige Verwaltungsrat der übernehmenden Gesellschaft wird diese gesetzliche Drohung bei seinen Interessen berücksichtigen müssen.

Die Fusion führt formell beim alleinigen Verwaltungsrat der übernehmenden Gesellschaft immer zu einer Doppelstellung, wenn er mit der übernommenen Gesellschaft noch vor der Fusion einen Arbeitsvertrag abgeschlossen hatte. Materiell beurteilt sich die Zulässigkeit dieser Doppelstellung zur Hauptsache nach dem Kriterium des Subordinationsverhältnisses bzw. der entsprechenden Weisungsgebundenheit. Wie bereits vorne[140] ausführlich dargelegt wurde, kann u.U. auch bei einem Einzelverwaltungsrat eine Doppelstellung zulässig sein, wobei nach Art der Arbeitstätigkeit zu differenzieren ist. Bei einer organunabhängigen Tätigkeit ist ein Subordinationsverhältnis nur möglich, wenn eine mehrstufige Organisationsstruktur vorhanden ist und der Arbeitnehmer nicht gleichzeitig die Gesellschaft wirtschaftlich beherrscht. Bei einer organabhängigen Tätigkeit ist grundsätzlich kein Subordinationsverhältnis möglich, ausgenommen im Konzern bei Delegation des Weisungsrechts gegenüber dem Arbeitnehmer von der Tochtergesellschaft an die Muttergesellschaft. Führt die Fusion zu einer Einmanngesellschaft, so ist demnach nur noch ein Arbeitsvertrag mit einer organunabhängigen Tätigkeit zulässig, sofern die Organisationsstruktur derart komplex ist, dass nicht nur formell, sondern auch materiell eine Subordination mit einer entsprechenden Weisungsgebundenheit besteht.

---

[140] Vgl. TEIL 3 § 6 II. 1. c) dd) auf S. 284 ff.

Sind die Voraussetzungen für einen Arbeitsvertrag und damit für eine rechtsgültige Doppelstellung des alleinigen Verwaltungsrats der übernehmenden Gesellschaft nicht gegeben, gelangt Art. 118 Abs. 1 OR zur Anwendung. Die Organstellung vermag das Zusammenfallen von Schuldner- und Gläubigerstellung nicht zu verhindern. Es kommt zu einer Konfusion als deren Folge das Arbeitsverhältnis untergeht. Der Betroffene kann ab dem Datum der Eintragung der Fusion im Handelsregister demnach keine Forderung mehr aus dem Arbeitsverhältnis geltend machen.

2. Konsequenzen der Doppelstellung bei einer Spaltung

Eine Doppelstellung als Verwaltungsrat und Arbeitnehmer kann auch aus einer Spaltung entstehen. Das neue Institut der Spaltung[141] ermöglicht Kapitalgesellschaften, ihr Vermögen oder Teile davon liquidationslos auf dem Wege der Gesamtrechtsnachfolge und unter Wahrung der mitgliedschaftlichen Kontinuität auf andere Kapitalgesellschaften zu übertragen.[142] Es werden zwei Formen der Spaltung unterschieden: die Aufspaltung[143] und die Abspaltung.[144] Wie bei der Fusion verweist Art. 49 Abs. 1 FusG für den Übergang der Arbeitsverhältnisse auf Art. 333 OR und statuiert damit einen unmittelbaren und unveränderten Übergang. Dabei wird im Falle einer Abspaltung ein Betriebsübergang vorausgesetzt.[145] Der Arbeitnehmer kann den Übergang des Arbeitsverhältnis nach Art. 333 Abs. 1 OR ablehnen.

Denkbar ist die Abspaltung eines Betriebsteiles an eine Gesellschaft, in deren Verwaltungsrat ein Arbeitnehmer dieses Betriebsteiles Einsitz hat, wodurch es zu einer Doppelstellung kommt Das Arbeitsverhältnis bleibt bestehen, sofern ein neues Subordinationsverhältnis bei der aufnehmenden Gesellschaft entsteht. Besteht deren Verwaltungsrat aus mehreren Mitgliedern, wird die Doppelstellung zulässig sein. Ist jedoch nur ein einziger Verwaltungsrat eingesetzt, so ist analog zu Fusion nach Art der Tätigkeit zu prüfen, ob die Voraussetzung der Subordination noch erfüllt ist. Bei einer organabhängigen Tätigkeit wird es i.d.R. zu einer Konfusion und damit zum Untergang des Arbeitsverhältnisses kommen.

---

[141] Art. 29–52 FusG.
[142] Spaltungen wurden bereits vor der Inkraftsetzung des neuen Fusionsgesetzes durchgeführt, allerdings auf einem indirekten zweistufigen Weg; vgl. dazu EPPER, N 1 zu Art. 29 FusG.
[143] Art. 29 lit. a FusG.
[144] Art. 29 lit. b FusG.
[145] EPPER, N 2 zu Art. 49 FusG.

§ 11 Versicherungsrechtliche Konsequenzen

I. Haftpflichtversicherung

1. Versicherungsmöglichkeiten

a) Überblick

Nicht nur Verwaltungsräte, sondern auch leitende Arbeitnehmer versuchen, ihr Haftungsrisiko als Organpersonen zu minimieren, entweder durch einen in der Praxis weit verbreiteten Mandatsvertrag mit Enthaftungsklausel[1] oder durch eine Haftpflichtversicherung.[2] Wie sich eine Doppelstellung als Verwaltungsrat und Arbeitnehmer auf diese Versicherungsmöglichkeiten auswirkt, soll im Folgenden näher untersucht werden. Dabei ist anzumerken, dass in der Versicherungsterminologie zwischen «geschäftsführenden Verwaltungsräten» und «nicht geschäftsführenden Verwaltungsräten» unterschieden wird.[3] Das Abgrenzungskriterium ist grundsätzlich die operative Tätigkeit in der Geschäftsleitung und nicht ein allfälliger Arbeitsvertrag zur Gesellschaft.[4] Als nicht geschäftsführende Tätigkeiten werden von den Versicherern anerkannt:[5]

– Mitglied eines mehrköpfigen Verwaltungsrates, das weder Präsident noch Delegierter ist, sofern ein Organisationsreglement besteht

– Präsident und als einziger Verwaltungsrat, sofern daneben ein separate Geschäftsleitung (Delegierter oder Direktor) vorhanden ist und ein Organisationsreglement existiert

– Verwaltungsrat einer Sitz- oder Domizilgesellschaft, sofern ein Mandatsvertrag mit Enthaftungsklausel vorhanden ist

Es ist deshalb möglich, dass ein nicht geschäftsführender Verwaltungsrat über eine Berufshaftpflichtversicherung gedeckt werden kann, obwohl er eine organunabhängige Arbeitstätigkeit auf unterer Stufe in der Gesellschaft ausübt. Im Nachstehenden soll unter einem geschäftsführenden Verwaltungsrat stets ein Verwal-

---

[1] Vgl. dazu das Muster bei MÜLLER/LIPP/PLÜSS, 447 ff.
[2] LUTERBACHER, 133.
[3] Vgl. LUTERBACHER, 136 f.
[4] HÜTTE, 1297, und SCHWEINGRUBER, Versicherung, 5.
[5] WINTERTHUR/ELVIA/VAUDOISE, 39.

tungsratsmitglied verstanden werden, welches als Arbeitnehmer der Gesellschaft eine organabhängige Tätigkeit ausübt.

b) Versicherungen für Verwaltungsräte

Nicht geschäftsführende Verwaltungsräte können sich im Rahmen eines Sonderrisikos über eine bestehende Berufshaftpflichtversicherung oder über eine separate Vermögensschadenhaftpflichtversicherung versichern lassen.[6] Geschäftsführende Verwaltungsräte haben dagegen die Möglichkeit einer Kollektivversicherung, mit der sämtliche Mitglieder des Verwaltungsrates versichert sind. In beiden Fällen ist zudem eine D&O-Versicherung[7] (Director's & Officer's Liability Insurance) möglich.[8] Diese bietet einen Versicherungsschutz für alle Mitglieder des Verwaltungsrats und der Geschäftsleitung, denen eine Organeigenschaft zukommt.[9] Ihr Abschluss erfolgt global für alle geschäftsführenden Personen einer Gesellschaft.[10]

Jeder dieser aufgezeigten Versicherungsverträge bietet unterschiedlichen Versicherungsschutz. Inhalt von Einzelhaftpflichtversicherungen für Verwaltungsräte oder Kollektivversicherungen für den Gesamtverwaltungsrat sind die Absicherung vor Schadenersatzansprüchen, die aufgrund schweizerischer gesetzlicher Haftpflichtbestimmungen von Dritten gegen den Versicherten erhoben werden. Bei einer Berufshaftpflichtversicherung[11] ist der Versicherungsschutz insofern erweitert, als dass auch Schadenersatzansprüche, welche aufgrund gesetzlicher Haftpflichtbestimmungen europäischer Staaten erhoben werden, versichert sind. Einen noch umfassenderen Versicherungsschutz bieten die D&O-Versicherungen, welche in Bezug auf die angerufenen Haftpflichtbestimmungen grundsätzlich welt-

---

[6] Vgl. HÜTTE, 1297 f.; LUTERBACHER, 153 ff.
[7] Vgl. LUTERBACHER, 159 ff.; Unterscheidungsmerkmale zur Berufshaftpflicht- und Betriebshaftpflicht, vgl. BANDLE, 309.
[8] Zur Entwicklung der D&O-Versicherungen in den USA und die Konsequenzen auf die einzelstaatlichen Gesetzesnovellen vgl. RUFFNER, 282 f.
[9] HÜTTE, 1300; Nach BÄRTSCHI, 39, existieren solche D&O-Versicherungen in der Schweiz noch nicht lange, während im angelsächsischem Raum ein solcher Versicherungsschutz seit ungefähr Mitte des 20. Jahrhunderts angeboten wird; zu den Anforderungen und Kriterien der Risikobeurteilen vgl. sowohl DIEZI, 82 f., sowie LUTERBACHER, 135 f. und HÜTTE, 1299.
[10] BÄRTSCHI, 39.
[11] Die Versicherung kann als Zusatz zu einer bestehenden Berufshaftpflichtversicherung abgeschlossen werden; damit können die Prämien tiefer gehalten werden als bei einer separaten Vermögensschadenversicherung. Anbieter solcher Versicherungen sind in der Schweiz derzeit vor allem die Winterthur-Versicherungen und die Zürich-Versicherungen. Für eine Übersicht über Versicherungsausschlüsse bzw. Deckungseinschränkung vgl. MÜLLER, unsorgfältige Führung, Rz. 17.66.

weite Deckung für Vermögensschäden gewähren (exkl. USA/Kanada).[12] Gedeckt werden Gerichts- und Verteidigungskosten sowie – im Unterschied zu den traditionellen Rechtsschutzversicherungen – der zu leistende Schadenersatz.[13] Der Versicherungsschutz umfasst dabei die Abwehr unbegründeter Ansprüche und die Entschädigung begründeter Ansprüche im Falle einer erwiesenen Verantwortlichkeit.[14] In keinem Fall werden öffentlich-rechtliche Ansprüche wie Bussen oder Steuerforderungen gedeckt; damit entfällt aber auch eine Deckung für Forderungen bezüglich nicht abgelieferter AHV-Prämien.[15]

Ein Versicherungsabschluss sollte bereits bei der Annahme eines Verwaltungsratsmandates überlegt werden, denn bei Eintritt eines allfälligen Haftpflichtfalls ist kein Versicherungsabschluss mehr möglich.[16] Eine Berufshaftpflichtversicherung mit entsprechendem Sonderrisiko ist dabei vom Verwaltungsrat in eigenem Namen und nicht in demjenigen der Gesellschaft abzuschliessen.[17] Geschäftsführenden Verwaltungsräten wird ein solcher Versicherungsschutz meistens nur gewährt, wenn in deren Mandatsvertrag eine spezielle Enthaftungsklausel vereinbart wurde.[18] Die aktive Geschäftsführung und die entsprechenden Risiken daraus können nicht bzw. nur über eine spezielle D&O-Versicherung abgesichert werden.[19] Dabei handelt es sich um eine Organhaftpflichtversicherung, welche von der Unternehmung abgeschlossen werden muss.[20] Von Organhaftpflichtversicherungen im eigentlichen Sinne wird nur gesprochen, wenn sämtliche Organe einer Unternehmung oder eines Konzerns versichert werden.[21]

Wird ein Verwaltungsratsmandat durch Rücktritt oder Abwahl beendet, so fallen grundsätzlich auch die Mandatsversicherung und der entsprechende Versicherungsschutz dahin. Gemäss dem «claims made-Prinzip», sind nur Ansprüche versichert,

---

[12] Vgl. LUTERBACHER, 136 f. und 141 f.; dennoch vertritt Diezi, 115, ohne Begründung die Meinung, der Nutzen einer D&O-Versicherung beschränke sich «auf den Schutz von durch schweizerische Muttergesellschaften in ausländische Töchter delegierte Personen und sodann auf den Rechtsschutz.
[13] BÄRTSCHI, 39.
[14] Vgl. MÜLLER, unsorgfältige Führung, Rz. 17.68; SCHWEINGRUBER, Versicherung, 35 ff.; BANDLE, 310; LUTERBACHER, 135.
[15] Vgl. MÜLLER, unsorgfältige Führung, Rz. 17.68; zur Problematik der faktischen Kausalhaftung nach Art. 52 AHVG vgl. hinten TEIL 4 § 11 II. 2. c) auf S. 375 ff.
[16] SCHWEINGRUBER, Versicherung, 35.
[17] Dabei ist zu beachten, dass für alle Mandate des Versicherten eine Prämie anfällt, ein sog. «cherry-picking» gibt es nicht, vgl. HÜTTE, 1299 f.
[18] Für ein Beispiel einer solchen Enthaftungsklausel vgl. MÜLLER, unsorgfältige Führung, Rz. 17.67.
[19] Vgl. MÜLLER, unsorgfältige Führung, Rz. 17.67; LUTERBACHER, 136.
[20] Darin könnte nach Auffassung von WALSH/THESING, 88, ein indirektes Darlehen an den betreffenden Verwaltungsrat erkannt werden, was nach Section 402 des Sarbanes-Oxley Act untersagt wäre.
[21] Vgl. SCHWEINGRUBER, Versicherung, 39.

die während der Dauer der Versicherung vom Geschädigten erhoben bzw. gestellt werden. Verantwortlichkeitsklagen, Steuer- oder Sozialversicherungsforderungen können jedoch noch nach mehreren Jahren erhoben werden.[22] Ist der Versicherungsschutz erloschen, muss der Verwaltungsrat persönlich für den Schaden aufkommen. Deshalb sollte unbedingt eine sogenannte Nachversicherung abgeschlossen werden. Diese garantiert, dass der Versicherungsschutz solange weiterläuft, bis allfällige Klagerechte verjährt bzw. verwirkt sind.[23] Bei der D&O-Versicherung sind die ehemaligen Organe nach Aufgabe ihrer Funktion weiterhin versichert, solange der Versicherungsvertrag bestehen bleibt.[24]

c) **Versicherungen für Arbeitnehmer**

Der Arbeitgeber muss grundsätzlich für Schäden, welche seine Arbeitnehmer in Ausübung ihrer Verrichtungen gegenüber Drittpersonen verursachen, einstehen. Viele Arbeitgeber schliessen deshalb eine Betriebs- und Berufshaftpflichtversicherung ab, welche die vom Arbeitnehmer verursachten Schäden mit einschliessen.[25] Gemäss der relativ zwingenden Bestimmung in Art. 321e OR haftet der Arbeitnehmer für unmittelbare und mittelbare Schäden, welche er dem Arbeitgeber zufügt.[26] Allgemein regelt dieser Artikel die vertragliche Haftpflicht des Arbeitnehmers gegenüber dem Arbeitgeber. Der Arbeitgeber kann sich dann gegenüber dem Arbeitnehmer alternativ auf vertragliche oder ausservertragliche Haftung berufen.[27] Für solche Regressansprüche des Arbeitgebers ist der Arbeitnehmer in der Regel nicht versichert.

Leitende Arbeitnehmer, insbesondere Direktoren, Geschäftsführer oder ähnliche Funktionsträger, welchen Organeigenschaft zukommt, sind sich meistens bewusst, dass sie nach Art. 754 Abs. 1 OR sowohl der Gesellschaft als auch den einzelnen Aktionären und Gesellschaftsgläubigern für jenen Schaden haften, den sie durch absichtliche oder fahrlässige Verletzung ihrer Pflichten verursachen. Vor allem in

---

[22] Vgl. MÜLLER, unsorgfältige Führung, Rz. 17.16 ff.; LUTERBACHER, 140; HÜTTE, 1302 f.
[23] Vgl. LUTERBACHER, 142 ff.; MÜLLER, unsorgfältige Führung, Rz. 17.70; HÜTTE, 1303, mit Hinweis auf besondere Regelungen für die Nachversicherung. Zu bemerken ist dazu, dass nach der Tarifanpassung im Jahre 1990 die Nachversicherung automatisch und ohne Mehrprämie versprochen wird, allerdings nur bei Aufgabe der Praxis oder bei Tod des Versicherungsnehmers.
[24] LUTERBACHER, 144; Vgl. BANDLE, 313.
[25] Vgl. ROBERTO, Haftung, 91 ff.
[26] Vgl. BRÜHWILER, 87 ff.; ROBERTO, Haftung, 94 f.; Zur Kritik an diesem Artikel vgl. REHBINDER, Berner Kommentar, N 1 zu Art. 321e OR.
[27] Vgl. BRÜHWILER, 87; Nach STREIFF, 797, spielt für die Beurteilung der Haftung der Arbeitnehmer für Schäden nicht bloss Art. 321e OR eine Rolle, sondern auch die Normen im allgemeinen Teil des OR, vor allem Art. 97 ff. OR und Art. 41 ff. OR.

grösseren Gesellschaften beantragen deshalb leitende Arbeitnehmer den Abschluss einer D&O-Versicherung. Diesem Antrag wird vom Verwaltungsrat i.d.R. dann stattgegeben, wenn auch die Mitglieder des Verwaltungsrats ein eigenes Interesse an einer derartigen Versicherung haben.

Mit dem Inkrafttreten des ATSG am 1. Januar 2003 wurde das Haftungsprivileg des Arbeitgebers ausser Kraft gesetzt und nur noch das Regressprivileg im Verhältnis zu den Sozialversicherungsträgern stehen gelassen. Damit kann ein verunfallter Arbeitnehmer von jenem Arbeitskollegen, welcher den Unfall zufolge leichter Fahrlässigkeit verursacht hat, Schadenersatz für jenen Teil verlangen, welcher nicht von der Sozialversicherung gedeckt wird. Die Versicherungsproblematik betrifft deshalb auch Arbeitnehmer ohne leitende Stellung. Beim Abschluss einer Betriebshaftpflichtversicherung sollte der Arbeitgeber darauf achten, dass auch Regressansprüche gegen Arbeitnehmer ohne leitende Stellung in die Deckung einbezogen werden.[28]

d) **Versicherungen für Verwaltungsräte als Arbeitnehmer**

Die normale Betriebshaftpflichtversicherung deckt den Ersatz von Schäden am Vermögen der Gesellschaft nicht, da sie auf die Haftung der Unternehmung für Personen- und Sachschäden Dritter ausgerichtet ist.[29] Im Gegensatz dazu steht die Berufshaftpflichtversicherung für Anwälte, Treuhänder, Steuerberater, etc.; sie bietet die Möglichkeit, die Haftpflicht für Vermögensschäden in einem gewissen Rahmen abzudecken.[30] Wünscht der Verwaltungsrat, sich gegen die aktienrechtliche Organhaftpflicht abzusichern, bedarf es zusätzlich zur Berufshaftpflichtversicherung noch einer als Sonderrisiko separat zu versichernden Deckung. Diesen Versicherungsschutz kann jedoch nur ein Verwaltungsrat mit entsprechenden beruflichen Qualifikationen erwerben. Die Zugehörigkeit zu einem anerkannten Berufsverband und ein ungetrübter Leumund werden dafür in der Regel vorausgesetzt.

Hat ein Verwaltungsrat als Arbeitnehmer organunabhängige Tätigkeiten zu verrichten, so besteht die Gefahr, dass er bei einem von ihm fahrlässig verursachten Unfall schadenersatzpflichtig gegenüber dem Unfallopfer wird und zwar in jenem Umfange, in dem der Schaden nicht durch die Sozialversicherung gedeckt ist. Wie vorstehend bereits ausgeführt wurde, empfiehlt sich für solche Fälle eine Betriebshaftpflichtversicherung, welche auch Arbeitnehmer ohne leitende Funktion deckt.

---

[28] KAHIL-WOLFF, 305.
[29] Vgl. BANDLE, 310.
[30] Vgl. HÜTTE, 1297.

Damit es bei einem Versicherungsfall nicht zu Streitigkeiten über den Umfang der Deckung kommt, sollte ausdrücklich geregelt werden, dass von der Versicherungsdeckung auch die Verwaltungsräte mit einer Doppelstellung als Arbeitnehmer erfasst sind.

Die Erledigung von Versicherungsangelegenheiten und damit auch die Kompetenz zum Abschluss von Versicherungen werden im Funktionendiagramm üblicherweise dem Verwaltungsrat zur Entscheidung zugewiesen.[31] Diese Zuweisung ist sinnvoll, da der Verwaltungsrat bei fehlender oder ungenügender Versicherungsdeckung im Schadensfall allenfalls wegen unterlassener Oberaufsicht zur Verantwortung gezogen werden kann. Solange kein Mitglied des Verwaltungsrates in einem Arbeitsverhältnis zur Gesellschaft steht, ist der Anreiz für den Verwaltungsrat zum Abschluss einer Versicherung zugunsten leitender Arbeitnehmer mit Organeigenschaft eher gering. Besteht jedoch mindestens bei einem VR-Mitglied eine Doppelstellung als Verwaltungsrat und Arbeitnehmer, so wird früher oder später der Vorschlag kommen, eine D&O-Versicherung abzuschliessen mit entsprechender Kostenübernahme durch die Gesellschaft. Damit besteht aber die Gefahr, dass die mit den Sorgfalts- und Treuepflichten verbundenen präventiven Anreizwirkungen verändert werden.[32] Erstaunlicherweise wird dieser Punkt weder an den Generalversammlungen noch in den Medien aufgegriffen. Auch in den Empfehlungen des Swiss Code of Best Practice for Corporate Governance finden sich keine Angaben zur Offenlegung von D&O-Versicherungen. Dabei könnte die Übernahme von entsprechenden Prämien (vor allem wenn auch noch ein Selbstbehalt abgesichert wird) durchaus als Sachleistung aufgefasst werden, welche nach dem Marktwert zum Zeitpunkt der Zuteilung gegenüber den Aktionären angegeben werden müsste.[33]

2. Versicherungsregress

Schliesslich ist im Zusammenhang mit der Haftpflichtversicherung zu prüfen, ob eine Doppelstellung als Verwaltungsrat und Arbeitnehmer allenfalls Konsequenzen bezüglich der Deckung durch die Betriebshaftpflichtversicherung im Falle von Regressansprüchen Dritter haben kann. In den Allgemeinen Versicherungsbe-

---

[31] Vgl. das Funktionendiagramm bei MÜLLER/LIPP/PLÜSS, 513.
[32] RUFFNER, 639, mit der resultierenden normativen Forderung, die Versicherbarkeit von Haftungsrisiken der Organmitglieder als integralen Baustein eines Haftungsrechts der Organmitglieder zu betrachten.
[33] Vgl. Ziff. 5.2.1 der SWX-Richtlinie betreffend Informationen zur Corporate Governance.

dingungen von Betriebshaftpflichtversicherungen werden regelmässig Regress- und Ausgleichsansprüche gegenüber den Arbeitnehmern und den übrigen Hilfspersonen des Versicherungsnehmers ausgeschlossen. Die entsprechenden AVB lauten i.d.R. wie folgt:

«Versichert ist die Haftpflicht [...]
- des Versicherungsnehmers als Betriebsinhaber [...]
- des Vertreters des Versicherungsnehmers sowie der mit der Leitung oder Beaufsichtigung des Betriebes betrauten Personen [...]
- der Arbeitnehmer und übrigen Hilfspersonen des Versicherungsnehmers aus ihren Verrichtungen für den versicherten Betrieb und aus ihrer Tätigkeit im Zusammenhang mit den versicherten Grundstücken, Gebäuden, Räumlichkeiten und Anlagen. Nicht versichert sind Regress- und Ausgleichsansprüche Dritter für Leistungen, die sie den Geschädigten ausgerichtet haben.»

In der Betriebshaftpflichtversicherung wird demnach ein klarer Unterschied gemacht zwischen den Regressansprüchen gegenüber den Arbeitnehmern und denjenigen gegenüber den mit der Leitung oder Beaufsichtigung des Betriebes betrauten Personen. Zweifellos gehören die Mitglieder des Verwaltungsrats zur zweiten Personenkategorie. Eine derartige Einschränkung der Regressdeckung gegenüber den Arbeitnehmern wird als zulässig erachtet: «Da die Versicherung der persönlichen Haftpflicht jener Arbeitnehmer, die nicht zu den Repräsentanten bzw. den mit der Leitung oder Beaufsichtigung des Betriebes betrauten Personen gehören, fakultativ ist, darf sie eingeschränkt werden. Die AVB tun dies insofern, als sie Regress- und Ausgleichsansprüche ausschliessen, die Dritten (meist andere Versicherer) gegen einen (im Übrigen versicherten) Arbeitnehmer zustehen, wenn diese Leistungen an einen Geschädigten erbracht haben... Es besteht gegenüber einem solchen Regress kein Anlass zur Gewährung von Versicherungsschutz, weil der Schaden gedeckt ist und der (Sach-) Versicherer aus sozialen Gründen nicht auf den Arbeitnehmer zurückgreifen wird, wenn dieser keine Versicherungsdeckung beanspruchen kann.»[34]

Wird ein Arbeitnehmer in den Verwaltungsrat gewählt, so gehört er aus versicherungsrechtlicher Sicht klar zu jenen Personen, welche mit der Leitung des Betriebes betraut sind. Folglich sind Regressansprüche anderer Versicherer gegen diesen Arbeitnehmer und Verwaltungsrat grundsätzlich von der Betriebshaftpflichtversicherung zu decken. Durch die Doppelstellung des Arbeitnehmers verschlechtert sich demnach die Stellung des Betriebshaftpflichtversicherers, während jene des

---

[34] MÜLLER O., Haftpflichtversicherung, 99; vgl. GROSS, 56 f.

Arbeitnehmers letztlich verbessert wird. Ein fiktives Beispiel soll diese Konsequenz verdeutlichen:[35]

> Ein Handwerker, zugleich Mitglied des paritätischen Verwaltungsrats der Rohr AG, verursacht durch fehlerhafte Montage einer Rückstauklappe in der Abwasserkanalisation eine Überschwemmung im Lagerraum der Spedition AG. Die Wasserversicherung der Spedition AG deckt den entstandenen Schaden und übernimmt (zufolge Subrogation gemäss Art. 72 Abs. 1 VVG) die Ansprüche der Spedition AG gegenüber dem Handwerker und der Rohr AG. Der Wasserversicherer möchte diese Ansprüche nun Regressweise geltend machen, wobei gemäss Art. 51 Abs. 2 OR primär gegen den Handwerker und sekundär gegen die Rohr AG vorgegangen werden müsste. Die Wasserversicherung verzichtet üblicherweise auf Regressansprüche gegenüber Handwerkern. Einerseits sind die branchenüblichen Deckungsausschlüsse bei Regressansprüchen gegenüber Arbeitnehmern bekannt und andererseits besteht im Prozessfall die Gefahr einer Reduktion der Ersatzpflicht gemäss Art. 44 Abs. 2 OR. Dem Wasserversicherer ist aufgrund eines eingeholten Handelsregisterauszuges bekannt, dass der Schadensverursachende Handwerker Einsitz im paritätisch zusammengesetzten Verwaltungsrat der Rohr AG hat, weshalb der Regressausschluss gemäss AVB nicht zur Anwendung gelangt. Deshalb wird der Wasserversicherer gegenüber der Spedition AG die Regressansprüche geltend machen. Die Betriebshaftpflichtversicherung der Rohr AG wird diese Regressforderung decken müssen, da kein Deckungsausschluss gemäss AVB geltend gemacht werden kann.

---

[35] In Anlehnung an das Beispiel von MÜLLER O., Haftpflichtversicherung, 99, wobei dort nicht von einer Doppelstellung ausgegangen wird.

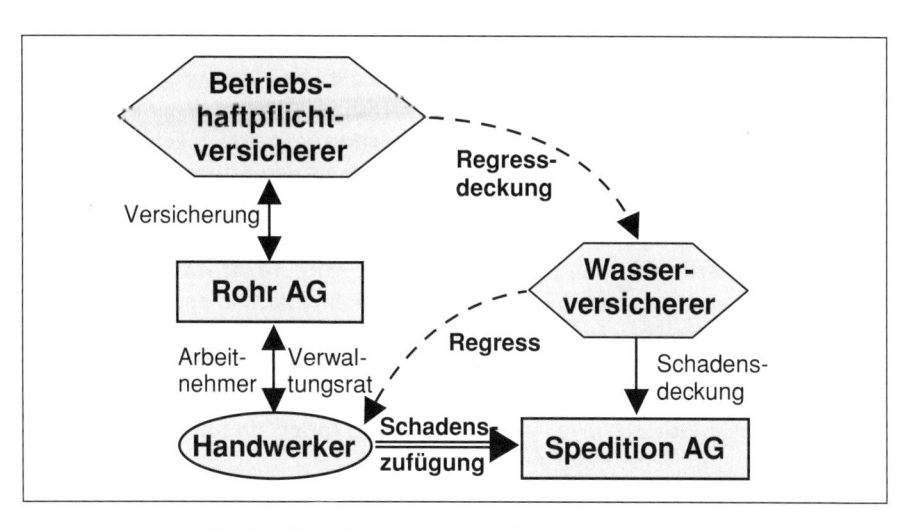

Abbildung 27: Versicherungsregress bei einer Doppelstellung des Arbeitnehmers

```
        Betriebs-
        haftpflicht-  - - - -
        versicherer        Regress- ⟍
                           deckung     ⟍
   Versicherung ↑                       ⟍
                                         ▼
        Rohr AG                      Wasser-
                                    versicherer
   Arbeit-  ↑ Verwal-   - - Regress
   nehmer  ↓ tungsrat                Schadens-
                                     deckung
                     Schadens-          ▼
    Handwerker ═════════▶ Spedition AG
                     zufügung
```

Quelle: Eigene Darstellung eines fiktiven Regressfalles

Bei diesem Fall stellt sich die Frage, warum der Wasserversicherer nicht direkt Regress auf die Rohr AG nimmt. Ergänzend ist deshalb anzumerken, dass auf Grund der Regresskaskade von Art. 51 Abs. 2 OR und der Rechtsprechung zu Art. 72 VVG[36] dem Sachversicherer nur bei Grobfahrlässigkeit ein direkter Regressanspruch gegenüber dem Betrieb des Arbeitnehmers zusteht. Der Sachversicherer erreicht durch Bezahlung des Schadens nur die mittlere Regressstufe, also die Stufe eines Vertragshaftenden. Danach ist ein Regress gegen den Betrieb des Arbeitnehmers gestützt auf Art. 368 OR i.V.m. Art. 101 OR nur dann möglich, wenn der Arbeitnehmer grobfahrlässig gehandelt hat. Der im Beispielfall angeführte Fehler bei der Montage einer Rückstauklappe wird wohl kaum als Grobfahrlässigkeit qualifiziert werden können, weshalb ein direkter Regress des Wasserversicherers auf die Rohr AG erfolglos bleiben würde. Folglich bleibt nur der Regress auf den Handwerker selbst; dieses Vorgehen ist angesichts der beschränkten finanziellen Mittel von jungen Handwerkern nur dann erfolgreich, wenn eine Betriebshaftpflichtversicherung den Schaden deckt. Dies ist wiederum nur dann der Fall, wenn

---

[36] BGE 80 II 247; in diesem für die Versicherungsbranche klassischen Fall «Gini/Durlemann» wurden die Regressansprüche des Sachversicherers gegenüber Jèrôme Gini als Arbeitgeber des Schadensverursachenden Malers Francis Durlemann abgewiesen mit der Begründung, der Arbeitnehmer habe keine Grobfahrlässigkeit begangen.

der Handwerker eine leitende Stellung innehat, was mit dem Einsitz im Verwaltungsrat gegeben ist.

Zusammenfassend kann festgestellt werden, dass eine Doppelstellung als Verwaltungsrat und Arbeitnehmer bedeutende Konsequenzen bei Regressansprüchen von Drittversicherungen haben kann. Der bei Betriebshaftpflichtversicherungen branchenübliche Deckungsausschluss für Regressansprüche Dritter gegenüber Arbeitnehmer wird in der Regel durch eine Doppelstellung als Verwaltungsrat und Arbeitnehmer aufgehoben. Bei Regressansprüchen aufgrund von leichter Fahrlässigkeit wird deshalb der Betriebshaftpflichtversicherer schlechter gestellt, wenn der Schadensverursachende Arbeitnehmer gleichzeitig Mitglied im Verwaltungsrat der versicherten Gesellschaft ist. Die Betriebshaftpflichtversicherungen werden deshalb bei ihrer Prämienfestsetzung u.a. berücksichtigen müssen, ob der Verwaltungsrat des Versicherungsnehmers paritätisch zusammengesetzt ist. Umgekehrt werden die Sachversicherer bei der Prüfung von möglichen Regressansprüchen gegen Schadensverursachende Arbeitnehmer mit Vorteil prüfen, ob diese keine Doppelstellung als Verwaltungsrat haben.

II. Sozialversicherung

1. Konsequenzen einer selbständigen und einer unselbständigen Erwerbstätigkeit

a) Unterschiedlicher Versicherungsschutz

Die Auseinandersetzung mit der Judikatur zur Zulässigkeit einer Doppelstellung als Verwaltungsrat und Arbeitnehmer hat gezeigt,[37] dass der Qualifikation als selbständiger Verwaltungsrat oder als unselbständiger Arbeitnehmer eine weitreichende Bedeutung in der Sozialversicherung zukommt.[38] Je nach Versicherungsrisiko wird den Selbständigerwerbenden ein Teil der Sozialversicherung verwehrt oder zumindest nur auf freiwilliger Basis ermöglicht. Im Zusammenhang mit den Konsequenzen einer Doppelstellung als Verwaltungsrat und Arbeitnehmer ist deshalb zu prüfen, welche Unterschiede im sozialen Versicherungsschutz aus der besonderen Rechtsstellung resultieren. Dabei wird festzustellen sein, dass ein Verwaltungsrat

---

[37] Vorne unter TEIL 3 § 7 II. auf S. 211 ff.
[38] Gl.M. WIDMER, 254, mit ausführlichem Hinweis auf den fehlenden Versicherungsschutz, aber ohne Verweis auf die Judikatur.

nach dem AHV-Beitragsstatut[39] zwar u.U. durchaus als Arbeitnehmer gilt, aber dennoch keine Ansprüche bezüglich Arbeitslosenversicherung und Insolvenzentschädigung durchsetzen kann. Die Konsequenzen einer Doppelstellung als Verwaltungsrat und Arbeitnehmer sind deshalb bei der Sozialversicherung besonders gravierend und bedürfen einer eingehenden Überprüfung.

b) Beurteilung und Bindungswirkung

Leider stimmen die Beurteilungskriterien bezüglich der Qualifikation als Selbständigerwerbender bzw. als Unselbständigerwerbender im Zivilrecht, im Sozialversicherungsrecht und im Steuerrecht nicht überein. Zuständig für die Beurteilung sind im Sozialversicherungsbereich die Ausgleichskassen und in bestimmten Erwerbszweigen die SUVA. Deren Entscheid ist für die übrigen Sozialversicherungen verbindlich.[40] Nach dem entsprechenden Merkblatt der AHV/IV[41] gilt als unselbständigerwerbend, wer von einem Arbeitgeber angestellt ist und Lohn bezieht. Dagegen gelten als Selbständigerwerbende im Sinne der AHV natürliche Personen, die in eigenem Namen, auf eigenes unternehmerisches Risiko, unter Einsatz erheblicher Eigenmittel, eine Erwerbstätigkeit ausüben.[42] Massgebend für die Beurteilung der Ausgleichskasse sind die wirtschaftlichen Verhältnisse und nicht die vertraglichen.

c) Qualifikation der Verwaltungsratstätigkeit

Nach Art. 7 lit. h AHVV gelten die festen Entschädigungen und Sitzungsgelder eines Verwaltungsrats aus seiner Tätigkeit als unselbständiger Erwerb.[43] Damit ist aber noch nicht festgelegt, dass ein Verwaltungsrat in jedem Falle als Unselbständigerwerbender im Sinne des Sozialversicherungsrechtes gilt. Vielmehr ist im Einzelfall seine besondere Stellung zu eruieren und zu beurteilen. Nach dem bereits erwähnten Merkblatt Nr. 2.02/d der Informationsstelle AHV/IV sind verschiedene Kriterien für die Beurteilung massgebend.

– *Auftritt nach aussen mit eigenem Firmennamen*: Dazu gehört z.B. ein entsprechender Eintrag im Handelsregister oder im Telefonbuch, eigenes Brief- und

---

[39] Gemäss Entscheid des EVG vom 22.9.1978 (ARV 1978/25) ist das AHV-Beitragsstatut für die Qualifikation als Unselbständigerwerbender oder als Selbständigerwerbender massgebend.
[40] WIDMER, 255 f.
[41] Merkblatt Nr. 2.02/d der Informationsstelle AHV/IV: Beiträge der Selbständigerwerbenden an die AHV, die IV und die EO, Stand 1.1.2001.
[42] Vgl. BOLLIER, 93, mit dem Zusatz, dass Selbständigerwerbende nach konstanter Rechtsprechung des Eidg. Versicherungsgerichts berechtigt sind, betriebliche Anordnungen zu treffen.
[43] Ausdrücklich bestätigt in BGE 95 I 21 Erw. 5. b).

Werbematerial, eine Bewilligung zur Berufsausübung, Rechnungsstellung in eigenem Namen und gegebenenfalls eine eigene MWST-Abrechnung. Diese formellen Anforderungen werden bereits in den meisten Fällen eine selbständige Erwerbstätigkeit des betroffenen Verwaltungsrats ausschliessen.

- *Tragung des eigenen wirtschaftlichen Risikos:* Die betroffen Personen tätigen beispielsweise Investitionen mit langfristigem Charakter, kommen für ihre Betriebsmittel selbst auf und zahlen die Miete für die Arbeitsräume selbst. Zudem sind sie frei in der Auswahl der Arbeiten. Grundsätzlich trägt die Aktiengesellschaft das wirtschaftliche Risiko und nicht der Verwaltungsrat; nur wenn der Verwaltungsrat gleichzeitig Hauptaktionär wäre, könnte diese Voraussetzung allenfalls erfüllt werden.

- *Freie Wahl der Betriebsorganisation:* Die betroffenen Personen bestimmen selbst ihre Präsenzzeit, die Organisation ihrer Arbeit und ob sie Arbeiten an Dritte weitergeben. In der Regel üben sie ihre Arbeit in Räumen ausserhalb ihrer Wohnung aus. Diese Voraussetzungen können von einem Verwaltungsrat i.d.R. ohne weiteres erfüllt werden.

- *Tätigkeit für mehrere Auftraggeber:* Insbesondere bei Rechtsanwälten und Treuhändern, welche zur Hauptsache eine Tätigkeit als «professioneller Verwaltungsrat» ausüben und mehrere Verwaltungsratsmandate innehaben, kann diese Voraussetzung als erfüllt betrachtet werden. Wird nur ein einziges Verwaltungsratsmandat ausgeübt, so kann wohl nicht von einer selbständigen Erwerbstätigkeit ausgegangen werden, denn die Tätigkeit für lediglich einen Auftraggeber gilt im Normalfall für die Ausgleichskassen als unselbständige Erwerbstätigkeit.

- *Beschäftigung anderer Personen:* Als selbständigerwerbend gilt auch, wer andere Personen beschäftigt. Unterhält der betroffene Verwaltungsrat zur Unterstützung seiner Tätigkeit ein Büro mit eigenen Arbeitnehmern, so muss auch diese Voraussetzung als erfüllt gelten.

Zusammenfassend ist zu diesem Punkt festzustellen, dass die Tätigkeit als Verwaltungsrat aus sozialversicherungsrechtlicher Sicht i.d.R. eine unselbständige Tätigkeit darstellt. Nur wenn der Verwaltungsrat über seine Tätigkeit individuell nach Aufwand abrechnet und auch die übrigen Voraussetzungen gemäss AHV-Merkblatt erfüllt, kann er allenfalls eine selbständige Erwerbstätigkeit geltend machen. Ein solcher Fall wäre beispielsweise gegeben, wenn ein Rechtsanwalt als Berater in einem Verwaltungsrat Einsitz nimmt. Für seine Tätigkeit bezieht er kein VR-Honorar, sondern verrechnet seinen zeitlichen Aufwand nach Stundenhonorar als selbständiger Rechtsanwalt (ev. über seine Kanzlei) der Gesellschaft. Im Zweifelsfall wird die Ausgleichskasse jedoch von einer unselbständigen Erwerbstätigkeit ausgehen. Bei einer Doppelstellung als Verwaltungsrat und Arbeitnehmer ist die

Meldung der unselbständigen Erwerbstätigkeit an die zuständige Ausgleichskasse schon auf Grund des Arbeitsvertrages zwingend erforderlich.

2. Alters- und Hinterlassenenversicherung

a) Personeller Geltungsbereich

Bei der Alters- und Hinterlassenenversicherung stellt sich im Zusammenhang mit einer Doppelstellung als Verwaltungsrat und Arbeitnehmer vorab die Frage nach dem personellen Geltungsbereich. Gemäss Art. 1 AHVG sind Verwaltungsräte und Arbeitnehmer gleichermassen der Versicherung unterstellt, sofern für ihre Tätigkeit von der Gesellschaft eine Entschädigung ausgerichtet wird und damit eine Erwerbstätigkeit vorliegt. Übt ein Verwaltungsrat sein Mandat ohne Entschädigung aus, so ist er nur dann nach dem AHVG versichert, wenn er seinen Wohnsitz in der Schweiz hat.

b) Materieller Geltungsbereich

Wie bereits festgestellt wurde,[44] kann ein Verwaltungsrat nur in Ausnahmefällen die zuständige Ausgleichskasse davon überzeugen, dass seine Mandatsausübung einer selbständigen Erwerbstätigkeit entspreche.

Mit BGE 103 V 1 ff. stellte das Eidg. Versicherungsgericht klar, dass Leistungen an mitarbeitende Verwaltungsräte und Hauptaktionäre auch dann als arbeitsrechtliche Gratifikationen der sozialversicherungsrechtlichen Abgabepflicht unterstellt werden müssen, wenn die Zahlungen von der Gesellschaft als Tantiemen bezeichnet werden. Massgebend ist in erster Linie, ob der VR eine entsprechende Gegenleistung in Form von Arbeit erbracht hat oder nicht. Sofern keine Gegenleistung vorhanden sei, müsse die Entschädigung als verdeckte Gewinnausschüttung qualifiziert und somit als Kapitalertrag von der Gesellschaft versteuert werden.

c) Umfang der Verantwortlichkeit

Nach Art. 52 AHVG hat ein Arbeitgeber der Ausgleichskasse jenen Schaden zu ersetzen, den er durch absichtliche oder grobfahrlässige Missachtung von Vorschriften verursacht.[45] Überdies wird der Arbeitgeber nach Art. 87 AHVG mit Ge-

---

[44] Vgl. vorne TEIL 4 § 11 II. 1. c) auf S. 375 ff.
[45] Art. 52 AHVG hat sich als die im gesamten Verantwortlichkeitsrecht überhaupt praktisch bedeutsamste Bestimmung herauskristallisiert (NUSSBAUMER, 1071); bereits 1987 stellte COMETTA,

fängnis bis zu sechs Monaten oder mit Busse bis zu 30'000 Franken bestraft, wenn er u.a. einem Arbeitnehmer Beiträge vom Lohn abzieht, sie indessen dem vorgesehenen Zwecke entfremdet. Art. 12 Abs. 1 AHVG definiert den Begriff des Arbeitgebers wie folgt: «Wer obligatorisch versicherten Personen Arbeitsentgelte gemäss Art. 5 Abs. 2 AHVG ausrichtet». Tatsächlich richtet weder der Verwaltungsrat noch die Geschäftsführung Arbeitsentgelte aus, sondern nur die Gesellschaft selbst. Es könnte demnach geltend gemacht werden, die Gesellschaftsorgane würden nicht vom Begriff des Arbeitgebers gemäss Definition im AHVG erfasst.[46] Im Jahre 1970 dehnte das Eidg. Versicherungsgericht mit BGE 96 V 124 die Haftung nach Art. 52 AHVG auf die Organe aus.[47] Zur Begründung wird in den Erwägungen auf die allgemeinen Rechtsgrundsätze im Privatrecht bezüglich der Organhaftung einer juristischen Person verwiesen (Art. 55 Abs. 3 ZGB und Art. 754 OR).[48] Dieser Umweg wäre m.E. nicht notwendig gewesen, denn Art. 89 AHVG legt fest, dass die Strafbestimmung von Art. 87 AHVG auch auf Personen Anwendung findet, welche für sie gehandelt haben oder hätten handeln sollen, jedoch in der Regel unter solidarischer Haftung der juristischen Person. Damit ist klargestellt, dass nicht nur die Gesellschaft, sondern auch deren Organe als Arbeitgeber im Sinne des AHVG zu verstehen sind. Folglich haben sowohl die Mitglieder des Verwaltungsrats (unabhängig von einer operativen Tätigkeit), als auch die entsprechend verantwortlichen Mitglieder der Geschäftsleitung unter Strafandrohung dafür zu sorgen haben, dass die Sozialversicherungsprämien ordnungsgemäss abgezogen, verbucht und soweit fällig auch tatsächlich der Ausgleichskasse überwiesen werden.[49] In BGE 129 V 11 wird festgehalten, dass sich weder aus der bundes-

---

244, in seiner Funktion als Richter am Obergericht des Kantons Tessin fest, dass diese Bestimmung im AHVG für den Verwaltungsrat eine grössere Gefahr darstelle als die aktienrechtliche Bestimmung zur Verantwortlichkeit; vgl. dazu auch den Entscheid des Verwaltungsgerichts des Kantons Luzern vom 20.4.2001 i.S. Ausgleichskasse Luzern gegen X (publiziert in LGVE 2001 II 270 ff.) bzw. den nicht publizierten Entscheid des Eidg. Versicherungsgerichtes H 200/01 vom 13.11.2001 i.S. X gegen Ausgleichskasse Luzern und Verwaltungsgericht des Kantons Luzern (teilweise in Pra. 91 (2002) 454 ff.).

[46] Ebenso NUSSBAUMER, 1072, mit dem Hinweis, dass auch in den Materialien keine Anhaltspunkte dafür zu finden seien, dass der Gesetzgeber subsidiär die Haftung der Arbeitgeberorgane im Auge gehabt habe.

[47] Die in der Lehre erhobene Kritik gegen diesen Entscheid wurde in BGE 114 V 219 widerlegt.

[48] Vgl. auch LGVE 2001 II 270 Erw. 3. b) aa) und cc); das EVG nimmt in seinem nicht publizierten Entscheid H 200/01 vom 13.11.01 unter Erw. 3. c. (vgl. Pra. 91 (2002) 454) Bezug auf seine früheren Entscheide, in denen es eine Haftung der Organe bei einer GmbH (BGE 126 V 237) und bei einer Stiftung (nicht publizierter Entscheid H 14/01 vom 30.7.2001) bejaht hat.

[49] NUSSBAUMER, 1080, stellt deshalb treffend fest: «Die Schadenersatzpflicht nach Art. 52 AHVG hat sich damit im Laufe der Zeit bei dürftiger rechtlicher Ausgangslage von der ursprünglichen Arbeitgeberhaftung aus Verschulden sozusagen zur Kausalhaftung des Verwaltungsrates mit Exkulpationsmöglichkeit entwickelt.» Der unveröffentlichte Entscheid H 210/99 vom 5.10.2000 zeigt eindrücklich, wie mühsam es selbst für einen zurückgetretenen Verwaltungsrat ist, sich dieser Haftung zu entziehen.

rätlichen Botschaft zur 11. AHV-Revision noch aus den Materialien zum ATSG Anhaltspunkte für ein Abweichen von der feststehenden Praxis zu Art. 52 AHVG ergeben.[50] Eine Doppelstellung als Verwaltungsrat und Arbeitnehmer ändert grundsätzlich nichts an dieser Organhaftung. Zu prüfen ist jedoch, ob eine rechtsgültige Pflichtendelegation und eine damit verbundene Doppelstellung im Hinblick auf die differenzierte Solidarität gemäss Art. 759 Abs. 1 OR Auswirkungen zeigt.

Wird die Geschäftsführung einem VR-Delegierten übertragen, so stellt sich im Hinblick auf Art. 52 AHVG die Frage, wann die übrigen Verwaltungsräte und insbesondere der Verwaltungsratspräsident in diesem Falle noch der subsidiären Organhaftung als Arbeitgeber unterliegen. Das Bundesgericht hat in BGE 114 V 219 ff. klargestellt, dass der nicht geschäftsführende Verwaltungsrat nicht verpflichtet sei, jedes einzelne Geschäft des VR-Delegierten zu überwachen, sondern sich auf die Überprüfung der Geschäftsleitung und des Geschäftsganges beschränken könne. Doch dazu gehört, dass er Finanzrapporte verlangt, diese sorgfältig studiert und nötigenfalls ergänzende Auskünfte einholt.[51] Die blosse Doppelstellung des VR-Delegierten als Verwaltungsrat und Geschäftsführer im Arbeitsverhältnis vermag die übrigen Verwaltungsräte daher bezüglich Art. 52 AHVG noch nicht zu entlasten.[52] Befindet sich die Gesellschaft in einer schwierigen wirtschaftlichen Situation, so hat nicht nur der Delegierte des Verwaltungsrats, sondern auch jedes andere VR-Mitglied die Abrechnungen und Zahlungen im Zusammenhang mit den Sozialversicherungen ständig zu überwachen.[53]

Eine Delegation der Geschäftsführung vermag den Verwaltungsrat bezüglich Art. 52 AHVG nicht zu entlasten.[54] Umgekehrt stellt sich aber im Hinblick auf Art. 759 Abs. 1 OR die Frage, ob ein Verwaltungsrat im Arbeitsverhältnis nicht einer verschärften Haftung unterliege. Grundsätzlich könnte geltend gemacht werden, durch

---

[50] In Erw. 3.4 dieses Entscheides verweist das BGer. deshalb auf die Empfehlung von MÜLLER/LIPP, 231 (in der aktuellen 2. Aufl. von MÜLLER/LIPP/PLÜSS wäre es S. 243) an die verantwortlichen Organe einer AG, insbesondere in schlechten Zeiten darauf bedacht zu sein, ausstehende Sozialabgaben jederzeit zu entrichten.
[51] Im unveröffentlichten Entscheid H 337/00 vom 7.6.2001 hielt das Bundesgericht in einem obiter dictum fest, dass sich die gegenseitige Überwachungspflicht unter den Verwaltungsratsmitgliedern auch bei verwaltungsratsinterner Aufteilung der Geschäftsführungs- und Vertretungsbefugnisse nicht auf die Kontrolle der jährlichen Rechnungsablage beschränken dürfe; vgl. auch BÜRGI/VON DER CRONE, 352, m.w.H.
[52] Eine sorgfältige Zusammenstellung der Kernsätze aus der Rechtsprechung des Eidg. Versicherungsgerichtes findet sich bei NUSSBAUMER, 1078.
[53] Ebenso NUSSBAUMER, 1079.
[54] Das EVG hielt im unveröffentlichten Entscheid H 200/01 vom 13.11.2001 unter Erw. 3. a. (vgl. Pra. 91 (2002) 456) fest, dass sich der Vereinspräsident allein durch Delegation seiner Aufgaben nicht seiner Verantwortung entledigen kann; zur Wahrung der geforderten Sorgfalt gehöre neben der richtigen Auswahl des Mandatsträgers auch dessen Instruktion und Überwachung.

sein engeres rechtliches Verhältnis zur Gesellschaft habe er einen tieferen Einblick und damit auch eine höhere Verantwortung. Dazu ist vorab klarzustellen, dass die Ausgleichskasse von jedem Schuldner den ganzen Schadenersatz verlangen kann; sie wird deshalb i.d.R. für ihre Klage den Schuldner mit der grössten Bonität aussuchen, völlig unabhängig von einem allfälligen arbeitsrechtlichen Zusatzverhältnis zur Gesellschaft.[55] Nicht die Doppelstellung als Verwaltungsrat und Arbeitnehmer, sondern die Einkommens- und Vermögenssituation beeinflussen deshalb primär das Risiko, von der Ausgleichskasse belangt zu werden. Sodann hat das Eidg. Versicherungsgericht die analoge Anwendung von Art. 759 Abs. 1 OR auf Art. 52 AHVG verneint, weil Art. 52 AHVG Absicht und Grobfahrlässigkeit voraussetze, eine Reduktion im Rahmen von Art. 43 Abs. 1 und Art. 759 Abs. 1 OR jedoch nur für leichtes Verschulden in Frage komme.[56]

In praktischer Hinsicht ist festzustellen, dass die Ausgleichskassen mit ihren Forderungen im Konkurs einer Gesellschaft zuerst an den Verwaltungsrat gelangen.[57] Damit ersparen sie sich die mühsame Abklärungen, ob ein Geschäftsleitungsmitglied überhaupt für die Belange der Sozialversicherung zuständig war. Wird ein Direktor zusätzlich in den Verwaltungsrat gewählt, so erhöht sich für ihn das Risiko, bei ungedeckten Versicherungsbeiträgen von der Ausgleichskasse belangt zu werden. Insofern hat die Doppelstellung als Verwaltungsrat und Arbeitnehmer nicht nur eine theoretische, sondern auch eine wichtige praktische Bedeutung.

d) Dauer der Verantwortlichkeit

Im Fall ALBICOLAC[58] setzte sich das Eidg. Versicherungsgericht erstmals mit der Frage auseinander, ab wann ein Verwaltungsrat für ausstehende AHV-Beiträge im Sinne von Art. 52 AHVG verantwortlich sei. Konkret nahm ein Wirtschaftsanwalt[59] unvorsichtigerweise Einsitz im Verwaltungsrat einer Gesellschaft, welche bereits überschuldet war und deshalb u.a. die fälligen Rechnungen der Ausgleichskasse nicht mehr zahlen konnte. Vom Gericht wurde dieses Verhalten als

---

[55] Gemäss BGE 119 V 87 ist die Ausgleichskasse völlig frei, den Beklagten auszusuchen.
[56] NUSSBAUMER, 1082, mit Hinweis auf einen nicht amtlich publizierten Entscheid des Bundesgerichtes H 195/95 vom 5. März 1996.
[57] Vgl. die statistischen Angaben bei NUSSBAUMER, 1073, mit der Schlussbemerkung: «Art. 52 AHVG ist faktisch nichts anderes als eine Verwaltungsratshaftung».
[58] BGE 119 V 401 ff.; zur rechtspolitisch berechtigten Kritik an diesem Entscheid vgl. ROLF WATTER in AJP 1994, S. 510 ff.
[59] Im deutschen Leitsatz des französischen Entscheides BGE 119 V 401 wird «Avocat d'affaires qui devient administrateur d'une société anonyme qui est insolvable» fälschlicherweise übersetzt mit: «Rechtsanwalt, der Geschäftsführer einer bereits insolventen Aktiengesellschaft wird.» Tatsächlich hatte der Rechtsanwalt aber keine Doppelstellung als Geschäftsführer und Verwaltungsrat inne.

grobe Fahrlässigkeit qualifiziert, weshalb der Wirtschaftsanwalt solidarisch mit den übrigen Verwaltungsräten verurteilt wurde, jenen Schaden zu ersetzen, welcher ab seinem Eintrag im Handelsregister entstanden war. Damit war klargestellt, dass jeder Verwaltungsrat nach Art. 52 AHVG im Sinne eines «Übernahmeverschuldens» unmittelbar ab seinem Eintrag im Handelsregister haftet.

In BGE 123 V 172 präzisierte und verschärfte das Bundesgericht die obige Rechtsprechung. Unter Hinweis auf die Entscheide im Zusammenhang mit dem Ausscheiden eines Verwaltungsrats (dazu nachstehend) erachtete es das oberste Gericht nun als «logisch», dass ein Verwaltungsratsmitglied schon ab dem Tag des effektiven Eintritts in den Verwaltungsrat für den einer Ausgleichskasse verursachten Schaden nach Art. 52 AHVG hafte, unabhängig vom Zeitpunkt des allfällig späteren Handelsregistereintrages. Damit wird indirekt der Verwaltungsrat dem leitenden Arbeitnehmer bezüglich der Haftung in zeitlicher Hinsicht gleichgestellt. Nicht der formelle Registereintrag oder der formelle Abschluss des Arbeitsvertrages, sondern die tatsächliche Aufnahme der Funktionsausübung bzw. der Arbeitstätigkeit entspricht dem Beginn der Verantwortlichkeit nach AHVG. Eine Doppelstellung als Verwaltungsrat und Arbeitnehmer hat deshalb grundsätzlich keine Konsequenzen bezüglich des Verantwortlichkeitsbeginns. Dennoch ist auch hier festzustellen, dass ein Arbeitnehmer mit der Übernahme eines Verwaltungsratsmandates bei jener Gesellschaft, welche seine Arbeitgeberin ist, sein Haftungsrisiko bezüglich Art. 52 AHVG in praktischer Hinsicht erhöht. Bei Eintritt eines Schadens wird die Ausgleichskasse primär die im Handelsregister eingetragenen Verwaltungsräte zur Verantwortlichkeit ziehen und erst sekundär auf die leitenden Arbeitnehmer zurückgreifen.

Als letzter Punkt ist zu prüfen, ob eine Doppelstellung als Verwaltungsrat und Arbeitnehmer allenfalls Auswirkungen auf die Dauer bzw. das Ende der Verantwortlichkeit nach AHVG hat. Bezüglich der Haftung von Verwaltungsräten kann auf eine umfangreiche Rechtsprechung verwiesen werden.[60] Zuletzt hat das Bundesgericht in BGE 126 V 61[61] festgestellt, dass für die Dauer der Haftung eines Verwaltungsratsmitgliedes der Zeitpunkt der tatsächlichen Beendigung des Mandates massgebend sei. Auf diesen Zeitpunkt müsse selbst dann abgestellt werden, wenn die Löschung des Eintrages im Handelsregister unterlassen worden sei. Entscheidend für die Verantwortlichkeit ist demnach der Zeitraum, in welchem der betroffene Verwaltungsrat noch tatsächlich Einfluss auf den Gang der Geschäfte und damit auf die Pflichterfüllung nach AHVG nehmen konnte. Auch eine rückwir-

---

[60] Vgl. insbesondere BGE 123 V 172 Erw. 3. a), BGE 112 V 4 und BGE 109 V 93.
[61] Vollständiges Urteil unter H 113/99 vom 19.5.2000.

kende Demission vermag den Verwaltungsrat nicht zu entlasten.[62] Analoge Urteile zur haftpflichtrechtlichen Situation von leitenden Arbeitnehmern sind nicht zu finden. Auch dies zeigt, dass die Ausgleichskassen primär die Mitglieder des Verwaltungsrats zur Verantwortung ziehen.

3. Berufliche Vorsorge

Die berufliche Vorsorge ist über einem bestimmten Einkommen für alle Arbeitnehmer ab dem vollendeten 24. Altersjahr obligatorisch.[63] Selbständigerwerbende können sich freiwillig einer Vorsorgeeinrichtung anschliessen. Zu Diskussionen Anlass geben bezüglich der obligatorischen BVG-Versicherung Fragen im Zusammenhang mit der Haftung für BVG-Prämien, der Zulässigkeit von Abgangsentschädigungen mit Einlage in die Pensionskasse und die Versicherungspflicht für VR-Honorare. Diese Fragen werden nachstehend beantwortet.

«Keine Art. 52 AHVG entsprechende Haftungsbestimmung kennen die obligatorische berufliche Vorsorge (BVG) und Unfallversicherung (UVG), obwohl auch sie dem Arbeitgeber im Zusammenhang mit den Beiträgen und Prämien Aufgaben übertragen und dieser ebenso wie in der AHV den Arbeitnehmeranteil vom Lohn abzuziehen hat. Für die gegenüber der Vorsorgeeinrichtung und dem Unfallversicherer geschuldeten, vom Arbeitgeber nicht bezahlten Beiträge kommt eine Haftung des Verwaltungsrats nur unter den privatrechtlichen Voraussetzungen in Frage.»[64] Bezüglich der Haftung für ausstehende BVG-Prämien hat eine Doppelstellung als Verwaltungsrat und Arbeitnehmer demnach keine Konsequenz.

Aus steuerrechtlichen Gründen wünschen Verwaltungsräte gelegentlich einen Teil ihrer Entschädigung als Einlage des Arbeitgebers in die Pensionskasse. Eine solche Regelung wird insbesondere im Zusammenhang mit einer Abgangsentschädigung häufig angesprochen. Dabei stellt sich die Frage, in welchem Umfange solche Einlagen noch zulässig sind. Nach Art. 113 Abs. 2 lit. a BV soll die berufliche Vorsorge zusammen mit der AHV nur «die Fortsetzung der gewohnten Lebenshaltung in angemessener Weise» ermöglichen. Da der Verwaltungsrat ohne anders lautende Statuten seine Entschädigung selbst festsetzen darf, kann er auch selbst über die Einlagen in die Pensionskasse entscheiden. Diese Kompetenz wird in

---

[62] Vgl. den Entscheid des Verwaltungsgerichtes Zug vom 27.5.1993, besprochen durch K. TROLLER in SJZ 89 (1993) 398 ff.
[63] Art. 7 BVG; gemäss Art. 5 BVV2 beträgt der Grenzbetrag ab 1.1.2004 CHF 25'320.–.
[64] NUSSBAUMER, 1072.

Einzelfällen teilweise missbraucht.[65] Letztlich ist dies jedoch die Frage nach der Zulässigkeit einer Abgangsentschädigung.[66]

Am schwierigsten zu beantworten ist die letzte Frage nach dem Umfang der Versicherungspflicht. Gemäss Art. 20 ATSG gelten im Sozialversicherungsrecht des Bundes als Arbeitnehmer alle Personen, die in unselbständiger Stellung Arbeit leisten und dafür massgebenden Lohn nach dem jeweiligen Einzelgesetz beziehen. Nach Art. 7 lit. h AHVV gelten VR-Entschädigungen in allen Formen als unselbständiger Erwerb. Aus sozialversicherungsrechtlicher Sicht werden VR-Entschädigungen demnach als Lohn eines Arbeitnehmers behandelt. Übersteigt die Höhe der VR-Entschädigung die gesetzliche Grenze von Art. 2 bzw. 7 BVG i.V.m. Art. 5 BVV2, so müssten demnach BVG-Prämien im entsprechenden Prozentanteil an die Pensionskasse der Gesellschaft abgeliefert werden. Nun schränkt jedoch Art. 1 Abs. 1 lit. c BVV2 ein, dass Arbeitnehmer der BVG-Versicherungspflicht nicht unterstellt sind, die nebenberuflich tätig sind und bereits für eine hauptberufliche Erwerbstätigkeit obligatorisch versichert sind oder im Hauptberuf eine selbständige Erwerbstätigkeit ausüben. Demnach sind im Hinblick auf eine Doppelstellung als Verwaltungsrat und Arbeitnehmer folgende Fälle zu unterscheiden:[67]

– Ein Verwaltungsrat übt sein Mandat nebenamtlich aus und steht in keinem zusätzlichen Arbeitsverhältnis zur Gesellschaft. Ist dieser Verwaltungsrat Selbständigerwerbender oder für eine hauptberufliche Tätigkeit an einem anderen Ort bereits obligatorisch versichert, so ist er dem BVG-Obligatorium bei jener Gesellschaft, bei der er das VR-Mandat ausübt, zweifellos nicht unterstellt.

– Ein VR-Delegierter übt seine Funktion nur als Nebenberuf aus. Dabei untersteht er der Weisungsgewalt des Gesamtverwaltungsrats. Für seine Tätigkeit hat der VR-Delegierte einen Arbeitsvertrag mit der Gesellschaft abgeschlossen. Daneben übt er eine hauptberufliche Tätigkeit bei einer anderen Gesellschaft aus. Da die Voraussetzungen von Art. 1 Abs. 1 lit. c BVV2 erfüllt sind, ist dieser VR-Delegierte nicht dem BVG-Obligatorium unterstellt. Würde es sich nicht um einen VR-Delegierten handeln, sondern nur um ein VR-Mit-

---

[65] So z.B. im Falle von Barnevik Percy, welcher für seine Tätigkeit als VR-Präsident und CEO der ABB Ltd. von 1988 bis 1996 Pensionskassen-Einlagen in der Höhe von CHF 148 Mio. bezog, was schliesslich zu Steueruntersuchungen führte; bereits im März 2002 verpflichteten sich jedoch die beiden ehemaligen Konzernchefs Percy Barnevik und Göran Lindahl, von den beanstandeten Bezügen von insgesamt CHF 233 Mio. einen Teilbetrag in Höhe von CHF 137 Mio. zurückzuerstatten; der Gesamtverwaltungsrat sei niemals über diese Bezüge informiert worden, und es habe keine Ermächtigung an einzelne Mitglieder bestanden, derart umfangreiche Abmachungen oder Zahlungen zu vereinbaren (NZZ vom 11.3.2002, Nr. 58, S. 15).
[66] Vgl. vorne TEIL 4 § 9 V. 5. d) auf S. 308 f.
[67] In Anlehnung an HELBLING, 107 f.

glied, das im Nebenberuf bei der Gesellschaft noch eine organunabhängige Arbeit ausübt, so wären die gleichen Überlegungen anwendbar und dasselbe Ergebnis würde resultieren.

- Ein Arbeitnehmervertreter übt sein VR-Mandat nebenamtlich aus, steht aber hauptberuflich im Zusammenhang mit seiner organunabhängigen Tätigkeit in einem Arbeitsverhältnis zur Gesellschaft. In diesem Falle unterstehen alle Entschädigungen für die Tätigkeit als Verwaltungsrat oder als Arbeitnehmer dem BVG-Obligatorium, da die gesetzlichen Voraussetzungen für eine Einschränkung nicht erfüllt sind.

- Ein Verwaltungsrat übt sein Mandat hauptberuflich aus, steht aber in keinem zusätzlichen Arbeitsverhältnis zur Gesellschaft, da es sich beispielsweise um den einzigen Verwaltungsrat der Gesellschaft handelt. Hier ist die Einschränkung von Art. 1 Abs. 1 lit. c BVV2 nicht anwendbar, da keine andere hauptberufliche Tätigkeit mit entsprechendem BVG-Obligatorium besteht bzw. bestehen kann. Demnach sind auf sämtlichen Entschädigungen für die VR-Tätigkeit BVG-Prämien an die Pensionskasse abzuliefern.[68]

- Ein Verwaltungsrat übt sein Mandat hauptberuflich aus und steht diesbezüglich in einem zusätzlichen Arbeitsverhältnis zur Gesellschaft. In diesem Falle unterstehen zweifellos alle Entschädigungen dem BVG-Obligatorium, unabhängig davon ob sie unter dem Titel VR-Honorar oder Lohn ausgerichtet werden.

Nicht zu prüfen ist der rein theoretische Fall eines Verwaltungsrats, der sein Mandat hauptberuflich als Arbeitnehmer ausübt und zusätzlich im Nebenamt eine organunabhängige Tätigkeit bei derselben Gesellschaft verrichtet. In der Praxis wird die Nebentätigkeit schon aus administrativen Gründen der Hauptfunktion zugerechnet und nur ein einziger Lohnausweis erstellt. Die Unterstellung unter das BVG-Obligatorium für sämtliche Entschädigungen wird deshalb zu keinen Zweifeln Anlass geben.

Nachstehend werden die Ergebnisse dieser Überlegungen zur besseren Übersicht in Tabellenform zusammengefasst. Dabei ist anzumerken, dass trotz der klaren gesetzlichen Vorgabe in Art. 1 Abs. 1 lit. c BVV2 in der Praxis meistens nur im letzten der aufgeführten Fälle eine BVG-Unterstellung angenommen wird und eine entsprechende Prämienzahlung erfolgt. Bei allen Fällen wird zudem angenommen, dass die entsprechende Entschädigung für die VR-Tätigkeit den BVG-Grenzlohn gemäss Art. 5 BVV2 übersteigt.

---

[68] A.M. HELBLING, 180: «In solchen Fällen wird er in der Regel nicht dem Obligatorium zu unterstellen sein.»

Tabelle 36: Unterstellung einer VR-Tätigkeit unter das BVG-Obligatorium

Art der VR-Tätigkeit	Arbeitsverhältnis zur Gesellschaft	BVG-Unterstellung
Nebenberufliche VR-Funktion	Kein Arbeitsverhältnis zur Gesellschaft	Nein
Nebenberufliche VR-Funktion	Arbeitsverhältnis zur Gesellschaft auf Teilzeitbasis	Nein
Nebenberufliche VR-Funktion	Arbeitsverhältnis zur Gesellschaft auf Vollzeitbasis	Ja
Hauptberufliche VR-Funktion	Kein Arbeitsverhältnis zur Gesellschaft	Ja
Hauptberufliche VR-Funktion	Arbeitsverhältnis zur Gesellschaft auf Vollzeitbasis	Ja

Quelle: Eigene Darstellung der Konsequenzen einer Doppelstellung bezüglich des BVG-Obligatoriums

Zusammenfassend ist festzustellen, dass der sozialversicherungsrechtliche Begriff des Arbeitnehmers nicht nur im Zusammenhang mit den AHV-Prämien, sondern auch bei den BVG-Prämien eine entscheidende Rolle spielt. VR-Entschädigungen unterliegen nur dann nicht dem BVG-Obligatorium, wenn die Voraussetzungen für eine Einschränkung nach Art. 1 Abs. 1 lit. c BVV2 erfüllt sind. Wann dies der Fall ist, ergibt sich aus Tabelle 36.

4. Unfallversicherung

a) Gesetzliche Regelung

Gemäss Art. 1 Abs. 1 UVG sind alle in der Schweiz beschäftigten Arbeitnehmer obligatorisch gegen Unfall versichert. Als Arbeitnehmer gilt dabei nach Art. 1 UVV, wer eine unselbständige Erwerbstätigkeit im Sinne der Bundesgesetzgebung über die AHV ausübt. Durch diesen am 1. Januar 1998 in Kraft getretenen Artikel wurde die bis anhin nach der Rechtsprechung des EVG gebotene Koordinierung der unterschiedlichen Arbeitnehmerbegriffe im AHVG und im UVG auf eine grundsätzlich einheitliche Definitionsbasis gestellt.[69] In Art. 7 lit. h AHVV werden die

---

[69] RUMO-JUNGO/USINGER-EGGER, 1 f.; zur Begriffsbestimmung des Arbeitnehmers vgl. vorne TEIL 3 § 6 II. 1. a) auf S. 175.

Entschädigungen an Mitglieder des Verwaltungsrats in jeder Form als unselbständigen Erwerb qualifiziert. Demnach wären Verwaltungsräte dem UVG unterstellt. Der Bundesrat hat jedoch gestützt auf die Kompetenzzuweisung des Art. 1 Abs. 2 UVG auf dem Verordnungsweg eine ausdrückliche Ausnahme für Verwaltungsräte statuiert. Nach Art. 2 Abs. 1 lit. f UVV sind Mitglieder des Verwaltungsrats, die nicht im Betrieb tätig sind, für ihre Funktion nicht obligatorisch versichert. Eine freiwillige Unfallversicherungen ist solchen Verwaltungsräten gemäss Art. 4 Abs. 1 UVG verwehrt, da sie nicht als Selbständigerwerbende gelten.

b) Problematische Abgrenzungen in der Praxis

Die gesetzliche Regelung der Unfallversicherung ist solange klar, als keine Abgrenzungsprobleme bezüglich der organschaftlichen und der operationellen Tätigkeit bestehen. Doch sobald diese Abgrenzung und die damit verbundenen Entschädigungen zu Diskussionen führen, entstehen zwei versicherungsrechtliche Problemkreise:

– Wann wird ein Verwaltungsrat im Betrieb tätig im Sinne von Art. 2 Abs. 1 lit. f. UVV?

– Welcher Lohn gilt bei einem im Betrieb tätigen Verwaltungsrat als versicherter Lohn im Sinne von Art. 22 ff. UVV?

In BGE 113 V 333 Erw. 4. b) erklärte das Eidg. Versicherungsgericht unter Hinweis auf Art. 1 und 3 UVG, Grundlage des Unfallversicherungsverhältnisses sei der Arbeitsvertrag; doch auch das Bestehen eines Arbeitsvertrages ist gelegentlich unklar. In BGE 115 V 55 Erw. 2. d) wurden deshalb vom Eidg. Versicherungsgericht in enger Anlehnung an die frühere Praxis und unter Berücksichtigung der von der herrschenden Lehre aufgestellten Definitionen folgende leitende Grundsätze für eine Arbeitnehmerstellung vorgegeben: «Wer um des Erwerbes oder der Ausbildung Willen für einen Arbeitgeber, mehr oder weniger untergeordnet, dauernd oder vorübergehend tätig ist, ohne hiebei ein eigenes wirtschaftliches Risiko tragen zu müssen, ist als Arbeitnehmer zu bezeichnen.»[70] Im konkreten Fall ging es um eine Schülerin, die in ihrer Freizeit in einem Reitstall verschiedene Stallarbeiten verrichtete und dafür gratis reiten konnte. Wegen der Intensität und der Dauer der geleisteten Arbeit bejahte hier das Gericht die Arbeitnehmerstellung und somit die obligatorische Unfallversicherung.

---

[70] Zur Lehre vgl. vorne TEIL 3 § 6 II. 1. a) auf S. 175 f.

Auf den Verwaltungsrat bezogen bedeutet dies, dass trotz dem gegenteiligen Wortlaut im Gesetz noch nicht jedes «Tätigwerden im Betrieb» zu einer obligatorischen Unfallversicherungspflicht führt. So kann ein Maschineningenieur, welcher Mitglied des Verwaltungsrats einer Maschinenbaufirma ist, auf einem Betriebsrundgang durchaus selbst bei der Einstellung einer Werkzeugmaschine mithelfen, ohne dabei gleich zum Arbeitnehmer im Sinne des UVG zu werden. Selbst wenn dieser Ingenieur ein hohes VR-Honorar bezieht und seine Betriebsrundgänge auf Wunsch des Gesamtverwaltungsrats regelmässig ausführt, ändert sich an der Beurteilung nichts. Es kann nicht unterstellt werden, diese Handreichungen würden aus Erwerbsgründen ausgeführt.

Anders verhält es sich bei einem Verwaltungsratsmitglied einer Immobilien-Leasinggesellschaft, welcher als ehemaliger Geschäftsführer einer Bauunternehmung über eine grosse Erfahrung in der Bewertung von Immobilien verfügt. Wenn dieser Verwaltungsrat jeweils auf Anfrage hin Bewertungsgutachten erstellt und dafür die Infrastruktur der Gesellschaft benützt (Büro, Computer, Sekretariat, etc.), so kann diese Tätigkeit durchaus um des Erwerbes Willen erfolgen. Konsequenterweise würde damit die Ausnahme von der Versicherungspflicht gemäss Art. 2 Abs. 1 lit. f. UVV entfallen.

Die Tätigkeit im Betrieb braucht nicht mit der besonderen Ausbildung des Verwaltungsrats in Zusammenhang zu stehen. So muss der CEO und Mitglied des Verwaltungsrats einer Maschinenfabrik keine Maschinen bedienen, um im Betrieb tätig zu sein, auch wenn er selbst eine entsprechende Lehre abgeschlossen hat. Für die Unterstellung unter das UVG ist entscheidend, dass er eine operative Tätigkeit ausübt und dabei in einem Unterordnungsverhältnis steht. Die Weisungsberechtigung kann dabei dem Gesamtverwaltungsrat, dem Verwaltungsratsausschuss, dem VR-Präsidenten oder dem VR-Delegierten zustehen.

c) **Verantwortlichkeit**

Im BVG und im UVG findet sich keine Haftungsbestimmung analog Art. 52 AHVG. Es gelten deshalb die privatrechtlichen Voraussetzungen für eine Haftung des Verwaltungsrates in diesen Bereichen.[71] Ausstehende Prämien für die Unfallversicherung sind letztlich für Verwaltungsräte weniger problematisch, als ausstehende AHV-Beiträge.[72]

---

[71] Vgl. NUSSBAUMER, 1072.
[72] Zur faktischen Kausalhaftung in diesem Bereich vgl. vorne TEIL 4 § 11 II. 2. c) auf S. 377 ff.

5. Arbeitslosenversicherung und Insolvenzentschädigung

a) Entstehung und Überblick

Am 1. Januar 1952 löste das Bundesgesetz über die Arbeitslosenversicherung[73] die Vollmachtenbeschlüsse des Bundesrates über die Arbeitslosenversicherung ab.[74] Damit wurde zum ersten Mal auf eidgenössischer Stufe und im ordentlichen Gesetzgebungsverfahren die Versicherungsfähigkeit bezüglich Arbeitslosigkeit geregelt. Wie bereits im Entwurf des Bundesrates[75] vorgesehen, wurde in diesem Gesetz die Versicherungsfähigkeit u.a. auf Personen beschränkt, welche als Arbeitnehmer regelmässig eine Erwerbstätigkeit ausüben, «die genügend überprüfbar ist».[76] Damit sollte nach dem Willen des Gesetzgebers die Kontrollierbarkeit der Anspruchsberechtigung in genügender Weise sichergestellt sein.[77] Ein genereller Versicherungsausschluss von leitenden Arbeitnehmern im Allgemeinen oder von Verwaltungsräten im Besonderen wurde damals weder im Entwurf noch im gültigen Gesetz vorgesehen. Es ist demnach festzustellen, dass zu Beginn der Gesetzgebung über die Arbeitslosenversicherung ein Verwaltungsrat mit einer Doppelstellung als Arbeitnehmer nicht nur versicherungsfähig, sondern gegebenenfalls auch anspruchsberechtigt war.

Nach mehreren Jahrzehnten der Vollbeschäftigung stieg die Zahl der Arbeitslosen in den Jahren 1974 und 1975 derart stark an,[78] dass sich der Bundesrat veranlasst sah, am 3. September 1975 der Bundesversammlung eine Botschaft betreffend Änderung der Bundesverfassung für eine Neukonzeption der Arbeitslosenversicherung zu unterbreiten.[79] In dieser Botschaft wurde einleitend auf die Ansicht der Expertenkommission verwiesen, wonach es unerlässlich sei, «dass sämtliche Arbeitnehmer, ohne Rücksicht auf die Höhe ihres Einkommens, gegen Arbeitslosigkeit versichert werden.»[80] Für die Stufe der Gesetzgebung wurde jedoch vorgeschlagen, allenfalls Kategorien von Arbeitnehmern auszuschliessen, «die wegen der Natur ihrer Beschäftigung für die Aufnahme in die Arbeitslosenversicherung nicht geeignet sind oder bei denen sich trotz aller Vorbeugungsmassnahmen Miss-

---

[73] AS 1951 1163 ff.
[74] Vgl. Botschaft zum Arbeitslosenversicherungsgesetz, 536.
[75] Art. 15 Abs. 1 lit. b. des Entwurfes (BBl. 1950 II 599).
[76] Art. 13 Abs. 1 lit. b. AlVG.
[77] Botschaft zum Arbeitslosenversicherungsgesetz, 545.
[78] Jahresdurchschnitt 1973: 81 und 1974: 221, jedoch bereits im Januar 1975: 2'129 und schliesslich im Juni 1975: 7'531 (Botschaft zur Neukonzeption der Arbeitslosenversicherung, 1562).
[79] Botschaft des Bundesrates betreffend Änderung der Bundesverfassung für eine Neukonzeption der Arbeitslosenversicherung vom 3.9.1975; BBl. 1975 IIa 1557 ff.
[80] Botschaft zur Neukonzeption der Arbeitslosenversicherung, 1569.

bräuche praktisch nicht vermeiden lassen.»[81] Mit diesem Vorschlag bzw. mit dem Inkrafttreten der Verordnung über die Arbeitslosenversicherung am 1. April 1977 wurde erstmals eine konkrete Schlechterstellung jener Arbeitnehmer eingeleitet, welche zugleich Mitglied des Verwaltungsrats sind.

Am 1. Januar 1984 trat das Bundesgesetz über die obligatorische Arbeitslosenversicherung und die Insolvenzentschädigung (AVIG) in Kraft und hob gleichzeitig das bisherige AlVG auf.[82] Mit diesem neuen Gesetz soll den versicherten Personen ein angemessener Ersatz garantiert werden in vier Fällen von Erwerbsausfall:[83]

– Arbeitslosenentschädigung
– Kurzarbeitsentschädigung
– Schlechtwetterentschädigung
– Insolvenzentschädigung.

Nachstehend wird für jeden dieser vier Bereiche geprüft, welche Konsequenzen eine Doppelstellung als Verwaltungsrat und Arbeitnehmer nach sich zieht. Dabei kann auf eine besondere Berücksichtigung des ATSG verzichtet werden, da die allgemeinen Definitionen von Arbeitnehmer und Arbeitgeber gemäss den Art. 10 und 11 ATSG keinen Einfluss auf den Rechtszustand vor Inkrafttreten des Gesetzes haben.[84] Nur die Massnahmen gemäss Art. 72 f. AVIG werden vom ATSG betroffen,[85] nicht aber die Anspruchsausschlüsse.

b) Arbeitslosenentschädigung

aa) Kein gesetzlicher Ausschluss bei einer Doppelstellung

Die Anspruchsvoraussetzungen für eine Entschädigung bei Arbeitslosigkeit werden in den Art. 8 ff. AVIG geregelt. Im Gegensatz zum früheren Recht enthält das AVIG vom 25. Juni 1982 in diesen Artikeln keinen grundsätzlichen Ausschluss mehr für bestimmte Personenkategorien.[86] Daraus kann jedoch nicht geschlossen werden, dass jeder Verwaltungsrat mit einer Doppelstellung als Arbeitnehmer bei Arbeitslosigkeit grundsätzlich Anspruch auf eine entsprechende Entschädigung

---

[81] Botschaft zur Neukonzeption der Arbeitslosenversicherung, 1580; dass auch Ehegatten von solchen Personen ausgeschlossen werden sollten, war damals nicht einmal in Erwägung gezogen worden.
[82] Art. 118 Abs. 1 lit. b. AVIG.
[83] Art. 1 Abs. 1 AVIG.
[84] Vgl. KIESER, Rz. 14 zu Art. 10 und Rz. 5 zu Art. 11 ATSG.
[85] KIESER, Rz. 29 zu Art. 2 ATSG.
[86] STAUFFER, Arbeitslosenversicherung, 74 f.

hätte. Vielmehr ist im Einzelfall zu prüfen, ob ein derartiger Anspruch nicht durch die Rechtsprechung ausgeschlossen wird. Dabei ist vorab klarzustellen, nach welchen Kriterien die Behörden konkret die Stellung als Arbeitnehmer beurteilen.

In BGE 102 V 223 Erw. 1. ging das Bundesgericht noch davon aus, das AHV-Beitragsstatut sei für die Stellung des Betroffenen in der Arbeitslosenversicherung kein ausschlaggebendes Kriterium. Diese Rechtsprechung wurde mit Urteil vom 22. September 1978 i.S. Wormser gegen die Arbeitslosenversicherungskasse des Kantons Zürich[87] an das seit 1. April 1977 geltende Recht angepasst. Die Frage der Arbeitnehmereigenschaft in der Arbeitslosenversicherung ist seit diesem Entscheid grundsätzlich nach dem AHV-Beitragsstatut zu beantworten. Konkret ging es um Julius Wormser, der seit 1973 Verwaltungsratspräsident und Geschäftsführer der Maschinenbau Wormser war. Bei dieser Gesellschaft war Julius Wormser überdies massgeblich am Aktienkapital beteiligt. Am 13. Juni 1977 wurde der Maschinenbaufabrik Wormser eine Nachlassstundung gewährt. Vom 4. Juli bis zum 25. September 1977 arbeitete Julius Wormser bei einem anderen Unternehmen. Ab dem 26. September 1977 besuchte er die Stempelkontrolle und stellte gestützt darauf ein Taggeld-Gesuch. Die Arbeitslosenversicherungskasse des Kantons Zürich verneinte eine Anspruchsberechtigung von Julius Wormser mit der Begründung, er vermöge sich nicht über die erforderlichen 150 vollen Tage als Arbeitnehmer auszuweisen; die Tätigkeit als Verwaltungsratspräsident könne nicht angerechnet werden, da er diese nicht in der Stellung eines Arbeitnehmers ausgeübt habe. Das Bundesgericht schützte die Verwaltungsgerichtsbeschwerde von Julius Wormser mit einer doppelten Begründung:[88]

– Vorab erschien es dem Bundesgericht gerechtfertigt, das von der Ausgleichskasse festgelegte Beitragsstatut des mitarbeitenden Aktionärs auch für die Arbeitslosenversicherung zu übernehmen. Damit war aber noch nicht entschieden, ob der Beschwerdeführer Anspruch auf Arbeitslosenentschädigung habe und gegebenenfalls ab welchem Zeitpunkt.

– Bei der Prüfung der übrigen Anspruchsvoraussetzungen stellte das Bundesgericht fest, dass zwar Personen, die in ihrer Eigenschaft als Aktionäre oder VR-Mitglieder, insbesondere infolge ihrer Kapitalbeteiligung, die Beschlüsse der Gesellschaft bestimmen oder massgeblich zu beeinflussen vermögen keinen Anspruch auf Leistungen der Arbeitslosenversicherung haben. Die Dispositionsfreiheit von Julius Wormser wurde jedoch bereits am 13. Juni 1977 durch die Einsetzung eines Sachwalters vom Nachlassrichter so entscheidend eingeschränkt, dass der Betroffene keinen massgeblichen Einfluss mehr auf die Be-

---

[87] Entscheid des EVG vom 22.9.1978 in BGE 104 V 201 und ARV 1978/25 und 1978/30.
[88] BGE 104 V 201 Erw. 1. c).

schlüsse der Gesellschaft hatte. Von diesem Zeitpunkt war deshalb seine Arbeitnehmerstellung zu befürworten.

Im Zusammenhang mit dieser Rechtsprechung stellte das BIGA in einer offiziellen Mitteilung[89] klar, dass Arbeitnehmer mit einem massgebenden Einfluss auf die Beschlüsse der Gesellschaft allenfalls anspruchsberechtigt sein können, «nachdem sie die Tätigkeit in ihrer Firma aufgegeben haben». Die gesetzliche Regelung bedeute deshalb nur einen Ausschluss von der Anspruchsberechtigung bei Teilarbeitslosigkeit, nicht aber bei Ganzarbeitslosigkeit.

Mit Entscheid vom 3. Juni 1980[90] präzisierte das EVG ausdrücklich seine frühere Rechtsprechung. Entgegen der offiziellen Mitteilung des BIGA in ARV 1977, S. 24, und in Beantwortung der in BGE 104 V 201 Erw. 2. a) offen gelassenen Frage, seien auch Arbeitnehmer mit massgebendem Einfluss auf die Beschlüsse der Gesellschaft nicht gänzlich vom Recht auf Leistungen der Arbeitslosenversicherung ausgeschlossen; «sie können darauf Anspruch erheben, wenn ihre Stellung ihre Vermittlungsfähigkeit und Vermittlungsbereitschaft nicht erheblich vermindert und die Überprüfbarkeit ihrer Arbeitslosigkeit nicht übermässig erschwert oder verunmöglicht (BGE 105 V 101).» Dies gelte grundsätzlich auch für Personen, die bloss teilarbeitslos seien und damit ihre Einflussmöglichkeit auf die juristische Person behalten würden. In zwei späteren Entscheiden[91] befand das Bundesgericht, eine Vermittlungsfähigkeit sei jedenfalls dann auszuschliessen, wenn der Betroffene auch nach seiner Entlassung weiterhin als Mitglied der Geschäftsführung[92] bzw. als Verwaltungsratsmitglied im Handelsregister eingetragen bleibe; damit könne er seine arbeitsrechtliche Stellung grundsätzlich weiterhin beeinflussen, weshalb von einer rechtsmissbräuchlichen Umgehung der Bestimmungen über die Kurzarbeitsentschädigung auszugehen sei. Selbst die Schliessung von Teilbereichen des Betriebes ändere nichts daran. Letztlich ist das massgebende Kriterium zur Beurteilung des Leistungsausschlusses die konkrete Möglichkeit des Betroffenen, den Entscheid über seine Wiedereinstellung selbst herbeizuführen oder zumindest massgeblich zu beeinflussen.

Als Zwischenergebnis ist zur Entschädigung bei Arbeitslosigkeit festzustellen, dass ein Arbeitnehmer durch seine formelle Doppelstellung als Verwaltungsrat weder bei voller noch bei teilweiser Arbeitslosigkeit vom Entschädigungsanspruch gesetzlich ausgeschlossen ist. Erst die materielle Möglichkeit, durch die Eigenschaft

---

[89] ARV 1977 S. 17 und 23 f.
[90] Publiziert in ARV 1980 Nr. 41 S. 100 ff.
[91] Unveröffentlichte Entscheide C 440/99 vom 28.8.2000 und C 340/01 vom 9.8.2002.
[92] Dabei ist in erster Linie an die Gesellschaften mit beschränkter Haftung zu denken, da dort gesetzlich kein Verwaltungsrat vorgeschrieben ist.

als massgebender Aktionär oder als Verwaltungsratsmitglied, die Beschlüsse der Gesellschaft zu bestimmen oder massgeblich zu beeinflussen, insbesondere im Hinblick auf eine allfällige Wiederanstellung, vermag allenfalls einen Anspruch auf Leistungen der Arbeitslosenversicherung auszuschliessen. Beim alleinigen Verwaltungsrat ist i.d.R. von einem derartigen Einfluss auszugehen und die Anspruchsberechtigung zu verneinen. Da für solche Fälle eine gesetzliche Grundlage zum Leistungsausschluss fehlt, wird vom Bundesgericht statt dessen eine rechtsmissbräuchliche Umgehung der Bestimmungen über die Kurzarbeitsentschädigung geltend gemacht.[93]

Ergänzend ist darauf hinzuweisen, dass im Einzelfall in der Praxis u.U. auch dann Leistungen einer Arbeitslosenversicherung ausgerichtet werden, wenn die formellen und materiellen Voraussetzungen für einen Leistungsausschluss wegen Rechtsmissbrauch gegeben wären. Ein anschauliches Beispiel dafür ist das Urteil des Eidg. Versicherungsgerichtes vom 6. Juli 2001.[94] In diesem Fall hatte der Bauingenieur B. Taggelder von der Arbeitslosenkasse der Gewerkschaft Bau & Industrie GBI erhalten, nachdem sein Arbeitsverhältnis von der Gesellschaft T. AG gekündigt und statt dessen nur noch ein Teilzeitarbeitsvertrag akzeptiert worden war. Brisant dabei ist die Tatsache, dass B. gleichzeitig Präsident des dreiköpfigen Verwaltungsrats der T. AG war. Alle drei Verwaltungsräte hatten sich gleichzeitig gegenseitig entlassen und wieder neu als Teilzeitmitarbeiter angestellt.[95] Das Staatssekretariat für Wirtschaft erblickte im Gesuch von B. um Arbeitslosenentschädigung eine rechtsmissbräuchliche Umgehung der Regelung über die Kurzarbeitsentschädigung und stellte eine Rückforderung in Höhe von CHF 25'053.45. Das Bundesgericht erkannte in der Folge, dass B. in seiner Stellung als Verwaltungsratspräsident unabhängig von seiner Kapitalbeteiligung eine massgebliche Entscheidungsbefugnis gehabt habe und somit die Unrichtigkeit der geleisteten Taggelder gegeben sei. Dennoch wurde die Forderung des seco auf Rückerstattung abgewiesen mit der Begründung, die Indizien seien nicht ausreichend, um die getätigten Auszahlungen im Nachhinein als zweifellos unrichtig erscheinen zu lassen. Damit war aber eine der notwendigen Voraussetzungen für die Wiedererwägung einer rechtskräftigen Verfügung nicht erfüllt.

---

[93] Vgl. BGE 123 V 239 und unveröffentlichter Entscheid C 313/00 vom 7.3.2002 Erw. 1; Kommentierung in BJM 2003 S. 128 f.
[94] Unveröffentlichter Entscheid C 274/99 vom 6.7.2001 i.S. seco gegen B. und Verwaltungsgericht Bern.
[95] Entsprechend die zwei anderen unveröffentlichten Entscheide C 278/99 und C 279/99 vom 6.7.2001.

bb) Einfluss einer massgebenden Aktionärsstellung

Im Bundesgesetz über die obligatorische Arbeitslosenversicherung und die Insolvenzentschädigung wurde bewusst darauf verzichtet, ähnlich wie bei der Kurzarbeitsentschädigung oder der Insolvenzentschädigung einen bestimmten Personenkreis von der Arbeitslosenentschädigung auszuschliessen. Ein Arbeitnehmer mit einer Doppelstellung als Verwaltungsrat hat deshalb grundsätzlich Anspruch auf Arbeitslosenentschädigung unabhängig davon, ob er Minderheits- oder Mehrheitsaktionär der entsprechenden Gesellschaft ist. Allerdings ist die Höhe der Kapitalbeteiligung bzw. der Stimmrechtsverhältnisse ein Indiz dafür, ob allenfalls eine rechtsmissbräuchliche Umgehung der für Verwaltungsräte nicht zugänglichen Kurzarbeitsentschädigung vorliegt. Liegt ein Rechtsmissbrauch vor, so ist davon auch der in der gleichen Gesellschaft mitarbeitende Ehegatte betroffen.[96] Ein entsprechendes Präjudiz findet sich in einem Entscheid des Eidg. Versicherungsgerichtes vom 14. März 2001.[97] In diesem Fall war die betroffene Arbeitnehmerin lediglich Prokuristin der konkursiten Gesellschaft. Doch im Verwaltungsrat der ehemaligen Arbeitgeberin waren Mitglieder derselben Familie und auch die Betroffene selbst hatte ein Verwaltungsratsmandat in einer nahe stehenden Gesellschaft. In Erw. 3. c) wurde deshalb festgestellt: «Aus diesen Angaben ergibt sich, dass vier Firmen mit Aktivitätsbereich Hoch- und Tiefbau in Basel und näherer Umgebung sich in den Händen mehrerer Mitglieder der Familie K. befinden. Die Beschwerdegegnerin gehört zu diesem Personenkreis. Mit dem Konkurs eines dieser Betriebe der N.K. AG hat sie daher ihre Einflussmöglichkeiten innerhalb des Konglomerats nicht verloren.»

Ist ein Arbeitnehmer Mitglied in einem mehrköpfigen Verwaltungsrat ohne gleichzeitig massgebender Aktionär zu sein, so wird unter dem Titel des Rechtsmissbrauchs nur allenfalls dann ein Ausschluss von der Arbeitslosenentschädigung möglich sein, wenn der Betroffene eine besondere Funktion ausübte (z.B. VR-Präsident, VR-Delegierter, GL-Vorsitzender) oder wenn er besondere Entscheidungsbefugnisse hatte (Einzelunterschrift, Personalverantwortlicher). Keine massgebende Aktionärsstellung ist zweifellos dann vorhanden, wenn die Stimm- und Kapitalanteile des Betroffenen unter 10% liegen und damit weder eine ausserordentliche Generalversammlung gemäss Art. 699 Abs. 3 OR noch eine Sonderprüfung nach Art. 697b Abs. 1 OR durchgesetzt werden kann. Doch auch bei höheren Stimm- oder Kapitalanteilen ist der Betroffene u.U. nicht in der Lage, die Beschlüsse der Gesellschaft zu bestimmen oder massgeblich zu beeinflussen, weil Bestimmungen in den Statuten, im Organisationsreglement oder in einem Aktionärbindungsvertrag dies verhindern. Diese Situation ist deshalb näher zu prüfen.

---

[96] Da gemäss Art. 31 Abs. 3 lit. c AVIG auch die mitarbeitenden Ehegatten von Entscheidungsträgern vom Anspruch auf Kurzarbeitsentschädigung ausgeschlossen sind.
[97] Unveröffentlichter Entscheid C 376/99 vom 14.3.2001.

Ist ein Arbeitnehmer gleichzeitig Verwaltungsratsmitglied und Mehrheitsaktionär der Gesellschaft, so ist die heutige Rechtslage gegenüber der früheren Rechtsprechung zu differenzieren. Ursprünglich hatte das Bundesgericht in einem solchen Fall die Stellung des Verwaltungsrats und Mehrheitsaktionärs als Eigentümer und Leiter des Unternehmens qualifiziert, was eine Unterordnung im arbeitsrechtlichen Sinne ausschliesse. Selbst wenn der Verwaltungsrat mit mehreren Mitgliedern besetzt sei, so dass der einzelne Verwaltungsrat überstimmt werden könne, mache dies den Betroffenen noch nicht zu einem Unterstellten.[98] Heute akzeptiert das Bundesgericht, dass u.U. auch Verwaltungsratsmitglieder mit einem massgebenden Aktienanteil Arbeitnehmer sein können.[99] In solchen Fällen wird deshalb konkret geprüft, ob ein Anspruch auf Arbeitslosenentschädigung bestehen könne; doch wird dieser generell abgelehnt mit dem Hinweis auf die massgebende Einflussmöglichkeit. Geht man davon aus, dass ein Arbeitnehmer und Mehrheitsaktionär grundsätzlich jederzeit den Verwaltungsrat auswechseln kann, so ist der bundesgerichtlichen Rechtsprechung zuzustimmen. Will der betroffene Arbeitnehmer eine Weisung des Gesamtverwaltungsrats oder des VR-Präsidenten nicht akzeptieren, so kann er kurzerhand die übrigen Verwaltungsräte bzw. den VR-Präsidenten abwählen. Anschliessend kann er entweder als alleiniger Verwaltungsrat die störende Weisung widerrufen oder neue Verwaltungsräte einsetzen, welche dann einen entsprechenden Aufhebungsbeschluss zu fällen haben. Diese Annahme ist jedoch nur dann korrekt, wenn der betroffene Arbeitnehmer entweder alleiniger Verwaltungsrat ist oder aber folgende Voraussetzungen kumulativ erfüllt sind:

– Der betroffene Arbeitnehmer verfügt in der Generalversammlung stimmenmässig tatsächlich über die Mehrheit; eine rein kapitalmässige Mehrheit genügt noch nicht.

– Die Statuten enthalten keine Quorumsvorschriften, welche eine Abwahl bzw. eine Neubestellung aller Verwaltungsräte bzw. des Präsidenten soweit einschränken, dass der betroffene Arbeitnehmer diesbezüglich nicht mehr allein entscheiden kann.

– Es bestehen weder statutarische noch gesetzliche Regelungen, welche im konkreten Fall bestimmten Aktionärsgruppen das Recht auf einen Verwaltungsratssitz einräumen, so dass der betroffene Arbeitnehmer im Verwaltungsrat stimmenmässig unterlegen ist.[100]

Ist eine dieser Voraussetzungen nicht erfüllt und wird zudem weder in den Statuten noch im Organisationsreglement eine Doppelstellung als Verwaltungsrat und

---

[98] Vgl. BGE 102 V 223 Erw. 2.
[99] Vgl. vorne TEIL 3 § 7 II. 3. auf S. 219 f.
[100] Steht dem VR-Präsidenten der Stichentscheid zu und kann sich der betroffene Arbeitnehmer nicht selbst zum Präsidenten wählen, so besteht die Möglichkeit einer stimmenmässig Unterlegenheit selbst bei einem Verwaltungsrat, der nur aus zwei Mitgliedern besteht.

Arbeitnehmer ausgeschlossen, so kann eine Unterordnung nicht einfach verneint werden. Vielmehr ist im konkreten Fall weiter abzuklären, ob allenfalls doch eine Weisungsgebundenheit gegenüber dem Gesamtverwaltungsrat oder einem besonderen Funktionsträger (z.B. VR-Präsident oder VR-Delegierter) besteht.

Nach den obigen Überlegungen erscheint der BGE 102 V 223 zumindest fragwürdig. Im konkreten Fall waren drei Brüder je zu einem Drittel stimmen- und kapitalmässig an einer Aktiengesellschaft beteiligt. Alle drei waren zudem Verwaltungsräte und Arbeitnehmer dieser Gesellschaft. Zwei Brüder konnten somit den dritten als Verwaltungsrat absetzen bzw. als Arbeitnehmer entlassen. Im Konfliktfalle hätten Weisungen des Verwaltungsrats mit einer Kündigungsandrohung durchgesetzt werden können. In der Entscheidbegründung ist kein Hinweis darauf zu finden, dass diese Art der Weisungsdurchsetzung irgendwie eingeschränkt gewesen wäre. Es wird im Gegenteil sogar festgehalten, dass ein Überstimmen im Verwaltungsrat möglich gewesen wäre. Selbst von einem Aktionärbindungsvertrag mit Stimmrechtseinschränkung ist im Entscheid nicht die Rede. Letztlich hat das Bundesgericht also die Stimmen der Brüder als Einheit betrachtet und damit die Entscheidungsmacht jedes Verwaltungsrats begründet. Ausschlaggebend für den Entscheid war vermutlich der von den Brüdern zugegebene Umstand, dass die Aktiengesellschaft nur zur Haftungsbegrenzung gegründet worden sei. Wörtlich heisst es im Entscheid dazu:

> «Wohl ist es möglich, dass der einzelne der drei Verwaltungsräte von den beiden andern überstimmt wird. Das macht ihn aber nicht zu einem Unterstellten, jedenfalls nicht bei den heute vorliegenden Verhältnissen, wo die drei Brüder alleinige Aktionäre und Verwaltungsräte der Familien-Aktiengesellschaft sind, die zugegebenermassen in der Absicht gegründet wurde, das private Eigentum der drei Beteiligten bei einer allfälligen Liquidation der Firma zu schützen.»

Die Haftungsbegrenzung als Motiv zur Gründung einer Aktiengesellschaft ist rechtlich nicht zu beanstanden. Ob die Aktionäre miteinander verwandt sind oder nicht, kann für die Beurteilung eines Unterordnungsverhältnisses ebenso wenig entscheidend sein. Erst konkrete Stimmrechtsbindungen oder Weisungsbeschränkungen wären rechtlich relevant. Mit anderen Worten heisst dies, dass nicht die Stellung als Familienaktionär, sondern nur die Stellung als Mehrheitsaktionär eine Doppelstellung als Verwaltungsrat und Arbeitnehmer in Frage stellt.

In BGE 106 V 117 hätte es das Bundesgericht in der Hand gehabt, seine Rechtsprechung bezüglich einem Verwaltungsrat und Mehrheitsaktionär mit Doppelstellung als Arbeitnehmer einwandfrei zu differenzieren. In diesem Urteil vom 27.5.1980 wurde im Sachverhalt klar festgestellt, dass die Ansprüche gegenüber der Arbeitslosenkasse von einem Verwaltungsrat geltend gemacht wurden, der gleichzeitig Präsident des Verwaltungsrats, Mehrheitsaktionär und Geschäftsführer war. Dennoch machte sich das Eidg. Versicherungsgericht nicht die Mühe, die Zulässigkeit eines Arbeitsvertrages mit der Gesellschaft abzuklären. Statt dessen heisst es in der Begründung unter Erw. 1 lediglich: «Zu Recht hat die Vorinstanz den Beschwerdegegner arbeitslosenversicherungsrechtlich als Arbeitnehmer eingestuft, so dass seine Anspruchsberechtigung auf Arbeitslosenentschädigung grundsätzlich zu bejahen ist.»

Welche Bedeutung das Eidg. Versicherungsgericht der Stellung als Mehrheitsaktionär bei einem Verwaltungsrat im Zusammenhang mit seiner Anspruchsberechtigung auf Leistungen der Arbeitslosenversicherung zumisst, zeigt das nicht publizierte Urteil vom 7. März 2002.[101] Der Beschwerdeführer G. war in diesem Fall ursprünglich Alleinaktionär und Verwaltungsrat der Gesellschaft X. AG. Nach dem Verkauf der Mehrheit seiner Aktien blieb er weiterhin einzelzeichnungsberechtigtes Mitglied des Verwaltungsrates. In der Folge unterzeichnete G. einen Arbeitsvertrag als Geschäftsführer mit der X. AG sowohl für sich selbst als Arbeitnehmer, als auch in seiner Funktion als Verwaltungsrat für die X. AG.[102] Weil dieser Arbeitsvertrag vom Hauptaktionär gekündigt wurde und eine weitere Anstellung in der X. AG nicht möglich war, beantragte G. Arbeitslosenunterstützung. Die Arbeitslosenkasse Basel-Stadt und auch die Kantonale Schiedskommission für Arbeitslosenversicherung Basel-Stadt lehnten dieses Begehren ab mit der Begründung, es handle sich um eine Rechtsumgehung entsprechend der Rechtsprechung in BGE 123 V 234. Genau diese Auffassung teilte jedoch das Eidg. Versicherungsgericht nicht und hielt fest, nur dem Mehrheitsaktionär und nicht dem Beschwerdeführer G. habe die unternehmerische Dispositionsfreiheit zugestanden.[103] Trotz der Stellung als einzelzeichnungsberechtigter Verwaltungsrat und Minderheitsaktionär seien die Voraussetzungen für eine Anspruchsberechtigung auf Arbeitslosenunterstützung gegeben. Nur der alleinige Verwaltungsrat oder das Verwaltungsratsmitglied mit einer massgebenden Aktionärsstellung sind demnach gemäss herrschender Rechtsprechung unter dem Titel Rechtsmissbrauch von jeglichen Leistungen der Arbeitslosenversicherung ausgeschlossen.

Bei einigen Arbeitslosenkassen scheint die differenzierte Gerichtspraxis zu Verwirrung geführt zu haben. Dies zeigt das Urteil des Eidg. Versicherungsgerichtes vom 26. April 2002.[104] Ein Architekt, der gleichzeitig Aktionär und einzelzeich-

---

[101] Unveröffentlichter Entscheid C 313/00 vom 7.3.2002.
[102] Auf die mögliche Problematik eines unerlaubten Insichgeschäftes ist das BGer. nicht eingegangen.
[103] Vgl. die entsprechende Kommentierung in der NZZ vom 11.12.1997, Nr. 288, S. 14, unter dem Titel: «Kein Stempelgeld für angestellten Alleinaktionär – Rechtsmissbräuchliche Gesetzesumgehung.»
[104] Unveröffentlichter Entscheid C 44/0 vom 26.4.2002.

nungsberechtigter Vizepräsident jener Gesellschaft war, die offiziell als Arbeitgeberin in Erscheinung trat, bezog nach seiner ersten Entlassung während 22 Monaten bis Ende 1997 Arbeitslosenentschädigung. Nach einer Wiedereinstellung und zweijähriger Arbeitszeit wurde er von der gleichen Gesellschaft zum zweiten Mal entlassen. Als er nun wieder um Arbeitslosenentschädigung nachsuchte, wurde diese mit dem Verweis auf die ständige Rechtsprechung zu Art. 31 Abs. lit. c AVIG verweigert. Es ist deshalb durchaus möglich, dass im Einzelfall Leistungen von einer Arbeitslosenkasse ausgerichtet werden, obwohl der betroffene Arbeitnehmer wegen seiner Doppelstellung als Verwaltungsrat und massgebender Aktionär nach Auffassung des Bundesgerichtes vom entsprechenden Anspruch ausgeschlossen wäre.

Abschliessend ist festzustellen, dass die Rechtsprechung des Eidg. Versicherungsgerichtes zur Frage, wann Verwaltungsräte mit gleichzeitiger Stellung als Mehrheitsaktionär einen Anspruch auf Arbeitslosenentschädigung haben, durchwegs sehr restriktiv ist. Ein derartiger Anspruch wird auch dann abgelehnt, wenn über die Gesellschaft bereits der Konkurs eröffnet, aber mangels Aktiven wieder eingestellt wurde und der Betroffene weiterhin als Verwaltungsrat bzw. Liquidator im Handelsregister eingetragen bleibt. Nach Ansicht des Bundesgerichtes kann der Betroffene das Geschäft auch in einem solchen Falle bis zu dessen Verkauf oder Auflösung weiterführen und damit weiterhin über seine arbeitsrechtliche Stellung entscheiden.[105]

c) Kurzarbeitsentschädigung

Kurzarbeit kann nicht nur in einer Reduktion der täglichen, wöchentlichen oder monatlichen Arbeitszeit bestehen, sondern auch darin, dass ein Betrieb für eine gewisse Zeit vollständig stillgelegt wird unter Aufrechterhaltung der Arbeitsverträge.[106] Arbeitnehmer, deren normale Arbeitszeit verkürzt oder deren Arbeit vorübergehend ganz eingestellt ist, haben gemäss Art. 31 Abs. 1 AVIG Anspruch auf Kurzarbeitsentschädigung, wenn sie auch die übrigen gesetzlichen Voraussetzungen erfüllen. Keinen Anspruch auf Kurzarbeitsentschädigung haben jedoch nach Art. 31 Abs. 3 lit. c AVIG u.a. Personen, die in ihrer Eigenschaft als Gesellschafter, als finanziell am Betrieb Beteiligte oder als Mitglieder eines obersten betrieblichen Entscheidungsgremiums die Entscheidungen des Arbeitgebers bestimmen oder massgeblich beeinflussen können. Ebenfalls vom Anspruch ausgeschlossen sind die mitarbeitenden Ehegatten dieser Personen. Die Formulierung in Art. 31

---

[105] Unveröffentlichter Entscheid C 373/00 vom 19.3.2002 (vgl. ARV 2002 Nr. 28 S. 183 ff.).
[106] BGE 123 V 234 Erw. 7. b) bb).

Abs. 3 lit. c AVIG entspricht damit weitgehend dem Ausschluss von Art. 51 Abs. 2 AVIG bezüglich der Insolvenzentschädigung.[107]

In der Botschaft zu Art. 31 AVIG[108] wurde zusammenfassend betont, «dass der Ausschluss vom Bezug sich nur auf Kurzarbeit bezieht und dass somit die betreffenden Arbeitnehmer bei Ganzarbeitslosigkeit aufgrund ihrer vorgängigen Beitragszeiten gegebenenfalls anspruchsberechtigt sein können». In Art. 8 ff. AVIG ist keine entsprechende Ausschlussnorm vorhanden. Es stellte sich deshalb die Frage, ob die von der Kurzarbeitsentschädigung ausgeschlossene Personengruppe allenfalls über den Umweg der Ganzarbeitslosigkeit doch noch in den Genuss einer Anspruchsberechtigung gelangen könnte. Dies hat das Bundesgericht in BGE 123 V 234 Erw. 7. b) bb) klar als rechtsmissbräuchliche Umgehung der Regelung von Art. 31 Abs. 3 lit. c AVIG abgelehnt. Anderseits ist bereits nach dem Wortlaut der Norm zu vermuten, dass ein Arbeitnehmer dann vom Anspruch auf Kurzarbeitsentschädigung ausgeschlossen ist, wenn er Mitglied des Verwaltungsrats ist.[109]

Kann ein Verwaltungsrat die Entscheidungen des Arbeitgebers stets im Sinne des Arbeitslosenversicherungsgesetzes bestimmen oder massgeblich beeinflussen? In BGE 122 V 270 Erw. 3. stellte das Bundesgericht in aller Schärfe fest:[110] «Amtet ein Arbeitnehmer dagegen als Verwaltungsrat, so ist eine massgebliche Entscheidungsbefugnis im Sinne von Art. 31 Abs. 3 lit. c AVIG ex lege gegeben. Denn es gehört nach dem Obligationenrecht (Art. 716–716b) zum Wesen eines Verwaltungsrats, dass er auf die Entscheidfindung der Aktiengesellschaft massgeblichen Einfluss hat, und sei es auch bloss in Form der Oberleitung oder der Oberaufsicht über die mit der Geschäftsführung betrauten Personen (Art. 716a Abs. 1 Ziff. 1 und 5 OR). Handelt es sich somit um einen mitarbeitenden Verwaltungsrat, so greift der persönliche Ausschlussgrund des Art. 31 Abs. 3 lit. c AVIG ohne weiteres Platz, und es bedarf diesfalls keiner weiteren Abklärungen im Sinne von BGE 120 V 525 f. Erw. 3b (…).» In BGE 123 V 234 wurde diese Feststellung vorbehaltlos bestätigt:[111] «Nach der Rechtsprechung ist der Ausschluss der in Art. 31

---

[107] Nachstehend unter TEIL 4 § 11 II. 5. e) auf S. 401 ff.
[108] Ursprünglich noch als Art. 30 numeriert; vgl. Botschaft zur Arbeitslosenversicherung und Insolvenzentschädigung 591 f.
[109] GERHARDS, Kommentar zum Arbeitslosenversicherungsgesetz, 407 N 38.
[110] Dieser Entscheid wurde vom EVG am 21.5.1997 (ARV 1996/41 S. 226) als massgebende Rechtsprechung zitiert.
[111] Im Ergebnis ist dieser Entscheid nicht zu beanstanden, da es um einen Alleinverwaltungsrat ging, welcher gleichzeitig auch noch Alleinaktionär war, doch machte das Bundesgericht in Erw. 7. a) leider keine zusätzlichen Ausführungen im Sinne eines obiter dictum bezüglich eines Verwaltungsratsmitglieds ohne Zusatzfunktion und Unterschriftsberechtigung in einem mehrköpfigen Verwaltungsratsgremium.

Abs. 3 lit. c AVIG genannten Personen vom Entschädigungsanspruch absolut zu verstehen [...] und zwar selbst dann, wenn seine Kapitalbeteiligung klein ist und er nur über die kollektive Zeichnungsberechtigung verfügt (ARV 1996 S. 48).»[112] Beim Fall, auf den hier verwiesen wird,[113] handelt es sich um ein Verwaltungsratsmitglied, welches lediglich 2% der Aktien besass und nur über eine Kollektivunterschrift zu zweien verfügte. Unabhängig von dessen Aufgabenbereich und der internen Aufgabenteilung sowie ungeachtet der Tatsache, dass der Verwaltungsratspräsident 95% der Aktien besass und Einzelunterschriftsberechtigung führte, wurde dem Betroffenen die Kurzarbeitsentschädigung verweigert. Das Bundesgericht erachtet den Ausschlussgrund von Art. 31 Abs. 3 lit. c AVIG bei einem Verwaltungsratsmitglied demnach in jedem Falle als absolut und vorbehaltlos anwendbar.

Die Feststellungen des Bundesgerichtes in BGE 122 V 270 können in einer derart absoluten Form nicht unwidersprochen bleiben. Folgende Gegenargumente sind anzuführen:

- In Art. 31 Abs. 3 AVIG wird der Verwaltungsrat von der Kurzarbeitsentschädigung nicht explizit ausgeschlossen. Vielmehr wird vorausgesetzt, dass die betreffende Person, die Entscheidungen des Arbeitgebers «bestimmen oder massgeblich beeinflussen» kann. Nur durch die Stellung als Verwaltungsrat ist diese Voraussetzung noch nicht zwingend erfüllt.

- Die Art. 716-716b OR betreffen den Verwaltungsrat als Gremium und nicht das einzelne Verwaltungsratsmitglied; besteht der Verwaltungsrat nur aus einer Person, so ist gegen die bundesgerichtliche Ablehnung nichts einzuwenden.

- In einem mehrköpfigen Verwaltungsrat hat das einzelne Mitglied nur einen beschränkten Einfluss auf die Willensbildung, sofern keine beherrschende Stellung als Mehrheitsaktionär, VR-Präsident oder VR-Delegierter gegeben ist.

- Der Arbeitnehmervertreter in einem paritätisch zusammengesetzten Verwaltungsrat ist in erster Linie Arbeitnehmer und bedarf als solcher wie alle anderen des sozialen Schutzes.

Das letzte Argument zeigt, dass es wohl nicht der Sinn von Art. 31 Abs. 3 lit. c AVIG sein kann, einen Arbeitnehmer nur wegen seiner formellen Stellung als Verwaltungsrat von der Kurzarbeitsentschädigung auszuschliessen. Entsprechend den nachfolgenden Überlegungen zur Insolvenzentschädigung sollte deshalb in jedem

---

[112] Die Auffassung des absoluten Ausschlusses wird seither in ständiger Rechtsprechung aufrechterhalten (vgl. die unveröffentlichten Entscheide C 274/99 vom 6.7.2001, C 313/00 vom 7.3.2002 und C 373/00 vom 19.3.2002).
[113] ARV 1996 Nr. 10 S. 48 ff., Entscheid vom 13.2.1995.

Falle individuell geprüft werden, ob die im Gesetz aufgelisteten Voraussetzungen zum Ausschluss von der Kurzarbeitsentschädigung tatsächlich erfüllt sind oder nicht und zwar unabhängig von der formellen Bezeichnung des betroffenen Arbeitnehmers.

Bei der Rechtsprechung des Bundesgerichtes im Zusammenhang mit Streitigkeiten von leitenden Arbeitnehmern bezüglich Kurzarbeitsentschädigung fällt auf, dass die Rechtsfrage, ob überhaupt ein Arbeitsverhältnis bestanden hatte, kaum je tangiert wird. Ein geradezu klassisches Beispiel dafür ist der Entscheid vom 28. März 2001.[114] Dabei war der Fall eines ehemaligen Staatsangestellten B. zu beurteilen, welcher im Jahre 1998 eine AG gegründet hatte. Er hielt 99% des Aktienkapitals und war überdies alleiniger Verwaltungsrat und Geschäftsführer (angeblich im Arbeitsverhältnis). Wegen finanziellen Schwierigkeiten musste B. die Geschäftstätigkeit der AG bereits am 29. August 1999 einstellen. Am 13. September 1999 stellte B. ein Gesuch um Kurzarbeitsentschädigung. Zweifellos im Hinblick auf die Einschränkungen in Art. 31 Abs. 3 lit. c AVIG übertrug B. am 21. September 1999 sein VR-Mandat und seine Aktien an seine Ehefrau. Das Bundesgericht verneinte zu Recht einen Anspruch auf Kurzarbeitsentschädigung. Doch in der Begründung wird nicht auf die Unmöglichkeit eines Arbeitsverhältnisses mangels Subordination eingegangen, sondern auf die erst 5 Monate später stattfindende Liquidation der Gesellschaft. Es wäre zweifellos einfacher und juristisch auch korrekter, wenn vor der Überprüfung weiterer Voraussetzungen zuerst abgeklärt würde, ob überhaupt ein Arbeitsvertrag bestanden hatte.

d) Schlechtwetterentschädigung

Gemäss Art. 42 Abs. 3 AVIG haben Personen nach Art. 31 Abs. 3 AVIG keinen Anspruch auf Schlechtwetterentschädigung. Demnach sind gleich wie bei der Kurzarbeitsentschädigung u.a. Personen, die in ihrer Eigenschaft «als Mitglieder eines obersten betrieblichen Entscheidungsgremiums die Entscheidungen des Arbeitgebers bestimmen oder massgeblich beeinflussen können, sowie ihre mitarbeitenden Ehegatten» vom Anspruch auf Schlechtwetterentschädigung ausgeschlossen.

Die Überlegungen zur Kurzarbeitsentschädigung gelten in analoger Weise auch für die Schlechtwetterentschädigung. Auch hier sollte die rein formaljuristische Stellung als Verwaltungsratsmitglied nicht ohne weiteres zu einer Verweigerung der Anspruchsberechtigung führen. Zu denken ist insbesondere an den Fall eines

---

[114] Unveröffentlichter Entscheid C 355/00 vom 28.3.2001 (publiziert in ARV 2001 Nr. 25 S. 218 ff.).

Bauunternehmens, bei dem im Verwaltungsrat dem Wunsche der Gewerkschaft entsprechend ein von den Arbeitnehmern bestimmter Vertreter Einsitz nehmen kann. Handelt es sich dabei um einen im Stundenlohn angestellten Maurer, welcher bei schlechtem Wetter seine Arbeitsleistung nicht erbringen kann, so sollte er ebenso wie seine Kollegen Anspruch auf Schlechtwetterentschädigung haben.

e) Insolvenzentschädigung

aa) Gesetzliche Regelung der Insolvenzentschädigung

Art. 51 AVIG regelt die Anspruchsvoraussetzungen für eine Insolvenzentschädigung. Danach haben beitragspflichtige Arbeitnehmer u.a. einen Anspruch auf Insolvenzentschädigung, wenn gegen ihren Arbeitgeber der Konkurs eröffnet wird und ihnen in diesem Zeitpunkt Lohnforderungen zustehen.

Durch die zweite Teilrevision des Arbeitslosenversicherungsgesetzes wurde auf den 1. Januar 1996 auch Art. 51 AVIG neu geregelt. Der zweite Absatz dieses Artikels verwehrt nun ausdrücklich jenen Personen den Anspruch auf Insolvenzentschädigung, die in ihrer Eigenschaft als Gesellschafter, als finanziell am Betrieb Beteiligte oder als Mitglieder eines obersten betrieblichen Entscheidungsgremiums die Entscheidungen des Arbeitgebers bestimmen oder massgeblich beeinflussen können; ebenfalls ausgeschlossen wird der mitarbeitende Ehegatte.[115] Diese Bestimmung wurde als notwendige Harmonisierung mit den Bestimmungen der Kurzarbeitsentschädigung und der konkursrechtlichen Praxis von der Mehrheit aller Kantone und Parteien begrüsst.[116]

Mitglieder des Verwaltungsrats sind zweifellos Personen, welche dem obersten betrieblichen Entscheidungsgremium angehören. Allerdings ist auch im Zusammenhang mit der Insolvenzentschädigung fraglich, ob sie in jedem Falle die Entscheidungen des Arbeitgebers bestimmen oder massgeblich beeinflussen. Dies zeigt sich bei den Arbeitnehmervertretern in einem paritätisch zusammengesetzten Verwaltungsrat. Die von der Belegschaft in den Verwaltungsrat delegierten Arbeitneh-

---

[115] Dieser generelle Ausschluss ist m.E. problematisch. Warum soll eine langjährige Mitarbeiterin vom Konkursprivileg ausgeschlossen werden, nur weil sie mit einem im selben Betrieb tätigen Mann verheiratet ist, welcher als Arbeitnehmervertreter Einsitz im paritätisch zusammengesetzten Verwaltungsrat hat? Besonders stossend ist der Anspruchsausschluss dann, wenn die betroffene Mitarbeiterin im Zeitpunkt des Konkurses bereits von ihrem Ehemann getrennt lebt und die Ehe kurze Zeit nach Konkurseröffnung definitiv geschieden wird (dieser Sachverhalt liegt dem unveröffentlichten Entscheid C 16/02 des Eidg. Versicherungsgerichtes vom 16.9.2002 zugrunde). Die Tatsache einer bestehenden Ehe mit einem leitenden Arbeitnehmer bedeutet doch nicht, dass der betroffene Ehegatte keinen Sozialschutz mehr benötigt!

[116] Botschaft zur Revision des AVIG, 350; dagegen sprach sich lediglich die SVP aus.

mer haben weiterhin die Weisungen ihrer direkten Vorgesetzen zu befolgen und sind damit wohl nicht in der Lage, die Entscheidungen des Arbeitgebers im Sinne des Gesetzes zu bestimmen oder massgeblich zu beeinflussen. Ein Ausschluss dieser Arbeitnehmervertreter von einem Anspruch auf Insolvenzentschädigung würde nicht dem eigentlichen Sinn des Gesetzes entsprechen, nämlich dem Schutz der Arbeitnehmer vor einem Lohnausfall wegen Insolvenz des Arbeitgebers. Es bleibt deshalb nichts anderes übrig, als jeden Fall individuell zu beurteilen.[117] Das Eidgenössische Versicherungsgericht ist bezüglich der Verwaltungsräte jedoch anderer Ansicht; mit Entscheid vom 21. Mai 1997[118] stellte es fest: «Einen Arbeitnehmer allein deswegen vom Anspruch auf Insolvenzentschädigung auszuschliessen, weil er eine leitende Funktion ausübt und für den Betrieb zeichnungsberechtigt und im Handelsregister eingetragen ist, ist nicht zulässig. Vielmehr muss jeweils im Einzelfall geprüft werden, welche Entscheidungsbefugnisse dem Arbeitnehmer aufgrund der internen betrieblichen Struktur zukommen. Von dieser Prüfung des Einzelfalles kann lediglich bei mitarbeitenden Verwaltungsräten abgesehen werden, die von Gesetzes wegen über eine massgebliche Entscheidungsbefugnis verfügen (Art. 716 bis 716b OR).» Diese Rechtsprechung wurde zwischenzeitlich mehrfach bestätigt,[119] dennoch rechtfertigt sich eine vertiefte Prüfung von Art. 51 AVIG.

bb) *Allgemeine Voraussetzungen für einen Insolvenzentschädigungsanspruch*

Nur Arbeitnehmer haben Anspruch auf Insolvenzentschädigung aus der Arbeitslosenversicherung. Selbständigerwerbende können lediglich über den Umweg einer Betriebsausfallversicherung eine Ersatzdeckung anstreben. Doch auch offiziell gemeldete Arbeitnehmer können von der Arbeitslosenversicherung ausgeschlos-

---

[117] Dabei ist die bisherige Rechtsprechung allenfalls eine Hilfe: BGE 104 V 201, BGE 106 V 117, BGE 123 V 237 sowie die nicht amtlich publizierten Entscheide des Bundesgerichtes C 274/99, C 278/99 und C 279/99 vom 6.7.2001; STAUFFER, Rechtsprechung, 122 f., stellt mit Verweis auf BGE 112 V 55 Erw. 2. b) fest, dass Mitglieder des Verwaltungsrats, die einen Lohn beziehen und bei denen davon auszugehen ist, dass dies nicht in ihrer spezifischen Eigenschaft als Verwaltungsrat geschieht, einen Anspruch auf Insolvenzentschädigung haben; doch zu Art. 51 Abs. 2 AVIG führt derselbe Autor a.a.O. unter Hinweis auf ARV 1996 Nr. 41 S. 227 aus, dass bei mitarbeitenden Verwaltungsräten auf eine individuelle Prüfung der Entscheidungsbefugnisse verzichtet werden könne, da diese schon von Gesetzes wegen vorhanden sei.
[118] Publiziert in ARV 1996 Nr. 41 S. 224 ff. und seither vom Bundesgericht in ständiger Rechtsprechung übernommen.
[119] Vgl. unveröffentlichter Entscheid C 184/99 vom 3.4.2000 Erw. 1 mit Verweis auf BGE 122 V 270 Erw. 3; in BGE 126 V 134 Erw. 5. b) wurde vom Bundesgericht zudem zur Frage Stellung genommen, bis wann ein Verwaltungsratsmitglied tatsächlich auf die Tätigkeit der Gesellschaft Einfluss nehmen könne. Dies sei der Zeitpunkt des effektiven Rücktritts, welcher unmittelbar wirksam ist, und nicht die Löschung im Handelsregister oder das Datum der Publikation im Schweizerischen Handelsamtsblatt. Damit hat das Bundesgericht die gleiche Betrachtungsweise angewandt wie bei der Haftbarkeit des Verwaltungsrats für Schadenersatz nach Art. 52 AHVG.

sen werden, wenn sie die von der Versicherungskasse geforderten Kriterien für eine Qualifikation als Arbeitnehmer nicht erfüllen. Im Zusammenhang mit einer Doppelstellung als Verwaltungsrat und Arbeitnehmer wird dabei die geforderte Unterordnung bzw. die Weisungsgebundenheit zum zentralen Abgrenzungskriterium. Da ein Arbeitsvertrag zwingend ein Unterordnungsverhältnis voraussetzt,[120] kann bei dessen Fehlen sogar rückwirkend ein Ausschluss aus der Arbeitslosenversicherungskasse verfügt werden.[121]

In den Art. 73 ff. AVIV werden keine Kriterien für die Qualifikation als anspruchsberechtigter Arbeitnehmer im Hinblick auf die Insolvenzentschädigung aufgestellt. Auch Art. 10 ATSG bringt keine neue Begriffsbestimmung des Arbeitnehmers.[122] Es kann demnach auf den allgemeinen Begriff des Arbeitnehmers im Sozialversicherungsrecht abgestellt werden. Dieser bestimmt sich nach dem AHV-Beitragsstatut.[123]

In Art. 51 Abs. 1 AVIG wird neben der Stellung als anspruchsberechtigter Arbeitnehmer mindestens eine von drei weiteren Voraussetzungen als Anspruchsgrundlage für eine Insolvenzentschädigung verlangt. Diese Voraussetzungen lassen im Falle einer konkursiten Aktiengesellschaft als Arbeitgeberin jedoch keinen Unterschied erkennen, ob der anspruchsberechtigte Arbeitnehmer noch eine Stellung als Verwaltungsrat innehat oder nicht. Konsequenterweise wird deshalb in einem separaten zweiten Absatz in Art. 51 AVIG der Ausschluss von Personen des obersten betrieblichen Entscheidungsgremiums geregelt.

cc) Entwicklung der Rechtsprechung zur Insolvenzentschädigung

Am 15. Januar 1986 stellte das Bundesgericht im wegweisenden BGE 112 V 55 unter Erw. 2. a) fest, der AHV-rechtliche Begriff des massgebenden Lohnes gelte nicht nur für die Bemessung der Arbeitslosen-, Kurzarbeits- und Schlechtwetterentschädigung, sondern auch für die Insolvenzentschädigung. In diesem Fall waren die Ansprüche des Verwaltungsratspräsidenten der Z. AG zu beurteilen, welcher einen Antrag auf Insolvenzentschädigung gestellt hatte. Zur Begründung seines Antrages machte der Betroffene geltend, er sei durchschnittlich 57 Stunden pro Woche als Verkäufer für die konkursite Z. AG tätig gewesen und habe in dieser Funktion einen monatlichen Lohn erhalten, wogegen ihm für seine Funktion

---

[120] Vgl. dazu vorne TEIL 3 § 6 II. 1. c) auf S. 178 ff.
[121] So beispielsweise geschehen gegenüber den Brüdern Renggli mit Verfügung vom 23.12.1975 der Arbeitslosenkasse des Schweizerischen Werkmeisterverbandes gemäss BGE 102 V 223.
[122] Nach KIESER, Rz. 15 zu Art. 10 ATSG.
[123] Entscheid des Eidg. Versicherungsgerichtes vom 22.9.1978, publiziert in ARV 1978 Nr. 25 102 ff., womit die frühere Rechtsprechung der seit 1.4.1977 geltenden neuen Rechtslage angepasst wurde.

als Verwaltungsrat nie ein Honorar ausbezahlt worden sei. Das BIGA hatte den Anspruch auf Insolvenzentschädigung verneint mit dem Hinweis, aus den Gesetzesmaterialen, der Gesetzessystematik und der Zweckbestimmung der Insolvenzentschädigung ergebe sich, dass die leitenden Arbeitnehmer vom Anspruch auf Insolvenzentschädigung ausgeschlossen seien. Dieser Auffassung folgte das Bundesgericht nicht und anerkannte den Anspruch des Verwaltungsratspräsidenten auf Insolvenzentschädigung bezüglich seiner Funktion als Verkäufer. In der Begründung wird festgestellt, dass die damals noch geltende Verordnungsbestimmung, wonach die Insolvenzentschädigung auf betreibungsrechtlich privilegierte Forderungen beschränkt war, nicht gesetzeskonform sei. In der Zwischenzeit hat sich die Gesetzgebung diesem Problem angenommen und mit der Revision vom 23. Juni 1995 Art. 51 Abs. 2 AVIG gelöst.[124]

Am 31. Januar 2000[125] anerkannte das Bundesgericht den Anspruch einer Arbeitnehmerin auf Insolvenzentschädigung, obwohl deren Ehemann als Bauführer gleichzeitig Mitglied des Verwaltungsrats der konkursiten Gesellschaft gewesen war. Am 1. Januar 1996 war der geänderte Art. 51 Abs. 2 AVIG in Kraft getreten, wonach in solchen Fällen eine Anspruchsberechtigung auf Insolvenzentschädigung ausgeschlossen wäre. Der Ehemann hatte noch am 12. November 1995 seinen Rücktritt aus dem Verwaltungsrat erklärt und am 21. Februar 1996 war über die Gesellschaft der Konkurs eröffnet worden. Das Bundesgericht prüfte die intertemporale Anwendbarkeit der geänderten Gesetzesbestimmung und gelangte zum Ergebnis, die Schlechterstellung einer bestimmten Personenkategorie spreche gegen eine rückwirkende Anwendbarkeit. Dieser Entscheid zeigt in aller Deutlichkeit, dass die Schlechterstellung der in der konkursiten Gesellschaft mitarbeitenden Ehegatten eines Verwaltungsrats absolut zu verstehen ist und auch bei paritätisch zusammengesetzten Verwaltungsräten keine Ausnahme zu erwarten ist.

Mit Urteil vom 16. September 2002[126] lehnte das Eidg. Versicherungsgericht konsequenterweise den Antrag einer im Betrieb mitarbeitenden Ehefrau auf Zusprechung einer Insolvenzentschädigung ab mit der Begründung, ihr Ehemann sei Mitglied des Verwaltungsrats mit Einzelunterschrift bei der in Konkurs gefallenen Gesellschaft L. gewesen. Es half der Beschwerdeführerin nichts, dass sie seit März 2000 von ihrem Ehemann getrennt lebte und die Gesellschaft L. erst im Juni 2001 in Konkurs fiel. Auch die separate Veranlagung durch die Steuerbehörden ab dem Zeitpunkt der Trennung und die Tatsache der späteren Scheidung im November 2001 führten nicht zu einer Anspruchsanerkennung. Das Bundesgericht stellte ein-

---

[124] Nach MEIER, Lohnforderungen, 43, nähert sich damit der Arbeitnehmerbegriff in der Rechtsprechung zur Arbeitslosenversicherung derjenigen zum Konkursprivileg.
[125] BGE 126 V 134.
[126] C 16/02; auszugsweise publiziert in ARV 2003 S. 120 f.

mal mehr klar,[127] dass der Ausschluss der im Betrieb mitarbeitenden Ehegatten absolut zu verstehen sei. Trotz Trennung dauere die Ehe fort und aus Gründen der Rechtssicherheit sei es nicht angezeigt, bei im Betrieb mitarbeitenden Ehegatten arbeitgeberähnlicher Personen den Anspruch auf Insolvenzentschädigung zu bejahen, falls sie getrennt lebten.

dd) Verhältnis der Insolvenzentschädigung zum Konkursprivileg

Der Arbeitnehmer hat gemäss Art. 55 AVIG im Konkursverfahren alles zu unternehmen, um seine Ansprüche gegenüber dem Arbeitgeber zu wahren, bis die Kasse ihm mitteilt, dass sie an seiner Stelle in das Verfahren eintritt. Mit der Ausrichtung der Insolvenzentschädigung gehen die Lohnansprüche des Arbeitnehmers gestützt auf Art. 54 AVIG im Ausmasse der bezahlten Entschädigung und der von der Kasse entrichteten Sozialversicherungsbeiträge samt dem gesetzlichen Konkursprivileg auf die Kasse über. Die Insolvenzentschädigung ist in diesem Sinne klar subsidiär zum Konkursprivileg.[128]

Die Insolvenzentschädigung deckt gemäss Art. 52 AVIG nur Lohnforderungen für die letzten vier Monate des Arbeitsverhältnisses.[129] Auf den ersten Blick scheint deshalb dieser Sozialschutz für den Arbeitnehmer schlechter zu sein, als das Konkursprivileg nach Art. 219 SchKG. Doch bei der Insolvenzentschädigung wird nicht auf das Datum der Konkurseröffnung, sondern auf dasjenige der Beendigung des Arbeitsverhältnisses abgestellt. Verzögert sich die Konkurseröffnung, z.B. auf Grund von Prozessen oder weil die übrigen Mitglieder des Verwaltungsrats untätig bleiben, und ist der betroffene Verwaltungsrat und Arbeitnehmer mangels Lohnzahlung gezwungen, das Arbeitsverhältnis vorher aufzulösen, so entfällt unter Umständen die Möglichkeit zur Geltendmachung des Konkursprivilegs teilweise oder vollständig. In einem solchen Falle ist die Frist von vier Monaten bei der Insolvenzentschädigung eine willkommene Ersatzlösung.[130]

---

[127] Mit Verweis auf die analoge Rechtsprechung zur Kurzarbeitsentschädigung (BGE 123 V 237 Erw. 7. und BGE 122 V 270 Erw. 3.).
[128] Vgl. MÜLLER, Konkursprivileg, 556 f.
[129] Ursprünglich waren es nur drei Monate, wobei Art. 75 AVIV bestimmte, dass diese Frist vom Tag der Konkurseröffnung oder des Pfändungsbegehrens zurückgerechnet werden müsse; diese Verordnungsbestimmung wurde durch BGE 114 V 56 als gesetzeswidrig qualifiziert. Allerdings gehen die Ansprüche in keinem Fall über das Datum der Konkurseröffnung hinaus (vgl. Entscheid des Eidg. Versicherungsgerichtes vom 8.2.2001 in ARV 2001 Nr. 33 S. 238 f.).
[130] Zur Entstehung dieser Fristberechnung vgl. FRITZSCHE/WALDER, § 43a Rz. 2; gemäss BGE 114 V 56 und Entscheid des Eidg. Versicherungsgerichtes vom 29.1.1993, publiziert in Pra. 82 (1993) Nr. 132, S. 499 ff., deckt die Insolvenzentschädigung jedoch nur den Lohn vor der Konkurseröffnung; zur Begründung wird angeführt, die Auslegung von Art 52 AVIG habe sich im Rahmen von Art. 51 AVIG zu halten (ebenso GERHARDS, 1293 N 14).

Um den Arbeitnehmer zu zwingen, seine arbeitsrechtlichen Forderungen im Konkurs des Arbeitgebers auch wirklich mit allen zumutbaren Mitteln durchzusetzen, hat der Gesetzgeber in Art. 55 Abs. 2 AVIG eine drastische Sanktion für die Verletzung dieser Mitwirkungspflicht aufgestellt. Danach ist die Insolvenzentschädigung zurückzuerstatten, soweit die Lohnforderung im Konkurs abgewiesen oder aus Gründen nicht gedeckt wird, welche der Arbeitnehmer absichtlich oder grobfahrlässig herbeigeführt hat.

ee) Begrenzung der Insolvenzentschädigung

Im Gegensatz zum Konkursprivileg für Lohnforderungen ist die Insolvenzentschädigung nicht nur zeitlich, sondern auch betragsmässig begrenzt. Gemäss Art. 52 i.V.m. Art. 3 AVIG werden Leistungen nur bis zu dem für die obligatorische Unfallversicherung massgebenden, auf den Monat umgerechneten Höchstbetrag des versicherten Verdienstes ausgerichtet. Nach Art. 22 UVV beläuft sich der Höchstbetrag des versicherten Verdienstes derzeit auf 106'800 Franken pro Jahr und 293 Franken pro Tag. Selbst wenn Art. 51 Abs. 2 AVIG die Mitglieder des obersten betrieblichen Entscheidungsgremiums nicht vom Anspruch auf Insolvenzentschädigung ausschliessen würde, so wäre mit der Maximierung auf 8'900 Franken pro Monat auch bei hohen Salären eine übermässige Leistung des Sozialversicherers an Verwaltungsräte mit einem Arbeitsverhältnis ausgeschlossen.

f) Zusammenfassung

Die unterschiedlichen gesetzlichen Regelungen und die teilweise schwankende Rechtsprechung erschweren den Überblick bei der Beurteilung, welche Konsequenzen aus einer Doppelstellung als Verwaltungsrat und Arbeitnehmer bezüglich Arbeitslosenversicherung und Insolvenzentschädigung resultieren. Zusammenfassend lassen sich nach dem aktuellen Stand von Gesetzgebung und Rechtsprechung folgende zwei Grundsätze aufstellen:

– Wird ein Verwaltungsratsmitglied zusätzlich Arbeitnehmer der Gesellschaft, so verbessert sich seine versicherungsrechtliche Stellung bezüglich einem allfälligen Anspruch auf Arbeitslosenentschädigung. Ein Anspruch auf Kurzarbeitsentschädigung, Schlechtwetterentschädigung oder Insolvenzentschädigung besteht weiterhin nicht.

– Wird ein Arbeitnehmer zusätzlich Mitglied des Verwaltungsrats der Gesellschaft, so verschlechtert sich seine versicherungsrechtliche Stellung bezüglich einem allfälligen Anspruch auf Arbeitslosenentschädigung. Von Gesetzes wegen aufgehoben werden seine eigenen Ansprüche sowie diejenigen seines in der Gesellschaft mitarbeitenden Ehegatten bezüglich Kurzarbeitsentschädigung,

Schlechtwetterentschädigung und Insolvenzentschädigung während der Dauer der Funktionsausübung als Verwaltungsratsmitglied.

Die Gesetzesbestimmungen, welche die Konsequenzen einer Doppelstellung als Verwaltungsrat und Arbeitnehmer bewirken, lassen sich in Tabellenform zusammenfassen:

Tabelle 37: Konsequenzen bezüglich Arbeitslosen- und Insolvenzentschädigung

Anspruchsart	Konsequenzen einer Doppelstellung
Arbeitslosenentschädigung	Kein gesetzlicher Anspruchsausschluss, aber Anspruchsverweigerung gegenüber dem Verwaltungsrat und dessen mitarbeitenden Ehegatten bei rechtsmissbräuchlicher Umgehung des Ausschlusses von der Kurzarbeitsentschädigung
Kurzarbeitsentschädigung	Gesetzlicher Leistungsausschluss nach Art. 31 Abs. 3 lic. c AVIG für den Verwaltungsrat und dessen mitarbeitenden Ehegatten
Schlechtwetterentschädigung	Gesetzlicher Leistungsausschluss nach Art. 42 Abs. 3 i.V.m. Art. 31 Abs. 3 AVIG für den Verwaltungsrat und dessen mitarbeitenden Ehegatten
Insolvenzentschädigung	Gesetzlicher Leistungsausschluss nach Art. 51 Abs. 2 AVIG für den Verwaltungsrat und dessen mitarbeitenden Ehegatten

Quelle: Eigene Darstellung der sozialversicherungsrechtlichen Konsequenzen einer Doppelstellung

Bei paritätisch zusammengesetzten Verwaltungsräten kann die offensichtliche Schlechterstellung eines in den Verwaltungsrat gewählten Arbeitnehmervertreters zu stossenden Anspruchsausschlüssen führen, insbesondere bezüglich eines in der Gesellschaft mitarbeitenden Ehegatten. Der Kündigungsschutz gemäss Art. 336 Abs. 2 lit. b OR für gewählte Arbeitnehmervertreter nützt diesbezüglich nichts, denn in den Fällen von Kurzarbeit, schlechtem Wetter und Insolvenz kann keine Kündigung geltend gemacht werden. Zudem ist der mitarbeitende Ehegatte nicht vom Kündigungsschutz gedeckt. De lege ferenda stellt sich deshalb die Frage, ob dem besonderen Fall des gewählten Arbeitnehmervertreters in einem paritätischen Verwaltungsrat durch eine Ausnahmeklausel Rechnung getragen werden sollte. Dies wäre dann notwendig, wenn die Formulierungen im AVIG keine Ausnahmen zulassen würden. Tatsächlich sind die massgebenden Artikel[131] jedoch genügend

---

[131] Art. 31 Abs. 3 lit. c AVIG, Art. 42 Abs. 3 iV.m. Art. 31 Abs. 3 AVIG und Art. 51 Abs. 2 AVIG.

allgemein formuliert, um der besonderen Stellung der Arbeitnehmervertreter gerecht werden zu können.[132] Insbesondere ist in diesen Artikeln die formelle Stellung als Verwaltungsrat nicht bereits als Ausschlussgrund angeführt. Es genügt deshalb, wenn die Rechtsprechung dahingehend präzisiert wird, dass eine Doppelstellung als Verwaltungsrat und Arbeitnehmer für sich alleine noch keinen Ausschluss von den Leistungen nach AVIG bewirkt; vielmehr ist die materielle Möglichkeit zur direkten Einflussnahme auf die massgebenden Entscheidungen in der Gesellschaft vorerst individuell zu prüfen. Insbesondere bei Konzernverhältnissen sollte analog dem Durchgriff zur Sanktionierung von Rechtsmissbräuchen auch eine «Loslösung» von der rein formellen Betrachtungsweise der Gesellschaft als Rechtssubjekt stattfinden.[133]

---

[132] An dieser Stelle kann der Kommission und dem Parlament als Gesetzgeber durchaus ein Kompliment für die weitsichtigen Formulierungen gemacht werden.
[133] Zur Verdeutlichung sei auf das bereits vorne unter TEIL 1 § 2 III. 1. auf S. 27 f. angeführte Beispiel verwiesen.

§ 12 Steuerrechtliche Konsequenzen

I. Überblick

1. Vielfache Konsequenzen bezüglich Besteuerung und Haftungsrisiken für Steuern

Aus einer Doppelstellung als Verwaltungsrat und Arbeitnehmer bei der gleichen Gesellschaft können in zwei völlig unterschiedlichen Bereichen steuerrechtliche Konsequenzen entstehen: einerseits bei der natürlichen Person (in der Funktion als Verwaltungsrat, Arbeitnehmer oder Aktionär) und andererseits bei der Gesellschaft.

Beim betroffenen Verwaltungsrat bzw. Arbeitnehmer kann es zu Änderungen in der Besteuerung der Einkommensquellen kommen; ebenso können sich u.U. seine Haftungsrisiken für Steuerforderungen gegenüber der Gesellschaft verändern. Bei der betroffenen Gesellschaft dagegen können Änderungen in der Bestimmung des steuerbaren Gewinnes Folge der Doppelstellung sein. Auf diesen letzteren Punkt wird nur am Rande eingegangen.

Nachstehend folgen zuerst Ausführungen über die möglichen steuerrechtlichen Konsequenzen beim Verwaltungsrat bzw. Arbeitnehmer sowie bei der Gesellschaft. In einem weiteren Abschnitt werden dann die Konsequenzen betreffend Haftungsrisiken für Steuerforderungen gegenüber der Gesellschaft erörtert. Dabei werden nur jene Steuerarten behandelt, bei denen theoretisch überhaupt steuerrechtliche Auswirkungen einer Doppelstellung auftreten können.[1]

2. Spezielle steuerrechtliche Betrachtungsweise

Bei den Ausführungen über die steuerrechtlichen Konsequenzen ist stets zu berücksichtigen, dass sich die Betrachtung eines Sachverhaltes aus steuerrechtlicher Optik von derjenigen aus einem anderen Rechtsgebiets, insbesondere des Sozialversicherungsrechts, unterscheiden kann. Ein geradezu klassisches Beispiel dafür

---

[1] Nicht berücksichtigt werden deshalb namentlich Grundstückgewinnsteuern, Stempelabgaben, Erbschafts- und Schenkungssteuern, etc.

ist die AHV-Beitragspflicht für VR-Honorare im Verhältnis zur Mehrwertsteuerpflicht. In Art. 7 lit. h AHVV wird vorgeschrieben, dass feste Entschädigungen und Sitzungsgelder eines Verwaltungsrats aus seiner Tätigkeit als unselbständiger Erwerb gelten. Demzufolge sind auf VR-Honoraren zwingend AHV-Prämien abzuliefern. Nach der ursprünglichen Weisung im Merkblatt Nr. 8 vom 24. Mai 1995 und Ziff. 202 der Wegleitung zur MWSTV galten VR-Honorare aus steuerrechtlicher Sicht dagegen als selbständiger Erwerb und unterstanden demnach der Mehrwertsteuerpflicht.[2] Durch Art. 21 Abs. 1 MWSTG wurde diese Pflicht und der damit verbundene Qualifikationskonflikt aufgehoben. Doch in anderen Punkten existieren weiterhin unterschiedliche Auffassungen und Betrachtungsweisen.[3] Bemerkenswert in diesem Zusammenhang ist auch der Entscheid des Appenzellausserrhodischen Kantonsgerichtes (GVP-AR 10 (1998) 2178 ff.), worin festgestellt wird, dass die Abgrenzung zwischen Lohn und Dividenden, wie sie bei der Festsetzung der direkten Bundessteuer vorgenommen wird, für die Ausgleichskasse und damit für das Sozialversicherungsrecht nicht verbindlich ist.

Die Steuerbehörde ist nicht an das privatrechtliche Verhältnis zwischen Gesellschaft und Aktionär bzw. Verwaltungsrat gebunden und wird deshalb im Einzelfall prüfen, ob die vertraglichen Abmachungen unter steuerrechtlichen Aspekten zulässig sind.

II. Besteuerung der Einkommensquellen

1. Örtliche Zuständigkeit für die Besteuerung

Das Einkommen eines unselbständig tätigen Arbeitnehmers ist grundsätzlich im Wohnsitzkanton zu versteuern.[4] Das Einkommen eines Selbständigerwerbenden ist dagegen in jenem Kanton zu versteuern, in welchem der Beruf ausgeübt wird.[5]

---

[2] BÖCKLI, Aktienrecht, Fn. 445 zu § 13, bezeichnet dies als «ein Beispiel eines von den Behörden willentlich herbeigeführten abgaberechtlichen Qualifikationskonfliktes».

[3] Vgl. LOCHER, Kommentar zum DBG, N 16 zu Art. 17 DBG, und BÖHI, 122.

[4] HÖHN/WALDBURGER, N 45 sowie die Übersicht in Tabelle 30-2 zu § 30; LOCHER, Doppelbesteuerungspraxis, § 5 I. A. und B.; LOCHER, Einführung in das interkantonale Steuerrecht, 84 f., LOCHER, Kommentar zum DBG, N 2 zu Art. 17 DBG; HÖHN/MÄUSLI, § 12 I. und II.; BGE 63 I 147; zum Begriff des Einkommens aus unselbständiger Erwerbstätigkeit vgl. BGE 121 I 259 und StE 1997 A 24.32 Nr. 3 (ZH).

[5] HÖHN/WALDBURGER, N 45 f. sowie die Übersicht in Tabelle 30-2 zu § 30; LOCHER, Doppelbesteuerungspraxis, § 5 II. A. und B.; LOCHER, Einführung in das interkantonale Steuerrecht, 84 f., LOCHER, Kommentar zum DBG, N 2 zu Art. 17 DBG; HÖHN/MÄUSLI, § 13 III. und IV.; vgl. auch

Erfolgt die Berufsausübung in mehreren Kantonen, resultiert eine interkantonale Steuerausscheidung.[6] Es stellt sich somit die Frage, wo ein Verwaltungsrat sein Honorar bzw. seinen Lohn im Falle einer Doppelstellung zu versteuern hat.[7]

Mit BGE 121 I 259[8] hat das Bundesgericht klargestellt, dass Verwaltungsratshonorare als Einkommen aus unselbständiger Erwerbstätigkeit am Wohnort zu versteuern sind. Zu beurteilen war der Fall eines selbständigen «Bücherexperten» mit Wohnsitz im Kanton Waadt, eigenen Geschäftsräumlichkeiten im Kanton Genf und diversen VR-Mandaten von Gesellschaften mit Sitz in verschiedenen Kantonen. Die Steuerverwaltung des Kantons Genf verlangte eine Besteuerung des selbständigen Erwerbseinkommens und sämtlicher VR-Honorare im Kanton Genf. Zur Begründung wurde angeführt, auch die VR-Honorare würden auf Grund einer selbständigen Erwerbstätigkeit erlangt. Das Bundesgericht folgte dieser Auffassung nicht. Verwaltungsräte hätten zwar eine grosse persönliche Freiheit, würden aber durch strikte gesetzliche und statutarische Bestimmungen beschränkt. Deshalb handle es sich nicht um eine Erwerbstätigkeit auf eigenes Risiko und eigenen Profit; das entsprechende Einkommen müsse daher am Wohnort versteuert werden. Am Schluss seiner Begründung warf das Bundesgericht die Frage auf, ob der Fall anders zu beurteilen wäre, wenn es sich um einen «administrateur professionnel des sociétés» handeln würde; die Frage wurde offen gelassen. Es ist davon auszugehen, dass sich an der vorerwähnten Beurteilung des Bundesgerichts nichts ändern würde, weil ein solcher Fall demjenigen eines Arbeitnehmers mit Mehrfachbeschäftigung gleichgestellt werden könnte.

Da sowohl das Einkommen als Arbeitnehmer, als auch das Honorar als Verwaltungsrat letztlich als unselbständiges Erwerbseinkommen am Wohnort zu versteuern ist, hat eine Doppelstellung als Verwaltungsrat und Arbeitnehmer bezüglich der örtlichen Besteuerung grundsätzlich keine Konsequenzen. Eine Ausnahme von

---

StE 1997 A 24.32 Nr. 3 (ZH); RICHNER/FREI/KAUFMANN, Kommentar zum Zürcher Steuergesetz, N 8 zu § 5.

[6] HÖHN/WALDBURGER, N 46 zu § 30; vgl. dazu auch die Entscheide in LOCHER, Doppelbesteuerungspraxis, § 8 II. A.

[7] VR-Mitglieder ohne Wohnsitz oder Aufenthalt in der Schweiz sind für ihre Einkünfte aus einer VR-Tätigkeit (Tantiemen, Sitzungsgelder, feste Entschädigungen, etc.) im Sitzkanton der Gesellschaft steuerpflichtig, wenn diese Entschädigungen von einer juristischen Person mit Sitz oder Betriebsstätte im Kanton ausgerichtet werden (z.B. § 5 Abs. 2 StG ZH); diese Einkünfte unterliegen einer Quellensteuer; für den Kanton St. Gallen: WEIDMANN/GROSSMANN/ZIGERLIG, 23, sowie Merkblatt des Kantonalen Steueramtes St. Gallen über die Besteuerung an der Quelle von Entschädigungen an Verwaltungsräte und ihnen gleichgestellten Personen ohne Wohnsitz oder Aufenthalt in der Schweiz, gültig ab 1.1.2001.

[8] Urteil 2P.200/1993 vom 8.6.1995, kommentiert in der NZZ vom 10.10.1995, Nr. 235, S. 15; zum Begriff des Einkommens aus unselbständiger Erwerbstätigkeit vgl. auch StE 1997 A 24.32 Nr. 3 (ZH) sowie StE 1997 B 22.3 Nr. 60 (ZH) Erw. 3.

diesem Grundsatz würde sich dann ergeben, wenn die Intensität der Arbeitsleistung und die damit zusammenhängenden persönlichen Lebensumstände des betroffenen Verwaltungsratsmitglieds zu einer Verschiebung des steuerlichen Wohnsitzes führen sollten.[9]

2. Einkommensbesteuerung durch den Bund

Nach Art. 17 und 18 DBG unterliegen sämtliche Einkünfte einer natürlichen Person der direkten Bundessteuer, unabhängig davon ob sie aus unselbständiger oder selbständiger Erwerbstätigkeit stammen. Auch Einkünfte aus Dividenden, Gewinnanteilen und geldwerten Vorteilen sind gemäss Art. 20 Abs. 1 lit. d DBG steuerbar. Bei der direkten Bundessteuer scheint es daher auf den ersten Blick unerheblich zu sein, ob eine natürliche Person ihre steuerbaren Einkünfte als Verwaltungsrat, Arbeitnehmer oder Aktionär einer Gesellschaft erzielt.[10]

Nun unterliegt aber gemäss Art. 57 ff. DBG auch der Reingewinn einer Aktiengesellschaft der direkten Besteuerung durch den Bund, was wirtschaftlich zu einer Doppelbelastung bei der Gesellschaft und beim Aktionär führt. Diese Doppelbelastung hat direkt nichts mit der Doppelstellung als Verwaltungsrat und Arbeitnehmer zu tun. Nur indirekt, das heisst wenn die Stellung des Aktionärs mit derjenigen des Verwaltungsrats bzw. Arbeitnehmers zusammenfällt, verwirklicht sie sich. Mit anderen Worten wird die Doppelbelastung erst dann relevant, wenn die Aktionärsstellung zur Doppelstellung als Verwaltungsrat und Arbeitnehmer hinzutritt; dies ist bei Familienaktiengesellschaften regelmässig der Fall, während ein Verwaltungsrat mit fiduziarischem Aktienbesitz von der Doppelbelastung nie betroffen wird. Nach Art. 707 Abs. 1 OR des Entwurfs zur Revision des GmbH-Rechts vom 19. Dezember 2001 würde die Aktionärspflicht des Verwaltungsrats entfallen,[11] doch wird insbesondere in Familienaktiengesellschaften wohl auch in Zukunft die Mehrheit der Verwaltungsräte einen massgebenden Aktienanteil besitzen.

Die wirtschaftliche Doppelbelastung von Gesellschaft und Verwaltungsrat ist naturgemäss bei Aktiengesellschaften mit einem zahlenmässig beschränkten

---

[9] Der steuerliche Wohnsitz eines Unselbständigerwerbenden befindet sich nach der Rechtsprechung an jenem Ort, an welchem sich der Steuerpflichtige zum Zwecke des Unterhaltserwerbes aufhält, wobei am Arbeitsort i.d.R. auch der Mittelpunkt der Lebensinteressen anzunehmen ist (vgl. BGE 125 I 54).

[10] Dieselbe Regelung gilt für die jeweiligen Kantone, weshalb in der vorliegenden Arbeit nicht näher darauf eingegangen wird; vgl. Art. 7 StHG.

[11] Vgl. dazu vorne TEIL 3 § 6 I. 1. d) bb) auf S. 170 f.

Aktionärskreis am stärksten spürbar. Vielfach wird deshalb in solchen Fällen versucht, den ausgewiesenen Reinertrag durch möglichst hohe Aufwandpositionen (Saläre an die mitarbeitenden Aktionäre, Passivzinsen für Aktionärsdarlehen, hohe Kommissionen sowie Reise- und Repräsentationsspesen usw.) klein zu halten.[12] Dadurch wird indirekt auch die Doppelstellung als Verwaltungsrat und Arbeitnehmer gefördert.

Bei Familienaktiengesellschaften wollen die massgebenden Aktionäre meist auch einen Sitz im Verwaltungsrat einnehmen.[13] Die Familienunternehmen zahlen im Durchschnitt jedoch nur eine leicht höhere Entschädigung an die Verwaltungsräte als die Nicht-Familienunternehmen.[14] Über das VR-Honorar kann der Reingewinn der Gesellschaft deshalb nur unwesentlich verändert werden. Wesentlich höhere Aufwandpositionen entstehen, wenn ein Aktionär in der Gesellschaft als Arbeitnehmer tätig ist und dafür ein grosszügiges Gehalt erhält. Um aber überhaupt Saläre auszahlen zu können, ist vorab ein Arbeitsvertrag notwendig. In bestimmten Situationen, insbesondere bei massgebenden Aktionären mit VR-Stellung in Familienaktiengesellschaften, kann die wirtschaftliche Doppelbelastung durch die direkte Bundessteuer das betroffene Steuersubjekt demnach zur Begründung einer Doppelstellung als Verwaltungsrat und Arbeitnehmer bewegen.

Dieser Anreiz wurde durch die Rechtsprechung des Bundesgerichtes noch verstärkt. Nach jahrzehntelanger gegenteiliger Praxis stellte das Bundesgericht 1983 fest, dass eine Aktiengesellschaft auch bei statutarischer Pflicht zur Gewinnstrebigkeit nicht gezwungen werden könne, auf marktkonforme Löhne an die mitarbeitenden Aktionäre zu verzichten, nur um dadurch einen Reingewinn auszuweisen.[15]

3. Ertragsbesteuerung durch den Bund

Eine Doppelstellung als Verwaltungsrat und Arbeitnehmer kann u.U. nicht nur für das Organ selbst, sondern auch für die Gesellschaft steuerliche Konsequenzen haben; dies zeigt der in BGE 95 I 174 publizierte Fall. Konkret hatte das Bundesge-

---

[12] KOLLER, Besteuerung, 23.
[13] Nach der Umfrage durch BDO VISURA, S. 17, werden 31,2% der Verwaltungsräte in erster Linie durch die Familie rekrutiert.
[14] BDO VISURA, S. 8; konkret CHF 14'083.– gegenüber CHF 13'734.– pro Jahr.
[15] Vgl. KOLLER, Besteuerung, 26 ff. bzw. Fn. 24, mit Hinweis auf ein nicht veröffentlichtes Urteil des Bundesgerichtes vom 25.11.1983, mit dem die Praxisänderung im Fall Bellatrix auch für die direkte Bundessteuer anwendbar erklärt wurde (auf den Fall Bellatrix bzw. BGE 107 Ib 325 wird auf der übernächsten Seite näher eingegangen).

richt die Frage zu entscheiden, ob eine von der Gesellschaft an den früheren Direktor ausgerichtete Rente als geschäftsmässig begründete Unkosten oder als verdeckte Gewinnausschüttung zu behandeln sei. Die Frage stellte sich nur deshalb, weil der frühere Direktor gleichzeitig Hauptaktionär und Verwaltungsratspräsident war und in dieser Funktion auch die Rente für sich persönlich und die Gesellschaft vereinbart hatte. Weil die Gesellschaft vor dieser Vereinbarung keine Sozialleistungen erbracht und auch keine Vorkehren für die Wohlfahrt ihres Personals getroffen hatte, betrachtete das Bundesgericht den Aufwand für die Rente nicht als geschäftsmässig begründet, sondern unterstellte ihn als verdeckte Gewinnausschüttung dem steuerbaren Reinertrag. Im Einzelnen können aus diesem Fall folgende Schlüsse gezogen werden:

- Entschädigungen der Gesellschaft an Verwaltungsräte und/oder Arbeitnehmer in Form von Lohn, Gratifikation, Erfolgsbeteiligung, Rente etc. sind unabhängig von der Funktion des Empfängers steuerlich grundsätzlich als geschäftsmässig begründeter Aufwand bei der Gesellschaft zu behandeln.

- Solche Entschädigungen der Gesellschaft sind immer dann als verdeckte Gewinnausschüttungen und somit als Reinertrag zu qualifizieren, wenn sie nicht auf einer angemessenen Gegenleistung des Empfängers basieren, der Anspruchsberechtigte gleichzeitig Hauptaktionär der Gesellschaft ist und er sich die Entschädigung auf Grund seiner Organfunktion selbst zusprechen konnte.

- Ist der Empfänger solcher Entschädigungen nicht nur Verwaltungsrat, sondern auch noch Arbeitnehmer der Gesellschaft, so können zur Beurteilung der Angemessenheit von Gegenleistungen des Empfängers die betriebsüblichen Entschädigungen an andere Arbeitnehmer herangezogen werden.

Für die Gesellschaft sind die Auswirkungen einer Doppelstellung von Verwaltungsrat und Arbeitnehmer im Hinblick auf die Ertragssteuer demnach differenziert zu beurteilen. Wird ein Verwaltungsrat nachträglich auch noch zum Arbeitnehmer, so vermag dies die Geltendmachung einer an ihn ausgerichteten Entschädigung als geschäftsmässig begründeten Aufwand zu erleichtern. Es können grössere Gegenleistungen geltend gemacht werden und die Entschädigungen an andere Arbeitnehmer liefern Vergleichswerte. Dagegen wird die Annahme einer verdeckten Gewinnausschüttung gefördert, wenn der Arbeitnehmer nachträglich noch Verwaltungsrat der Gesellschaft wird. Zur Ausübung seiner Funktion als Verwaltungsrat muss der Arbeitnehmer von Gesetzes wegen Aktionär sein und die Entscheidung über die Entschädigungsart und -höhe liegt letztlich in der Kompetenz des Verwaltungsrats.

Am 1. März 1977 (BGE 103 V 1) hat das Eidg. Versicherungsgericht die bisherige Rechtsprechung bestätigt und in einem Punkt ergänzt. Konkret standen Leistungen an einen von zwei Verwaltungsräten und Hauptaktionären zur Diskussion, welche von der Gesellschaft als Tantiemen deklariert worden waren. Deshalb wurden auch keine Sozialversicherungsbeiträge abgerechnet. Die Rekurskommission für die Ausgleichskassen qualifizierte die Zahlungen als arbeitsvertragliche Gratifikation und verlangte nachträglich Sozialversicherungsbeiträge. Das Eidg. Versicherungsgericht wies die Sache zur weiteren Abklärung an die Vorinstanz zurück. Es solle geprüft werden, ob auch der zweite Verwaltungsrat eine analoge Leistung von der Gesellschaft bezogen habe. Falls dies zutreffe, müsse die Leistung als Tantieme qualifiziert und wie eine verdeckte Gewinnausschüttung bzw. Kapitalertrag besteuert werden. Falls jedoch der zweite Verwaltungsrat keine analoge Leistung von der Gesellschaft bezogen hat, so sei davon auszugehen, dass der Zahlung eine angemessene Gegenleistung aus Arbeitsleistung gegenüberstehe. In diesem Falle wären statt der Steuern die Sozialversicherungsabgaben geschuldet.

Im Fall Bellatrix[16] hat das Bundesgericht seine frühere Praxis[17] zur verdeckten Gewinnsteuer aufgegeben. Nach diesem Urteil können Aktiengesellschaften nicht mehr gezwungen werden, einen Gewinn zu erwirtschaften. Eine Aktiengesellschaft ist damit grundsätzlich berechtigt, mit ihren Aktionären Verträge wie mit aussenstehenden Dritten abzuschliessen.[18] Dennoch wird der Abschluss eines Arbeitsvertrages zwischen der Gesellschaft und einem Verwaltungsrat von der Eidg. Steuerverwaltung dann als verdeckte Gewinnausschüttung und damit als Steuerumgehung qualifiziert, wenn kumulativ:[19]

– der abgeschlossene Arbeitsvertrag als ungewöhnlich, sachwidrig oder absonderlich erscheint,

– anzunehmen ist, dass die Aktiengesellschaft den Arbeitsvertrag nur abgeschlossen hat in der Absicht Steuern einzusparen, die bei sachgemässer Ordnung der Verhältnisse geschuldet wären, und

– der Abschluss des Arbeitsvertrages tatsächlich zu einer erheblichen Steuereinsparung führen würde, wenn es von den Steuerbehörden hingenommen würde.

Im Zusammenhang mit der verdeckten Gewinnausschüttung ist Art. 698 Abs. 2 Ziff. 4 OR zu beachten, wonach die Generalversammlung das ausschliessliche Recht zur Festsetzung der Dividende hat. Soweit das übersetzte VR-Honorar eine verdeckte Gewinnausschüttung bildet, liegt deshalb gemäss Art. 714 OR i.V.m.

---

[16] BGE 107 Ib 325 = Pra. 71 (1982) Nr. 130 = ASA 51, S. 546 ff.
[17] Zuletzt BGE 102 Ib 166.
[18] KOLLER, Besteuerung, 26.
[19] In Anlehnung an KOLLER, Besteuerung, 27.

Art. 706b Ziff. 3 OR ein nichtiger VR-Beschluss vor.[20] Die Kumulation von Lohn und VR-Honorar kann deshalb dazu führen, dass Entschädigungsbeschlüsse des Verwaltungsrats teilnichtig werden und eine Rückerstattungspflicht gemäss Art. 678 OR auslösen.[21]

4. Steuerrechtliche Behandlung von D&O-Versicherungen

Schliesst eine Aktiengesellschaft in der Schweiz für ihre Verwaltungsräte und Direktoren eine D&O-Versicherung (Directors and Officers Liability) ab, so können die Prämien für diese Versicherung ohne weiteres bei der Gesellschaft als Aufwand abgezogen werden. Eine steuerliche Aufrechnung dieser Prämien beim Arbeitnehmer als verdeckte Lohnzahlung kommt weder beim Bund noch bei den Kantonen vor. Daran ändert sich auch nichts, wenn der versicherte Verwaltungsrat eine Doppelstellung als Arbeitnehmer hat.

In Deutschland sind die Steuerbehörden bei der Aufrechnung von Lohnbestandteilen bekanntlich wesentlich strenger. Es verwundert daher nicht, dass dort in einzelnen Fällen eine Aufrechnung der Prämien für die D&O-Versicherung erfolgte. In einer diesbezüglichen Auseinandersetzung schloss sich jedoch die deutsche Finanzverwaltung der Argumentation des Gesamtverbandes der Deutschen Versicherungswirtschaft an und anerkannte, dass letztlich das Management als Ganzes versichert sei und nicht die einzelne Personen. Zur Begründung wurde insbesondere darauf hingewiesen, dass die Basis der Prämienberechnung nicht die individuellen Merkmale der versicherten Personen sind, sondern die Betriebsdaten des Unternehmens. Der Versicherungsanspruch stehe zudem im Ergebnis der Firma zu. Damit entstehe kein steuerpflichtiger geldwerter Vorteil.[22] Diese Überlegungen wären auch für die Steuerbehörden in der Schweiz relevant, falls hier jemals eine Aufrechnung von D&O-Versicherungsprämien zur Diskussion stehen würde.

5. Mehrwertsteuer

Am 29. Juli 1999 entschied die Eidgenössische Steuerrekurskommission, dass Verwaltungsratshonorare nicht Gegenstand der Mehrwertsteuer darstellen und daher

---

[20] HOMBURGER, Zürcher Kommentar, N 950 zu Art. 717 OR.
[21] Vgl. DREIFUSS/LEBRECHT, alte Aufl. Basler Kommentar, N 23 zu Art. 698 OR; MÜLLER/LIPP/PLÜSS, 90.
[22] Handelsblatt vom 1./2.2.2002, Nr. 23, S. 4.

unter diesem Titel nicht zu versteuern sind.[23] In jenem Zeitpunkt stand Art. 21 Abs. 1 MWSTG noch nicht in Kraft, welcher die Verwaltungsratshonorare ausdrücklich von der MWST-Pflicht ausschliesst.[24] Vielmehr waren solche Honorare gemäss Weisung im Merkblatt Nr. 8 vom 24. Mai 1995 und Ziff. 202 der Wegleitung zur MWSTV noch vollumfänglich abrechnungspflichtig. Dieser Entscheid ist noch heute von Bedeutung, weil er sehr sorgfältig begründet, weshalb die Tätigkeit eines Verwaltungsrats als unselbständig zu qualifizieren sei:[25]

– Der VR ist als Organ der Gesellschaft institutioneller Teil des Unternehmens und schon daher nicht in der Lage, in eigenem Namen aufzutreten.

– Der VR ist vom Gesellschaftszweck abhängig, über den er nicht bestimmen kann.

– Der VR ist nicht in der Lage, auf die Höhe seiner Entschädigung Einfluss zu nehmen und er ist den Vorgaben der GV verpflichtet.

– Der VR kann nicht unabhängig von der Gesellschaft existieren und diese nicht ohne ihn.

– Der VR kann nicht wie ein echter selbständig Erwerbender unternehmerische Risiken eingehen.

Dieser Entscheid der Eidg. Steuerrekurskommission wurde angefochten, weshalb das Bundesgericht am 27. Oktober 2000 zur massgebenden Problematik Stellung nehmen musste.[26] Der Rekurs wurde abgewiesen und die Entscheidung der Eidg. Steuerrekurskommission bestätigt. In Erw. 4. d) hält das Bundesgericht ausdrücklich fest, dass ein Verwaltungsratsmitglied trotz seiner formellen Unabhängigkeit durchaus verpflichtet sein kann, die Weisungen anderer Personen zu befolgen.[27] Zudem hat jeder Verwaltungsrat die Interessen der Gesellschaft zu wahren. Die Tätigkeit als Verwaltungsrat ist deshalb aus steuerrechtlicher Sicht als unselbständige Erwerbstätigkeit zu qualifizieren. Unter Hinweis auf den früheren BGE 118 III 46 hält das Bundesgericht in einem obiter dictum fest, dass die steuerrechtliche Qualifikation der Verwaltungsratstätigkeit jedoch keinen Einfluss auf die Anwendbarkeit des Konkursprivilegs erster Klasse habe.[28]

---

[23] Zitiert nach der Sachverhaltszusammenfassung des späteren Bundesgerichtsentscheides 2A.468/1999 vom 27.10.2000.
[24] Vgl. dazu ausführlicher GRÜNINGER, 44.
[25] Zusammenfassung von BRAND/BÜHLMANN, 37.
[26] Nicht publizierter Entscheid des Bundesgerichtes 2A.468/1999 vom 27.10.2000.
[27] Dies entspricht den Feststellungen in der Praxis, wonach durchschnittlich rund 59% aller VR-Delegierten Weisungen für ihre Tätigkeit erhalten (vgl. die Ergebnisse der Rechtstatsachenforschung vorne unter TEIL 2 § 5 III. 4. a) auf S. 135 ff. und insbesondere die Tabelle 24 auf S. 137).
[28] Die Rechtsprechung zum Konkursprivileg für leitende Arbeitnehmer wird eingehend erörtert hinten unter TEIL 4 § 13 II. 3. auf S. 434 ff.

III. Haftung für Steuerschulden der Gesellschaft

1. Übersicht

Verschiedene Steuererlasse des Bundes und der Kantone[29] sehen eine solidarische Haftung der mit der Verwaltung und Liquidation betrauten Personen für Steuerschulden der Gesellschaft vor. Insbesondere das Verrechnungssteuergesetz, das Bundesgesetz über die direkte Bundessteuer, das Mehrwertsteuergesetz sowie – als Beispiel für eine kantonale Regelung – das Steuergesetz des Kantons Zürich statuieren eine solche Solidarhaftung. Zu den mit der Verwaltung betrauten und damit solidarisch haftenden Personen gehören vorab die ordnungsgemäss bestellten Organe einer Gesellschaft und demnach insbesondere die im Handelsregister eingetragenen Mitglieder des Verwaltungsrats. Doch auch faktische Organe können allenfalls für Steuerforderungen der Gesellschaft haften. Es ist deshalb nachstehend für alle Varianten einer Doppelstellung als Verwaltungsrat und Arbeitnehmer zu prüfen, ob sich eine Verschärfung der steuerrechtlichen Haftungsrisiken bezüglich der relevanten Spezialbestimmungen in den jeweiligen Steuererlassen ergibt.

Anknüpfungspunkt im steuerrechtlichen Haftungsbereich ist primär die Organstellung; dies gilt auch im Falle einer Doppelstellung. Doch für die Geltendmachung noch offener Steuerforderungen gegenüber Organen der Gesellschaft besteht neben den speziellen steuerrechtlichen Haftungsnormen eine zweite Haftungsgrundlage. Der Fiskus kann offene Steuerforderungen grundsätzlich auch über die aktienrechtliche Verantwortlichkeit nach Art. 754 OR einfordern. In der Praxis wird von dieser Möglichkeit selten Gebrauch gemacht,[30] da die jeweiligen Spezialbestimmungen für den Staat günstiger ausgestaltet sind; die Haftungsvoraussetzungen sind in den Spezialbestimmungen klarer definiert. Aus diesem Umstand folgt, dass die aktienrechtliche Verantwortlichkeit auf jene Gebiete des Steuerrechts beschränkt bleibt, in denen keine spezifischen steuerrechtlichen Haftungsnormen bestehen.

2. Solidarität und Rückgriff

Der Steuerverwaltung steht es aufgrund der allgemeinen haftungsrechtlichen Grundsätze frei, wen sie von mehreren solidarisch Haftenden belangen will. Der für die ganze Steuerforderung in Anspruch Genommene kann im Innenverhältnis Rück-

---

[29] Auf kantonaler Ebene bestehen völlig unterschiedliche Regelungen zur Haftung für Steuerforderung der Gesellschaft, weshalb nachstehend jeweils nur einzelne Bestimmungen exemplarisch angeführt werden.
[30] BÖCKLI, Haftung, 98.

§ 12 Steuerrechtliche Konsequenzen

griff auf die Mithaftenden nehmen. Der Umfang des Regressrechts hängt von der spezifisch ausgestalteten Solidarität im Innenverhältnis ab. Ist ein Verwaltungsrat gleichzeitig Arbeitnehmer, so stellt sich für die Bestimmung des Regressrechts in diesem Falle die Frage, wie der Begriff der Solidarität im Rahmen der steuerrechtlichen Haftung aufzufassen ist: als differenzierte Solidarität[31] mit individueller Bewertung und Gewichtung des Verschuldens oder als eine Solidarität im Sinne einer Haftung zu gleichen Teilen. Diese Problematik kann anhand eines fiktiven Beispiels verdeutlicht werden.

Der Verwaltungsrat einer Gesellschaft mit geringem Eigenkapital setzt sich aus mehreren Mitgliedern zusammen. Eines davon ist X, welcher gleichzeitig als CFO in einem arbeitsrechtlichen Verhältnis zur Gesellschaft steht. In seiner Funktion als CFO unterlässt es X zur Vermeidung einer Überschuldung bewusst, für die noch offen Steuerforderungen Rückstellungen zu bilden. Erleidet nun die Steuerbehörde einen Verlust aus nicht bezahlten Steuerrechnungen der Gesellschaft, kann die Behörde X für die noch offene Steuerschuld der Gesellschaft belangen.[32] X selber hat nach Begleichung der offenen Forderungen der Gesellschaft seinerseits die Möglichkeit, aufgrund der Solidarität der mithaftenden übrigen Verwaltungsräte Regress auf die anderen Verwaltungsräte zu nehmen. In welchem Umfang die anderen VR-Mitglieder X schadlos zu halten haben, hängt bei differenzierter Solidarität vom eigenen Verschulden des X bzw. vom individuellen Verschulden der übrigen Verwaltungsräte ab. Da X nicht nur in seiner Funktion als Verwaltungsrat (mangelnde Finanzplanung und Finanzkontrolle), sondern auch in seiner Funktion als CFO (fehlende Rückstellungen) die Nichtbezahlung der Steuerforderungen durch die Gesellschaft verschuldete, trifft ihn ein doppeltes Verschulden. Entsprechend ist sein Regressrecht eingeschränkt. Die Doppelstellung als Verwaltungsrat und Arbeitnehmer führt in diesem Falle zu einer klaren Verschärfung des steuerrechtlichen Haftungsrisikos.

Die Untersuchung der Solidarität im steuerrechtlichen Haftungsbereich ist somit notwendig. Weder im VStG und der dazugehörigen Vollziehungsverordnung, noch im DBG finden sich Hinweise darauf, wie die solidarische Mithaftung im Steuerbereich im einzelnen ausgestaltet ist. Ein Teil der Lehre[33] stützt sich auf die Bestimmungen der Art. 50 und 51 OR ab. Nach der hier vertretenen Auffassung sind

---

[31] Zum Begriff der differenzierten Solidarität vgl. KRNETA, Praxiskommentar, Rz. 2136, und MÜLLER/LIPP/PLÜSS, 250, mit weiteren Literaturhinweisen.
[32] Gemäss RICHNER/FREI/KAUFMANN, Handkommentar zum DBG, N 6 zu Art. 55 DBG, kann die Steuerbehörde den Mithaftenden und damit X frühestens dann belangen, wenn die juristische Person ihre Steuerschuld nicht innert der ordentlichen Zahlungsfrist erfüllt.
[33] Vgl. BGE 115 Ib 274 Erw. 14. c).

diese Bestimmungen nicht auf den vorliegend zur Diskussion stehenden Fall anwendbar, da dieser Regressordnung ein Schadenersatzanspruch aus unerlaubter Handlung zugrunde liegt und keine öffentlich-rechtliche Steuerforderung.[34] Nach Art. 148 Abs. 1 OR haben Solidarschuldner von der an den Gläubiger geleisteten Zahlung ein jeder den gleichen Teil zu übernehmen, wenn sich aus ihrem Rechtsverhältnis untereinander nichts anderes ergibt. Für leitende Angestellte und Verwaltungsräte ergibt sich aus der besonderen Organstellung die Anwendbarkeit von Art. 759 OR.[35]

Bei einer Doppelstellung als Verwaltungsrat und Arbeitnehmer kann der Haftende gestützt auf zwei verschiedene Rechtsgrundlagen (in concreto der Haftung als Verwaltungsrat sowie der Haftung aus Arbeitsvertrag) zur Rechenschaft gezogen werden. Die gleichmässige Aufteilung der Haftungssumme auf alle Haftungssubjekte dürfte in solchen Fällen zu Auseinandersetzungen führen. Im Regressverhältnis würde dem betroffenen Verwaltungsrat auf Grund seiner Doppelstellung ein doppeltes Verschulden angelastet. Eine Übernahme zu gleichen Teilen wäre dann nicht mehr möglich; damit hätte die Doppelstellung eine Haftungsverschärfung im Regressverhältnis zur Folge.

Das Bundesgericht hat in BGE 115 Ib 274 die Anwendbarkeit bzw. die konkrete Regressordnung in Bezug auf eine Verrechnungssteuerforderung leider offen gelassen, da die Beschwerdeführer die umstrittene Verrechnungssteuer weder ganz noch teilweise bezahlt hatten und deshalb gar keine Regressmöglichkeit bestand.[36]

3. Verrechnungssteuergesetz

Gemäss Art. 15 des Bundesgesetzes über die Verrechnungssteuer (VStG) unterliegen der Solidarhaftung Personen, die als Liquidatoren bei der Auflösung[37] einer juristischen Person mitwirken[38] sowie Organe einer juristischen Person, die ihren

---

[34] Vgl. BGE 115 Ib 274 Erw. 19 b).
[35] Zum Begriff der Solidarität nach Art. 759 OR vgl. die Ausführungen in MÜLLER/LIPP/PLÜSS, 250 f. mit weiteren Literaturhinweisen.
[36] Die von der Steuerbehörde belangte Person muss die noch offenen Steuerforderungen selbst bezahlen, zumal es sich bei der Steuerforderung um eine öffentlich-rechtliche Forderung (Erfüllungsanspruch) handelt und nicht um einen Schadenersatzanspruch, für welchen ein Versicherungsschutz existiert.
[37] Als Liquidation gelten nicht nur die formelle Auflösung einer steuerpflichtigen Gesellschaft, sondern auch der sogenannte Mantelhandel und die faktische Liquidation; STOCKAR, 325 f., m. Hinweis auf den Entscheid des Bundesgerichts vom 20.10.1989; zu den Begriffen Mantelhandel und faktische Liquidation; vgl. HÖHN/WALDBURGER, N 19 f. zu § 21.
[38] Art. 15 Abs. 1 lit. a VStG.

Sitz ins Ausland verlegt.[39] Gemäss Praxis des Bundesgerichtes[40] wird der Begriff der Liquidatoren in Verrechnungssteuerangelegenheiten weit ausgelegt.[41] Neben dem Verwaltungsrat haften auch jene Personen, die vertraglich oder rein faktisch mit der Geschäftsführung betraut sind. Unter die erstere Kategorie dürften danach unter anderem die in einem Arbeitsverhältnis stehenden Geschäftsführer und Verwaltungsräte, unter die zweite die mit faktischer Organkompetenz ausgestatteten Arbeitnehmer fallen.

Bezüglich der mit der Geschäftsführung betrauten Personen hielt das Bundesgericht in BGE 115 Ib 274 unter Erw. 14. c) fest, dass es insbesondere darauf ankomme, dass die Organe «tatsächlich und in entscheidender Weise an der Willensbildung der Gesellschaft gegen innen und aussen teilhaben». Dabei stellte das Bundesgericht nicht nur auf die formell rechtliche Stellung der handelnden Person ab, sondern auf die tatsächlichen Machtverhältnisse in der Unternehmung. Weiter führte es in seinem Entscheid aus, dass blosse Hilfspersonen, die ohne selbständige Aufgabe ausschliesslich Entscheidungen und Weisungen der Organe ausführen, keine Liquidatoren im Sinne von Art. 15 VStG sind. MÜLLER/LIPP/PLÜSS[42] erwähnen in diesem Zusammenhang die formellen Organe, d.h. die rechtsgültig gewählten und im Handelsregister eingetragenen Mitglieder des Verwaltungsrates (einschliesslich sog. stille Mitglieder des Verwaltungsrates), Direktoren und Geschäftsführer sowie die materiellen bzw. faktischen Organe, also alle Personen, die zwar nicht formell bestellt worden sind, aber tatsächlich Organfunktion ausüben (sog. verdeckte Verwaltungsräte).

Als Zwischenergebnis kann festgehalten werden, dass die als Organ bestellten Personen, namentlich der Verwaltungsrat, per se unter die Haftungsbestimmungen des Steuerrechts fallen. Da jedoch die formelle Einräumung der Organstellung nicht alleine entscheidend ist, haften auch diejenigen Personen als Liquidatoren im Sinne des VStG, die zumindest de facto geschäftsleitende Funktionen ausüben und zur Willensbildung in der Gesellschaft in selbständiger Weise beitragen (faktische Organe). Dagegen haftet eine Person nicht, wenn sie lediglich unselbständige Tätigkeiten für die Gesellschaft ausübt, sei es als Angestellte oder in deren Auftrag. Insofern schafft die Doppelstellung als Verwaltungsrat und Arbeitnehmer keine zusätzlichen Haftungsrisiken.

Wenn ein Arbeitnehmer Organfunktionen wahrnimmt und dadurch eine weitere Haftungsgrundlage, nämlich aus faktischer Organstellung schafft, kann die Doppel-

---

[39] Art. 15 Abs. 1 lit. b VStG.
[40] BGE 115 Ib 274; früher bereits BGE 87 II 184 Erw. 2 und 81 II 223 Erw. 1 b).
[41] Unter die Bestimmung von Art. 15 Abs. 1 lit. a VStG fallen auch Personen, die die Liquidation der Gesellschaft vorbereiten; vgl. dazu STOCKAR, 326, mit weiteren Literaturhinweisen.
[42] MÜLLER/LIPP/PLÜSS, 233, insbesondere Fn. 148, i.V.m. 205.

stellung zu einer Verschärfung der Haftung führen. Diese Haftungsverschärfung wird im Regressverhältnis unter mehreren solidarisch Haftenden akut, da im Aussenverhältnis eine Person nicht für mehr als das Ganze zur Haftung gezogen werden kann. Im Rahmen der Aufteilung des Schadens im Innenverhältnis, d.h. unter Berücksichtigung der konkreten Ausgestaltung des Solidaritätsverhältnisses unter den Mithaftenden, werden einerseits das persönliche Verschulden und andererseits die Wahrnehmung von Funktionen in Personalunion relevant. Das Organ, welches sowohl in seiner Funktion als Verwaltungsrat wie in seiner Funktion als Arbeitnehmer mit Organqualität (Doppelstellung) handelt, verstösst in qualifizierter Form gegen seine aus dem Grundverhältnis resultierenden Pflichten. Im Innenverhältnis wird deshalb die Haftung verschärft.

Zusammenfassend können folgende Konstellationen von Doppelstellungen und ihre steuerrechtliche Haftungswirkung bei der Liquidation unterschieden werden:

– Die Doppelstellung als Verwaltungsrat und Arbeitnehmer mit organabhängiger Tätigkeit führt zu einer Haftungsverschärfung, soweit der Arbeitnehmer an der Entscheidung mitgewirkt hat.
– Die Doppelstellung als Verwaltungsrat und Arbeitnehmer mit organunabhängiger Tätigkeit führt zu keiner Haftungsverschärfung.

Materiell beschränkt sich die Haftung im Rahmen der Liquidation betragsmässig auf die Höhe des Liquidationsergebnisses, im Falle der Sitzverlegung auf das Reinvermögen der Gesellschaft. Des Weiteren können der Verwaltungsrat bzw. die handelnden Personen nur für solche Forderungen zur Rechenschaft gezogen werden, die während der Geschäftsführung entstehen, geltend gemacht oder fällig werden. Die Haftung entfällt, soweit nachgewiesen werden kann, dass alles Zumutbare zur Feststellung und Erfüllung der Steuerforderung unternommen worden ist.[43]

Zur Bestimmung des massgeblichen Zeitpunktes der Haftung und damit der Schadensberechnung ist entscheidend, wann die erste Vermögensdisposition stattfand, die nicht mehr durch den Gesellschaftszweck gedeckt ist. Jede Person, die zu diesem Zeitpunkt als gewähltes oder faktisches Organ die Geschäfte der Gesellschaft beeinflusst hat, haftet mit ihrem gesamten Privatvermögen für allfällige nicht bezahlte Liquidationsgewinnsteuern.[44] Der relevante Zeitraum, für welchen die verantwortlichen Personen zur Haftpflicht herangezogen werden können, wird bei MÜLLER/LIPP/PLÜSS[45] anhand des folgenden Beispieles illustriert:

---

[43] Art. 15 Abs. 2 VStG.
[44] Vgl. FREI, 266.
[45] MÜLLER/LIPP/PLÜSS, 234.

Der Gesamtverwaltungsrat beschliesst den Verkauf einer Beteiligung. Ein kurz darauf zurücktretendes Verwaltungsratsmitglied weiss nicht, dass die Steuerverwaltung dies im Nachhinein als Beginn einer faktischen Liquidation qualifiziert, da noch weitere Beteiligungen veräussert werden. Der ausgetretene Verwaltungsrat, der auf die Gesellschaft keinerlei Einfluss mehr ausüben kann, haftet gleichwohl für allfällige Verrechnungssteuerschulden in vollem Umfang. Im umgekehrten Fall haftet ein Arbeitnehmer, der neu als Mitglied in den Verwaltungsrat eintritt, für die latenten Verrechnungssteuern, die erst während seiner Amtsdauer geltend gemacht werden.[46]

MÜLLER/LIPP/PLÜSS[47] empfehlen daher, in kritischen Fällen von der Unternehmung eine Hinterlegung der aufgelaufenen Verrechnungssteuern zu verlangen oder nötigenfalls die Steuerverwaltung zu einer Sicherstellungsverfügung[48] zu veranlassen. Wie das Beispiel zeigt, ist die Doppelstellung Verwaltungsrat/Arbeitnehmer zur Beurteilung der steuerrechtlichen Haftungsrisiken auch in diesem Punkt nicht weiter relevant, da Anknüpfungspunkt der Haftung einzig die Organqualität ist.

4. Direkte Bundessteuer

Der frühere Bundesratsbeschluss über die Erhebung einer direkten Bundessteuer[49] kannte keine solidarische Mithaftung der Organe für allfällige Steuerschulden.[50] Kamen die Liquidatoren ihrer Pflicht zur Abgabe der erforderlichen Steuererklärungen und zur Bezahlung der geschuldeten Steuern nicht nach, konnte die Steuerbehörde lediglich eine Busse verhängen.[51] Nach Art. 55 Abs. 1 DBG[52] haften bei Beendigung der Steuerpflicht einer juristischen Person die mit ihrer Verwaltung und die mit ihrer Liquidation betrauten Personen solidarisch für die von ihr geschuldeten Steuern bis zum Betrag des Liquidationsergebnisses oder, falls die juristische Person ihren Sitz oder tatsächliche Verwaltung ins Ausland verlegt, bis zum Betrag des Reinvermögens der juristischen Person. Die Haftung entfällt, wenn

---

[46] Auch im Sozialversicherungsrecht haftet ein VR-Mitglied für bereits verfallene von der Gesellschaft früher nicht bezahlte AHV-Beiträge; vgl. dazu KRNETA, Praxiskommentar, Rz. 2113, mit Hinweis auf BGE 119 V 401 Erw. 4.
[47] MÜLLER/LIPP/PLÜSS, 234.
[48] Gemäss einem unveröffentlichtem Entscheid des Bundesgerichtes vom 11.3.1949 (in ASA 17, S. 447) kann eine Sicherstellungsverfügung von allen Personen verlangt werden, die von den Bezugsbehörden für eine geschuldete Steuer persönlich in Anspruch genommen werden können; RICHNER/FREI/KAUFMANN, Handkommentar zum DBG, N 3 zu Art 169 DBG.
[49] SR 642.11.
[50] Vgl. BÖCKLI, Haftung, 97; FORSTMOSER, Verantwortlichkeit, Rz. 1053.
[51] MÜLLER/LIPP/PLÜSS, 235, m.w.H.
[52] Bundesgesetz über die direkte Bundessteuer vom 14.12.1990, in Kraft seit 1.1.1995 (SR 642.11).

§ 12 Steuerrechtliche Konsequenzen

der Haftende nachweist, dass er alle nach den Umständen gebotene Sorgfalt angewendet hat.

Im Unterschied zum Verrechnungssteuergesetz haften somit nicht nur die mit der Liquidation, sondern auch die mit der blossen Verwaltung betrauten Personen. Auf den ersten Blick scheint Art. 55 DBG zu einer Erweiterung des Kreises der Haftpflichtigen sowie zu einer Verschärfung der Haftung zu führen. Dem ist jedoch nur beschränkt so. Der Haftungsfall des DBG wird vom Eintritt des Liquidationsstadiums der juristischen Person abhängig gemacht. Ist die Gesellschaft zufolge Eintritt des Liquidationsstadiums nicht mehr steuerpflichtig, werden die Liquidationsaufgaben gemäss Art. 740 Abs. 1 OR durch die Liquidatoren wahrgenommen. Gleichzeitig werden die Aufgaben der Verwaltungsräte eingeschränkt.[53] Im Regelfall werden die Verwaltungsräte auf Grund von Art. 740 Abs. 1 OR als Liquidatoren berufen. Damit ergibt sich eine Erweiterung des Kreises der Haftungssubjekte nur ausnahmsweise.

5. Mehrwertsteuer

Art. 32 MWSTG[54] sieht die solidarische Mithaftung[55] der Organe ausdrücklich vor. Mit dem Steuersubjekt haften u.a. solidarisch:

– die mit der Liquidation betrauten Personen bei Beendigung der Steuerpflicht einer aufgelösten juristischen Person bis zum Betrag des Liquidationsergebnisses[56]

– die geschäftsführenden Organe für die Steuern einer juristischen Person, die ihren Sitz ins Ausland verlegt, bis zum Betrag des Reinvermögens der juristischen Person[57]

Folglich haften die sämtliche Organe mit ihrem gesamten Vermögen für die Bezahlung der Steuerschuld.

Die Liquidatorenhaftung wurde im neuen MWSTG an die Regelung im VStG angelehnt. Haftungssubjekte sind zunächst die speziell für die Liquidation einge-

---

[53] Vgl. Art. 739 Abs. 2 OR.
[54] Bundesgesetz über die Mehrwertsteuer vom 2.9.1999 (SR 641.20).
[55] Dabei beschränkt sich die solidarische Haftung auf die sog. Zahlungssolidarität; anderweitige Obliegenheiten des Steuerpflichtigen, wie z.B. die Erstellung der Steuerabrechnungen, können von Drittpersonen nicht verlangt werden können; CLAVADETSCHER/GLAUSER/SCHAFROTH, N 2 zu Art. 32 MWSTG.
[56] Art. 32 Abs. 1 lit. c MWSTG.
[57] Art. 32 Abs. 1 lit. d MWSTG.

§ 12 Steuerrechtliche Konsequenzen

setzten Personen ausserhalb der Verwaltung, dann die Mitglieder der mit der Liquidation betrauten Verwaltung und damit i.d.R. der Verwaltungsrat. Wie bei der Verrechnungssteuer und der direkten Bundessteuer ist die formalrechtliche Stellung des Liquidators als Organ der Gesellschaft unerheblich. Es kommt einzig darauf an, ob sich die Person faktisch um die Liquidation gekümmert hat oder hatte sollen. Somit haften auch die übrigen geschäftsleitenden Personen, wie Direktoren, sowie die faktischen Organe.[58]

Die Liquidatoren haften für diejenigen Forderungen, die während ihrer Geschäftstätigkeit entstanden oder fällig geworden sind. Im Unterschied zum VstG fehlt im MWSTG die Einschränkung der Haftung für diejenigen Steuerforderungen, die während der Geschäftstätigkeit der Liquidatoren geltend gemacht wurden.[59] Die Haftung eines solidarisch Verantwortlichen entfällt, wenn er nachweisen kann, dass er alles ihm Zumutbare zur Feststellung und Erfüllung der Mehrwertsteuerforderung getan hat.[60]

Im Unterschied zum VStG ist im MWSTG explizit die Haftung der geschäftsführenden Organe und nicht der Organe als solche vorgesehen. Entgegen CLAVADETSCHER/GLAUSER/SCHAFROTH[61] kann nach der hier vertretenen Auffassung der Kreis der Haftenden jedoch nicht auf den Verwaltungsrat beschränkt werden. Faktisch zählt zum Kreis der Haftenden auch ein Arbeitnehmer, der eine organabhängige Tätigkeit[62] ausführt sowie der faktische Verwaltungsrat. Wie weit der Begriff der geschäftsführenden Organe zu definieren ist, wurde bis anhin vom Bundesgericht für die Mehrwertsteuer noch nicht beurteilt.

Haftungsrechtlich relevant sind sämtliche bisher aufgelaufenen, fälligen Mehrwertsteuern. Die solidarische Mithaftung umfasst sowohl die Steuerforderung als auch allfällige Zins- und Kostenforderungen, sofern sie während der Geschäftsführung der mithaftenden Personen entstanden sind.

Die Doppelstellung als Verwaltungsrat und Arbeitnehmer zieht daher keine Haftungsverschärfung nach sich.

---

[58] Vgl. die Ausführungen zur Verrechnungssteuer unter TEIL 4 § 12 III. 3. auf S. 420 ff.; gl.M. CLAVADETSCHER/GLAUSER/SCHAFROTH, N 16 ff. zu Art. 32 MWSTG; MÜLLER T., solidarische Mithaftung, 151, sowie MÜLLER/LIPP/PLÜSS, 233, insbesondere Fn. 148, i.V.m. 205.
[59] CLAVADETSCHER/GLAUSER/SCHAFROTH, N 19 zu Art. 32 MWSTG; MÜLLER T., solidarische Mithaftung, 152.
[60] Art. 32 Abs. 3 MWSTG.
[61] CLAVADETSCHER/GLAUSER/SCHAFROTH, N 22 zu Art. 32 MWSTG.
[62] Zum Begriff der organabhängigen Tätigkeit vgl. TEIL 3 § 6 II. 1. c) cc) auf S. 182 ff.

§ 12   Steuerrechtliche Konsequenzen

6. Übrige Steuern

Auch in weiteren Bereichen des eidgenössischen und kantonalen Steuerrechts wird bisweilen eine solidarische Mithaftung der Organe für Steuerschulden der Gesellschaft statuiert. Als Beispiel sei auf Art. 8 Abs. 1 lit. a des Tabaksteuergesetzes[63] verwiesen. Danach haften die Organe bzw. Liquidatoren im Falle der Sitzverlegung ins Ausland oder bei der Liquidation für noch offene Steuerschulden resultierend aus der Tabaksteuer. Das Bundesgesetz über die Stempelabgaben sieht darüber hinaus eine solidarische Haftung des Veräusserers der Beteiligungsrechte vor.[64] Auf eine weitere Behandlung dieser Steuerarten wird vorliegend verzichtet. Es kann generell festgestellt werden, dass sich die Haftungssituation eines Verwaltungsrats für Steuerschulden nicht verändert, wenn er in einem zusätzlichen Arbeitsverhältnis zur Gesellschaft steht. Umgekehrt verschärft sich die diesbezügliche Haftungssituation bei einem Arbeitnehmer durch die Einsitznahme im Verwaltungsrat, sofern der Betroffene vor Eintritt der Doppelstellung nur eine organunabhängige Tätigkeit ausübte.

Sehen die steuerrechtlichen Spezialgesetze keine besonderen Bestimmungen zur Haftung vor, kann der Fiskus als Haftungsgrundlage die aktienrechtliche Verantwortlichkeit nach Art. 754 OR geltend machen. Dies sei anhand eines realen Falles aus der Praxis verdeutlicht:[65]

> Eine Stadt erhebt auf den Umsätzen von Nachtclubs eine sehr hohe Vergnügungssteuer. Der Verwaltungsrat und Geschäftsführer eines Nachtclubs in dieser Stadt weigert sich, die entsprechende Steuerrechnung zu bezahlen. Auch nachdem die Steuerforderung der Stadt im Einspracheverfahren geschützt wird, unterlässt es der Verwaltungsrat, Rückstellungen für die aufgelaufenen Vergnügungssteuern zu bilanzieren. Hätte er die Rückstellungen nur schon zu 50% vorgenommen, hätte er den Richter wegen Überschuldung benachrichtigen müssen. Als die Steuerforderung der Stadt letztinstanzlich geschützt wird, beantragt der Verwaltungsrat die Konkurseröffnung über die Betreibergesellschaft des Nachtclubs. Die Stadt erhebt in der Folge Verantwortlichkeitsklage gegen den fehlbaren Verwaltungsrat und Geschäftsführer gestützt auf Art. 754 OR, da im entsprechenden Vergnügungssteuergesetz der Stadt keine spezielle Haftungsgrundlage statuiert worden war.

---

[63] SR 641.31.
[64] Art. 10 StG (SR 641.10).
[65] Da die entsprechende Verantwortlichkeitsklage vor dem Handelsgericht des Kantons St. Gallen vergleichsweise erledigt wurde, kann nicht auf eine Publikation verwiesen werden.

IV. Zusammenfassung der steuerrechtlichen Konsequenzen

1. Besteuerung der Einkommensquellen

Eine Doppelstellung als Verwaltungsrat und Arbeitnehmer hat primär keine Konsequenzen auf die Besteuerung der Einkommensquellen. Erst wenn die Doppelstellung mit der Aktionärsstellung zusammenfällt, kann eine wirtschaftliche Doppelbelastung der natürlichen Person auf der einen Seite und der Gesellschaft auf der anderen Seite resultieren. Dies muss nicht immer der Fall sein. Bereits heute werden trotz der Ordnungsvorschrift in Art. 707 Abs. 1 OR vor allem in Konzernverhältnissen oftmals keine fiduziarischen Aktien mehr für die Mandatsausübung zugeteilt,[66] und mit der Revision des GmbH-Rechts dürfte die Aktionärsvoraussetzung endgültig aufgehoben sein.[67]

2. Haftung für Steuerschulden der Gesellschaft

Beim Verwaltungsrat, der zusätzlich zu seinem organschaftlichen noch ein arbeitsrechtliches Verhältnis mit der Gesellschaft eingeht, ändert sich im Aussenverhältnis nichts bezüglich der Haftung für Steuerschulden. Im Innenverhältnis kann es bei Regressforderungen zu einer Haftungsverschärfung kommen, da die Doppelstellung als doppeltes Verschulden angelastet werden kann.

Beim Arbeitnehmer mit einer organabhängigen Tätigkeit ändert sich durch die Einsitznahme im Verwaltungsrat ebenfalls nichts bezüglich der Haftung für Steuerschulden im Aussenverhältnis, da im Steuerrecht grundsätzlich alle Organe gleich gestellt sind, unabhängig von ihrer Funktionsbezeichnung und Eintragung im Handelsregister. Im Innenverhältnis gilt das vorstehend beim Verwaltungsrat Angeführte analog.

Beim Arbeitnehmer mit einer organunabhängigen Tätigkeit verschärft sich durch die Einsitznahme im Verwaltungsrat die Haftungssituation im Zusammenhang mit Steuerschulden der Gesellschaft primär im Aussenverhältnis und sekundär im internen Regressverhältnis. Der Arbeitnehmer vermag sich nicht dadurch zu entlasten, er verfüge nicht über finanzwirtschaftliche oder juristische Kenntnisse. Bei Übernahme von Verwaltungsratsmandaten haben insbesondere die Arbeitnehmervertreter nicht nur den Sozialversicherungsbeiträgen, sondern auch den Steuerschulden die gehörige Beachtung zu schenken.

---

[66] Vgl. vorne TEIL 3 § 6 I. 1. d) aa) auf S. 166 ff.
[67] Vgl. vorne TEIL 3 § 6 I. 1. d) bb) auf S. 170 f.

§ 13 Betreibungs- und Konkursrechtliche Konsequenzen

I. Betreibungsrechtliche Konsequenzen

1. Örtliche und sachliche Zuständigkeit im Betreibungsrecht

a) Sachliche Zuständigkeit

Sachlich ist das Betreibungsamt für die Durchführung der Zwangsvollstreckung gegenüber einem Verwaltungsratsmitglied oder einem Arbeitnehmer zuständig.[1] Aufgrund der in Art. 39 SchKG enthaltenen abschliessenden Aufzählung unterliegt weder ein Verwaltungsratsmitglied noch ein Direktor der Konkursbetreibung, auch wenn ein entsprechender Eintrag im Handelsregister besteht.[2] Folglich wird sowohl die Betreibung des Arbeitnehmers, als auch diejenige des Verwaltungsratsmitglieds und des Verwaltungsratsdelegierten auf dem Wege der Pfändung bzw. der Pfandverwertung fortgesetzt.[3] Eine Doppelstellung als Verwaltungsrat und Arbeitnehmer hat demnach keine Auswirkungen auf die sachliche Zuständigkeit zur Durchführung einer Zwangsvollstreckung.

b) Örtliche Zuständigkeit

Örtlich ist das Betreibungsamt am Wohnsitz des Schuldners zuständig für die Durchführung der Zwangsvollstreckung.[4] Dabei macht es keinen Unterschied, ob der Schuldner Arbeitnehmer, Verwaltungsratsmitglied oder Verwaltungsratsdelegierter ist. Es kommt einzig und allein auf den zivilrechtlichen Wohnsitz an.[5]

Handelt es sich beim Schuldner um einen ausländischen Arbeitnehmer bzw. Verwaltungsrat, kann dieser in der Schweiz betrieben werden, sofern er die Anforde-

---

[1] Vgl. ACOCELLA, SchKG-Kommentar, N 43 f. zu Art. 38 SchKG; KOFMEL/EHRENZELLER, SchKG-Kommentar, N 5 zu Art. 67 SchKG.
[2] Vgl. ACOCELLA, N 3 zu Art. 39 SchKG.
[3] Vgl. ACOCELLA, N 40 zu Art. 38 SchKG.
[4] SCHMID, SchKG-Kommentar, N 1 zu Art. 46 SchKG.
[5] Vgl. AMONN/GASSER, § 10 N 9; SCHMID, N 32 zu Art. 46 SchKG; zum zivilrechtlichen Wohnsitz und der entsprechenden gerichtlichen Praxis vgl. BGE 111 Ia 41 Erw. 3; SCHMID, SchKG-Kommentar, N 36 zu Art. 46.

rungen an einen inländischen Wohnsitz erfüllt.[6] Insofern ist die Nationalität des Schuldners bei der Bestimmung des Betreibungsortes ohne Bedeutung.[7]

Fallen Arbeitsort und Wohnort eines Arbeitnehmers auseinander, prävaliert in der Regel der Wohnort als Wohnsitz, sofern der Arbeitnehmer mehr oder minder regelmässig dorthin zurückkehrt.[8] Der Arbeitsort wird hingegen dann als Wohnsitz zu betrachten sein, wenn die persönliche Bindung zu diesem Ort grösser ist als diejenige zu einem zufällig gewähltem Wohnort, der beispielsweise blosse Schlafstelle ist.[9]

Bei Personen in leitender Stellung gilt im Steuerrecht der Arbeitsort als Steuerdomizil.[10] Gemäss BUCHER dürfte sich die steuerrechtliche Praxis für einen leitenden Angestellten bzw. einen Selbständigerwerbenden auf zivilrechtliche Verhältnisse übertragen lassen, da die Beziehungen zum Arbeitsort bei einer leitenden Persönlichkeit intensiver sind als bei Personen in untergeordneter Stellung, jedoch nur, wenn partielles «Wohnen» hinzutritt, d.h. der Betreffende dort einen Teil der Freizeit in eigenen Räumen verbringt.[11] In diesem Sinne ist auch beim Verwaltungsratsdelegierten zu verfahren, wenn die Voraussetzung des partiellen Wohnens gegeben ist.

Wird ein Arbeitnehmer in den Verwaltungsrat gewählt, so wird ein dadurch neuer Wohnsitz am Arbeitsort nur begründet, wenn seine persönliche Bindung zum Arbeitsort ein Mass annimmt, das die Voraussetzung des partiellen Wohnens erfüllt. Gleiches gilt, wenn ein Verwaltungsratsmitglied als Geschäftsführer eingesetzt wird.

Folglich wird durch die Einsitznahme im Verwaltungsrat bzw. durch den Einsatz eines Verwaltungsratsdelegierten nicht zwingend ein neuer Wohnsitz begründet, sondern es kommt einzig auf das Mass der persönlichen Bindung zum Arbeitsort an, welche nach den konkreten Umständen zu beurteilen ist.[12]

---

[6] Zur Wohnsitzbegründung eines ausländischen Arbeitnehmers vgl. STAEHELIN, Basler Kommentar, N 17☐f. zu Art. 23 OR; BUCHER, Berner Kommentar, N 24 und 38 zu Art. 23 ZGB.
[7] JAEGER/WALDER/KULL/KOTTMANN, N 2 zu Art. 46 SchKG.
[8] BUCHER, Berner Kommentar, N 48 zu Art. 23 ZGB.
[9] BUCHER, Berner Kommentar, N 49 zu Art. 23 ZGB.
[10] HÖHN/WALDBURGER, § 13 Rz. 30.
[11] BUCHER, Berner Kommentar, N 50 zu Art. 23 ZGB.
[12] Vgl. HONSELL, Basler Kommentar, N 4 zu Art. 4 ZGB.

2. Legitimation zur Erhebung des Rechtsvorschlags

Bei der Legitimation zur Erhebung des Rechtsvorschlags ist abzugrenzen, ob es sich um eine private Schuld oder eine Gesellschaftsschuld handelt. Für private Schulden ist die betroffene natürliche Person zur Erhebung des Rechtsvorschlages legitimiert, unabhängig von einer Stellung als Verwaltungsrat oder Arbeitnehmer; denn zur Erhebung des Rechtsvorschlages ist der im Zahlungsbefehl aufgeführte Betriebene bzw. sein gesetzlicher oder vertraglicher Vertreter berechtigt.[13] Insofern hat die Doppelstellung als Verwaltungsrat und Arbeitnehmer keine Konsequenzen auf die Legitimation zur Rechtsvorschlagserhebung für private Schulden.

Eine betreibungsrechtliche Konsequenz aus einer Doppelstellung als Verwaltungsrat und Arbeitnehmer resultiert im Falle einer Gesellschaftsschuld. Als Mitglied des Verwaltungsrats erhält der Arbeitnehmer auf Grund seiner Funktion als gesetzlicher Vertreter der Gesellschaft die Kompetenz, Rechtsvorschlag für Gesellschaftsschulden zu erheben.[14] Demgegenüber ändert sich für einen Verwaltungsrat, welcher zusätzlich einen Arbeitsvertrag mit der Gesellschaft abschliesst, in betreibungsrechtlicher Hinsicht nichts; die Legitimation zur Erhebung des Rechtsvorschlages bleibt unverändert bestehen.[15]

II. Konkursprivileg für Lohnforderungen eines Verwaltungsrats

1. Gesetzliche Regelung

Bereits in der ursprünglichen Fassung des SchKG vom 11. April 1889 war in Art. 219 Abs. 4 SchKG ein Konkursprivileg erster Klasse für nicht pfandgesicherte Lohnforderungen von Dienstboten, Kommis und Büroangestellten sowie für Akkord- und Fabrikarbeiter enthalten. Von Anfang an war unbestritten, dass zu den privilegierten Lohnbeträgen nicht nur der fixe Lohn oder das feste Gehalt gehören, sondern auch Gewinnanteile, Provisionen, Naturalleistungen, Gratifikationen und Spesen.[16] Hingegen entstanden schon rasch unterschiedliche Auffassungen

---

[13] BESSENICH, SchKG-Kommentar, N 5 zu Art. 74 SchKG.
[14] ANGST, SchKG-Kommentar, N 4 zu Art. 65 SchKG; BESSENICH, SchKG-Kommentar, N 6 zu Art. 65 SchKG.
[15] ANGST, SchKG-Kommentar, N 6 zu Art. 65 SchKG.
[16] Vgl. REICHEL, N 12 zu Art. 219 SchKG; JAEGER, N 15 zu Art. 219 SchKG.

über den personellen Geltungsbereich dieser Gesetzesbestimmung. Ein Prokurist wurde noch übereinstimmend als privilegierter Arbeitnehmer qualifiziert. Doch bei einem Direktor wurde die Anwendung des Konkursprivilegs vorerst in der Rechtsprechung und dann auch in der Lehre verweigert.[17] Zur Begründung wurde angeführt, ein Direktor sei dem Inhaber eines Privatgeschäftes gleichzustellen, weil er umfassendere Befugnisse als ein Kommis oder Angestellter habe.[18]

Im Zusammenhang mit der Änderung anderer Bundesgesetze wurde Art. 219 SchKG wiederholt revidiert.[19] Die erste hier interessierende Änderung ergab sich jedoch erst mit dem Arbeitsgesetz vom 13. März 1964. Das gesamte Lohnprivileg wurde damals unter einer einzigen Litera zusammengefasst. Mit dieser Revision wurde das Konkursprivileg der Arbeitnehmer wesentlich ausgedehnt. Insbesondere wurden nun auch Forderungen wegen vorzeitiger Kündigung infolge Konkurses privilegiert.[20] Auf eine Unterscheidung in Angestellte und andere Arbeitnehmer wurde vollständig verzichtet. In der entsprechenden Botschaft des Bundesrates vom 30. September 1960[21] wurde die frühere Einteilung ausdrücklich als überholt bezeichnet.[22]

Bei der Revision des SchKG von 1994 wurde die Sonderkategorie «Heimarbeiter» mit der Begründung gestrichen, auch die Heimarbeiter seien unter den Begriff «Arbeitnehmer» zu subsumieren.[23] Mit Änderung vom 19. Dezember 2003, in Kraft getreten am 1. Januar 2005,[24] wurde das Konkursprivileg der ersten Klasse schliesslich noch zeitlich ausgedehnt auf die Forderungen von Arbeitnehmern aus dem Arbeitsverhältnis, die in den letzten sechs Monaten vor der Konkurseröffnung entstanden oder fällig geworden sind, so dass nun auch der 13. Monatslohn pro rata temporis bis zur Konkurseröffnung als Lohnforderung privilegiert ist.[25]

---

[17] Urteil der I. Appellationskammer des Obergerichtes Zürich vom 19.6.1906, publiziert in ZR 9 (1919) Nr. 19, S. 31; dieser Rechtsprechung folgte JAEGER, N 15 zu Art. 219 SchKG.
[18] A.M. ausdrücklich BLUMENSTEIN, 684, doch schliesst auch er Mitglieder des Verwaltungsrats vom Konkursprivileg aus mit der Begründung, diese würden eben gerade nicht in einem Dienstverhältnis zur Gesellschaft stehen.
[19] Vgl. FRITZSCHE/WALDER-BOHNER, Rz. 9 zu § 3, und die Details bei AMONN/GASSER, 343 ff.
[20] Damit wurde der berechtigten Forderung von namhaften Autoren in diesem Punkt Rechnung getragen, so insbesondere derjenigen von HUG, 99.
[21] Botschaft zum Arbeitsgesetz, 103 f.
[22] Dass diese Unterscheidung nicht aufrechterhalten werden kann, wurde später auch in der Botschaft zum Arbeitsvertrag, 31 f., ausführlich begründet. Aus diesem Grunde sollte auch nicht mehr von «leitenden Angestellten», sondern nur noch von «leitenden Arbeitnehmern» gesprochen werden (vgl. dazu vorne Fn. 42 auf S. 11).
[23] Botschaft zur Änderung des SchKG, 129.
[24] Vgl. BBl. 2003, 8203, und AS 2004, 4031 f.
[25] Vgl. die tabellarische Übersicht bei LORANDI, Arbeitsverträge, 160.

2. Ablehnung des Konkursprivilegs für Führungskräfte durch die Lehre

Steht ein Verwaltungsrat nur in einem organschaftlichen Verhältnis zur Gesellschaft, so werden im Falle eines Konkurses der Gesellschaft keine Zweifel über die konkursrechtliche Behandlung von Forderungen dieses Organs aufkommen. Allfällige Verwaltungsratshonorare oder Spesenentschädigungen, welche vom betroffenen Verwaltungsrat im Konkurs geltend gemacht werden, sind in die letzte Klasse des Kollokationsplanes aufzunehmen.[26] Hat der Verwaltungsrat jedoch eine Doppelstellung als Arbeitnehmer inne und wurde ihm der Lohn in den letzten Monaten vor Konkurseröffnung nicht vollständig ausbezahlt, so ist bei der Kollozierung seiner Lohnforderung die Anwendung des Konkursprivilegs erster Klasse zu prüfen.[27] Die Prüfung der entsprechenden Voraussetzungen hat durch das Konkursamt von Amtes wegen zu erfolgen,[28] die Geltendmachung des Konkursprivilegs und die Vorlage der entsprechenden Beweise ist dagegen Sache des Arbeitnehmers.[29]

In der Lehre wird das Konkursprivileg der ersten Klasse für Löhne von Führungskräften einer AG mehrheitlich abgelehnt.[30] Soweit zur Begründung nicht einfach auf die Rechtsprechung des Bundesgerichtes verwiesen wird,[31] führen die Autoren an, es widerspräche dem Schutzgedanken des Gesetzes, wenn sich ein Verwaltungsrat oder Direktor auf das Lohnprivileg als Arbeitnehmer zum Nachteil der Belegschaft berufen könne.[32] Immerhin schränkt PETER ein, dass diese Auslegung nur solange vertretbar sei, als der Betroffene die Gesellschaft wesentlich beeinflusst und zu ihrem Konkurs beigetragen habe.[33]

---

[26] Vgl. dazu allgemein PETER, SchKG-Kommentar, N 56 zu Art. 219 SchKG.
[27] Vgl. die analogen Ausführungen zum Konkursprivileg für leitende Arbeitnehmer bei MÜLLER, Konkursprivileg, 553 ff.
[28] BGE 87 III 86.
[29] Vgl. ZBJV 127 (1991) 142 ff. und die dort zit. Literatur.
[30] Literatur zum SchKG: AMONN/GASSER, § 42 Rz. 73; FRITZSCHE/WALDER-BOHNER, Rz. 10 zu § 43; JAEGER/WALDER/KULL/KOTTMANN, N 24 zu Art. 219 SchKG; PETER, SchKG-Kommentar, N 31 zu Art. 219 SchKG m.w.H. Literatur zum OR: GROB-ANDERMACHER, 60; HUTTERLI, 109; STREIFF/VON KAENEL, N 16 zu Art. 322 OR; a.M. SCHWEINGRUBER, Arbeitsvertrag, 42-44, jedoch ohne direkte Bezugnahme auf den VR; KRAMPF, 27, geht in seinem NZZ-Artikel entgegen der Lehre ohne Begründung davon aus, dass im Konkursfalle die Löhne aller Kadermitglieder privilegiert seien «bis zum vielleicht fürstlich bezahlten CEO».
[31] AMONN/GASSER, § 42 Rz. 73, mit Verweis auf BGE 118 III 46 Erw. 2. a).
[32] FRITZSCHE/WALDER-BOHNER, 190; JAEGER/WALDER/KULL/KOTTMANN, N 24 zu Art. 219 SchKG.
[33] PETER, SchKG-Kommentar, N 31 zu Art. 219 SchKG.

HUTTERLI[34] anerkennt, dass entgegen der früheren Fassung von Art. 219 Abs. 4 SchKG das Konkursprivileg der ersten Klasse auch Führungskräften zuteil werden könne, doch gelangt er schliesslich zum Ergebnis, «dass das Konkursprivileg in der Regel bei Mitgliedern des Verwaltungsrats zu verneinen, bei Direktoren […] zu bejahen ist.»[35]

GROB-ANDERMACHER[36] geht zwar davon aus, dass der Gesetzgeber die «leitenden Angestellten» vom Konkursprivileg der ersten Klasse ausschliessen wollte, doch anerkennt sie deren Bedürfnis nach sozialem Schutz und gelangt zum Ergebnis, auch diesen Arbeitnehmern sei ein Konkursprivileg einzuräumen.[37]

MEIER[38] anerkennt schliesslich die Anwendbarkeit des Konkursprivilegs erster Klasse auf Lohnforderungen von leitenden Arbeitnehmern. Dabei schränkt er zu Recht ein, dass ein Arbeitsverhältnis jedoch nur dann angenommen werden dürfe, wenn die Voraussetzung der Unterordnung erfüllt sei. Leider begründet MEIER seine Meinung nicht, sondern verweist lediglich auf BGE 118 III 46. Gerade dort wird aber das Subordinationsverhältnis vom Arbeitsverhältnis losgelöst betrachtet.

Der herrschende Druck zur Professionalisierung des obersten Managements einer Gesellschaft lässt es heute nicht mehr zu, dass bei Verwaltungsräten grundsätzlich nur von einem organschaftlichen Verhältnis ausgegangen werden kann. Angesichts der Tatsache, dass 73,2% aller VR-Delegierten in der Schweiz angeben, zusätzlich zum organschaftlichen Verhältnis in einem arbeitsrechtlichen Verhältnis zu stehen,[39] sollte von einer allgemeinen Regel, wie sie HUTTERLI noch aufstellte, Abstand genommen werden. Um jedoch Klarheit über die grundsätzliche Anwendbarkeit des Konkursprivilegs erster Klasse auf die arbeitsrechtlichen Lohnforderungen von Verwaltungsräten zu erhalten, sind eine eingehende Prüfung der Rechtsprechung und eine umfassende Auslegung des Gesetzes notwendig.

---

[34] HUTTERLI, 110.
[35] Diese Formulierung wurde in einem Entscheid des Kantonsgerichtes Waadt vom 2.11.1993, publiziert in SJZ 90 (1994) 389, als völlige Ablehnung des Konkursprivilegs für VR interpretiert: «Claus Hutterli nie que les administrateurs puissent se prévaloir du privilège de l'article 219 LP, […]».
[36] GROB-ANDERMACHER, 56 f.
[37] GROB-ANDERMACHER, 60.
[38] MEIER, Lohnforderungen, 41.
[39] Vgl. dazu vorne die Ergebnisse der Rechtstatsachenforschung unter TEIL 2 § 5 III. 3. Tabelle 18 und Abbildung 12 auf S. 128 f., bzw. MÜLLER, arbeitsrechtliche Stellung, 1369.

3. Rechtsprechung zum Konkursprivileg für leitende Arbeitnehmer

a) Rechtsprechung des Kantons Zürich

Das Obergericht des Kantons Zürich hatte wiederholt der Frage nachzugehen, ob sich ein leitender Arbeitnehmer bei der Geltendmachung seiner Lohnforderung gegenüber der konkursiten Gesellschaft auf das Konkursprivileg gemäss SchKG stützen könne. In drei publizierten Fällen trat dabei ein Verwaltungsrat als Kläger auf:

- Am 3. September 1931[40] wurde das Konkursprivileg einem von drei Verwaltungsräten zugebilligt, weil dieser nur Minderheitsaktionär und zugleich einziger Angestellter der Gesellschaft mit Weisungsgebundenheit gegenüber dem Mehrheitsaktionär (gleichzeitig Verwaltungsrat und Direktor) war. Das Urteil erweckt nicht in Bezug auf das Ergebnis, wohl aber in Bezug auf den Urteilszeitpunkt Erstaunen. 1931 galt noch die ursprüngliche Fassung des SchKG von 1898.[41] Nur wenige, genau bezeichnete Arbeitnehmerkategorien konnten damals von einem Konkursprivileg profitieren. Dazu gehörte der Verwaltungsrat nicht. Dennoch wurde die Lohnforderung des betroffenen Verwaltungsrats in der ersten Klasse kolloziert.

- Am 1. November 1977[42] machte das Obergericht geltend, nicht das Bestehen eines Arbeitsvertrages, sondern andere Kriterien seien für die Zusprechung des Konkursprivilegs für Lohnforderungen massgebend. Einem Verwaltungsrat, der Hauptverantwortlicher des konkursiten Unternehmens war und dessen halbes Aktienkapital besass, wurde eine Vorzugsstellung im Konkurs verweigert. «Es widerspräche dem Schutzgedanken des Gesetzes, wenn er sich nunmehr auf das Lohnprinzip als Arbeitnehmer zum Nachteil der Belegschaft berufen könnte.» Da der betroffene Verwaltungsrat eine beherrschende Stellung in der Gesellschaft innehatte, ist zu bezweifeln, ob er überhaupt in einem Unterordnungsverhältnis und damit in einem Arbeitsverhältnis zur Gesellschaft stehen konnte.

- Am 13. Dezember 1977[43] wurde das Konkursprivileg dem einzigen Verwaltungsrat einer Gesellschaft verweigert, weil er gleichzeitig deren Mehrheitsaktionär war und weder einen Arbeitsvertrag vorlegen noch ein Unterordnungsverhältnis geltend machen konnte. Hier sind die Voraussetzungen für eine Anwendbarkeit des Konkursprivilegs offensichtlich überhaupt nicht erfüllt gewesen. Es erstaunt, dass es dennoch zu einem Gerichtsentscheid gekommen ist.

---

[40] ZR 31 (1932) Nr. 185, S. 349.
[41] Dazu ausführlich nachstehend TEIL 4 § 13 II. 4. c) auf S. 444 ff.
[42] SJZ 74 (1978) 363.
[43] ZR 77 (1978) Nr. 25, S. 51 ff.

b) Rechtsprechung des Kantons Bern

Der Bernische Appellationshof fällte am 15. März 1989 einen ausführlich begründeten Entscheid[44] im Zusammenhang mit der Kollokation der Lohnforderung eines leitenden Arbeitnehmers. Aus den Erwägungen ist ersichtlich, dass der betroffene Generaldirektor G. zuerst als Verwaltungsrat in einem rein organschaftlichen Verhältnis zur Gesellschaft gestanden hatte, bevor er nach drei Jahren zusätzlich noch einen Arbeitsvertrag mit derselben Gesellschaft abschloss. Doch schon ein Jahr später demissionierte G. als Verwaltungsrat mit der Begründung, es existiere ein Kompetenzkonflikt zwischen der Funktion als Direktor und jener als Verwaltungsrat. G. übte von da an nur noch die Funktion des Direktors aus. Als wenig später über die Gesellschaft der Konkurs eröffnet wurde, machte G. geltend, seine Lohnforderung sei in die erste Klasse aufzunehmen. Das Gericht folgte diesem Begehren nicht, obwohl es anerkannte, dass zwischen G. und der Gesellschaft ein rechtsgültiger Arbeitsvertrag und insbesondere ein Unterordnungsverhältnis bestanden hatten. Auch konnte G. nicht vorgeworfen werden, er sei Aktionär oder beherrsche gar die Gesellschaft. Zur Begründung seiner Ablehnung verwies das Gericht auf die herrschend Lehre und die Tatsache, dass G. in einem Zeitpunkt den Arbeitsvertrag abgeschlossen habe, als die Gesellschaft bereits Not leidend gewesen sei. Er habe damit das Risiko eines Lohnausfalles akzeptiert.

Die Begründung im Urteil des Bernischen Appellationshofes überzeugt nicht. Damit würden letztlich alle Arbeitnehmer, unabhängig von ihrer Funktionsstufe, das Konkursprivileg erster Klasse verlieren, sofern sie ihren Arbeitsvertrag in einem Zeitpunkt abgeschlossen hatten, in dem die Gesellschaft bereits Not leidend war. Gerade in schwierigen Zeiten ist eine Gesellschaft darauf angewiesen, dass sie gute Arbeitnehmer für Führungsfunktionen hat bzw. bei deren Ausfall neue findet. Die Verweigerung einer konkursrechtlichen Privilegierung würde die Suche u.U. wesentlich erschweren oder aber zu einer Vorauszahlung des Lohnes für die nächsten Jahre verleiten.

c) Rechtsprechung des Kantons Freiburg

Der Appellationshof des Kantons Freiburg hatte am 16. April 1985[45] die Berufung eines Verwaltungsratspräsidenten mit gleichzeitiger Doppelstellung als Geschäftsführer im Zusammenhang mit der Anfechtung eines Kollokationsplanes zu behan-

---

[44] Publiziert in ZBJV 127 (1991) 142 ff.
[45] Extraits des principaux arrêts du Tribunal cantonal et de décisions du Conseil d'Etat du Canton de Fribourg 1985, 28 ff.; Kurzfassung in SAG 1987, Nr. 27, 178.

deln. Der Kläger war zu keinem Zeitpunkt Mehrheitsaktionär der Gesellschaft gewesen. Allerdings wurde der Geschäftsgang der Gesellschaft in den letzten vier Jahren vor dem Konkurs durch ihn allein bestimmt. Damit ist der Bestand eines Subordinationsverhältnisses sehr fragwürdig. Doch dieses Argument wurde vom Gericht nur nebenbei erwähnt. Das Konkursprivileg wurde ganz generell mit folgender Begründung abgelehnt: «Das Konkursprivileg ist auch nach der neuen Fassung des Art. 219 Abs. 4 erste Klasse lit. a SchKG für die höchsten Angestellten eines Betriebs, insbesondere die Direktoren von Akteingesellschaften, die in keinem tatsächlichen Abhängigkeitsverhältnis zum Arbeitgeber stehen und erst recht für Verwaltungsräte, die zugleich Mehrheitsaktionäre sind, abzulehnen. Der Ausschluss dieser beiden Gruppen ergibt sich aus dem Zweck des Gesetzes.»[46]

d) Rechtsprechung des Kantons Waadt

Das Kantonsgericht des Kantons Waadt gewährte am 2. November 1993[47] einem Verwaltungsrat das Konkursprivileg der ersten Klasse für seine Lohnforderung. Der Betroffene war rund 10 Wochen nach seiner Wahl zum Verwaltungsrat von der Gesellschaft B. S.A. auch noch als Direktor angestellt worden. Gegen diesen Arbeitsvertrag war nach Auffassung des Gerichtes nichts einzuwenden, weshalb die privilegierte Kollozierung der Lohnforderung durch die Rekursabteilung geschützt wurde. Die Urteilsbegründung wurde leider nicht vollständig publiziert. In der Mitteilung des Gerichts wird lediglich vermerkt, dass die rechtliche Situation eines Verwaltungsrats in der Lehre kontrovers behandelt werde. Unter folgenden Voraussetzungen könne jedoch ein Arbeitsvertrag vorliegen und somit auch Anwendung des Konkursprivilegs für Lohnforderungen angebracht sein:

- Das betroffene Mitglied des Verwaltungsrats hat keine Mehrheitsbeteiligung am Kapital der Gesellschaft
- Der Betroffene widmet den Hauptteil seiner Zeit und Arbeitskraft der Gesellschaft
- Der Betroffene handelt nach den Weisungen und Instruktionen der Eigentümer der Gesellschaft
- Der Betroffene steht in einem Unterordnungsverhältnis
- Der Betroffene hat nur eine eingeschränkte Entscheidungskompetenz

Im angesprochenen Fall erachtete das Kantonsgericht Waadt diese Voraussetzungen als erfüllt. Damit wurde das Bestehen eines Arbeitsvertrags anerkannt und die

---

[46] Extraits a.a.O. 1985, 29.
[47] Publiziert in SJZ 90 (1994) 389.

Lohnforderungen des betroffenen Verwaltungsrats und Direktor wurden konsequenterweise der ersten Klasse zugewiesen. Dieser Entscheid ist von besonderem Interesse, da er nach Veröffentlichung der Botschaft des Bundesrates über die Änderung des Bundesgesetzes über Schuldbetreibung und Konkurs vom 8. Mai 1991[48] gefällt wurde. Das Kantonsgericht Waadt musste sich deshalb der Problematik des Konkursprivilegs erster Klasse für leitende Arbeitnehmer durchaus bewusst gewesen sein.

e) Rechtsprechung des Bundesgerichtes

Das Bundesgericht hatte ebenfalls mehrmals Gelegenheit, zum Konkursprivileg bei Lohnforderungen von leitenden Arbeitnehmern Stellung zu nehmen.[49] Besonders interessant sind dabei vor allem die folgenden drei Entscheidungen:

- Am 15. Januar 1986[50] war die Verwaltungsgerichtsbeschwerde eines VR-Präsidenten zu beurteilen, welcher in der konkursiten Gesellschaft gleichzeitig als Verkäufer tätig gewesen war und nun zwar kein Konkursprivileg, aber doch eine Insolvenzentschädigung verlangte. Das BIGA widersetzte sich dieser Forderung u.a. mit dem Hinweis auf die betreibungsrechtliche Praxis, wonach Direktoren und Verwaltungsräten auch kein Konkursprivileg zugestanden werde. Das Bundesgericht verwarf diese Begründung mit dem Hinweis, das angeführte Urteil des Bezirksgerichts Laufenburg vom 23. Juni 1983 und die dort zitierte Judikatur und Literatur würde nicht den gegenwärtigen Stand der Doktrin wiedergeben. Statt dessen sei auf die neueren Meinungen von BRUNI[51] und BRÖNNIMANN[52] abzustellen, welche unter bestimmten Ausführungen auch Direktoren und Verwaltungsräten ein Konkursprivileg für Lohnforderungen zugestehen.

- Am 8. September 1989[53] bestätigte das Bundesgericht ein Urteil des Obergerichtes Bern im Zusammenhang mit einer Kollokationsklage. Zu beurteilen war die Kollozierung der arbeitsrechtlichen Forderung eines Generaldirektors und ehemaligen Mitglieds des Verwaltungsrats im Konkurs der ehemaligen Arbeitgeberin. Sowohl der Bezirksgerichtspräsident von Moutier als auch das Obergericht von Bern hatten die Kollozierung der arbeitsrechtlichen Forde-

---

[48] BBl. 1991 II 1 ff.
[49] So schon in BGE 36 II 133 f. Erw. 3. a), BGE 43 III 256 Erw. 2. und BGE 52 III 147 Erw. 3; allerdings meint STÖCKLI□K.,Lohnforderung, 605, zu dieser Rechtsprechung: «So klar der Gesetzeswortlaut auch ist […], so widersprüchlich liest sich die (dürftig vorhandene) Rechtsprechung des Bundesgerichts zu diesem Problem.»
[50] BGE 112 V 55 ff.
[51] BRUNI, 281 ff.
[52] BRÖNNIMANN, 79 ff.
[53] Nicht publiziertes Urteil 5C.94/1989 i.S. Konkursmasse der T. Co S.A. gegen G.

rung in der ersten Klasse angeordnet. Unter anderem hatte die Vorinstanz festgestellt, dass der Generaldirektor bereits einige Jahre vor dem Konkurs der Gesellschaft aus dem Verwaltungsrat ausgetreten sei und in einem Unterordnungsverhältnis zum Gesamtverwaltungsrat gestanden habe. Er habe keine Möglichkeit gehabt, «de prendre des décisions d'ordre financier relatives à la marche des affaires.» Die Konkursverwaltung warf dem Obergericht vor, Art. 219 Abs. 4 SchKG entsprechend der wirtschaftlichen Entwicklung interpretiert zu haben, obwohl der Gesetzeswortlaut klar sei und keiner Interpretation bedürfe. Das Bundesgericht stellte vorab fest, dass die Gesetzesrevision im Jahr 1964 nichts daran geändert habe, dass gewisse leitende Personen vom Konkursprivileg erster Klasse ausgeschlossen seien. Auch die Vorarbeiten zur neuerlichen Gesetzesrevision würden keine diesbezügliche Änderung vorsehen. Deshalb könne aber nicht jeder Arbeitnehmer von diesem Privileg ausgeschlossen werden, nur weil er eine verantwortungsvolle Aufgabe ausübe. Der Funktionstitel des betroffenen Arbeitnehmers sei unwichtig. Massgebend sei vielmehr, ob der Arbeitnehmer in einem Unterordnungsverhältnis zur Gesellschaft gestanden habe oder nicht. Da dies im konkreten Fall vom Obergericht verbindlich festgestellt worden sei, müsse dem Generaldirektor das Konkursprivileg zugestanden werden. Wie noch zu zeigen sein wird, ist im Ergebnis diesem Entscheid durchaus zuzustimmen. Führt man die Überlegungen des Bundesgerichtes jedoch konsequent weiter, so können auch Mitglieder des Verwaltungsrats nicht einfach nur wegen ihrem Titel bzw. ihrer Funktion vom Konkursprivileg ausgeschlossen werden. Auch in solchen Fällen müsste vielmehr geprüft werden, ob der Betroffene in einem echten Unterordnungsverhältnis steht und welche Entscheidungsmöglichkeiten er alleine hatte.

– Am 4. Juni 1992[54] hatte das Bundesgericht die Berufung eines ehemaligen Geschäftsführers zu beurteilen, der gleichzeitig Mitglied eines dreiköpfigen Verwaltungsrats gewesen war. Das Obergericht des Kantons Zürich liess die Kollokation der Forderung dieses leitenden Arbeitnehmers in der ersten Klasse zu. Zur Begründung machte die Vorinstanz geltend, der einzelzeichnungsberechtigte Verwaltungsrat habe zwar eine eigentliche Führungsposition mit hoher Entscheidungskompetenz innegehabt, dennoch sei er in einem Arbeitsverhältnis zur Gesellschaft gestanden. Er habe als fiduziarischer Verwaltungsrat keine wirtschaftlich beherrschende Stellung in der Gesellschaft gehabt und könne eine Position der Abhängigkeit geltend machen. Das Bundesgericht folgte dieser Argumentation nicht. Bezüglich der wirtschaftlich beherrschenden Stellung wurde entgegnet: «Das Kriterium der wirtschaftlich massgeblichen Beteiligung würde eine Ausdehnung des Lohnprivilegs auf höchste Angestellte mit Organstellung erlauben, die zwar über keinen oder nur einen bescheidenen

---

[54] BGE 118 III 46 ff; entspricht JdT 1994 II 132 ff.

Aktienbesitz, wohl aber infolge ihrer Doppelfunktion zwangsläufig über eine grosse Unabhängigkeit verfügen, wirtschaftlichen Einfluss ausüben und entsprechende Verantwortung zu tragen haben.» Das Argument der Abhängigkeit und der damit verbundenen Unterordnung wurde mit der in sich selbst widersprüchlichen Begründung abgelehnt: «Der Kläger [...] stand zwar in einem Arbeitsverhältnis, aber es fehlte wegen seiner Organstellung in tatsächlicher Hinsicht an einem Unterordnungsverhältnis.»

f) Zusammenfassung der Rechtsprechung

Zusammenfassend ist festzustellen, dass die bisherige Rechtsprechung zu Art. 219 Abs. 4 erste Klasse lit. a. SchKG bezüglich der arbeitsrechtlichen Forderungen von Verwaltungsräten inkonsequent und in sich selbst widersprüchlich ist.[55] Zum einen wird ohne schlüssige Begründung davon ausgegangen, dieser Artikel gelte nicht für Führungskräfte einer Gesellschaft und zum andern wird fälschlicherweise angeführt, Organe könnten nicht in einem Unterordnungsverhältnis zur Gesellschaft stehen. Immerhin gibt es einzelne Urteile, welche einem Verwaltungsratsmitglied unter bestimmten Voraussetzungen das Konkursprivileg erster Klasse für Lohnforderungen zugestehen.

Mit der gravierenden Änderung des Arbeitnehmer-Konkursprivilegs durch das Arbeitsgesetz im Jahre 1964 lässt sich die Rechtsprechung nur zum Teil erklären.[56] Selbst dort, wo das Konkursprivileg einem Verwaltungsrat zugestanden wird, fehlt eine überzeugende Begründung. Die bisherige Rechtsprechung ist demnach nicht geeignet, eine abschliessende Feststellung über die Anwendbarkeit des Konkursprivilegs auf arbeitsrechtliche Forderungen von Verwaltungsräten zu machen.

4. Auslegung des Gesetzes bezüglich Anwendbarkeit des Konkursprivilegs

a) Gesetzestext

Vorab ist festzustellen, dass in Art. 219 Abs. 4 erster Klasse lit. a. SchKG der Begriff «Arbeitnehmer» ohne Präzisierung oder Einschränkung verwendet wird.

---

[55] Diese Kritik ist allerdings zu relativieren, denn der Gesetzgeber selbst muss im Zusammenhang mit der Privilegienordnung als wankelmütig bezeichnet werden (vgl. LORANDI, Konkursprivilegien, 264).
[56] Gl.M. STÖCKLI K., Lohnforderung, 605.

Es wird vom Gesetz weder klargestellt, dass dieser Begriff alle natürlichen Personen umfasst, welche in einem Arbeitsverhältnis zur Gesellschaft stehen, noch wird die Anwendung auf Führungskräfte bzw. leitende Arbeitnehmer ausgeschlossen. Diese Feststellung gilt auch für den Gesetzestext in den anderen Landessprachen.[57]

Im deutschen und italienischen Gesetzestext wird für den Begriff «Arbeitnehmer» die Pluralform verwendet. Daraus könnte abgeleitet werden, dass es verschiedene Kategorien von Arbeitnehmern gibt. Da aber im französischen Gesetzestext die Singularform verwendet wird, führt diese Überlegung nicht weiter.

Auch im übrigen Text des SchKG wird der Begriff «Arbeitnehmer» nirgends präzisiert oder eingeschränkt. Nach dem Text im SchKG allein kann deshalb die Anwendung des Konkursprivilegs erster Klasse auf arbeitsrechtliche Forderungen von Verwaltungsräten weder zwingend bejaht noch ausgeschlossen werden. Da der Begriff «Arbeitnehmer» in erster Linie mit dem Arbeitsvertrag zusammenhängt, ist zur vollständigen Auslegung auch der Text des Obligationenrechtes heranzuziehen.

Im zehnten Titel des Obligationenrechtes wird heute ausschliesslich der Begriff «Arbeitnehmer» verwendet. Die frühere Unterscheidung von Arbeitnehmer und Angestellten wurde mit dem Inkrafttreten der entsprechenden Revision per 1.1.1972 aufgehoben. Nach dem geltenden Arbeitsvertragsrecht umfasst der Begriff «Arbeitnehmer» unbestreitbar auch die Führungskräfte einer Aktiengesellschaft, sofern sie in einem arbeitsrechtlichen Verhältnis zu dieser stehen. In den Art. 862 und 863 OR wird noch zwischen «Arbeiter» und «Angestelltem» unterschieden, doch ist dies wohl nur auf ein Versehen des Gesetzgebers zurückzuführen.[58]

Wie nachstehend bei der historischen Auslegung noch zu zeigen sein wird, hat das Arbeitsgesetz zur entscheidenden Formulierung von Art. 219 Abs. 4 SchKG geführt, deshalb ist es neben dem Obligationenrecht bei der Auslegung des Gesetzestextes zu berücksichtigen. In Art. 3 lit. d ArG wird festgelegt, dass unter Vorbehalt von Art. 3a ArG das Bundesgesetz über die Arbeit in Industrie, Gewerbe und Handel nicht anwendbar ist auf Arbeitnehmer, die eine höhere leitende Tätigkeit oder eine wissenschaftliche oder selbständige künstlerische Tätigkeit ausüben. Oberflächlich betrachtet könnte angenommen werden, der Ausschluss von Arbeitnehmern mit einer höheren leitenden Tätigkeit gelte im Hinblick auf Art. 63 ArG auch für das Konkursprivileg. Beurteilt man jedoch den Art. 3 ArG als Ganzes, so

---

[57] Konkret «le travailleur» und «lavorati»; nach GROB-ANDERMACHER, 47, wird der Begriff «Arbeitnehmer» als bekannt vorausgesetzt, zumal auch im Arbeitsvertragsrecht eine Legaldefinition fehlt.
[58] Gl. M. SCHWEINGRUBER, Arbeitsvertrag, 43.

muss man zwingend zur gegenteiligen Auffassung gelangen. In diesem Artikel wird eine Vielzahl von Arbeitnehmerkategorien von der Anwendbarkeit des Arbeitsgesetzes ausgeschlossen, insbesondere gemäss lit. □f auch die Heimarbeiter.Genau diese Kategorie ist jedoch unter den Begriff «Arbeitnehmer» zu subsumieren und sie muss deshalb in der ersten Klasse auch nicht mehr gesondert aufgeführt werden.[59] Der Wortlaut des Arbeitsgesetzes führt deshalb zur Schlussfolgerung, dass Art. 219 Abs. 4 SchKG auf Arbeitnehmer mit einer höheren leitenden Tätigkeit ebenso anwendbar ist wie auf die anderen Arbeitnehmerkategorien in Art. 3 ArG, sofern tatsächlich ein Arbeitsverhältnis vorhanden ist.[60]

Zuletzt ist der Begriff «Arbeitnehmer» im Zusammenhang mit dem vom Gesetz angeführten «Arbeitsverhältnis» zu verstehen. Während der deutsche und italienische Gesetzestext als Wortbasis vom zugrunde liegenden Rechtsverhältnis ausgehen, heisst es im französischen Text klar «Contrat de travail», was dem zehnten Titel des Obligationenrechtes entspricht. Damit steht ausser Zweifel, dass vom Konkursprivileg der ersten Klasse sämtliche Arten eines Arbeitsvertrages im Sinne von Art. 319ff. OR umfasst werden.[61] Da ein Arbeitsverhältnis zusätzlich zu einem Organverhältnis bestehen kann, ist der hier besprochene Bezug des Gesetzgebers zwischen Arbeitnehmer und Arbeitsverhältnis ein weiteres Merkmal dafür, dass Führungskräften einer Aktiengesellschaft das Konkursprivileg erster Klasse nicht grundsätzlich verwehrt ist.

Nach den gesamten, heute massgebenden Gesetzestexten von SchKG, OR und ArG muss davon ausgegangen werden, dass die leitenden Arbeitnehmer einer Aktiengesellschaft, und somit auch die Verwaltungsräte mit einer Doppelstellung als Arbeitnehmer, nicht vom Konkursprivileg gemäss Art. 219 Abs. 4 SchKG ausgeschlossen sind.

b) **Systematik**

aa) *Systematik innerhalb des SchKG*

Im SchKG ist das Konkursrecht in zwei Teile gegliedert: Wirkungen des Konkurses auf das Vermögen des Schuldners und Wirkungen des Konkurses auf die Rechte der Gläubiger. In diesem zweiten Teil müssen sich demnach jene Bestimmungen finden, welche für das Konkursprivileg eines Verwaltungsrats relevant sind. Nun

---

[59] Botschaft über die Änderung des SchKG, 129.
[60] Für AMONN, 354, ist deshalb die geltende Regelung «einfach, leicht überschaubar und klar»; um so mehr erstaunt es, dass dennoch ein Rechtsstreit über die Auslegung dieser Gesetzesbestimmung entstehen konnte.
[61] Ebenso PETER, SchKG-Kommentar, N 29 zu Art. 219 SchKG.

gibt es jedoch nur den Artikel 219 SchKG, welcher dazu konkrete Regelungen enthält. Es ist deshalb zu vermuten, dass nur die Systematik innerhalb dieses Artikels massgebend ist.

Das Marginale zu Art. 219 SchKG lautet ohne Einschränkung oder Ergänzung: Rangordnung der Gläubiger. Aus dieser umfassenden Formulierung ergibt sich zweifelsfrei, dass der Gesetzgeber mit diesem Artikel die Rangordnung sämtlicher Gläubiger und unter allen Titeln festlegen wollte. Wenn demnach nicht an anderer Stelle im SchKG konkrete Ausnahmen statuiert werden, so regelt dieser Artikel die verschiedenen Konkursprivilegien abschliessend. Eine eingehende Prüfung aller übrigen Artikel im SchKG zeigt, dass keine Ausnahmen an anderer Stelle im Gesetz bestehen. Nur die Systematik innerhalb des Art. 219 SchKG kann deshalb für die hier interessierende Auslegung allenfalls von Bedeutung sein.

Der Art. 219 SchKG ist seinerseits in vier Absätze und zusätzlich drei Klassen gegliedert. In den ersten drei Absätzen werden die Rechte der pfandgesicherten Gläubiger und ihre Beziehungen untereinander festgelegt. Dabei fällt auf, dass der erste Absatz mit der Einleitung beginnt: «Die pfandgesicherten Forderungen [...]», während der vierte Absatz im Gegensatz dazu am Anfang lautet: «Die nicht pfandgesicherten Forderungen [...]» Es ist offensichtlich, dass durch die Systematik des zur Diskussion stehenden Artikels somit alle Forderungen umfasst werden, seien sie nun pfandgesichert oder nicht. Da die Lohnforderungen von Verwaltungsräten nicht pfandgesichert sind, müssen sie demnach zwingend den Regeln im vierten Absatz unterliegen.

Der vierte Absatz von Art. 219 SchKG unterteilt in der aktuellen Fassung nach einer kurzen Einleitung sämtliche nicht pfandgesicherten Forderungen in drei Klassen. Dabei hat der Gesetzgeber für die ersten beiden Klassen bewusst eine positive und abschliessende Aufzählung gewählt und die dritte Klasse als Auffangbehälter für die restlichen Forderungen konzipiert. Von der zweiten Klasse werden nur Forderungen von Personen betroffen, deren Vermögen kraft elterlicher Gewalt dem Schuldner anvertraut war. Für die hier zur Diskussion stehende systematische Auslegung ist demnach nur noch der erste und dritte Absatz massgebende. Entweder ist die Lohnforderung eines Verwaltungsrats in der ersten oder in der dritten Klasse zu kollozieren. Diese Erkenntnis ist jedoch nicht neu und hilft nicht weiter. Hingegen ist nun klar, dass nur die Systematik innerhalb der Bestimmungen über die erste Klasse bei der Auslegung helfen kann.

Die Privilegierten der ersten Klasse werden in Art. 219 Abs. 4 SchKG positiv und abschliessend aufgezählt. Dabei hat der Gesetzgeber drei gleichberechtigte Anspruchsgruppen unterschieden:[62]

– arbeitsrechtliche Forderungen mit bestimmten Einschränkungen
– sozialversicherungsrechtliche Forderungen mit bestimmten Einschränkungen
– familienrechtliche Forderungen mit bestimmten Einschränkungen

Da bei den drei Gruppen jeweils konkrete Einschränkungen gemacht werden, liegt die Vermutung nahe, dass der Gesetzgeber bei jeder der drei Anspruchsgruppen jeweils alle zugehörigen Personen erfassen wollte, welche nicht durch die Einschränkungen ausgeschlossen werden. Für die arbeitsrechtlichen Forderungen würde diese Vermutung dann bestätigt, wenn bei den anderen beiden Gruppen ein positiver Nachweis gelingen würde. Dazu ist die Systematik ausserhalb des SchKG zu prüfen.

bb) Systematik ausserhalb des SchKG

Art. 63 ArG[63] führte zur hier interessierenden Änderung des Konkursprivilegs erster Klasse. Nun sind jedoch gemäss Art. 3 lit. d ArG vom Geltungsbereich des Arbeitsgesetzes ausdrücklich ausgeschlossen: «[…] Arbeitnehmer, die eine höhere leitende Tätigkeit oder eine wissenschaftliche oder selbständige künstlerische Tätigkeit ausüben.» Gemäss Art. 9 der Verordnung 1 zum Arbeitsgesetz übt eine höhere leitende Tätigkeit aus, wer auf Grund seiner Stellung und Verantwortung sowie in Abhängigkeit von der Grösse des Betriebes über weitreichende Entscheidungsbefugnisse verfügt oder Entscheide von grosser Tragweite massgeblich beeinflussen und dadurch auf die Struktur, den Geschäftsgang und die Entwicklung eines Betriebes oder Betriebsteils einen nachhaltigen Einfluss nehmen kann. Damit gehören zweifellos Geschäftsführer, Direktoren und Verwaltungsräte zu leitenden Arbeitnehmern, nicht aber jeder Vorgesetzte, der seine Untergebenen zur Arbeit anleitet.[64]

Bundesgesetze stehen in Bezug auf die Normenhierarchie unabhängig von ihrer systematischen Einteilung auf gleicher Stufe. Art. 63 ArG führte deshalb nicht zu einer untergeordneten, sondern zu einer selbständigen Änderung des SchKG. Der sachliche und personelle Geltungsbereich des Arbeitsgesetzes ist dabei bedeutungslos. Folglich können Bestimmungen des Arbeitsgesetzes für leitende Arbeitneh-

---

[62] Zur Gleichberechtigung der drei Gruppen vgl. PETER, SchKG-Kommentar, N 26 zu Art. 219 SchKG.
[63] Im Entwurf noch Art. 59 (vgl. BBl. 1960 II 1050).
[64] Vgl. MÜLLER R. A., Arbeitsgesetz, N 1 zu Art. 3 Abs. 1 lit. d) ArG.

mer durchaus ausgeschlossen sein, während die Änderungen des SchKG für leitende Arbeitnehmer ausnahmslos Geltung haben können. Aus dieser Überlegung kann deshalb nichts abgeleitet werden, was für die zur Diskussion stehende Frage relevant wäre.

Zu prüfen ist sodann, ob der Gesetzgeber an anderer Stelle ausserhalb des SchKG leitende Arbeitnehmer ausdrücklich von gewissen Privilegien ausgeschlossen hat. Sollte das der Fall sein, so ist davon auszugehen, dass dies auch im SchKG gemacht worden wäre, wenn der Gesetzgeber dies gewollt hätte. Es kann nämlich unterstellt werden, dass die Systematik in der Gesetzgebung grundsätzlich gleich sein müsste. Tatsächlich sind in den Art. 31 und 51 AVIG Mitglieder eines obersten betrieblichen Entscheidungsgremiums, die Entscheidungen des Arbeitgebers bestimmen oder massgeblich beeinflussen können, von der Anspruchsberechtigung ausgeschlossen. Die gleiche Formulierung hätte auch bei den Konkursprivilegien verwendet werden können, wenn ein entsprechender Ausschluss gewollt gewesen wäre. Aus der Systematik ausserhalb des SchKG muss gefolgert werden, dass der Gesetzgeber die leitenden Arbeitnehmer nicht vom Konkursprivileg ausschliessen wollte.

c) Historisches Element

In der ursprünglichen Fassung des Bundesgesetzes über Schuldbetreibung und Konkurs vom 11. April 1889 wies Art. 219 Abs. 4 SchKG nur die folgenden Forderungen aus einem Arbeitsverhältnis der ersten Klasse zu:

- Lohnbeiträge der Dienstboten
- Besoldungen der Kommis und Büroangestellten
- Lohnbeiträge der auf Tag- oder Stücklohn gedungenen Arbeiter
- Lohnbeiträge der Fabrikarbeiter
- Lohnbeiträge anderer auf Tag- oder Wochenlohn gedungenen Personen

Mit dieser positiven und abschliessenden Aufzählung war klar, dass die Führungskräfte als «leitende Arbeitnehmer» vom Konkursprivileg erster Klasse ausgeschlossen sein sollten. Allerdings lag dieser Aufzählung die damals noch herrschende Lehrmeinung zugrunde, dass ein Arbeitsvertrag zwischen der Gesellschaft und ihren Verwaltungsräten gar nicht möglich sei. Dies wird beim späteren Standardwerk von BLUMENSTEIN aus dem Jahre 1911 zur Arbeitgeberkategorie Kommis und Büroangestellten deutlich:[65] «Hieher gehören also auch die Direktoren und Prokuristen; dagegen nicht Mitglieder von Verwaltungsräten und Kontrollbehörden,

---

[65] BLUMENSTEIN, 684.

Agenten etc., welche eben nicht in einem eigentlichen Dienstvertragsverhältnis zur Unternehmung stehen.»

Trotz aller Änderungen des SchKG im Zusammenhang mit der Revision anderer Bundesgesetze blieb die Aufzählung der ersten Klasse in Abs. 4 von Art. 219 SchKG stets positiv und abschliessend. Entscheidend ist demnach, wie es zur Zusammenfassung der Aufzählung unter dem Begriff «Arbeitnehmer» kam.

Durch Art. 63 ArG vom 13. März 1964 erfuhr Art. 219 Abs. 4 SchKG die massgebende Änderung. In der entsprechenden Botschaft des Bundesrates vom 30. September 1960[66] wird dazu vorab festgestellt, dass die bisherige Einteilung der Arbeitnehmer in drei Kategorien überholt sei und mit den aktuellen Verhältnissen nicht mehr im Einklang stehe. Auch die Arbeitnehmer im Hausdienst und in der Landwirtschaft würden nun in aller Regel monatlich entlohnt. Wörtlich wird dann konkret angeführt: «Die zeitliche Abstufung wird beseitigt und durch eine einheitliche Frist von sechs Monaten vor der Konkurseröffnung ersetzt, die für alle Arbeitnehmer gilt.» Daraus lässt sich die Vermutung ableiten, der Gesetzgeber habe alle Arbeitnehmer in einer einzigen Kategorie zusammenfassen wollen.[67]

Nun könnte geltend gemacht werden, im angegebenen Teil der Botschaft zum Arbeitsgesetz seien die leitenden Arbeitnehmer nicht ausdrücklich erwähnt worden. Weil aber mit dem Arbeitsgesetz keine Ausweitung der Konkursprivilegien beabsichtigt worden war, habe der Gesetzgeber die leitenden Arbeitnehmer demnach bewusst von der ersten Klasse ausschliessen wollen. Zudem seien Arbeitnehmer mit einer höheren leitenden Tätigkeit ohnehin vom Geltungsbereich des Arbeitsgesetzes ausgeschlossen.[68] Diese Überlegung verkennt, dass der Geltungsbereich des ArG nicht deckungsgleich ist mit demjenigen des SchKG. Zudem werden die Arbeitnehmer mit einer höheren leitenden Tätigkeit in der Botschaft zum Arbeitsgesetz an anderer Stelle durchaus behandelt.[69] Mit der Zusammenfassung unter dem Begriff «Arbeitnehmer» war unabhängig von den leitenden Arbeitnehmern zwangsweise eine Ausdehnung des Schutzes von Lohnforderungen im Konkurs verbunden. Diese Tatsache wird in der späteren Botschaft zur Revision des Zehnten Titels des Obligationenrechts vom 25. August 1967 ausdrücklich bestätigt:[70] «Im Zusammenhang mit dem Arbeitsgesetz sind verschiedene Neue-

---

[66] Botschaft zum Arbeitsgesetz, 103 f. (damals war der massgebende Artikel allerdings noch mit 59 bezeichnet).
[67] Dem entspricht die Tatsache, dass der ursprüngliche Art. 59 im Entwurf zu einem Arbeitsgesetz (definitiv dann Art. 63 ArG) weder in der Behandlung beim Nationalrat noch beim Ständerat zu Diskussionen Anlass gab (vgl. Sten Bull NR 1963, S. 348 und Sten Bull StR 1963, S. 56).
[68] In diesem Sinne GROB-ANDERMACHER, 59.
[69] So insbesondere Botschaft zum Arbeitsgesetz, 39.
[70] Botschaft zum Arbeitsvertrag, 24.

rungen getroffen worden, welche die Begünstigung des Arbeitnehmers erweitern. So ist in der ersten Klasse das Konkursprivileg des Arbeitnehmers wesentlich ausgedehnt worden (Art. 63 Arbeitsgesetz).» Selbst wenn man entgegen dieser klaren Aussage des Gesetzgebers die gegenteilige Behauptung vorerst gelten lassen wollte, so wird sie durch die spätere Änderung des SchKG bzw. die entsprechende Botschaft endgültig widerlegt.

In der Botschaft über die Änderung des Bundesgesetzes über Schuldbetreibung und Konkurs vom 8. Mai 1991 wird zur Arbeitnehmerkategorie der Heimarbeiter gemäss Art. 219 Abs. 4 SchKG folgendes ausgeführt:[71] «Da die Heimarbeiter unter den Begriff ‹Arbeitnehmer› zu subsumieren sind, brauchen sie nicht mehr gesondert aufgeführt zu werden». Aus dieser Formulierung kann geschlossen werden, dass der Gesetzgeber unter dem Begriff «Arbeitnehmer» im SchKG spätestens ab Mai 1991 sämtliche Kategorien von Arbeitnehmern verstehen will.

Die historische Auslegung von Art. 219 Abs. 4 SchKG zeigt zweifelsfrei, dass die Mitglieder des Verwaltungsrats nicht vom Konkursprivileg erster Klasse ausgeschlossen sind, sofern ihre Forderungen nachweisbar auf einem rechtsgütigen Arbeitsverhältnis zu der konkursiten Gesellschaft basieren, wozu der Nachweis eines tatsächlichen Unterordnungsverhältnis erforderlich ist.

d) Teleologisches Element

aa) Massgebende Materialien

Massgebend für eine telelogische Auslegung des heutigen Art. 219 Abs. 4 SchKG sind die Ergebnisse des Vernehmlassungsverfahrens über den Vorentwurf zu einer Teilrevision des SchKG,[72] die Botschaft über die Änderung des Bundesgesetzes über Schuldbetreibung und Konkurs vom 8. Mai 1991[73] sowie die Protokolle über die anschliessende Debatte im National- und Ständerat.[74] Mit diesen Materialien kann zweifelsfrei aufgezeigt werden, was vom Gesetzgeber mit der Formulierung des zur Diskussion stehenden Konkursprivilegs beabsichtigt wurde. Insbesondere geben diese Materialien eine präzise Antwort auf die Frage, ob bei der Gesetzesausarbeitung die Sonderstellung der leitenden Arbeitnehmer – und damit auch die Sonderstellung der Verwaltungsräte mit einer Doppelstellung als Arbeitnehmer – dem Gesetzgeber bewusst war.

---

[71] BBl. 1991 II 129.
[72] Herausgegeben vom Eidg. Justiz- und Polizeidepartement im April 1984.
[73] BBl. 1991 II 1 ff.
[74] Amtl. Bull. NR 103 (1993) 36 und Amtl. Bull. StR 103 (1993) 651.

Die früheren Fassungen des Gesetzes und die entsprechenden Materialien vermögen keine schlüssigen Ergebnisse zu liefern, da der Gesetzestext genau im Kernbereich zu stark geändert wurde. Interessant sind jedoch Materialien zu späteren Gesetzen, welche Bezug auf den Wortlaut im SchKG oder auf die entsprechende Rechtsprechung nehmen. Hierzu gehört die Botschaft des Bundesrates zur zweiten Teilrevision des Arbeitslosenversicherungsgesetzes vom 29. November 1993,[75] auf welche im Zusammenhang mit den späteren Feststellungen des Gesetzgebers noch einzugehen ist.

bb) *Vernehmlassung zum Vorentwurf*

Bereits im Vernehmlassungsverfahren wurde die Frage nach der Privilegierung von leitenden Arbeitnehmern und solchen mit einer wirtschaftlich beherrschenden Stellung aufgeworfen. Von verschiedenen Seiten wurde dabei eine Einschränkung des Konkursprivilegs erster Klasse für Arbeitnehmer mit beherrschender oder leitender Stellung gefordert:

– *Kanton Luzern:* «Das Erstklassprivileg für Arbeitnehmer kann sich nicht auf solche Arbeitnehmer beziehen, die zwar Angestellte einer Gesellschaft sind, diese in Wirklichkeit aber wirtschaftlich beherrschen. Es wäre wünschenswert, wenn die entsprechende Einschränkung im Gesetz selber verankert werden könnte.»[76]

– *Kanton Obwalden:* Ergänzungsantrag: «[…] Nicht als Arbeitnehmer im Sinne des Gesetzes gilt, wer die wirtschaftliche Verfügungsmacht über eine Gesellschaft ausübt.» Begründung: «Schwierigkeiten ergeben sich bei der Frage, ob ein Arbeitnehmer, der eine juristische Person beherrscht, ebenfalls das Privileg erster Klasse besitzt.»[77]

– *Kanton Zug:* «So muss darauf hingewiesen werden, dass das Erstklassprivileg für Arbeitnehmer sich nicht auf Arbeitnehmer beziehen darf, die zwar formell Angestellte einer Gesellschaft sind, diese aber in Wirklichkeit wirtschaftlich beherrschen.»[78]

– *Kanton Genf:* «Toutefois, il conviendrait de limiter le montant que peut produire un employé pour la raison suivante: les indemnités réclamées par un employé dirigeant par exemple lorsqu'il s'agit d'un contrat à durée déterminée peuvent atteindre des montants très importants.»[79]

---

[75] BBl. 1994 I 340 ff., Nr. 93.095.
[76] Ergebnisse des Vernehmlassungsverfahrens zum SchKG, 562.
[77] Ergebnisse des Vernehmlassungsverfahrens zum SchKG, 564.
[78] Ergebnisse des Vernehmlassungsverfahrens zum SchKG, 565.
[79] Ergebnisse des Vernehmlassungsverfahrens zum SchKG, 571.

– *Sozialdemokratische Partei der Schweiz:* «Das Lohnprivileg sollte nach oben limitiert werden, also nicht noch hohe Direktorengehälter mit einbeziehen. Der Gesetzesentwurf sollte ergänzt werden durch Forderungen von Arbeitnehmern bis zu einer vom Bundesrat zu bestimmenden Höhe.»[80]

Aufgrund der detaillierten und begründeten Stellungnahmen im Vernehmlassungsverfahren mussten sowohl die vorberatende Kommission, als auch der Bundesrat und das Parlament um die Problematik des Konkursprivilegs erster Klasse bezüglich leitender Arbeitnehmer gewusst haben.

cc) Botschaft des Bundesrates

In der Botschaft des Bundesrates zur Revision des SchKG von 1991[81] wird unter Ziff. 206.27 ausführlich die Zielsetzung der Revision zur Rangordnung der Gläubiger dargelegt. Insbesondere wird dabei festgehalten: «Das Recht auf vorrangige Befriedigung soll damit die Ausnahme bilden.» Konsequenterweise wurden deshalb alle überflüssigen und nicht gerechtfertigten Privilegien gestrichen. Zusammengefasst heisst es in dieser Botschaft: «Die starke Beschneidung der Privilegien führt zwangsläufig zu einer Reduktion der Gläubigerklassen. Sah der Heuslersche Entwurf vier Klassen vor, so sind es im Entwurf nur noch drei.»[82]

Damit ist klar, dass der Gesetzgeber die Konkursprivilegien bewusst gestrafft und alle unbegründeten Privilegien abgeschafft hat. Dennoch wird zu Buchstabe a der ersten Klasse in der Botschaft konstatiert: «Das Arbeitnehmerprivileg bleibt unverändert». Hätte der Gesetzgeber tatsächlich eine Einschränkung des Begriffs «Arbeitnehmer» beabsichtigt, so wäre dies mit der Revision gemäss Botschaft von 1991 zweifellos erfolgt. Da dies jedoch nicht geschah, folgt durch Umkehrschluss, dass der Gesetzgeber keinen Arbeitnehmer bezüglich seiner Lohnansprüche vom Konkursprivileg ausschliessen wollte, insbesondere auch nicht die Verwaltungsräte mit einer Doppelstellung als Arbeitnehmer.

Verschiedene Autoren machen geltend, es könne nicht Zweck des Gesetzes sein, jene Arbeitnehmer zu privilegieren, welche den Konkurs der Gesellschaft herbeigeführt haben[83] oder welche zumindest Zeit gehabt hätten, um die notwendigen

---

[80] Ergebnisse des Vernehmlassungsverfahrens zum SchKG, 573. In die gleiche Richtung zielt eine vom früheren Solothurner SP-Nationalrat Roberto Zanetti am 26.6.02 eingebrachte parlamentarische Initiative (Geschäftsnummer 02.440), die jedoch lediglich eine Begrenzung des Lohnprivilegs auf den doppelten Höchstbetrag des versicherten Verdienstes gemäss UVG beabsichtigt (vgl. KRAMPF, 27).
[81] BBl. 1991 II 1 ff.
[82] Botschaft zur Revision des SchKG, 127 f.
[83] FRITZSCHE/WALDER-BOHNER, 190.

§ 13 Betreibungs- und Konkursrechtliche Konsequenzen

Massnahmen zur Vermeidung eines Lohnausfalles zu treffen.[84] Zur Begründung dieser Ansicht wird von den Autoren auf die frühere Rechtsprechung des Bundesgerichtes verwiesen, wonach mit Art. 219 Abs. 4 SchKG nur die sozial schwächeren Arbeitnehmer zu schützen seien.[85] Diese Argumentation übersieht, dass in der ursprünglichen Fassung des zur Diskussion stehenden Artikels nur bestimmte Kategorien von Arbeitnehmern privilegiert wurden. Dies ist in der heute gültigen Fassung nicht mehr der Fall. Wenn man den Zweck des Gesetzes in seiner aktuellen Form verstehen will, so kann und muss man auf die diesbezüglichen Materialien zurückgreifen. Diese belegen aber klar, dass vom Konkursprivileg erster Klasse heute alle Arbeitnehmer profitieren sollen, gleichgültig ob sie nun eine untergeordnete oder eine höhere leitende Tätigkeit ausübten. Dies entspricht der Tatsache, dass in Krisenzeiten meist nur leitende Arbeitnehmer einen Teil ihres Lohnes stunden, um die Liquidität der Gesellschaft sicherzustellen. Wenn nun die Gesellschaft trotzdem in Konkurs fällt, so wäre es absolut stossend, wenn genau solche Verwaltungsräte mit einer Doppelstellung als Arbeitnehmer vom Konkursprivileg ausgeschlossen wären.

dd) Debatte im National- und Ständerat

Die vorberatende Kommission beantragte dem Nationalrat bezüglich Art. 219 Abs. 4 SchKG ohne Einschränkung die Zustimmung zum Entwurf des Bundesrates.[86] In der Folge wurde in der parlamentarischen Debatte vom 2. März 1993 nur noch über eine Ergänzung der zweiten Klasse diskutiert. Zur Formulierung der ersten Klasse wünschte keiner der anwesenden Nationalräte das Wort, auch nicht die Vertreter der Sozialdemokratischen Partei.[87] Dies erstaunt, denn im Vernehmlassungsverfahren war von dieser Partei noch eine Limitierung der privilegierten Lohnforderungen im Hinblick auf die hohen Direktorengelder gefordert worden. Mit der widerspruchslosen Zustimmung zum Entwurf des Bundesrates hat der Nationalrat klargestellt, dass er das Konkursprivileg der ersten Klasse für Lohnforderungen von leitenden Arbeitnehmern und somit auch von Verwaltungsräten uneingeschränkt zulassen wollte.

Im Ständerat beantragte die vorberatende Kommission die uneingeschränkte Zustimmung zum Beschluss des Nationalrates und damit die Zustimmung zum Entwurf des Bundesrates.[88] Der Berichterstatter M. Salvoni verwies in der Beratung

---

[84] In diesem Sinne auch die neuere Kommentierung von GILLIÉRON, N. 79 zu Art. 219 SchKG.
[85] Zusammenfassung bei BRUNI, 293 f., mit Verweis auf BGE 49 III 202 und BGE 52 III 147.
[86] Amtl. Bull. NR 103 (1993) 36.
[87] NR Rechsteiner beantragte lediglich eine Ausdehnung der zweiten Klasse auf die Beitragsforderungen von AHV und IV.
[88] Amtl. Bull. StR 103 (1993) 651.

vom 22. September 1993 einleitend auf die Reaktionen im Vernehmlassungsverfahren: «On a, comme ça, éliminé une bonne partie des privilèges de la loi actuelle, ce qui a entraîné pas mal de réactions, mais qui n'ont pas eu pour effet de modifier le projet du Conseil fédéral.» Doch keiner der anwesenden Kantonsvertreter wünschte eine Diskussion zum Konkursprivileg der ersten Klasse. Der Ständerat wollte offensichtlich ebenfalls keine Einschränkung der Privilegierung von Lohnforderungen im Konkurs, selbst wenn die entsprechenden Forderungen von Verwaltungsräten mit einer Doppelstellung als Arbeitnehmer geltend gemacht werden.

ee)   Spätere Feststellungen des Gesetzgebers

In der Botschaft zur zweiten Teilrevision des Arbeitslosenversicherungsgesetzes vom 29. November 1993 führte der Bundesrat zu Art. 51 Abs. 2 AVIG aus:[89] «Gemäss geltender Rechtsprechung im Bereiche des Betreibungs- und Konkursrechts können Personen, die innerhalb der Gesellschaft eine gewisse Unabhängigkeit geniessen, deren Stellung sich daher derjenigen eines Betriebsinhabers annähert, nicht in den Genuss des Konkursprivilegs gelangen, selbst wenn zwischen ihnen und dem Konkursiten ein Arbeitsvertrag besteht.» Leider fehlen konkrete Angaben zu dieser geltenden Rechtsprechung. Auch im Zusammenhang mit den Ergebnissen der Vernehmlassung zu den Anspruchsvoraussetzungen für eine Insolvenzentschädigung stellte der Bundesrat lediglich fest, dass der Ausschluss von Personen, welche die Entscheidungen des Arbeitgebers massgeblich beeinflussen können, von der grossen Mehrheit der Kantone und Parteien «als notwendige Harmonisierung mit den Bestimmungen der Kurzarbeitsentschädigung und der konkursrechtlichen Praxis begrüsst wird [...]»[90]

Die Botschaft zur Revision des AVIG datiert rund zwei Jahre später als diejenige zur Revision des SchKG. Es erstaunt, dass im Zusammenhang mit der Insolvenzentschädigung auf eine geltende Rechtsprechung zum Konkursprivileg hingewiesen wird, welche bei der Änderung dieses Konkursprivilegs zwei Jahre zuvor nicht einmal erwähnt wurde. Eine mögliche Erklärung dafür wären Urteile, die in der Zwischenzeit von 1991 bis 1993 ergangen sind. Hier findet sich jedoch nur BGE 118 III 46, bei dem in widersprüchlicher Weise angeführt wird, der Kläger habe zwar als Verwaltungsrat in einem Arbeitsverhältnis zur Gesellschaft gestanden, doch fehle es wegen seiner Organstellung in tatsächlicher Hinsicht an einem Unterordnungsverhältnis.[91] Offensichtlich wurde dieser Entscheid als «geltende Recht-

---

[89]   Botschaft des Bundesrates zur zweiten Teilrevision des Arbeitslosenversicherungsgesetzes (AVIG) vom 29. November 1993, BBl. 1994 I 340 ff., 361.
[90]   Botschaft zur Revision des AVIG, 350.
[91]   BGE 118 III 52.

sprechung» bezeichnet, weil im Entscheid selbst auf frühere Urteile und Literatur verwiesen wird. Damit relativiert sich die Bedeutung der Aussage in der Botschaft zur Revision des AVIG. Der spätere Verweis des Gesetzgebers auf einen einzigen Entscheid als «geltende Rechtsprechung» vermag die Widersprüche in der früheren Rechtsprechung nicht zu bereinigen. Damit kann umgekehrt aus der heutigen Formulierung des Art. 51 Abs. 2 AVIG nicht auf die Anwendbarkeit des Konkursprivilegs erster Klasse geschlossen werden.[92]

e) Ergebnis der Gesetzesauslegung

Die Prüfung aller relevanten Literatur- und Judikaturstellen zeigt, dass die grundsätzliche Verweigerung des Konkursprivilegs für Lohnforderungen von Verwaltungsräten mit einem Arbeitsverhältnis zur Gesellschaft durch die Mehrheit von Lehre und Rechtsprechung nicht auf einer konsequenten Gesetzesauslegung, sondern vielmehr auf einer inkonsequenten historischen Schlussfolgerung basiert, geleitet vom Gedanken, dass die Verantwortlichen eines Konkurses in jeder Beziehung zur Verantwortung gezogen werden müssen. Insbesondere wird übersehen, dass ein Arbeitsvertrag nur dann vorliegen kann, wenn die notwendige Subordination vorhanden ist.[93]

Die detaillierte Analyse der heutigen Fassung des Art. 219 Abs. 4 erste Klasse lit. a. SchKG und das Studium der entsprechenden Materialien führt zum zwingenden Schluss, dass nicht nur Direktoren, sondern auch Verwaltungsräte mit einem nachweisbaren und rechtsgültigen Arbeitsverhältnis zur Gesellschaft vom Konkursprivileg der ersten Klasse für ihre Lohnforderungen profitieren können. Voraussetzung dazu ist ein tatsächliches und nicht nur formelles Unterordnungsverhältnis, welches weder durch direkte noch durch indirekte Einflussnahme materiell umgangen werden kann.

---

[92] A.M. wohl MEIER, Lohnforderungen, 43, welcher die Ergänzung von Art. 51 AVIG mit einem zweiten Absatz zum Ausschluss von bestimmten Arbeitnehmern begrüsst mit dem Hinweis, dadurch nähere sich der Begriff des Arbeitnehmers in der Arbeitslosenversicherung demjenigen in der Rechtsprechung zum Konkursprivileg.
[93] Vgl. dazu die detaillierten Ausführungen im TEIL 3 § 6 II. 1. c) auf S. 178 ff.; in diesem Lichte erscheint beispielsweise die folgende Aussage von BRUNI, 295, als unhaltbar: «Entscheidend für die privilegierte Behandlung von Forderungen leitender Angestellter und Verwaltungsräte von falliten Gesellschaften ist m.E. weniger das Vorliegen eines Arbeitsvertrages, sondern einzig das Vorhandensein eines tatsächlichen Unterordnungsverhältnisses.»

5. Zusammenfassung und Vorschlag für Gesetzesrevision

Ein Verwaltungsrat mit einem organschaftlichen und einem zusätzlichen arbeitsrechtlichen Verhältnis zur Gesellschaft kann im Konkurs derselben gestützt auf Art. 219 Abs. 4 SchKG für seine noch offenen Lohnforderungen der letzten sechs Monate eine Kollozierung in der ersten Klasse verlangen, falls er nachweisen kann, dass folgende Voraussetzungen erfüllt sind:

- Der Betroffene hatte mündlich oder schriftlich einen Arbeitsvertrag mit der konkursiten Gesellschaft abgeschlossen und auf Grund dessen tatsächlich vor der Konkurseröffnung Arbeitsleistungen erbracht oder zumindest angeboten.

- Der Betroffene stand in einem tatsächlichen Unterordnungsverhältnis zum Gesamtverwaltungsrat, zum VR-Ausschuss, zum GL-Vorsitzenden oder zu anderen Personen, deren Weisungen er zu befolgen hatte.

- Der Betroffene hat auf Grund des Arbeitsverhältnisses gegenüber der konkursiten Gesellschaft Forderungen, die in den letzten sechs Monaten vor der Konkurseröffnung entstanden sind.

Die Konkursverwaltung hat diese arbeitsrechtlichen Forderungen entsprechend zu kollozieren, falls sie ihrerseits nicht einen der folgenden Ausschlussgründe einzuwenden vermag:

- Der Betroffene war kapital- oder stimmenmässig ein derart massgebender Gesellschafter des konkursiten Unternehmens oder er hatte indirekt über andere Beteiligungen eine derart beherrschende Stellung bei der konkursiten Gesellschaft inne, dass jegliches formelle Unterordnungsverhältnis von ihm materiell übergangen werden konnte.

- Der Betroffene war bei der konkursiten Gesellschaft alleiniger Verwaltungsrat oder alleiniger Direktor ohne Weisungsgebundenheit oder er hatte auf andere Weise derart massgebende Entscheidungskompetenzen bei der konkursiten Gesellschaft, dass ein Unterordnungsverhältnis bezüglich dieser Gesellschaft materiell nicht vorhanden war.

- Der Betroffene konnte mittels vertraglicher oder familiärer Beziehungen einen derartigen Einfluss auf den Verwaltungsrat oder die Geschäftsleitung ausüben, dass er damit indirekt die Willensbildung der konkursiten Gesellschaft massgebend beeinflusste und ein Unterordnungsverhältnis bezüglich dieser Gesellschaft materiell ausgeschlossen war.

Diese Voraussetzungen gewährleisten, dass ein Abhängigkeits- bzw. Unterordnungsverhältnis als Grundvoraussetzung eines Arbeitsvertrages besteht. Sie verunmöglichen jedoch nicht die Stellung als leitender Arbeitnehmer im Sinne von Art. 3 lit. d ArG. Wird das Bestehen eines Arbeitsvertrages nach entsprechender

Prüfung der materiellen und formellen Kriterien[94] anerkannt, so kann konsequenterweise nicht mehr geltend gemacht werden, es liege keine Arbeitnehmerforderung vor, weil der Betroffene als Direktor oder Verwaltungsrat eine Organstellung innehabe und folglich nicht in einem Unterordnungsverhältnis stehen könne.

Entweder ist ein Unterordnungsverhältnis im arbeitsrechtlichen Sinne gegeben oder nicht. Eine Organschaft schliesst ein Arbeitsverhältnis ebenso wenig aus, wie ein Verwaltungsratsmandat oder eine Geschäftsführerfunktion an sich eine arbeitsrechtliche Forderung gegenüber der Gesellschaft ausschliesst.[95] Letztlich ist das Kernproblem der Anwendbarkeit des Konkursprivilegs auf Lohnforderungen von leitenden Arbeitnehmern somit der Nachweis des für einen Arbeitsvertrag notwendigen Unterordnungsverhältnisses.[96] Ein genereller Ausschluss aller Verwaltungsräte mit einer Doppelstellung als Arbeitnehmer vom Konkursprivileg erster Klasse widerspricht Art. 219 Abs. 4 SchKG.

Sind die Voraussetzungen für das Konkursprivileg erster Klasse bei einem Verwaltungsrat mit einer Doppelstellung als Arbeitnehmer erfüllt, so dürfte in der Regel subsidiär auch ein Anspruch auf Insolvenzentschädigung gegeben sein. Der Ausschlussgrund von Art. 51 Abs. 2 AVIG erfordert einen massgebenden Einfluss auf die Entscheidungen bei der konkursiten Gesellschaft; gerade dies dürfte jedoch meist nicht mehr der Fall sein, wenn ein eindeutiges Unterordnungsverhältnis gemäss den vorstehenden Überlegungen gegeben ist.

Unabhängig von dieser Auslegung wäre es de lege ferenda im Hinblick auf die vereinzelt übermässig hohen Managerlöhne angebracht,[97] auch beim Konkursprivileg für arbeitsrechtliche Forderungen eine Maximierung der privilegierten Forderungen analog zu Art. 52 Abs. 1 i.V.m. Art. 3 Abs. 1 AVIG einzuführen. Die erste Klasse von Art. 219 Abs. 4 SchKG könnte bezüglich lit. a dazu wie folgt ergänzt werden:[98]

---

[94] Vgl. REHBINDER, 40 f.
[95] Gl.M. BRUNI, 295, und HUTTERLI, 114; a.M. ohne Begründung GROB-ANDERMACHER, 57.
[96] Zutreffend MEIER, Lohnforderungen, 41: «Oft umstritten ist bei sog. leitenden Angestellten die Arbeitnehmerqualität. Entscheidend für das Bestehen eines Arbeitsverhältnisses ist das Merkmal der Unterordnung. Fehlt das Unterordnungsverhältnis, so z.B. bei einem Mitglied des Verwaltungsrats und Mehrheitsaktionär der in Konkurs gefallenen Gesellschaft, liegt kein Arbeitsvertrag vor und das Lohnprivileg kann nicht gewährt werden.»
[97] In diesem Punkt ist KRAMPF, 27, beizupflichten, der darauf hinweist, dass es wohl nicht die Absicht des Gesetzgebers war, Spitzenverdiener zu privilegieren.
[98] Dieser Vorschlag entspricht den Einwänden des Kantons Genf und der SP in der Vernehmlassung zum Vorentwurf (vgl. vorne § 13 II. 4. d) bb) auf S. 447 f.); noch weiter geht BADDELEY, 34 ff., indem sie unter Bezugnahme auf den Entscheid des Bernischen Appellationshofes vom 15.3.1989 (vorne S. 435) Arbeitnehmern mit sehr hohen Einkommen generell das Konkursprivileg abspricht, da diese über die wirtschaftlichen Verhältnisse ihres Arbeitgebers besser Bescheid wüssten

«Erste Klasse

a. Die Forderungen von Arbeitnehmern aus dem Arbeitsverhältnis, die in den letzten sechs Monaten vor der Konkurseröffnung entstanden oder fällig geworden sind, sowie die Forderungen wegen vorzeitiger Auflösung des Arbeitsverhältnisses infolge Konkurses des Arbeitgebers und die Rückforderungen von Kautionen, aber je Arbeitsverhältnis höchstens bis zu dem für die obligatorische Unfallversicherung massgebenden, auf den Monat umgerechneten Höchstbetrag des versicherten Verdienstes.»[99]

Am 26. Juni 2002 reichte SP-Nationalrat Roberto Zanetti zusammen mit zahlreichen Mitunterzeichnern eine parlamentarische Initiative[100] ein, welche die Begrenzung des Lohnprivilegs auf den doppelten Höchstbetrag des versicherten Verdienstes gemäss Unfallversicherungsgesetz und eine entsprechende Änderung des SchKG verlangt. Die Stossrichtung dieser Initiative stimmt mit den vorstehenden Überlegungen überein. Die Maximierung auf das Doppelte statt auf das Einfache des versicherten Verdienstes ist m.E. jedoch abzulehnen. In der Gesetzgebung sollten unnötige Differenzen vermieden werden. Mit dem vorstehenden, konkret ausformulierten Vorschlag würde eine einheitliche Regelung der Maximierung von Konkursprivileg und Sozialversicherung erreicht. Gleichzeitig würden die Chancen der Gläubiger steigen, auch noch in der zweiten und dritten Klasse eine Konkursdividende zu erhalten.[101]

---

als die anderen Arbeitnehmer und das Konkursprivileg ohnehin nur sozial schwachen Arbeitnehmern zugestanden werden dürfe; doch auch bei dieser Variante müsste letztlich vom Gericht eine konkrete Lohnsumme als Grenzwert festgelegt werden, weshalb es m.E. praktikabler und gerechter ist, auf die bereits festgelegten Maximalansätze im UVG abzustellen.

[99] Dieser Vorschlag wurde bereits separat im Zusammenhang mit dem Konkursprivileg für leitende Arbeitnehmer publiziert, vgl. MÜLLER, Konkursprivileg, 561 f.; in der Hoffnung, dass er von einem Parlamentsmitglied in der Gesetzesdiskussion umgesetzt wird.

[100] Unter der Geschäftsnummer 02.440 zur Behandlung vorgeschlagen.

[101] Aus diesem Grund befürwortet auch KRAMPF, 27, eine Maximierung auf den einfachen Höchstbetrag des versicherten Verdienstes gemäss UVG.

§ 14 Strafrechtliche Konsequenzen

I. Überblick

1. Strafbarkeit und Strafzumessung

Um die Konsequenzen einer Doppelstellung als Verwaltungsrat und Arbeitnehmer beurteilen zu können, ist generell zwischen der Strafbarkeit und der Strafzumessung zu unterscheiden. Nach dem heute in der Schweiz geltenden Strafrecht sind unter bestimmten Voraussetzungen nicht nur natürliche, sondern auch juristische Personen strafbar. Nachstehend wird deshalb zuerst allgemein die Strafbarkeit der Aktiengesellschaft, der Verwaltungsräte und der Arbeitnehmer untersucht, bevor dann auf die Auswirkungen bezüglich der Strafzumessung eingegangen wird.

2. Strafbarkeit der Aktiengesellschaft

Im Zusammenhang mit den Terrorismusstrafnormen traten am 1. Oktober 2003 die neuen Strafbestimmungen über die Verantwortlichkeit des Unternehmens in Kraft.[1] Art. 100^{quater} Abs. 1 StGB statuiert die subsidiäre Strafbarkeit des Unternehmens. Dabei wird vorausgesetzt, dass ein Verbrechen oder Vergehen in einem Unternehmen bei Ausübung geschäftlicher Verrichtung im Rahmen des Unternehmenszwecks begangen wird und diese Tat wegen «mangelhafter Organisation» des Unternehmens keiner bestimmten natürlichen Person zugerechnet werden kann. Unabhängig von der strafrechtlichen Verantwortlichkeit einer natürlichen Person haftet das Unternehmen gemäss Art. 100^{quater} Abs. 2 StGB auch für bestimmte Delikte[2] «wenn dem Unternehmen vorzuwerfen ist, dass es nicht alle erforderlichen und zumutbaren organisatorischen Vorkehren getroffen hat, um eine solche Straftat zu verhindern».[3]

Strafbar sind nach geltendem Strafgesetz nicht nur natürliche Personen, sondern auch Unternehmen, d.h. juristische Personen des privaten und öffentlichen Rechts

---

[1] AS 2003 3043 ff.
[2] Bildung einer kriminellen Organisation (Art. 260ter StGB), Geldwäscherei (Art. 305bis StGB), Bestechungstatbestände (Art. 322ter, 322^{quinquies} und 322^{septies} StGB), Terrorismus (Art. 260^{quinquies} StGB) und Finanzierung des Terrorismus (Art. 260^{sexies} StGB).
[3] Botschaft zur Bekämpfung des Terrorismus, 5406.

(mit Ausnahme der Gebietskörperschaften), Gesellschaften und Einzelfirmen (Art. 100^{quater} Abs. 4 StGB). Die Unternehmen sind deshalb gut beraten, ihre Organisation einer sorgfältigen Prüfung zu unterziehen und gegebenenfalls ihre Strukturen angesichts von Art. 100^{quater} Abs. 1 StGB so anzupassen, dass jede geschäftliche Handlung jederzeit einem bestimmten Mitarbeiter zugeordnet werden kann. Präventiv dürfte sich auch eine enge Definition des Geschäftszwecks auswirken, nachdem Art. 100^{quater} Abs. 1 StGB nur Vergehen und Verbrechen erfasst, die in Ausübung geschäftlicher Verrichtung im Rahmen des Unternehmenszwecks begangen wurden.

Die Aufgaben und Kompetenzen eines Verwaltungsratsmitglieds werden i.d.R. nur sehr allgemein im Organisationsreglement umschrieben. Bei leitenden Arbeitnehmern wird dagegen meistens ein detaillierter Stellenbeschrieb ausgearbeitet und auch im Organigramm erfolgt eine präzise Zuordnung. Eine Doppelstellung als Verwaltungsrat und Arbeitnehmer dürfte es deshalb den Untersuchungsbehörden erleichtern, einen Verantwortlichen zu finden und die Gesellschaft damit zu entlasten. Umgekehrt steigt für den Betroffenen die Gefahr einer strafrechtlichen Sanktion.

3. Strafbarkeit des Verwaltungsrats

Die Strafbarkeit des Verwaltungsrats wird in Lehre und Rechtsprechung üblicherweise unter dem Begriff der strafrechtlichen Geschäftsherrenhaftung behandelt.[4] Der Begriff «Geschäftsherr» umfasst zunächst alle natürlichen Personen, die als formelles Organ oder als Mitglied eines Organs einer juristischen Person gehandelt haben. Erfasst werden aber auch Personen, denen ohne selbst Organ zu sein, im Rahmen der Geschäftstätigkeit eine «selbständige Entscheidungsbefugnis» in der Gesellschaft zukommt; der strafrechtliche Begriff des Geschäftsherrn ist somit weiter gefasst als der zivilrechtliche.[5] Schliesslich fallen unter den Begriff des Geschäftsherrn auch Personen, die gegenüber dem Täter eine Überwachungspflicht (Garantenstellung) haben.[6] Dazu gehört der direkte Vorgesetzte, aber auch der Geschäftsführer und insbesondere bei leitenden Arbeitnehmern der Verwaltungsrat.

Im vielbeachteten Fall Bührle[7] hat das Bundesgericht den allgemeinen Grundsatz ausgesprochen, dass der Geschäftsherr, als Inhaber der «beherrschenden Rolle» in

---

[4] Vgl. OERTLE, 20 f.
[5] Art. 172 und 326 StGB; vgl. BGE 122 IV 103 Erw. IV 1. c).
[6] OERTLE, 21.
[7] BGE 96 IV 155 Erw. 4. a).

einem Unternehmen, für die in seinem Betrieb begangenen Straftaten hafte, wenn er in Kenntnis davon keine Abhilfe schaffe. Als Fortsetzung dieser Rechtsprechung wird in den Regesten von BGE 105 IV 172 festgehalten: «Einem Verwaltungsratsmitglied [konkret Dr. Bührle] kommt nicht schon kraft seiner gesellschaftsrechtlichen Funktion Garantenstellung zu; entscheidend ist vielmehr seine tatsächliche Position im Unternehmen.» Damit hat das Bundesgericht klargestellt, dass insbesondere ein Arbeitsverhältnis in Kumulation mit einer organschaftlichen Beziehung zur Gesellschaft die Stellung des Betroffenen derart verändern kann, dass eine strafrechtlich relevante Garantenstellung entsteht. Während die bisherigen Prüfungen der Konsequenzen einer Doppelstellung eine Verschlechterung der Rechtsstellung i.d.R. immer dann aufdeckten, wenn ein Arbeitnehmer noch zusätzlich Einsitz im Verwaltungsrat nimmt, so ist im Zusammenhang mit den strafrechtlichen Konsequenzen festzustellen, dass umgekehrt auch für ein Verwaltungsratsmitglied die zusätzliche Stellung als Arbeitnehmer zu einer gravierenden Verschlechterung seiner Rechtsposition führen kann.

Einen Schritt weiter ging das Bundesgericht in BGE 122 IV 103. Es sprach mehrere Kadermitglieder der Von Roll, darunter auch den Konzernchef, wegen Widerhandlungen gegen das Kriegsmaterialgesetz schuldig. Dabei wird in den Erwägungen ausgeführt: «Wenn ein Entscheidungsgremium für eine hinreichende Organisation verantwortlich ist, dann ist jedes Mitglied dieses Gremiums, das es unterlässt, sich für die Durchsetzung dieser Pflichten einzusetzen, kausal für den Erfolg verantwortlich».[8] Mit diesem Entscheid vollzog das Bundesgericht den Schritt zu einer strafrechtlichen Organisationshaftung[9], wie sie heute im Ergebnis auch in den neuen Bestimmungen zur Strafbarkeit des Unternehmens enthalten ist. Für die «mangelhafte Organisation» nach Art. 100^{quater} sind nämlich wiederum natürliche Personen (bei der AG zwingend der Verwaltungsrat) verantwortlich. Der Vorwurf schuldhaften Verhaltens fällt somit selbst dann auf den Verwaltungsrat zurück, wenn mangels Zurechnungsmöglichkeit lediglich die Strafbarkeit der juristischen Person bejaht wurde. Und auch bei der konkurrierenden Strafbarkeit des Unternehmens nach Art. 104 Abs. 2 StGB wird sich der Verwaltungsrat im Lichte von BGE 122 IV 103 einer Haftung nicht entziehen können, wenn die Strafbarkeit des Unternehmens aufgrund unzulänglicher organisatorischer Vorkehrungen bejaht wurde. In diesem Sinne bedeutet die Einsitznahme im Verwaltungsrat für einen Arbeitnehmer zweifellos eine Verschärfung der strafrechtlichen Verantwortung.

---

[8] BGE 122 IV 103 Erw. VI 1. bb).
[9] Vgl. KOLLER, Organisationshaftung, 412, mit dem Hinweis: «Wer zum Kader eines risikoträchtigen Betriebs gehört, hat künftig nicht nur aus zivilrechtlichen, sondern auch aus strafrechtlichen Gründen Sicherheitsdispositive aufzuziehen, um die Verwirklichung des Risikos zu verhindern.»

4. Strafbarkeit des Arbeitnehmers

Es bedarf keiner näheren Begründung, dass sich ein Arbeitnehmer unabhängig von einer allfälligen Zusatzfunktion als Verwaltungsrat strafbar macht, wenn er ein strafrechtlich relevantes Delikt begeht.[10] Im Hinblick auf die im vorhergehenden Abschnitt angesprochene Geschäftsherrenhaftung ist aber von Bedeutung, dass sich aus der allgemeinen arbeitsrechtlichen Treuepflicht gemäss Art. 321a Abs. 1 OR allein noch keine Garantenpflicht des Arbeitnehmers herleiten lässt. Wie das Bundesgericht bereits in BGE 113 IV 68 Erw. 7. ausgeführt hat, besitzt derjenige, welche in seiner Arbeitgeberfirma eine verantwortliche Position innehat nur im eigenen Zuständigkeitsbereich eine Garantenstellung für das Vermögen seiner Arbeitgeberfirma und muss deshalb nur in diesem Bereich gegen Machenschaften des ihm Unterstellten einschreiten.

Am 24. September 2002[11] hatte das Bundesgericht die strafrechtliche Verantwortlichkeit eines Verwaltungsrats im Zusammenhang mit einem tödlichen Liftunfall zu beurteilen. Y. war der einzige Verwaltungsrat der H. AG, in deren Eigentum ein Wohnhaus mit Personenlift stand. Die Liegenschaftenverwaltung lag in den Händen der I. GmbH, die von X. geleitet wurde, welcher wiederum Arbeitnehmer der H. AG war. Nachdem es beim Betrieb des Lifts der H. AG zu einem tödlichen Unfall gekommen war, wurde der einzige Verwaltungsrat Y. wegen fahrlässiger Tötung verurteilt. Der mit der Liegenschaftenverwaltung betraute Arbeitnehmer X. wurde dagegen letztinstanzlich freigesprochen. Das Bundesgericht befand, dass die aus Art. 58 OR und Art. 679 ZGB resultierende Pflicht zur Vermeidung von Schäden am Eigentum noch keine Garantenstellung des X begründe. X habe in der betreffenden Gesellschaft keine Position innegehabt, die es erlauben würde, ihn strafrechtlich für Handlungen der Gesellschaft zu belangen. Allein aus dem Umstand der Anstellung lasse sich nicht ableiten, dass die gesetzlichen Pflichten der H. AG automatisch auf X übergegangen seien. Hätte X. jedoch eine Doppelstellung als Verwaltungsrat und Arbeitnehmer gehabt, so wäre seine Strafbarkeit zweifelsfrei gegeben gewesen; zudem wäre seine Stellung in der Strafzumessung schlechter als diejenige des Y. gewesen, wie nachstehend noch gezeigt wird.

Einen ähnlichen Fall hatte das Bundesgericht am 6. Juni 2003 zu beurteilen. Auf dem Parkplatz der X. AG stürzte bei Nacht ein Mann über eine kleine Mauer, wobei er sich schwere Verletzungen zuzog. Da die Mauer nicht mit einem Geländer gesichert war, wurde in der Folge der Verwaltungsratspräsident und Geschäfts-

---

[10] Im Vordergrund stehen dabei Delikte zu Lasten des Arbeitgebers, insbesondere Diebstahl (Art. 137 StGB), Veruntreuung (Art. 138 StGB), ungetreue Geschäftsbesorgung (Art. 158 StGB) und Verletzung des Fabrikations- oder Geschäftsgeheimnisses (Art. 162 StGB).
[11] Unveröffentlichter Entscheid 6P.171/2002 vom 24.9.2002 (Erw. 5.1).

führer der X. AG wegen fahrlässiger schwerer Körperverletzung mit einer Busse von CHF 1'000.– bestraft. Das Strafurteil wurde vom Bundesgericht geschützt. Zur Begründung führte das Bundesgericht aus, der Verurteilte sei auf Grund seiner «herausragenden Stellung» nicht nur für die Leitung des Unternehmens, «sondern in qualifizierter Weise auch etwa für die Sicherheit der Parkierungsmöglichkeiten verantwortlich, welche auf dem im Eigentum der AG stehenden Areal zur Verfügung gestellt werden.»[12] In diesem Falle hatte die Doppelstellung als Verwaltungsrat und Arbeitnehmer zu einer besonderen Garantenstellung geführt, welche sich letztlich in der Strafbarkeit manifestierte.

Zusammenfassend ist festzustellen, dass der Abschluss eines zusätzlichen Arbeitsvertrages für ein Mitglied des Verwaltungsrats im Hinblick auf die strafrechtliche Garantenstellung zu einer Verschärfung der strafrechtlichen Verantwortung führen kann. Umgekehrt führt die zusätzliche Einsitznahme im Verwaltungsrat für einen Arbeitnehmer zu einer Verschärfung der Strafbarkeit im Hinblick auf die strafrechtliche Organisationshaftung. Eine Doppelstellung als Verwaltungsrat und Arbeitnehmer kann demnach gravierende strafrechtliche Konsequenzen im Zusammenhang mit der Strafbarkeit haben, indem unabhängig von der Entstehung der Doppelstellung u.U. eine Verschärfung der strafrechtlichen Verantwortung resultiert.

II. Strafzumessung

1. Qualitative Betrachtung

Im Schweizerischen Strafrecht erfolgt die Strafzumessung nicht nach dem Erfolg des Deliktes, sondern nach dem Verschulden des Täters.[13] Strafrechtlich relevante Fehler, welche leitende Arbeitnehmer oder Mitglieder des Verwaltungsrats durch Handlungen oder Unterlassungen begehen, haben i.d.R. weitaus grössere Konsequenzen als solche von Angestellten oder Beauftragten der Gesellschaft ohne Organfunktion. Dies führt jedoch entsprechend dem Verschuldensstrafrecht grundsätzlich zu keiner anderen Strafzumessung.

Die strafrechtlichen Konsequenzen einer Doppelstellung als Verwaltungsrat und Arbeitnehmer sind demnach nicht unter dem Aspekt des möglichen Tatererfolges,

---

[12] Unveröffentlichter Entscheid 6S.87/200 vom 6. 6.2003
[13] MAURER, 55.

sondern unter dem qualitativen Blickwinkel des Täterkreises zu prüfen. Einen unterschiedlichen Täterkreis definieren namentlich die sogenannten Sonderdelikte, bei denen die besondere Eigenschaft des Täters (bzw. dessen gesetzliche Sonderpflichten) die Strafbarkeit des Verhaltens begründen (echte Sonderdelikte) oder sich straferhöhend auswirken (unechte Sonderdelikte).[14] Aufgrund der strafrechtlichen Organhaftung[15] werden die strafbegründenden oder straferhöhenden Eigenschaften einer juristischen Person bzw. Gesellschaft, jenen Organen zugerechnet, welche für sie gehandelt haben. Ein Arbeitnehmer mit einer Doppelstellung als Verwaltungsrat macht sich deshalb auch dann strafbar, wenn er die Tatbestandsmerkmale eines Sonderdelikts nicht in eigener Person erfüllt.

Als Beispiel kann der Buchhalter einer AG angeführt werden, welcher pflichtwidrig die ihm übertragene Buchführung unterlässt. Den Tatbestand der Unterlassung der Buchführung gemäss Art. 166 StGB kann nur der Konkursschuldner, also die Aktiengesellschaft, erfüllen. Der Buchhalter wäre demzufolge mangels Konkursschuldnereigenschaft wegen der unterlassenen Buchführung nicht strafbar. Ist der betreffende Buchhalter aber gleichzeitig Mitglied des Verwaltungsrats oder werden ihm in seiner Funktion selbständige Entscheidungskompetenzen eingeräumt, so haftet er aufgrund der strafrechtlichen Organhaftung nach Art. 172 i.V.m. Art. 166 StGB, und zwar nicht für die eigene pflichtwidrige Handlung, sondern für die strafbare Handlung der Gesellschaft, die ihm zugerechnet wird. Diese Zurechnung gilt nach einem neueren Entscheid des Bundesgerichtes selbst dann, wenn der Betreffende im konkreten Fall keinen Einfluss auf die Willensbildung der Gesellschaft nahm oder nehmen konnte.[16]

Schliesslich ist an dieser Stelle auf den besonderen Umstand hinzuweisen, dass ein Arbeitnehmer durch die Wahl in den Verwaltungsrat gleichzeitig Arbeitgeberstellung erhält.[17] Damit erlangen all jene Straftatbestände eine Bedeutung, bei denen die Arbeitgeberstellung vorausgesetzt wird. Dies gilt insbesondere für Art. 87 Abs. 3 AHVG. Danach wird mit Gefängnis bis zu sechs Monaten oder mit Busse bis zu CHF 30'000.– bestraft, wer als Arbeitgeber einem Arbeitnehmer Beiträge vom Lohn abzieht, sie indessen dem vorgesehene Zweck entfremdet. Genau dieser Tatbestand kommt leider in der Praxis immer wieder vor.[18] Überweist ein Buchhalter trotz entsprechender Mahnung abgerechnete Arbeitnehmerbeiträge nicht an die Ausgleichskasse,[19] sondern verwendet die Beträge zur Begleichung von ande-

---

[14] STRATENWERTH, § 13 N 57.
[15] Vgl. Art. 172 und 326 StGB.
[16] Unveröffentlichter Entscheid 6P.223/1999 vom 18.4.2000, Erw. 9.
[17] Vgl. REHBINDER, Berner Kommentar, N 15 zu Art. 319.
[18] GLANZMANN-TARNUTZER, 909.
[19] Zur Notwendigkeit des Mahnverfahrens vgl. GLANZMANN-TARNUTZER, 910.

ren Kreditoren, so ist eine Bestrafung nach Art. 87 Abs. 3 AHVG nicht möglich, da die Arbeitgeberstellung fehlt. Ist derselbe Buchhalter jedoch Mitglied des Verwaltungsrats, wird es zu einer strafrechtlichen Verurteilung kommen.

Durch die Doppelstellung als Verwaltungsrat und Arbeitnehmer kann deshalb ein Sonderdelikt relevant werden, welches bei einfacher Arbeitnehmerstellung ohne Organfunktion nicht zur Anwendung gelangt wäre.

2. Quantitative Betrachtung

Schliesslich sind die strafrechtlichen Konsequenzen auch noch unter dem Aspekt der quantitativen Strafzumessung zu beurteilen. Gemäss Art. Art. 716a Abs. 1 Ziff. 1 OR ist der Verwaltungsrat zwingend für die Oberleitung der Gesellschaft zuständig. Deshalb muss er über alle relevanten Informationen im Zusammenhang mit der Gesellschaftsleitung verfügen. Dieses Wissen muss einem Arbeitnehmer mit einer Doppelstellung als Verwaltungsrat im Hinblick auf das strafrechtliche Verschulden angerechnet werden. Das kann wiederum zu Konsequenzen bei der Strafzumessung führen.

Ein eindrückliches Beispiel für die strafrechtliche Relevanz einer Stellung als Mitglied des Verwaltungsrats ist der Canyoning-Prozess vom Herbst 2001. Der Einzelrichter des Gerichtskreises VI Interlaken-Oberhasli fällte sehr differenzierte Urteile gegen die Angeschuldigten im Zusammenhang mit der Wildwassertragödie vom 27.7.1999, bei der 18 Teilnehmer getötet wurden:[20]

- Die drei Verwaltungsräte der Gesellschaft Adventure World wurden zu je 5 Monaten Gefängnis bedingt sowie zu Bussen von je CHF 7'500.– verurteilt.
- Der General Manager, der für die Ausbildung der Tourenführer zuständig war, erhielt eine bedingte Gefängnisstrafe von 5 Monaten und CHF 5'000.– Busse.
- Der stellvertretende General Manager wurde mit 4 Monaten Gefängnis bedingt und CHF 4'000.– Busse bestraft.
- Der Lead Guide, der für die Wetterbeobachtung und für die Durchführung des Canyonings verantwortlich war, wurde mit 3 Monaten Gefängnis bedingt und mit CHF 4'000.– Busse sanktioniert.
- Die beiden Tourenführer (Guides), die in der Hierarchiestufe des Unternehmens an unterster Stelle standen, wurden freigesprochen.

---

[20] Urteilszusammenfassung in der NZZ vom 12.12.2001, Nr. 289, S. 60.

Zur Begründung dieser Urteilsabstufung wies der Richter darauf hin, dass die Sicherheit bei einem Unternehmen wie Adventure World eindeutig «Chefsache» sei. Deshalb wurden die Verwaltungsräte schärfer sanktioniert, als die unterstellten Arbeitnehmer.

Zusammenfassend ist festzustellen, dass die Doppelstellung als Verwaltungsrat und Arbeitnehmer nicht nur strafrechtliche Konsequenzen im Zusammenhang mit der Anwendbarkeit von Sonderdelikten haben kann, sondern auch bei der Festsetzung des Strafmasses.

§ 15 Prozessrechtliche Konsequenzen

I. Prozessuale Zuständigkeit

1. Örtliche Zuständigkeit

Nach Art. 24 Abs. 1 GestG gilt für Streitigkeiten aus dem Arbeitsverhältnis wahlweise der Gerichtsstand am Wohnsitz oder Sitz des Beklagten oder am Ort, an dem der Arbeitnehmer gewöhnlich die Arbeit verrichtet. Ist ein Verwaltungsrat gleichzeitig Arbeitnehmer und kommt es zu einem Streit aus dem Arbeitsverhältnis, steht der Wahlgerichtsstand sowohl dem Arbeitgeber als auch dem Arbeitnehmer zur Verfügung.[1] Bei vorübergehend entsandten Arbeitnehmern ergibt sich für Ansprüche aus der Zeit der Entsendung zusätzlich ein Gerichtstand am Entsendeort.[2] Die Gerichtsstandsvorschriften für arbeitsrechtliche Klagen sind teilzwingend. Die arbeitnehmende oder stellensuchende Partei kann somit nicht zum voraus oder durch Einlassung auf die genannten Gerichtsstände verzichten (Art. 21 Abs. 1 lit. d GestG).[3] Gerichtsstandsvereinbarungen sind daher erst nach Entstehung einer Streitigkeit zulässig.[4] Der Gerichtsstand am gewöhnlichen Arbeitsort[5] ist insbesondere dann von Bedeutung, wenn der betroffene Verwaltungsrat seine Arbeit nicht am Hauptsitz der Gesellschaft verrichtete, sondern an einem vom Hauptsitz räumlich getrennten Arbeitsort. Im Gegensatz zum Betriebsort[6] gemäss Art. 343 Abs. 1 aOR handelt es sich beim Arbeitsort nach Art. 24 Abs. 1 GestG um den Hauptarbeitsort des Arbeitnehmers.[7] Eine Organisationseinheit mit festen Einrichtungen, die vom Arbeitgeber auf längere Zeit und an einem bestimmten Ort angelegt wurde, ist hingegen nicht erforderlich.[8]

Selbst wenn in den Statuten der arbeitgebenden Gesellschaft verankert sein sollte, dass für Streitigkeiten zwischen Aktionären oder Organen und der Gesellschaft

---

[1] BRUNNER, GestG-Kommentar, N 24 zu Art. 24 GestG.
[2] Art. 24 Abs. 3 GestG.
[3] BRUNNER, GestG-Kommentar, N 12 zu Art. 21 GestG.
[4] Art. 21 Abs. 2 GestG; vgl. BRUNNER, GestG-Kommentar, N 17 f.
[5] Art. 21 Abs. 1 GestG.
[6] STREIFF/VON KAENEL, N 2 zu Art. 342 OR.
[7] BRUNNER, GestG-Kommentar, N 28 zu Art. 24 GestG; VOGEL/SPÜHLER, 117 Rz. 51a.
[8] KAISER JOB, GestG-Kommentar, Art. 24 GestG N 28; BRUNNER, GestG-Kommentar, N 28 zu Art. 24 GestG.

die ordentlichen Gerichte am Sitzort zuständig sein sollen, bleibt aufgrund von Art. 24 GestG die örtliche Zuständigkeit am arbeitsrechtlichen Gerichtsstand weiterhin gewahrt.

Wie ist die Rechtssituation zu beurteilen, wenn Ansprüche gegen einen arbeitnehmenden Verwaltungsrat beispielsweise aufgrund einer unerlaubten Handlung oder gestützt auf das UWG geltend gemacht werden? Werden mehrere Ansprüche, die in einem sachlichen Zusammenhang stehen gegen die beklagte Partei gerichtet, ist jedes Gericht zuständig, das für einen der Ansprüche zuständig ist.[9] Sofern die Voraussetzungen für die Zulässigkeit einer objektiven Klagenhäufung[10] erfüllt sind, richtet sich die örtliche Zuständigkeit einheitlich nach Art. 7 Abs. 2 GestG.[11] Die örtliche Zuständigkeit für Klagen aus unerlaubter Handlung, dazu gehören in der Regel auch Klagen aus UWG,[12] richtet sich im Übrigen nach Art. 25 GestG. Demnach stehen dem Kläger Gerichtsstände sowohl am Wohnsitz oder Sitz der geschädigten Person, der beklagten Partei oder am Handlungs- oder Erfolgsort zu.

Für Klagen aus gesellschaftsrechtlicher Verantwortlichkeit, d.h. aus dem organschaftlichen Rechtsverhältnis zwischen Gesellschaft und Verwaltungsrat, ist das Gericht am Wohnsitz oder Sitz der beklagten Partei oder am Sitz der Gesellschaft zuständig (Art. 29 GestG).[13] Insbesondere die örtliche Zuständigkeit für Verantwortlichkeitsklagen gestützt auf Art. 754 OR (Haftung für Verwaltung, Geschäftsführung und Liquidation) richtet sich somit nach dieser Bestimmung. Auch für die weiteren Verantwortlichkeitsansprüche[14] bestimmt Art. 29 GestG den Gerichtsstand. Sehen die Statuten einer Gesellschaft vor, dass Streitigkeiten zwischen der Gesellschaft und den Organen oder Aktionären an einem bestimmten Gerichtsstand ausgetragen werden müssen, ist dies zulässig. Auch die Zuständigkeit eines Schiedsgerichts kann in gültiger Art und Weise aufgrund einer Statutenbestimmung vereinbart werden.[15] Sowohl für statutarische Gerichtsstands- als auch Schiedsklauseln ist vorausgesetzt, dass eine schriftliche Beitrittserklärung, die auf die Statuten Bezug nimmt, abgegeben wird.[16]

---

[9] Art. 7 Abs. 1 GestG.
[10] VOGEL/SPÜHLER, 198 Rz. 44.
[11] KAISER JOB, GestG-Kommentar, N 24 zu Art. 7 GestG.
[12] PEDRAZZINI/PEDRAZZINI, § 18 Rz. 18.03.
[13] Art. 29 GestG.
[14] Art. 752 ff. OR.
[15] VOCK, GestG-Kommentar, N 10 zu Art. 29 GestG m.w.H.
[16] Art. 9 Abs. 2 GestG bzw. Art. 6 KSG; REETZ, GestG-Kommentar, N 29 ff. zu Art. 9 GestG; VOCK, GestG-Kommentar, N 10 zu Art. 29 GestG.

2. Sachliche Zuständigkeit

Für Streitigkeiten aus dem Arbeitsverhältnis bis zu einem Streitwert von CHF 30'000.– legt Art. 343 Abs. 2 OR ein einfaches und rasches Verfahren fest, das grundsätzlich kosten- und entschädigungslos ist.[17] Wenn Streitigkeiten mit Verwaltungsräten die vorgegebene Streitwertgrenze übersteigen, stellt sich die Frage, ob auch bei solchen Streitigkeiten mit einem Verwaltungsrat allenfalls das Arbeitsgericht zuständig ist, wenn der betreffende Verwaltungsrat in einem arbeitsrechtlichen Verhältnis zur Gesellschaft steht. Die Regelung der sachlichen Zuständigkeit ist nach wie vor Sache der kantonalen Prozessvorschriften. Bei Überschreitung der obligationenrechtlichen Streitwertgrenze ist aufgrund des kantonalen Prozessrechts abzuklären, ob die ordentlichen Gerichte oder allenfalls das Handelsgericht zuständig sind.

Am 23.9.1977 entschied das Handelsgericht Zürich,[18] dass unter den Begriff des Arbeitnehmers auch höhere Angestellte wie Direktoren und Prokuristen fallen. Entgegen der Praxis zu den früheren Rechtspflegegesetzen wurde deshalb nicht mehr das Handelsgericht, sondern das Arbeitsgericht als in erster Instanz zuständiges Gericht zur Beurteilung von entsprechenden Arbeitsstreitigkeiten befunden. Es bleibt den Parteien aber unbenommen, bei einem genügend hohen Streitwert das Handelsgericht als zuständig zu vereinbaren.[19]

Das Kantonsgericht des Kantons Jura fällte am 20. März 1996[20] einen interessanten Entscheid zur sachlichen Zuständigkeit eines Arbeitsgerichtes[21] bezüglich Lohnforderungen eines Verwaltungsrats. In diesem Fall war der Kläger J.V. seit der Umwandlung einer Kollektivgesellschaft in eine Aktiengesellschaft im Jahre 1989 Präsident des Verwaltungsrats und gleichzeitig Eigentümer von 50% aller Aktien der Gesellschaft. In einem Aktionärbindungsvertrag wurde J.V. für seine Tätigkeit zu Gunsten der Gesellschaft ein Salär in Höhe von CHF 210'000.– netto pro Jahr zugestanden. Ende 1993 erwarb die Kantonalbank Jura alle Aktien der Gesellschaft, doch wurde erst im Februar 1994 ein neuer VR-Präsident gewählt. Im April 1994 wurde dem Kläger vom neuen Verwaltungsrat fristlos gekündigt. In der Folge verlangte J.V. sowohl für das Jahr 1993, als auch für das Jahr 1994 noch Lohn-

---

[17] REHBINDER/PORTMANN, Basler Kommentar, N 11 zu Art. 343 OR.
[18] ZR 76 (1977) Nr. 75 S. 193 f.
[19] Allerdings nicht schon im Voraus durch eine Gerichtsstandvereinbarung im Arbeitsvertrag, sondern erst im Zusammenhang mit einem konkreten Fall durch eine diesbezügliche Prozessstandvereinbarung (Art. 21 Abs. 1 lit. d GestG).
[20] Publiziert in RJJ 2/96 149 ff.
[21] Sog. «conseil de prud'hommes», welcher Streitigkeiten zwischen Arbeitgebern und Arbeitnehmern, welche aus einem Arbeitsvertrag resultieren, unabhängig vom Streitwert beurteilt.

nachzahlungen. Das Arbeitsgericht verneinte seine sachliche Zuständigkeit mit der Begründung, J.V. sei wirtschaftlicher Eigentümer der Gesellschaft gewesen und habe in dieser eine unabhängige Tätigkeit ausgeübt, so dass er nicht als Arbeitnehmer qualifiziert werden könne. Das Kantonsgericht gelangte für den Zeitraum bis Ende 1993 zum selben Ergebnis. Für die folgende Zeit bis zur fristlosen Kündigung ging das Gericht von drei Hypothesen aus, ohne abschliessend dazu Stellung zu nehmen:

– Das Rechtsverhältnis des Klägers zur Gesellschaft hat sich trotz des Aktienüberganges nicht geändert, d.h. es bestand weiterhin nur ein organschaftliches und kein arbeitsvertragliches Verhältnis. Diese Hypothese erachtete das Gericht im Hinblick auf das hohe Salär aber als wenig wahrscheinlich.

– Gleichzeitig mit dem Aktienübergang wurde stillschweigend ein Arbeitsvertrag abgeschlossen. Für diese Hypothese konnte die spätere fristlose Kündigung angeführt werden.

– Spätestens mit der Abwahl als VR-Präsident gab es keine Rechtsbeziehungen mehr zwischen der Gesellschaft und dem Kläger J.V. Diese Hypothese erscheint dem Gericht als die wahrscheinlichste, womit spätere Zahlungen ohne Grund erfolgt wären.

Die Problematik in diesem Fall lässt sich auf die Frage reduzieren, ob zwischen dem VR-Präsidenten und der Gesellschaft ein rechtsgültiger Arbeitsvertrag bestanden hat oder nicht. Nur wenn das Bestehen eines Arbeitsvertrages zu bejahen ist, kann auch von der sachlichen Zuständigkeit des Arbeitsgerichtes ausgegangen werden. Solange ein VR-Präsident Hauptaktionär ist, kann er nicht in einem Unterordnungsverhältnis zur Gesellschaft stehen, womit auch kein Arbeitsvertrag vorhanden sein kann. Fällt die Mehrheitsbeteiligung aber weg, so ist durchaus die stillschweigende Entstehung eines Arbeitsvertrages möglich, falls eine Unterordnung unter den Gesamtverwaltungsrat mit entsprechender Weisungsbefolgungspflicht erfolgt.

In seinem entscheid vom 20. März 1996 hat das Kantonsgericht des Kantons Jura übersehen, dass die Abwahl des VR-Präsidenten sein zusätzliches Arbeitsverhältnis nicht einfach auflöst; vielmehr erfolgte dies erst durch die fristlose Kündigung. Von Januar bis April 1994 hätte der Kläger deshalb Anrecht auf das vertraglich zugesicherte Salär gehabt.

Betrifft die Streitigkeit das organschaftliche Verhältnis zwischen Verwaltungsrat und Gesellschaft und ist dabei über vermögensrechtliche Ansprüche zu entscheiden, richtet sich die sachliche Zuständigkeit nach dem Streitwert. Die Regelung der sachlichen Zuständigkeit für vermögensrechtliche Ansprüche ist Sache des kantonalen Prozessrechts. Die Bestimmungen über die sachliche Zuständigkeit sind grundsätzlich zwingend und können von den Parteien nur in engen Grenzen durch Vereinbarung abgeändert werden.[22]

3. Schiedsgericht

Art. 343 Abs.1 aOR regelte vor dem Inkrafttreten des GestG am 1. Januar 2001 in zwingender Weise[23] die örtliche Zuständigkeit für Streitigkeiten, die aus dem Arbeitsverhältnis resultierten. Inwiefern Art. 343 Abs. 1 aOR die Erledigung von arbeitsrechtlichen Streitigkeiten durch Schiedsgerichte zuliess war umstritten. In der Lehre wurde die Zulässigkeit von Schiedsvereinbarungen befürwortet.[24] Gegenstand kontroverser Diskussionen war auch die Frage, inwiefern die Bestimmungen betreffend Art des Verfahrens, Kostenregelung, Sachverhaltsfeststellung und Beweiswürdigung für die Durchführung von Schiedsgerichtsverfahren anzuwenden sind oder nicht.[25]

Seit Inkrafttreten des GestG bestimmt sich der Gerichtsstand in arbeitsrechtlichen Streitigkeiten nach Art. 24 Abs. 1 GestG. Ein Arbeitnehmer kann nicht zum Voraus oder durch Einlassung auf die entsprechenden Gerichtsstände verzichten (Art. 21 Abs. 1 lit. d GestG).[26] Die Verfahrensvorschriften von Art. 343 Abs. 2 OR werden durch das GestG nicht tangiert und haben unverändert ihre Gültigkeit.

Das GestG enthält keine Bestimmung zur Schiedsgerichtsbarkeit und auch keine explizite Antwort auf die Frage, ob Schiedsabreden für arbeitsrechtliche Auseinandersetzungen zulässig sind oder nicht. Es ist deshalb davon auszugehen, dass die Beurteilung von arbeitsrechtlichen Streitigkeiten durch ein Schiedsgericht grundsätzlich nicht ausgeschlossen ist.[27] Ob eine Schiedsvereinbarung in einer konkreten arbeitsrechtlichen Auseinandersetzung wirklich zulässig ist, beurteilt sich nach dem Konkordat über die Schiedsgerichtsbarkeit, welchem alle Kantone beigetreten sind.[28] «Gegenstand eines Schiedsverfahrens kann jeder Anspruch sein, welcher der freien Verfügung der Parteien unterliegt, sofern nicht ein staatliches Gericht nach einer zwingenden Gesetzesbestimmung in der Sache ausschliesslich

---

[22] Vgl. VOGEL/SPÜHLER, 130 Rz. 103.
[23] Vgl. Art. 361 Abs. 1 aOR.
[24] Vgl. STAEHELIN/VISCHER, Zürcher Kommentar, Art. 343 OR N 4.
[25] Vgl. MEIER, Schiedsgericht, 271 ff.; STREIFF/VON KAENEL, N 8 zu Art. 343 OR; REHBINDER, Berner Kommentar, N 10 zu Art. 343 OR.
[26] REHBINDER/PORTMANN, Basler Kommentar, N 6 zu Art. 343 OR.
[27] VOGEL/SPÜHLER, 414 Rz. 34 f.; REHBINDER/PORTMANN, Basler Kommentar, N 6 zu Art. 343 OR.
[28] DASSER, GestG-Kommentar, N 73 zu Art 1 GestG; REHBINDER/PORTMANN, Basler Kommentar, N 20 zu Art. 343 OR.

zuständig ist.»²⁹ Es genügt somit nicht, dass eine Gerichtsstandsnorm zwingend ist, sondern sie muss vielmehr die «ausschliessliche» Zuständigkeit eines staatlichen Gerichts vorsehen.³⁰ Der Begriff der «ausschliesslichen Zuständigkeit» wird im GestG nicht verwendet.³¹ Nach herrschender Lehre ist damit gemeint, dass nicht örtlich, sondern sachlich keine andere Zuständigkeit möglich ist. Ob dies der Fall ist, muss durch Auslegung der betreffenden Gerichtstandsnorm ermittelt werden.³²

II. Anwendbares Recht

Bestehen das organschaftliche und das arbeitsvertragliche Verhältnis zur selben schweizerischen Gesellschaft, so ist grundsätzlich davon auszugehen, dass auch ausschliesslich schweizerisches Recht zur Anwendung gelangt. Nun sind aber durchaus Fälle denkbar, in denen durch einen internationalen Bezug auch die Anwendbarkeit von ausländischem Recht geltend gemacht werden kann. So könnte als erstes Beispiel der Delegierte einer schweizerischen Gesellschaft als Geschäftsführer einer Filiale im Ausland tätig sein. Nach der Abwahl durch die Generalversammlung verlangt der ehemalige Delegierte des Verwaltungsrates seine Weiterbeschäftigung bei der Filiale nach den Bestimmungen des ausländischen Rechts.³³

Im Zusammenhang mit der Problematik des IPR für Konzerne hat PLÜSS³⁴ ein zweites, ebenfalls interessantes Fallbeispiel konstruiert, das auch die Frage des anwendbaren Rechts tangiert. Der Konzernführer einer schweizerischen Holdinggesellschaft ist nicht nur Mitglied des Verwaltungsrats dieser Holdinggesellschaft und ihrer schweizerischen Tochtergesellschaften, sondern gleichzeitig auch noch «Président et Directeur Général/PDG» des französischen Stammhauses. Auf Weisung dieses Stammhauses als Hauptaktionärin wird der Konzernführer durch die schweizerische Holdinggesellschaft entlassen bzw. als Verwaltungsrat abgewählt. Als er die Lohnfortzahlung während der ordentlichen Kündigungszeit verlangt, macht die schweizerische Holdinggesellschaft geltend, es komme französisches Recht zur Anwendung, weil sich das Stammhaus in Frankreich befinde und der

---

[29] Art. 5 KSG; vgl. auch JÖSLER, 240 f.
[30] KILLIAS, 7 f.
[31] VOGEL/SPÜHLER, 97 Rz. 14.
[32] DASSER, GestG-Kommentar, N 74 zu Art. 1 GestG; KILLIAS, 8.
[33] Wie später noch gezeigt wird, macht er nach Art. 121 Abs. 1 IPRG zu Recht die Anwendbarkeit des ausländischen Rechts geltend.
[34] PLÜSS, Konzernführer, 149.

Konzernführer überwiegend für diese Gesellschaft tätig gewesen sei; nach französischem Recht könne ein abberufener PDG aber in keinem Fall irgendwelche weiterlaufenden finanziellen Ansprüche geltend machen.

In beiden Beispielen geht es letztlich um die Frage, ob für das arbeitsvertragliche Verhältnis das gleiche Recht zur Anwendung gelange wie für das organschaftliche Verhältnis. Führt eine Prüfung der rechtlichen und tatsächlichen Umstände[35] zum Ergebnis, dass es sich tatsächlich um zwei getrennte, nebeneinander bestehende Rechtsverhältnisse handelt, so muss konsequenterweise auch die Frage des anwendbaren Rechts separat beurteilt werden.

Auf das organschaftliche Verhältnis ist gemäss Art. 155 lit. f IPRG dasjenige Recht anzuwenden, welches für die Gesellschaft selbst gilt. Hat eine Gesellschaft ihren Sitz gemäss Registereintrag in der Schweiz, so gilt für sie nach Art. 154 IPRG zwingend das schweizerische Recht, da sie in diesem Fall auch die Publizitäts- und Registrierungsvorschriften der Schweiz erfüllt. Für das gesellschaftsrechtliche Verhältnis eines Verwaltungsrats zur schweizerischen Gesellschaft ist deshalb zwingend schweizerisches Recht anwendbar. Dies gilt auch dann, wenn die Gesellschaft ausländisch beherrscht wird, wenn der betreffende Verwaltungsrat eine ausländische Staatsangehörigkeit hat und im Ausland wohnt oder wenn er gar nicht von der Generalversammlung gewählt und auch nicht im Handelsregister eingetragen wurde, sondern nur als faktisches Organ tätig ist.

Auf das Arbeitsverhältnis ist gemäss Art. 121 Abs. 1 IPRG das Recht jenes Staates anwendbar, in dem der Arbeitnehmer seine Arbeit zur Hauptsache verrichtet. Im Gegensatz zum organschaftlichen Verhältnis ist hier allerdings nach Abs. 3 desselben Artikels eine Rechtswahl möglich. Fehlt es an einer solchen vertraglichen Abmachung, so gilt für den VR-Delegierten einer schweizerischen Gesellschaft in Bezug auf seine arbeitsrechtliche Tätigkeit als Geschäftsführer einer Niederlassung im Ausland deshalb grundsätzlich das ausländische Recht. Umgekehrt gilt für das Arbeitsverhältnis des Konzernführers einer schweizerischen Gesellschaft auch dann schweizerisches Recht, wenn diese Gesellschaft ausländisch beherrscht wird und der Konzernführer daneben noch PDG des französischen Stammhauses ist. Entscheidend ist allein die Tatsache, dass überhaupt ein Arbeitsvertrag zur schweizerischen Gesellschaft besteht und die daraus resultierende Tätigkeit auch wirklich in der Schweiz erbracht wird. Unabhängig davon kann für die Rechtsbeziehung als PDG zum französischen Stammhaus französisches Recht gelten.

---

[35] Insbesondere durch Prüfung von Statuten, Organisationsreglement, Protokollen, Verträgen sowie Ort und Umfang der Tätigkeit.

Teil 5
Zusammenfassung und Empfehlungen

§ 16 Zusammenfassung der Ergebnisse

I. Druck zur Professionalisierung und grosses Konfliktpotential

Die Anforderungen an Verwaltungsräte von schweizerischen Aktiengesellschaften haben seit der letzten Revision des Aktienrechts derart markant zugenommen, dass von einem Druck zur Professionalisierung gesprochen werden muss. Gründe dafür sind insbesondere das schwierigere wirtschaftliche Umfeld, die rasante Entwicklung der Kommunikationstechnik und die Empfehlungen zur Corporate Governance.

In seiner Botschaft über die Revision des Aktienrechts vom 23. Februar 1983 stellte der Bundesrat fest, ein Hauptmangel im Zusammenhang mit dem Verwaltungsrat sei die zu schwache Formulierung der Pflicht zur Ordnung von Beratung, Beschlussfassung und Berichterstattung sowie die Regelung der Kompetenzdelegation.[1] Die gesetzlichen und statutarischen Pflichten sind den Verwaltungsräten heute in den meisten Fällen hinlänglich bekannt. Noch immer unbefriedigend ist dagegen die Rechtswirklichkeit im Zusammenhang mit der Aufgaben- und Kompetenzdelegation. Bei der entsprechenden Rechtstatsachenforschung musste festgestellt werden, dass rund die Hälfte aller Gesellschaften, bei denen die Geschäftsführung ganz oder teilweise an einen VR-Delegierten übertragen wurde, den formellen Anforderungen an ein Organisationsreglement gemäss Art. 716b Abs. 2 OR nicht genügt.[2] Dadurch entsteht ein zusätzliches Konfliktpotential bezüglich jenen Verwaltungsratsmitgliedern, welche eine Zusatzfunktion übernommen haben und ihre Aufgabe praktisch hauptamtlich ausüben.

Die Volksinitiative über die Mitbestimmung der Arbeitnehmer wurde abgelehnt[3] und nur in wenigen Fällen ist eine statutarische Pflicht zur Aufnahme von Arbeitnehmervertretern in den Verwaltungsrat festzustellen.[4] Dennoch ist eine Doppelstellung als Verwaltungsrat und Arbeitnehmer sehr häufig anzutreffen. Nach einer

---

[1] Botschaft zum Aktienrecht, 21 f.
[2] Vgl. vorne TEIL 2 § 5 III. 6. auf S. 155 ff.; dabei steigt der Anteil an Gesellschaften, welche zur Delegation der Geschäftsführung gesetzeskonform ein Organisationsreglement erlassen haben mit zunehmender Beschäftigungsgrösse.
[3] Vgl. vorne TEIL 1 § 1 II. auf S. 9 ff.
[4] Vgl. vorne TEIL 1 § 2 III. 4. auf S. 30 ff.

älteren Studie von Spencer Stuart aus dem Jahre 1997[5] bestehen die Verwaltungsräte zu 11% aus exekutiven Mitgliedern; die eigene Untersuchung im Jahre 2000 hat ergeben, dass rund 73% aller VR-Delegierten in einem zusätzlichen Arbeitsverhältnis zur Gesellschaft stehen.[6] Dabei ist die Regelung des Arbeitsverhältnisses in vielen Fällen ungenügend.[7] Ein grosses Konfliktpotential im Zusammenhang mit der Doppelstellung als Verwaltungsrat und Arbeitnehmer ist offensichtlich und manifestiert sich in der hohen Zahl an zitierten Gerichtsentscheiden.[8]

II. Vielseitige Entstehungsmöglichkeiten einer Doppelstellung

Eine Doppelstellung als Verwaltungsrat und Arbeitnehmer kann nicht nur bewusst, sondern auch unbewusst entstehen.[9] Ausgangslage kann die Stellung als Verwaltungsratsmitglied, als Arbeitnehmer, als Aktionär oder als aussenstehender Dritter sein.

Die Generalversammlung kann die Wahl eines Verwaltungsrats nicht an die Bedingung knüpfen, dass dieser einen Arbeitsvertrag mit der Gesellschaft abzuschliessen habe. In den Statuten kann aber umgekehrt untersagt werden, dass die Mitglieder des Verwaltungsrats in einem zusätzlichen Arbeitsverhältnis zur Gesellschaft stehen. Es gibt gesetzliche und statutarische Regelungen, wonach im Verwaltungsrat Arbeitnehmervertreter Einsitz nehmen müssen. Zulässig wäre eine statutarische Regelung zur paritätischen Zusammensetzung aus Arbeitnehmer- und Arbeitgebervertretern.[10] Nichtig wäre aber eine Statutenbestimmung, wonach die Generalversammlung einen von der Belegschaft vorgeschlagenen Verwaltungsrat zu wählen hat.

Es ist rechtlich nicht möglich, in einem Arbeitsvertrag zwingend die Übernahme eines VR-Mandates zu vereinbaren.[11] Ebenso unzulässig ist es, die Wahl eines

---

[5] Vgl. vorne Tabelle 34 auf S. 252.
[6] Vgl. vorne Tabelle 18 auf S. 127.
[7] Dies zeigt sich insbesondere im Zusammenhang mit der Kündigungsregelung (vgl. vorne TEIL 2 § 5 III. 5. d) auf S. 153 ff.); zudem wurde jeder vierte Arbeitsvertrag nur mündlich abgeschlossen (vgl. vorne Tabelle 18 auf S. 127).
[8] Sämtliche in diesem Werk zitierten Gerichtsentscheide sind im Judikaturregister auf S. 523 ff. aufgelistet.
[9] Vgl. vorne TEIL 1 § 2 I. 2. auf S. 20 ff.
[10] Vgl. die Musterklausel im Anhang A.3.5 auf S. 513 .
[11] Vgl. vorne TEIL 1 § 2 IV. 2. auf S. 34 ff.

Verwaltungsrats mit der aufschiebenden Bedingung zu verknüpfen, dass zwingend ein Arbeitsvertrag mit der Gesellschaft abgeschlossen werden muss.[12]

III. Rechtsverhältnis zwischen Verwaltungsrat und Gesellschaft

Das Rechtsverhältnis eines Verwaltungsrats zur Aktiengesellschaft ist als eigenständiges organschaftliches Grundverhältnis zu qualifizieren, zu dem weitere eigenständige Rechtsverhältnisse wie Auftrag oder Arbeitsvertrag hinzukommen können. Das organschaftliche Grundverhältnis weist zwar vertragsrechtliche und gesellschaftsrechtliche Komponenten auf, doch enthält es keinen eigenständigen Vertragsteil im Sinne eines Innominatkontrakts sui generis. Dies zeigt sich insbesondere an der gesetzlichen Möglichkeit, in den Statuten einer Körperschaft des öffentlichen Rechts die Gelegenheit zu bieten, Vertreter in den Verwaltungsrat abzuordnen bzw. diese auch wieder abzuberufen, ohne dass die Gesellschaft diesbezüglich mitwirken kann. Zudem kann jedes Verwaltungsratsmitglied jederzeit von der Generalversammlung rechtsgültig abberufen werden, ohne dass es von dieser Abberufung tatsächlich oder fiktiv Kenntnis nehmen müsste. Diese Besonderheiten widersprechen den fundamentalen Grundsätzen des Vertragsrechts, weshalb das Grundverhältnis eines Verwaltungsrates zur Gesellschaft nur als einheitliches organschaftliches Verhältnis qualifiziert werden kann.

Akzeptiert ein Verwaltungsratsmitglied eine Zusatzfunktion als VR-Delegierter oder VR-Präsident, so werden die Rechte und Pflichten des organschaftlichen Grundverhältnisses diesbezüglich konkretisiert bzw. erweitert, ohne dass durch die Zusatzfunktion allein ein zusätzliches Rechtsverhältnis begründet würde. Insbesondere entsteht kein Auftragsverhältnis zwischen dem Gesamtverwaltungsrat und dem besonderen Funktionsträger. Der VR-Delegierte bzw. der VR-Präsident kann im Zusammenhang mit seiner Funktionsausübung ein zusätzliches Rechtsverhältnis in Form eines Auftrages oder Arbeitsvertrages mit der Gesellschaft eingehen, wobei bestimmte Wechselwirkungen mit dem organschaftlichen Grundverhältnis vereinbart werden können. Ohne die Vereinbarung von solchen Wechselwirkungen ist das rechtliche Schicksal des zusätzlichen Vertragsverhältnisses vom organschaftlichen Grundverhältnis grundsätzlich unabhängig.

In der Lehre wurde das Rechtsverhältnis des Verwaltungsrats zur Gesellschaft je nach Stand der Rechtsentwicklung völlig unterschiedlich qualifiziert. Nachdem

---

[12] Vgl. vorne TEIL 1 § 2 IV. 3. auf S. 37 ff.

sich gezeigt hatte, dass weder die Variante Auftrag noch diejenige als Arbeitsvertrag einer sorgfältigen Prüfung standhält, wurde das Verhältnis mehrheitlich als Innominatkontrakt sui generis bezeichnet. In der neueren Literatur wurde schliesslich die Qualifikation als organschaftliches Verhältnis verwendet, doch wurde dabei nicht geklärt, wie sich dieses Rechtsverhältnis zu einem allfälligen zusätzlichen Auftrag oder Arbeitsvertrag verhält.[13]

Noch widersprüchlicher ist die Judikatur und dabei insbesondere diejenige des Bundesgerichtes. Zu Recht wird in den letzten Entscheiden nun festgestellt, dass im Einzelfall zu prüfen sei, ob neben den schuld- und gesellschaftsrechtlichen Komponenten des organschaftlichen Verhältnisses noch ein eigenständiger Auftrag oder Arbeitsvertrag bestehe.[14]

IV. Rechtstatsachenforschung zur Doppelstellung

Von 3'000 Fragebogen, welche an zufällig ausgewählte VR-Delegierte in der Schweiz verschickt worden waren, konnten 1'262 vollständig ausgewertet werden.[15] Dies ermöglichte eine eindeutige Aussage zu den drei aufgestellten Thesen im Zusammenhang mit der Rechtstatsachenforschung:

- Eine Doppelstellung als Verwaltungsrat und Arbeitnehmer ist in der Praxis häufig anzutreffen; bei den VR-Delegierten sind es rund 73%, wobei der Anteil in der deutschsprachigen Schweiz höher ist als in der französisch- und italienischsprachigen Schweiz.
- Die Doppelstellung als Verwaltungsrat und Arbeitnehmer ist oftmals gar nicht oder nur ungenügend geregelt, weshalb diesbezüglich ein hohes Konfliktpotential besteht.
- Ein VR-Delegierter erhält im Durchschnitt ein geringeres VR-Honorar als der VR-Präsident; dafür erhält die Mehrzahl der VR-Delegierten separate Gehaltszahlungen bzw. Vorsorgeleistungen als Arbeitnehmer.

Die retournierten Fragebogen ermöglichten zahlreiche weitere Auswertungen. Es zeigte sich, dass die Häufigkeit einer Doppelstellung als Verwaltungsrat und Arbeitnehmer nicht mit der Grösse der Gesellschaft zusammenhängt, sondern mit

---

[13] Vgl. vorne TEIL 1 § 3 II. 1. auf S. 44 ff.
[14] Vgl. vorne TEIL 1 § 3 II. 2. auf S. 50 ff.
[15] Eine ausführlichere Zusammenfassung der Auswertung findet sich unter § 5 III. 6. auf S. 155 ff.

§ 16 Zusammenfassung der Ergebnisse

einer allfälligen Zusatzfunktion des VR-Delegierten als VR-Präsident oder Geschäftsführer. In 30% aller Fälle ist der VR-Delegierte in Personalunion VR-Präsident.

Ist ein VR-Delegierter gleichzeitig Arbeitnehmer der Gesellschaft, erhält er i.d.R. Weisungen vom Gesamtverwaltungsrat, vom VR-Präsidenten, oder von Dritten (Aktionäre oder Konzernleitung). Nur rund 40% aller VR-Delegierten mit einem zusätzlichen Arbeitsverhältnis üben ihre Funktion weisungsfrei aus. Das heisst nicht, dass damit kein rechtsgültiger Arbeitsvertrag bestehen würde; vielmehr nützen in diesen Fällen die Weisungsberechtigten ihr Weisungsrecht nicht aus.

Je mehr Beschäftigte ein Unternehmen hat, um so eher übt der VR-Delegierte seine Funktion als Vollzeittätigkeit aus. Bei VR-Delegierten ohne Arbeitsvertrag sind es 27%, bei VR-Delegierten mit einem Arbeitsvertrag knapp 60%.

Ein erstaunliches Ergebnis lieferte die Frage nach dem Regelungsort der Delegiertenfunktion. Da eine rechtsgültige Delegation ein Organisationsreglement voraussetzt, wurde eine hohe Zahl diesbezüglicher Antworten erwartet. Doch nur knapp die Hälfte aller VR-Delegierten gab an, ihre Stellung und Funktion werde in einem Organisationsreglement festgelegt. Rund die Hälfte aller Gesellschaften, bei denen die Geschäftsführung ganz oder teilweise an einen VR-Delegierten übertragen wurde, genügt demnach den formellen gesetzlichen Anforderungen nicht.[16]

Knapp die Hälfte aller VR-Delegierten, welche nur in einem organschaftlichen Verhältnis zur Gesellschaft stehen, bezieht keinerlei Honorar oder sonstige Entschädigung für die Funktionsausübung; bei den VR-Delegierten mit einem zusätzlichen Auftrags- oder Arbeitsvertragsverhältnis erhält rund ein Viertel keine Funktionsentschädigung.

Bei den VR-Delegierten mit einem rein organschaftlichen Verhältnis sind rund 27% überzeugt, eine bestimmte Kündigungsfrist einhalten zu müssen, obwohl ein Rücktritt jederzeit möglich sein müsste. Da diese VR-Delegierten umgekehrt zu Unrecht von der Gesellschaft erwarten, dass sich diese ebenfalls an eine Kündigungsfrist halten muss, besteht hier ein konkretes Konfliktpotential.[17]

---

[16] Vgl. vorne TEIL 2 § 5 III. 5. a) auf S. 142 ff.
[17] Vgl. vorne TEIL 2 § 5 III. 5. d) auf S. 153 ff.

V. Voraussetzungen und Zulässigkeit einer Doppelstellung

Für die Stellung als Verwaltungsrat ist grundsätzlich eine Wahl durch die Generalversammlung und eine Aktionärsstellung erforderlich. Doch bei der Abordnung durch eine Körperschaft des öffentlichen Rechts im Sinne von Art. 762 OR ist keine Wahl erforderlich,[18] und die Ordnungsvorschrift der Aktionärseigenschaft wird wohl zusammen mit der Revision des GmbH-Rechts aufgehoben.[19]

Für die Stellung als Arbeitnehmer ist grundsätzlich der Abschluss eines Arbeitsvertrages nötig. Dieser kann jedoch auch unbewusst entstehen, zumal die Höhe der Entlöhnung nicht zwingend im Voraus vereinbart werden muss. Entscheidend für den Bestand eines Arbeitsverhältnisses ist das Subordinationsverhältnis. Eine Weisungsgebundenheit kann nicht nur gegenüber dem Gesamtverwaltungsrat oder dem VR-Präsidenten, sondern auch gegenüber einem Dritten (Aktionär oder Konzernführung) bestehen, da eine Delegation des Weisungsrechts zulässig ist.[20]

Problematisch ist das Subordinationsverhältnis bei einer Gesellschaft mit nur einem einzigen Verwaltungsrat. Bei der Einmann-AG ist ein Arbeitsverhältnis des einzigen Verwaltungsrats grundsätzlich nicht möglich. Ist der wirtschaftliche Eigentümer jedoch vom einzigen Verwaltungsrat verschieden, so kann u.U. doch ein Arbeitsverhältnis möglich sein. Dabei ist zwischen organabhängiger und organunabhängiger Tätigkeit zu unterscheiden. Im ersten Fall muss das Weisungsrecht delegiert werden, während im zweiten Fall eine mehrstufige Organisationsstruktur vorhanden sein muss. Die Funktion als Direktor oder Geschäftsführer wird beim einzigen Verwaltungsrat einer Gesellschaft nicht im Handelsregister zur Eintragung zugelassen, auch wenn ausnahmsweise die Voraussetzungen eines Arbeitsvertrages erfüllt sein sollten.[21] In der nachstehenden Tabelle wird die Zulässigkeit eines Arbeitsvertrages in Abhängigkeit von der Tätigkeit und der Zusammensetzung des Verwaltungsrates im Überblick dargestellt:[22]

---

[18] Vgl. vorne TEIL 3 § 6 I. 1. b) auf S. 164 f.
[19] Vgl. vorne TEIL 3 § 6 I. 1. d) bb) auf S. 170 f.
[20] Vgl. vorne TEIL 3 § 6 II. 1. c) cc) auf S. 182 ff.
[21] Nach Ansicht des EHRA ist eine Doppelstellung in dieser Konstellation nicht möglich (vgl. vorne TEIL 4 § 8 II. 2. c) auf S. 265.
[22] Zur Unmöglichkeit der Doppelstellung bei einer Einmann-Aktiengesellschaft vgl. vorne TEIL 3 § 6 III. 2. auf S. 195 ff.; zur Doppelstellung bei einer Gesellschaft mit nur einem einzigen Verwaltungsrat vgl. vorne TEIL 3 § 6 III. 3. auf S. 198 ff.

Tabelle 38: Zulässigkeit einer Doppelstellung als VR und Arbeitnehmer

VR-Zusammensetzung	Arbeitstätigkeit	Zulässigkeit einer Doppelstellung
Mehrere VR-Mitglieder	Organunabhängige Tätigkeit	Zulässig, sofern alle Voraussctzungen erfüllt sind und keine Einschränkungen in den Statuten oder im Organisationsreglement bestehen
Mehrere VR-Mitglieder	Organabhängige Tätigkeit	Zulässig, sofern alle Voraussetzungen erfüllt sind und keine Einschränkungen in den Statuten oder im Organisationsreglement bestehen
Nur ein VR-Mitglied	Organunabhängige Tätigkeit	Nur wenn mehrstufige Organisationsstruktur vorliegt und wenn das VR-Mitglied nicht gleichzeitig die Gesellschaft wirtschaftlich beherrscht
Nur ein VR-Mitglied	Organabhängige Tätigkeit	Grundsätzlich unzulässig, ausser in Konzernverhältnissen, wenn das Weisungsrecht an die Muttergesellschaft delegiert ist

Quelle: Eigene Darstellung der Zulässigkeit einer Doppelstellung als VR und Arbeitnehmer

Nach den für die Schweiz massgebenden Regelwerken zur Corporate Governance ist eine Doppelstellung als Verwaltungsrat und Arbeitnehmer grundsätzlich zulässig. Im Swiss Code of Best Practice for Corporate Governance wird empfohlen, dass nur eine Minderheit der VR-Mitglieder eine solche Doppelstellung einnimmt. Arbeitsverträge zwischen VR-Mitgliedern und der Gesellschaft sind durch den Gesamtverwaltungsrat zu genehmigen; dabei hat der Betroffene in den Ausstand zu treten. Eine Genehmigung ist zu verweigern, wenn der Vertragsabschluss nicht zu Drittbedingungen erfolgt. Ausschüsse des Verwaltungsrats sollten mehrheitlich aus unabhängigen Mitgliedern bestehen; als solche gelten nur Verwaltungsräte, welche in den letzten drei Jahren nicht in einem Arbeitsverhältnis zur Gesellschaft standen. Börsenkotierte Gesellschaften haben Arbeitsverträge mit ihren VR-Mitgliedern offenzulegen, soweit diese eine operative Führungsfunktion ausüben.[23]

---

[23] Die relevanten Regelungen zur Corporate Governance wurde ausführlich erörtert unter TEIL 3 § 7 VI. 2. auf S. 240 ff.

VI. Konsequenzen einer Doppelstellung

1. Arbeitsrechtliche Konsequenzen

Bei einer Doppelstellung als Verwaltungsrat und Arbeitnehmer besteht ohne gegenteilige Abmachung ein kumulativer Anspruch auf Lohn als Arbeitnehmer und Honorar als Verwaltungsrat. Dafür hat ein solcher Verwaltungsrat nicht nur die gesellschaftsrechtliche Treuepflicht nach Art. 717 OR, sondern auch die arbeitsrechtliche Sorgfalts- und Treuepflicht nach Art. 321a OR zu beachten; für ihn gilt ein verschärftes Konkurrenzverbot und die Teilnahme an einem Streik ist ausgeschlossen. Nach Beendigung des Arbeitsvertrages bleibt die höhere Treuepflicht im Sinne von Art. 321a OR zumindest während einer beschränkten Zeit bestehen, da der Arbeitnehmer seine als Verwaltungsrat erlangten Kenntnisse über die Gesellschaft nicht einfach mit dem Ende des Verwaltungsratsmandats verliert. Bei Streitigkeiten im Zusammenhang mit Konkurrenzverboten haben die Gerichte deshalb nicht nur eine aktuelle, sondern auch eine frühere Doppelstellung im Einzelfall zu prüfen und angemessen zu berücksichtigen.

Schliesst die Gesellschaft mit einem Mitglied des Verwaltungsrates einen Arbeitsvertrag über die Erbringung der organschaftlichen Tätigkeit (i.d.R. Zusatzfunktion als VR-Präsident oder VR-Delegierter) ab, so hat die Gesellschaft als Arbeitgeberin dafür zu sorgen, dass die entsprechenden Voraussetzungen (Wahl durch die Generalversammlung, Übertragung einer Mandatsaktie, Bestellung zum VR-Delegierten durch den Gesamtverwaltungsrat) erfüllt werden. Unterlässt die Arbeitgeberin diese Handlungen, verletzt sie dadurch ihre Vorbereitungs- und Mitwirkungspflichten und gerät in Annahmeverzug. Dieselbe Rechtsfolge tritt ein, wenn der Arbeitnehmer als Verwaltungsrat abgewählt oder wenn ihm die Zusatzfunktion als VR-Präsident bzw. VR-Delegierte entzogen wird.

Ist weder in den Statuten noch in einem Gesamtarbeitsvertrag eine Arbeitnehmervertretung im Verwaltungsrat vorgesehen, so besteht auch bei Grossunternehmen kein Anspruch der Belegschaft auf einen eigenen Vertreter in diesem Gremium. Wird ein Arbeitnehmer von der Belegschaft als Arbeitnehmervertreter für den Verwaltungsrat bestimmt, geniesst er den Kündigungsschutz von Art. 336 Abs. 2 lit. b OR, auch wenn die eigentliche Wahl zwingend durch die Generalversammlung erfolgen muss.

Die Vereinbarung einer Abgangsentschädigung über das Mass von Art. 339b OR hinaus ist zulässig. Dabei sind jedoch die Grenzen des Rechtsmissbrauchs, der übermässigen Bindung und der Treuepflicht zu beachten. Bei börsenkotierten Gesellschaften sind im Zusammenhang mit öffentlichen Kaufangeboten zudem die speziellen Vorschriften des BEHG für Zielgesellschaften zu beachten. Während dem Zeitraum des Kaufangebots ist der Abschluss von Verträgen mit Mitgliedern des Verwaltungsrates oder der obersten Geschäftsleitung untersagt, welche unüblich hohe Entschädigungen für den Fall des Ausscheidens aus der Gesellschaft vorsehen.

Ein Arbeitnehmer ist für einen von ihm verursachten Schaden gegenüber der Gesellschaft nach Art. 321e OR schadenersatzpflichtig, auch wenn er selbst Verwaltungsrat dieser Gesellschaft ist und seine Handlung oder Unterlassung nach dem Willen des Alleinaktionärs erfolgte. Nur wenn ein Weisungsberechtigter den Arbeitnehmer zur Handlung oder Unterlassung anwies, besteht eine Befolgungspflicht nach Art. 321d OR und damit ein Haftungsausschluss. Ein Verwaltungsrat mit einer Doppelstellung als Arbeitnehmer kann sich auch im Falle einer organabhängigen Tätigkeit nicht darauf berufen, seine Schadenersatzpflicht sei wegen angeblich schadensgeneigter Arbeit zu reduzieren.

Verwaltungsräte mit einer Staatsangehörigkeit im EU- bzw. EFTA-Raum können seit Inkrafttreten des Abkommens über die Freizügigkeit wesentlich einfacher in ein Arbeitsverhältnis zur Gesellschaft treten als solche mit einer Staatsangehörigkeit ausserhalb des EU- bzw. EFTA-Raums. Die Häufigkeit von Verwaltungsräten mit einer Doppelstellung als Verwaltungsrat und Arbeitnehmer bei der gleichen Gesellschaft wird deshalb unter diesem Aspekt noch weiter zunehmen. Bereits heute wird die Wahrscheinlichkeit eines Arbeitsvertrages bei einem Verwaltungsratsmitglied von den Behörden als derart hoch eingestuft, dass die Vermittlung von Verwaltungsräten als private Arbeitsvermittlung im Sinne des AVG und damit als Bewilligungspflichtig qualifiziert wird.

2. Gesellschaftsrechtliche Konsequenzen

Jedes Verwaltungsratsmitglied kann jederzeit nicht nur von einer allfälligen Zusatzfunktion als VR-Präsident oder VR-Delegierter, sondern auch von der Grundfunktion als Verwaltungsrat zurücktreten; selbst wenn der Rücktritt zur Unzeit erfolgt, ist er gültig. Ein Rücktritt beendet nicht automatisch den Arbeitsvertrag des Zurücktretenden mit der Gesellschaft; der Arbeitsvertrag ist vielmehr unter Einhaltung der ordentlichen Kündigungsfrist aufzulösen. Umgekehrt kann auch die Gesellschaft jederzeit bei jedem Mitglied des Verwaltungsrats eine Zusatzfunktion entziehen oder eine Abwahl treffen, ohne dass dadurch ein allfällig zusätzlich bestehender Arbeitsvertrag automatisch aufgelöst würde. Eine organschaftliche Tätigkeit in der Gesellschaft ist nicht an einen entsprechenden Eintrag im Handelsregister gebunden. Verweigert die Gesellschaft die Annahme der ordnungsgemäss angebotenen arbeitsvertraglichen Leistung oder verzichtet sie darauf, so bleibt sie zur Entrichtung des vereinbarten Lohnes bis zum Ende des Arbeitsvertrages verpflichtet; eine fristlose Kündigung des Arbeitsvertrages wegen nicht mehr benötigter Arbeitsleistung ist unzulässig.

Eine Doppelstellung als Verwaltungsrat und Arbeitnehmer führt immer dann zu einer besonderen Verantwortlichkeit im Rahmen der Organhaftung nach Art. 754 OR, wenn die Kenntnisse aus dem Arbeitsverhältnis als besonderes Spezialwissen zu qualifizieren sind, welches eine allfällige Pflichtverletzung als gravierender erscheinen lässt. Besteht die Arbeitstätigkeit in einer Geschäftsführungsfunktion, so verletzt der Arbeitnehmer durch eine Missachtung der Geschäftsführungspflichten stets auch die Pflicht als Verwaltungsrat zur Oberaufsicht über die Geschäftsführung, womit auch das Verschulden schwerer wiegt. Der Beizug von Hilfspersonen führt dabei zu keiner Reduktion der Verantwortlichkeit; der betroffene Verwaltungsrat hat sich die fehlbaren Handlungen und Unterlassungen der beigezogenen Hilfspersonen vollumfänglich anrechnen zu lassen. Im Unterschied dazu führt eine berechtigte Delegation zu einer Beschränkung der gesellschaftsrechtlichen Verantwortlichkeit auf die Auswahl, die Instruktion und die Überwachung des Delegationsempfängers.

Bei Fusionen und Spaltungen erfahren Arbeitsverträge mit Mitgliedern des Verwaltungsrats keine rechtliche Sonderbehandlung. Sind die Voraussetzungen für einen Arbeitsvertrag bei der übernehmenden Gesellschaft nicht mehr gegeben, gelangt Art. 118 Abs. 1 OR zur Anwendung. Es kommt zu einer Konfusion als deren Folge das Arbeitsverhältnis untergeht.

3. Versicherungsrechtliche Konsequenzen

Eine Doppelstellung als Verwaltungsrat und Arbeitnehmer kann bedeutende Konsequenzen bei Regressansprüchen von Drittversicherungen haben. Der Deckungsausschluss für Regressansprüche Dritter gegenüber Arbeitnehmern wird in der Regel durch eine Doppelstellung als Verwaltungsrat und Arbeitnehmer aufgehoben. Die Betriebshaftpflichtversicherungen werden deshalb bei ihrer Prämienfestsetzung diesen Umstand berücksichtigen. Umgekehrt werden die Sachversicherer bei der Prüfung von möglichen Regressansprüchen gegen Schadensverursachende Arbeitnehmer mit Vorteil prüfen, ob diese keine Doppelstellung als Verwaltungsrat haben.

Aus sozialversicherungsrechtlicher Sicht stellt die Tätigkeit als Verwaltungsrat i.d.R. eine unselbständige Tätigkeit dar; nur wenn der Verwaltungsrat über seine Tätigkeit individuell nach Aufwand abrechnet und auch die übrigen Voraussetzungen gemäss AHV-Merkblatt erfüllt, kann er allenfalls eine selbständige Erwerbstätigkeit geltend machen. Bei einer Doppelstellung als Verwaltungsrat und Arbeitnehmer ist die Meldung der unselbständigen Erwerbstätigkeit an die zuständige Ausgleichskasse schon auf Grund des Arbeitsvertrages zwingend erforderlich.

Art. 52 AHVG führt praktisch zu einer Kausalhaftung des Verwaltungsrats für nicht abgelieferte Arbeitnehmerbeiträge. Wird ein Arbeitnehmer in den Verwaltungsrat gewählt, trifft ihn diese Haftung unmittelbar und uneingeschränkt. Im Konkurs einer Gesellschaft gelangen die Ausgleichskassen mit ihren Forderungen immer zuerst an die in der Schweiz wohnhaften Mitglieder des Verwaltungsrats; damit ersparen sie sich die mühsame Abklärungen, ob ein Geschäftsleitungsmitglied überhaupt für die Belange der Sozialversicherung zuständig war. Für einen Arbeitnehmer führt deshalb die Einsitznahme im Verwaltungsrat unter diesem Aspekt zu einer gravierenden Verschärfung der Verantwortlichkeit.

Der sozialversicherungsrechtliche Begriff des Arbeitnehmers spielt nicht nur im Zusammenhang mit den AHV-Prämien, sondern auch bei den BVG-Prämien eine entscheidende Rolle. VR-Entschädigungen unterliegen nur dann nicht dem BVG-Obligatorium, wenn die Voraussetzungen für eine Einschränkung nach Art. 1 Abs. 1 lit. c BVV2 erfüllt sind. Dies ist nur dann der Fall, wenn die VR-Funktion nebenberuflich ausgeübt wird und das hauptberufliche Arbeitsverhältnis zu einer anderen Gesellschaft besteht. Eine Doppelstellung als Verwaltungsrat und Arbeitnehmer kann deshalb dazu führen, dass die VR-Honorare plötzlich dem BVG-Obligatorium unterstehen.[24]

Konsequenzen hat eine Doppelstellung als Verwaltungsrat und Arbeitnehmer insbesondere bezüglich der Arbeitslosenentschädigung, der Kurzarbeitsentschädigung, der Schlechtwetterentschädigung und der Insolvenzentschädigung. Wird ein Verwaltungsratsmitglied zusätzlich Arbeitnehmer der Gesellschaft, so verbessert sich seine versicherungsrechtliche Stellung bezüglich einem allfälligen Anspruch auf Arbeitslosenentschädigung. Wird ein Arbeitnehmer zusätzlich Mitglied des Verwaltungsrats der Gesellschaft, so verschlechtert sich seine versicherungsrechtliche Stellung bezüglich eines derartigen Anspruchs. Von Gesetzes wegen aufgehoben werden seine eigenen Ansprüche sowie diejenigen seines in der Gesellschaft mitarbeitenden Ehegatten bezüglich Kurzarbeitsentschädigung, Schlechtwetterentschädigung und Insolvenzentschädigung während der Dauer der Funktionsausübung als Verwaltungsratsmitglied.[25] De lege ferenda stellt sich deshalb

---

[24] Eine Übersicht über die Kriterien zur Unterstellung einer VR-Tätigkeit unter das BVG-Obligatorium findet sich vorne in Tabelle 36 auf S. 385.
[25] Eine Übersicht über die Konsequenzen bezüglich Arbeitslosen- und Insolvenzentschädigung findet sich vorne in Tabelle 37 auf S. 407.

die Frage, ob unter bestimmten Voraussetzungen bei Arbeitnehmervertretern im Verwaltungsrat dieser Versicherungsausschluss nicht aufgehoben werden sollte.

4. Steuerrechtliche Konsequenzen

Beim Arbeitnehmer mit einer organabhängigen Tätigkeit ändert sich durch die Einsitznahme im Verwaltungsrat nichts bezüglich der Haftung für Steuerschulden im Aussenverhältnis, da im Steuerrecht grundsätzlich alle Organe gleich gestellt sind. Im Innenverhältnis kann es bei Regressforderungen zu einer Haftungsverschärfung kommen, da die Doppelstellung als doppeltes Verschulden angelastet werden kann.

Beim Arbeitnehmer mit einer organunabhängigen Tätigkeit verschärft sich durch die Einsitznahme im Verwaltungsrat die Haftungssituation im Zusammenhang mit Steuerschulden der Gesellschaft lediglich im Aussenverhältnis, dafür auf gravierende Art. Der Arbeitnehmer vermag sich nicht dadurch zu entlasten, er verfüge nicht über finanzwirtschaftliche oder juristische Kenntnisse.

5. Konkursrechtliche Konsequenzen

Nach herrschender Lehre und Rechtsprechung haben Mitglieder des Verwaltungsrats mit einer Doppelstellung als Arbeitnehmer keinen Anspruch auf eine privilegierte Stellung ihrer arbeitsrechtlichen Forderungen im Falle eines Konkurses. Die Prüfung aller relevanten Literatur- und Judikaturstellen zeigt jedoch, dass diese grundsätzliche Verweigerung des Konkursprivilegs nicht auf einer konsequenten Gesetzesauslegung, sondern vielmehr auf einer inkonsequenten historischen Schlussfolgerung basiert. Nach der geltenden Fassung des Art. 219 SchKG können auch Verwaltungsräte mit einem Arbeitsverhältnis zur Gesellschaft vom Konkursprivileg der ersten Klasse für ihre Lohnforderungen profitieren. Voraussetzung dazu ist insbesondere ein tatsächliches und nicht nur formelles Unterordnungsverhältnis, welches weder durch direkte noch durch indirekte Einflussnahme materiell umgangen werden kann.[26]

Wird ein Konkursprivileg für Verwaltungsräte als Arbeitnehmer anerkannt, sollte gleichzeitig die Höhe der privilegierten arbeitsrechtlichen Forderung begrenzt wer-

---

[26] Die weiteren Voraussetzungen zur Gewährung des Konkursprivilegs sind vorne unter TEIL 4 § 13 II. 5. auf S. 452 f. aufgelistet.

den, um die Deckung der übrigen Konkursklassen nicht unnötig zu gefährden. Dazu erscheint eine Begrenzung des Lohnprivilegs auf den Höchstbetrag des versicherten Verdienstes gemäss Unfallversicherungsgesetz als angemessen.[27]

6. Strafrechtliche Konsequenzen

Der Abschluss eines zusätzlichen Arbeitsvertrages kann beim betroffenen Verwaltungsrat auf Grund der Garantenstellung zu einer Verschärfung der strafrechtlichen Verantwortung führen. Aber auch für einen Arbeitnehmer führt die zusätzliche Einsitznahme im Verwaltungsrat zu einer Verschärfung der Strafbarkeit im Hinblick auf die strafrechtliche Organisationshaftung. Zudem wird die Anwendung von bestimmten Sonderdelikten möglich, welchen der Arbeitnehmer ohne Organstellung nicht unterliegt. Eine Doppelstellung als Verwaltungsrat und Arbeitnehmer kann demnach gravierende strafrechtliche Konsequenzen im Zusammenhang mit der Strafbarkeit haben, indem unabhängig von der Entstehung der Doppelstellung u.U. eine Verschärfung der strafrechtlichen Verantwortung resultiert.

Auch bei der Strafzumessung kann sich eine Doppelstellung als Verwaltungsrat und Arbeitnehmer negativ auswirken. Einerseits haben Mitglieder des Verwaltungsrats eine gesteigerte Pflicht zur Vermeidung von Gefahrensituationen und andererseits wirkt sich das Wissen, welches auf Grund der Arbeitnehmerstellung erlangt wird, beim Verschulden strafschärfend aus.

7. Prozessrechtliche Konsequenzen

In einem Verantwortlichkeitsprozess kann ein Verwaltungsrat mit einer Doppelstellung als Arbeitnehmer u.U. bei einem Gericht eingeklagt werden, bei dem er ohne seine Doppelstellung dafür nicht belangt werden könnte. Konkret ist dies der Ort, an dem er gewöhnlich seine Arbeit verrichtet. Führt die Gesellschaft eine Betriebsstätte, wo sich weder der Sitz noch eine Zweigniederlassung der Gesellschaft befindet, und verrichtet der beklagte Verwaltungsrat mit einer Doppelstellung dort seine Arbeitstätigkeit, so kann er dort für gesellschaftsrechtliche Ansprüche mit einem sachlichen Zusammenhang zu arbeitsrechtlichen Ansprüchen eingeklagt werden.[28]

---

[27] Die konkrete Formulierung des entsprechenden Gesetzesvorschlages findet sich unter TEIL 4 § 13 II. 5. auf S. 454.
[28] Vgl. vorne TEIL 4 § 10 II. 3. b) auf S. 339 f.

§ 16 Zusammenfassung der Ergebnisse

Ein zusätzliches Arbeitsverhältnis zur Gesellschaft kann für das betroffene VR-Mitglied bei Verantwortlichkeitsprozessen Auswirkungen auf die Beweislastverteilung haben. Im Falle einer Doppelstellung gilt die vertragliche Verschuldensvermutung, falls sich die Pflichtverletzung auch auf den Arbeitsvertrag bezieht (z.B. eine arbeitsrechtliche Treuepflichtverletzung nach Art. 321a OR, welche gleichzeitig auch eine gesellschaftsrechtliche Treuepflichtverletzung nach Art. 717 OR darstellt).[29]

Für Streitigkeiten aus dem Rechtsverhältnis zwischen einem angestellten Verwaltungsrat und der Gesellschaft kann sowohl im Organisationsreglement, als auch im Arbeitsvertrag eine Schiedsklausel statuiert werden. Deren Gültigkeit beurteilt sich nach dem Konkordat über die Schiedsgerichtsbarkeit.

---

[29] Vgl. vorne TEIL 4 § 10 II. 3. c) auf S. 341 ff.

§ 17 Empfehlungen zur Konfliktvermeidung

I. Allgemeine Empfehlungen

1. Bestehende gesetzliche Möglichkeiten ausnützen

Im Zusammenhang mit übermässigen Lohnbezügen von Verwaltungsräten bzw. leitenden Arbeitnehmern wird von verschiedenen Seiten gefordert, die massgebenden Gesetze so zu ändern bzw. zu ergänzen, dass die Aktionäre mehr Rechte erhalten, die Höhe der Löhne zu erfahren und allenfalls zu begrenzen. Konkret fordert die SVP-Fraktion mit einer parlamentarischen Initiative[1] die Ergänzung von Art. 8 BEHG dahingehend, «dass nur Effekten solcher Firmen an die Börse zugelassen werden, bei denen die Höhe, die Art und Weise sämtlicher konsolidierter Entschädigungen und Beteiligungen der Mitglieder des Verwaltungsrates, der Beiräte und der Geschäftsleitung der letzten fünf Jahre jeweils einzeln offen gelegt werden, sofern im durch die Bankenkommission zu genehmigenden Börsenkotierungsreglement die entsprechenden Änderungen nicht bis zum 31. Juli 2002 bereits eingeflossen sind.»

Diese Forderungen gehen von der falschen Annahme aus, mit den bestehenden gesetzlichen Bestimmungen könne das Problem von übermächtigen Verwaltungsräten nicht gebannt werden. Wie nachstehend gezeigt wird, sind auch ohne Gesetzesänderungen bereits heute effiziente Instrumente vorhanden, um die erforderlichen Grenzen zu setzen. Es ist Aufgabe von Lehre und Rechtsprechung, diesen vorhandenen Instrumenten zur Durchsetzung zu verhelfen. Ein starres Aktienrecht mit einer hohen Regelungsdichte kann den grossen Unterschieden zwischen den einzelnen Gesellschaften niemals gerecht werden; nur eine flexible gesetzliche Lösung, welche eine Anpassung der Organisations- und Entscheidungsstrukturen an neue Gegebenheiten zulässt, trägt den Ansprüchen der Wirtschaft Rechnung.[2]

Die Erfahrung lehrt, dass Gesetze nur beschränkt geeignet sind, menschliches Verhalten zu steuern oder gar zu ändern. Bezogen auf die Aktiengesellschaft stellte ZIMMERMANN[3] bereits 1946 fest, dass nicht Gesetz oder Statuten, sondern der Fak-

---

[1] Parlamentarische Initiative 02.406 vom 6.3.2002.
[2] Die Forderung von RUFFNER, 159, nach einem flexiblen Aktienrecht, ist deshalb zu unterstützen.
[3] ZIMMERMANN, 35 f.

tor Mensch entscheidend sei. «Deren Charakter- und Facheigenschaften drücken dem Unternehmen im Guten wie im Bösen den Stempel meistens mehr als alles andere auf [...] Selbst bedeutendste schweizerische Aktienunternehmungen mit dank ihrer gesund konservativen Leitung jahrelanger Blüte sind wiederholt in verhältnismässig kurzer Zeit, wenn nicht gleichsam über Nacht, unter dem Einfluss unsorgfältig oder gewissenlos arbeitender Persönlichkeiten ihrer Führung entweder in den Abgrund oder an dessen Rand geraten.»

Die Untersuchungen über die Konsequenzen einer Doppelstellung als Verwaltungsrat und Arbeitnehmer haben gezeigt, dass genügend gesetzliche Vorschriften auf diesem Gebiet vorhanden sind, um die auftauchenden Probleme zu lösen bzw. mit entsprechenden Regelungen von Anfang an zu verhindern. NOBEL vertrat bereits 1995 die Ansicht, dass im schweizerischen Gesellschaftsrecht die Instrumente vorhanden sind, um die aktionärsbezogenen Ergebnisse der Corporate Governance-Diskussion auch ohne neue Reformen aufzufangen.[4] Wie die nachstehenden Empfehlungen und die Musterklauseln im Anhang zeigen, ist diese Auffassung auch heute noch richtig. Statt neue Gesetzesvorschriften zu fordern,[5] sollten die bestehenden richtig angewendet und die Flexibilität im Schweizer Aktienrecht umfassend ausgenützt werden.

2. Differenzierung nach Art der Kapitalbeschaffung

Bei börsenkotierten Gesellschaften hat der einzelne Aktionär i.d.R. nur noch einen kleinen Einfluss. Er muss sich deshalb darauf verlassen können, dass die Gesellschaft durch einen personell von der Geschäftsführung getrennten Verwaltungsrat sorgfältig geführt und überwacht wird. Die heute bereits für Banken und Sparkassen geltende Vorschrift einer personellen Unabhängigkeit zwischen Verwaltungsrat und Geschäftsführung erscheint auch für börsenkotierte Gesellschaften als zweckmässig. Eine Ablehnung der Personalunion in der Führungsspitze bei solchen Gesellschaften ist jedoch nicht gleichzusetzen mit dem Verbot eines Arbeitsvertrages für VR-Mitglieder. Vielmehr ist bei Grossgesellschaften die hauptberufliche Ausübung beim VR-Präsidenten oder beim VR-Delegierten für die Aktionäre sogar von Vorteil.

Die SWX-Richtlinie betreffend Informationen zur Corporate Governance und der Swiss Code for Best Practice of Corporate Governance entsprechen durchaus dem

---

[4] NOBEL, Corporate Governance, 1062 f.
[5] Wie z.B. NR Felix Walker in seiner Motion «Corporate Governance in der Aktiengesellschaft» vom 20.6.2001 (NR Nr. 01.3329).

heutigen internationalen Standard von Regelwerken zur Corporate Governance. Bei Gesellschaften, die nicht an der Börse kotiert sind, ist in den Statuten und im Organisationsreglement klarzustellen, ob und gegebenenfalls unter welchen Voraussetzungen Verwaltungsräte in einem arbeitsrechtlichen Verhältnis zur Gesellschaft stehen dürfen. Wird eine derartige Doppelstellung zugelassen, so ist ein schriftlicher Arbeitsvertrag mit denjenigen Regelungen zu empfehlen, welche das Konfliktpotential für beide Parteien auf ein Minimum reduzieren.

3. Klare Regelungen treffen

Um Konflikte im Zusammenhang mit einer Doppelstellung als Verwaltungsrat und Arbeitnehmer zu vermeiden, sollten zwischen der Gesellschaft und dem Betroffenen klare Regelungen sowohl bezüglich des organschaftlichen als auch bezüglich des arbeitsrechtlichen Verhältnisses zur Gesellschaft getroffen werden.[6] Eine schriftliche Regelung ist dabei aus Beweisgründen für beide Seiten von Vorteil. Grundsätzlich kommen dafür drei Möglichkeiten in Frage:[7]

– Regelung in den Statuten
– Regelung im Organisationsreglement
– Regelung in Verträgen (Arbeitsvertrag, Mandatsvertrag oder Aktionärbindungsvertrag)

Die Statuten bilden die wichtigste Basis für gesellschaftsbezogene Regelungen. Dennoch sollten hier Detailvorschriften nur mit Zurückhaltung erfolgen. Dies empfiehlt sich im Hinblick auf die Schwierigkeiten bei einer notwendigen Anpassung an Gesetzesänderungen[8] und die Pflicht zur Hinterlegung der Statuten beim Handelsregisteramt. Allerdings bieten statutarische Regelungen dafür auch die grösstmögliche Sicherheit für die Beständigkeit solcher Bestimmungen, da eine Statutenrevision gemäss Art. 698 Abs. 2 Ziff. 1 OR nur durch die Generalversammlung beschlossen werden kann.[9] Bei statutarischen Regelungen sind die gesetzlichen Schranken zu berücksichtigen. Zwingende Gesetzesbestimmungen können durch

---

[6] Bei Abstimmungen im Gesamtverwaltungsrat über vertragliche oder reglementarische Bestimmungen muss der Betroffene nur dann in den Ausstand treten, wenn dies in den Statuten oder im Organisationsreglement vorgeschrieben ist.
[7] Entsprechend der Übersicht bei MÜLLER, arbeitsrechtliche Stellung, 1374.
[8] Vgl. dazu den illustrativen Fall in BGE 75 II 149 ff.; Probleme können aber auch mit kantonalen Handelsregisterämtern entstehen, da neue Statutenbestimmungen genau geprüft und im Zweifelsfall nicht zugelassen werden.
[9] Zudem ist dazu nach Art. 647 Abs. 1 OR eine öffentliche Urkunde nötig und die Statuten können eine besondere Quorumsvorschrift enthalten. Muster für Bestimmungen in den Statuten finden sich hinten im Anhang A.3 auf S. 513 ff.

gegenteilige Statutenklauseln nicht ausgehebelt werden.[10] Zu beachten sind insbesondere die unentziehbaren Kompetenzen des Verwaltungsrats, wozu gemäss Art. 716a Abs. 1 Ziff. 1 OR auch die Festlegung der Organisation gehört. Statutenbestimmungen, welche diese Organisationskompetenz einschränken, sind demnach nicht zulässig.[11] In den Statuten könnte beispielsweise nicht vorgeschrieben werden, dass die Änderung des Organisationsreglements der Zustimmung durch die Generalversammlung bedarf. Lediglich der Zwang zur selbständigen Führung der Geschäfte durch den Verwaltungsrat ist möglich, indem auf eine Delegationsmöglichkeit in den Statuten verzichtet wird.[12]

Das Organisations- und Geschäftsreglement wird unabhängig von der Generalversammlung durch den Verwaltungsrat erlassen, geändert oder aufgehoben;[13] dennoch eignet es sich hervorragend dafür, die Grundsätze für ein allfälliges Arbeitsverhältnis zwischen der Gesellschaft und einem Mitglied des Verwaltungsrats festzuhalten. Das Organisationsreglement ordnet nach dem Willen des Gesetzgebers die Geschäftsführung, bestimmt die hierfür erforderlichen Stellen, umschreibt deren Aufgaben und regelt insbesondere die Berichterstattung. Mit speziellen Bestimmungen über die Änderung und Offenlegung des Reglements kann mindestens teilweise auch den speziellen Wünschen der Aktionäre in nicht börsenkotierten Gesellschaften Rechnung getragen werden.[14]

Eine vertragliche Regelung ist sowohl in einem Arbeitsvertrag mit der Gesellschaft als auch in einem Mandatsvertrag mit den Aktionären möglich. Allerdings sind Bestimmungen in derartigen Mandatsverträgen für die Gesellschaft nicht verbindlich,[15] weshalb solche Regelungen nur für besondere Situationen geeignet sind.[16] Wird mit einem Mitglied des Verwaltungsrats nur mündlich ein Arbeitsvertrag abgeschlossen, z.B. im Zusammenhang mit der konstituierenden Zuweisung der Delegiertenfunktion, so sollten die Eckdaten des Arbeitsvertrages zumindest im Protokoll der entsprechenden VR-Sitzung festgehalten werden. In jedem Fall

---

[10] Nur bis zum 30.6.1997 galt während der fünfjährigen Übergangsfrist noch der Grundsatz, dass altes Statutenrecht neues Gesetzesrecht bricht (vgl. BÖCKLI, Aktienrecht, Rz. 27 zu § 19).
[11] Vgl. FORSTMOSER, Organisationsreglement, 23; ZINDEL/HONEGGER/ISLER/BENZ, 28, erachten es als «nunmehr einzig sachgerecht, diese Punkte direkt im Organisationsreglement zu regeln.»
[12] Vgl. FORSTMOSER, Organisationsreglement, 24.
[13] Die Aktionäre haben nach Art. 716b Abs. 2 OR nur ein Informationsrecht; vgl. MEIER-SCHATZ, Zusammenarbeit, 824; BÖCKLI, Aktienrecht, Rz. 332 zu § 13; FORSTMOSER/MEIER-HAYOZ/NOBEL, § 11 N 26; MÜLLER/LIPP/PLÜSS, 77; KRNETA, Praxiskommentar, Rz. 1723.
[14] Vgl. die Musterklauseln im Anhang A.4 auf S. 516 ff.
[15] Die Gesellschaft selbst ist nicht Vertragspartei bei einem Mandatsvertrag. Grundsätzlich wird die Zulässigkeit von Mandatsverträgen heute anerkannt (vgl. DRUEY, Stimmbindung, 9; FORSTMOSER/MEIER-HAYOZ/NOBEL, § 28 N 175 ff.; KRNETA, Praxiskommentar, Rz. 235; MÜLLER/LIPP/ PLÜSS, 39 und 429; VON BÜREN, Erfahrungen, 85.); doch ist der Gesamtverwaltungsrat als Organ der Gesellschaft weder verpflichtet noch berechtigt, auf Mandatsverträge Rücksicht zu nehmen.
[16] Vgl. dazu die Musterklauseln im Anhang A.5.2 auf S. 521 f.

ist es empfehlenswert, Vertragsdauer bzw. Kündigungsmöglichkeit, Entschädigung, Weisungsgebundenheit und Konsequenzen einer Nichtwahl bzw. Abwahl durch die Generalversammlung zu regeln;[17] hilfreich können auch versicherungsrechtliche Abmachungen sein.[18] Bei der Vertragsunterzeichnung ist zu berücksichtigen, dass ein Selbstkontrahieren grundsätzlich unzulässig ist, ausser das Insichgeschäft werde durch die anderen Verwaltungsräte genehmigt.[19] Falls der Nachweis nicht gelingt, dass das Geschäft formell richtig zustande kam bzw. nachträglich genehmigt wurde, ist es ungültig.[20]

II. Regelung in den Statuten

1. Bestimmungen zur Organisation

Gemäss Art. 716a Abs. 1 Ziff. 2 OR ist der Verwaltungsrat zwingend für die Festlegung der Organisation zuständig. Auf den ersten Blick scheint es daher, als könne in den Statuten überhaupt keine vom Gesetz abweichende oder dazu ergänzende Regelung bezüglich den Mitgliedern des Verwaltungsrats und ihren Rechtsverhältnissen zur Gesellschaft getroffen werden.[21] Doch in zwei Punkten sind Organisationsregelungen in den Statuten zulässig:

– Im Zusammenhang mit der Delegation der Geschäftsführung können Einschränkungen und Bedingungen festgelegt werden.
– Bezüglich der Wahl des Verwaltungsrats und dessen Zusammensetzung sind konkrete Statutenvorschriften zulässig.

In welchem Umfange entsprechende Regelungen in den Statuten zulässig sind, ist im Einzelfall zu prüfen, zumal die Organisationsverantwortung mit der Finanz-

---

[17] Dazu im Einzelnen die Musterklauseln hinten im Anhang A.5.1 auf S. 519 ff.
[18] Bereits in BGE 102 V 223 Erw. 2. erkannte das Bundesgericht die versicherungsrechtlich problematische Situation eines im Betrieb mitarbeitenden Verwaltungsrats, doch wurde dazu abschliessend festgestellt: «Dabei handelt es sich aber um ein de lege ferenda zu lösendes Problem, in das der Richter nicht durch eigene Rechtsfindung eingreifen darf»; vgl. dazu insbesondere die Musterklausel A.5.1 lit. g) hinten auf S. 521.
[19] Dies kann auch durch einen einzeln zeichnungsberechtigten Verwaltungsrat allein erfolgen (vgl. unveröffentlichter Entscheid des Bundesgerichtes 4C.433/1998 vom 2.5.2001, kommentiert in der NZZ vom 9./10. 6.2001, Nr. 131, S. 18, und in der Pra. 89/2000 Nr. 50, S. 285 ff., sowie die Ausführungen vorne unter TEIL 3 § 7 II. 2. auf S. 212 ff.).
[20] FORSTMOSER/UNTERSANDER, 471
[21] Entsprechend stellt BUSCH, 73, fest: «In der Beschlussfassung über die Ermächtigung zur Delegation erschöpft sich die Befugnis der Generalversammlung.»

verantwortung und der Oberaufsicht untrennbar verknüpft ist und deshalb den vielleicht wichtigsten Teil der Gestaltungsaufgabe des Verwaltungsrats ausmacht.[22]

Nach Art. 716b Abs. 1 OR können die Statuten den Verwaltungsrat ermächtigen, die Geschäftsführung ganz oder zum Teil an einzelne Mitglieder oder an Dritte zu übertragen. Damit kann die Generalversammlung durch Erlass von entsprechenden Statutenbestimmungen zumindest teilweise über die monistische oder dualistische Ausgestaltung der Gesellschaftsorganisation entscheiden. Zulässig ist vorab eine Statutenbestimmung analog zu Art. 727c Abs. 1 OR, wonach jedes Mitglied des Verwaltungsrats, insbesondere aber ein VR-Delegierter, von der Revisionsstelle und einem Hauptaktionär unabhängig sein muss.[23]

Umstritten ist die rechtliche Zulässigkeit einer statutarischen Vorschrift zur grundsätzlichen Trennung von Verwaltungsrat und Geschäftsführung analog zu Art. 8 Abs. 2 BankV mit einem gleichzeitigen Verbot von Arbeitsverhältnissen zwischen der Gesellschaft und Mitgliedern des Verwaltungsrats.[24] Klar ist jedoch, dass die Einführung eines echten dualistischen Systems nach den geltenden Bestimmungen des Obligationenrechts nicht möglich ist, da dem Verwaltungsrat gemäss Art. 716a Abs. 1 Ziff. 2 und 4 OR das unentziehbare Recht zusteht, die Organisation der Gesellschaft selbst festzulegen; er kann demnach jederzeit die Geschäftsleitung abberufen und die Geschäftsführung wieder selbst übernehmen.[25] Eine Klausel zur Annäherung an das dualistische System kann deshalb nur als «Sollvor-

---

[22] BÖCKLI, Aktienrecht, Rz. 318 zu § 13.
[23] Vgl. WATTER, Basler Kommentar, N 5 zu Art. 716b OR; eine entsprechende Musterklausel ist im Anhang A.3.1 auf S. 513 abgedruckt.
[24] Unter dem Aktienrecht vor 1992 ging die Lehre noch davon aus, dass der Verwaltungsrat in den Statuten verpflichtet werden könne, die gesamte technische und kaufmännische Leitung an Personen zu übertragen, welche nicht dem Verwaltungsrat angehören (vgl. VON STEIGER, 75, und ZIMMERMANN, 29 f.).
[25] A.M. WANDER, 101 ff.; gl.M. FORSTMOSER, Organisationsreglement, 14; BÖCKLI, Aktienrecht, Rz. 525-527 und 540 zu § 13; KAMMERER, 18 f. und 150 f.; HOMBURGER, Zürcher Kommentar, N 734 zu Art. 716b OR; WATTER, Basler Kommentar, N 5 zu Art. 716b OR, erachtet diese Frage eher als theoretischer Natur, kritisiert aber mit Blick auf Art. 8 Abs. 2 BankV die Regelung im Obligationenrecht als «wenig einsichtig». Die gesetzliche Sonderregelung bei Banken und Sparkassen vermag eine statutarische Fixierung des dualistischen Systems bei den übrigen Aktiengesellschaften nicht zu rechtfertigen, denn die strenge Aufsicht der Eidg. Bankenkommission und ihre Möglichkeit zur Einflussnahme auf die Geschäftsführung besteht bei Aktiengesellschaften ohne Bankenbewilligung nicht; konsequenterweise werden deshalb zwingende Statutenbestimmungen zur Delegation der Geschäftsführung von den kantonalen Handelsregisterämtern abgelehnt; HOMBURGER, a.a.O., verweist zur Begründung dagegen auf den Zusammenhang mit Art. 716a Abs. 1 OR, der i.S. der Paritätstheorie eine möglichst klare Abgrenzung der Zuständigkeiten von GV und VR bezwecke.

schrift unter Wahrung der faktischen Möglichkeiten und gesetzlichen Verpflichtungen» formuliert werden.[26]

Soll ein Arbeitsverhältnis zwischen einem Verwaltungsratsmitglied und der Gesellschaft nicht ausgeschlossen, sondern im Gegenteil klargestellt werden, so ist auch diesbezüglich eine statutarische Bestimmung zulässig.[27] Allerdings sollten derartige Bestimmungen besser in das Organisationsreglement aufgenommen werden.[28] Unzulässig wäre eine Bestimmung in den Statuten einer Tochtergesellschaft, wonach dem Verwaltungsrat der Muttergesellschaft ein Weisungsrecht gegenüber den leitenden Arbeitnehmern der Tochtergesellschaft eingeräumt wird, um die Durchsetzung der Konzernleitung zu ermöglichen.[29] Damit würde Art. 716a Abs. 1 Ziff. 1 OR verletzt, wonach dem Verwaltungsrat der Tochtergesellschaft dieses Weisungsrecht unentziehbar zusteht.[30]

Die Ernennung und Abberufung der mit der Geschäftsführung betrauten Personen ist nach Art. 716a Abs. 1 Ziff. 4 OR eine unübertragbare und unentziehbare Aufgabe des Verwaltungsrats. Die Generalversammlung hat demnach grundsätzlich keinen Einfluss auf die Konstituierung des Verwaltungsrats;[31] nur im Falle einer ausdrücklichen statutarischen Bestimmung nach Art. 712 Abs. 2 OR kann die Generalversammlung den VR-Präsidenten wählen.[32] Nicht zulässig ist demnach eine Statutenbestimmung, wonach die Generalversammlung den VR-Delegierten wählen könnte.[33] Wird in den Statuten das Recht zur Wahl des VR-Präsidenten ausdrück-

---

[26] Vgl. dazu die Musterklausel im Anhang A.3.2 auf S. 513; im Organisationsreglement kann dagegen eine konsequente Delegation formuliert werden; vgl. das Beispiel bei FORSTMOSER, Organisationsreglement, 53, und hinten die Musterklausel im Anhang A.4.3 auf S. 516 f.

[27] Nach HOFER, 37 Fn. 34, bestimmte bereits 1944 § 24 der Statuten der Brown Boveri & Cie. AG, Baden: «Über die Entschädigung der zur Geschäftsführung speziell delegierten Mitglieder des Verwaltungsrats werden besondere Verträge abgeschlossen.»

[28] Vgl. die Musterklausel zur Regelung von Arbeitsverhältnissen mit Mitgliedern des VR hinten im Anhang A.4.4. auf S. 517.

[29] Gl.M. BEYELER, 91 f.

[30] Zulässig wäre dagegen eine entsprechende Klausel im Individualarbeitsvertrag der leitenden Arbeitnehmer, da der Verwaltungsrat der Tochtergesellschaft damit nicht auf sein Weisungsrecht verzichtet, sondern es nur delegiert (vgl. dazu ausführlich vorne TEIL 3 § 6 II. 1. c) cc) S. 182 ff.).

[31] Vgl. MEIER-SCHATZ, Zusammenarbeit, 824, und FORSTMOSER/MEIER-HAYOZ/NOBEL, § 29 N 3, mit Verweis auf die Botschaft zum Aktienrecht, 175.

[32] Dies gilt ebenso für das Präsidium der Generalversammlung, wie die Kommission für Rechtsfragen des Ständerates am 19.5.2000 bezüglich der Petition von Philipp Wälchli zur Änderung des OR mitteilte (Mitteilung des Ständerates 00.2008 s).

[33] A.M. EHRAT, 791, mit der Begründung, dass sich Art. 716a Abs. 1 Ziff. 2 OR nur auf die Organisation der Gesellschaft und nicht auf die Konstituierung des Verwaltungsrats beziehe; gl.M. VON MOOS-BUSCH, Übertragung der Geschäftsführung, 75, und dies., Organisationsreglement, 43; FORSTMOSER/MEIER-HAYOZ/NOBEL, § 22 N 19; MÜLLER/LIPP/PLÜSS, 77; HOMBURGER, Zürcher Kommentar, N 254 zu Art. 712 OR, mit überzeugendem Hinweis auf die parlamentarische Beratung.

lich der Generalversammlung übertragen und gleichzeitig die Möglichkeit einer Delegation der Geschäftsführung im Sinne von Art. 716b Abs. 1 OR untersagt bzw. nur an den VR-Präsidenten zugelassen,[34] so führt dies bei grösseren Gesellschaften indirekt zur Pflicht, den VR-Präsidenten zum hauptamtlichen Geschäftsführer zu bestellen.[35] Allerdings bleibt damit das Recht des Gesamtverwaltungsrats unangetastet, gestützt auf Art. 726 Abs. 2 OR den VR-Präsidenten jederzeit in seinen Funktionen einzustellen.[36]

Da in den Statuten wie vorstehend erwähnt, die Unabhängigkeit der Verwaltungsräte analog zur Revisionsstelle verankert werden kann, muss auch eine Vorschrift über die Weisungsfreiheit des Verwaltungsrats als Bestandteil der Unabhängigkeit zulässig sein. Damit kann den Mitgliedern des Verwaltungsrats der Abschluss eines Arbeitsvertrages mit der Gesellschaft untersagt werden; gleichzeitig kann auch die Möglichkeit zum rechtswirksamen Abschluss eines Mandatsvertrages mit Weisungsbefugnis des Aktionärs eingeschränkt werden.[37]

Schliesslich kann in den Statuten auch ein aus Arbeitgeber- und Arbeitnehmervertretern paritätisch zusammengesetzter Verwaltungsrat vorgeschrieben werden.[38] Dies ist als Präzisierung der gesetzlichen Wahlkompetenz nach Art. 698 Abs. 1 Ziff. 2 OR anzusehen. Das konkrete Wahlprozedere dazu kann im Organisationsreglement des Verwaltungsrats festgelegt werden. Allerdings kann die Generalversammlung nicht verpflichtet werden, einen von den Arbeitnehmern vorgeschlagenen Kandidaten auch tatsächlich wählen zu müssen.[39]

---

[34] Auch diese eingeschränkte Delegationskompetenz ist in den Statuten zulässig und führt zum «Président-Directeur Général» (PDG) nach französischem Vorbild; vgl. BÖCKLI, Aktienrecht, Rz. 551 zu § 13; WATTER, Basler Kommentar, N 3 zu Art. 716b OR.

[35] Musterklausel im Anhang A.3.3 auf S. 513 f.

[36] Ebenso klar BÖCKLI, Aktienrecht, Rz. 110 zu § 13; ein besonders krasses Beispiel für eine solche Funktionseinstellung ist die Entmachtung von Daniel Affolter als VR-Präsident der Kuoni Reisen Holding AG durch die übrigen Verwaltungsräte im Frühjahr 2001 (vgl. den Bericht der Schweizerische Depeschenagentur dazu vom 6.5.2001 und NZZ vom 7.6.2001, Nr. 129, S. 21).

[37] Musterklausel im Anhang A.3.4 auf S. 514; ein generelles Verbot von Mandatsverträgen erscheint unmöglich, da zwischen Aktionären und Verwaltungsräten in der Praxis inhaltlich derart viele verschiedene Abmachungen vorkommen können, dass der vorherige Verzicht darauf einer übermässigen Bindung nach Art. 27 ZGB gleichkäme.

[38] BÖCKLI, Aktienrecht Rz. 75 zu § 13, verweist zur Begründung auf Art. 709 Abs. 2 OR, wonach die Statuten besondere Bestimmungen zum Schutz von einzelnen Aktionärsgruppen vorsehen können; tatsächlich wurde bereits in der Botschaft zu diesem Artikel (Botschaft zum Aktienrecht, 174) auf die besonderen Interessen bei Besitzern von «Arbeitnehmeraktien» hingewiesen. Eine entsprechende Musterklausel ist hinten im Anhang A.3.5 auf S. 514 vorgegeben.

[39] Die Wahl der Mitglieder des Verwaltungsrats ist nach Art. 698 Abs. 1 Ziff. 2 OR ein unentziehbares Recht der Generalversammlung. Dies im Gegensatz zu abgeordneten Verwaltungsräten bei Beteiligungen von Körperschaften des öffentlichen Rechts nach Art. 762 Abs. 1 OR; vgl. WERNLI, Basler Kommentar, N 31 zu Art. 707 OR.

2. Bestimmungen zur Entschädigung

Die Verwaltungsräte von mittelständischen Unternehmen in der Schweiz beziehen im Durchschnitt ein angemessenes Honorar.[40] Bei den an der Börse kotierten oder bei den in ihrer Branche grössten Aktiengesellschaften sind jedoch vereinzelt übermässige Honorarbezüge festzustellen.[41] Insbesondere die hohen «Abgangsentschädigungen» an ausscheidende Verwaltungsräte bei der SAir-Group und bei der Kuoni-Holding haben in den Medien zu heftigen Kritiken Anlass gegeben.[42] Es ist deshalb verständlich, dass von verschiedenen Seiten Bestimmungen zur Offenlegung und zur Maximierung der VR-Entschädigungen gefordert werden. Das Organisationsreglement eignet sich nicht dazu, weil es vom Verwaltungsrat selbst geändert werden kann. Effizient sind deshalb nur statutarische Vorschriften.

Im Grundsatz ist die Generalversammlung frei in der Fixierung der VR-Entschädigung.[43] Dabei ist allerdings zu beachten, dass nach herrschender Lehre und Rechtsprechung die Gesellschaft verpflichtet ist, den Mitgliedern des Verwaltungsrats eine angemessene Vergütung für ihre Leistungen auszurichten.[44] Umgekehrt müssen diese Vergütungen ausser durch die finanzielle Lage der Gesellschaft auch durch die Tätigkeit der Verwaltungsräte gerechtfertigt sein.[45] Wenn der Verwaltungsrat in der Festsetzung seiner VR-Honorare nicht frei sein soll, so muss in den Statuten eine konkrete Begrenzung im Sinne eines Maximalhonorars festgelegt werden.[46] Eine solche statutarische Einschränkung der Finanzkompetenz ist rechtlich zulässig.[47] So hat das Bundesgericht bereits in BGE 75 II 149 Erw. 3. a) f. bei

---

[40] Im Jahre 1999 waren es im Gesamtdurchschnitt CHF 13'926.– pro Jahr (Umfrage der BDO VISURA, 2002, S. 3 und 5); gemäss Tages-Anzeiger vom 6.6.2001, S. 9, liess der Bundesrat die Spitzenlöhne bei den Bundesbetrieben untersuchen und gelangte zum Fazit: Recht hoch, aber angesichts eines tollen Marktes im Rahmen (Markus Rau, VR-Präsident Swisscom, CHF 400'000.– p.a.; Gerhardt W. Fischer, VR-Präsident Die Post, CHF 250'000.– p.a.; Thierry Lalive d'Epinay, VR-Präsident SBB, CHF 250'000.– p.a.).
[41] Vgl. dazu die Detailangaben vorne unter TEIL 2 § 4 III. 3. auf S. 96 ff.
[42] Vgl. Tages-Anzeiger vom 6.6.2001 auf S. 33 (Kurzfassung des Artikels in der Business Week vom 4.6.2001) und NZZ vom 7.6.2001, Nr. 129, S. 21.
[43] BGE 86 II 159 Erw. 1; Art. 716a Abs. 1 Ziff. 3 OR hat daran nichts geändert; indirekt ergibt sich die Möglichkeit der Einräumung einer entsprechenden statutarischen Kompetenz zugunsten der GV auch aus Art. 677 i.V.m. Art. 627 Ziff. 2 OR.
[44] Vgl. PLÜSS, Rechtsstellung, 46 f.; FORSTMOSER/MEIER-HAYOZ/NOBEL, § 28 N 121; HOMBURGER, Zürcher Kommentar, N 947 zu Art. 717 OR; MÜLLER/LIPP/PLÜSS, 104; KRNETA, Praxiskommentar, Rz. 1770.
[45] BGE 105 II 114 Erw. 4. c).
[46] Vgl. dazu die Musterklausel hinten im Anhang A.3.6 auf S. 514 f.; nach KRNETA, Praxiskommentar, Rz. 1771, enthalten die Statuten der schweizerischen Aktiengesellschaften trotz dieser Möglichkeit in der überwiegenden Zahl der Fälle keine diesbezügliche Regelung.
[47] Vgl. BÖCKLI, Aktienrecht, Rz. 239 zu § 13; FORSTMOSER/MEIER-HAYOZ/NOBEL, § 28 N 128; HOMBURGER, Zürcher Kommentar, N 947 zu Art. 717 OR.

der Beurteilung einer konkreten Statutenbestimmung festgestellt, dass die als Entschädigung für die Verwaltungsratstätigkeit vorgesehenen Tantiemen durchaus in verschiedener Hinsicht eingeschränkt werden dürfen. Zur Begründung wurde insbesondere auf Art. 677 OR verwiesen, der ausdrücklich eine statutarische Beschränkung der Tantiemen zulässt. Die Beschränkung auf «eine ihrer Tätigkeit entsprechende Entschädigung»[48] ist im Ansatz zwar richtig, in der Durchsetzung jedoch problematisch; der Verwaltungsrat wird in einem solche Falle die von ihm selbst festgelegte Entschädigung wohl stets als der verantwortungsvollen Tätigkeit entsprechend bezeichnen. Eine konkrete zahlenmässige Begrenzung ist einfacher durchsetzbar, dafür aber schwieriger festzulegen.

Die Festsetzung der Maximalhöhe von VR-Entschädigungen durch die Generalversammlung dürfte schon aus praktischen Gründen bei grösseren Gesellschaften unzweckmässig sein.[49] Dennoch wird eine solche Regelung vereinzelt gefordert.[50] Um auch Grossgesellschaften eine Lösung anbieten zu können, drängt sich ein Aktionärausschuss auf, welcher dann in eigener Kompetenz über die Maximalhöhe der VR-Bezüge entscheiden kann.[51] In jedem Falle dürfte die Offenlegung der Entlöhnung von Verwaltungsrat und Management eine Massnahme zur Eindämmung von übermässigen Bezügen darstellen.[52]

Im Expertenbericht der Arbeitsgruppe «Corporate Governance» zur Teilrevision des Aktienrechts wird eine neue Regelung in Art. 663b Abs. 2 OR vorgeschlagen, wonach der Anhang einer Gesellschaft, die zu erweiterten Angaben im Geschäftsbericht verpflichtet ist, u.a. folgende Angaben für das Geschäftsjahr und das Vorjahr enthalten muss: «Leistungen zum wirklichen Wert, welche den Mitgliedern des Verwaltungsrates und Dritten, an die er die Geschäftsführung ganz oder zum Teil übertragen hat (Geschäftsleitung) oder ihnen nahe stehenden Personen durch die Gesellschaft oder eine Konzerngesellschaft direkt oder indirekt gewährt wur-

---

[48] Formulierung in den Musterstatuten von ZINDEL/ISLER/HONEGGER/BENZ, 20, und MÜLLER/LIPP/PLÜSS, 500.
[49] Ebenso MÜLLER/LIPP/PLÜSS, 107.
[50] So z.B. ARMIN MÜLLER in der SonntagsZeitung vom 17.2.2002, S. 21, mit der Forderung, die Generalversammlung «soll mindestens den groben Rahmen bewilligen müssen.»
[51] Dazu die Musterklausel hinten im Anhang A.3.7. auf S. 515; solche statutarischen Aktionärsausschüsse sind zulässig, solange sie nicht in die zwingenden Befugnisse der Generalversammlung oder des Verwaltungsrates eingreifen (DREIFUSS/LEBRECHT, alte Aufl. Basler Kommentar, N 5 zu Art. 698 OR); unzulässig wäre dagegen die Einführung einer Delegiertenversammlung an Stelle der Generalversammlung und sei es auch nur zu diesem Traktandum (vgl. MEYER-HAYOZ/FORSTMOSER, § 16 N 332).
[52] Ebenso MAX D. AMSTUTZ am Round-table «Ethik und Integrität sind Teil des Geschäftsvermögens», Zeitschrift Schweizer Arbeitgeber 13/2001, S. 580, mit dem Hinweis, dass nach der Securities Exchange Comission (SEC) die Veröffentlichung der Managerlöhne für Publikumsgesellschaften in den USA und Grossbritannien bereits vorgeschrieben ist.

den, gesondert nach festen und variablen Teilen.» Was unter «Leistungen» im Einzelnen zu verstehen ist, wird anschliessend konkret aufgelistet.[53] Eine solche Regelung kann bereits heute in die Statuten jeder Aktiengesellschaft aufgenommen werden, auch wenn sie die «KMU-Schwelle» gemäss Expertenbericht, also mindestens zwei der folgenden drei Kriterien während zwei Jahren nicht erreicht:[54]

– Bilanzsumme von CHF 30 Mio.
– Umsatzerlös von CHF 60 Mio.
– 50 Vollzeitstellen im Jahresdurchschnitt.

3. Bestimmungen zur Vermeidung von Insichgeschäften

Bei Gesellschaften mit einem Verwaltungsrat, welcher nur aus einer einzigen Person besteht, und bei Einmann-Aktiengesellschaften können Probleme mit der grundsätzlichen Unzulässigkeit von Insichgeschäften entstehen.[55] Solche Geschäfte sind entweder vom Gesamtverwaltungsrat, oder mindestens von einem anderen Mitglied des Verwaltungsrats mit entsprechender Zeichnungsberechtigung zu genehmigen.[56] Steht für die Genehmigung des Insichgeschäftes kein nebengeordnetes Organ zur Verfügung, so ist nach Auffassung des Bundesgerichtes in BGE 127 III 332 Erw. 2. b) aa) die Generalversammlung als übergeordnetes Organ zuständig.

Im Entwurf zur Änderung des GmbH-Rechts vom 19. Dezember 2001 wird zur Anpassung des Aktienrechts u.a. ein neuer Art. 718b OR bezüglich Verträgen zwischen der Gesellschaft und ihrem Vertreter vorgeschlagen:[57] «Wird die Gesellschaft beim Abschluss eines Vertrages durch diejenige Person vertreten, mit der sie den Vertrag abschliesst, so muss der Vertrag schriftlich abgefasst werden. Dieses Erfordernis gilt nicht für Verträge des laufenden Geschäfts, bei denen die Leistung der Gesellschaft den Wert von 1'000.– Franken nicht übersteigt.» Damit wird an das Recht der Europäischen Gemeinschaft angelehnt.[58] Dort wird für Insichgeschäfte bei der GmbH ebenfalls die Schriftlichkeit vorgeschrieben mit Ausnahme der «unter normalen Bedingungen abgeschlossenen laufenden Geschäfte».[59]

---

[53] Vgl. BÖCKLI/HUGUENIN/DESSEMONTET, 219.
[54] Vgl. BÖCKLI/HUGUENIN/DESSEMONTET, 17.
[55] Zur Unzulässigkeit bzw. zur Notwendigkeit einer Genehmigung vgl. vorne TEIL 3 § 6 III. 1. auf S. 194 f.
[56] Vgl. BGE 127 III 332.
[57] BBl. 2001 3291.
[58] Vgl. Botschaft zur Revision des GmbH-Rechts, 3230.
[59] Art. 5 der 12. Richtlinie 89/667/EWG in ABl. Nr. L 395 vom 30.12.1989.

Analog zum zitierten Entwurf des neuen Art. 718b OR kann im Organisationsreglement eine spezielle Klausel[60] zum Abschluss und zur Genehmigung von Insichgeschäften aufgenommen werden. Eine gleichlautende Klausel in den Statuten wäre nicht zulässig, da dies einem Eingriff in die zwingende Organisationskompetenz des Verwaltungsrats nach Art. 716a Abs. 1 Ziff. 2 OR gleichkäme.

III. Regelung im Organisationsreglement

1. Bestimmungen zur Festlegung der Rechtsverhältnisse zum Verwaltungsrat

Der Verwaltungsrat ist gemäss Art. 716a Abs. 1 Ziff. 2 OR zur Festlegung der Organisation verpflichtet. In diesem Zusammenhang ist der Erlass eines Organisationsreglements selbst dann zweckmässig, wenn keine Delegation der Geschäftsführung gestützt auf Art. 716b Abs. 2 OR erfolgt.[61] Zur Festlegung der Organisation gehört auch die Konkretisierung des Rechtsverhältnisses eines Verwaltungsratsmitglieds zur Gesellschaft insbesondere für den Fall eines Arbeitsvertrages, welcher zusätzlich zum organschaftlichen Rechtsverhältnis abgeschlossen wurde. Insofern ist das Organisationsreglement zweifellos ein geeignetes Mittel, um das Konfliktpotential einer Doppelstellung von Verwaltungsrat und Arbeitnehmer abzuschwächen. Allerdings wird das Organisationsreglement vom Verwaltungsrat in eigener Kompetenz erlassen und auch wieder abgeändert. Es sind deshalb Vorkehrungen zu treffen, damit Bestimmungen im Organisationsreglement im Ernstfall auch tatsächlich zur Anwendung gelangen und nicht einfach nur abgeändert oder sogar aufgehoben werden. Die unveränderte Übernahme eines der publizierten Muster-Organisationsreglemente[62] hilft dabei ebenso wenig wie bei der Thematik «Der Verwaltungsrat als Arbeitnehmer». Nachfolgend werden deshalb konkrete Regelungen unter Verweis auf die Musterklauseln im Anhang vorgestellt.

Im Organisationsreglement kann die Höhe der VR-Entschädigung konkret festgelegt werden. Dies ist jedenfalls klarer als ungenaue oder nicht aktuelle Formulierungen in VR-Protokollen. Weil neben dem organschaftlichen Verhältnis noch ein zusätzliches arbeitsvertragliches Verhältnis des Verwaltungsrats zur Gesellschaft

---

[60] Vgl. hinten die Musterklausel im Anhang A.4.7 auf S. 518.
[61] Eine entsprechende Empfehlung wurde bereits 1995 im Schweizer Treuhänder publiziert (vgl. MÜLLER, Rechte und Pflichten, 808).
[62] Z.B. bei MÜLLER/LIPP/PLÜSS, 503 ff.

bestehen kann, sollte allenfalls auch bezüglich des Lohnanspruches eine Regelung getroffen werden.[63]

Unter dem Vorbehalt einer entsprechenden statutarischen Grundlage[64] kann der Verwaltungsrat die Geschäftsführung auf einen Delegierten übertragen. Dabei kann im Organisationsreglement festgelegt werden, dass der Delegierte die Weisungen des Gesamtverwaltungsrats zu beachten hat. Dies bildet wiederum die Grundlage für eine Bestimmung, wonach der Delegierte zwingend in einem arbeitsrechtlichen Verhältnis zur Gesellschaft stehen muss.[65]

Änderungen des Organisationsreglements sollten nur aus wichtigen Anlässen und erst nach reiflicher Überlegung vorgenommen werden. Zweckmässig ist eine Schlussbestimmung, wonach das Reglement zwar periodisch vom Verwaltungsrat zu überprüfen ist, eine Anpassung jedoch nur mit einem besonderen Stimmenquorum und nur unter Wahrung einer bestimmten Frist möglich ist.[66] Wird eine solche Bestimmung mit der Vorschrift kombiniert, dass die Aktionäre jederzeit eine Abschrift des Organisationsreglements verlangen können, so ist die Grundlage für eine längerfristige und effiziente Regelung der Rechtsverhältnisse jedes Verwaltungsratsmitglieds geschaffen.

2. Bestimmungen zur Ausgestaltung von vertraglichen Regelungen

Im Organisationsreglement kann klargestellt werden, dass die Mitglieder des Verwaltungsrats zusätzlich zu ihrer organschaftlichen Stellung auch noch einen Auftrag oder einen Arbeitsvertrag mit der Gesellschaft abschliessen können. Für den abschluss kann ausdrücklich die Schriftform vorbehalten werden.[67]

Von besonderer Bedeutung sind Regelungen betreffend Rücktritt und Kündigung bei VR-Mitgliedern, da hier die finanziell gravierendsten Konfliktmöglichkeiten bestehen. Besteht ein rechtsgültiges Arbeitsverhältnis zu einem VR-Mitglied, z.B. zum VR-Delegierten, so ändert daran weder seine Abwahl als Verwaltungsrat durch die GV noch die Funktionsenthebung durch den Gesamtverwaltungsrat etwas.

---

[63] Vgl. dazu die Musterklausel im Anhang A.4.2 auf S. 516 mit der Variante, dass bei einem Arbeitsverhältnis die Tätigkeit als VR ebenfalls als Arbeitszeit gilt und demnach kein zusätzliches VR-Honorar ausgerichtet wird.
[64] Voraussetzung nach Art. 716b Abs. 1 OR.
[65] In diesem Sinne ist die Musterklausel im Anhang A.4.3 auf S. 516 f. formuliert.
[66] Musterklausel im Anhang A.4.1 auf S. 516.
[67] Dies kann auch für Änderungen oder Ergänzungen gelten; vgl. die Musterklausel im Anhang A.4.4. auf S. 517.

Allenfalls ist dann zwar eine weitere Tätigkeit für den Betroffenen nicht mehr möglich, doch bedeutet dies keine Unmöglichkeit im Sinne von Art. 119 OR. Vielmehr befindet sich die Gesellschaft im Annahmeverzug, denn sie hätte die Möglichkeit, den Betroffenen wieder als VR-Mitglied zu wählen bzw. in seine Funktionen zurückzusetzen. Folglich ist eine separate Kündigung nötig und der Betroffene hat Anspruch auf eine Lohnfortzahlung bis zum Ende des Arbeitsverhältnisses. Diese Klarstellung ist im Organisationsreglement ebenso sinnvoll wie der Hinweis, dass ein VR-Mitglied bei einer Kündigung zur Unzeit allenfalls schadenersatzpflichtig wird.[68] Weitergehende Regelungen sind im individuellen Arbeitsvertrag möglich und zweckmässig.[69]

IV. Regelung in Verträgen

1. Bestimmungen im Arbeitsvertrag

Es ist zulässig, den Arbeitsvertrag mit einer Suspensivbedingung abzuschliessen,[70] wonach er nur und erst dann in Kraft tritt, wenn der Arbeitnehmer durch die Generalversammlung als Mitglied des Verwaltungsrats gewählt wird und er diese Wahl auch annimmt.[71] Fehlt eine solche Bestimmung, so ist der Arbeitsvertrag auch dann gültig, wenn die vorgesehene Wahl in den Verwaltungsrat nicht zustande kommt; die Gesellschaft bleibt bis zum Ablauf der Vertragsdauer bzw. bis zum Ende der Kündigungsfrist zur Lohnzahlung verpflichtet.

Weil das organschaftliche Verhältnis unabhängig vom arbeitsrechtlichen Verhältnis besteht, beendet eine Abwahl durch die Generalversammlung das allfällige Arbeitsverhältnis des betroffenen Verwaltungsratsmitglieds nicht. Um Auseinandersetzungen über diesen Punkt vorzubeugen, empfiehlt sich eine entsprechende Klarstellung im Arbeitsvertrag.[72] Soll das Arbeitsverhältnis gleichzeitig mit einer Abwahl durch die Generalversammlung oder mit dem Ablauf der Amtszeit enden,

---

[68] Vgl. dazu die Musterklausel hinten im Anhang A.4.5 auf S. 517.
[69] Nachstehend wird darauf näher eingegangen; Musterklauseln für Arbeitsverträge finden sich hinten im Anhang A.5.1 auf S. 519 ff.
[70] Im Sinne von Art. 151 Abs. 1 OR; diese Möglichkeit hat das Arbeitsgericht der Stadt Bern am 29.9.1987 im Zusammenhang mit einer Arbeitsbewilligung ausdrücklich anerkannt (vgl. JAR 1990 S. 177; ebenso BRÜHWILER, N 1 zu Art. 324 OR).
[71] In diesem Sinne die Variante in der Musterklausel im Anhang A.5.1. a) auf S. 519.
[72] Beispielsweise in dem Sinne, dass der Arbeitsvertrag trotz Abwahl weiter besteht, so die Formulierung im ersten Teil der Musterklausel im Anhang A.5.1 d) auf S. 520.

so ist eine entsprechende Befristung im Sinne von Art. 334 OR in den Arbeitsvertrag aufzunehmen.[73] Konkret wird vereinbart, dass der Arbeitsvertrag gleichzeitig endigt, wenn eine Abwahl durch die Generalversammlung erfolgt oder die maximal zulässige Amtsdauer erreicht wird. Damit eine solche Befristung zulässig ist, muss der Zeitpunkt der Beendigung «objektiv bestimmt oder zumindest bestimmbar sein»[74], darf «nicht vom Willen einer Partei abhängen»[75] und muss «ungefähr voraussehbar sein».[76] Kann eine der Vertragsparteien den Endpunkt des Vertrages jederzeit subjektiv beeinflussen, so ist von einem unbefristeten Vertrag auszugehen. Ein solcher Fall wäre gegeben, wenn eine der unterzeichnenden Personen über die Aktienmehrheit verfügt und damit jederzeit über eine ausserordentliche Generalversammlung den Vertrag beenden kann.

Wird die Beendigung des Arbeitsvertrages an das Amtsende der VR-Funktion gekoppelt, so liegt nur dann keine Resolutivbedingung im Sinne von Art. 154 OR vor, sondern eine echte Befristung gemäss Art. 334 OR, wenn das Ende der VR-Funktion absehbar ist. Die Unterscheidung ist insofern bedeutungsvoll, als das Bundesgericht einen Arbeitsvertrag mit einer Resolutivbedingung nicht als befristeten Vertrag qualifiziert und in jedem Falle dem BVG-Obligatorium unterstellt.[77] Besteht weder eine maximale Amtszeitbegrenzung noch eine Alterslimite, so ist der Endtermin ungewiss und es liegt eine Resolutivbedingung vor. Eine maximale Befristung des Arbeitsvertrages in Übereinstimmung mit der Amtsdauer ist deshalb empfehlenswert.[78] Keine Befristung ist notwendig, wenn die gesamte zulässige Amtsdauer eines Verwaltungsratsmandates gemäss Statuten begrenzt ist oder

---

[73] Solche Befristungen sind in anderen Arbeitsbereichen durchaus üblich (vgl. BRÜHWILER, N 1 zu Art. 334 OR).

[74] BRÜHWILER, N 1 zu Art. 334 OR, und FAVRE/MUNOZ/TOBLER, N 1.1 zu Art. 334 OR m.w.H. In BGE 108 II 115 findet sich ein Beispiel für eine Befristung, welche letztlich einseitig durch die Arbeitgeberin herbeigeführt werden konnte; zum betroffenen Arbeitnehmer wird angegeben, dass er «en qualité de délégué» tätig war, doch wird offen gelassen, ob er somit gleichzeitig Mitglied des Verwaltungsrats war.

[75] REHBINDER/PORTMANN, Basler Kommentar, N 7 zu Art. 334 OR.

[76] STAEHLIN/VISCHER, Zürcher Kommentar, N 12 zu Art. 334 OR, mit Hinweis auf die Botschaft zur Kündigungsschutz-Initiative, 592.

[77] Vgl. BGE 126 V 303; danach wäre eine Resolutivbedingung z.B. der Wegfall einer notwendigen Arbeitsbewilligung; a.M. BRENDER, 29; REHBINDER, Berner Kommentar, N 7 zu Art. 334 OR; STAEHLIN/VISCHER, Zürcher Kommentar, N 12 zu Art. 334 OR; diese Autoren behandeln den befristeten Arbeitsvertrag gleich wie denjenigen mit einer Resolutivbedingung; PORTMANN, Rz. 957, unterscheidet ebenfalls zwischen Befristung und Resolutivbedingung und geht konsequenterweise davon aus, dass der resolutiv bedingten Arbeitsvertrag in einen unbefristeten Arbeitsvertrag übergeht, «wenn der Ausfall der Bedingung feststeht».

[78] Eine maximale Befristung des Arbeitsvertrages ist zulässig, während der er mit der vereinbarten oder gesetzlichen Kündigungsfrist aufgelöst werden kann (vgl. DUC/SUBILIA, 347; FAVRE/MUNOZ/TOBLER, N 1.8 zu Art. 224 OR; BGE 114 II 349 Erw. C. 2. a.).

eine statutarische Altersgrenze fixiert ist, welche vom Arbeitnehmer in absehbarer Zeit erreicht wird. Dann sollte jedoch auch dieser Punkt im Arbeitsvertrag festgehalten werden.

Wird der Arbeitsvertrag im Sinne einer Resolutivbedingung an die Mitgliedschaft im Verwaltungsrat gekoppelt, so stellt sich die Frage der Entschädigung bzw. Abgangsentschädigung bei einer allfälligen Abwahl bzw. Nichtwiederwahl durch die Generalversammlung. Um Unklarheiten zu beseitigen, sollte auch dieser Punkt im Arbeitsvertrag geregelt werden.[79]

Neben der Befristung sind selbstverständlich weitere spezifische Klauseln im Hinblick auf die besondere Situation eines Verwaltungsrats als Arbeitnehmer möglich. So werden beispielsweise immer häufiger zu Gunsten der Verwaltungsräte Vermögensschadenhaftpflichtversicherungen durch die Gesellschaft mit entsprechender Prämienübernahme abgeschlossen; bei Bankverwaltungsräten ist dies sogar die Regel. Im Arbeitsvertrag kann die Kostenübernahme durch die Gesellschaft vereinbart werden. Soll auch die Zusatzfunktion eines Verwaltungsrats als Delegierter oder Geschäftsführer versichert werden, so ist dies nur über eine spezielle Director's and Officer's Versicherung möglich.[80]

2. Bestimmungen im Mandatsvertrag

Die Vorschrift von Art. 707 Abs. 2 OR, wonach jedes Mitglied des Verwaltungsrats zur Ausübung seines Amtes Aktionär sein muss, steht grundsätzlich im Widerspruch zur Forderung nach objektiven und unabhängigen Verwaltungsräten. Um dem Gesetz dennoch zu genügen, hat sich in der Praxis die fiduziarische Aktienübertragung mittels Mandatsvertrag durchgesetzt.[81] Die Aktionärseigenschaft wird auch dann vorausgesetzt, wenn der Gewählte bereits in einem arbeitsrechtlichen Verhältnis zur Gesellschaft steht. Dies ist bei einem paritätisch zusammengesetzten Verwaltungsrat problematisch. Eine treuhänderische Aktienübertragung aus dem Bestand der von der Gesellschaft selbst gehaltenen Aktien ist auch in diesem Fall durch Art. 659a Abs. 1 OR ausgeschlossen; das entsprechende Stimmrecht ruht.[82] Möglich wäre hingegen ein Verkauf von Aktien aus diesem Eigenbestand

---

[79] Empfehlenswert ist eine Formulierung analog der Variante in der Musterklausel A.5.1 d) auf S. 520; wobei die «Abgangsentschädigung» dort im Sinne einer vertraglichen Abgangsentschädigung verstanden wird (zur Begriffsbestimmung vgl. vorne TEIL 4 § 9 V. 5. a) auf S. 303 f.).
[80] Vgl. die weitergehenden Ausführungen dazu bei MÜLLER, unsorgfältige Führung, 854 f.; eine entsprechende Musterklausel ist hinten im Anhang A.5.1 g) auf S. 521 abgedruckt.
[81] Vgl. dazu das Muster eines Mandatsvertrages bei MÜLLER/LIPP/PLÜSS, 447 ff.
[82] Nur auf diese Weise kann sichergestellt werden, dass sich der Verwaltungsrat die Stimmrechte an solchen Aktien nicht missbräuchlich selbst zuweist.

an den zukünftigen Verwaltungsrat; allerdings darf sich dahinter kein Rechtsmissbrauch verbergen, indem der Aktienverkauf nur erfolgt, um die Stimmrechtsbeschränkung zu umgehen.

Bei einer Doppelstellung des Mandatars als Verwaltungsrat und Arbeitnehmer empfiehlt sich eine Klarstellung, welche Konsequenzen die Auflösung des Arbeitsvertrages auf den Mandatsvertrag hat. Da ein Mandatsvertrag gemäss Art. 404 OR jederzeit widerrufen werden kann, ist eine Klausel zulässig, wonach eine Beendigung des Arbeitsvertrages auch zu einer Auflösung des Mandatsvertrages führt.[83] Nicht zulässig wäre hingegen eine Klausel, wonach auftragsrechtliche Weisungen des Mandanten allfälligen arbeitsrechtlichen Weisungen des Gesamtverwaltungsrats vorgehen. Dies ergibt sich aus dem Umstand, dass die Weisungsgebundenheit gemäss Mandatsvertrag nur innerhalb der gesetzlichen und statutarischen Grenzen gelten kann. Die gesetzliche Weisungsbefolgungspflicht nach Art. 321d Abs. 2 OR hat deshalb Vorrang.[84]

Schliesslich kann in einen Mandatsvertrag auch eine Enthaftungsklausel aufgenommen werden;[85] allerdings sind die entsprechenden Wirkungen beschränkt.[86] Dabei kann ausdrücklich die Schad- und Klagloshaltung durch den Mandanten im Falle eines Regresses der Gesellschaft als Arbeitgeberin auf den Mandatar wegen fahrlässiger Schadenszufügung im Sinne von Art. 321e Abs. 1 OR vereinbart werden.[87]

3. Bestimmungen im Aktionärbindungsvertrag

Die letzte Möglichkeit zur Regelung einer Doppelstellung als Verwaltungsrat und Arbeitnehmer bei der gleichen Gesellschaft bietet der Aktionärbindungsvertrag. Damit nehmen Aktionäre nicht nur Einfluss auf die Beteiligungsverhältnisse und den Geschäftsgang,[88] sondern indirekt über Stimmbindungen auch auf die Zusammensetzung des Verwaltungsrats.[89] Wie beim Mandatsvertrag ist jedoch zu beach-

---

[83] In diesem Sinne ist die Musterklausel im Anhang A.5.2 a) auf S. 520 formuliert.
[84] DRUEY, Stimmbindung, 27, hat bereits bei mehreren weisungsgebunden Verwaltungsräten innerhalb des gleichen Gremiums das Kollisionsproblem erkannt.
[85] Von Versicherungsgesellschaften wird eine derartige Enthaftungsklausel zur Versicherung von VR-Delegierten und VR-Präsidenten sogar vorausgesetzt (vgl. MÜLLER, Unsorgfältige Führung, Rz. 17.67).
[86] Insbesondere besteht dadurch kein Schutz vor strafrechtlichen Sanktionen; vgl. MÜLLER/LIPP/PLÜSS, 286.
[87] Vgl. dazu die Musterklausel im Anhang A.5.2 b) auf S. 520.
[88] Vgl. BÖSIGER, 2 ff.
[89] Vgl. MÜLLER, Aktionärbindungsvertrag, 6.

§ 17 Empfehlungen zur Konfliktvermeidung

ten, dass die Aktiengesellschaft selbst nicht ohne weiteres Vertragspartei ist. Verpflichten sich die Aktionäre, einer Vertragspartei oder einem Dritten die Stellung als Verwaltungsrat und Arbeitnehmer bei der Aktiengesellschaft einzuräumen, so werden dadurch nur die Vertragsparteien bzw. die von ihnen vertretenen Gesellschaften verpflichtet, nicht aber jene Aktiengesellschaft, bezüglich deren Aktien der Vertrag abgeschlossen wird.

Wie problematisch Klauseln in Aktionärbindungsverträgen sein können, hat das Bundesgericht im nicht veröffentlichten Entscheid 4C.376/2002 vom 20. März 2003 mit aller Deutlichkeit festgehalten. Die klassische Ausgangslage gestaltete sich dabei wie folgt:[90]

Abbildung 28: Verpflichtungswirkung eines Aktionärbindungsvertrages

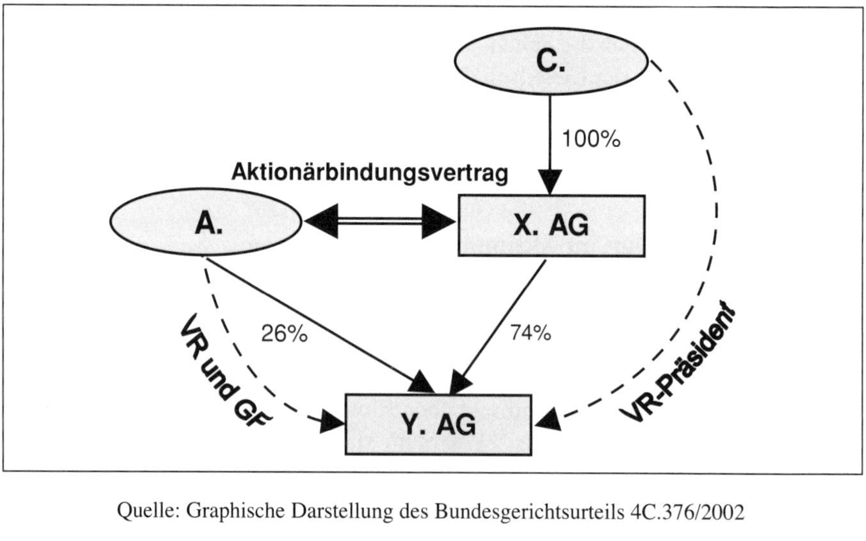

Quelle: Graphische Darstellung des Bundesgerichtsurteils 4C.376/2002

A. hielt ursprünglich 50% der Aktien der Y. AG und war nicht nur einzelzeichnungsberechtigter Verwaltungsratspräsident sondern auch Geschäftsführer dieser Gesellschaft mit einem unbefristeten Arbeitsvertrag (ob dies rechtlich zulässig

---

[90] Der konkrete Sachverhalt wurde bereits ganz vorne in der Einleitung auf S. 5 als praxisrelevantes Beispiel vorgestellt.

war, wurde nicht geprüft). In der Folge verkaufte A. einen Teil seiner Aktien an die X. AG und C. wurde VR-Präsident. Obwohl die entsprechende Vereinbarung lediglich als «Kaufvertrag» bezeichnet worden war, wurden darin zwischen A. und der X. AG auch Abmachungen im Sinne eines Aktionärbindungsvertrages getroffen. Insbesondere wurde A. ein Anstellungsvertrag bei der Y. AG von mindestens fünf Jahren garantiert. Das Arbeitsverhältnis wurde jedoch vorzeitig durch die Y. AG zu Unrecht fristlos aufgelöst, weshalb es zu einem ersten Prozess zwischen A. und der Y. AG kam. Dieser wurde durch einen Vergleich per saldo aller Ansprüche abgeschlossen. Dennoch klagte A. nun gegen die X. AG als Käuferin auf Bezahlung einer Summe von CHF 500'000.— nebst Zins wegen nicht erfüllter Vertragsverpflichtung. Das Bundesgericht schützte diese Klage vollumfänglich. Da im Aktionärbindungsvertrag keine anders lautende Regelung getroffen wurde, verpflichtete C. mit seiner Unterschrift lediglich die von ihm gehaltene X. AG, nicht jedoch die Y. AG, welche als Arbeitgeberin gegenüber dem A. vorgesehen war.

Soll ein Aktionärbindungsvertrag nicht nur Wirkungen unter den Vertragsschliessenden Aktionären entfalten, sondern auch Pflichten der Gesellschaft selbst begründen, so hat diese durch ihre Organe den Aktionärbindungsvertrag als dritte Partei mit zu unterzeichnen. Dabei ist jedoch zu beachten, dass auch durch einen Aktionärbindungsvertrag die zwingenden Kompetenzen des Verwaltungsrats und der Generalversammlung nicht umgangen werden können. Die meisten Klauseln in Aktionärbindungsverträgen, insbesondere betreffend Stimmbindung, sind deshalb gegenüber der Gesellschaft rechtlich nicht durchsetzbar. Halten sich die Aktionäre nicht an die vertraglichen Abmachungen, bedeutet dies dennoch eine Vertragsverletzung, welche i.d.R. durch eine Konventionalstrafe sanktioniert wird. Im Anhang A.5.3 werden deshalb abschliessend auch noch Empfehlungen für Klauseln in Aktionärbindungsverträgen abgegeben.

Anhang 1 Fragebogen zur Delegiertenbefragung

---

1. Wie hoch war per 31.12.2000 der Personalbestand des im Begleitschreiben genannten Unternehmens, bei dem Sie als VR-Delegierter tätig sind?

    1 bis 9 Beschäftigte   ☐$_1$
   10 bis 49 Beschäftigte   ☐$_2$
   50 bis 249 Beschäftigte   ☐$_3$
  250 bis 499 Beschäftigte   ☐$_4$
  500 und mehr Beschäftigte   ☐$_5$

---

2. Welche Stellung hat dieses Unternehmen?

  Unabhängige Gesellschaft ohne Tochtergesellschaften   ☐$_1$
  Gesellschaft mit einer oder mehreren Tochtergesellschaften   ☐$_2$
  Von einer Muttergesellschaft abhängige Tochtergesellschaft   ☐$_3$

---

3. Welche Funktionen üben Sie in diesem Unternehmen sonst noch aus? (Mehrfachnennung möglich)

  Präsident des Verwaltungsrats   ☐$_1$
  Geschäftsführer oder Vorsitzender der Geschäfts- bzw. Konzernleitung   ☐$_2$
  Mitglied der Geschäfts- bzw. Konzernleitung   ☐$_3$
  Andere Organfunktion   ☐$_4$
  Andere Funktion als Arbeitnehmer   ☐$_5$
  Andere Funktion als Selbständigerwerbender   ☐$_6$
  Keine   ☐$_7$

---

4. In welchem Verhältnis stehen Sie zur Gesellschaft, bei der Sie VR-Delegierter sind?

  Organschaftliches Verhältnis und zusätzlich Auftragsverhältnis als Berater   ☐$_1$
  Organschaftliches Verhältnis und zusätzlich mündliches Arbeitsverhältnis   ☐$_2$
  Organschaftliches Verhältnis und zusätzlich schriftliches Arbeitsverhältnis   ☐$_3$
  Nur organschaftliches Verhältnis, kein zusätzliches Arbeits- oder Auftragsverhältnis   ☐$_4$

---

5. Erhalten Sie Weisungen für Ihre Tätigkeit als VR-Delegierter? (Mehrfachnennung möglich)

  Ja, Weisungen vom Gesamtverwaltungsrat   ☐$_1$
  Ja, Weisungen vom VR-Präsidenten   ☐$_2$

Ja, Weisungen von Dritten (z.B. Aktionär oder Konzernleitung) ❑₃
Nein, keine Weisungen sondern allenfalls Wünsche oder Empfehlungen ❑₄

6. Wie üben Sie Ihre Funktion als Delegierter des Verwaltungsrats aus?

Vollzeittätigkeit, also mit mind. 90% der im Unternehmen geltenden Arbeitszeit ❑₁
Nebentätigkeit, also mit weniger als 90% der im Unternehmen geltenden Arbeitszeit ❑₂

7. Wo ist Ihre Stellung und Funktion als Delegierter geregelt? (Mehrfachnennung möglich)

Im Organisationsreglement bzw. im Funktionendiagramm ❑₁
In einer separaten Vereinbarung bzw. in einem separaten Stellenbeschrieb ❑₂
In den entsprechenden Protokollen der Verwaltungsratssitzungen ❑₃
Nur in mündlichen Abmachungen ❑₄
Überhaupt nicht ❑₅

8. Welche speziellen Regelungen gelten für Sie als Delegierter im Verhältnis zu den übrigen Mitgliedern des Verwaltungsrats? (Mehrfachnennung möglich)

Spezielle Honorierung bzw. Entschädigung ❑₁
Spezielles Konkurrenzverbot ❑₂
Spezielle Geheimhaltungspflicht ❑₃
Spezielle Ausstandspflicht ❑₄
Andere Spezialregelungen ❑₅
Keine ❑₆

9. Welche Entschädigungen oder Vorsorgeleistungen erhalten Sie als Delegierter? (Mehrfachnennung möglich)

Ein Verwaltungsratshonorar bzw. eine Tantieme ❑₁
Eine Entlöhnung bzw. eine Erfolgsbeteiligung ❑₂
Eine Lohnfortzahlung bei Krankheit oder Unfall ❑₃
Eine Haftpflichtversicherung für die Funktion als VR-Delegierter ❑₄
Einen Beitrag an die berufliche Altersvorsorge ❑₅
Andere Entschädigungen oder Vorsorgeleistungen ❑₆
Keine Entschädigung oder Vorsorgeleistung ❑₇

10. Wie können Sie von Ihrer Funktion als Delegierter zurücktreten?

Jederzeit, ohne Einhaltung einer Kündigungsfrist ❑₁
Nur unter Einhaltung einer Kündigungsfrist von 1 bis 3 Monaten ❑₂
Nur unter Einhaltung einer Kündigungsfrist von über 3 Monaten ❑₃

Anhang 1   Fragebogen zur Delegiertenbefragung

11. Sind Sie interessiert an einer Kurzfassung der Umfrageergebnisse?

    Nein ❑₁
    Ja, bitte an folgende Adresse: ❑₂

....

....

12. Bemerkungen

....

....

....

....

....

....

....

....

Anhang 2   Rohdaten der Delegiertenbefragung

Versand und auswertbarer Rücklauf

Anzahl Fragebogen	Versand	Retourniert	Prozentual
– Fragebogen deutsch	2'000	893	44,6%
– Fragebogen französisch	750	283	37,7%
– Fragebogen italienisch	250	86	34,4%
– Total	3'000	1'262	42,1%

Personalbestand des Unternehmens

Anzahl Beschäftigte	1–9	10–49	50–249	250–499	> 500
– Fragebogen deutsch	337	296	187	45	28
– Fragebogen französisch	84	124	49	4	5
– Fragebogen italienisch	35	31	17	2	1
– Total	456	451	253	58	44

Stellung des Unternehmens

Art der Stellung	Unabhängig	Mutterges.	Tochterges.	Zwischenholding
– Fragebogen deutsch	428	209	252	4
– Fragebogen französisch	147	73	62	1
– Fragebogen italienisch	44	17	23	2
– Total	619	299	337	7

Zusatzfunktionen der VR-Delegierten

Art der Zusatzfunktionen	deutsch	französisch	italienisch	Total
– Präsident des Verwaltungsrats	276	90	16	382
– Geschäftsführer / GL-Vorsitzender	677	175	45	897
– Mitglied der Geschäftsleitung	163	66	31	260
– Andere Organfunktion	32	4	2	38
– Andere Funktion als Arbeitnehmer	63	10	12	85
– Andere Funktion als Selbständiger	41	15	1	57
– Keine Zusatzfunktion	35	16	3	54

Verhältnis der VR-Delegierten zur Gesellschaft

Art des Verhältnisses	deutsch	französisch	italienisch	Total
– Organverhältnis und Auftragsverhältnis	95	57	11	163
– Organverhältnis und mdl. Arbeitsvertrag	205	70	30	305
– Organverhältnis und schr. Arbeitsvertrag	482	104	31	617
– Nur organschaftliches Verhältnis	110	50	14	174

Anhang 2   Rohdaten der Delegiertenbefragung

Weisungen für die Tätigkeit als VR-Delegierter

Art der Weisungen	deutsch	französisch	italienisch	Total
– Weisungen vom Gesamtverwaltungsrat	312	104	35	451
– Weisungen vom VR-Präsidenten	198	52	16	266
– Weisungen von Dritten	107	60	18	175
– Keine Weisungen	473	107	33	613

Zeitaufwand für die Tätigkeit als VR-Delegierter

Sprache am Wohnsitz des Delegierten	deutsch	französisch	italienisch	Total
– Vollzeittätigkeit	432	162	62	656
– Nebentätigkeit	461	121	24	606

Regelungsort der Stellung und Funktion

Ort der Regelung	deutsch	französisch	italienisch	Total
– Organisationsregl. / Funktionendiagramm	448	112	34	594
– Separate Vereinbarung / Stellenbeschrieb	154	47	12	213
– Protokolle des Verwaltungsrats	253	82	22	357
– Keine Regelung	160	43	15	218

Spezialregelungen im Vergleich zum übrigen VR

Art der Spezialregelung	deutsch	französisch	italienisch	Total
– Honorar / Entschädigung	247	76	26	349
– Konkurrenzverbot	64	42	10	116
– Geheimhaltungspflicht	55	40	10	105
– Ausstandspflicht	6	2	2	10
– Andere Spezialregelungen	53	18	3	74
– Keine Spezialregelungen	579	163	54	796

Entschädigungen oder Vorsorgeleistungen

Art der Leistung	deutsch	französisch	italienisch	Total
– VR-Honorar / Tantieme	346	98	33	477
– Lohn / Erfolgsbeteiligung	405	123	24	552
– Lohnfortzahlung	276	104	15	395
– Haftpflichtversicherung	55	25	5	85
– Berufliche Altersvorsorge	240	90	12	342
– Andere Entschädigungen / Vorsorge	88	27	6	121
– Keine Entschädigung / Vorsorgeleistung	274	92	29	395

Rücktrittsmöglichkeit als VR-Delegierter

Art der Rücktrittsmöglichkeit	deutsch	französisch	italienisch	Total
– Jederzeit	451	128	40	619
– Kündigungsfrist 1 bis 3 Monate	95	44	13	152
– Kündigungsfrist über 3 Monate	323	105	32	460

Interesse an einer Zusammenfassung der Umfrageergebnnisse

Wunsch nach Zusammenfassung	deutsch	französisch	italienisch	Total
– Kein Interesse	308	104	28	440
– Interesse vorhanden	585	179	58	822

Anhang 3 Muster für Bestimmungen in den Statuten

A.3.1 Klausel für die Durchsetzung der Unabhängigkeit von Verwaltungsräten

Die Mehrheit der Mitglieder des Verwaltungsrats muss unabhängig sein. [*Variante:* ..., insbesondere bezüglich der Revisionsstelle und jedem Aktionär, der über mehr als 5% der Aktienstimmen verfügt.] Ein Verwaltungsrat gilt insbesondere nicht mehr als unabhängig, wenn er:

– in den letzten 5 Jahren Arbeitnehmer der Gesellschaft oder des Konzerns war
– in den letzten 3 Jahren eine massgebende Geschäftsbeziehung zur Gesellschaft hatte, entweder direkt in eigener Person oder indirekt als Partner, Aktionär, Verwaltungsrat oder leitender Arbeitnehmer einer Körperschaft
– enge familiäre Beziehungen zu einem Berater, Verwaltungsratsmitglied oder leitenden Arbeitnehmer der Gesellschaft hat
– mehr als 9 Jahre seit der ersten Wahl dem Verwaltungsrat angehört.

A.3.2 Klausel für die Annäherung an das dualistische System

Der Verwaltungsrat soll die Geschäftsführung soweit möglich und gesetzlich zulässig an Dritte, nicht jedoch an Mitglieder des Verwaltungsrats oder ihnen nahe stehende Personen übertragen. Zur Festlegung und Klarstellung der Geschäftsführungsdelegation hat der Verwaltungsrat ein Organisationsreglement zu erlassen, worin der Ausschluss von Mitgliedern des Verwaltungsrats und der ihnen nahe stehenden Personen als Delegationsempfänger konkret festzuhalten ist. [*Variante:* ...; die Generalversammlung kann in besonderen Fällen eine an Bedingungen geknüpfte Ausnahme bewilligen].

A.3.3 Klausel für die Wahl des VR-Präsidenten mit GF-Funktion durch die GV

Die Generalversammlung ist das oberste Organ der Gesellschaft. Ihr stehen folgende unübertragbaren Befugnisse zu:

a) ...

b) Wahl und Abberufung des Präsidenten des Verwaltungsrats

c) ...

Der Verwaltungsrat kann die Geschäftsführung oder einzelne Teile derselben nur an den Präsidenten des Verwaltungsrats übertragen. Er erlässt dazu ein Organisationsreglement und ordnet das Vertragsverhältnis zum VR-Präsidenten. Unabhängig von der Wahl durch die Generalversammlung oder von der Übertragung der Geschäftsführung kann der Verwaltungsrat den VR-Präsidenten jederzeit in seinen Funktionen einstellen, sofern sofort eine Generalversammlung einberufen wird.

A.3.4 Klausel für die Durchsetzung der Weisungsfreiheit

Alle Mitglieder des Verwaltungsrats haben ihre Aufgaben im Rahmen des Gesetzes, der Statuten und Reglemente frei von jeglichen Weisungen Dritter zu erfüllen, ausgenommen davon sind lediglich zwingende behördliche Anordnungen. Kein Mitglied des Verwaltungsrats kann mit der Gesellschaft einen Arbeitsvertrag oder mit Aktionären einen Mandatsvertrag mit Weisungsbefolgungspflicht abschliessen [*Variante:* ..., zulässig ist nur die treuhänderische Übertragung von Aktien ohne gleichzeitige Weisungsbefolgungspflicht].

A.3.5 Klausel für die Einsetzung eines paritätischen Verwaltungsrats

Der Verwaltungsrat ist paritätisch aus Arbeitgeber- und Arbeitnehmervertretern zusammengesetzt. Er besteht aus insgesamt sechs Mitgliedern, welche Aktionäre sein müssen. Alle Mitglieder des Verwaltungsrats werden von der Generalversammlung für eine Amtsdauer von drei Jahren gewählt und sind ohne Beschränkung wiederum wählbar. Drei Mitglieder des Verwaltungsrats sind dabei von der Generalversammlung aus den Vorschlägen der Arbeitnehmervertretung zu wählen [*Variante:* Die Arbeitnehmer haben als eigene Aktionärsgruppe mit besonderem Schutzinteresse Anrecht auf drei Sitze im Verwaltungsrat; dazu sind der Generalversammlung von den Arbeitnehmern entsprechende Vorschläge zu unterbreiten].

A.3.6 Klausel für die Begrenzung von VR-Bezügen durch die Generalversammlung

Die Generalversammlung ist berechtigt, die maximale Höhe des individuellen VR-Honorars bzw. VR-Lohnes [*Variante:* ... des Honorar- und Lohnanspruchs für den Gesamtverwaltungsrat] festzulegen [*Variante:* ... in Prozenten vom Bilanzgewinn im entsprechenden Geschäftsjahr festzulegen]. Jedes Mitglied des Verwaltungsrats hat jedoch mindestens Anspruch auf eine Erstattung der im Zusammenhang mit seinem Mandat erforderlichen Spesen sowie eine angemessene Entschädigung für die von ihm erbrachten Leistungen in orts- und branchenüblicher Höhe [*Variante:* ... in Höhe eines durchschnittlichen VR-Honorars entsprechend seiner Funktion gemäss jeweils letzter repräsentativer Umfrage in der Schweiz]. Die Begrenzung der VR-Bezüge gilt jeweils nur für eine Amtsdauer [*Variante:* ... gilt jeweils bis auf Widerruf].

A.3.7 Klausel für einen Aktionärsausschuss zur Festlegung der Entschädigung

Die Generalversammlung kann einen Aktionärsausschuss bestehend aus drei bis fünf Aktionären zur Festlegung der VR-Entschädigung [*Variante:* ... zur Festlegung der Entschädigung von Verwaltungsrat und Geschäftsführung] für das nächste Geschäftsjahr wählen [*Variante:* ..., die zusammen nicht mehr als 50% der Aktienstimmen vereinen]. Dieser Aktionärsausschuss hat jeweils innerhalb von zwei Monaten nach der Generalversammlung die jeweilige Höhe des Honorar- bzw. Lohnanspruches der einzelnen VR-Mitglieder festzulegen [*Variante:* ... der gesamten Bruttoentschädigung inkl. beruflicher Vorsorge für den Verwaltungsrat und die Geschäftsführung zu fixieren]. Solange der Aktionärsausschuss die Entschädigungshöhe nicht festgelegt hat, gilt die Gesamthöhe aller Entschädigungen gemäss letzter genehmigter Jahresrechnung als Obergrenze für die zukünftigen Entschädigungen [*Variante:* Solange die Generalversammlung von ihrem Recht auf Wahl eines Aktionärsausschuss zur Festlegung der Entschädigung keinen Gebrauch gemacht und der Ausschuss noch keine Obergrenze fixiert hat, entscheidet der Verwaltungsrat in eigener Kompetenz über die Entschädigung].

A.3.8 Klausel für Aktionärszustimmung zu Arbeitsverträgen über drei Jahren

Arbeitsverträge zwischen der Gesellschaft und den Mitgliedern des Verwaltungsrats [*Variante:* ... und dem VR-Präsidenten oder dem VR-Delegierten*]* bedürfen zu deren Gültigkeit der Zustimmung der Generalversammlung, sofern und soweit sie für eine feste Dauer von mehr als drei Jahren abgeschlossen werden.

A.3.9 Klausel für den Vorsitz in der Generalversammlung

Der Vorsitz in der Generalversammlung wird durch den Präsidenten des Verwaltungsrates, bei dessen Verhinderung durch den Vizepräsidenten und bei dessen Verhinderung durch einen von der Verwaltung bezeichneten Tagespräsidenten geführt. Der Vorsitzende muss in jedem Falle von der Gesellschaft unabhängig sein, darf also nicht einem Arbeitsverhältnis zur Gesellschaft stehen oder in den letzten drei Jahren vor der Generalversammlung in einem solchen Verhältnis gestanden haben. [*Variante:* Er darf zudem nicht mehr als 20% aller Aktien der Gesellschaft halten oder vertreten].

Anhang 4 Muster für Bestimmungen im Organisationsreglement

A.4.1 Klausel für die Änderung und Offenlegung des Organisationsreglements

Dieses Reglement inklusive Funktionendiagramm ist vom Verwaltungsrat zumindest jedes dritte Jahr in der ersten Sitzung nach der ordentlichen Generalversammlung zu überprüfen und allenfalls veränderten Umständen, Statuten- oder Gesetzesbestimmungen anzupassen. Für einen gültigen Beschluss zur Änderung des Organisationsreglements bedarf es jedoch der Zustimmung von drei Vierteln aller amtierenden Verwaltungsräte [*Variante:* ... von zwei Dritteln aller anwesenden Verwaltungsräte]. Zudem kann eine Änderung jeweils erst auf das Datum der nächsten ordentlichen Generalversammlung in Kraft gesetzt werden. Weil das Organisationsreglement auch die Grundsätze für ein allfälliges Arbeitsverhältnis zwischen der Gesellschaft und einzelnen Mitgliedern des Verwaltungsrats regelt, ist es jedem Aktionär auf Wunsch offen zu legen [*Variante:* ..., ist jedem Aktionär auf erstes Verlangen eine Abschrift zuzustellen].

A.4.2 Klausel für die Regelung von VR-Honorar und Lohn

Jedes Mitglied des Verwaltungsrats hat Anspruch auf eine angemessene Entschädigung für die von ihm erbrachten Leistungen in Form eines jährlichen Pauschalhonorars in Höhe von CHF 18'000.– [*Variante:* ... in Form eines Honorars in Höhe von CHF 250.– pro Stunde nach Aufwand]. Notwendige Spesen im Zusammenhang mit dem Verwaltungsratsmandat werden separat entschädigt. Sofern und solange ein Verwaltungsrat zusätzlich in einem Arbeitsverhältnis zur Gesellschaft steht, resultiert daraus unabhängig vom VR-Honorar ein Lohnanspruch [*Variante:* ..., besteht nur ein Lohnanspruch aus Arbeitsvertrag und kein zusätzlicher Anspruch auf VR-Honorar].

A.4.3 Klausel für die Einsetzung eines Delegierten im Arbeitsverhältnis

Der VR delegiert die Geschäftsführung vollumfänglich an einen von ihm ernannten Delegierten, soweit nicht das Gesetz, die Statuten oder dieses Reglement etwas anderes vorsehen. Der VR übt die Oberleitung und die Aufsicht über den Delegierten aus; dazu erteilt der VR die notwendigen Weisungen und lässt sich vom Delegierten mindestens quartalsweise über den Geschäftsgang orientieren. Im Namen der Gesellschaft schliesst der VR mit dem

Delegierten für seine operative Tätigkeit einen Arbeitsvertrag ab, in dem die weiteren Details, insbesondere die Kompetenzen und die Entlöhnung [*Variante:* ... sowie die versicherungsrechtlichen Ansprüche] geregelt werden. Der Arbeitsvertrag mit dem Delegierten besteht unabhängig von seinem organschaftlichen Verhältnis zur Gesellschaft als Mitglied des VR.

A.4.4 Klausel für die Regelung von Arbeitsverhältnissen mit Mitgliedern des VR

Der VR ist berechtigt, im Namen der Gesellschaft mit einzelnen Mitgliedern des VR für ihre operative Tätigkeit im Betrieb zusätzlich zum organschaftlichen Verhältnis einen separaten Auftrag oder Arbeitsvertrag abzuschliessen. Zur Klarstellung der Verhältnisse bedürfen solche Verträge zu ihrer Gültigkeit der Schriftform; dies gilt auch für allfällige Ergänzungen oder Änderungen dieser Verträge. Im Falle eines Arbeitsvertrages hat das betroffene VR-Mitglied für seine Tätigkeit als Arbeitnehmer die Weisungen des Gesamtverwaltungsrats zu befolgen.

A.4.5 Klausel für die Regelung von Rücktritt und Kündigung bei VR-Mitgliedern

Ebenso wie die Generalversammlung das Recht hat, unabhängig von der laufenden Amtszeit einzelne oder alle Mitglieder des Verwaltungsrats mit sofortiger Wirkung abzuwählen, so kann das einzelne Mitglied des Verwaltungsrats oder der Verwaltungsrat in globo seinen sofortigen Rücktritt erklären. Besteht zwischen einem Mitglied des Verwaltungsrats und der Gesellschaft ein separater Auftrag oder Arbeitsvertrag bezüglich einer operativen Tätigkeit im Betrieb, so besteht dieses Rechtsverhältnis trotz Abwahl bzw. Rücktritt unbeschadet weiter. Diesbezüglich ist eine separate Kündigung oder Aufhebungsvereinbarung zur Auflösung notwendig. Erfolgt der Rücktritt zur Unzeit, so hat der Zurücktretende einen allfälligen Schaden zu ersetzen.

A.4.6 Klausel für ein Konkurrrenzverbot unabhängig vom Arbeitsvertrag

Jedem Mitglied des Verwaltungsrats [*Variante:* Dem VR-Präsidenten und dem VR-Delegierten] ist es untersagt, während der Dauer seines Mandates sowie während fünf Jahren nach dessen Beendigung ein Konkurrenzunternehmen in Europa direkt durch entgeltliche oder unentgeltliche Beratung oder indirekt durch finanzielle Beteiligung zu unterstützen. Insbesondere ist die Tätigkeit als Verwaltungsrat, Aufsichtsrat, Beirat oder Geschäftsleitungsmitglied eines solchen Unternehmens untersagt. Dieses gesellschaftsrechtliche Konkurrenzverbot besteht unabhängig von einem allfälligen arbeitsrechtlichen Konkurrenzverbot und entfällt weder mit der Kündigung des Arbeitsvertrages noch mit der Abwahl durch die Generalversammlung. [*Zur Absicherung des Konkurrenzverbotes ist zusätzlich eine Konventionalstrafe zu statuieren.*]

A.4.7 Klausel für Verträge zwischen der Gesellschaft und ihren Vertretern

Alle Verträge, bei denen die Gesellschaft durch diejenige Person vertreten wird, mit der sie den Vertrag abschliesst, müssen schriftlich abgeschlossen werden und bedürfen der Zustimmung des Verwaltungsrats. [*Variante:* Ausgenommen sind Verträge, welche die Gesellschaft zu einer einmaligen Leistung von weniger als 10'000.– Franken oder zu einer periodischen Leistung von weniger als 2'000.– Franken pro Jahr verpflichten.]

Anhang 5 Muster für Bestimmungen in Verträgen

A.5.1 Klauseln in Arbeitsverträgen

a) Annahme einer Wahl als Verwaltungsrat

Um dem Arbeitnehmer die Erfüllung seiner anspruchsvollen Aufgaben zu erleichtern und ihm weitreichende Kompetenzen einzuräumen, wird der Verwaltungsrat anlässlich der nächsten ordentlichen Generalversammlung [*Variante:* ... anlässlich einer Universalversammlung innerhalb von 10 Tagen seit beidseitiger Unterzeichnung des Arbeitsvertrages] beantragen, den Arbeitnehmer als weiteres Mitglied des Verwaltungsrats [*Variante:* ... als Präsidenten des Verwaltungsrats] für die nächste Amtsdauer zu wählen. Der Arbeitnehmer erklärt hiermit, eine allfällige Wahl anzunehmen [*Variante:* Der vorliegende Arbeitsvertrag wird unter der aufschiebenden Bedingung abgeschlossen, dass der Arbeitnehmer durch die Generalversammlung als Mitglied des Verwaltungsrats gewählt wird und er diese Wahl annimmt]. Die treuhänderische Übertragung einer Aktie zur Ausübung der Funktion als Verwaltungsrat wird in einem separaten Mandatsvertrag mit dem Hauptaktionär der Gesellschaft geregelt.

b) Konsequenzen eines Rücktritts als Verwaltungsrat

Der vorliegende Arbeitsvertrag wird für den Zeitraum abgeschlossen, in welchem der Arbeitnehmer bei der Gesellschaft als Delegierter des Verwaltungsrats tätig ist; tritt der Arbeitnehmer ohne wichtigen Grund im Sinne von Art. 337 Abs. 2 OR als Mitglied des Verwaltungsrats zurück so endigt damit nicht nur unmittelbar seine Funktion als Delegierter, sondern per Ende des laufenden Monates auch der vorliegende Arbeitsvertrag [*Variante:* Der Arbeitnehmer hat seine Tätigkeit unabhängig von einer allfälligen Mitgliedschaft im Verwaltungsrat auszuüben; tritt der Arbeitnehmer als Mitglied des Verwaltungsrats zurück oder wird er als solcher von der Generalversammlung abgewählt bzw. nicht mehr wieder gewählt, so bleibt der vorliegende Arbeitsvertrag davon unberührt].

c) Schadenersatzansprüche bei einem vorzeitigen Rücktritt als Verwaltungsrat

Es ist vorgesehen, dass der Arbeitnehmer für die nächste Amtsdauer von drei Jahren das Amt eines Delegierten des Verwaltungsrats mit Einzelunterschrift [*Variante:* ... als Präsident des Verwaltungsrats mit Kollektivunterschrift zu Zweien] ausüben wird. Deshalb wurde er in einem aufwendigen Selektionsverfahren ausgewählt und anderen Kandidaten vorgezogen. Zudem kann er auf Kosten der Gesellschaft zwei Managementseminare absolvieren. Sollte der Arbeitnehmer eine allfällige Wahl als Verwaltungsrat nicht annehmen oder von seinem Mandat noch vor Ablauf der Amtsdauer zurücktreten, so hat er der Arbeitgeberin den daraus entstanden Schaden, insbesondere resultierend aus den Kosten für Personalberatung, graphologisches Gutachten und Managementseminare, mit pauschal CHF 20'000.– zu ersetzen.

d) Konsequenzen einer Abwahl des Arbeitnehmers als Verwaltungsrat

Der Arbeitnehmer hat seine Tätigkeit unabhängig von einer allfälligen Mitgliedschaft im Verwaltungsrat der Arbeitgeberin auszuüben. Erfolgt eine Abwahl bzw. nach Ablauf der Amtsdauer keine Wiederwahl durch die Generalversammlung, so wird das Arbeitsverhältnis davon nicht berührt. [*Variante:* Der vorliegende Arbeitsvertrag wird für den Zeitraum abgeschlossen, in welchem der Arbeitnehmer bei der Gesellschaft als Delegierter des Verwaltungsrats tätig ist. Wird der Arbeitnehmer durch die Generalversammlung als Mitglied des Verwaltungsrats abgewählt oder nach Ablauf einer Amtsdauer nicht mehr wiedergewählt, so endigt damit unmittelbar die Funktion des Arbeitnehmers als Delegierter des Verwaltungsrats; gleichzeitig beendigt die Abwahl bzw. die Nichtwiederwahl das Arbeitsverhältnis ohne weitere Kündigung per Ende des laufenden Monats. In diesem Falle erhält der Arbeitnehmer eine einmalige Abgangsentschädigung in der Bruttohöhe von sechs Monatslöhnen].

e) Konsequenzen einer Kündigung des Arbeitsvertrages durch den Arbeitnehmer

Kündigt der Arbeitnehmer den vorliegenden Arbeitsvertrag, so gilt dies unabhängig vom Grund der Kündigung gleichzeitig als Rücktrittserklärung mit sofortiger Wirkung bezüglich einer allfälligen Mitgliedschaft im Verwaltungsrat [*Variante:* Eine Kündigung des vorliegenden Arbeitsvertrages hat keinen Einfluss auf eine allfällige Funktion des Arbeitnehmers als Mitglied des Verwaltungsrats der Gesellschaft].

f) Konsequenzen einer Kündigung des Arbeitsvertrages durch die Arbeitgeberin

Solange der Arbeitnehmer gestützt auf eine rechtsgültige Wahl durch die Generalversammlung Mitglied des Verwaltungsrats der Gesellschaft ist, untersteht er dem besonderen Kündigungsschutz von Art. 336 Abs. 2 lit. b OR. Kündigt die Arbeitgeberin während dieser Zeit das Arbeitsverhältnis ohne einen begründeten Anlass, so ist die Kündigung zwar rechtswirksam, doch hat der Arbeitnehmer Anspruch auf eine Entschädigung gemäss Art. 336a OR.

g) Versicherungsschutz

Auf Kosten der Gesellschaft wird zu Gunsten des Arbeitnehmers eine spezielle Director's and Officer's Versicherung abgeschlossen. Damit werden Ansprüche Dritter aus der Tätigkeit des Arbeitnehmers als Delegierter des Verwaltungsrats bis zu einer maximalen Höhe von CHF 5'000'000.– pro Fall gedeckt ohne Selbstbehalt zu Lasten des Arbeitnehmers. Die Arbeitgeberin ist jedoch zur Schadloshaltung des Arbeitnehmers aus Verantwortlichkeitsansprüchen nur soweit verpflichtet, als die D&O-Versicherung auch tatsächlich Leistungen erbringt.

A.5.2 Klauseln in Mandatsverträgen

a) Treuhänderische Aktie als Verwaltungsrat

Der Mandant stellt dem Mandatar für die Dauer des Mandatsverhältnisses eine Namenaktie à nom. CHF 1'000.– für die Ausübung seiner Funktion als Delegierter [*Variante:* Präsident] des Verwaltungsrats zur Verfügung und hinterlegt diese in einem Sperrdepot, über das die Parteien nur gemeinsam verfügen können. Die Bezugs- und Dividendenansprüche aus der treuhänderisch übertragenen Aktie werden bis zu deren Rückübertragung an den Mandanten abgetreten. Sollte der Mandatar zufolge Neukonstituierung des Verwaltungsrats oder Auflösung seines Arbeitsvertrags mit der Gesellschaft die Funktion als Delegierter [*Variante:* Präsident] des Verwaltungsrats nicht mehr ausüben können, so wird damit der vorliegende Mandatsvertrag automatisch aufgelöst. Bei einer Aufhebung des Mandatsvertrages ist die Aktie umgehend dem Mandanten zurück zu übertragen, unabhängig vom Grund der Vertragsauflösung.

b) Enthaftungserklärung für die Funktion als Verwaltungsrat und Arbeitnehmer

Der Mandant verpflichtet sich und seine Rechtsnachfolger, den Mandatar von jeglichen Schadenersatzansprüchen, die gegen ihn in seiner Eigenschaft als Mitglied des Verwaltungsrats mit organschaftlichem Verhältnis zur Gesellschaft oder als Delegierter des Verwaltungsrats mit arbeitsvertraglichem Verhältnis zur Gesellschaft erhoben werden, schad- und klaglos zu halten, es sei denn, der Mandatar habe den Schaden absichtlich oder grobfahrlässig herbeigeführt. Die Pflicht des Mandanten zur Schadloshaltung gilt insbesondere auch dann, wenn der Mandatar gestützt auf Art. 321e Abs. 1 OR wegen fahrlässiger Schadenszufügung von der Gesellschaft als Arbeitgeberin regressweise belangt wird.

A.5.3 Klauseln in Aktionärbindungsverträgen

a) Anrecht auf Einsitz im Verwaltungsrat und in der Geschäftsleitung

Der Verwaltungsrat wird mit mindestens fünf und maximal sieben Mitgliedern bestellt. Jede der Vertragsparteien hat Anspruch auf die Nominierung eines Mitglieds. Die übrigen Vertragsparteien verpflichten sich, diesen Kandidaten zu wählen, sofern die Wahlvoraussetzungen gemäss den Statutenbestimmungen im Anhang zu diesem Aktionärbindungsvertrag erfüllt sind. Zur Ausübung des Verwaltungsratsmandates können die Vertragsparteien ihren Kandidaten fiduziarisch eine Aktie übertragen. Zusätzlich hat die ABC AG das Recht, den Vorsitzenden der Geschäftsleitung [*Variante:* ..., falls gewünscht in Personalunion mit dem eigenen Vertreter im Verwaltungsrat,] vorzuschlagen. Die übrigen Vertragsparteien verpflichten sich, ihre Vertreter im Verwaltungsrat anzuweisen, diesen Vorschlag zu unterstützen, sofern die fachlichen Voraussetzungen gemäss der Anforderungsliste im beiliegenden Organisationsreglement erfüllt sind. [*Um diese Stimmrechtsbindung bzw. die Weisungsverpflichtung durchzusetzen ist die Klausel mit einer Konventionalstrafe abzusichern.*]

b) Vorgaben für Arbeitsverträge von VR-Mitgliedern

Die Vertragsparteien werden ihr Weisungsrecht gegenüber ihren Vertretern im Verwaltungsrat dahingehend ausüben, dass vom Verwaltungsrat raschmöglichst ein Organisationsreglement gemäss der Vorlage im Anhang 1 zu diesem Aktionärbindungsvertrag erlassen wird. Damit soll insbesondere die personelle Trennung von VR-Präsident und CEO gewährleistet werden. Sollte die Gesellschaft eine Grösse erreichen, welche die hauptberufliche Ausübung des VR-Präsidiums [*Variante:* ... oder eines VR-Mandates ohne Zusatzfunktion] erforderlich macht, so sind von den Aktionärsvertretern im Verwaltungsrat die entsprechenden Vorgaben im Anhang 2 bezüglich Salär, Konkurrenzverbot, Kündigungsfrist und Abgangsentschädigung zu beachten. [*Um die Weisungsverpflichtung gegenüber den Aktionärsvertreter im Verwaltungsrat durchzusetzen ist die Klausel mit einer Konventionalstrafe abzusichern.*]

Judikaturregister

Publizierte Bundesgerichtsentscheide

BGE 28 II 106	3	BGE 96 V 124	378
BGE 36 II 133	437	BGE 99 II 180	347
BGE 43 III 256	437	BGE 102 Ib 166	415
BGE 44 II 138	50	BGE 102 II 420	285
BGE 45 II 555	292	BGE 102 V 59	186, 199, 213
BGE 47 II 86	345	BGE 102 V 223	5, 211, 390, 394, 395, 403, 491
BGE 48 II 403	60, 327		
BGE 49 III 202	449	BGE 102 V 226	211
BGE 51 II 330	61	BGE 103 V 1	214, 377, 414
BGE 52 III 147	437, 449	BGE 103 V 125	335
BGE 53 II 408	51	BGE 104 II 29	285, 293
BGE 59 II 264	61	BGE 104 II 317	330
BGE 60 I 55	264	BGE 104 V 201	212, 390, 391, 402
BGE 63 I 147	410	BGE 105 II 114	15, 215, 270, 495
BGE 65 II 2	353	BGE 105 II 130	165, 265
BGE 67 I 342	17, 196, 203, 264	BGE 105 II 312	35
BGE 71 I 187	323	BGE 105 IV 172	457
BGE 75 II 149	16, 50, 51, 212, 275, 489, 495	BGE 105 IV 175	316
		BGE 105 V 101	391
BGE 76 I 351	72	BGE 105 V 113	33
BGE 78 II 155	353	BGE 106 V 117	215, 395, 402
BGE 78 II 375	58	BGE 107 Ib 325	415
BGE 80 II 247	373	BGE 107 IV 39	280
BGE 81 II 223	421	BGE 108 II 115	501
BGE 83 II 297	42	BGE 108 V 199	335
BGE 84 II 159	270	BGE 109 V 93	381
BGE 84 II 550	269, 275	BGE 110 II 244	56
BGE 86 II 159	269, 270, 495	BGE 111 Ia 41	428
BGE 86 II 163	277	BGE 111 II 245	291
BGE 87 II 184	421	BGE 111 II 438	299
BGE 87 III 86	432	BGE 111 II 480	210, 216, 331
BGE 91 II 311	275	BGE 111 II 483	60, 327
BGE 93 II 290	60	BGE 112 V 4	381
BGE 95 I 21	13, 65, 191, 213, 375	BGE 112 V 5	299, 327
BGE 95 I 174	213, 413	BGE 112 V 55	327, 402, 403, 437
BGE 95 II 320	352, 353, 355	BGE 113 II 52	293, 347
BGE 96 II 142	288	BGE 113 IV 68	458
BGE 96 IV 155	456	BGE 113 V 333	386

BGE 114 II 57	42	BGE 122 V 270	398, 399, 402, 405
BGE 114 II 159	285	BGE 123 III 86	295
BGE 114 II 279	35	BGE 123 III 110	346
BGE 114 II 349	501	BGE 123 V 161	275
BGE 114 V 213	40, 99	BGE 123 V 172	381
BGE 114 V 56	405	BGE 123 V 234	396, 397, 398
BGE 114 V 219	378, 379	BGE 123 V 237	302, 405
BGE 115 Ib 274	419, 420, 421	BGE 125 III 78	51, 178, 195, 219, 304
BGE 115 II 464	295		
BGE 115 II 468	169	BGE 125 III 277	291
BGE 115 V 55	23, 386	BGE 126 III 361	194
BGE 116 Ia 169	314	BGE 126 V 61	381
BGE 117 II 74	292	BGE 126 V 134	402, 404
BGE 117 II 295	168	BGE 126 V 237	378
BGE 117 II 441	185	BGE 126 V 303	501
BGE 117 II 570	12, 17, 21, 56, 172	BGE 127 III 332	58, 195, 497
BGE 118 III 46	179, 417, 432, 433, 438, 450	BGE 127 III 335	58
		BGE 128 III 29	172
BGE 119 V 87	380	BGE 128 III 92	13, 21, 35, 172
BGE 119 V 161	275	BGE 128 III 129	3, 6, 14, 51, 68, 69, 205, 220, 269, 295, 296, 360, 361, 362, 364
BGE 119 V 401	380, 423		
BGE 120 II 331	27		
BGE 120 V 525	398		
BGE 121 I 259	4, 51, 212, 410, 411	BGE 128 III 390	320
BGE 121 I 326	225	BGE 129 III 535	219
BGE 122 II 195	332	BGE 129 V 11	378
BGE 122 IV 103	456, 457	BGE 130 III 213	6, 52, 205, 220, 279, 340
BGE 122 V 169	275		

Nicht publizierte Bundesgerichtsentscheide

2A.468/1999	179, 186, 417	4C.376/2002	5, 504
2P.200/1993	411	4C.397/1998	312
4A.7/1994	267	4C.402/1998	58, 176, 217, 220, 293
4C.2/2003	52		
4C.67/2003	65	4C.433/1998	491
4C.85/1996	295	4C.443/1996	295
4C.95/2004	183	4C.460/1995	268
4C.158/2002	3, 12, 183, 218	5C.94/1989	437
4C.179/2002	279, 340, 535	6P.171/2002	458
4C.183/1994	303	6P.223/1999	460
4C.258/2003	6	6S.87/2003	459
4C.307/2001	192	C 16/02	401, 404
4C.366/2000	173	C 44/01	396

C 184/99	402	C 444/99	108
C 274/99	392, 399, 402	H 14/01	378
C 278/99	20, 187, 392, 402	H 37/00	172
C 279/99	392, 402	H 38/00	172
C 313/00	176, 392, 394, 399	H 62/99	274
C 340/01	391	H 195/95	380
C 355/00	400	H 200/01	378
C 373/00	397, 399	H 210/99	378
C 440/99	391	H 337/00	332, 379
C 443/99	108	H 442/00	21

Kantonale Gerichtsentscheide

ARV 1978/25	375, 390, 403	StE 1997 B 22.3	
ARV 1980/41	391	Nr. 60 (ZH)	411
ARV 1996/10	399	TCA TI	
ARV 1996/41	398, 402	Nr. 31–33/90	21
ARV 2001/33	405	ZBJV 127 (1991)	
BJM 1960		142	216, 432, 435
S. 182	278	ZBJV 139 (2003)	
BJM 1978		132	179
S. 285	3	ZR 100 (2001)	
GVP AR 10		Nr. 67 S. 227	35
(1998) 2178	410	ZR 31 (1932)	
GVP SG 1986		Nr. 185 S. 349	434
Nr. 39 S. 78	173	ZR 76 (1977)	
GVP SG 2000		Nr. 75 S. 193	465
Nr. 38 S. 109	172	ZR 77 (1978)	
JAR 1980 S. 115	3	Nr. 25 S. 51	22, 434
JAR 1982 S. 94	191	ZR 77 (1978)	
JAR 1990 S. 177	500	Nr. 25 S. 54	209
LGVE 2001 II 270	378	ZR 80 (1981)	
RJJ 2/96 149 ff.	465	Nr. 12 S. 35	191
SJZ 74 (1978)	363 179, 434	ZR 83 (1984)	
SJZ 89 (1993) 398	382	Nr. 78 S. 187	47, 200, 209, 215
SJZ 90 (1994) 389	51, 433	ZR 85 (1986)	
SJZ 90 (1994) 389	436	Nr. 41 S. 90	76
StE 1997 A 24.32		ZR 98 (1999)	
Nr. 3 (ZH)	410	Nr. 52 S. 243	313

Sachregister

A

Abberufung
- der Geschäftsführung 202, 294, 296
- des CEO 360
- des Vorstands 227
- des VR-Delegierten 76, 136
- des VR-Präsidenten 493
- jederzeitiges Recht der GV 60, 63
- nicht empfangsbedürftig 64
- ohne Kenntnisnahme 80, 475
- ohne Vertragskündigung 206, 295, 297
- unverzichtbares Recht der GV 307
- von Vertretern einer Körperschaft des öffentlichen Rechts 55, 61

Abgangsentschädigung
- Begriff und Bedeutung 303
- bei Abwahl durch GV 502
- bei börsenkotierten AG 308
- gesetzliche Regelung 304
- golden parachute 304
- Grenzen 308
- Musterklausel 519
- statutarische und organisatorische Regelung 306
- vertragliche Regelung 308

Abhängigkeitsverhältnis *Siehe Subordinationsverhältnis*

Abordnung
- als Argument gegen Wahlvoraussetzung 55
- durch eine Körperschaft des öffentlichen Rechts 57, 164
- Haftung des Abgeordneten 357
- schliesst Vertragsverhältnis aus 62, 63, 66

Abwahl
- Entschädigungsansprüche 502
- Konsequenzen für den Arbeitsvertrag 297
- Unmöglichkeit der Arbeitsleistung 299

AHV-Beitrag
- Beitragspflicht auf VR-Honorar 8, 34, 188, 375
- Beitragsstatut für die Stellung in der ALV 211, 375, 390
- Haftung für ausstehende Beiträge 380
- Kausalhaftung nach Art. 52 AHVG 341, 378
- kein Merkmal für Arbeitsvertrag 185
- keine Versicherung 367
- Verantwortlichkeit 377
- Verhältnis zur MWST 410

Aktiengesellschaft
- Anzahl in der Schweiz 88
- Einmann-AG 195, 198
- Europäische *Siehe Societas Europaea*
- Familien-AG 115
- mit mehrköpfigem VR 200
- monistisches System 38
- Rechtsverhältnis der Organe 53
- Rechtsverhältnis zum VR 80, 475

Aktionärseigenschaft
- beim abgeordneten VR 79, 167
- beim paritätischen VR 502
- gesetzliche Voraussetzung und Konsequenzen 166
- nach zukünftigem Recht 170

Alterslimite
- als Befristung des Arbeitsvertrages 501

Amtszeitbegrenzung
- als Befristung des Arbeitsvertrages 501

Anfechtung
- von Beschlüssen über VR-Honorare 270

Angestellter
- leitender 11
- veralteter Begriff 440
- versehentliche Bezeichnung im OR 440

527

Sachregister

Annahme
- als Voraussetzung für eine Doppelstellung 165

anwendbares Recht
- bei Zivilprozesen 468

Arbeitgeber
- Begriffsbestimmung 3
- Stellung des Verwaltungsrates 3
- Vertretung im paritätischen VR 31

Arbeitnehmer
- Abgrenzungen 26
- Ausleihe 29
- Basis für Doppelstellung 26
- Begriffsbestimmung 175
- Beteiligung in der Societas Europaea 232
- leitender 11, 12, 185, 254, 343, 349, 434, 448, 452
- Vertragliche Rechte 34
- Vertretung im Verwaltungsrat 30
- Voraussetzungen 175

Arbeitnehmervertreter
- bei der Swisscom 31
- bei der Trisa 31
- erhöhte Treuepflicht 286
- in der SE 231
- Kündigungsschutz 301
- Mitbestimmung 234
- Spezialfall 32
- Weisungsgebundenheit 33

Arbeitsleistung
- beim Arbeitsvertrag 177

Arbeitslosenversicherung
- Arbeitslosenentschädigung 388
- Entstehung und Übersicht 388
- Insolvenzentschädigung 401
- Kurzarbeitsentschädigung 397

Arbeitstätigkeit
- organabhängige 185
- organunabhängige 187

Arbeitsvertrag
- Abgrenzung vom Auftrag 33
- Begriff 176
- Beweislast 22
- faktischer 22, 191
- formelle Gestaltung 133

- Kompetenz des VR 39
- mit Pflicht zum VR-Mandat 34
- Verbot in den Statuten 39
- Weisungsabhängigkeit als Merkmal 24

Arbeitszeugnis
- für VR-Delegierten 280

Audit Committee
- mit outside directors 325
- Überwachung der Revision 226

Aufsichtsorgan
- bei der Societas Europaea 11
- Funktion des VR 9

Aufsichtsrat
- Abordnung in der SE 231
- Aufgaben und Notwendigkeit 227
- Systemablehnung in der Schweiz 109, 247
- Systemannäherung durch Statuen 249
- und Arbeitnehmer 235
- und Vorstandsfunktion 231

Auftrag
- Abgrenzung vom Arbeitsvertrag 33

Auskunft
- über Angelegenheiten der AG 325
- über die VR-Entschädigung 215
- über Entschädigung an das Management 236
- über VR-Entschädigungen 93, 236

Auskunftsrecht
- im Organisationsreglement 326

Ausschuss
- als organabhängige Arbeitstätigkeit 185
- Anspruch auf Vertretung 325
- der Aktionäre zur Honorarfestlegung 496, 514
- Eintragung im HR 99, 100, 407, 479
- Entschädidungsausschuss *Siehe Compensation Committee*
- Entschädigung 95
- Gleichbehandlungsanspruch 325
- Honorierung 95
- im deutschen Recht 227
- im VR einer Bank 226
- Kontrollfunktion des VR 76
- Notwendigkeit 9

- permanenter oder temporärer 226
- Prüfungsausschuss *Siehe Audit Committee*
- Regelung im Org. Regl. 321
- Wahlausschuss *Siehe Nomination Committee*
- Weisungsberechtigung 186, 387

B

Bank
- dualistisches System 11
- Sonderregelung bzgl. Dualismus 109
- Trennung von VR und GF 221, 226
- unzulässiger Arbeitsvertrag mit VR 226

Basisdaten
- der Auswertung 85

Bedingung
- im Arbeitsvertrag 35

Beendigung
- des Arbeitsvertrages durch Abwahl 500

Befristung
- des Arbeitsvertrages 501

Beispiel
- Doppelstellung beim Alleinverwaltungsrat 201
- für Konfliktpotential 5, 5

Beispiele
- für AG mit paritätischem VR 31
- für die Entstehung aus einer Arbeitnehmerstellung 28
- für die Entstehung aus VR-Funktion 25

Beschäftigte
- Anzahl in der Schweiz 90, 91

Betreibung
- örtliche Zuständigkeit 428
- Rechtsvorschlag 430
- sachliche Zuständigkeit 428

Beweislast
- bzgl. Bestand Arbeitsvertrag 22

Bewusste Doppelstellung
- Beispiele 20

Boardsystem
- gemäss Combined Code 246
- gemäss OECD Principles 244
- in der Schweiz 38, 249
- in der SE 231

Börsenkotierte Aktiengesellschaft
- Problem der Oberaufsicht 14

Bundesamt für Statistik
- als Datenquelle 85

Bundesgericht
- Entscheide zum Rechtsverhältnis VR-AG 50
- Entscheide zur Doppelstellung 211

BVG-Obligatorium
- Unterstellung des VR 385

BVG-Prämien
- auf VR-Honorar 383
- Haftung des VR 382

C

Combined Code
- Board System 246
- Entstehung 238
- Unabhängigkeit 246
- Verbindlichkeit 238
- Zusammenfassung 246

Compensation Committe
- mit outside directors 325

Compensation Committee
- Empfehlung des Swiss Code 94
- Festlegung der Honorierung 226
- zur Festlegung der VR-Honorare 15

Corporate Governance
- Angaben im Geschäftsbericht 94
- Bedeutung 239
- Begriff 236
- Combined Code 245
- Empfehlungen im Swiss Code 255
- Forderung nach mehr Professionalität 4
- Gewaltentrennung statt Personalunion 247
- Grundsätze der OECD 243
- internationale Entwicklung 238

529

- Offenlegung der Entschädigungen 97
- outside und inside directors 249
- Richtlinien 14
- Studie zur Personalunion 252
- Swiss Code of Best Practice 94, 238, 240
- Voraussetzungen für optimale Effizienz 11
- Zulässigkeit der Personalunion 479

D

Datenquellen
- der Auswertung 85
- zur Rechtstatsachenforschung 85

Dauerschuldverhältnis
- Arbeitsvertrag 190

Décharge
- personelle Wirkungen 350
- sachliche Wirkungen 353
- Verweigerung 356

Delegation
- des Weisungsrechts 183

Delegiertenbefragung
- Fragebogen 506
- Rohdaten 509

Delegierter
- als Vertreter im Konzern 29
- Anzahl AG mit einem Delegierten 101
- Anzahl nach Sprachregionen 104
- Begriff 70
- Eintrag im Handelsregister 72
- Entschädigung 95
- Entschädigungsarten 151
- Häufigkeit allgemein 87
- Häufigkeit nach Geschlecht 106
- Häufigkeit pro Gesellschaft 105, 106
- Rechtsverhältnis 73, 74
- Rücktrittsmöglichkeit 153
- Sonderstellung 70

Dienstverschaffungsvertrag 29

Direktionsgewalt
- des VR 3

Disziplinarmassnahmen
- in der Praxis 190

Doppelfunktion
- Forderung nach Verbot 11

Doppelspitze
- Regelung im Swiss Code 256

Doppelstellung
- Bedeutung 3
- Begriff 3, 8
- bei der gleichen Gesellschaft 194
- Entstehung 19, 23
- Gegenargumente 10
- Konfliktpotentials 13
- Problematik 3
- Unmöglichkeit bei Einmann-AG 195
- Voraussetzungen 163
- Zulässigkeit 3
- Zulässigkeit in der Literatur 203

Doppelvertretung
- Genehmigung durch VR 58

Dualismus
- Annäherung durch Statutenbestimmung 492
- bei Banken und Sparkassen 11
- bei der Societas Europaea 11
- in der Societas Europaea 230

E

Ehrenpräsident
- Eintragungsfähigkeit im HR 100

Einmann-AG
- Empfehlung zur Konfliktlösung 497
- Insichgeschäfte 195
- ohne Weisungen 65
- und Einzel-VR 198
- Unmöglichkeit einer Doppelstellung 195

Einmann-VR
- Häufigkeit 102

Einpersonen-Gesellschaft Siehe Einmann-AG

Einsichtsrecht
- im Organisationsreglement 326

Eintragung
- im Handelsregister 171

Einzelverwaltungsrat
- Möglichkeit einer Doppelstellung 199
- Unmöglichkeit einer Doppelstellung 199
- Unterschied zu Einmann-AG 195

Empfehlungen
- zur Konfliktvermeidung 487

Entgeltlichkeit
- beim Arbeitsvertrag 191

Enthaftungsklausel
- im Mandatsvertrag 32, 271, 365, 367, 503
- Muster 520

Entlastungsbeschluss
- personelle Wirkungen 350
- sachliche Wirkungen 353
- Verweigerung 356

Entlöhnung *Siehe auch Entschädigung*
- Faktoren zur Festlegung 16
- Festlegung als Jahressalär 93
- Interessenkollision bei der Festlegung 194
- Kriterium für Arbeitsvertrag 176, 268
- Kumulation von Lohn und Honorar 268, 276
- nachträgliche Festlegung 478
- Offenlegung 496
- Umfrageergebnis bei VR-Delegierten 151
- Verrechnung mit Schadenersatz 311
- Verzicht bei organabhängiger Tätigkeit 272
- Zulässigkeit der Gewinnabhängigkeit 275

Entschädigung
- angemessene Höhe 16, 269, 277
- Anspruch des Verwaltungsrates 269
- Anspruch des VR-Delegierten 272
- Aufteilung 98
- bei Abwahl eines VR 64
- bei einer Abwahl 502
- bei vorzeitigem Rücktritt 519
- beim Abgang *Siehe Abgangsentschädigung*
- der Verwaltungsräte 93
- der VR-Delegierten 152
- Durchschnitt gemäss BDO Visura 86, 95
- Durchschnitt gemäss HandelsZeitung 96
- Durchschnitt pro Jahr 95
- Entschädigungsausschuss 94
- Festsetzung durch Ausschuss 15
- Festsetzung durch den VR 63
- für Konkurrenzverbot 287
- für VR-Delegierte 158, 477
- für zusätzlichen Auftrag 274
- Gerechtigkeit 15
- Grund für Streitigkeiten 16
- Honorartabelle 95
- Kompetenz zur Festsetzung 306
- Kriterium für Arbeitsvertrag 65
- Legalität und Legitimität 15
- Muster für Aktionärsausschuss zur Festlegung 514
- Muster für statutarische Begrenzung 513
- Qualifikation im Steuerrecht 33
- Rekordhöhe 95, 97
- Spezialregelungen 149
- Transparenz und Konsequenzen 94
- unselbständiges Einkommen 8
- unterschiedliche Formen 93
- Varianten nach Rechtsverhältnis 151
- Voraussetzung für Arbeitsvertrag 75

Entscheide
- zum Konkursprivileg 434
- zur Insolvenzentschädigung 403
- zur Zulässigkeit einer Doppelstellung 211

Entstehung
- einer Doppelstellung 19, 23
- ohne vorbestandene Funktion 33

Europäische Aktiengesellschaft *Siehe Societas Europaea*

Europäische Union
- Richtlinie zum Rechnungsabschluss 236

F

Faktischer Verwaltungsrat
- Definition 172
- in Konzerngesellschaften 13
- ohne Mitwirkung der AG 55

Faktisches Arbeitsverhältnis
- nicht bei unbewusster Doppelstellung 22

Firmenverzeichnis
- ABB 93, 97, 237, 383
- BB Biotech 97
- BDO Visura 86, 95
- Bio Ventures 97
- BK Vision 97
- BMG ComServ 87, 112
- Bodensee Arena 164
- BT&T Telekommunikation 97
- Computer Associates 15
- Credit Suisse 97, 251
- Day Software 97
- HBM 97
- Kuoni 8, 237
- Lonza 97
- Micro Value 97
- Mövenpick 97
- Nestlé 97
- Novartis 97
- Orell Füssli 85, 86, 87, 112
- Pelham Investments 97
- Pharma Vision 14
- Precious Woods 97
- SAir 4, 16, 17
- SBB 93
- Schindler 97
- Swiss Cap Invest 97
- Swissair 15, 17, 237, 309
- Swisscom 15, 31
- Think Tools 97
- Togal 15
- Trisa 31
- UBS 97
- Viacom 98
- VR Management 317
- Zürich 16
- Zurich Financial Services 251

Fragebogen
- zur Delegiertenbefragung 506

Frauenquote
- bei den VR-Delegierten 106

Fusion
- als 22
- Grund für eine Doppelstellung 22, 362
- Konfusion als Folge 364
- Regelung im Fusionsgesetz 361

G

Garantenpflicht
- des Arbeitgebers 458

gemischtwirtschaftliche Aktiengesellschaften
- Entsendungsrecht des Gemeinwesens 9

Gerechtigkeit
- in der Entschädigung 15

Geschäftsführung
- Aufgabe des VR 9
- Beaufsichtigung 10
- mangelhafte Oberaufsicht 14

Gleichbehandlungsanspruch
- bezüglich Handelsregister 324
- in Teilbereichen 323
- Informationsrecht 325
- Sitzungsteilnahme und Stimmrecht 324

H

Haftung
- aktienrechtliche Verantwortlichkeit 339, 341
- Bedeutung des Organisationsreglements 320
- Begrenzung durch AG-Gründung 395
- bei schadensgeneigter Arbeit 311
- Dauer 381
- der AG für ihren VR 314
- der öff. rechtl. Körperschaft 357
- des Arbeitnehmers 311, 312
- des Aufsichtsrats 227

- des VR-Delegierten 223, 248, 333
- des VR-Sekretärs 224
- für abgeordneten VR 357
- für AHV-Prämiene 378
- für BVG- und UVG-Prämien 387
- für Emissionsprospekt 339
- für Geschäftsführung 173, 267, 339
- für Hilfspersonen 335
- für Liquidation 424
- für Schäden aus unerlaubter Handlung 314
- für Schäden aus Vertrag 313
- für Steuerforderungen 421
- für Steuerschulden 418
- für Treuepflichtverletzung 335
- für Verrechnungssteuer 420
- für Verschulden 347
- gegenüber der AG 311
- gegenüber Dritten 313
- Gründungshaftung 339
- persönliche 314
- Reduktion durch Delegation 331, 337
- Reduktion durch Subdelegation 334
- solidarische 349
- Überblick 310
- Unterschied arbeitsrechtlich und aktienrechlich 312
- Verschärfung durch Doppelstellung 334, 422
- Voraussetzungen 343, 344, 346, 347
- Wegfall bei Décharge 313, 350
- Zusatzangabe bei VR-Umfrage 121

Handelsregister
- Eintrag des VR-Delegierten 72
- Eintragung von CEO und CFO 100
- Eintragungszwang des Präsidenten 103
- Gleichbehandlungsanspruch 324

Handelsregistereintrag
- bei Doppelstellung 262

Handelszeitung
- Angaben über VR-Honorare 96

Hauptberuf
- Ausübung des VR-Mandates 8

Hilfsperson
- für organabhängige Tätigkeit 336
- für organunabhängige Tätigkeit 338
- Haftung des Vertragsschuldners 335
- Rechtsprechung 172, 421
- Verantwortlichkeit gegenüber Dritten 313
- Versicherungsregress 371

Honorar *Siehe Entschädigung*
- deutsche Aufsichtsräte 98
- Durchschnitt gemäss BDO Visura 95
- Durchschnitt pro Jahr 95

Honorare
- für nebenamtliche VR 95

Honorierung *Siehe Entschädigung*

I

Informationsrecht
- Gleichbehandlungsanspruch 325

Inhaberaktie
- Aktionärseigenschaft 167

Inhaltsübersicht III
Inhaltsverzeichnis IV

Initiative
- über die Mitbestimmung der Arbeitnehmer 10

Innominatvertrag
- zwischen VR und AG 65

Insichgeschäft
- bei der Einmann-AG 195
- beim Selbstkontrahieren 194
- Empfehlung zur Konfliktlösung 497
- Genehmigung durch den VR 491
- nachträgliche Genehmigung 176
- nicht bei einseitiger Unterzeichnung 217
- nicht beim Arbeitsvertrag 220
- Unzulässigkeit 58

Inside director
- Begriff 249

Insolvenzentschädigung
- allgemeine Voraussetzungen 402
- Rechtsprechung 403
- Verhältnis zu Konkursprivileg 405

533

J

Judikatur
- zum Konkursprivileg 434
- zur Insolvenzentschädigung 403
- zur Zulässigkeit einer Doppelstellung 211

Judikaturregister 523

K

Kadersaläre *Siehe Entschädigung*
- Studie der Handelszeitung 98

KMU-Schwelle 497

Konflikte
- Hauptbereiche 17

Konfliktpotential
- Beispiel 5, 5
- einer Doppelstellung 13
- These zur Umfrage 110

Konfusion
- durch Vereinigung von Arbeitgeber und Arbeitnehmer 195

Konkurrenzverbot
- im Arbeitsrecht 285
- im Gesellschaftsrecht 281
- Konsequenzen bei Doppelstellung 290
- Wegfall 288

Konkursprivileg
- Gesetzesauslegung 439
- gesetzliche Regelung 430
- Lehrmeinung 432
- Lohnprivileg *Siehe Lohnprivileg*
- Rechtsprechung 434

Konsequenzen
- arbeitsrechtliche 268
- betreibungsrechtliche 428
- gesellschaftsrechtliche 320
- haftpflichtrechtliche 339
- konkursrechtliche 430
- obligationenrechtliche 259
- prozessrechtliche 463
- steuerrechtliche 409
- strafrechtliche 455
- Untersuchungsziel 4
- versicherungsrechtliche 365

Konventionalstrafe
- zur Vertragsabsicherung 37

Konzern
- Anstellungsvarianten 12
- Delegation des Weisungsrechts 183, 186

Konzerngesellschaften
- Notwendigkeit einer Doppelstellung 11

Körperschaft des öffentlichen Rechts
- Abberufungsrecht 61
- Abordnungsrecht 55, 57, 63, 66, 80, 164
- Haftung des Staates 357
- Offerte an VR 66
- Organisationsnormen 66
- Rechtsverhältnis des VR 45, 46, 53, 57, 61, 63, 66, 79, 164
- Sonderstellung des VR 79
- statutarische Voraussetzung 57, 63, 79

Kündigung
- Auswirkungen auf VR-Mandat 216
- bei Abwahl des VR-Delegierten 322
- bei Beendigung des VR-Mandats 297
- der Delegiertenfunktion 14
- der Zusatzfunktion 300
- durch Abwahl als VR 188
- eines Vizedirektors 68, 296
- Empfangsbedürftigkeit 60, 64
- Folge für Lohn und Honorar 270
- freie Möglichkeit 294
- fristlose 190
- missbräuchliche 220, 301
- Nichtigkeit wegen Sperrfrist 64
- ohne Abwahl als VR 296
- Recht des Gesamt-VR 186
- Schutz für den Arbeitnehmer-VR 32
- Wirkung bei Doppelstellung 295

Kündigungsfrist
- Einhaltung 201
- Konfliktpotential bei VR-Delegierten 159, 477
- Regelungen bei VR-Delegierten 153
- Unklarheit bei VR-Delegierten 119

Kündigungsschutz
- beim VR 204

- für Arbeitnehmer-VR 32, 302
- für den Arbeitnehmer-VR 301
- gilt nicht für VR 284
- in der Societas Europaea 233
- Volksinitiative 501

L

Leihe
- eines Arbeitnehmers 29

leitender Arbeitnehmer
- Anspruch auf Konkursprivileg 452
- D&O Versicherung 370
- Definition 24
- Entlastungsbeschluss 349
- in Konzernen 11
- Rechtsprechung zum Konkursprivileg 434
- strafrechtliche Bedeutung 343
- Unabhängigkeit 246
- Varianten zur Anstellung 12

Leitungsorgan
- bei der Societas Europaea 11

Literaturverzeichnis XIV
- Befürwortung der Zulässigkeit 205
- Verneinung der Zulässigkeit 203

Lohn
- Kumulation mit Honorar 268

Lohnfortzahlungspflicht
- bei Abwahl durch die GV 500

Lohnprivileg
- **gemäss Leh**re nicht für leitende Arbeitnehmer 432
- geschichtliche Entstehung 431
- Konkursprivileg *Siehe Konkursprivileg*

M

Mandatsvertrag
- arbeitsrechtliches Weisungsrecht 184, 200
- Enthaftungsklausel 271
- für Arbeitnehmervertreter 32
- gesellschaftsrechtliches Weisungsrecht 184

- Honoraranspruch 270, 271
- Konfliktregelungen 489, 502
- mit Enthaftungsklausel 503
- mit Weisungsbefolgungspflicht 215
- Musterklauseln 520
- und zusätzliches Vertragsverhältnis 33
- Verbot in Statuten 494
- Widerrufsmöglichkeit 503
- Zulässigkeit 64, 490

Mitbestimmung
- der Arbeitnehmer im VR 10

Monismus
- bei der Societas Europaea 11
- Festlegung in den Statuten 492
- in der Schweiz 38
- in der Societas Europaea 231

Muster
- Reglementsbestimmungen 515
- Statutenbestimmungen 512
- vertragliche Bestimmungen 518

N

Namenaktie
- Aktionärseigenschaft 167

Nebenamt
- als VR und Vollamt als Arbeitnehmer 197
- beim VR-Delegierten 137
- beim VR-Vizepräsident 115
- externe und interne VR 321
- Honorare für nebenamtliche VR 95
- im Auftragsverhältnis 322
- mehrheitlich bei VR-Mitgliedern 8

nexus of contracts
- Bedeutung 253

Nomination Committee
- Auslese der VR-Kandidaten 226

O

Oberaufsicht
- mangelhaft bei Doppelstellung 14

Oberleitung
- Aufgabe des VR 3

OECD Principles
- Entstehung 243
- Offenlegung von Arbeitsverträgen 244

Omnipotenztheorie
- Absage durch die Botschaft 54

Organ
- Definition 40
- faktisches 171, 172, 214, 422

organabhängige Tätigkeit
- ausübende Personen 199
- Definition 181
- Einfluss auf Weisungsrecht 181, 186
- Einsetzung von Hilfspersonen 336
- Entschädigung 272
- Haftungsbeschränkung 337
- Möglichkeit eines Arbeitsvertrages 195

Organfunktion
- Abgrenzung 23
- Ausgang für eine Doppelstellung 23

Organisation
- Regelung in den Statuten 491

Organisationsreglement
- Abgangsentschädigung 306
- Abschrift für Aktionäre 499
- Abstimmungen 254
- Auskunftsrecht 326
- Ausschluss des Weisungsrechts 157
- Beispiele für Vertragsvorgaben 322
- Delegation der Weisungskompetenz 33
- Einsichtsrecht 326
- Haftungsmässige Bedeutung 320
- Häufigkeit in der Praxis 144, 146, 158, 477
- in einer Holding 198
- kein Eintrag im HR 261
- Möglichkeit zur Annäherung an den Dualismus 249
- Möglichkeit zur Regelung der Doppelstellung 489, 498
- Nichtigkeit von Eintragungsbeschränkungen 324
- Nichtigkeit von Rücktrittsbeschränkungen 155
- Notwendigkeit zur Delegation 144, 158, 192, 193, 223, 259, 477

- Organisationsverschulden 320
- Recht auf Sitzungsteilnahme 34
- Regelung der VR-Entschädigung 498
- Regelung der Zeichnungsberechtigung 262
- Regelung des VR-Delegierten 143, 145
- Rücktrittsbeschränkung 299
- Unterscheidung VR-Delegierter und Direktor 71
- Verbot eines Arbeitsvertrages 223, 394
- Vorgabe für Verträge 321, 489, 499
- VR-Präsident 222
- Wahlprozedere 494
- Weisungen an VR 182
- Weisungsbefolgungspflicht 222, 499

Organisationsverschulden
- wegen fehlendem Organisationsreglement 320

organunabhängige Tätigkeit
- bei Einmann-AG 197
- Beizug von Hilfspersonen 338
- Definition 181

Outside director
- Begriff 249

P

Paritätische Vertretung
- Mitbestimmungsinitiative 10

Paritätischer VR
- Beispiel 31
- Muster einer Statutenklausel 513
- statutarische Vorschrift 39, 474

Paritätstheorie
- Verhältnis GV zu VR 54

Pensionskasse
- Abzug an VR-Honorar 383
- als Steuervorteil 382
- Beispiel ABB 383
- Beispiel bei Kuoni 309
- Bestandteil des VR-Honorars 93
- Entscheid durch VR 382
- i.V.m. Abgangsentschädigung 382

Personalunion
- Ablehnungsgründe 254

- Eintragung im HR 266
- Kritik in den Medien 17, 251
- Problem für Journalisten 8
- Problematik 247
- Umfrageergebnisse BDO Visura 118
- Verbot in der Societas Europaea 235
- Zulässigkeit 209

Personenverzeichnis
- Affolter Daniel 8, 309, 494
- Alder Jens 15
- Barnevik Percy 93, 383
- Bieri Josef 164
- Blocher Christoph 14, 95
- Corti Mario 15, 16, 245, 304
- Disney Walt 15
- Felder Silvan 317
- Gullotti Richard 8
- Hüppi Rolf 11, 16
- Lindahl Göran 383
- Mühlemann Lukas 11, 97, 251
- Ospel Marcel 97
- Pfenniger Ernst 31
- Redstone Sumner 98
- Schindler Alfred 97
- Vasella Daniel 97
- Weibel Benedikt 93
- Wong Charles B. 15

Pflicht
- zum Abschluss eines Arbeitsvertrages 37
- zur Annahme einer Wahl 35
- zur Übernahme eines VR-Mandates 34

Präsident
- als Zusatzfunktion 103
- Anzahl AG mit einem Präsidenten 101
- Aufgaben und Notwendigkeit 224
- Eintragungszwang im HR 103
- Entschädigung 95
- Möglichkeit eines Arbeitsvertrages 77
- Qualifikation der Zusatzfunktion 77, 221
- Sonderstellung 70

Praxisrelevanz
- einer Doppelstellung 5

Professionalisierung
- Druck auf den VR 4, 92, 433

Prokurist
- Unterschrift als VR 17

Prozess
- Zuständigkeit 463

Q

Qualifikation
- des VR-Mandates *Siehe Rechtsverhältnis*

R

Rechtsmissbrauch
- der Behörden in Konzernverhältnissen 28
- Sanktionierung durch Durchgriff 27

Rechtsprechung
- zum adäquaten Kausalzusammenhang 346
- zum Durchgriff 27
- zum Mandatsvertrag 181
- zum VR-Mandat 50, 52, 157
- zur Doppelstellung 212
- zur Insolvenzentschädigung 403
- zur Unterordnung 178, 179
- zur VR-Entschädigung 330

Rechtstatsachen
- Basisdaten 85
- quantitative Primärforschung 112
- Umfrage bei den VR-Delegierten 110

Rechtsverhältnis
- Aufhebungsmöglichkeit 76
- Beurteilung der Theorien 62
- Beurteilung in der Judikatur 50
- Beurteilung in der Literatur 44
- des Delegierten 73, 74
- gesellschaftsrechtlich 53
- graphische Darstellung der möglichen Theorien 43
- graphische Darstellung nach BGer. 69
- keine Argumente in den Materialien 43
- nach Beschäftigungsgrösse 129
- nach Sprachregionen 127
- nach Zusatzfunktionen 132
- zwischen VR und AG 40

Regress
- Der Versicherung 370

Remuneration Committee
- Festlegung der Honorierung 226
- Festlegung des Lohns 276
- Funktion 15

Resolutivbedingung
- im Arbeitsvertrag 501
- Musterklausel 519

Rohdaten
- der Delegiertenbefragung 509

Rücktritt
- des VR-Delegierten 153
- Nichtigkeit der Beschränkung 155
- Nichtigkeit von Beschränkungen 299
- Recht des VR 36

S

Sachregister 529

schadensgeneigte Arbeit
- Haftungsreduktion 311
- VR-Tätigkeit 343

Schiedsgericht
- bei Streitigkeiten 467

Sekretär
- Aufgaben und Notwendigkeit 224

Selbstkontrahieren
- Genehmigung durch VR 58

Sitzungsteilnahme
- Gleichbehandlungsanspruch 324

Societas Europaea
- Bedeutung 228, 235
- Beteiligung der Arbeitnehmer 232
- Gestaltungsfreiheit 11
- Organisationsstruktur 229
- Wahlmöglichkeit des Systems 229

Sorgfaltspflicht
- des Arbeitnehmers 279

Sozialversicherung
- Konsequenzen der Erwerbsstellung 374

Spaltung
- Grund für eine Doppelstellung 364
- Konfusion als Konsequenz 364

Sparkasse
- dualistische System 11
- Sonderregelung bzgl. Dualismus 109
- Trennung von VR und GV 226
- unzulässiger Arbeitsvertrag mit VR 226

Statistik
- Anzahl AG und VR 88
- Anzahl Beschäftigte und Unternehmen 90

Statuten
- als Regelungsort für arbeitsvertragliche Bestimmungen 491
- Bestimmungen zur Organisation 491

stiller Verwaltungsrat
- kein Eintrag im HR 171

Stimmrecht
- Gleichbehandlungsanspruch 324

Streik
- Gesetzesgrundlage 291
- Grenzen 292
- Verbot für VR 480
- Verfassungsgrundlage 291

Subordinationsverhältnis
- bei der Einmann-AG 65
- bei zwei VR-Mitgliedern 73
- beim Einzelverwaltungsrat 111, 208
- beim Hauptaktionär 347
- beim VR-Delegierten 181
- Beurteilung durch Gericht 5, 216, 219, 436
- gegenüber dem gesamten VR 64
- im Konzern 198
- Kriterien 187
- Voraussetzung beim Arbeitsvertrag 433
- Voraussetzung beim leitenden Arbeitnehmer 24
- Voraussetzung für Arbeitsvertrag 49, 76, 178
- Weisungsrecht als Symptom 179

Suppleant
- Voraussetzung und Zulässigkeit 174

Suspensivbedingung
- bei der VR-Wahl 39

- im Arbeitsvertrag 500
- Musterklausel 518

Swiss Code
- Begriff der Corporate Governance 238
- Doppelspitze 256
- Entschädigung 94
- Entschädigungstransparenz 94
- Entstehung 241
- Offenlegung von Versicherungen 370
- relevant für AG in der Schweiz 240
- Unabhängigkeit 242
- Zusammenfassung 479
- Zusammensetzung des VR 241

T

Tabellenverzeichnis XL
Thesen
- zur Umfrage 110

Trennung
- Vorschrift zur personellen Trennung in den Statuten 492

Treuepflicht
- Abhängigkeit von der Stellung 290
- als Arbeitnehmer 6
- als Verwaltungsrat 7
- beim vollamtlichen VR 290
- Beispiel für Verletzung 6
- des Arbeitnehmers 279
- des Verwaltungsrats 281, 284, 345
- Geltendmachung 335
- Haftungsbegründung 344
- Konsequenzen bei Verstoss 284
- und Garantenpflicht 458
- und Konkurrenzverbot 282, 288
- und Nebenbeschäftigung 346
- und Streikrecht 292
- Verschärfung bei Eigeninteressen 293
- Verschärfung im Gesellschaftsrecht 280

U

Übergang
- des Arbeitsverhältnisses 361

Umfrage
- bei den VR-Delegierten 110
- Datenselektion 112
- Pretest 113
- Zielsetzungen 110
- Zusammenfassung der Auswertung 155

Unabhängigkeit
- analog den Revisoren 221
- bei börsenkotierten Gesellschaften 488
- beim Bankenverwaltungsrat 226
- beim Mandatsvertrag 182
- gemäss Blue Ribbon Report 241
- gemäss Combined Code 246
- gemäss OECD Principles 244
- gemäss Swiss Code 242
- gesetzliche Vorschrift 439
- Musterklausel 512
- statutarische Vorschrift 494
- trotz Weisungsbefolgungspflicht 417

Unbewusste Doppelstellung
- Beispiele 20, 20
- Bewusstsein um Rechtsverhältnis 7

Unmöglichkeit
- der Arbeitsleistung zufolge Abwahl 299

Unselbständige Tätigkeit
- nicht gleich arbeitsrechtliche Unterordnung 179

Unselbständiges Erwerbseinkommen
- feste VR-Entschädigung 8

Unternehmen
- Anzahl in der Schweiz 90, 91
- Definition 90

Unterordnung
- Element des Arbeitsvertrages 178
- nicht gleich steuerrechtliche Unselbständigkeit 179
- Weisungsrecht 179

V

Verantwortlichkeit
- adäquater Kausalzusammenhang 346
- arbeitsrechtliche 312
- Aufhebung des Lohnanspruchs 299

Sachregister

- Auswirkung auf HR-Eintrag 267
- Beachtung bei Weisungen 189
- bei Décharge 354
- bei Doppelstellung 310, 335, 342, 482
- bei Spezialwissen 334
- bei Stellvertretung 260
- bei übermässiger Abgangsentschädigung 307
- bei Überschuldungsanmeldung 173
- bei Verstoss gegen Konkurrenzverbot 284
- Beweislast 341
- Dauer 380
- des VR-Delegierten 333
- des VR-Sekretärs 224
- Festlegung im Arbeitsvertrag 34
- für BVG-Prämien 387
- für Geschäftsführung 333
- für Hilfsperson 314
- für Hilfspersonen 336, 337, 338
- für Steuerschulden 418, 426
- für UVG-Prämein 387
- gerichtliche Klagen 339
- Gerichtsstand 339, 464
- gesellschaftsrechtlich 312
- Haftungsreduktion durch Delegation 331
- Konfliktpotential bei Doppelstellung 17
- Konsequenzen aus dem Rechtsverhältnis 44
- Musterklausel 520
- nach AHVG 341, 377
- OECD-Grundsätze 243
- Pflichtverletzung 344
- Rechtsprechung 12, 217, 426
- Reduktion durch Delegation 334, 379
- Schaden als Voraussetzung 343
- Sensibilisierung der Behörden 172
- Verschulden 347
- Versicherungsschutz 367

Verantwortlichkeitsklage
- als Konfliktpotential 17

Verantwortlichkeitsklagen
- Forderung der Medien 158

Verantwortlichkeitsprozess
- Konsequenzen 271

Verantwortung
- ethische 15

Verdeckter Verwaltungsrat
- Definition 172

Verleihvertrag
- zur Arbeitnehmerüberlassung 29

Versicherung
- AHV 377
- ALV 388
- BVG 382
- D&O-Versicherung 370
- für Arbeitnehmer 368
- für Verwaltungsräte 366
- Klausel im Arbeitsvertrag 502
- Regress 370

Vertrag mit sich selbst *Siehe Selbstkontrahieren*
- Musterklausel zur Begrenzung 517

Vertreter
- einer öff.-rechtl. Körperschaft des öffentlichen Rechts 79

Vertretung
- der Gesellschaft 57

Vertretungsbefugnis
- beschränkte 260
- im Allgemeinen 259
- Zeichnungsberechtigung 262

Verwaltungsrat
- abhängiger 9
- Anzahl AG mit nur einem VR 101
- Anzahl in der Schweiz 88
- Anzahl mit Zusatzfunktionen 101
- Anzahl VR und AG 88
- Aufgaben 3
- Begriff 3
- Delegierter *Siehe Delegierter*
- entsandter 9
- Entschädigung 93
- faktischer 172
- fiduziarischer 9
- paritätischer 31, 39, 474
- Präsident *Siehe Präsident*
- verdeckter 172

- Zusammensetzung nach Funktion 103
- Zusatzfunktionen 99

Verwaltungsratsdelegierter *Siehe Delegierter*

Verwaltungsratspräsident *Siehe Präsident*

Verweisung
- aus Weisungsrecht 189

Verzeichnis der Verwaltungsräte
- als Datenquelle 85

Volkszählung
- als Verteilungsreferenz 104

Vollamt
- stufenweise Übernahme 23

VR *Siehe Verwaltungsrat*
VR-Ausschuss *Siehe Ausschuss*
VR-Delegierter *Siehe Delegierter*
VR-Präsident *Siehe Präsident*

W

Wahl
- Annahme als höchstpersönliches Recht 37
- Befugnis der GV 36
- durch die Generalversammlung 163
- mit Suspensivbedingung 39
- nichtige Statutenbestimmung 39
- vertragliches Recht auf Wahl in den VR 34

Weisungen
- Aufgabe des VR 3
- für die Funktionsausübung 135
- nach Sprachregionen 135
- nach Verhältnis zur Gesellschaft 137

Weisungsabhängigkeit
- als Merkmal des Arbeitsvertrages 24

Weisungsgebundenheit
- Umfang 189

Weisungsrecht
- als Symptom der Unterordnung 179
- Delegation 183

- im Konzern 29
- im Mandatsvertrag 184
- Übertragung beim Verleihvertrag 30
- und Verweisungsrecht 189

Z

Zeichnungsberechtigung
- als Vertretungsbefugnis 262
- der VR-Delegierten 99

Zulässigkeit
- Judikaturübersicht 211
- Abgangsentschädigung 307
- bestimmter Klauseln im Arbeitsvertrag 34
- Delegation der Geschäftsführung 157, 477
- einer Doppelstellung 4
- Literaturübersicht 203
- statutarischer Quotenregelungen 106
- vertragsrechtlicher Bestimmungen 321
- Verwaltungsratshonorar als Lohnbestandteil 276
- von Mandatsverträgen mit Weisungsrecht 64
- Zusammenfassung 478

Zusammenfassung
- der Ergebnisse 473
- der Umfrageauswertung 155
- der Zulässigkeit 479

Zusatzfunktionen
- Einträge im HR per 2000 100, 407, 479
- Eintragungsfähigkeit 99
- VR-Delegierter 132
- VR-Präsident 103

Zuständigkeit
- örtliche im Prozess 463
- sachliche im Prozess 465